ISBN 978-0-332-73439-2
PIBN 11235018

FB &c Ltd, Dalton House, 60 Windsor Avenue, London, SW19 2RR.
Company number 08720141. Registered in England and Wales.

For support please visit www.forgottenbooks.com

TRAVAUX

DE

L'ACADÉMIE NATIONALE

DE REIMS

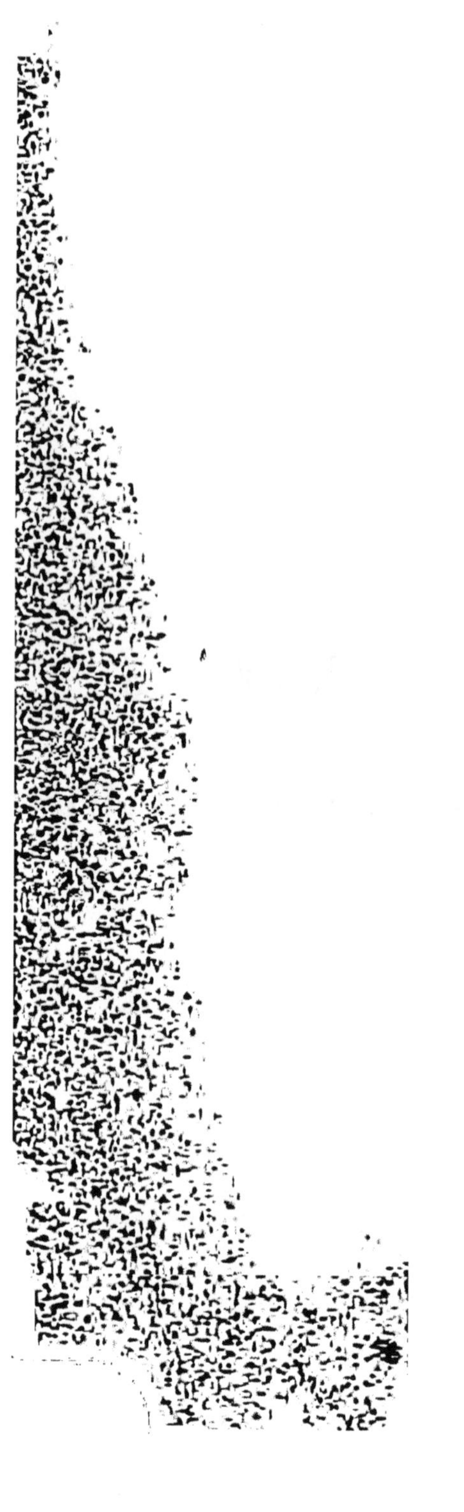

TRAVAUX

DE

L'ACADÉMIE NATIONALE DE REIMS

QUATRE-VINGT-DIX-SEPTIÈME VOLUME

ANNÉE 1894-1895 — TOME Ier

DEUX VOLUMES SEMESTRIELS CHAQUE ANNÉE

PAR ABONNEMENT : 12 FRANCS

PRIX DE CE VOLUME : 10 FRANCS

REIMS

CHEZ F. MICHAUD, LIBRAIRE DE L'ACADÉMIE

23, rue du Cadran-Saint-Pierre, 23

M DCCC XCVI

NOTA

La responsabilité des opinions et assertions émises dans les ouvrages publiés par l'Académie appartient tout entière à leurs auteurs.

TRAVAUX

DE

L'ACADÉMIE NATIONALE DE REIMS

Séance publique du 17 octobre 1895 (1)

DISCOURS D'OUVERTURE

PRONONCÉ

Par M. Albert BENOIST, Président annuel.

Éminence,
Mesdames et Messieurs,

La séance annuelle de l'Académie aurait dû être tenue comme d'ordinaire au mois de juillet; mais vous connaissez le motif qui nous a obligés à la différer. L'Exposition rétrospective organisée par les soins de notre Compagnie, sur la demande de l'Administration municipale, occupait alors les salons de ce palais. Quelque bienveillantes que soient pour nous les personnes qui honorent habituellement nos séances de leur présence, celles que ce changement de date a

(1) La séance publique de l'Académie avait été reportée cette année du mois de juillet, où elle a lieu ordinairement, au mois d'octobre, à cause de l'Exposition rétrospective et des vacances. Elle a été tenue avec la solennité habituelle dans la grande salle de l'Archevêché. Le bureau de l'Académie était honoré de l'assistance de S. Ém. le Cardinal Langénieux, président d'honneur; de M. Poiffaut, Sous-Préfet; de M. le Dr Henrot, Maire de Reims; de M. le Sénateur Diancourt; de M. Jalenques, Président

empêchées d'y assister n'ont pas dû se plaindre, car elles n'ont pas perdu au change.

C'était en effet une très intéressante *leçon de choses* — comme on dit aujourd'hui — que la visite de notre musée improvisé. On y trouvait les curiosités les plus diverses, les objets d'art les plus variés. Ici, les collections préhistoriques, débris de la civilisation encore rudimentaire des Gaulois nos ancêtres ; là, les merveilles du moyen âge, broderies, tapisseries, bronzes à la rude ornementation ; plus loin, les meubles si délicieusement fouillés de la fin du siècle dernier ; partout des tableaux, des étoffes, des bibelots, des céramiques de tout pays et de toute époque, depuis la fine et expressive statuette de Tanagra jusqu'au vieux chine bizarrement décoré ou à la faïence patriotique de la Révolution.

Appelé par mes fonctions de Président de l'Académie à m'occuper de l'organisation matérielle de l'Exposition, j'y suis venu bien souvent ; j'ai pris plaisir à la voir, à l'étudier. Et tandis que cette étude me montrait une

du Tribunal civil; de M. Alf. Walbaum, Président du Tribunal de Commerce; de M. Bazin de Bezons, Proviseur du Lycée; de M. le Commandant Caruel, Chef du Génie, etc. La plupart des Membres titulaires, plusieurs Membres correspondants, MM. Ponsinet, E. Lefèvre, le Commandant Simon, l'Abbé Chevallier, Th. Petitjean, etc., siégeaient sur l'estrade. Un public choisi avait répondu à l'appel de l'Académie. Les lectures ont eu lieu dans l'ordre du programme, puis les récompenses ont été décernées aux lauréats présents. Ouverte à deux heures et demie, la séance était terminée à quatre heures.

Les assistants ont admiré la belle suite de planches en photographie, exposées par F. Rothier, lauréat de l'Académie, offrant les reproductions de l'Exposition rétrospective de 1895, et les vues de l'église Saint-Remi, de ses vitraux et de son trésor.

fois de plus qu'il y a dans la marche de l'art à travers les siècles toute une série d'étapes dont chacune constitue un style et porte l'empreinte personnelle d'une génération ou d'une race, je ne pouvais m'empêcher de me demander si, nous aussi, nous laisserons dans l'histoire de l'art la trace de notre époque. Un enchaînement d'idées bien naturel m'amena à jeter un coup d'œil d'ensemble sur l'état actuel de nos connaissances et de nos idées. Je viens aujourd'hui vous exposer quelques-unes de mes réflexions.

J'éliminerai tout d'abord le chapitre « belles-lettres ». Notre vénéré collègue, M. Piéton, vous a dit, il y a trois ans, avec infiniment d'esprit et de goût, ce qu'il pensait de notre littérature actuelle, de ses sujets préférés et de ses tendances. J'aurais mauvaise grâce à marcher sur ses brisées.

En matière d'art, à première vue, il me semble que si notre temps a nettement marqué quelque part son caractère et ses préférences, c'est dans l'architecture du fer. C'est avec MM. les ingénieurs que l'âme de notre siècle s'est abandonnée à toutes ses effusions. Sans doute, ce genre de constructions a son mérite au point de vue utilitaire ; il répond mieux que tout autre à bien des besoins. Certaines personnes prétendent même qu'il a sa beauté, et que la tour Eiffel est la huitième merveille du monde. Mais j'ai du mal à les croire, et je dirai volontiers : puisqu'il s'agit d'art, passons.

Partout ailleurs, je cherche..., je vois de grands peintres, de grands statuaires ; on me dit que les maîtres de la musique ont créé pour les initiés des harmonies divines ; les palais sortent de terre à l'appel des millions ; mais partout j'éprouve la même impression : je ne sens pas la cohésion, les vues générales qui caractérisent les époques idéalistes et créatrices. Je vois beaucoup d'œuvres étranges ou excentriques, et fort peu d'originales; et si quelques personnalités éminentes dominent de haut la foule, celle-ci ne constitue pas l'ensemble compacte qui crée « l'Art d'une époque ».

Qu'est-ce en effet que l'art, si ce n'est l'interprétation de la nature par l'homme, qui y met un peu de son âme — *homo additus naturæ ?* Et comment, par suite, une société, réaliste comme est la nôtre, pourrait-elle vraiment aimer l'art ? Les esprits y sont trop enfiévrés, la lutte pour la vie a trop d'âpreté pour que l'amour du beau puisse, comme au temps de Périclès ou des Médicis, passionner un peuple, pour que l'objet familier prenne aux mains de l'ouvrier épris de son œuvre ce caractère personnel et artistique que savaient lui donner l'artisan du moyen âge ou le Japonais... d'avant la civilisation.

Mais l'Art n'est pas tout en ce bas monde, et sa rivale la Science a bien aussi son mérite. Je le reconnais d'autant plus volontiers qu'autrefois je lui fis un peu la cour, et que, sans avoir conservé avec elle des relations très suivies, je puis dire que nous sommes restés en d'assez bons termes. Or, si dans le domaine de l'art, malgré quelques éclairs de lumière, notre époque fait en somme assez terne figure, est-il dans l'histoire quelque chose de comparable à l'éclat dont la science a brillé depuis cent ans? Quel essor et que de découvertes inouïes, dans les sciences physiques notamment! Elles étaient bien humbles et bien modestes encore, quand notre siècle à son berceau les reçut des mains de Galvani, de Volta et de Lavoisier. Mais elles avaient du moins leur méthode, et dans ce sol favorable l'arbre a grandi vite ; ses rameaux aujourd'hui s'élèvent et s'étendent sans cesse. Regardez autour de vous, Messieurs : la vapeur est asservie ; l'électricité domptée éclaire nos cités ou transmet la pensée à travers les mers ; la chimie extrait des plantes et des roches les substances les plus variées et ne craint pas d'aborder les synthèses les plus audacieuses ; l'analyse de la lumière nous révèle la constitution intime et les mouvements des astres les plus éloignés ; l'unité de l'énergie sous sa multiple forme, chaleur, lumière, électricité, mouvement, s'affirme, en attendant bientôt peut-être la preuve de l'unité de la matière ; le monde des infiniments petits s'ouvre à nos yeux étonnés ; la mort même recule ses limites devant les découvertes du génie pratique d'un savant comme Pasteur.

Et tandis que dans le domaine de la science pure ou de ses applications immédiates s'opèrent ces progrès, quelle révolution dans la vie économique ! Les machines centuplent la production ; l'amélioration des moyens de transport rapproche les distances ; la force brutale perd sa valeur au profit de l'intelligence ; l'humanité tout entière voit son bien-être matériel notablement augmenté.

Ces conquêtes qui soumettent les agents physiques à l'empire de l'homme sont assurément pour lui la source d'une gloire légitime ; mais pourquoi faut-il qu'elles aient aussi leurs ombres ? On peut se demander en effet si l'essor rapide des sciences n'a pas, en surexcitant l'orgueil humain, déterminé des conséquences funestes dans l'ordre moral, et dans quelle mesure l'intensité du développement industriel a nui aux rapports sociaux. Car, vous le savez, Messieurs, l'accroissement de la richesse est une cause de corruption s'il n'est pas accompagné d'un progrès moral.

On a dit aussi, et peut-être avec raison, que les sciences dessèchent le cœur. En tout cas, l'éducation purement scientifique a l'inconvénient de fermer l'esprit à certaines idées qu'il importe cependant à l'homme de connaître plus que toutes les autres, telles que les vérités métaphysiques ou morales. L'habitude de se borner à connaître les faits expérimentaux et à en tirer des conclusions tue peu à peu l'esprit critique et fait perdre la notion du doute, que les changements incessants de la science elle-même devraient au contraire inspirer. Et s'il s'agit des vérités que la méthode d'observation ne peut atteindre, l'indifférence se change bien vite en négation.

C'est de cette disposition d'esprit qu'est né le positivisme. « Son principe est d'écarter toute recherche sur les causes premières et finales, de ramener toutes les idées et toutes les théories à des faits, et de n'attribuer le caractère de certitude qu'aux démonstrations de l'expérience (1). » Mais qu'il est facile de se tromper sur la valeur de l'observation, lorsqu'on ne peut la compléter par l'expérimentation ! Et n'arrive-t-il pas chaque jour, en matière de science aussi bien que dans la vie, que, suivant nos secrets désirs, nous sommes trop crédules ou bien fermons les yeux devant ce que nous ne voulons pas voir ?

C'est ce que l'illustre savant que la France vient de perdre, Pasteur, lors de sa réception à l'Académie Française, reprochait au positivisme en ces termes éloquents, dans sa réponse au discours de Littré :

« La grande et visible lacune du système, lui disait-il, consiste en ce que, dans la conception positive du

(1) Pasteur, *Discours de réception à l'Académie Française.*

monde, il ne tient pas compte de la plus importante des notions positives, celle de l'infini.

« Au delà de cette voûte étoilée, qu'y a-t-il ? De nouveaux cieux étoilés. Soit ! Et au delà? L'esprit humain, poussé par une force invincible, ne cessera jamais de se demander : Qu'y a-t-il au delà ? Veut-il s'arrêter soit dans le temps, soit dans l'espace ? Comme le point où il s'arrête n'est qu'une grandeur finie, plus grande seulement que toutes celles qui l'ont précédée, à peine commence-t-il à l'envisager que revient l'implacable question, et toujours, sans qu'il puisse faire taire le cri de sa curiosité. Il ne sert de rien de répondre : Au delà sont des espaces, des temps ou des grandeurs sans limites ; nul ne comprend ces paroles. Celui qui proclame l'existence de l'infini — et personne ne peut y échapper — accumule dans cette affirmation plus de surnaturel qu'il n'y en a dans tous les miracles de toutes les religions; car la notion de l'infini a ce double caractère de s'imposer et d'être incompréhensible. Quand cette notion s'empare de l'entendement, il n'y a qu'à se prosterner. Encore, à ce moment de poignantes angoisses, il faut demander grâce à sa raison ; tous les ressorts de la vie intellectuelle menacent de se détendre ; on se sent près d'être saisi par la sublime folie de Pascal. Cette notion positive et primordiale, le positivisme l'écarte gratuitement, elle et toutes ses conséquences, dans la vie des sociétés (1). »

Et cependant, Messieurs, le positivisme avait à cette époque une telle influence parmi les savants, qu'il fallait à Pasteur un vrai courage et l'autorité des services rendus pour oser l'attaquer avec cette énergie.

(1) Pasteur, *loc. cit.*

Quel idéal attendre du règne d'une telle philosophie? Faut-il s'étonner qu'elle ait remis en honneur la morale égoïste et utilitaire, la vieille doctrine d'Épicure rajeunie de vingt siècles par Hobbes, Bentham, Adam Smith et les encyclopédistes? Stuart Mill a bien essayé de l'épurer en prèchant le bonheur dans le désintéressement. Mais son optimisme n'est qu'une illusion. « Qu'à son rève on compare la réalité, l'indifférence de l'école à l'égard de la culture morale de l'enfant, l'action néfaste de la presse sur la culture morale de l'adulte, l'influence désastreuse de l'agiotage, de la spéculation, du jeu, sur le sens moral des masses, l'on comprendra que des milliers d'hommes en restent à l'instinct du sauvage et ne reconnaissent comme règle de conduite que le moteur de l'intérêt personnel (1). »

Et alors, si pour l'individu tout se ramène à la joie et à la douleur, si, par suite, la vie sociale se réduit à rechercher le bien-ètre et à éviter la souffrance, la seule loi des rapports sociaux, c'est l'égoïsme. Je dirai plus : si l'on songe à ce qu'est le bonheur individuel pour les esprits moyens qui composent la grande majorité, si surtout on reconnait aux natures inférieures le droit de le rechercher jusque dans les tristes formes sous lesquelles elles le conçoivent, c'est à frémir devant les conséquences possibles d'une telle doctrine. Ah ! Messieurs, si l'on juge l'arbre à ses fruits, le spectacle de ce qu'elle a produit devrait la faire renier à jamais. C'est l'abaissement des caractères, la perte des idées générales, l'envahissement de la médiocrité ; c'est la lutte pour la vie dans tout son égoïsme, et l'écrasement impitoyable des faibles. Qu'on nous rende

(1) Ad. Prins, *L'Organisation de la liberté et le devoir social.*

la vieille morale d'autrefois, celle du désintéressement et de la charité ! Celle-là élève l'humanité, parce que c'est en haut qu'elle va chercher ses inspirations ; et comme le disait Pasteur dans le discours que je vous citais tout à l'heure : « La grandeur des actions humaines se mesure à l'inspiration qui les fait naître. Heureux celui qui porte en soi un dieu, un idéal de beauté et qui lui obéit : idéal de l'art, idéal de la science, idéal de la patrie, idéal des vertus de l'Évangile. Ce sont là les sources vives des grandes pensées et des grandes actions. Toutes s'éclairent des reflets de l'infini (1). »

J'avais songé, Messieurs, à étudier avec vous en détail l'influence de la morale de l'intérêt au point de vue social, et ses conséquences sur la condition actuelle des ouvriers. Car je crois qu'elle est pour beaucoup dans les maux dont nous souffrons aujourd'hui : l'antagonisme qui ne règne que trop, hélas ! entre les individus et entre les diverses classes sociales, la misère qui désole le monde du travail, l'instabilité politique qui fait de la France le champ clos où les partis adverses se disputent le pouvoir, et nuit à toute réforme sérieuse. Mais j'ai reconnu bien vite que cette étude touchait à des questions trop brûlantes et dépassait de beaucoup les limites que je dois m'imposer. Bien qu'elle soit en réalité nécessaire pour compléter le tableau sommaire de notre temps, j'y ai donc renoncé.

Aussi bien, dans ces graves questions faut-il apporter la plus grande prudence, surtout si l'on ne se borne pas

(1) Pasteur, *loc. cit.*

à étudier les causes du mal et qu'on veuille en chercher les remèdes. La science sociale est si complexe en effet, elle touche à tant d'intérêts, qu'une erreur, légère en apparence, peut entraîner les conséquences les plus graves.

Vous connaissez sans doute la fameuse classification des sciences d'Auguste Comte. Les positivistes la regardent comme un des titres de gloire de leur maître. Cherchez à quel degré il y place la science sociale : c'est au sommet de la hiérarchie que vous la trouverez. Par son objet, important entre tous, par les éléments multiples et complexes qu'elle embrasse, par la difficulté des études qu'elle nécessite, elle lui a paru mériter cette place d'élite. Je ne discute ici ni n'approuve la doctrine de Comte ; cela m'entraînerait trop loin ; mais ne voyons-nous pas tous les jours des hommes qui se réclament de lui, et qui n'ont jamais étudié la science sociale, en trancher avec légèreté les problèmes les plus délicats et traiter avec un souverain mépris ceux qui ne veulent pas s'incliner devant leurs décisions?

S'il s'agissait de chimie, de physique ou d'histoire, on trouverait insensée leur prétention de parler d'une science avant de l'avoir apprise. Il paraît que quand il s'agit de la science sociale, c'est tout naturel et parfaitement légitime. C'est une preuve de plus que les hommes sont toujours les mêmes, de grands enfants qu'on mène avec des mots. Au temps d'Aristophane, les Athéniens, ce peuple si fin et si intelligent, se laissaient déjà duper par les beaux parleurs. On prétend aujourd'hui que le monde est conduit par les idées : croyez-vous, Messieurs, qu'il y ait du nouveau sous le soleil, depuis Aristophane?

Méfions-nous donc de tous les réformateurs qui veulent régénérer la société d'une manière trop complète et trop rapide.

Certes, les sociétés ne sont pas immuables, et je suis loin de nier le progrès, que je crois au contraire une des grandes forces de l'humanité ; mais, de même que les corps vivants grandissent, se transforment, évoluent — suivant l'expression actuelle — conformément aux lois de la vie, c'est à dire avec lenteur et continuité, de même les sociétés, qui sont des organismes complexes où tout se tient, ne peuvent se transformer qu'en respectant les conditions essentielles de leur existence.

Ce qui importe donc avant tout, en matière de science sociale, c'est de rechercher avec impartialité dans l'étude de l'histoire, dans la comparaison des sociétés, dans la conversation des hommes qui par leur influence et leur exemple font régner autour d'eux l'harmonie sociale, les causes pour lesquelles certaines races, certains pays jouissent des bienfaits de la paix, tandis que d'autres souffrent de la division et de l'instabilité ; et si des penseurs préparés par leur origine, leur croyance religieuse, leurs études, le milieu où ils ont vécu, à des conclusions différentes, arrivent au contraire par l'observation réfléchie aux mêmes constatations, leur accord démontre où est la vérité.

Cette étude est d'une importance plus grande que jamais ; car il semble que nous sommes à un moment d'évolution particulièrement rapide de la civilisation. La pensée, enhardie par le développement prodigieux des sciences, rêve l'indépendance et se cabre au moindre frein ; les conflits sociaux ont grandi avec l'accroissement de la richesse ; des besoins nouveaux de liberté, d'égalité et de progrès ont pénétré les masses. L'idéal social ancien n'est plus accepté par tous ; et tandis que les uns le défendent avec opiniâtreté, les autres s'élancent à la conquête d'un idéal nouveau, sans pouvoir cependant s'entendre encore sur sa forme définitive. Sans doute, la lutte aboutira à une transaction, comme ont fait les luttes des petits métiers contre les lignages et des compagnons contre les maîtres au XIIIe et au XIVe siècle, et les luttes politiques du XVIIIe. Si cette transaction fait la part des droits et des devoirs de chacun, si à la morale de l'égoïsme et de l'intérêt personnel elle substitue la morale de la fraternité et du désintéressement, elle sera féconde, en permettant l'accès d'un plus grand nombre aux fruits de la liberté et du progrès.

Cet avenir dépend de nous tous, Messieurs, et des efforts que nous ferons, chacun dans notre modeste sphère, pour rétablir la concorde et la paix autour de nous. Même parmi les ennemis les plus ardents de la société, il y a plus d'égarés que de méchants. Ce n'est pas la force qui les ramènera dans la voie droite. Ce qu'il faut, c'est, suivant le beau mot de Claudio Jannet, une nouvelle conquête évangélique des barbares de l'intérieur. Quand la tempête sévit et que la mer démontée par la houle vient battre le navire de ses vagues furieuses, s'il laisse filer autour de lui une légère couche d'huile, les flots s'apaisent et le danger du naufrage disparaît. Dans les tempêtes sociales, l'huile qui fait tomber le courroux des flots, c'est la charité. Que chacun de nous porte donc aux déshérités de la vie une part de ce qu'il possède. C'était jadis la dîme du revenu ; ce doit être aujourd'hui non seulement l'aumône de notre bourse, mais celle de notre temps, de nos efforts, de notre cœur.

Mais ai-je besoin de parler de dévouement ? Ce ne

sont pas les dévouements qui manquent en notre bien-aimée patrie. Que la France sache seulement se ressaisir ! Elle a des réserves de force morale et de charité assez grandes pour qu'il lui soit permis de croire en l'avenir, et pour que nous puissions nourrir l'espérance de la voir un jour, forte à l'intérieur, reprendre dans le monde son rang et son ascendant d'autrefois !

ACADÉMIE DE REIMS

COMPTE RENDU DES TRAVAUX

Pendant l'année 1894-1895

Lu dans la Séance publique du 17 Octobre 1895

Par M. HENRI JADART, Secrétaire général

MESSIEURS,

Cette année, la tâche principale de l'Académie fut sa participation à l'Exposition rétrospective, entreprise par la Ville à l'occasion du Concours régional et organisée dans les salles de ce palais avec le gracieux agrément de S. Ém. le Cardinal. Cette tâche, assumée en dehors de nos travaux habituels, était bien conforme cependant au but de notre Société, qui est de « contribuer au développement des sciences et des arts, et de recueillir les matériaux qui peuvent servir à l'histoire du pays... (1) ». C'était, en outre, un devoir civique proposé à l'Académie par notre honorable confrère, M. le Maire de Reims, et résolument accepté par vous en vue du bien public, sous la seule réserve de toute responsabilité financière.

Inspirée par ce noble élan, votre commission, Messieurs, a montré ce que peut produire un accord persé-

(1) *Statuts de l'Académie de Reims*, article premier.

vérant et désintéressé sur le terrain fécond de l'histoire locale, de l'archéologie et de l'art. Vous n'avez point, en effet, restreint votre mission aux seules ressources des membres titulaires de la Compagnie : après avoir pris dans votre sein le commissaire général, M. Léon Morel, et le trésorier, M. Ernest Brunette, vous avez fait appel à vos correspondants, M. le baron Remy, M. Paul Simon, M. Théodore Petitjean, dont les collections sont tout un Musée ; à vos collaborateurs les plus distingués : M. Louis Robillard, qui valut à lui seul une armée, M. Wéry-Mennesson ; aux membres du bureau de la Société des Amis des Arts, M. Alexandre Henriot et M. André Prévost (1). Ces membres divers du comité d'organisation, présidés par votre président et assistés du délégué de l'Administration municipale, M. Ch. Morizet, ont renouvelé l'entreprise si applaudie de 1876, sur les mêmes bases et avec le même succès artistique.

En plus, nous avions le Musée de la médecine rémoise par M. le Dr Guelliot. A eux tous est due votre profonde gratitude.

Il ne nous appartient pas d'apprécier l'Exposition rétrospective en elle-même : quinze mille visiteurs ont pu la juger. M. Ch. Yriarte, inspecteur des Beaux-Arts, délégué du Ministre, M. Frédéric Henriet, M. le comte de Marsy, directeur de la Société française d'archéologie, plusieurs autres critiques d'art et écrivains en ont proclamé le résultat et affirmé l'intérêt (2). Vos vœux sont comblés à cet égard, puisque vous avez eu

(1) Le comité s'était assuré le concours dévoué de MM. Justinart, L'Hoste et Matot, qui contribua grandement à la réussite.

(2) Voir la lettre de M. Ch. Yriarte dans les journaux de Reims du 17 juillet, et le compte rendu de M. Frédéric Henriet dans le *Journal des Arts* du 17 juin 1895. — Cfr. *Bulletin monumental*, 1895.

la satisfaction d'élever les âmes vers les splendeurs du beau, et de mettre en lumière mille détails inconnus de notre passé glorieux. Vision bienfaisante, mais éphémère, que vous évoquerez toujours avec un vif attrait, et dont il vous restera un double catalogue, celui des curiosités de l'art et de l'archéologie, et celui du Musée lapidaire, qui est en grande partie votre œuvre depuis trente ans. En outre, un album, dû au talent de M. Rothier, photographe lauréat de l'Académie, retracera ces perspectives évanouies de vitrines, d'objets d'art, de belles tapisseries, de riches trésors, de meubles et de tableaux, réunis et classés en si grand nombre et dans une variété merveilleuse. Vous avez travaillé ainsi pour l'honneur de Reims, de sa région et de toute la Champagne : c'est une page ineffaçable dans vos annales.

Plusieurs séances ordinaires, trente séances de commission vous ont été nécessaires pour les préparatifs de l'Exposition rétrospective, et cependant vous avez tenu à assurer au public, dans l'intervalle, deux conférences qui ont rallié tous les suffrages de l'auditoire d'élite que vous aviez groupé autour de nos orateurs. Le premier était l'un de nos plus zélés correspondants, M. le baron Joseph de Baye, qui vient d'acquérir une si haute notoriété pour sa participation aux recherches archéologiques en Russie. Ses travaux ont été le point de départ d'une adhésion et d'une entente commune entre les corps savants de Pétersbourg et de Moscou avec nos Académies et nos Sociétés historiques. Il nous a parfaitement rendu compte de l'utilité et du profit que la France pouvait tirer des congrès internationaux, et de ces communications de la science qui rapprochent en ce moment tant d'esprits d'un bout à l'autre de l'Europe. C'est ainsi qu'il a été amené à nous faire connaître l'œuvre du peintre Wasnetzof à Moscou, à Kiew, et en d'autres grandes cités russes. Grâce aux projections habilement conduites par M. Houlon fils, vous avez été témoins des grandioses scènes de l'âge de pierre, et des épopées religieuses ou nationales que son pinceau a fait revivre sur les fresques des monuments. Mieux encore, vous retrouverez ces images fidèlement reproduites dans le prochain volume de nos *Travaux,* avec le texte de la conférence splendidement illustré par la munificence de notre confrère. Nous lui adressons donc en ce jour l'assurance de notre cordiale gratitude, alors qu'il parcourt ces vastes espaces qui conduisent de Russie en Sibérie. Il y fait partout connaître notre langue et sentir notre influence scientifique.

L'autre conférencier était M. Georges Blondel, agrégé de l'Université, membre de la Société d'Économie sociale, chargé de cours à la Faculté des lettres de Lille. Élève de l'école de Le Play, il exposa d'abord les mérites de la méthode d'observation pour l'étude des questions sociales chez les différents peuples. Il relata ensuite ce qu'il avait recueilli lui-même d'observations au cours de différentes missions en Angleterre, en Allemagne, en Russie et en Italie, sur toutes les questions d'actualité, sur les rapports entre les différentes classes, sur les luttes qu'elles engendrent ou menacent d'engendrer partout. Il exposa les causes qui provoquent ces luttes ou ce malaise général, causes d'ordre économique et causes d'ordre moral; il les discuta, et proposa des remèdes dont il exclut d'emblée le socialisme d'État; il insista surtout sur le développement des associations, sur le dévouement des patrons qui consacrent à leurs ouvriers une partie de leur intelligence et de leur temps (1). Le langage élevé de M. Blondel, sa haute compétence, sa profonde sincérité, ont impressionné ses auditeurs, et tous semblaient lui dire : Au revoir. Il appartient à notre président, membre lui-même de cette utile Société d'économie sociale, de poursuivre parmi nous son action bienfaisante, éclairée, et qui serait salutaire dans notre grande ville, autant et plus qu'ailleurs.

Telles sont, Messieurs, les initiatives publiques de l'Académie dans le cours de cette année : une exposition et deux conférences. Je leur devais une assez large part dans ce compte rendu, je n'ose avouer que ce sera au détriment de nos propres travaux dont j'abrégerai l'analyse. On m'a reproché, Messieurs, de ne dire que du bien de vos communications : comment en dirai-je du mal, alors que j'en aperçois surtout la valeur consciencieuse ? La critique, d'ailleurs, n'est point mon fait : je vous citerai, et ceux qui voudront critiquer vos œuvres commenceront par les lire.

SCIENCES

Nos confrères, MM. les Docteurs Guelliot et Colleville, ne manquent jamais de nous offrir leurs publications médicales. Nous les en remercions cordialement.

Les préoccupations des savants sur l'avenir de la navigation aérienne se font jour partout, en France comme en Amérique. M. Benoist vous a parlé de la machine volante de Hiram Maxim ; il en a détaillé le mécanisme et indiqué les résultats acquis (2).

(1) Voir le compte rendu donné par le *Courrier de la Champagne* du 24 mars 1895.

(2) *Les aéroplanes et la machine volante de M. Maxim*, par Gaston Tissandier, dans *La Nature*, 1894, 2e sem., p. 294.

Autre question internationale, universelle même, que celle du sort des échanges de monnaies entre les peuples et de la prééminence actuelle de l'or sur l'argent, dite pour cela *question du bimétallisme*. M. Maldan vous a résumé l'état de la bataille entre le camp blanc et le camp jaune; il a préconisé la réunion d'une conférence diplomatique qui saurait préserver la vieille Europe et apporter un remède à ce péril économique. M. Duchâtaux a présenté des observations en sens opposé; une discussion s'est engagée, et vous n'avez point conclu, laissant à l'étude et au temps le soin de poursuivre ces ardus et inquiétants problèmes.

BELLES-LETTRES

Le seul envoi littéraire de l'année est celui des *Sonnets* de M. Clovis Tisserand, notre correspondant à Rethel, dans lesquels il caractérise les écrivains les plus marquants du grand siècle sous des traits précis et en même temps avec beaucoup de simplicité d'expression.

HISTOIRE

Les Débuts de l'Échevinage rémois, ses origines et ses transformations, tel est le sujet d'un vaste travail de M. Thirion, le savant professeur dont nous déplorons le départ. Il a eu le temps de dépouiller, durant son séjour à Reims, toutes les séries des Archives communales, et de nous lire des aperçus de son ouvrage qui rétablira les faits et modifiera les conclusions d'Augustin Thierry. Il en est peu de cette valeur et de cette étendue dans nos Mémoires. Vous en avez jugé par les études sur la commune de Reims et les luttes des habitants avec le Chapitre et avec les archevêques Mannassès et Henri de France. Pourquoi faut-il interrompre ces lectures quand elles allaient aborder le rôle pacificateur de Guillaume de Champagne? Attendons patiemment la publication intégrale de l'œuvre dans nos volumes.

M. l'abbé Haudecœur a apporté le contingent de trois importantes communications à nos séances, l'une sur les *Espions anglais à Reims au XVI*e *siècle*, fruit de ses recherches en Angleterre et de sa connaissance des faits relatifs à Guillaume Allen, à Guillaume Gifford et autres réfugiés anglais; — la seconde, sur *Les Guillemites et leur fondateur*, contribution absolument nouvelle à l'histoire des ordres religieux en France et au prieuré de cet ordre à Louvergny (Ardennes); — enfin, la plus importante, sur *Jeanne d'Arc devant l'opinion et la littérature anglaise*, dont la publication a suivi de près la lecture à nos réunions. Tous ceux qu'intéresse la mémoire de Jeanne d'Arc hors de France, ont puisé dans cette revue une infinité de renseignements et d'exactes observations.

M. Ponsinet vous a rendu compte des travaux d'un autre genre sur Jeanne d'Arc, qui ont été vaillamment repris et très élégamment composés par un érudit champenois, M. l'abbé Misset. Il s'agit de cette question réputée insoluble, de l'*origine* et de la *nationalité de la Pucelle*, que M. l'abbé Étienne Georges avait entreprise de son côté et de longue date. — M. l'abbé Misset a mis dans ses exposés de la verve, de la netteté, une grande précision, mais peut-être des vues trop modernes et trop simples en ce qui concerne les divisions et les juridictions de l'époque. Vous continuerez à suivre ses études avec intérêt, sans les séparer des loyales et judicieuses répliques qu'elles inspirent à M. Léon Germain, notre correspondant à Nancy.

L'Armorial de l'Abbaye de Saint-Nicaise, tel est le chapitre ajouté cette année par M. Ch. Givelet à son étude sur la célèbre basilique de ce nom. Vous avez entendu avec non moins de curiosité le travail de M. Léon Le Grand, notre correspondant à Paris, sur le *Codicille de Gui de Roye, archevêque de Reims,* pièce qui complète son testament avec infiniment de détails précieux pour l'art et l'archéologie, l'histoire de la charité à Reims et la fondation du collège de Reims à Paris.

Un recueil trop oublié est celui des *Affiches de Reims* (1772-1805), feuille hebdomadaire due à l'initiative de Havé, avocat et homme de lettres, qui est effectivement le fondateur du journalisme à Reims. Mais quel journalisme en comparaison du nôtre ! On ne trouve dans les *Affiches* que des annonces fort curieuses aujourd'hui pour l'histoire, des récits d'événements la plupart fort intéressants, des descriptions de fêtes, des pièces morales, des poésies, et la nécrologie locale. Point d'articles de politique courante, point de discussion ni de personnalités. Malgré cela, ou plutôt à cause de cela, il a été facile à votre secrétaire général d'en extraire toute une *Chronique rémoise de la fin du XVIIIe siècle,* à laquelle il a joint des documents sur les derniers jours du Chapitre de Reims, sur les premières délibérations de la paroisse Notre-Dame, sur l'envoi par la municipalité du *Concile de Trente* à François de Neufchâteau, et enfin sur la population de la ville et des environs à l'époque de la Révolution.

C'est de la même époque que vous entretint, avec

une rare compétence, M. Cicile, notre correspondant à Reims, lequel nous quitte malheureusement, comme son confrère M. Thirion. Il vous a restitué sous son vrai jour, et avec une ressemblance absolue, un personnage très peu connu historiquement, sans doute parce qu'il fut le héros du roman d'Alexandre Dumas, *Le Chevalier de Maison Rouge*. Déjà M. Lenôtre avait publié *Le Vrai Chevalier de Maison Rouge*, qui donna le vrai nom et rétablit la biographie de Gonzze de Rougeville dans son cadre réel ; mais notre confrère fut encore plus précis que cet auteur dans son compte rendu : il corrigea certains points douteux, ajouta maints détails fort curieux, et nous retraça la vie entière du conspirateur dans une communication orale. Les plus curieux détails pour nous sont ceux de la mort de Gonzze, qui vécut interné à Reims sous le premier Empire, et y fut fusillé par ordre de Napoléon, au moment de la campagne de France.

ARCHÉOLOGIE, BEAUX-ARTS

La lecture de la suite d'*Arles gallo-romain*, par M. Bazin de Bezons, a précédé la publication que nous allons faire dans nos Mémoires de sa complète description de cette importante cité. Comme naguère pour Lyon et pour Nîmes, il étudie tous les débris antiques, tous les monuments debout ou détruits qui en sont la gloire dans le passé et dans le présent.

Ajoutons à cet égard que M. le Proviseur du Lycée a invité les membres de l'Académie à l'inauguration de la galerie archéologique disposée par ses soins dans cet établissement. Cette galerie comprend de nombreux moulages de bas-reliefs choisis et de sujets divers de l'antiquité, du moyen âge et de la Renaissance; on peut y suivre le style et les progrès de chaque époque. Une telle initiative répond trop bien au programme d'une société savante pour que vous ne deviez en féliciter le savant maître qui en est l'auteur et les élèves qui en profiteront.

Plusieurs documents inédits sur la construction de la belle église de *Notre-Dame de l'Épine*, entre autres un dessin original de l'abside découvert aux Archives de Reims, ont été mis au jour par M. Demaison, après qu'il en eut donné lecture au dernier congrès des Sociétés savantes. Le bon accueil fait à cette notice par le Comité des travaux historiques est le plus sûr garant de sa valeur. Ainsi se trouvent détruites les légendes sur les fausses dates acceptées jusqu'ici, ainsi que les prétendus plans d'un architecte anglais. M. l'abbé Puiseux, notre correspondant à Châlons, avait entamé le premier la réfutation des erreurs; notre confrère achève la pleine démonstration de la vérité.

S'inspirant des conférences de M. le baron de Baye sur les œuvres de Vasnetzof, M. Alph. Gosset nous a fait valoir le mérite des peintures à fresque dans les édifices religieux, en insistant sur la tradition qui leur maintint, dès l'origine, une place considérable dans les basiliques chrétiennes. Il demande le retour à cette tradition, et par conséquent l'adoption de plans d'églises en rapport avec la décoration murale la plus étendue possible. Cette motion est évidemment favorable aux intérêts de l'art, mais il a été observé à notre confrère que jamais l'on ne s'est départi entièrement des anciennes règles, et que, même dans les édifices gothiques, une part était réservée à la peinture proprement dite, en dehors des larges espaces destinés aux vitraux dans les baies, aux mosaïques dans les pavages, et aux tapisseries sur les murailles.

Les tapisseries sont encore en usage à Reims pour la décoration des chœurs et des basses-nefs des églises. A cette occasion, Messieurs, votre secrétaire général vous entretint de la restauration des précieuses tapisseries de la *Vie de Saint Remi,* dont la Direction des Beaux-Arts entreprend la restauration aux Gobelins. Ce grand travail, dirigé par M. Guiffrey, et dont M. Marcou, inspecteur adjoint des monuments historiques, est le plus dévoué promoteur, a rallié tous les suffrages au sein de l'Académie (1). Souhaitons qu'il en soit de même, avec le vote d'un subside en plus, au sein du Conseil municipal, qui est intéressé au premier chef à maintenir les richesses artistiques de la ville, principal attrait des visiteurs si nombreux dans nos monuments. Nos efforts, nos vœux ne seront point impuissants, si nous savons les faire valoir avec l'appoint de l'opinion et de l'intérêt public.

L'église Saint-Remi est d'ailleurs l'objet de multiples études, à raison des fêtes prochaines du 14e centenaire du baptême de Clovis. Un album général de l'édifice vous a été présenté par M. Rothier, photographe, en vue d'illustrer plus tard une histoire et une description complète du monument. Vous avez offert en reconnaissance à cet artiste un jeton de vermeil comme encouragement spécial.

Ce sont les tableaux de l'école Rémoise qui ont attiré cette année l'attention de M. le chanoine Cerf, et il en

(1) Voir une note sur cette restauration dans le *Journal des Débats*, reproduite dans le *Courrier de la Champagne*, 18 sept. 1895.

a découvert d'inconnus jusqu'ici aux chercheurs, dans les diverses communautés et les hôpitaux de Reims. Il en a dressé l'inventaire méthodique, et a fourni ainsi un nouveau contingent de modèles à nos artistes et aux amateurs contemporains.

ENVOIS DES CORRESPONDANTS

Outre les travaux manuscrits de nos correspondants signalés plus haut, nous devons mentionner les publications dont plusieurs ont bien voulu nous réserver l'envoi : M. le Dr Eug. Doyen nous a offert son ouvrage sur le *Traitement chirurgical des maladies de l'estomac* ; — M. Théodore Dubois, sa *Notice sur Gounod* ; — M. l'abbé Hannesse, son rapport au *Congrès eucharistique* ; — M. le baron de Baye, ses *Antiquités Frankes en Bohême* ; — M. l'abbé Péchenart, lauréat de l'Académie, son volume sur *Sillery et ses seigneurs* ; — M. Amédée Lhote, sa belle et utile *Histoire de l'Imprimerie à Châlons* ; — M. Armand Bourgeois, plusieurs opuscules littéraires ; — M. Bosteaux, ses rapports aux *Congrès pour l'avancement des sciences* ; — M. le baron Remy, ses recherches sur la *Maison de Beffroy* ; — M. Louis Mercier, un *Bouquet d'Idylles* ; — M. Louis Arnould, sa *Leçon sur La Fontaine* ; — M. l'abbé Étienne Georges, ses notices sur Troyes ; — M. Léon Germain, ses divers travaux d'archéologie lorraine ; — M. le comte de Marsy, sa *Lecture sur Racine* ; — M. N. Kharousine, son *Histoire d'une ancienne ville russe en Livonie* ; — M. de Lapparent, ses études sur l'*Age des formes topographiques* et l'*Équilibre de la terre ferme* ; — et enfin l'un de nos plus éminents confrères, M. Léopold Delisle, ses études sur les *Bibles de Gutenberg*, et sur les manuscrits de M. Armand Durand, parmi lesquels se trouve la *Chronique de Signy*, document important de notre histoire locale dont la trace était perdue.

DÉCÈS & MUTATIONS

Depuis trois ans, de 1892 à 1895, la mort n'avait causé aucun vide dans les rangs de nos membres titulaires, nous avions pris la douce habitude d'en remercier la Providence et de croire un peu à notre immortalité. Cette année, trois pertes successives nous ont rappelé que nous n'étions à l'épreuve d'aucun de ces coups douloureux du trépas, ni des séparations qu'ils entraînent.

Vous avez perdu M. le Dr Henri Jolicœur, dont nous vous présentions l'an dernier, à pareille séance, le bel ouvrage sur les *Ravageurs de la Vigne*, et qui continuait encore, sous les étreintes d'un mal qui ne pardonne pas, de nouveaux travaux profitables à tous (1). Bien qu'il n'ait pu s'associer directement à nos réunions dans son état de santé, son nom était un honneur sur notre liste, et ses œuvres resteront pour nous un légitime sujet d'orgueil. Aussi, vous vous êtes associés aux regrets et au deuil de la ville entière, pleurant un bienfaiteur des hospices et des pauvres.

Ce fut ensuite le tour d'un vétéran de la Compagnie, ferme et beau vieillard, infatigable dans ses travaux littéraires comme dans ses œuvres de charité, vous avez nommé M. Prosper Soullié, qui a tenu dans vos rangs une place si importante, l'espace de quarante-

(1) Journaux de Reims des 16 et 18 janvier 1895.

deux ans. Docteur et professeur agrégé de l'Université, officier de l'Instruction publique, il parcourut une honorable carrière dont une partie s'écoula au Lycée de Reims ; il prit sa retraite dans cette ville où il était né en 1815, et où il vient de mourir au seuil natal, fidèle à ses affections et aux devoirs de toute sa vie. Ses nombreuses lectures à nos séances, ses rapports sur les concours de poésie, ses actes comme secrétaire-archiviste et comme président lui assuraient dans nos annales une place ineffaçable ; vous avez tenu à en fixer le souvenir par un hommage d'adieu sur sa tombe et par une notice spéciale dans nos volumes (1).

Vous avez suivi un troisième deuil, celui de M. le Dr O. Doyen, ancien maire de Reims, professeur honoraire à l'École de Médecine, qui appartenait à l'Académie depuis trente-trois ans. Il y fit plusieurs conférences scientifiques, fréquenta nos séances et nous apporta fidèlement ses productions diverses, en dernier lieu son discours à l'École ménagère de Reims en 1894, intitulé *Une page d'Histoire sociale,* où il retraçait la fondation de cette École et ses services pour la formation de la mère de famille ouvrière. C'était une des plus nobles préoccupations de notre confrère, d'améliorer la condition des familles du peuple, d'en élever la moralité, de leur offrir une assistance vraiment digne et secourable, à leurs foyers et dans nos établissements hospitaliers (2).

A la suite des membres titulaires, j'ai à vous faire part du décès de deux membres honoraires et de deux correspondants, qui tous avaient eu des relations suivies avec la Compagnie.

(1) *Travaux de l'Académie,* t. XCV, p. 93.

(2) Notice dans le *Courrier de la Champagne* du 11 juillet 1895.

Le plus ancien, M. Bonneville de Marsangy, procureur du roi à Reims en 1841, avait été élu membre titulaire l'année même de la fondation de l'Académie, qu'il présida plusieurs fois avant son départ pour Versailles, en 1847. Il termina sa carrière à la Cour d'appel de Paris, et garda longtemps encore après l'heure de la retraite une virile activité (1). Il conserva, par ses publications juridiques, sa connaissance de l'administration et des services du parquet, une haute réputation dans le monde judiciaire (2). Il n'avait point oublié notre Société au cours de sa longue existence, et correspondit encore avec elle à l'occasion du concours de 1883. Il avait débuté par un rapport sur les *Caisses d'épargne*, au concours de 1843 ; ses autres travaux et ses discours perpétueront sa mémoire dans nos annales.

Un autre membre honoraire, beaucoup plus jeune, fut enlevé cette année prématurément à l'enseignement public, M. Gustave Carré, professeur agrégé d'histoire au Lycée Lakanal, qui fut, de 1883 à 1886, alors qu'il professait au Lycée de Reims, l'un de nos plus assidus confrères. Il nous fit participer à la préparation de sa thèse de doctorat sur le *Collège des Oratoriens de Troyes*, en nous donnant plusieurs intéressantes lectures sur ce sujet qu'il affectionnait. Il fit aussi le rapport sur un concours d'histoire, et stimula autour de nous le zèle

(1) H. Bonneville de Marsangy, conseiller honoraire à la Cour d'appel de Paris, né à Mons (Belgique) en 1802, est décédé à Paris en 1894, dans sa 93e année.

(2) Il fut l'un des organisateurs du casier judiciaire. *Nécrologie de H. Bonneville de Marsangy*, assez détaillée, avec appréciation de ses œuvres, détails sur sa carrière, etc..., publiée dans la *Gazette des Tribunaux*, et reproduite dans le *Courrier de la Champagne* du dimanche 16 décembre 1894.

en l'appliquant à la connaissance des bonnes méthodes historiques. Nous lui devons donc le juste tribut de notre estime et de nos regrets.

Le concours de 1875 vous avait procuré l'occasion de récompenser un mémoire sur la *Législation rurale en 1791*, envoyé par M. Masson, alors juge de paix à Avize. Devenu correspondant de l'Académie l'année suivante, il resta en relations avec nous à Épernay, puis à Reims, où il termina trop tôt sa carrière, en 1894, entouré de l'estime générale.

J'arrive au nom de l'un des plus illustres érudits de l'Europe, M. le commandeur J.-B. de Rossi, que des liens rattachaient de longue date au diocèse de Reims, et qui voulut bien s'associer à plusieurs de nos travaux. Il accepta le diplôme de correspondant que vous lui aviez décerné récemment en témoignage de gratitude pour ses services et d'admiration pour ses travaux. Son éloge est dans tous les recueils savants ; nous ne pouvons que nous en faire l'écho, et nous associer à ce concert unanime de regrets envers la mémoire de ce grand homme, de « ce beau génie, qui, selon l'expression de M. Ed. Le Blant, créa toute une science et découvrit tout un monde » (1).

La mort récente de M. Narcisse Brunette, architecte honoraire de la Ville, ne peut être passée sous silence dans cette nécrologie, bien qu'il ait cessé de faire partie

(1) Paroles de M. Ed. Le Blant à l'Académie des Inscriptions et Belles-Lettres, en lui annonçant la mort de M. de Rossi, dans la séance du 21 septembre 1894. — Autres éloges et notices, par M. l'abbé Duchesne, dans la *Revue de Paris*, 1894 ; — par M. Paul Allard, dans le *Correspondant*, 1894 ; — par M. Eug. Müntz, dans la *Gazette des Beaux-Arts*, décembre 1894, p. 512 ; — par M. A. Geffroy, dans les *Mélanges de l'École française de Rome*, octobre

de l'Académie, où son fils est venu reprendre sa place. Il fut l'un de nos membres fondateurs, et depuis longtemps le seul survivant ; son souvenir doit donc à cette heure revivre parmi nous dans un dernier hommage (1).

La mort n'a pas été seule à réduire notre contingent : un changement de résidence vient de nous priver de l'un de nos plus actifs et plus dévoués confrères, M. Paul Thirion, professeur agrégé d'histoire au Lycée de Reims, promu à l'une des chaires du Lycée de Versailles. Il ne nous quitte point tout entier, sa collaboration nous reste acquise pour une large part. Mais qui nous rendra le charme du voisinage, de l'étude en commun, de la participation aux mêmes sources de l'érudition locale ? Son collègue, M. Cicile, nous quitte également par suite de sa nomination au Lycée de Poitiers. A tous deux, nos félicitations et nos vœux.

Il est temps, Messieurs, de serrer nos rangs ou plutôt de combler les vides que la mort des uns et le départ des autres nous infligent si rudement à cette heure. Appelons de nouvelles et vigilantes recrues parmi nous, en leur transmettant la lampe de leurs devanciers qui ne doit jamais s'éteindre.

1894, p. 497 ; — par M. Ledos, dans la *Revue des Questions historiques*, avril 1895, p. 562 ; — par MM. A. Pératé et Jean Guiraud, dans la *Revue historique*, mars et mai 1895 ; — par M. Jehan de Witte, dans la *Revue de l'Art chrétien*, 1895 ; — enfin dans le *Bulletin du diocèse de Reims*, 29 septembre 1894.

(1) Journaux de Reims, 9 et 12 octobre 1895. — Discours de M. le Maire de Reims et de M. Alph. Gosset, président de la Société des Architectes de la Marne.

RAPPORT

SUR LE

CONCOURS D'HISTOIRE

Par M. l'Abbé HAUDECŒUR, Membre titulaire.

C'est l'honneur et l'utilité des académies de province de concourir, dans leur humble sphère, à notre histoire nationale. Nous connaissons déjà, sans doute, les principaux faits du passé de notre pays ; mais une foule de détails nous font défaut ; il nous reste à connaître bien des choses, à rectifier ou à mettre en lumière bien des points. C'est à cela que peuvent servir les biographies de personnages importants, les monographies de communes ou d'abbayes que vous récompensez chaque année et dont vous encouragez la publication. Ce sont des matériaux utiles pour une construction plus considérable, un appoint au grand travail historique qui restera l'un des principaux titres de gloire du XIXe siècle. En général, ces travaux présentent un certain nombre de difficultés. Il faut que les auteurs possèdent les notions générales qui les mettent à l'abri des erreurs historiques et des anachronismes ; surtout, ils sont obligés, privés qu'ils sont pour la plupart des ressources bibliographiques nécessaires, éloignés des dépôts d'archives ou des bibliothèques, ignorants des vrais principes de la critique historique, peu habitués aux méthodes nouvelles, de chercher longtemps et de se frayer difficilement leur voie. Ce n'est pas tout encore : quand ils ont amassé péniblement leur matière, compulsé des manuscrits qu'ils n'ont déchiffré qu'à force de patience, il leur faut rédiger cette masse informe *rudis indigestaque moles,* et en faire sortir l'ordre, la lumière, dans un bon style français. Ils ne sont pas toujours heureux. S'ils ont une abondante matière, ils ont peur d'en perdre une parcelle et font de trop longues citations, qui rendent leur style lourd et impersonnel ; s'ils veulent voler de leurs propres ailes, il leur arrive de ne pouvoir rendre leur pensée aussi correctement qu'il aurait fallu : métaphores qui ne suivent pas, temps qui ne sont pas en relation, phrases démesurément longues ou peu harmonieuses, hors-d'œuvre, digressions inutiles, parties peu en rapport avec l'ensemble : voilà les défauts d'un bon nombre d'essais, où la bonne volonté et le travail sont plus à louer que la rédaction. Mais l'Académie est de bonne composition ; elle aime à encourager les efforts et à ne pas détourner de recherches utiles par une sévérité excessive.

Cette année, l'appel de l'Académie pour une histoire de Robert de Lenoncourt a été entendu. Le programme portait : *Histoire de Robert de Lenoncourt, archevêque de Reims ; rechercher son origine, retracer sa vie politique et son administration, son influence, ses largesses aux églises ; apprécier l'essor des lettres et des arts sous son pontificat.* La division était tout indiquée, le plan tout tracé, et le sujet pouvait être traité avec une certaine ampleur et d'une façon suffisamment approfondie, sans prendre toutefois des proportions gigantesques. Les archives de Reims, les archives nationales, les archives et les ouvrages imprimés de la Lorraine et de la Touraine, auraient pu fournir des matériaux assez abondants et permettre de retracer la physionomie exacte de l'illustre prélat et de son administration. Or, votre

Commission s'est trouvée en face d'un travail aux proportions colossales de plus de 500 pages, mais ne réalisant pas le programme.

Faute de documents, nous dit l'auteur, il s'est contenté de rédiger les Annales de Reims, depuis l'arrivée jusqu'à la mort en cette ville de Robert de Lenoncourt. Ces Annales de Reims contiennent bien quelques faits qui ont trait à notre prélat ; mais le plus grand nombre sont sans rapport avec lui. Les citations, prises dans les décisions capitulaires ou dans les autres documents du temps, sont faites en latin, reliées ou non entre elles par quelques mots de français, de sorte que c'est plutôt une mine précieuse de documents qu'une vie de Robert de Lenoncourt qui nous a été soumise. La réunion de ces matériaux suppose une somme de travail immense et une patience de bénédictin ; elle pourra servir à l'auteur ou à un futur historien de Robert de Lenoncourt, pour une vie plus méthodiquement divisée et plus compendieusement composée. Toutefois, tout en reconnaissant l'imperfection de l'œuvre, mais en considération de la somme de travail qu'a nécessitée cette compilation, l'Académie décerne à l'auteur, publiciste bien connu, M. Clarin de La Rive, non pas le prix Duquénelle proposé, mais une médaille d'or de 100 fr., le priant de résumer son travail, de le condenser avec un plan déterminé, et d'en faire jaillir l'histoire de Robert de Lenoncourt telle que le programme le demandait.

Plusieurs monographies de communes ont été soumises à notre appréciation. La commune de Lavannes, voisine de Reims, autrefois dépendante du Chapitre, a donné matière à une monographie assez volumineuse. L'auteur, qui a pris pour devise : *Le pays natal est la patrie dans la grande patrie française,* a montré qu'il aime ce coin de terre, et a chaleureusement retracé son histoire. Cultivateur de profession, il nous avertit qu'il n'est pas un érudit et que ce n'est que dans ses moments de loisir, quand d'autres se livrent au repos ou au plaisir, qu'il a composé son mémoire. On sent, en effet, qu'il est peu habitué aux travaux historiques, qu'il ne sait pas se séparer des manuels pour les généralités, que sa critique n'est pas encore sûre, mais on trouve la bonne foi, le patriotisme, un travail consciencieux et des détails intéressants, à défaut de documents originaux. Il n'a pas négligé, comme beaucoup d'auteurs le font, le côté économique de la commune ; il nous donne l'état de sa population, la quantité des récoltes, la situation de la classe ouvrière, et procure ainsi de précieuses données aux monographies des classes rurales dont l'école de Le Play recommande la publication. Aussi l'Académie, voulant encourager le travail et la bonne volonté de l'auteur, M. Cousin-Henrat, cultivateur, ancien adjoint au maire de Lavannes, lui décerne une médaille d'argent.

Nous connaissons déjà l'auteur de la monographie de Vireux-Wallerand. L'Académie lui a décerné trois fois des récompenses. Travailleur infatigable, il réunit sur ce coin des Ardennes les documents les plus intéressants et les plus abondants. Sa nouvelle monographie d'une commune importante du département a mérité nos éloges. On y trouve en effet des détails curieux sur le pays, sur le patois, sur la vie et les mœurs des habitants, et ce qu'il faut pour une monographie sérieuse. L'auteur a pris acte des critiques que vous avez faites sur ses précédents travaux, et nous avons constaté, au point de vue de la rédaction et de la distribution de son mémoire, une amélioration sensible. Il a surtout moins de digressions et de considérations morales, et il va plus directement à son but. Il a joint des vues, des pièces originales qui rehaussent la valeur de son travail. Aussi, sommes-nous heureux d'honorer l'auteur, M. l'abbé Antoine, curé de Vireux-Molhain, d'une médaille de vermeil.

Raucourt et Haraucourt sont deux communes industrielles importantes de l'arrondissement de Sedan. Elles ont joué dans l'histoire locale un rôle considérable, surtout au temps des guerres de religion. Une monographie de ces deux communes, bien approfondie, bien documentée, méthodiquement divisée, ne pouvait qu'être intéressante et mériter vos suffrages. C'est ce qu'a réalisé un de vos anciens lauréats. Son travail est remarquable, et je laisse la parole pour l'apprécier à un savant compétent, feu M. Olivier de Gourjault : « Ce travail est une œuvre originale, complétement basée sur le document authentique, irréfutable. Il répond bien au cadre imposé par les concours de l'Académie de Reims. L'auteur a réuni dans ce but près de 7,000 pièces, actes, contrats, procès-verbaux, documents divers recueillis dans les chartriers des anciennes abbayes de la région, aux archives des Ardennes et des départements voisins : Nord, Meuse, Aisne, etc., aux archives nationales, à la Bibliothèque nationale, à la Bibliothèque de l'Arsenal, à celle des princes de Monaco, dans les archives de la Belgique et notamment dans la ville de Liége. Les dépôts des mairies ou des presbytères, les archives de l'archevêché, lui ont aussi fourni un riche appoint. Ces pièces inédites, la plupart inconnues, mises en notes dans le courant de l'ouvrage, viennent jeter un nouveau jour sur l'histoire de la région sedanaise, à laquelle s'est identifiée celle des deux communes de Raucourt et d'Haraucourt. Si les faits, en général, sont relatés avec la plus scrupuleuse exactitude, l'histoire des institutions n'y est pas négligée : seigneurie, justice, instruction, paroisse, vie communale, commerce, industrie, état moral des habitants, toutes ces questions sont traitées avec documents à l'appui, citations, exemples, et paraissent d'autant plus intéressantes, qu'à notre époque encore, leur étude attire et passionne plus d'un esprit sérieux.

L'auteur a compris que l'histoire locale est le résultat d'efforts persévérants, d'études longues et approfondies; aussi son travail est le fruit de plusieurs années de recherches ardues, et toujours pénibles ou onéreuses. C'est aussi en faisant appel au concours de spécialistes et en s'assurant la collaboration discrète de quelques savants, dont l'autorité n'est pas discutable, qu'il a pu faire de l'histoire de la vieille seigneurie de Raucourt et des institutions qui lui étaient propres, un monument dans son genre. Il a étudié parfois de petites choses, mais il a su dégager la vérité historique des idées élevées et toujours justes. » L'Académie, partageant cette appréciation, décerne à l'auteur, M. Sécheret, instituteur à Mouzon, une médaille d'or de 200 francs.

Vertus est une charmante petite ville, entre Épernay et Châlons, qui paraît remonter à une haute antiquité, et qui joua dans l'histoire de la Champagne un rôle considérable, avec le mont Aimé et sa forteresse si célèbre. Il y avait là certainement matière à une monographie intéressante et utile au point de vue historique, en ce sens qu'elle pouvait fournir des documents nouveaux et élucider des points d'histoire importants. L'auteur, malgré l'étendue de son travail et ses nombreuses recherches, ne nous a malheureusement fourni que des documents de seconde main. Il a réuni tout ce qu'on a écrit, tout ce que l'on a dit sur Vertus et ses seigneurs, il a divisé son travail d'une façon assez méthodique, mais il ne nous offre rien d'inédit. Nous ne voulons pas amoindrir son mérite, mais il s'est heurté à cette difficulté qu'éprouvent tant de chercheurs de bonne volonté : la lecture des manuscrits et des chartes anciennes, et le manque des connaissances nécessaires pour les étudier. Il ne faut pas que l'auteur confonde l'étymologie avec l'orthographe des noms, car ce sont deux choses différentes. Malgré ses lacunes, le mémoire sur Vertus a une valeur historique que nous nous plaisons à constater, et l'Académie décerne à l'auteur, vétéran de nos concours, une médaille de vermeil. Puisse cette récompense réjouir un peu l'auteur, M. Thenault, et être pour lui le témoignage des sympathies de l'Académie. Nous savons, en effet, qne c'est en transcrivant son Mémoire qu'il a subi la foudroyante atteinte de la maladie qui l'étreint encore.

Rédiger une monographie, après bien des recherches et maintes difficultés, est déjà un travail méritoire ; mais l'imprimer encore soi-même est une chose assez rare et digne d'être signalée ! C'est ce qu'a fait un modeste curé de campagne qui, dans son zèle pastoral, voulut attirer à la messe des paroissiens trop indifférents, en leur distribuant à la sortie de l'église une livraison de leur histoire locale, qu'il imprimait lui-même. C'est ainsi que nous avons la monographie de Saint-Loup-Terrier. Après avoir fait la description et l'historique du village et des nombreux hameaux qui en dépendent, l'auteur nous donne des détails curieux sur le pays, sur les maires de Saint-Loup depuis 1690, les instituteurs, les curés, les bienfaiteurs de l'église et les personnages de marque qui y sont enterrés. Les menus faits, le patois, la chronique locale ne sont pas négligés.

En poussant plus loin ses recherches, il serait sans doute parvenu à nous donner sur les seigneurs de Saint-Loup, et de Terrier surtout, plus de renseignements. L'auteur avoue simplement qu'il s'est servi du mémoire de M. Martinet, instituteur de la commune, que vous avez couronné; mais il a fait cependant un travail original, orné de vues locales et reproduisant le sceau de Nicolas de Morni et la pierre tombale d'Alix du Planier, tirés de l'ouvrage de notre éminent confrère M. le Dr Vincent. Un noël ancien, représenté autrefois dans l'église où il attirait les populations, est reproduit tout au long : il date du commencement du xviie siècle, et il est curieux à étudier. L'auteur, M. l'abbé Alexandre, curé de Saint-Loup-Terrier, reçoit, pour l'ensemble de son travail, une médaille d'argent et tous les encouragements de l'Académie.

Cette année 1895 est le millième anniversaire de la mort de notre grand historien rémois, Flodoard. Un de nos membres correspondants, admirateur passionné du célèbre chanoine, nous a communiqué un mémoire intitulé : *Un Millénaire,* étude historique ou notice sur Flodoard, chanoine de Reims, et ses œuvres. Il donne une biographie de Flodoard assez complète, et il analyse ses œuvres et les étudie au point de vue littéraire. Naturellement, il élève bien haut le mérite de son héros, qui est réel, nous le reconnaissons; mais son enthousiasme l'enlève parfois dans les régions de la poésie, et il nous donne en vers français un éloge et des traductions de passages remarquables de Flodoard, de sorte que nous nous sommes demandé si l'auteur aspirait au prix de poésie ou à celui d'histoire. Nous avons cru qu'il voulait simplement inspirer à l'Académie l'idée de fêter l'historien de Reims, en son dixième centenaire, et nous en avons pris acte. Nous remercions notre correspondant, M. l'abbé Bigot, curé de Ventelay, de son heureuse idée, et nous faisons comme lui le vœu qu'on apprécie à sa juste valeur Flodoard et ses œuvres.

Comme on le voit, la moisson a été abondante cette année ; cependant, nous avons toujours le regret que plusieurs des sujets proposés n'aient pas tenté quelques chercheurs. La vie et les ouvrages d'Eugène Géruzez, l'histoire de l'établissement hospitalier de Saint-Marcoul n'ont été l'objet d'aucun mémoire. Il y a là pourtant matière à des études intéressantes. Espérons que notre appel sera entendu, et que l'an prochain des lauréats plus nombreux encore que cette année recevront nos récompenses et nos applaudissements.

RAPPORT

SUR LE

CONCOURS DE POÉSIE

Par M. PAUL DOUCE, Membre titulaire.

MESSIEURS,

Le concours de poésie pour 1895 se présente avec une meilleure tenue que beaucoup de ceux des années précédentes, et nous pouvons dire que nous en sommes satisfaits. C'est une constatation bien agréable au début de ce Rapport. Que les concurrents qui n'auront point été récompensés veuillent bien la prendre pour une légère indemnité de leurs peines et un mot d'encouragement.

Nous n'avons à blâmer personne ; à personne nous n'avons à dire : gardez-vous de cette illusion que vous savez écrire en vers et renoncez, au moins pour en soumettre les fruits au jugement toujours sévère du public, à une distraction qui vous ferait perdre un temps précieux. Non, dans ce gros dossier que j'ai sous la main, composé de vingt-quatre pièces envoyées par dix-sept amateurs, il n'y en a pas une seule dont nous voudrions arracher l'auteur à son rêve et le priver de l'espoir d'être un jour lauréat de l'Académie de Reims... ou d'une autre. A cette bonne parole, est-il à craindre que les poètes ne répondent avec un zèle excessif et ne ménagent une belle besogne aux commissions de l'avenir ? Je puis affirmer qu'elles n'en auront pas peur et qu'elles sauront remplir leur devoir.

Pourquoi d'ailleurs nous plaindrions-nous si le nombre de nos concurrents, qui est ordinairement de quinze à vingt, grossissait quelque peu ? L'Académie des Jeux Floraux examine bien chaque année plusieurs centaines de pièces. A ce prix, Messieurs, notre Compagnie voudrait être aussi grande que sa grande sœur, et devenir ainsi l'objet des libéralités magnifiques dont celle de Toulouse vient d'être gratifiée.

Ceci dit sur le contentement que nous avons éprouvé, un conseil nous sera peut-être permis à l'adresse de quelques-uns, parmi les auteurs de nos vingt-quatre poèmes, de ceux surtout qui ont traité le sujet que l'Académie avait proposé : *le Baptême de Clovis.*

Ce sujet est évidemment fort classique ; il a été mis dès longtemps en vers latins et en vers français, principalement dans nos institutions scolaires, et la matière, pour grande qu'elle fût, et devant tenter les écrivains, pouvait paraître, à Reims, un peu banale. C'était le cas de lui enlever ce caractère et de le moderniser, si je puis dire. Traitant rapidement le côté liturgique et l'intervention divine plus ou moins matérialisée, il fallait montrer, du fait considérable de Clovis devenant chrétien, le progrès qui allait en sortir pour cette peuplade barbare qu'étaient les Francs, son union avec la population gallo-romaine, l'appui qu'elle trouvait près de celle-ci et la force immense que le concours des évêques lui apportait. Puis, les destinées de la nation étaient aperçues et mises en couleur comme dans un rêve prophétique. Les développements étaient faciles avec la forme épique plutôt qu'avec la forme dramatique, qu'a employée l'un de nos concurrents, ou paragraphique, dont s'est servi un autre, racontant le rôle spécial de chacun dans l'événement, un héros par paragraphe, un paragraphe par héros. Tous deux se sont trop étendus et ont oublié le précepte qu'il faut savoir se borner. Et ainsi, *le Baptême de Clovis* n'a pas rencontré de lauréat en cette année plus que l'an passé.

J'ai dit que le sujet aurait dû être modernisé, et j'ajoute que le concours n'est point assez dans le ton actuel de la poésie. Nos auteurs, à quelques exceptions près, ne sont pas suffisamment pénétrés de cette vérité, vraie en littérature comme en beaucoup d'autres choses, qu'il faut être de son temps. Sans aller jusqu'aux symbolistes, dont il serait injuste de médire, car si leur verbe est quelquefois obscur et leur phrase étrange, combien souvent leur pensée est féconde et suggestive ; ils ne paraissent pas connaître Lamartine — de Victor Hugo, je crains qu'ils n'aient peur — mais pas même Sully Prudhomme et Leconte de l'Isle. Ces beaux génies, pourtant, ont élargi les ailes de la Muse, ils ont agrandi la sphère poétique, et ils sont purs dans la forme. Je parle des auteurs qui traitent les sujets élevés. Quant à ceux qui préfèrent les sujets familiers, les tableaux d'intérieur, ou qui se font les analystes du cœur, pourquoi ne vont-ils pas à l'école de Musset et de Coppée, c'est à dire des successeurs directs de Mathurin Regnier et de Villon ? Les jeunes recevront toujours avec fruit les leçons de ces grands maîtres ; eux aussi ont été de leur temps des novateurs, et la lecture de leurs œuvres ne pourra que les fortifier dans leurs efforts pour renouveler et faire progresser l'art qui jamais ne demeure immobile.

Messieurs, parlant devant une Académie où la tradition est fort honorée, j'ai peut-être mauvaise grâce à dire du bien du modernisme, appliqué à la poésie. Je m'en excuse, si vous croyez que je doive le faire. Mais je reste à penser que le gentilhomme Salis et sa pléiade du Chat-Noir, y compris le poète Boudeski, sont des gens curieux et intéressants; que, s'ils étonnent, ils charment quelquefois, et que, si le public est avec eux, l'Académie aura beau être contre, c'est le public qui aura raison. Or, en bonne conscience, ma contrition ne sera point parfaite, ayant beaucoup de confiance dans le jugement de Monsieur *Tout-le-Monde.*

Je reviens à mon Rapport.

Le concours est bon, nous l'avons dit ; il n'a point été possible de récompenser toutes les œuvres qu'il a produites, mais il y a du bien à dire de la plupart.

Un mari déjà mûr nous envoie des strophes à sa femme, où il chante le bonheur de la vie conjugale :

Ah ! douce vision de nos beaux jours lointains !
Chaque heure que j'évoque apporte son ivresse,
Et comme aux rayons d'or des radieux matins,
Elle s'épanouit dans un chant d'allégresse.

C'est le style et le ton de toute la pièce ; ils sont louables, et l'Académie les a loués ; mais elle s'est bornée là. Les intimités perdent à être publiées, c'est en profaner le charme discret que d'appeler sur elles l'éclatante lumière de la critique.

L'auteur de *Mutatio rerum* possède un grand souffle et imite de grands maîtres ; mais si la pensée est élevée, l'expression est souvent défectueuse et le vers quelquefois incorrect. Il peut écrire, assurément, mais qu'il travaille encore et soit sévère à lui-même.

Voici une série de pièces qui sont des descriptions d'oiseau, petits poèmes faciles à faire, dont le nombre ne compense pas la faiblesse, quoiqu'il y ait quelques bonnes parties.

L'auteur du *Contraste social* traite en vers une matière qui n'est guère poétique : le socialisme chrétien et... l'autre. Les statuts de l'Académie lui interdisant les discussions politiques, elle a dû se contenter d'une simple lecture.

Un *Vœu* est une œuvre pleine de bonnes intentions, mais le sujet un peu ordinaire, et l'écrivain n'a pas un sentiment suffisant des conditions nécessaires de la poésie ; il devra remettre son œuvre sur le métier et surtout condenser son style et ses idées.

Un dialogue entre le vin de Bourgogne, le Bordeaux et le Champagne, aurait pu mériter le prix Clicquot, s'il avait été traité avec la finesse qui distingue ces trois excellents produits des vignes françaises ; c'est dommage, car ce nom-là eût joliment récompensé l'éloge du meilleur vin ; mais les alexandrins ne conviennent pas pour faire parler les grands crus ; ce qui doit sortir des coupes, quand elles sont si bien remplies, ce sont des paroles légères, des vers coupés et sautillants, qui ressemblent à une chanson, eussent-ils même la prétention de parler sérieusement.

Une série de petits poèmes chrétiens nous est envoyée par M. Louis Mercier, de Besançon ; ils racontent pour la plupart des légendes bourguignonnes ; sans être remarquables ni par l'expression ni par l'idée, ils sont corrects et harmonieux ; une saveur particulière, faite de sincérité et de piété, s'en dégage, et l'Académie a décerné à l'auteur une médaille d'argent.

Une médaille d'argent de première classe est également accordée à M. Paul Ouagne, de Bornet, près Beaumont-la-Ferrière, auteur d'une jolie fable, *le Grillon et le Papillon*, et d'un poème intitulé : *Vieux Cimetière*.

La fable est l'histoire d'un grillon qui se laisse entraîner loin de sa demeure par amour de la gloire, sur les conseils légers d'un papillon ; il trouve le trépas en route, et l'épigraphe du poème, est cette moralité empruntée à Du Bellay : « Eh ! qu'heureux est celui qui peut passer son âge entre pareils à soi. »

Voici le début, qui donne bien l'idée de l'ensemble :

Sur le bord d'un talus où le ruisseau pleure,
Gentiment exposé au soleil matinal,
Un grillon avait sa demeure.
Thym et serpolet, ainsi qu'un berceau,
En masquaient l'entrée à l'œil de l'oiseau,
Et tempéraient de leur ombrage
Les ardeurs des midis brûlants
Là, le vent pouvait faire rage,
Déchaîner ses troupeaux hurlants ;
Là, pouvait rugir l'orage
Du haut des cieux étincelants,
Notre barde, à l'abri dans sa retraite obscure,
Chantait et n'en avait cure.

Un assez bon sonnet, l'*Éternel supplice,* peignant l'homme sans cesse à la recherche de nouvelles jouissances, n'a pas paru à l'Académie équivaloir à un beau et long poème, mais il faut citer les six derniers vers :

Tu vas dans ton chemin, poursuivant l'introuvable,
Insatiable et fou, ton désir misérable
S'éteint auprès du but qu'il arrive à toucher...

Et, Sisyphe éternel, pris aux mêmes démences,
Comme le malheureux remontant son rocher,
Tu vois croûler ton rêve... et tu le recommences.

Un poème, ou plutôt une légende sur un fait historique, la peste de Béda, a quelque mérite ; mais le récit n'est pas assez vif, ni peint avec les couleurs orientales qui lui auraient convenu ; l'auteur manque de cette chaleur qu'il faut aux peintures dramatiques, quand on veut faire voir la scène au lecteur et le pénétrer d'une émotion aussi profonde que le sujet est grand.

Mlle Thorel, de Gaillon (Eure), nous envoie six pièces de mérites divers et de genres différents. Mlle Thorel est un poète chez lequel il y a de l'originalité, du goût, de la variété. Elle a l'habitude d'écrire et traduit sa pensée avec grandeur, élégance et distinction, soit qu'elle traite un sujet épique, comme cette légende armoricaine où Syldova, prêtresse des druides, pour sauver sa patrie de l'invasion romaine, immole d'abord son amant Kervor, et, ce sacrifice n'ayant point apaisé les dieux, s'immole ensuite elle-même ; soit qu'elle chante les rayons de la lune, les visions et les inspirations poétiques dont ils sont la source, ou qu'elle raconte quelque vieille histoire du moyen âge, comme la mort de Bellaude, fiancée du comte Roland, ou encore dise une souffrance du cœur comme celle-ci :

LASSITUDE

Si lourd est le poids de morne tristesse
Qui pèse aujourd'hui sur mon cœur lassé,
Si lourd est le poids de morne tristesse
Qu'amène un retour vers le doux passé.

Que pour alléger le fardeau qui blesse,
Je veux oublier, avec mes douleurs,
Comme un souvenir qui tue et qui blesse,
Ma jeunesse et tous mes pâles bonheurs.

Je veux oublier la troublante ivresse
De certains yeux noirs que toujours je vois ;
Je veux oublier la troublante flamme
Que me met au cœur le son d'une voix ;

Et ces longs baisers, doux oiseaux de l'âme
Qui paraissent fuir comme un fol essaim
De leur nid caché tout au fond de l'âme,
Et qu'une autre lèvre arrête en chemin.

Oui, je veux lutter et lutter sans trêve,
C'est l'amour dompté qui fait les cœurs forts.
Oui, je veux lutter et lutter sans trêve,
J'ai droit maintenant au repos des morts.

Suis-je enfin venue à bout de mon rêve ?
Ai-je enfin le calme et la paix des soirs ?
Je ferme les yeux... Aussitôt le rêve
Me rejette, hélas ! dans les vains espoirs.

Et ce n'est pas tout. La muse normande de Mlle Thorel, gaie et de franc parler, a voyagé en Bretagne ; elle y a vu la foi naïve des populations et elle s'est donné le malicieux plaisir de conter le trait suivant :

IL EST BON D'AVOIR DES AMIS PARTOUT

Une bonne femme à la Sainte Vierge
Un matin s'en vint allumer un cierge,
Puis, s'agenouillant, marmotta tout bas
Quelques mots pieux qu'on n'entendit pas.
Son oraison dite, au fond de l'église,
Derrière un pilier peint de couleur grise,
Elle en met un autre et dévotement
S'agenouille encore pendant un moment.
Passe le curé qui, chose incroyable !
L'entend murmurer : Monseigneur le Diable !
Il s'étonne fort. Que veut dire ça ?
Et pourquoi ce cierge à cet endroit-là ?
Monsieur le Curé, je le mets, ce cierge
Pour le Diable. — Au Diable ? — Oui, comme à la Vierge :
Faut pour l'avenir s'aviser de tout
Et se ménager des amis partout.

Si non e vero, bene trovato. Qui donc, connaissant un peu la basse Bretagne, pourrait répondre que Mlle Thorel a inventé cette histoire ?

L'Académie lui adresse ses compliments et ses encouragements, et lui décerne une médaille de vermeil.

Il nous reste un dernier lauréat, M. Achille Millien,

de Beaumont-la-Ferrière, dont l'éloge n'est plus à faire ici. Plusieurs fois récompensé par l'Académie, il a bien voulu encore nous envoyer cette année trois nouveaux morceaux. Ce sont de charmants poèmes écrits dans une note juste, mesurée, simple, que notre goût recherche particulièrement aujourd'hui. Nous y voyons la vie telle qu'elle est, la vie rurale surtout et le paysage qui l'encadre. L'auteur y ajoute ce qu'il faut de dessin et de couleur pour que le tableau ne soit pas réaliste dans le mauvais sens, et nous éprouvons, à lire et à regarder, l'émotion saine que donnent les choses vraies et vécues. Je n'insiste pas, je ne ferais que répéter ce qu'ont déjà dit, en meilleurs termes, mes prédécesseurs; voici quelques extraits de celle des trois pièces de M. Millien qui nous a paru la meilleure :

LE CÉLIBATAIRE

Au pied de la colline un village est tapi,
Son groupe de toits roux et de murailles blanches,
Coquettement se cache à demi sous les branches;
Le calme l'enveloppe, il paraît assoupi.

Mais c'est une rumeur de ruche bourdonnante
Sur la côte où la vigne étale son trésor;
L'éclatant soleil d'août l'inonde du bain d'or
Que verse à tièdes flots sa clarté déclinante.

Les vignerons, bras nus, la serpette à la main,
Émondent le feuillage, écartent les ramures,
Donnent air et lumière aux grappes presque mûres,
Qu'attendent le pressoir et la cuve demain.

Le poète décrit l'empressement des villageois à cueillir le raisin, leurs gais propos, leur entrain, leur bonne humeur.

.....Mais toi, mon camarade
Toiny, qu'à nulle époque on ne peut voir oisif,
Que fais-tu dans ta vigne, immobile et pensif ?
As-tu les membres las ? As-tu le cœur malade ?

— Assis, le regard fixe, indifférent aux bruits
D'alentour et les pieds pendants sur une fosse,
Où rampe le provin tordu, Toiny s'adosse
Au vieux pêcher ployant sous la charge des fruits.

Serait-ce qu'aujourd'hui s'affaisse son courage ?
Le plus rude travail ne lui fit jamais peur.
On se plaît à citer ses exploits de labeur,
On sait ce que ses bras ont abattu d'ouvrage.

Toiny précisément rêvasse à tout cela ;
Il songe, sa pensée en arrière est ravie ;
Un coup d'œil lui suffit pour embrasser sa vie
Dont aux champs paternels chaque jour s'écoula.

Un coup d'œil, car sa vie est simple. De bonne heure
Il reste seul avec sa mère qui longtemps
Veille aux soins du ménage et sous le faix des ans
Succombe... Quel grand vide en l'étroite demeure !

Son plaisir, quel est-il ? De bûcher ferme et dru
Durant chaque semaine, et, quand vient le dimanche,
Gars robuste à l'humeur joyeuse, à la main franche,
De fêter entre amis la piquette du cru.

Dans l'uniformité son temps passe. La terre,
Qui dès l'adolescence avec amour l'a pris,
L'a gardé tout entier : il a les cheveux gris,
Et comme il a vécu mourra célibataire.

Il est riche, son vin se compare aux meilleurs,
Son terrain s'est accru, sa cave est bien remplie...
D'où vient donc, ô Toiny, cette mélancolie
Qui t'isole, inactif parmi les travailleurs ?

Mais Toiny est seul, il fait d'amères réflexions sur la destinée qui l'attend ; point d'enfant autour de lui dans ses vieux jours ; personne connu, aimé de lui, pour recueillir le fruit de son labeur, et cette pensée le décourage. Le poème continue par une délicate peinture de la joie des vignerons, et finit par une larme de l'isolé :

Cependant sur les ceps rangés en droites lignes,
Le soleil qui se noie au couchant empourpré,
Jette les derniers feux sur son orbe échancré,
Mystérieux foyer d'où sort le sang des vignes.

Alerte ! la journée est finie, à demain !
Et tous les vignerons, dont le dos rond s'incline
Sous le faix journalier, descendant la colline,
A la file s'en vont par le petit chemin.

Chacun porte la gourde et la serpe et la pioche
Émergeant de la hotte... et bientôt les voici
Revenus au hameau par le soir obscurci.
Tout un essaim d'enfants a guetté leur approche ;

Et de crier, bondir et courir au-devant !
Un rire large et sain dilate leurs poitrines,
Le fumet de la soupe arrive à leurs narines...
Toiny vers sa maison marche seul et rêvant.

Il entre ; elle est muette et froide comme tombe ;
Pas de feu d'allumé pour son morne repas ;
Et tandis qu'il garnit son âtre, le front bas,
De sa paupière il sent une larme qui tombe.

L'Académie, en rappelant les récompenses qu'elle a déjà décernées à M. Millien, lui remet encore, pour ses derniers poèmes, une médaille d'or de 1re classe.

Telle est, Messieurs, l'analyse que j'avais à vous présenter, et je pourrais m'arrêter là. Mais je voudrais donner à ce Rapport une conclusion que la qualité du concours me paraît justifier.

Loin de décourager ceux qui répondent à notre appel, accueillons-les avec bienveillance, soutenons-les dans leurs faiblesses et aidons-les à gravir les cîmes, rudes à la montée, du Parnasse. S'ils n'atteignent pas tous le but, leurs efforts ne sont pas perdus. Que la littérature n'y gagne pas toujours, c'est possible, mais le travail qu'ils accomplissent accroît leur intellectualité et le champ de leurs pensées. Ils deviennent des instruments capables d'éprouver des vibrations plus nombreuses et plus étendues, et l'une d'elles peut tout à coup faire résonner d'autres âmes, toucher même l'âme universelle et la hausser d'un degré dans la conception du beau et de l'amour du bien. Laissons-les donc à leurs envolées et ne craignons pas les chutes ; s'ils en font, leurs ailes adouciront le choc.

Le poète est un chercheur comme le mathématicien, le philosophe et l'historien ; et je ne sais pourquoi M. Berthelot et M. Brunetière se disputent si acerbement sur la question de savoir si la science a fait banqueroute ou si elle sera notre seule religion. Ils cèdent tous deux à une tendance vers l'absolu, chacun tirant du côté où le portent ses études et son goût personnel. Ou plutôt je suis tenté de croire que ces grands esprits amusent la galerie. Ils savent très bien, l'un et l'autre, que la science ne sera pas mise en faillite et que l'homme cependant a besoin d'autre chose. Mais c'est une ruse de guerre que peut-être ils sont d'accord pour employer. Ils s'interpellent devant le front de leurs troupes comme des hérauts antiques, ils clament bruyamment pour exciter les savants et les penseurs qui sont derrière eux, et ils se disent que de cette bataille des idées sortira quelque profit pour les deux armées. Soyons rassurés Messieurs, il n'y aura dans cette lutte que des vainqueurs.

Non, n'arrêtons point le poète dans son labeur ; car son travail est aussi un rêve, le rêve que l'on fait quand on dort et qu'on oublie, le rêve que la science exalte loin de l'affaiblir. Et qui voudrait ne plus rêver ? Qui voudrait supprimer cette extase où la pensée seule nous conduit, sans le secours du magnétisme, où Pierre Loti voit tant de belles choses, quoique voilées souvent de tristesse ou de mélancolie. Qui, sinon l'homme décidé à mourir? En faisant ces réflexions, le nom d'un autre grand esprit se présente à mon souvenir, celui de M. Paul Desjardins, qui affirme que l'*Action* sera le grand remède aux maux dont on dit que nous sommes accablés et dont le principal est ce qu'on appelle aujourd'hui la lassitude de vivre. Et la méditation, Monsieur le Professeur, la méditation qui nous mène au pays des songes où l'on trouve le calme après l'action, le repos après l'agitation, ne pensez-vous pas qu'elle puisse servir aussi à guérir le triste mal dont vous vous plaignez? Or, si quelqu'un médite, c'est le poète, même le poète enfant et qui balbutie.

Pour ces raisons, Messieurs, exprimant par une formule économique, et partant scientifique, une idée littéraire, afin de réconcilier et d'enlacer si possible, et s'ils en ont vraiment besoin, MM. Berthelot et Brunetière, je crois que le poète est un des meilleurs agents de perfectionnement de l'humanité, et je vous demande d'applaudir les œuvres des nôtres.

HISTOIRE NATURELLE

Note remise, au nom de MM. BAGNERIS *et* COLLEVILLE, *Membres titulaires, au sujet de la présentation d'un Herbier portant pour titre :* Les Remèdes des champs à l'École primaire.

L'Académie nous a fait l'honneur de nous demander notre appréciation sur une collection de plantes séchées réunies en un herbier ayant pour titre : *Les Remèdes des champs à l'École primaire.*

L'auteur, en déclarant qu'il veut faire connaître à ses jeunes élèves quelques médicaments simples et usuels, qui peuvent rendre de sérieux services dans les indispositions légères, trace exactement son programme, et en même temps les limites entre lesquelles doit s'exercer l'éloge ou la critique.

Nous pensons que c'est une excellente idée et une entreprise digne de tout éloge, que de donner à chaque élève un pareil herbier. Mais nous pensons aussi que l'auteur est loin d'avoir atteint son but, qu'il s'en est même écarté quelquefois, que dans certaines parties l'œuvre est absolument défectueuse.

Il n'est peut-être pas de famille botanique qui n'ait livré quelque produit à la médecine. Aujourd'hui, l'on tend avec raison à remplacer l'action incertaine de la plante par les substances actives qu'elle contient, substances susceptibles d'une grande pureté et d'un dosage exact. On a, d'ailleurs, fait justice d'un grand nombre de remèdes qui sont tombés dans l'oubli, et restreint du même coup le nombre des plantes ou parties de plantes qui doivent figurer dans les collections des herboristes. C'est là une raison qui pourrait excuser le petit volume de l'herbier soumis à notre examen. Malheureusement, le choix des plantes n'est pas judicieux, et à côté de spécimens bons à conserver, il s'en trouve une majorité de tout à fait inutiles. Je citerai, par exemple, la chélidoine, l'ononis, la linaire, la bryone, le géranium, la pervenche, le gaillet, la prêle, la primevère, la clématite, l'ancolie, l'anémone. D'autre part, nous regrettons l'absence des cresson, cochlearia, moutarde, fenouil, angélique, coriandre, digitale, aconit, mélisse, belladone, jusquiame, qui auraient tout autant et même plus de raison de figurer.

Venons maintenant à une critique beaucoup plus sérieuse. Voici la grande famille des ombellifères qui n'est représentée que par l'anis, et cependant cette famille contient d'autres plantes très communes, qui, à cause de leurs propriétés vénéneuses, demanderaient à être représentées, et surtout sûrement distinguées de leurs voisines alimentaires. Indiquer quelques bons remèdes simples, c'est parfait ; mais éviter des erreurs fâcheuses, et chaque jour constatées, serait mieux encore. Je veux parler ici des ciguës. Chacun sait que l'on confond vulgairement sous ce nom trois ombellifères qu'il faudrait distinguer : la ciguë aquatique, très vénéneuse, et dont la racine a été confondue avec celle des panais, plante alimentaire ; — la grande ciguë, ciguë de Socrate, celle des pharmaciens, qui ressemble au persil, avec lequel on peut d'autant plus aisément la confondre qu'elle est plus jeune ; — enfin la petite ciguë, ou ciguë des jardins, dite aussi faux-persil, pour montrer la difficulté de la distinction quand elle n'est pas en fleur. — Voilà certes un exemple qui suffira à montrer une lacune très regrettable. N'y aurait-il pas lieu, se demande M. Colleville, de montrer par un dessin explicatif les particularités qui définissent bien la plante et suppriment l'incertitude? J'y souscris volontiers pour ma part; mais j'ajoute que, dans les cas où les caractères distinctifs résident dans la couleur ou l'odeur, le dessin reste insuffisant, et qu'un tableau en quelques lignes, de ces caractères, fixerait au moins la mémoire. J'en prends un exemple dans la famille des composées, où l'auteur nous montre la camomille romaine. Rien n'indique ce qui fait la différence de cette espèce officinale avec les autres camomilles inusitées. Rien de plus simple cependant que d'écrire à côté de la plante : la camomille romaine sent bon, les autres ont une odeur fétide et repoussante.

Ces petits tableaux auraient encore un autre avantage : ils permettraient de rappeler, à propos d'une plante commune, les vertus d'une plante voisine non représentée. Ainsi, à côté du coquelicot l'on écrirait : sous le même nom générique, le papaver somniferum fournit l'opium. — A propos des violettes, on signale les ipécas. — A la place du gaillet, complétement inutile, on met l'aspérule, commune dans nos bois, et l'on note qu'elle sert à produire un vin parfumé très goûté dans certains pays. — Au lieu de l'anémone, sans aucune valeur, on choisit l'aconit, bien autrement important à connaître. Enfin, il serait excellent de faire connaître, à propos des poisons, quelles sont les parties de la plante qui sont dangereuses : par exemple, la belladone tout entière est nocive, tandis que dans l'ivraie les fruits seulement sont malfaisants.

Nous avons, en résumé, relevé des imperfections

auxquelles il nous semble facile de remédier ; quelques erreurs sans importance. Nous pensons que, telle qu'elle nous est présentée, l'œuvre ne saurait même être mise en comparaison avec des flores champêtres que la librairie nous offre, livres simples et bien à la portée du rural ; mais nous répétons qu'il y a là un effort des plus méritoires, et nous nous plaisons à le signaler à l'Académie. L'auteur est M. Léon Maillard, instituteur à Ormes, près Reims.

PRIX & MÉDAILLES

décernés dans la

Séance publique du 17 Octobre 1895

POÉSIE

1. — Une médaille d'or de 100 fr. est décernée à M. Achille Millien, membre correspondant à Beaumont-la-Ferrière (Nièvre), pour ses pièces diverses.

2. — Une médaille de vermeil à Mlle B. Thorel, à Gaillon (Eure), pour ses pièces diverses.

3. — Une médaille d'argent de première classe à M. P. Ouagne, à Bornet (Nièvre), pour sa fable.

4. — Une médaille d'argent à M. Louis Mercier, membre correspondant à Besançon, pour sa pièce *Les Roses de Noël.*

HISTOIRE

1. — Une médaille d'or de 200 fr. à M. Sécheret, instituteur à Mouzon, pour sa *Monographie de Raucourt et Haraucourt (Ardennes).*

2. — Une médaille d'or de 100 fr. à M. Clarin de la Rive, pour son *Étude sur Robert de Lenoncourt, archevêque de Reims.*

3. — Une médaille de vermeil à M. Thénault, lauréat de précédents concours, pour sa *Monographie de Vertus (Marne).*

4. — Une médaille de vermeil à M. l'abbé Antoine, lauréat de précédents concours, pour sa *Monographie de Vireux-Wallerand (Ardennes)*.

5. — Une médaille d'argent à M. Cousin-Henrat, cultivateur à Lavannes (Marne), pour sa *Monographie de Lavannes*.

6. — Une médaille d'argent à M. l'abbé Alexandre, curé de Saint-Loup-Terrier, pour la publication d'une *Histoire de la commune de Saint-Loup-Terrier (Ardennes)*.

BEAUX-ARTS

Un jeton de vermeil est offert à M. Rothier, photographe, pour l'envoi de ses *Albums de l'Exposition rétrospective et de l'Église Saint-Remi de Reims*.

ACADÉMIE NATIONALE DE REIMS

SÉANCE PUBLIQUE

du Jeudi 17 Octobre 1895

PROGRAMME

1. Discours d'ouverture, par M. Albert Benoist, Président annuel.
2. Compte rendu des Travaux de l'année 1894-1895, par M. Henri Jadart, Secrétaire général.
3. Rapport sur le Concours d'Histoire, par M. Haudecœur, Membre titulaire.
4. Rapport sur le Concours de Poésie, par M. Paul Douce, Membre titulaire.
5. Proclamation des Prix et Médailles, par M. L. Demaison, Secrétaire Archiviste.

L'Album de l'*Exposition rétrospective de Reims* et celui de l'*Église Saint-Remi* (photographies par F. Rothier), seront exposés dans la salle.

PROGRAMME DES CONCOURS

OUVERTS

POUR LES ANNÉES 1896 & 1897

PRIX A DÉCERNER EN 1896

HISTOIRE

Histoire du Collège de Reims, fondé par Guy de Roye en l'Université de Paris; son existence jusqu'au XVIIIe siècle.

Les documents pour cette étude se trouvent aux Archives nationales et aux Archives de Reims.

Le prix consiste en une médaille d'or de 100 francs.

Histoire de l'Hôpital de Saint-Marcoul, fondé à Reims au XVIIe siècle.

Les documents se trouvent aux Archives communales et aux Archives hospitalières de Reims.

Le prix consiste en une médaille d'or de 100 francs.

LITTÉRATURE

Étude sur la vie et les ouvrages d'Eugène Géruzez, né à Reims en 1799, professeur d'éloquence française à la Sorbonne, mort à Paris en 1865.

Le prix consiste en une médaille d'or de 100 francs.

ÉCONOMIE POLITIQUE

Étude d'une question d'économie politique ou d'économie sociale, intéressant particulièrement l'industrie, le commerce ou la région de Reims.

Le prix consiste en une médaille d'or de 100 francs.

—

SCIENCES

Étude de physique, de chimie ou d'histoire naturelle intéressant particulièrement l'industrie, le commerce, ou la région de Reims.

Le prix consiste en une médaille d'or de 100 francs.

—

POÉSIE

Une médaille d'or de 100 fr. sera décernée à la meilleure pièce de vers sur *le 14e Centenaire du Baptême de Clovis et des Francs.*

Ce sujet pourra être traité à l'occasion de la célébration à Reims, en 1896, du quatorzième centenaire du Baptême de Clovis.

Des médailles pourront être, en outre, accordées aux auteurs de pièces de poésie sur des sujets de leur choix.

PRIX A DÉCERNER EN 1897

—

HISTOIRE

Histoire de la Maîtrise de Reims, depuis ses origines jusqu'à nos jours; recherches sur ses maîtres et ses élèves, l'enseignement de la musique et du chant à Reims.

Les documents se trouvent à la Bibliothèque et aux Archives de Reims, ainsi qu'aux Archives de la Fabrique de Notre-Dame.

Le prix consiste en une médaille d'or de 100 fr.

PRIX A DÉCERNER CHAQUE ANNÉE

1° Monographie d'une commune importante du diocèse de Reims, soit ancien, soit nouveau (Ardennes et Marne).

A l'histoire des principaux événements dont la commune fut le théâtre depuis son origine jusqu'à nos jours, les auteurs joindront l'étude des institutions qui y furent en vigueur, la seigneurie, la justice, l'impôt, le régime municipal, l'instruction, l'assistance publique, etc., sans négliger les principales industries du pays, les moyens de transport, les usages, les traditions, les changements survenus dans les mœurs, etc.

Ils éviteront, sur ces divers points, de s'engager dans des considérations générales.

Ils compléteront l'étude du pays par un aperçu géologique du sol, par l'indication des produits qu'on en tire et des diverses cultures qui y sont distribuées, par celle des chemins et des cours d'eau qui le traversent, des lieuxdits et des points dignes de remarque, par la description des monuments existants ou détruits.

Les Archives de la ville de Reims, section ecclésiastique, celles du département à Châlons, et celles des Ardennes à Mézières, offrent des documents sur la plupart des communes du diocèse.

2° Notice historique et descriptive des monuments civils et religieux de l'un des cantons de l'arrondissement de Reims ou du département des Ardennes.

Les auteurs feront connaître les églises, maisons religieuses, châteaux, camps ou enceintes fortifiés, tumulus, ruines, inscriptions, meubles précieux qui existent dans chaque commune du canton ; les villages, églises, châteaux, aujourd'hui détruits, qui se trouvaient sur son territoire ; les noms qu'ont portés ces localités aux différentes époques de leur histoire ; le tracé des anciennes voies qui les mettaient en communication ; enfin, les découvertes d'antiquités qui y ont été faites.

Ils devront se borner, pour les détails historiques, légendaires ou autres, à un exposé substantiel et sommaire ; et, en ce qui concerne les monuments, aux détails rigoureusement nécessaires pour en faire connaître l'époque, le plan et les points véritablement curieux. Ils joindront à leurs notices des dessins ou des photographies des plus remarquables édifices.

Ils indiqueront en note les sources consultées pour la partie historique du travail, de façon que le lecteur puisse s'y reporter.

Le prix, pour chacune de ces questions, consiste en une médaille d'or de 200 francs.

L'Académie distribuera aussi chaque année des médailles d'encouragement aux auteurs de travaux qui lui seront soumis en dehors des questions indiquées, et aux auteurs d'œuvres d'art ou d'industrie.

Les prix et médailles seront décernés en séance publique.

Les mémoires devront être inédits et n'avoir été envoyés à aucun concours antérieur. Ils seront adressés (franco) *à M. le Secrétaire général, avant le 31 mars 1896,* **terme de rigueur.**

Les auteurs ne doivent pas se faire connaître ; ils inscriront leur nom et leur adresse dans un pli cacheté, sur lequel sera répétée l'épigraphe de leur manuscrit.

Les manuscrits envoyés ne sont pas rendus.

Les ouvrages couronnés appartiennent à l'Académie ; les auteurs ne doivent pas en disposer sans son autorisation.

Reims, le 26 juillet 1895.

Le Secrétaire général,
H. Jadart,
13, rue du Couchant.

Le Président annuel,
A. Benoist.

TABLEAU

des Membres composant l'Académie nationale de Reims

AU 25 JUILLET 1895

BUREAU POUR L'ANNÉE 1894-95

Président d'honneur, S. Ém. le Cardinal Archevêque de Reims.

	MM.
Président	A. BENOIST.
Vice-Président	Alph. GOSSET.
Secrétaire général	H. JADART.
Secrétaire archiviste	L. DEMAISON.
Trésorier	Ed. LAMY.
Membres du Conseil d'administration	PIÉTON. L. PÉCHENARD. V. DUCHATAUX.

BUREAU POUR L'ANNÉE 1895-96

Président d'honneur, S. Ém. le Cardinal Archevêque de Reims.

	MM.
Président	Alph. GOSSET.
Vice-Président	BAZIN DE BEZONS.
Secrétaire général	H. JADART.
Secrétaire archiviste	L. DEMAISON.
Trésorier	Ed. LAMY.
Membres du Conseil d'administration	L. PÉCHENARD. V. DUCHATAUX. A. BENOIST.

MEMBRES TITULAIRES PAR RANG D'ANCIENNETÉ

MM.

1847. Paris (H.), avocat, ancien maire de Reims.
1853. Mennesson (Aug.), ancien notaire, membre du Conseil d'arrondissement.
1855. Piéton (F.), avocat.
1857. Givelet (Ch.), associé de la Société des Antiquaires de France.
1860. Thomas, député, professeur honoraire à l'École préparatoire de médecine.
1862. Luton (⊗ I.), directeur de l'École préparatoire de médecine.
1862. Coze (E.), directeur de l'Usine à gaz.
1863. Lantiome, avocat.
1864. Cerf (l'abbé), chanoine titulaire, correspondant du Ministère de l'Instruction publique.
1865. Duchataux (V.), avocat.
1866. Gosset (Alph.) (⊗ A.), architecte.
1870. Diancourt (* ⊗ A.), ancien maire de Reims, sénateur de la Marne.
1873. Butot (l'abbé), curé-doyen de Saint-Jacques.
1873. Werlé (le comte A.), nég[t] en vins de Champagne.
1876. Le cardinal Langénieux (*), archevêque de Reims.
1876. Jullien (E.), ancien vice-président du Tribunal civil.
1877. Péchenard (P.-L.), docteur ès-lettres, protonotaire apostolique, vicaire général du diocèse.
1877. Demaison (L.) (⊗ A.), conservateur adjoint des Archives de la Ville, correspondant du Ministère de l'Instruction publique.

1878. Jadart (H.) (✪ A.), conservateur adjoint de la Bibliothèque et du Musée de la Ville, correspondant du Ministère de l'Instruction publique.

1880. Douce (P.), notaire.

1881. Brissart (A.), avocat.

1881. Benoist (A.), manufacturier, ancien élève de l'École Polytechnique.

1882. Maldan (Th.), vice-président du Comice agricole.

1882. Lamy (Ed.), architecte.

1883. Michaut (H.) (✱), ing. ord. des Ponts et Chaussées.

1884. Givelet (H.), propriétaire.

1884. Decès (A.) (✱ ✪ I.), professeur à l'École préparatoire de médecine.

1885. Guelliot (O.), docteur en médecine.

1887. Henrot (H.) (✱ ✪ I.), maire de Reims, professeur à l'École préparatoire de médecine, correspondant de l'Académie de Médecine.

1889. Cauly (E.), vicaire général du diocèse, prot. apost.

1889. Colleville, docteur en médecine, professeur à l'École de médecine de Reims.

1889. Brunette (E.) (✪ I.), architecte de la Ville.

1889. Henriot (P.) (✱), ingénieur au corps des Mines.

1890. Dauphinot (Ad.) (✱), président honoraire de la Société des Amis des Arts.

1890. Compant (l'abbé), vicaire général du diocèse.

1890. Bagneris (E.) (✪ A.), docteur en médecine, agrégé des Facultés.

1892. Lefort (Alfred), notaire.

1892. Thirion (✪ A.), prof. agrégé d'histoire au Lycée.

1893. Morel (L.) (✪ I.), receveur des finances en retraite, correspondant du Ministère de l'Instruction publique.

1893. Bazin de Bezons (✪ I.), proviseur du Lycée.

1893. Haudecœur (l'abbé), professeur au Petit Séminaire de Reims.

1893. Froussard (V.) (✻), conservateur des Hypothèques à Reims.

Membres titulaires décédés pendant l'année 1894-95.

MM. Jolicœur (H.) (✻ ⊗ A.), professeur à l'École préparatoire de médecine, conseiller général.

Soullié (Pr.) (⊗ I.), docteur ès-lettres, ancien professeur de l'Université.

Doyen (O.) (✻ ⊗), ancien maire de Reims, professeur honoraire à l'École préparatoire de médecine.

Membres honoraires et correspondants décédés pendant l'année 1894-95

MM. Bonneville de Marsangy, ancien président de l'Académie, conseiller honoraire à la Cour d'appel de Paris.

Gustave Carré, professeur agrégé d'histoire au Lycée Lakanal, à Sceaux.

Masson, juge de paix, à Reims.

Le Commandeur Jean-Baptiste de Rossi, à Rome.

LISTE DES OUVRAGES

Adressés à l'Académie nationale de Reims

PENDANT L'ANNÉE 1894-95

I. — Ouvrages publiés par les Membres de l'Académie.

Dr E. DOYEN.......... *Traitement chirurgical des affections de l'estomac et du duodenum*, 1895, in-8°.

H. JADART............. *Les Portraits rémois du Musée de Reims*, — peintures, — dessins, — sculptures. — Catalogue descriptif, 1894, in-8°.

M. Prosper Soullié, Membre titulaire et ancien Président de l'Académie. — Discours prononcé au cimetière du Nord, le 11 février 1895, et Bibliographie de ses œuvres publiées de 1853 à 1893.

Dr O. GUELLIOT....... *Greffe par approche*, méthode italienne modifiée (extrait de l'*Union médicale du Nord-Est*, décembre 1893).

Contribution au traitement chirurgical des péritonites généralisées (extrait de l'*Union médicale du Nord-Est*, août 1894).

Drs O. GUELLIOT et LÉVÊQUE. *Indications et résultats du curettage de l'utérus* (extrait de l'*Union médicale du Nord-Est*, mars 1893).

P.-L. PÉCHENARD..... *Rapport sur le Congrès eucharistique de Jérusalem*, 1894, in-8°.

Dr COLLEVILLE........ *Sur un cas d'hémimyoclonie* (extrait de la *Gazette hebdomadaire de Médecine et Chirurgie*, août 1894).

Dr O. DOYEN.......... *Une page d'histoire sociale* (discours prononcé à la distribution des prix à l'École professionnelle et ménagère de Reims, le 18 août 1894).

Dr H. JOLICŒUR....... *Description des ravageurs de la vigne, insectes et champignons parasites,* représentés en couleurs avec indication des meilleurs moyens employés pour les combattre, 20 planches en chromolithographie dessinées d'après nature, 1894.

Ch. CERF............ Congrès eucharistique de Reims, 25-29 juillet 1894 : *L'Eucharistie dans les arts dans l'ancienne province de Champagne,* in-8°.

Anciens usages dans quelques églises de Reims, 1894, in-8°.

Ch. GIVELET, H. JADART et L. DEMAISON. *Catalogue du Musée lapidaire rémois établi dans la chapelle basse de l'Archevêché,* 1865-1895.

Th. DUBOIS........... *Notice sur C. Gounod,* 1894, in-8°.

L'abbé Al. HANNESSE.. Congrès eucharistique de Reims, 25-29 juillet 1894 : *La dévotion eucharistique à Reims avant la Révolution,* in-8°.

Baron J. DE BAYE.... *Antiquités frankes trouvées en Bohême,* 1894, in-8°.

Compte rendu des travaux du 9e Congrès russe d'Archéologie, 1893, précédé d'une *Étude historique sur la Lithuanie et Vilna,* 1894, in-8°.

L'abbé L. PÉCHENART. *Sillery et ses seigneurs,* 1893, in-8°.

Louis MORIN.......... *Jaloux de soi-même,* comédie en un acte, 1894.

Amédée LHOTE....... *Histoire de l'imprimerie à Châlons-sur-Marne.* — Notice sur les imprimeurs, libraires, relieurs et lithographes, 1488-1894, avec marques typographiques et illustrations, 1894, in-4°.

A. BOURGEOIS......... *Un chercheur châlonnais,* 1890.

BOSTEAUX-PARIS...... *Association française pour l'avancement des sciences.* (Congrès de Besançon, 1893.) — *Comparaison entre le frontal d'un « bos priscus » et le frontal d'un « aurochs ».— Motifs d'ornementation sur la poterie néolithique de la station du Mont-de-Berru (Marne). — A propos d'une faucille en silex trouvée en Égypte. — Fouilles gauloises dans les environs de Reims, pendant les années 1892-93.*

L. MORIN............ *Les Communautés des cordonniers, basaniers et savetiers de Troyes,* 1895, in-8°.

Baron Ch. Remy...... *Une famille noble de Champagne. La maison de Beffroy*, 1895, in-8°.

L. Mercier........... *Bouquet d'idylles*, 1894, in-8°.

Léopold Delisle...... *Les Bibles de Gutenberg*, d'après les recherches de Karl Dziatzko (extrait du *Journal des Savants*, juillet 1894).

Manuscrits légués à la Bibliothèque nationale par Ar. Durand, in-8°.

P. Sébillot, L. Morin et P. Ristelhuber. *Livres et images populaires* (extrait de la *Revue des traditions populaires*), 1894, in-8°.

L. Arnould........... *Leçons d'ouverture d'un cours sur La Fontaine. — De la vie actuelle de La Fontaine en France*, 1895, in-8°.

L'abbé Ét. Georges.. *La révolution de 1789 à Troyes* (notice anecdotique d'après les autographes inédits), 1895, in-8°.

N. Kharousine....... *Histoire de Guercéké, ancienne ville russe en Livonie.* — Moscou, 1895.

Léon Germain...... .. *Extrait des Annales de l'Est sur les questions de la nationalité de Jeanne d'Arc.*

Comte de Marsy...... *Jean Racine, sa fortune, son mobilier et sa toilette* (lecture faite à la séance publique des Antiquaires de Picardie, le 4 décembre 1894), in-8°.

A. de Lapparent...... *L'âge des formes topographiques* (extrait de de la *Revue des questions scientifiques*, octobre 1894), in-8°.

L'équilibre de la terre ferme (extrait du *Correspondant*), 1894, in-8°.

II. — Dons du Ministère de l'Instruction publique. — Hommages divers et journaux.

Annales du Cercle archéologique d'Enghien, 1894, tome V, 1re et 2e livraison.

Revue des Travaux scientifiques, 1893, tome XIII; 1894, tome XIV.

Bulletin de l'Association philotechnique, nos 6, 7, 8, 9 et 10, 1894; nos 1, 2, 3, 5, 1895.

Union médicale du Nord-Est, nos 7 à 12, 1894; nos 1 à 12, 1895.

Journal d'hygiène, nos 928 à 953, 1894; nos 954 à 979, 1895.

Le Courrier littéraire, organe officiel de l'Association nationale des littérateurs français et de la centralisation littéraire, octobre 1894.

Bulletin de la Société de médecine légale de France, tome XIII, 1re partie, 1894.

Missouri. — Transactions of the Academy of Science, of Saint-Louis. volume VI, nos 9 à 17, 1894.

Étienne Héron de Villefosse. — *Catalogue des pièces manuscrites* composant la collection dite *Topographie de Champagne,* à la Bibliothèque Nationale, préparé par Ed. de Barthélemy, publié et complété par E. Héron de Villefosse, 1892, in-8°.

Edgard Denancy. — *De la colonisation dans ses rapports avec la production et la consommation,* 1894, in-12.

E. Misset. — *Jeanne d'Arc champenoise,* étude critique sur la véritable nationalité de la Pucelle, d'après les documents officiels de son époque et les plus récentes publications, 1895, in-8°. — *Première réponse à M. l'abbé Lhote,* professeur au grand Séminaire de Saint-Dié, 1895, in-8°. — *Réponse à M. Ponsignon,* inspecteur honoraire de l'Académie de Paris. — *La Prévôté de Vaucouleurs et la Prévôté d'Andelot,* 1895, in-8°.

Association française de chirurgie. — *Septième Congrès de chirurgie,* Paris, 1893; — procès-verbaux, mémoires et discussions.

Comptes rendus des séances de la Société de géographie, n° 3, 1895.

Journal des Savants, janvier, février 1895.

Alberto-Féliciano, Marques Pereira. — *Quadros chronologicos dos Governadores, Geraes da provincia d'Angola,* année 1889. — Vibraçoes, 1893.

Annuaire de la Société philotechnique, 1894, tome LIII.

Baron R. de Bouglon. — *Les reclus de Toulouse sous la Terreur,* registres officiels concernant les citoyens emprisonnés comme suspects, 1895, in-8°.

Le XXe siècle, revue d'études sociales, 1895. — Numéro prospectus.

Bibliothèque de Reims. — *Bulletin des dons et achats,* 2e fascicule, 1893-1894.— *Catalogue des imprimés du Cabinet de Reims,* tome III; *Belles-Lettres, Polygraphie,* 1894, in-8°.

Bulletin administratif de la ville de Reims, 12e supplément, 1894.

Congrès des Sociétés savantes. — *Discours prononcés à la séance générale du Congrès,* le samedi 20 avril 1895, par M. Moissan, membre de l'Académie des Sciences, et M. Poincaré, ministre de l'Instruction publique, 1895, Paris. — *Programme du Congrès des Sociétés savantes à la Sorbonne en 1896.*

H. Libois (archiviste du Jura).—*Les emprunts forcés de l'an IV et de l'an VII, leur application dans le département du Jura,* 1895, in-8°.

Exposition rétrospective de la ville de Reims.— *Catalogue des objets d'art et de curiosité, tableaux, dessins, tapisseries,* etc., exposés dans les salons du Palais archiépiscopal ; 2e édition avec supplément, 1895.

Académie roumaine de Bucarest. — *Mémoire relatif à la question des Roumains de Transylvanie et de Hongrie.*

Bulletin de la Société de l'histoire de Paris et de l'Ile de France, 21e année, 6e livraison, 1894; 22e année, 1895.

Bulletin de la Société d'Anthropologie de Paris, tome V, nos 4 à 9, 1894.

Bulletin d'histoire ecclésiastique et d'archéologie religieuse des diocèses de Valence, Gap, Grenoble et Viviers, janvier à décembre 1894, et une livraison supplémentaire.

Journal asiatique ou Recueil de mémoires, d'extraits et de notices relatifs à l'histoire, à la philosophie, aux langues et à la littérature des peuples orientaux, 9e série, tome IV, 1894.

Léon Mougenot. — *Jeanne d'Arc, le duc de Lorraine et le sire de Baudricourt*, 1895, in-8°.

Congrès archéologique de France, LVIIe et LVIIIe session. Séances générales tenues en 1890 et 1891 par la *Société française d'Archéologie* pour la conservation et la description des monuments; 2 volumes in-8°. — *LIXe session*, séances générales tenues à Orléans en 1892 par la même société, 1894.

Mélusine. — Recueil de mythologie, littérature populaire, traditions et usages, n° 7.

La Semaine de Paris, études sociales, historiques et littéraires, n° 6, 1895.

Vicomte G. d'Avenel. — *Histoire économique de la propriété, des salaires, des denrées et de tous les prix en général, depuis l'an 1200 jusqu'en l'an 1800*, tomes I et II, Paris, 1894. (Ouvrage couronné par l'Académie des Sciences morales et politiques, prix Rossi en 1890 et 1892.)

Bulletin du Comité des Travaux historiques et scientifiques. (Section des sciences économiques et sociales), année 1894.

Description de la Cathédrale de Reims à l'usage des visiteurs, par M. l'abbé Bussenot.

Povillon-Piérard. — *Anciennes croix de Reims*, 1895.

Marquis Olivier de Gourjault. — *Mémoires du maréchal de Saint-Paul*, suivis de documents inédits contemporains, 1894, in-8°.

Conseil général de la Marne. — *Rapport du Préfet et procès-verbaux des délibérations*. Session d'avril 1895.

Comité des Travaux historiques et scientifiques.— *Liste des membres titulaires, honoraires et non résidants, des correspondants honoraires et des correspondants du Ministère de l'Instruction publique, des sociétés savantes de Paris et des départements*, Paris, 1895.

Meriden scientific Association annual Address, A review of the year, 1893, by the president, Rev. J. T. Pettee., 1894.

III. — Publications adressées par les Académies et Sociétés correspondantes.

AMIENS. — *Bulletin de la Société des Antiquaires de Picardie*, nos 2, 3 et 4, 1894 ; n° 1, 1895.

ANGERS. — *Mémoires de la Société nationale d'Agriculture, Sciences et Arts*, 4e série, tome VIII, 1894.

ANVERS. — *Bulletin de l'Académie d'Archéologie de Belgique*, tomes XVI et XVII, 1894 ; tomes XIX, XX et XXI, 1895.

ARRAS. — *Mémoires de la Commission départementale des monuments historiques du Pas-de-Calais*, tome Ier, IVe et VIe livraison.

AUTUN. — *Mémoires de la Société éduenne*, tome XXI, 1893; tome XXII, 1894.

AVIGNON. — *Mémoires de l'Académie de Vaucluse*, tome XIII, 2e, 3e et 4e trimestre, 1894 ; tome XIV, 1er et 2e trimestre 1895.

BAR-LE-DUC. — *Mémoires de la Société des Lettres, Sciences et Arts*, tome III, 1894, 3e série.

BESANÇON. — *Procès-verbaux et Mémoires de l'Académie des Sciences, Belles-Lettres et Arts*, années 1893 et 1894.

BÉZIERS. — *Bulletin de la Société archéologique, scientifique et littéraire*, tome XVI, 1re et 2e livraison, 1894.

BÔNE. — Académie d'Hippone. — *Compte rendu des Réunions*, 30 mars 1894.

BORDEAUX. — *Actes de l'Académie nationale des Sciences, Belles-Lettres et Arts*, 3e série, 54e année, 1894.

BOULOGNE-SUR-MER. — *Bulletin de la Société d'Agriculture de l'arrondissement*, tome XXX, nos 5 et 6, 1894.
Mémoires de la Société académique, t. XVI, 1891-1894.

CAEN. — *Bulletin de la Société d'Agriculture et de Commerce*, 1893 et 1894.
— *Mémoires de l'Académie nationale des Sciences, Arts et Belles-Lettres*, 1893 et 1894.

CHALONS-SUR-MARNE. — *Mémoires de la Société d'Agriculture, Commerce, Sciences et Arts du département de la Marne*, 1892 et 1893.

CHARLEVILLE. — *Bulletin de la Société d'Histoire naturelle des Ardennes*, Procès-verbaux des réunions, octobre 1893 à juillet 1894; juillet à décembre 1894. — *Compte rendu des excursions* (1er semestre 1894), 1er fascicule.

CHATEAU-THIERRY. — *Annales de la Société historique et archéologique*, 1892.

CHERBOURG. — *Mémoires de la Société Académique*, 1894-1895.

CLERMONT-FERRAND. — *Bulletin historique et scientifique de l'Auvergne ;* nos 6 à 10, 1894 ; nos 1 à 5, 1895.

COMPIÈGNE. — *Procès-verbaux, rapports et communications diverses de la Société historique*, tome III, 1894.

CONSTANTINE. — *Recueil des notices et mémoires de la Société archéologique du département de Constantine*, 8e vol. de la 3e série, 1894.

DUNKERQUE. — *Bulletin de la Société dunkerquoise*, 1892 et 1893 ; 1er et 2e fascicule, 1894.

ELBEUF. — *Bulletin des travaux de la Société industrielle*, 1894.

ÉPERNAY. — *Bulletin de la Société d'Horticulture* (août à décembre 1894 ; janvier à juillet 1895) : *Liste des Membres de la Société d'Horticulture au 1er août 1894.*

ÉPINAL. — *Annales de la Société d'émulation du département des Vosges*, 1893 et 1894.

FONTAINEBLEAU. — *Annales de la Société historique et archéologique du Gâtinais*, 1er 2e 3e et 4e trimestre de 1893 ; 1er et 2e trimestre de 1894.

GRENOBLE.— *Bulletin de l'Académie Delphinale*, 4e série, t. VIII, 1894.

GUÉRET. — *Mémoires de la Société des Sciences naturelles et archéologiques de la Creuse*, 2e série, tome III, 1894.

LE HAVRE. — *Recueil des publications de la Société havraise d'études diverses*, 1894, 1er, 2e, et 3e trimestre.

MACON. — *Annales de l'Académie*, 2e série, tome X, 1893.

MANCHESTER. — *Memoirs and Proceedings of the Manchester literary and philosophical Society*, 1893-1894, 1894-1895.

MARSEILLE. — *Bulletin de la Société scientifique Flammarion*, 1893.

METZ. — *Mémoires de l'Académie des Lettres et Arts*, 1888-1889, 1889-1890.

MONTAUBAN. — *Les Noces d'Argent de la Société archéologique de Tarn-et-Garonne*, 1866-1891.

Société archéologique de Tarn-et-Garonne : *Le livre piratoire de Beaumont de Lomagne, Cartulaire d'une Bastide de Gascogne*, transcrit et annoté par M. G. BABINET DE RENCOGNE, publié sous la direction de M. François MOULENQ, secrétaire général de la Société archéologique de Tarn-et-Garonne, 1888, in-8e.

Bulletin archéologique et historique de la même Société, 1894, 1er, 2e, 3e et 4e trimestre.

MOULINS. — *Bulletin-Revue de la Société d'émulation et des Beaux-Arts du Bourbonnais*, 4e livraison, 1893 ; 1re, 2e et 3e livraison, 1894.

NAMUR. — *Rapport sur la situation de la Société archéologique en 1893.*

— *Annales de la Société archéologique*, tome XXII, 1re livraison, 1895.

NANCY.—*Mémoires de l'Académie de Stanislas*, 5e série, tome XI, 1894.

NANCY. — *Mémoires de la Société d'Archéologie lorraine*, t. XLIII, 3e série, XXIe volume, 1893.

NANTES. — *Annales de la Société académique*, ve volume, 7e série, 1er et 2e semestre 1894.

NEUFCHATEL. — *Bulletin de la Société neufchâtelloise de Géographie*, tome VII, 1892-1893.

NEVERS. — *Bulletin de la Société nivernaise des Lettres, Sciences et Arts*, 3e série, t. V, 3e fascicule, 1893 ; t. VI, 2e fascicule, 1894.

NIMES. — *Mémoires de l'Académie*, 7e série, tomes XIV et XV, 1891 et 1892.

NIVELLES. — *Annales de la Société archéologique de l'arrondissement de Nivelles*, tome V, 3e et 4e livraison, 1895.

ORLÉANS. — *Bulletin de la Société archéologique et historique de l'Orléanais*, tome X, 1er, 2e, 3e et 4e trimestre 1894.

PARIS. — *Bulletin et Mémoires de la Société nationale des Antiquaires de France*, 6e série, tome III, 1892.

PERPIGNAN. — *Société agricole, scientifique et littéraire des Pyrénées-Orientales*, 35e volume, 1894.

POITIERS. — *Bulletin de la Société des Antiquaires de l'Ouest*, 1er, 2e et 3e trimestre 1894 ; 1er trimestre 1895.

— *Mémoires de la Société des Antiquaires de l'Ouest*, tome XVI, 2e série, 1893.

LA ROCHELLE. — *Annales de la Société des Sciences naturelles de la Charente-Inférieure*, nos 29 et 30, tome Ier, 1893.

ROUEN. — *Extrait des Travaux de la Société centrale d'agriculture du département de la Seine-Inférieure*, 3e et 4e trimestre, 1893 ; 1er, 2e, 3e et 4e trimestre 1894.

— *Précis analytique des Travaux de l'Académie des Sciences, Belles-Lettres et Arts*, pendant les années 1891-1892, 1892-1893.

SENLIS. — *Comptes rendus et Mémoires du Comité archéologique*, 3e série, tome VII, 1892.

SOISSONS. — *Bulletin de la Société archéologique, historique et scientifique*, tome XX, 2e série, 1889-1890 ; tomes I et II, 3e série, 1891-1892.

SAINT-OMER. — *Bulletin historique de la Société des Antiquaires de la Morinie*, tome IX, 2e, 3e et 4e fascicule, 1894 ; 1er fascicule, 1895.

TOULON. — *Bulletin de l'Académie du Var*, t. XVII, 2e fascicule, 1894.

TOULOUSE. — *Recueil de l'Académie des Jeux floraux*, 1895.

— *Mémoires de l'Académie des Sciences, Inscriptions et Belles-Lettres*, 9e série, tome V, 1893 ; tome VI, 1894.

Bulletin de la Société archéologique du Midi de la France, série in-8e, no 13 ; *Séances du 28 novembre 1893 au 20 mars 1894* ; no 14, 1894.

TOULOUSE. — *Mémoires de la Société archéologique du Midi de la France*, tome XV, 1re livraison, 1894.

TROYES. — *Mémoires de la Société académique d'Agriculture, Sciences, Arts et Belles-Lettres du département de l'Aube*, t. XXIX, 3e série, 1892.

VERSAILLES. — *Mémoires de la Société des Sciences morales, des Lettres et des Arts de la Seine-et-Oise*, tome XVII, 1893.

WASHINGTON. — *Annual Report of the board of regents of the Smithsonian Institution, showing the operations, expenditures, and condition of the Institution*, to july 1892, july 1893.

Smithsonian Institution, Bureau of Ethnology : J.-W. POWELL, director. — *Bibliography of the Wakashan Languages*, by J. PILLING, 1894, in-8°. — *The Pamunkey Indians of Virginia*, by J. Garland POLLARD, 1894, in-8°. — *The Maya Year*, by Cyrus THOMAS, 1894, in-8°.

Tenth annuale Rport of the Bureau of Ethnology to the Secretary of the Smithsonian Institution, 1888-1889, by J.-W. POWELL, director, 1893.

Smithsonian Report, U. S. National Museum, 1891 et 1892.

U. S. Département of Agriculture, Division of Ornithology and Mammalogy, North American Fauna, n° 8. — *Monographic revision of the pocket gophers family geomydae*, by Dr C. Hart MERRIAM, 1895.

Diary of a journey through Mongolia and Tibet in 1891 and 1892, by William WOODVILLE ROCKHILL, 1894, in-8°, publisbed by the *Smithsonian Institution*.

Annual Report of the Bureau of Ethnology to the Secretary of the Smithsonian Institution, 1889-1890, 1890-1891, nos 11 et 12, by J.-W. POWEL, director, 1894.

Dakota grammar, text and Ethnography, by Stephen RETURN RIGGS, 1893.

List of the publications of the Bureau of Ethnology with index to authors and subjects, by Frederick WEBB HODGE, 1894.

An ancien quarry in indian territory, par William-Henry HOLMES, 1894.

LES

GRANDS POÈTES FRANÇAIS DU XVIIE SIÈCLE

Par M. CLOVIS TISSERAND, Membre correspondant.

PIERRE CORNEILLE

Dans notre panthéon ta place est la première,
O père, ô créateur du théâtre français !
Précurseur de Racine et du profond Molière,
Tu préparas la voie où tu les devançais.

Tu fis le vaillant *Cid, Horace,* à l'âme altière,
Puis *Cinna, Polyeucte,* et tu te surpassais ;
Et, poursuivant ainsi ta sublime carrière,
Jusqu'au zénith de l'art, soleil, tu t'élançais !

En exaltant l'honneur et la fierté romaine,
Tu planes au-dessus de la nature humaine ;
Nous te trouvons trop grand, nous qui sommes petits.

Si, faibles, nous courbons nos fronts appesantis,
Parfois, comme la foudre, une voix nous réveille,
C'est ta voix héroïque, ô vieux Pierre Corneille !

MOLIÈRE

Rien de l'humanité ne te fut étranger,
O grand peintre de mœurs ! pauvre mari d'actrice !
Tu riais des travers, tu flagellais le vice,
Et poursuivais ton but sans te décourager.

Que de chagrins venaient cependant t'assiéger!
Célimène faisait chaque jour ton supplice;
Et tes originaux, par leur lâche artifice,
De tes portraits trop francs cherchaient à se venger.

Poète, tu souffrais! mais sans cesser d'écrire!
Acteur, tu te mourais! mais tout en faisant rire!
Pour ta troupe et pour l'art tu voulais t'immoler.

Et quand tu rendis l'âme, infortuné Molière,
Aucun prêtre n'était venu te consoler,
Et l'on te refusait ta place au cimetière!

LA FONTAINE

Bon La Fontaine, auteur naïf, simple et charmant,
Chacun retrouve en toi l'ami de son jeune âge;
Tu sais nous égayer avec ton badinage,
Causer en philosophe et chanter en amant.

Tu fus maître dans l'art de conter plaisamment;
En instruisant l'enfant tu consoles le sage;
Avec toi de la vie on fait l'apprentissage,
Et tes leçons pour tous sont un amusement.

Dans le récit léger, ainsi que dans la fable,
Tu fus, tu resteras toujours « l'Inimitable »,
Et nul jusqu'à présent n'a pu te remplacer.

Molière disait vrai : « Ces esprits qu'on renomme
Ont beau s'évertuer et beau se trémousser,
Ils ne pourront jamais effacer le bonhomme. »

JEAN RACINE

O dix-septième siècle! ô temps évanouis!
Devant vos grands auteurs chaque siècle s'incline!
L'œuvre qu'ils ont dressé comme un phare illumine
De rayons immortels le règne de Louis.

Que d'admirables vers alors furent ouïs !
Ta bouche sut parler une langue divine,
Et tu connus la gloire, ô sensible Racine !
Mais tes yeux peu d'instants restèrent éblouis.

Puis, un jour, réprouvant ta généreuse audace,
De toi le Roi-Soleil a détourné sa face ;
A sa brillante cour tu fis un morne adieu.

Et chantre harmonieux de *Phèdre* et d'*Athalie,*
La disgrâce t'apprit que l'homme de génie
Ne trouve de repos que dans le sein de Dieu.

BOILEAU

Du Parnasse français sage législateur,
La raison dans tes vers savamment condensée
Réprouve des Cotins la race intéressée
Qui ne veut voir en toi qu'un versificateur.

On se plait aux leçons de ta muse sensée ;
Tu sais, sans le flétrir, railler un sot auteur,
Louer discrètement sans être adulateur,
Et ton style toujours revêt une pensée.

Ils font différemment nos beaux diseurs de riens.
A ces prétentieux contempteurs des anciens
Que t'importe, Boileau, que ton bon sens déplaise ?

Nous te savons par cœur, satirique un peu dur,
Et tes œuvres, qui sont un guide honnête et sûr,
Vivront aussi longtemps que la langue française.

LE CODICILLE DE GUI DE ROYE

Archevêque de Reims

ses divers Legs et la Fondation du Collège de Reims à Paris

par M. Léon Le Grand, Membre correspondant.

Fils de Mathieu de Roye et de Jeanne de Cherisy, dame de Muret, Gui de Roye fut successivement évêque de Verdun, de Castres et de Dol, archevêque de Tours, de Sens et enfin de Reims. Il occupait ce siège archiépiscopal depuis dix ans, quand il consigna l'expression de ses dernières volontés dans un testament daté de l'an 1400, dont les auteurs de la *Gallia Christiana* ont publié le texte (1). Cette première rédaction ne rendant pas pleinement sa pensée, il la développa dans un long codicille, où il reprenait les uns après les autres les articles de ce testament, et les expliquait avec force détails. Il serait trop long de reproduire en entier ce document qui fait partie des testaments enregistrés au Parlement de Paris pendant le règne de Charles VI, et n'occupe pas moins de dix folios d'un gros registre (2). Nous nous contenterons de citer les passages qui nous ont paru offrir le plus d'intérêt.

(1) Tome X. *Instrumenta ecclesiæ Remensis*, col. 74-77. Le codicille est mentionné et résumé en quelques lignes.

(2) *Arch. nat.*, X¹ᴬ 9807, fol. 231vᵒ et suiv. Dans les extraits de ce registre, que M. Tuetey a publiés dans la collection des *Documents inédits*, le codicille de Gui de Roye est simplement indiqué, sans que le texte en soit reproduit.

I.

Aumônes à distribuer aux hôpitaux de Reims.

Au mois d'octobre 1400, Gui de Roye était loin de se douter que la mort viendrait le surprendre au milieu d'une rixe élevée entre des valets, dans une obscure localité d'Italie (1) ; il pensait finir ses jours dans sa ville métropole, et réglait les cérémonies qui devaient accompagner ses funérailles et les aumônes qu'on aurait à distribuer en son nom, dès qu'on verrait sa fin approcher. Nous trouvons dans les dispositions qu'il prend à ce sujet l'énumération des hôpitaux de Reims. Il est intéressant d'y relever, à côté de l'Hôtel-Dieu et des hôpitaux Dieu-Lumière et de Saint-Antoine, l'existence d'aumôneries dépendant d'abbayes, comme celles de Saint-Remi, de Saint-Denis, de Saint-Pierre-aux-Dames :

(1) En 1409, avant de partir pour le concile de Pise, il avait pris ses précautions, et formulé des dispositions testamentaires pour assurer l'entretien de ses serviteurs, dans le cas où il viendrait à mourir au cours de son voyage. Un compte de la châtellenie de Courville, dépendant de l'archevêché de Reims, mentionne en l'année 1409 « la despence que Monseigneur avoit ordonné par son lays et testament, comme on dit, à prenre sur ses biens en ceste manière, c'est assavoir que chascun des officiers et serviteurs de mon dit seigneur que il avoit en gouvernement devoient estre et seroient gouvernés de tous vivres, chascun selon sa faculté et estat, aux despens des biens de son exécucion, jusques à ce, *ou cas toutes voies que ou voiage de Pize il yroit de vie a trespassement*, que il y auroit nouvel arcevesque après lui, et huit jours après, se mestier estoit. » (*Archives de Reims*, G. 89, Archevêché, compte de la châtellenie de Courville, de 1408-1409, fol. 48 r°.)

« Item pauperibus hospitalis (1) Sancti Dionisii : IIII libras parisiensium. Item illis de hospitali Sancti Remigii : LX solidos. Item aliis singulis de civitate Remensi, si que sunt non expressa hic : XL solidos parisiensium. Item illi de Dieulimire : XL solidos parisiensium. Item hospitali Sancti Petri ad moniales : C solidos parisiensium. Item pauperibus infirmis hospitalis ecclesie Remensis, quia plures sunt regulariter : XV libras turonensium distribuendas eisdem per dies XXX, et non pauciores sed plures, ut volent, et in necessariis cibi et potus et in rebus quas petet aliquis nomine et ordinacione ipsorum pauperum et non in pecunia distribuenda a se, et quod in nullo alii participent quam predicti in hoc hospitali Sancti Anthonii Remensis. Item conversis viris et mulieribus ejusdem hospitalis Sancti Anthonii : C solidos turonensium. Item eidem hospitali pro fabrica, X libre turonensium et XV libre turonensium distribuende pauperibus hospitalis predicti Sancti Anthonii, ad votum executorum aut committendorum unius vel plurium ad hoc, distribuantur, pro numero dierum; non tamen quod tardent solutionem vel satisfactionem nisi pro paucitate solum personarum indigentium aut eorum modica necessitate, nec aliter quam in cibo et potu.

Et hec clausula de hospitalibus omnibus ponatur, supra ut notatur, ibi ubi rogo fieri hoc antequam claudam diem extremum, quia intendo quod hec distribucio hospitalibus fienda fiat, et de ea omnino ut de aliis premissis, imminente infirmitate gravi. »

II.

Remboursement d'une dette contractée à l'Université de Bologne.

L'extrait suivant nous donne quelques renseignements sur la jeunesse de l'Archevêque. Avant d'être

(1) Le texte porte *hospitalibus*.

promu aux dignités ecclésiastiques, il avait suivi les cours de l'Université de Bologne, et s'y était rencontré avec un jeune homme appartenant à une grande famille normande, Guillaume d'Estouteville. A propos de l'article cinquième de son testament, où il prescrivait de payer soigneusement toutes ses dettes, Gui de Roye évoque ce souvenir de sa vie d'étudiant et recommande de rembourser à son ancien condisciple, devenu évêque de Lisieux, une somme de 10 livres qu'il lui avait empruntée et avait toujours négligé de lui restituer :

Circa quintum, et hic debuit esse de primis, volo quod omnia ablata, male detenta, dampna-interesse, injurie et forefacta quocumque illata, et debita mea solvantur, amendentur, restituantur, de quibus constabit; et specialiter domino episcopo Lexoviensi moderno, domino Guillelmo de Estoutavilla, de X libris turonensium in quibus, a tempore studii nostri Bononie, ex mutuo possum ei teneri, que nimis tenui non tamen negans debitum, quia nec peciit, nec subtrahere volendo neque furatum habere aut pro derelicto : sed non egebat cum potui et negligens fui...

III.

Sculpture qui devait être exécutée autour du chœur de la Cathédrale.

Le quinzième paragraphe du testament attribuait un legs de mille livres tournois au Chapitre de Reims, pour faire sculpter autour du chœur de la cathédrale une « histoire » de la Vierge, analogue à celle de Notre-Dame de Paris. L'Archevêque, dans son codicille, revient longuement sur ce point : il explique qu'on peut choisir, si on le préfère, un autre sujet, tel que la *Vie de Saint Remi* ou de *Saint Nicaise, la Passion de Notre-Seigneur ;* il spécifie que la somme ainsi léguée doit être employée exclusivement à la rémunération de l'artiste, et que la fourniture et la pose des pierres seront à la charge du Chapitre. Au cours de ces explications, il est amené à parler des tours de la cathédrale, qu'on est en train de construire (1). Puis il prévoit le cas où l'exécution de sa volonté soulèverait des difficultés : Si le Chapitre, dit-il, ne fait pas mettre en place les pierres, dans les deux mois qui suivront l'année où la sculpture aura été terminée, elles deviendront la propriété soit de l'abbaye de Saint-Remi, soit de celle de Saint-Nicaise, soit de la Confrérie des Clercs de la cour archiépiscopale, dont le siège est à la chapelle de l'Archevêché. Si enfin les chanoines, avec lesquels Gui de Roye semble avoir eu des rapports un peu tendus, refusent de prime abord d'accepter ce legs, la moitié de la somme sera donnée à la Confrérie des Clercs de l'Archevêché pour l'ornementation de la chapelle, et l'autre moitié à l'abbaye Saint-Nicaise, à condition de l'employer à l'achèvement de la croix

(1) A cette époque, en effet, on travaillait activement à la construction des tours de Notre-Dame de Reims. Six ans plus tard, on voit les chanoines exposer au roi « qu'ils font continuellement faire grand et sumptueux ouvrages en leur église a la perfection des tourres et d'autres parties d'icelle », et obtenir l'autorisation de prendre dans ce but des pierres dans toutes les carrières situées en un rayon de quatre lieues autour de Reims, avec la permission de les transporter, « par tous lieux labourés et non labourés, vignes ou autres, par les lieux moins dommageux. » *Arch. nat.*, K 216, p. 191, 14 décembre 1406.)

du monastère, sinon, tout reviendra à la Confrérie des Clercs.

Toutes ces minutieuses prescriptions devaient rester sans effet. Après la mort de l'Archevêque, le Chapitre de Reims passa avec les héritiers de Gui de Roye un accord qui lui remettait la garde des biens meubles laissés par le prélat (1), et une lettre spéciale assura aux chanoines la possession du legs de mille francs, à la condition de garantir les héritiers contre les réclamations que les abbayes de Saint-Remi et de Saint-Nicaise pourraient élever en raison du texte du codicille. Mais Mathieu de Roye, neveu de Gui, voyant que les chanoines voulaient employer la somme à leur guise sans tenir compte des désirs du testateur, se refusa à la leur livrer, et l'affaire fut portée au Parlement. Le Chapitre eut beau alléguer que pour exécuter une « histoire » comme celle qu'avait projetée l'Archevêque, il en coûterait au moins quatre mille francs, que les termes de l'accord leur permettaient de disposer du legs à leur gré (2), la Cour donna raison à Mathieu

(1) *Arch. nat.*, X^{1a} 99, 23 janvier 1410 (n. st.).

(2) *Arch. nat.*, X^{1a} 4789, fol. 14. Plaidoirie du 9 décembre 1410. — « Entre Chapitre de Reins d'une part et messire Mahiu de Roye d'autre part.

Roye défent et dit que le feu arcevesque de Reims ordonna certeinne histoire estre inculptée entour le cuer de l'église de Reins, pourquoy laissa mil frans et, *in casu quo non se honeraret capitulum*, laissa ce à S. Remi et, *in casu quo non*, à S. Nycaise. Or trespassa et furent tenus ses biens en régale auxquelx gouverner fu ordonné maistre J. de Robertchamp; *interim* se complaigny Chapitre au regart desdits biens. Si leur requist qu'il ostassent l'empeschement et ilz paieroient ce qu'il apartendroit a eulx. *Tandem* fu pourparlé un accort que les mil livres pour ladite hystoire leur seroient baillées, les biens délivrez, et l'accort passé céans parmi ce qu'il fairoient tenir paisibles les héritiers

de Roye, et déclara que les héritiers ne seraient tenus de délivrer la somme aux chanoines que « par la forme et manière contenue au testament dudit feu arcevesque, se bonnement se puet faire, et, si ne se puet faire, à l'ordonnance de la court et des exécuteurs (1) ».

Circa XV^{mum} lego mille libras turonensium semel tantum solvendas pro opere faciendo circa chorum ecclesie ipsius Remensis, de ymaginibus lapideis et de historia beate Marie, prout et ad similitudinem operis quod est circa chorum ecclesie Parisiensis, vel alia historia congrua de qua convenietur, ut beati Remigii, Nicasii, vel passionis Christi, aut alia, et hoc solum pro labore et salario illorum lathomorum qui ymagines illas facient in lapidibus, quos sumptibus operis ecclesie ipsius Remensis adductos habebunt. Ita quod nichil de illis

et exécuteurs devers S. Remi et S. Nycaise. Et fu fait accort d'un costé, et au regart desdits mil frans une lettre à part, par vertu de quoy Chapitre fit Roye exécuter de ladite somme de mil frans, à quoy s'opposa. Or dit qu'il wellent avoir ladite somme à emploier à leur volenté, qui n'est pas raison, et, se la lettre ne porte pas autre chose, toutevoie l'accort porte plus que ne fait la lettre ..... si ne doivent avoir ladite somme sinon selon la teneur du testament..... Réplique Chapitre et dit que Roye est obligé par foy et serment et n'a point de dispense... Et à ce que dit Roye que pour faire une hystoire, et cetera, dit qu'elle cousteroit bien quatre mil frans, et dit que ce ne fut pas pour accomplir le laiz, mais pour acquitter le défunct et pour avoir mémoire de ly *in suffragiis*. Et n'y fait le *minus scriptum*, et cetera, car la lettre est affirmative contenant que c'est pour convertir en tel usage que voudront et non pas en ouvrage..... »

(1) *Arch. nat.*, X^{1a} 1479, fol. 151. Reg. du conseil. — « Il sera dit que la court absolt le dit de Roye de la demande d'iceulx de Chapitre de la dite somme de mil livres, laquelle ycellui de Roye, ne ses cohéritiers, ne exécuteurs, ne seront tenus de paier aux dits de Chapitre, sinon par la forme et manière contenue au testament, etc..... » L'arrêt rendu conformément à cette décision du conseil fut prononcé le 14 mars 1411 (n. st.) Voyez *Arch. nat.*, X^{1A} 58, fol. 122ro.

mille expendatur, nisi pro factura vel celatura illarum ymaginum erit solvendum. Ita quod singulis annis continuis pro parte fabrice ipsius ecclesie ministrentur tot et tales lapides congrui. Possint in et pro opere predicto exponi ducente libre turonensium foro communi et competenti et infra; et illi singuli lapides infra annum complendum, infra duos menses sequentes proximos et continuos, collocentur et situentur firme et fixe in loco suo tali predicto expensis fabrice predicte vel alterius volentis suis facere : alias lapides ipsi sic operati non sint ad opus predictum, sed sint monasterii Sancti Remigii ad opus simile, si restituere voluerit valorem lapidum talium incisorum et rudium quales erant cum primo fuerunt adducti, vel lapides similes aut eque utiles pro fabrica ecclesie Remensis *ad turres eorum*, judicio expertorum in hoc et proborum; et eo casu teneatur abbas et conventus ipsos sic incisos illo anno facere situari ut supra in ecclesia eorum circa chorum aut alibi convenienter, infra sex menses proximos a tempore tradicionis vel possessionis dictorum lapidum; quod si non voluerint abbas et conventus predicti, in locum suum et jus simile, et modo, condicione et forma succedant abbas et conventus Sancti Nicasii; quod si etiam non velint ipsi, in jus simile et idem succedat societas clericorum omnium de societate curie spiritualis archiepiscopalis Remensis, que consuevit esse et convenire et admitti ad cappellam palacii archiepiscopalis Remensis, et de dictis lapidibus ut de sua propria re possint facere pure et libere ad votum, ad opus cappelle ipsius prefate et non alias, et satisfaciendo, ut supra, de lapidibus ipsis; dominium et jus agendi pro ipsis aut ducentis libris predictis in eos transeat, et transire volo, et eorum singulos; et quod eorum singulis competat jus agendi et petendi vigore hujus mee voluntatis, et omnibus conjunctim agere volentibus, propter hoc quod, si non curaverint hoc aut neglexerint adimplere, ad omne jus predictum succedat archiepiscopus successor Remensis, qui de ipsis lapidibus possit similiter ad votum facere, eciam vendere aut donare, et alibi et pro voto ponere et collocare, preterquam in ecclesia ipsa Remensi que nullo modo, eciam titulo emptionis, illud opus possit habere, cum neglexerit aut pocius contempserit legatum suscipere aut legati conditionem adimplere. Sicque volo de dictis mille libris turonensium singulis annis solvi ducentas libras turonensium et non plus, nisi capitulum Remense vel alius, pro fabrica tamen, undecumque sit, tot lapides et operarios tradiderit quod majus opus possint complere. Quia eciam si pro toto opere usque ad mille libras ipsas poterit opus perfici, totum detur et tradatur, si caucio erit bona data eciam quod, infra terminum datum supra, opus factum collocetur, ut supra, et si plus quam pro ducentis libris turonensium et minus quam mille libris turonensium possit fieri et collocari opus, nulla dilacio detur, sed statim solvatur, ita tamen quod, ut supra, nil expendatur de illis mille libris nisi in scissura lapidum. Et si secundo anno neglexerit fabrica ecclesie Remensis vel alio anno sequenti de predictis, idem censeatur in omnibus ut de primo dictum; ita tamen quod nunquam competat aliquod jus agendi pro legato hoc mille l. t. ipsi capitulo, fabrice, neque alicui pro ipsis in toto vel in parte, conjunctim aut divisim, eciam pro repetendo lapides traditos semel ad hoc opus, ex quo eorum negligencia, desidia vel culpa non sit servata forma data per hoc scriptum, sed, in omni casu quocumque dato possibili et omni eventu, soli archiepiscopo successori pro tempore competat jus agendi aut deputandi ab eo super et de istis et non alteri, quamdiu volet, qui sponsus et carus est ipsius ecclesie et cujus super omnes viventes et ipsius interest, et in defectu suo possint solum agere abbates omnes et non in solidum, singuli, ordinum Sancti Benedicti et Augustini de diocesi et civitate Remensi, et nulli alii jus agendi competat, etiamsi manere debeat legato frustrata ipsa fabrica et ecclesia mater et sponsa mea, quod non est verissimile, nisi sola arrogantia canonicorum ipsius ecclesie, quam previdendam in hoc casu formido. Unde si casus contingat, manentibus in suo vigore premissis, quod fabrica vel capitulum predictum non curent ab inicio acceptare legatum illud et expresse significent infra mensem voluntatem suam super hoc postquam eis nota erit hec voluntas mea, aut expresse recusaverint, statim eo ipso legatum hoc transeat et eis volo esse legatum, et eis lego, ad clericos, notarios et officiarios, cujuscumque status sint, societatis predicte in communi de curia spirituali et ecclesiastica curie Remensis, pro convertendo cum consilio et assensu archiepiscopi successoris aut vicariorum suorum habentium penes se litteras vicariatus, vel speciale mandatum ad hoc, in honorem et decus cappelle prefate, sive in structuris, libris, ornamentis, jocalibus, redditibus aut mercaturis, ad utilitatem pauperum vel decorem et augmentacionem servicii et cultus divini, et hoc pro media parte ipsarum mille librarum turonensium, pro alia vero parte media monasterio Sancti Nicasii Remensis, si infra annum vult exponere totidem cum scitu predictorum clericorum et notariorum in complemento crucis monasterii ipsius, ut et potest facere satis verisimiliter, cum nil solvat de pensione quam solebat solvere cardinali de Tureyo (1). Alias, si nolit acceptare, sit tota illa pars media cum prima, maneat clericorum et notariorum et officiariorum ipsius curie predicte, ut prima.

IV.

Legs divers.

La plupart des legs qui vont suivre portent sur des livres ou des ornements d'église qui ont servi au testateur, sur des souvenirs de famille. On y relève plusieurs libéralités faites à la paroisse de Muret, dont la seigneurie avait été apportée dans la maison de Roye par Jeanne de Cherisy, mère de Gui, et quelques-uns de ces dons fournissent des indications curieuses sur les usages observés en ce pays pour les solennités religieuses. Ainsi, le prélat laisse à la fabrique de Muret un

(1) Pierre de Thurei, évêque de Maillezais, créé cardinal par Clément VII, en 1385.

collier orné de perles et de pierreries qui servira d'ornement aux jeunes mariées, et une chape dont on revêtira les femmes qui viendront faire leurs relevailles. Il lègue également à cette ville un diadème d'or destiné à la dame du lieu, qui pourra le prêter aux jeunes filles de Muret ou des villages voisins, pour s'en servir le jour de leurs noces.

Viennent ensuite d'intéressants détails sur un bas-relief que l'Archevêque ordonne de placer dans la salle capitulaire de l'abbaye de Longpont, afin de rappeler le large tribut payé par ses proches à la foi chrétienne pendant l'expédition de Hongrie contre les infidèles. Cette sculpture devait représenter la mort des trois frères de l'Archevêque et des autres membres de la famille de Roye, tombés sous les coups des Turcs à Nicopolis.

Circa XVIII^um et XIX^um, mense predicte archiepiscopali et ad usum perpetuum successorum meorum archiepiscoporum Remensium dono et lego, et volo quod habeant ad usus suos in perpetuum, mittram meam preciosam et aliam simplicem que aurifuxiata vel simplex nuncupari solet de brodatura, auro furnitam circumcirca et armis meis et pellis seu margaritis ubique seminatam, cum crucifixo ante, et baculum pastoralem; unam crossiam cum armis de Roya et ecclesie Laudunensis, que aliquando fuit domini Auberti de Roya, quondam notabilis episcopi Laudunensis; pacem, platos duos argenti parvos, et duas aiguerias, thuribulum et crucem magnam argenti de capella; anulum pontificalem meum quo usus sum communiter usque nunc XVI^ta octobris anni 1400 (1), cum grosso saphiro in medio; crucem quam ante me in publico deferri solet, quam fieri feci; crismale argenteum cum

(1) Cette mention, ainsi que celle du 22 octobre que nous trouverons un peu plus bas, indique la date de la rédaction du codicille.

tribus repositoriis suis argenti, scriptis de esmalco asuro in coopertorio ad triplex oleum; calicem argenteum deauratum in quo soleo; missale ad usum Remensem, in quo similiter, et quatuor paria vestimentorum de satino albi reforciati satini, rubei in grana (1), persici et nigri coloris de satino cum albis et necessariis, in quibus soleo similiter solus celebrare in cotidianis diebus, ad usus similes successorum que ascendunt ad summam seu valorem in estimacione ad (*en blanc*).

Item vestimenta solemnia et preciosa pro persona eorum, cum in diebus et actibus solemnibus habebunt celebrare vel procedere; et designare ea et valorem estimacionis (2), et illa rubei coloris sine auro sed de panno et opere de verreciis (3) que emi ab executoribus quondam domini Albanensis (4), germani quondam domini Urbani quinti.

Item similiter tres pecias, infulam, dalmaticam et tunicellam de panno aureo, scilicet de *matabaz* (5), quas dedit dominus Clemens VII sacrator meus.

Item ad opus successorum et canonicorum ecclesie Remensis do et lego pluviale seu capam de panno de Damasco cum liliis aureis quam habebam indutam ingressu meo primo in ecclesia Remensi. Item similiter ad usum cappelle successorum predictorum, pro eorum cappella, ad usum cotidianum et do, lego quatuor paria vestimentorum de satino simplici foderata quatuor colorum, albi, rubei, viridis et nigri.

Item similiter ad usum eorum perpetuum et suorum cappellanorum cappelle sue do et lego breviarium meum portatile quod emi, quod fuit domini Richardi predecessoris mei ad notas grossas in duobus voluminibus, et cetera...

(1) *Grana*, baie qu'on employait pour obtenir la couleur écarlate. (Voyez le *Glossaire* de Du Cange.)

(2) Cette phrase n'offre pas de sens satisfaisant. Il est probable que le scribe a oublié un ou plusieurs mots. Peut-être y avait-il dans l'original *nolo* avant *designare ?*

(3) Probablement *verroteries*.

(4) Angelic de Grimoard, créé cardinal par son frère, en 1366, prit alors, dit Moreri, le titre de Saint-Pierre-aux-Liens et opta pour l'évêché d'Albano.

(5) *Mattabas*, sorte de drap d'or, dit Du Cange.

Item do et lego ecclesie de Mureto unde natus sum et baptisatus omnes redditus (quos) Mureti qui fuerunt empti et omnes quos in territorio *du Viellarcy* (1) habeo hodie XXII octobris anno 1400 emptos et Henrieto Le Moine perpetuo possidendos, nisi jam habuerit ipsa ut ordinavi dum hoc anno abinde recessi spe Romam proficiscendi, coram notario Regis, presente Matheo nepote et eo, ut domino loci, auttorisante, et per hoc curatus teneatur singulis diebus ad missam, ut hodie vivens magister Nicholaus de Montemirabili concessit, et debebit tradere litteras episcopi Suessionnensis. Item eidem ecclesie unam ymaginem Beate Marie lapideam supra majus altare ponendam, pretio non plus quam XII librarum turonensium nec majorem pedum VI do et lego.

Item eidem do et lego crucem archiepiscopalem minorem portatilem in equo que fuit domini Richardi predecessoris mei, quam emi, quam alienare non valeat aliquis quacumque urgente necessitate, sed in castro servetur quando volent matricularii loci ad tuicionem et cautelam...

... Item do et lego eidem mense mee, quamdiu successores eam voluerint et potuerint tenere, domum meam quam emi et ubi mansi continue in Avinione cum domino meo et post Deum creatore, scilicet meo domino Clemente VII papa, ad pedes graduum ecclesie Beate Marie de Donis; quam cito vero non voluerint aut non potuerint eam tenere, eam do et lego ecclesie Celestinorum de novo institutorum ibidem, ubi est sepultura ejusdem domini mei Clementis VII, ut de ea ut de re sua faciant in perpetuum pro remedio anime mee, meorum et specialiter ipsius domini Clementis VII.

Item ville de Mureto do et lego unum monile aureum latum cum pluribus margaritis et lapidibus, per matricularios ecclesie custodiendum, vel aliis ad votum de custodia ipsius habitantis *(sic)* loci illius, pro usu et ornatu desponsandarum amodo in parrochia illa tota, cum una caparum mearum, vel clochiarum, bona cum capucio, pro ornatu eciam mulierum veniencium ibidem ad purificationem.

... Item quod successor meus et ceteri habeant annulum in

(1) Vieil-Arcy, canton de Braisne (Aisne).

quo consecratus sum Virdunensis episcopus anno M° CCC^{mo} septuagesimo sexto de mense maii in cappella domini Clementis VII^{mi} prefati, pro tunc cardinalis dicti Gebennensis, promotus in Avinione per dominum Gregorium XI eodem anno lune ante Ascensionem domini (1); ita quod eumdem annulum do et lego mense prefate ut supra, ipsum in quo est saphirus satis grossus oblongus in cujus planitie due sunt fossete parve.

Item eidem ville de Mureto do et lego unum cappellum seu sertum aureum ad modum corone, ut eam offerat prime domine loci venture pro usu suo et succedentium sibi in loco illo, ita quod non possit alienari neque impignorari, neque alias transferri, sed deveniat semper cum dominio loci, neque alias ad heredes extraneos transeat, neque alios quocumque titulo nisi ad dominos loci vel dominas etiam cum alienacione loci de Mureto veniat, licet non sit expressum, quocumque titulo transeat dominium loci, ut inde juvetur et paretur, et ille de villa vel vicine, nobiles vel alie, juvencule in die desponsationum suarum, quibus voluerit domina commodare ad illud et non aliis; et illud emi parentum intuitu et spero primam esse uxorem Mathei nepotis sibi copulandam; et ipsa auctoritate mariti teneatur dare litteras competentes ad hoc, et similiter in renovatione dominii cujuslibet, alias non tradatur eisdem, et singulis vicibus ad manus illorum de villa revertatur, cum possessione ipsius, ad opus tamen predictum.

Item volo quod in capitulo monasterii de Longoponte, diocesis Suessionensis, Cisterciensis ordinis, in uno pariete lateralium, sub una arcu, sub pictura que est ibidem, vel in opposito, fiat et ponatur tabula marmorea quasi magnitudinis unius tumbe communis et bene infigatur in muro; ubi sint de elevato opere quasi altitudinis V, vel VI digitorum celature opere, ut de mei tumba dictum est supra, ymagines saltem trium germanorum meorum, militum, Johannis, Renaudi et Droconis dicti Lancelot et quatuor nepotum Guidonis dicti Tristan, militum de Roya, qui obierunt occisi ab infidelibus in

(1) 19 mai 1376.

viagio communiter dicto in Ungaria, quorum patres in eodem capitulo sepulti, ut ex tumulis ibi legi potest positis ex transverso capituli in eadem linea, sine aliis, quibuscum sint etiam in ymaginibus Turcorum eos occidere simulantium in memoriam fidei christiane, et cum epitaphio ad hoc congruo; et si est possibile, cum alia ymagine Dei vel Beate Marie et patris et matris nostrorum, cum aliis fratrum germanorum eorumdem, ut mei et aliorum.

V.

Legs en faveur des étudiants originaires du diocèse de Reims.

Gui de Roye rêvait de créer un établissement destiné à l'instruction de jeunes gens appartenant à son diocèse, et, chose intéressante à noter, ce désir lui avait été inspiré, dit-il, par la lecture du *Testament* de Jean de Meung (1). N'ayant pas encore pu, au moment de la

(1) *Le Testament de Jean de Meung*, publié à la suite du *Roman de la Rose*, édition Méon. Paris, 1813, in-8°, t. IV, p. 31 :

Comment les prélaz doivent congnoistre les clers de leurs eveschez et qu'il en deussent faire :

Tu devroies cognoistre les clers de t'eveschié,
Liquel ont bon engin, liquel l'ont empeschié ;
Et quant tu les congnois qu'il sunt bien entechié,
Se tu ne les avances, tu n'es pas sans péchié.

Aies-en dix ou douze toudis à tes despens,
Car bien les pues souffrir, si com je cuit et pens ;
Et s'ung pou de ton mueble en ce faisant despens,
Je vueil que l'en me tonde, s'en la fin t'en repens.

Met les uns à gramaire, les autres à logique,
Les autres à nature, les autres à fisique,
Uns a theologie, les autres à loi, si que
Sens d'autrui, par défaut de bons clers, ne te pique...

Se tu le veulz ainsi maintenir et emprendre,
Tuit li clers de tes marches se pèneront d'aprendre;

rédaction de son codicille, donner à sa pensée une forme pratique, il voulut au moins réserver l'avenir, et décida que la moitié des biens qui resteraient entre les mains de ses exécuteurs, après l'accomplissement de ses dernières volontés, serait employée en faveur des étudiants originaires des domaines de l'archevêché de Reims. La mort vint le surprendre avant qu'il n'ait eu le temps de fonder lui-même la maison qu'il désirait établir. Mais il avait communiqué ses projets à de « notables personnes », et lorsque sa succession fut ouverte, les étudiants de l'Université qui appartenaient au diocèse de Reims, sachant que le défunt avait « très bonne affection et voulenté de fonder un collège des clercs du diocèse de Reims », résolurent de poursuivre et de réaliser ses plans avec l'argent qu'il avait laissé. Ils se réunirent et formèrent une sorte de société (1) qui aima mieux se faire délivrer aussitôt par les exécuteurs testamentaires de l'Archevêque une somme de 4,000 livres une fois

Et te porras par euls soustenir et deffendre,
Et porront bon exemple toutes gens en toi prendre.

Lors aras bons légistes et les bons prescheours,
Et bons fisiciens, et bons conseilleours,
Et porras eschiver ces faus entroigneours
Dont corrous et reproches te viennent et paours.

Clers qui ont tiex prelaz, tuit à bien faire entendent,
Por le preu et l'onneur que des prélaz attendent :
Li bon s'en font meilleur, li maulvais s'en amendent,
Leur science en acroist qu'il monstrent et estendent.

(1) Voy. le procès-verbal de l'assemblée du 23 septembre 1409, que nous publions ci-dessous.

Le Jean de Gerson qui figure en tête de la liste des étudiants doit être non pas le chancelier, mais un de ses frères, qu'on voit, inscrit parmi les écoliers du collège de Navarre en 1404. (Voy. H. Jadart, *Jean de Gerson*, Reims, 1881, in-8°, p. 145.) Gerson lui-même prit part à la fondation du collège de Reims, d'après le pouillé manuscrit de l'abbé Bauny. *(Ibid*, p. 128.)

donnée, plutôt que d'attendre indéfiniment les résultats aléatoires que fournirait l'exécution totale du testament.

Le successeur de Gui de Roye, Simon de Cramaud, accorda à l'œuvre nouvelle une subvention de mille francs et lui consacra une partie de ses livres. Plusieurs personnes riches promirent également de mettre à contribution leur bourse et leur bibliothèque pour doter le futur collège (1).

Grâce à ce concours de bonnes volontés, les étudiants rémois furent bientôt en état d'acquérir un vaste local, et choisirent à cet effet l'ancien Hôtel de Bourgogne, situé sur le penchant de la montagne Sainte-Geneviève, derrière la maison de Sorbonne (2). Peu de temps après sa fondation, le collège de Reims eut cruellement à souffrir des guerres civiles qui déchiraient alors Paris, et fut pillé par les Bourguignons en 1418. Il ne se releva que vingt-cinq ans plus tard, lorsqu'on lui réunit le collège de Rethel. Son histoire a été esquissée rapidement par Jules Quicherat, dans son *Étude sur le collège Sainte-Barbe* (3), mais on trouverait les éléments d'une monographie détaillée de cet établissement, surtout aux XVIIe et XVIIIe siècles, dans les comptes conservés aux archives nationales (H 2880$^{1-6}$ à 2885)

(1) Voy. plus loin l'accord passé, le 24 septembre 1409, entre les héritiers de Gui de Roye et les étudiants du diocèse de Reims.

(2) DU BOULAY, *Historia Universitatis*, tome V, p. 202, cite un acte du prévôt de Paris confirmant cette acquisition, le 12 mai 1412. Nous publions plus loin une analyse de ce contrat empruntée aux registres d'ensaisinements de Sainte-Geneviève, où elle fut insinuée le 18 février 1415 (n. st.).

(3) Tome III, p. 107 et suiv. — L'Académie de Reims a mis plusieurs fois au concours, et de nouveau en 1894-95, une *Étude sur le collège de Reims, fondé en l'Université de Paris.*

et aux archives municipales de Reims (1), et dans les pièces relatives à l'Université, qui étaient autrefois déposées au Ministère de l'Instruction publique, et que l'on a transportées à la Bibliothèque de la Sorbonne :

« ..... Item solutis et adimpletis omnibus et singulis predictis et infrascriptis, et necessariis ad hoc, do et lego quartam partem residui Matheo, nepoti predicto, si pacifice, sine lite, obtemperaverit ordinacioni mee, juverit executores, nullamque eis litem moverit, nisi completis predictis. Aliam quartam partem, ad successorum meorum archiepiscorum usum, eidem mense mee lego in augmentum ejusdem et in hoc convertendum et non aliud, et cum scitu executorum meorum, quorum primum successorem esse unum volo, si juraverit facere juste et devote de hiis omnibus ut pro se vellet fieri in casu mortis sue.

« Item alias duas partes do et lego, et ordino ad convertendum in alios usus pro instruendis juvenibus in litteratura, temporibus venturis, qui sunt de terris mense predicte, et unus de terra patrimoniali mea hodierna, vel de Mureto, si reperiatur qui velit venire. Et amore Dei ad hoc attendat successor ut detur ordo, prout et spero facere, si vitam Deus concesserit et non adversetur fortuna, nam inde posset utilitas magna et meritum acquiri, juxta, quod attendi debere, consilium magistri Johannis de Magduno, in *Testamento* suo, ubi instruit prelatos tenere studentes in diversis scientiis, qui eis haberent servire. Et spero dare formam et praticam, si vixero et invenero personas propitias ad hoc, et jam fecissem si commode potuissem..... »

(1) Fonds de l'Archevêché de Reims, G. 182 et 183.

APPENDICE

Pièces relatives à la fondation du Collège de Reims.

I.

Procès-verbal de l'assemblée des étudiants du Diocèse de Reims, 23 septembre 1409. (Arch. nat., X[1c] 98.)

A tous ceuls qui ces lettres verront Pierre des Essars, chevalier, conseillier maistre d'ostel du Roy nostre sire et garde de la prévosté de Paris, salut. Savoir faisons que par devant Jaques de Mes et Thomas du Han, clers notaires jurez du Roy nostre dit seigneur, de par lui establis en son Chastellet de Paris, furent présens honnorables et discretes personnes Jehan de Jarçon (1), Jehan Roland, Simon de Bourich (2), Pierre Lagode, Raoul de Justines (3), Girart Machet, Pons d'Erpy (4), Pierre Choat, Jehan Champenois, Simon Simonnet, Nicole Gommaut, Robert Guin, Jehan Lemoine, Jehan Loste, Jehan Rivart, Jehan Noquart, Jehan Preudomme, Estienne Barnesse, Thomas Petit, Nicolas Seraine et Jehan Perrin, tous escoliers de la nacion du diocèse de Reins, estudians en l'Université de Paris, faisans et représentans la plus grant et plus saine partie des escoliers dudit diocèse, estudians en la dite Université, si comme ilz disoient, pour ce assemblez en l'église Nostre-Dame de Paris, en la présence de Robert Chanrre,

(1) *Gerson* (Ardennes), village détruit, commune de Barby, près Rethel.

(2) Il y a dans le département de l'Aisne, canton de Château-Thierry, une localité du nom de Bouresches, qui est peu éloignée de la limite du diocèse de Reims.

(3) *Justine*, commune de Novion-Porcien (Ardennes).

(4) *Herpy*, canton de Château-Porcien (Ardennes).

premier huissier de Parlement, par vertu des congié et licence à eulx donnez et ottroyez par le Roy nostredit seigneur, ainsi qu'il est apparu ausdiz notaires par ses lettres patentes seellées de son grant seel sur simple queue dont la teneur est encorporée en la fin de ces présentes. Lesquelz escoliers dessuz nommez pour eulx, ou nom de ladite nacion, et pour les autres escoliers d'icelle nacion dont ilz se firent fors en ceste partie, constituèrent, ordonnèrent, firent et establirent leurs procureurs généraulx et certains messages espéciaulx maistres Giles d'Aspremont (1), Jehan Moraine, Pons d'Ulmont (2), Pierre Joseph, Jehan Perrim, Jehan Tanquerel le jeune, Raoul Maubrouet, Jehan Robertchamp, Jehan de Troissy (3), Jehan de Montfaulcon (4) et Estienne Barnesse, maistres Thomas Petit, Nicolas Paste, Herbert Camus, Pierre Cousinot, Jehan Paus, Jehan Bailli, Jehan Hougnart et Giles Labbat, procureurs oudit Parlement, Jehan Duchesne, Simon de La Rue, Jehan Le Picart, Girart le Champenois, Regnault Plœneour, et chacun d'eulx en manière que la condition de l'un ne soit greigneur ou menre de l'autre, mais ce que l'un d'eulx aura encommencié, l'autre puist poursuivre et mener à fin, donnans et ottroyans lesdiz constituans à leurs diz procureurs et à chacun d'eulx par soy et pour le tout, plain povoir, auttorité et mandement espécial par ces présentes de composer, traictier, transiger, pacifier, accorder et compromettre, tant avecques les héritiers exécuteurs des testamens de feux révérens père en Dieu Monseigneur Guy de Roye, en son vivant arcevesque de Reins derrain trespassé et de Monseigneur Guy de Besançon (5), jadiz arcevesque d'icellui lieu de Reins, comme avecques tous autres à qui ce pourra ou devra appartenir, et tant des faiz et cas touschans et regardans les-

(1) *Apremont*, canton de Grandpré (Ardennes).

(2) *Ormont*, commune de Breuil-sur-Vesle (Marne).

(3) *Troissy*, canton de Dormans (Marne), paroisse appartenant au diocèse de Soissons, mais voisine du diocèse de Reims.

(4) *Montfaucon* (Meuse), ancien diocese de Reims.

(5) Ce n'est pas *Guy*, mais Richard Picque, dit de Besançon, archevêque de Reims de 1374 a 1390.

dis escoliers et nacion es diz testamens, et en chacun d'eulx; comme en tous autres cas touchans icelle nation, etc...

..... Ce fu fait et passé l'an mil quatre cens et neuf le lundi vint et trois jours de septembre.

(En cet acte sont rapportées les lettres de Charles VI du 23 septembre 1409 au premier huissier du Parlement, lui notifiant que sur la requête des étudiants de la nation du diocèse de Reims, il leur a permis de s'assembler, autant de fois qu'ils en auront besoin et de nommer procureurs pour recueillir les « laiz a eulz fais et à leurs successeurs escolliers dudit diocèse qui seront estudians en lad. Université par feu l'arcevesque de Reins derrain trespassé et autres. » Du Boulay (tome V, p. 202), parle de ces lettres de Charles VI, et reproduit la liste des étudiants fournie par l'acte du 23 septembre.

II.

Accord passé devant le Parlement entre les héritiers de Gui de Roye, d'une part, et ses exécuteurs testamentaires, ainsi que le procureur des clercs du diocèse de Reims, étudiants en l'Université de Paris, d'autre part, réglant à 4,000 l. t. la somme due par la succession de Gui pour accomplir l'article de son testament relatif à l'instruction des dits clercs. — 24 septembre 1409. (Arch. nat. X[1c] 98.)

Comme feu très réverend père en Dieu Messire Guy de Roye, derrain arcevesque de Reins, en son testament ou ordonnance de derraine voulenté eust voulu, disposé et ordonné, son dit testament acompli, que noble homme messire Mahieu de Roye, chevalier, son nepveu, eust le quart du résidu de tous ses biens, son successeur arcevesque, l'autre quart, et pour le bien et avancement des clers de la table archiepiscopal de Reins, que la moitié dudit résidu feust convertie et emploiée pour instruire en diverses sciences les clers de ladite table, et un de sa terre patrimoniale ou de Muret, et, pour ce acomplir, en la clause de ce faisant mencion, dépriast et exortast son successeur arcevesque, de y donner forme et manière, ou cas que ce il n'auroit fait en son vivant, et soit ledit feu arcevesque trespassé en cest propos et voulenté, et comme il avoit déclairé par avant son trespas à plusieurs personnes notables; et après sondit trespas, très révérend père en Dieu Monseigneur Simon de Cramaut, paravant patriarche d'Alixandrie, ait esté promeu par nostre saint père le pape à ladite arceveschié, et après ce que il a a esté receu et mis en possession et saisine, et qu'il est venu à Paris, ledit messire Mahieu de Roye, nepveu et héritier dudit feu arcevesque et les procureurs des autres héritiers sont venuz devers ledit monseigneur l'arcevesque et eulz, voulans de tout leur povoir acomplir ce qui avoit esté ordonné par ledit feu arcevesque, se soient trais devers ledit monseigneur l'arcevesque qui est à présent et lui ont exposé qu'ilz vouloient mettre à fin et acomplir ce qui avoit esté ordonné par ledit feu arcevesque au regard de ce qui concerne ledit monseigneur l'arcevesque, lequel, avec autres, estoit nommé exécuteur dudit testament, et, pour amour nourrir et eschever toute matière de procès, aient esté d'accord ensemble et par espécial en ce qui concerne le quart dudit résidu qui povoit compéter et appartenir audit arcevesque moiennant la somme de deux mil livres tournois qu'il en doit avoir et recevoir desdits héritiers, et depuis, en ensuivant la disposicion et ordonnance dudit deffunct, qui en son vivant avoit très bonne affection et voulenté de fonder un colliège des clers de ladite table et diocèse de Reins, ait esté advisé par ledit arcevesque, maistre Philippe de Boisgilloust, exécuteurs dudit arcevesque, et autres qu'il seroit bon et expédient pour le bien desdits clers d'avoir aucune somme d'argent desdits héritiers, sans attendre l'acomplissement dudit testament, et sur ce aient esté assemblez en grant nombre les suppos dudit diocèse de Reins et par plusieurs fois, et ait esté la matière haultement discutée, et advisez plusieurs choses qui faisoient à considérer : c'est assavoir que plusieurs saiges maintenoient le testament ou escripture faisant mention dudit residu estre une escripture pure privée, sans seel, seing ou signet, ne autre enseignement autentique ou valable, en forme de testament, et avec ce, posé ores que ladite escripture vaulsist comme testament, si avoit ledit feu arcevesque ordonné que ses torfais, debtes et injures feussent amendez, paiez et satisfais, et si avoit fait plusieurs lais, tant à son successeur arcevesque comme à plusieurs gens d'église, à ses héritiers et autres, et si povoit estre tenuz pour les réparacions des chasteaulx, maisons et manoirs archiepiscopaulx, toutes lesqueles choses povoient monter et n'eussent pas esté accomplies pour XL mil frans ou environ, et touteffois les biens ne montoient pas à plus de L à LVI mil frans, en laquele somme estoient comprinses plusieurs debtes qui n'estoient pas bien solvables pour faire venir ens les deniers, et que avant que on peust faire aucune poursuite, demande ou action dudit résidu, qu'il estoit neccessité que toutes les choses dessusdites feussent acomplies et une chappelle en l'église de Reins fondée d'une messe perpétuelle de rente amortie, qui sera de grant despence à fonder, et plusieurs autres charges, restitucions, acomplissemens de testamens et autres choses qui seroient longues à réciter, et oultre, afin que bon accord se feist entre lesdis héritiers et lesdis clers, ledit monseigneur l'arcevesque de sa libérale bégnignité, amour, grace et courtoisie, en augmentacion dudit résidu, ou cas que accord y aroit deslors et des maintenant, a promis donner et de fait a donné pour la fondacion dudit colliège qui sera dénommé le colliège de Reins ou de Roye, à la voulenté dudit arcevesque, la somme de mille livres tournois et une partie de ses livres, et pour ce aussi que de présent a plusieurs notables personnes et suppos dudit diocèse, riches et puissans, qui en ceste besongne ont très bonne affection de y contribuer de leurs livres et autres biens, et considéré plusieurs autres choses qui font à considérer, sans les réciter pour cause de briefté, lesdis héritiers, c'est assavoir ledit messire Mahieu, en son nom et comme soy faisant fort de Jehan de Roye (1), escuier, du seigneur de

(1) Le fils de Renaud de Roye, un des frères de l'Archevêque.

Créqui et de madame sa femme (1), et de madamoiselle Jehanne de Roye (2), seurs dudit messire Mahieu, d'une part, et maistre Thomas Petit, procureur desdis clers suppos, d'autre part, et du consentement de très révérend père en Dieu ledit monseigneur l'arcevesque, qui, en tant que besoing seroit comme ordinaire, a auctorisié ce qui s'ensuit, et aussi ledit maistre Philippe de Boisgilloust, conseiller du Roy nostre sire, eulz deux nommez exécuteurs oudit testament, lesdites parties sont d'accord, s'il plaist à la court de Parlement, en la manière qui s'ensuit :

C'est assavoir que lesdis héritiers pour tout le droit et action que prétendent les clers dessudis paieront la somme de IIII^{M} livres tournois, franchement, pour la fondacion dudit colliège par la forme qu'il sera advisé et ordonné par ledit monseigneur l'arcevesque, selon la forme et teneur du testament dudit deffunct, appellez avec lui les dis héritiers ou aucuns d'eulz et certains députez dudit diocèse de l'Université de Paris, et partant lesdis héritiers et chacun d'eulx demourront quittes envers lesdis clers de tout ledit résidu et de tout ce qu'ilz pourroient demander pour occasion de ce, réservé aussi, comme il a esté fait audit monseigneur l'arcevesque, que, ou cas que par dessus l'inventoire fait par commissaires du bailli de Reins, duquel inventoire lesdis héritiers seront tenuz de baillier copie ou vidimus ausdis escoliers, soubz seel autentique, pour leur valoir ou temps à venir ce que raison dovra, seront trouvez aucuns biens non inventoriez, recelez, emportez ou latitez, que lesdis clers auront la moitié d'iceulx biens, ou la vraie estimacion, desduis les frais, missions et despens qui, pour occasion de ce, auront esté fais et despendus, excepté d'aucuns utensiles d'ostel, qui, au jour du trespas dudit feu monseigneur l'arcevesque estoient ès hostelz de Courville, de Septsaux, de Betteniville et autre part, qui appartenoient ausdis héritiers.

Et pour décharger les consciences desdis héritiers et d'autres,

(1) Jeanne, femme de Jean, sire de Créqui et de Canaples.
(2) Jeanne ou Jeannette, qui épousa Aubert de Hangest.

et pour contenter et apaisier plusieurs au regard dudit recellement, s'aucun en y a, et afin de savoir la vérité comme autrefois a été touché et délibéré, yront à Reins, à Soissons et autre part où besoing sera, aucuns députéz de par la court de parlement ou autres, pour recevoir le serement des héritiers, officiers et serviteurs dudit feu arcevesque, et de tous autres qui vraysemblablement devront savoir la vérité de la besongne et que sont devenuz les biens qui ne sont point inventoriez, par la réservacion faite par lesdis accords et traictiez, à la conservacion du droit dudit monseigneur l'arcevesque et desdis clers et escoliers, et seront par iceulx commissaires ou autres faites informacions, oïz et examinez tesmoings et personnes qui en saront déposer au vray, s'il plaist audit monseigneur l'arcevesque et escoliers et, ce fait, veues lesdites informacions par ledit monseigneur l'arcevesque, appellez avec lui aucuns deputez de par lesdis clers et lesdis commissaires, en sera ordonné comme il appartendra à faire par raison, et lesdis clers prieront Dieu pour l'ame dudit feu arcevesque, de ses parens et amis, et s'offrent ausdis héritiers de leur complaire et faire service et plaisir de tout leur povoir; et veult et consent ledit messire Mahieu ès noms que dessus que de ladite somme de IIII^{M} livres tournois lesdis escoliers soient paiez sur les biens qui furent au dit feu arcevesque les plus clers et evidens que trouvez pourront estre et le plus brief que faire se pourra.

Fait du consentement dudit monseigneur l'arcevesque et dudit messire Mahieu en leurs personnes et dudit maistre Thomas Petit procureur desdis clers et escoliers par vertu de la procuracion cy après encorporée, le XXIIIIe jour de septembre l'an mil CCCC et neuf.

(Au dos est l'homologation prononcée par le Parlement.)

III.

Analyse du contrat d'acquisition de l'Hôtel de Bourgogne par les étudiants appartenant au diocèse de Reims, conservée dans les registres d'ensaisinement de l'abbaye Sainte-Geneviève. (Arch. nat., S* 1647, 2e part., fol. 68v.)

L'an mil IIIIc et XIIII, le XVIIIe jour de février, se dessaisy en nostre main Michellet Benoist, comme porteur des lettres et procureur de très noble et puissant seigneur, monseigneur Philippe, conte de Nevers, de Rethel et baron de Douzy, d'un grant hostel, fermé de haulx meurs, appartenant audit monseigneur le conte de son propre heritage et partage fait entre messieurs sez frères et luy, ainsy comme toute se comporte et extant de touttez pars, appelé d'ancienneté l'ostel de Bourgongne, séant à Paris prez et au dessus de Saint-Ylaire, en la rue appellez la rue de Bourgongne, tenant tout au long d'un costé à ladite rue, et d'autre part au long de la rue Charretière, aboutissant de l'un des costez au long de la rue des Sept-Voyez, et aboutissant par darriere à la rue du Clos Brunel; item d'une autre grant masure ou place vuide, estant devant et à l'oposite de la maistre porte et antrée dudit grant hostel de Bourgongne, tenant d'une part à l'ostel de Serbonne et à l'ostel de Chasteau-Festu, et d'autre part au long de la rue des Sept-Voyes et à l'ostel des Coulons. Tout ce que dit est en nostre censive, justice et seigneurie, chargé envers nous, c'est assavoir le grant hostel en douze deniers parisis de fons de terre, et ladite masure ou place en douze deniers de fons de terre, et en XIIII s. VII d. p. de rente, deubz et paiez chacun an le jour Saint Remy (1). Ceste vente faitte a honorablez et

(1) Comparez les comptes de Sainte-Geneviève pour les années 1508-1509 (*Arch. nat.*, S* 1626) : « Rue au duc de Bourgogne. — Les maistres et escolliers du colleige de Reims, qu'ilz doivent chacun an le jour sainct Remy, douze deniers parisis de fons de terre pour leur colleige, ainsy qu'il se comporte et extend de toutes pars. — D'iceulx,

discretez personnez les maistrez et escolliers, estudians à Paris, nez de la cite et dioycese de Reims pour le pris et somme de deux mille livrez tournois, advecques le jardin d'icelluy grant hostel. *Solutum* tant pour l'admortissement comme pour les ventes à nous appartenans la somme de II c. l. par., laquelle est comptée en la recepte extraordinaire des comptes de la dite année, comme par y celle appert.

qu'ilz doivent chacun an, quinze sols sept deniers parisis de fons de terre pour leur jardin assis devant leurdit colleige, et ou cas que le fons de terre ne pourroit suffisamment prendre sur le jardin, ledit colleige en est obligé, comme il appert par l'amortissement. »

LA VIE DE SAINT REMI

DANS LA POÉSIE POPULAIRE

ANCIENNES HYMNES ET PROSES
LE MYSTÈRE DE SAINT REMY, LES TAPISSERIES

Par M. Henri JADART, Secrétaire général

PRÉAMBULE.

Les derniers travaux sur saint Remi et son époque.

La vie de saint Remi est un sujet de recherches incessantes, parce qu'elle se lie aux origines de la France et à ses plus lointaines traditions. Le merveilleux de la légende s'y est joint comme au berceau de tous les peuples, et l'histoire critique cherche à en démêler les éléments, à les contrôler et à les préciser d'après les sources malheureusement trop rares à cette époque.

Avec notre habitude moderne de lire le récit circonstancié de tous les événements, d'en avoir la vue exacte, la photographie instantanée, nous ne pouvons comprendre les doutes, les lacunes et les contradictions que nous ont légués les vieux chroniqueurs, par rapport aux faits les plus considérables du passé. On cherche souvent à dissiper ces doutes, à combler ces lacunes et à résoudre ces contradictions; mais trop heureux sommes-nous si, en définitive, le fait capital se dégage assez lumineux, lors même qu'il manquerait à sa manifestation les détails accessoires dont notre curiosité est avide. Ainsi en est-il à Reims du baptême de Clovis, au sujet duquel bien des questions sont soulevées et débattues sans que l'on puisse jamais les croire résolues, et cela parce que l'on a voulu en savoir plus que n'en disait Grégoire de Tours, l'historien le plus rapproché de l'événement. Les historiens postérieurs, Hincmar et bien d'autres, en commentant son récit, ont amené la confusion sur des points dont il avait parlé avec clarté, sinon avec un plein développement.

Quoi qu'il en soit du peu de renseignements contemporains sur les faits et gestes de saint Remi, sur sa mission sociale, et particulièrement sur le baptême de Clovis et des Francs, un fait immense en découle dès le VIe siècle, avec des conséquences prochaines et lointaines qui s'imposent à l'attention et à l'étude de tous les historiens. Cette vaste synthèse donne lieu, en ce moment, à une publication qui groupe les noms les plus divers, et présentera un tableau d'ensemble de la vie nationale et chrétienne de la France (1).

En même temps verront le jour : l'étude sur Clovis mûrie depuis si longtemps par M. Godefroy Kurth, et, comme tentative de vulgarisation, une histoire de saint Remi par M. l'abbé Haudecœur. Des points spéciaux sur le lieu du baptême de Clovis, sur les origines chré-

(1) *La France chrétienne dans l'Histoire*, ouvrage publié à l'occasion du 14e centenaire du Baptême de Clovis, sous le haut patronage de Son Ém. le Cardinal Langénieux, et sous la direction du R. P. Baudrillart, prêtre de l'Oratoire, avec la collaboration de trente-sept écrivains et érudits dans tous les genres. Volume publié par la maison Firmin-Didot, in-4°, *Paris*, 1896.

tiennes de Reims et sur sa topographie à cette époque, seront étudiés par M. Demaison.

D'autres notices encore se grouperont, et viendront se joindre à la bibliographie du sujet principal (1). Cette revue des travaux publiés avant 1890 se trouve déjà bien incomplète elle-même, et nous devons y ajouter la mention d'un poème en l'honneur de saint Remi adressé par Gui de Bazoches à Henri de France, archevêque de Reims, récemment mis en lumière par MM. Hauréau et Léopold Delisle (2). Les travaux du Dr Krusch, en Allemagne, ne laissent pas que de se rapprocher de nos recherches sur les points les plus curieux et les plus

(1) *Bibliographie des ouvrages concernant la vie et le culte de saint Remi*, dans les *Travaux de l'Académie de Reims*, 1891, t. LXXXVII, p. 223 à 269.

(2) *Notices et extraits de quelques manuscrits latins de la Bibliothèque nationale*, par B. Hauréau. t. II, *Paris*, *1891*, in-8°. — Cet ouvrage indique, à la page 272, un morceau relatif à la sainte Ampoule de Reims et au couronnement des rois de France. Ce texte, vraiment intéressant, se trouve dans le manuscrit latin 13,578 de la Bibliothèque Nationale et dans plusieurs autres, à la suite d'allégories sur l'Ancien Testament, dont l'auteur est vraisemblablement Hugues de Saint-Victor. En le signalant ici, je me permets d'indiquer en même temps un autre témoignage, peut-être un peu plus ancien, relatif à la sainte Ampoule. On le remarque dans un petit poème en l'honneur de saint Remi, que Gui de Bazoches adressa à Henri de France, archevêque de Reims de 1162 à 1175 :

Christus chrisma paradysiacum
Misit ei, cum Parasiacum
Regem Deo sacravit, unacum
Regis militia.

Cité dans la *Bibliothèque de l'École des Chartes*, juillet-août 1891, p. 450-451, article de M. Léopold Delisle. — Cfr. *Revue de Champagne et de Brie*, 1891, p. 959.

délicats (1). Nous devons signaler particulièrement sa récente étude critique de textes sur des questions très controversées, et que l'érudition retournera sous toutes leurs faces bien des fois encore avant de les résoudre (2).

L'influence de saint Remi dans les Vosges et en Alsace (3), les établissements qui portent son nom en Provence (4), les traces de sa sépulture aux différents âges (5), tous ces sujets si intéressants et encore trop peu approfondis, se révèlent tour à tour à nous par des notices ou des ouvrages qui seront précieux à tant de titres dans nos collections rémoises. La presse, elle

(1) Le 1er juillet 1892, le Dr Krusch, travaillant à la Bibliothèque de Reims pour les *Monumenta Germaniæ historica*, dont il est l'un des collaborateurs, m'informait que les *Lettres de saint Remi* allaient paraître dans cette collection, *Litteræ*, in-4°, et que leur texte revisé serait très intéressant. L'une de ces lettres mentionne la conquête par Clovis de la Gaule-Belgique, *post occupatam Galliam Belgicam*, y est-il dit, ce qui a une grande importance pour l'histoire de Clovis et celle de la Belgique.

(2) XIII, *Reimser Remigius Falschungen*, von Br. Krusch. — *Neues Archiv.* etc., XX, pp. 516-568. In-8°; brochure reçue de l'auteur, *Hannover*, 5 mai 1895.

(3) D'après une lettre de M. Ristelhuber datée de Strasbourg, le 4 mai 1892, voici quelles sont les églises placées sous le vocable de saint Remi en Alsace : Barendorf, Bollwiller, Bretten, Hegenheim, Itterswiller, Neugartheim, Oberheim, Oermingen, Singrist, Wettolsheim.

(4) *Saint Remy en Provence, au moyen âge*, par M. Deloche. — *Paris*, Imprimerie Nationale, 1892 ; in-4° de 95 pages avec deux cartes. Œuvre de longue haleine du savant membre de l'Institut. Compte rendu par M. Henri Menu, dans la *Revue de Champagne et de Brie*, mars 1892, p. 222.

(5) *La pierre tombale de saint Remi, évêque de Reims*, par M. Henri Menu. — *Arcis-sur-Aube*, L. Frémont, 1893 ; gr. in-8° de 30 p., avec figures. (Extrait de la *Revue de Champagne et de Brie*, 1893.)

aussi, entretient le public des souvenirs concernant l'Apôtre des Francs et des fêtes annoncées en son honneur (1).

Mais ce n'est point cette généralité d'ouvrages qui peut être embrassée ici ; notre but, plus simple, est de réunir d'abord les pièces que nous avons recueillies sur les parties populaires de l'office de saint Remi, les hymnes et surtout les proses qui offrent un grand charme par leur naïveté et leur inépuisable variété. Nous en donnerons le texte, tel que nous l'ont fourni plusieurs manuscrits et les livres liturgiques rémois. — Dans une seconde partie, nous offrirons le résumé et les têtes de chapitre d'un autre monument populaire concernant saint Remi, le *Mystère* du XVe siècle, qui retrace sa vie et fut probablement composé et joué à Reims. Les précieuses tapisseries du XVIe siècle, que l'on conserve dans l'église Saint-Remi, nous retracent encore les scènes inspirées et commentées par le jeu de cette pièce peu connue de nos jours.

(1) *Journal des Débats* du dimanche matin, 11 mars 1894, ACTUALITÉS : *Le Centenaire du Baptême de la France*, article non signé, annonçant les fêtes qui devront avoir lieu à Reims dans le cours de l'année 1896, en souvenir du baptême de Clovis.

CHAPITRE Ier.

Anciennes Hymnes et Proses en l'honneur de saint Remi.

L'histoire du culte de saint Remi comprendrait de nombreux chapitres, d'abord sur son culte à Reims aux différentes époques (1), puis sur les translations de ses reliques, qui donnèrent lieu à des solennités longtemps chômées (2), enfin sur les documents liturgiques proprement dits dans toute leur ampleur, depuis le rite gallican (3) et les offices du moyen âge jusqu'à ceux des derniers siècles. Le nôtre n'a rien inventé, et

(1) Sur le culte de saint Remi à Reims, les visites à son tombeau plus fréquentes le vendredi de chaque semaine, « *singulis sextis feriis* », coutume très ancienne, relatée par Gilles de Liége dans la *Vie de saint Albert*, et par Larisvilla dans la *Vie de saint Remi*, et sur les indulgences accordées à cette occasion par les papes Léon IX et Eugène IV, voir le *Metropolis Remensis Historia* par D. Marlot, t. Ier, p. 338. — Le même historien rapporte en appendice, après l'*Index*, sur le même sujet : « Adde, post doctissimas eximii ac R. Patris Paulini Bellovacensis, Ordinis Capucinorum, conciones in Matrice Ecclesia quadragesimæ tempore habitas anno 1646, quibus auditores ad Remigium ardentius colendum, mirè singulis diebus hortatus est, cultus Remigii in dies magis ac magis efflorescit, » p. 13 de l'*Index*, à la fin du volume.

(2) Les manuscrits de la Bibliothèque de Reims, n° 786-769, renferment, entre autres récits, la *Translatio sancti Remigii ad Sparnacum* (XIIIe s.). Voir aussi n° 790-771 (XIIe s.), et n° 793-773 (XIIe s.), tous deux intitulés : *Vita S. Remigii.*

(3) *Acta SS. Octobris*, *Bollandistes*, I, 126.

il a mieux fait de se maintenir sagement traditionnel jusque dans le propre actuel (1).

C'est naturellement aux Bollandistes et à leurs continuateurs qu'il faudrait recourir pour trouver les premiers éléments d'une histoire du culte de saint Remi en France, en Belgique (2), et dans le monde entier. Sur ces bases, en poursuivant des recherches à la Bibliothèque nationale et dans les autres dépôts de manuscrits de Paris (3), des départements et de l'étranger, on arriverait à asseoir une vaste compilation, qui aurait un grand intérêt si elle se présentait avec ordre et méthode. Mais cette entreprise serait encore bien au-dessus de nos ressources. Nous nous sommes bornés à recueillir dans les manuscrits et les livres de la Bibliothèque de Reims ce qui a trait essentiellement aux parties populaires de l'office.

L'abbaye de Saint-Remi nous a fourni un missel de 1556, contenant cinq proses dont plusieurs sont très curieuses par leur rythme et leur antiquité (4). Un

(1) Bien entendu, nous ne reproduirons pas les hymnes ni la prose en usage actuellement dans le Propre diocésain de 1872.

(2) *Acta Sanctorum Belgii selecta*, par GHESQUIÈRE, 1783, t. Ier, p. 501-650.

(3) Bibliothèque de l'Arsenal, à Paris, sous la cote 421, *Officium S. Remigii*, ms. du XVIIe siècle.

(4) *Missel à l'usage de l'abbaye de Saint-Remi*, Reims, 1556. — Fêtes de saint Remi : 13^a^ januarii, *Depositio sancti Remigii, archiepi. dupl. maius ;* — 19^a^ januarii, *Octava S. Remigii, in cappis ;* — 29^a^ maii, *Translatio S. Remigii, in cappis ;* — 1^a^ octobris, *Translatio S. Remigii, duplex maius ;* — 2^a^ octobris, *Dedicatio huius ecclesiæ, duplex maius ;* — 30^a^ decembris, *Relatio sancti Remigii, duplex minus.* — Toutes ces fêtes ont une messe propre, avec prose; pas de préface propre. L'office de la Dédicace du 2 octobre est absolument celui du missel romain pour la Dédicace, avec une prose en plus. Il n'y a d'octave qu'à la fête du 13 janvier.

bréviaire de la même abbaye, imprimé en 1549, et dont un exemplaire se trouve à l'abbaye de Solesmes (ainsi qu'un autre récemment complété à la Bibliothèque nationale), offre quatre hymnes du même caractère. L'abbaye de Saint-Nicaise ne nous a pas donné de pièce particulière, bien que le culte de saint Remi y fût en grand honneur (1). Le missel diocésain de Reims, imprimé en 1491, contient une prose spéciale, que l'on retrouve dans le missel de 1620 (2), et qui ne se trouve plus dans celui de 1688 (3).

(1) Cy s'ensuivent les coustumes et ordonnances tant en sonnaiges comme en aultres choses ordonnés en cest Église de St Nicaise : « De la feste de S. Remy après l'Epiphanie. Le jour S. Remy est feste de moien double, l'antiesne à vespre : *Beatus Remigius*, les psalmes des Octaves, le dernier *De profundis*. Et dict on le Sabmedy à vespre en la vigille des octaves : *Beatus Remigius*. Il y ast cierges aux pas et vast ou au pipitre. Il y a propre prose à la messe : *Magnus Deus omnium* ou *Ad presulis*, ou *Hic sanctus*. Il y ast octaves simples a iii et la messe et le jour des octaves a xii[l] simples, » f° 62. — De la feste S[ct] Remy en octobre : « Feste sainct Remy en octobre, aux premières vespres, on n'en faict que mémoire, le service est comme à l'aultre feste. Il y ast prose à la messe *Ad presulis* ou *Hic sanctus* » f° 74. (*Bibl. de Reims*, manuscrit de la fin du XVIe siècle, in-4°, numéro ancien 196-193, nouveau 336.)

(2) *Missale Remense*, juxta decretum Concilii Provincialis Remensis, habiti Anno 1583, digestum et reformatum. *Remis, Simon et Joannes de Foigny*, 1620, in-f°. — La fête de Saint Remi en janvier a la messe *Statuit* sans prose, et celle d'octobre renvoie au même office. *Ad calcem*, prose *Venerando presuli*.

(3) *Missale Sanctæ Ecclesiæ metropolitanæ Remensis*... Caroli Mauritii Le Tellier, arch. Rem. auctoritate editum. — *Parisiis Fr. Muguet*, 1688 — in-f°. Les fêtes de saint Remi n'ont rien de propre, mêmes offices qu'au Missel de 1620. Aucune prose *ad Calcem*.

Le bréviaire diocésain de Reims, édité par l'archevêque Maurice Le Tellier (1), et celui de l'archevêque Armand-Jules de Rohan (2), n'offrent que des hymnes conservées aujourd'hui. Les livres du diocèse de Laon fourniraient sans doute un contingent que nous n'avons pu approfondir, si ce n'est pour les derniers temps de sa liturgie propre (3).

(1) *Breviarium sanctæ Ecclesiæ metropolitanæ Remensis*, Parisiis, 1685. Pars Hyemalis, p. 387, die XIII januarii, in festo S. Remigiis, ad vesperas, hymnus *Vos Thura Franci*... Pars autumnalis, die I[a] octobris, omnia de communi unius confessoris pontificis.

(2) *Breviarium Sanctæ Ecclesiæ Metropolitanæ Remensis*, Ill. ac Rev... Armandi-Julii DE ROHAN, Archiepiscopi ducis Remensis... ac venerabilis ejusdem Ecclesiæ capituli consensu editum. — *Carolopoli, Petrus Thesin*, 1759, in-8°. — In festo Translationis S. Remigii, die 1[a] octobris, hymnus : *Quæ dies tanto*. — In festo S. Remigii, die 13[a] januarii, hymni : *Vos Thura Franci*, in primis vesperis, et *Divina præsul* in secundis. — Ces deux dernières sont de Santeuil de Saint-Victor; on les trouve dans l'édition de ses *Hymni sacri* de 1698, mais le texte original a été modifié depuis pour l'ordre des strophes et pour les strophes elles-mêmes, p. 188-190.

(3) *Paroissien latin-français à l'usage de la partie laonnoise du diocèse de Soissons*. — Laon, Le Blan-Courtois, imprim., 1830. — Partie d'hiver, *Calendrier :* Janvier 13. S. Remy, évêque de Reims et fondateur de l'Eglise de Laon, petit solennel, vers l'an 533. — Partie d'été, p. 476: Octobre 1er. La Translation de saint Remy, évêque de Reims et fondateur de l'Eglise de Laon, petit solennel, avant l'an 585 et l'an 852. Aux premières vêpres, hymne : *In tuæ natum patriæ salutem ;* — à la messe, prose : *Te præceptor Clodovei ;* — deuxièmes vespres, hymne : *Cæcos pande sinus terra*.

La première des hymnes : *Remigius presul*, que nous donnons en tête, est de beaucoup la plus ancienne : on la trouve dans un manuscrit du XIIe siècle, et en dernier lieu dans un livre de chant bénédictin de 1639. Un commentateur l'appelle un poème : « Istud est carmen heroycum, quod loco hymni dicitur » (1), et elle comprend, en effet, six vers hexamètres avant la doxologie ; on en a fait quatre strophes que nous reproduisons sous leur forme métrique. C'est un vénérable monument liturgique du moyen âge, que remplaça seulement vers la fin du XVIIe siècle, dans le bréviaire du diocèse de Reims, l'hymne actuelle : *Vos thura Franci.*

La seconde, la troisième et la quatrième hymne reproduites ici sont aussi du moyen âge, mais d'une époque plus ou moins rapprochée de la Renaissance. Elles figurent toutes dans le bréviaire de l'abbaye de Saint-Remi imprimé en 1549, et nous semblent avoir été constamment propres à ce monastère. Elles sont d'un genre très simple, avec des rimes et peu de figures : elles expriment surtout des prières naïves, parfois gracieuses.

Les deux dernières hymnes ont une facture plus élégante et offrent de la mise en scène : elles doivent dater de la fin du XVIIe siècle ou du début du XVIIIe. On les trouve dans un recueil de chant bénédictin non daté, et pour une fête de translation qui n'est plus chômée. En y joignant les quatre hymnes du même temps et seules en usage aujourd'hui, on arrive au total de dix hymnes composées en l'honneur de saint Remi à Reims.

(1) *Expositio himnorum cum notabili commento...*, 1494, f° 76.

I.

Die XIII. Ianuarii, In natali Sancti Remigii, Remensis Archiepiscopi. Ad vesperas.

Remigius presul meritis ortuque venustus,
Francorum Domino gentem peperit luculentam.
Remedium prestans magnum precibus miserorum,
Hinc membris redolendo sacris pius ac venerandus.
Subveniat nunc magnificus nostris quoque votis :
Æterne patrie cives fore quo mereamur.
Deo Patri atque Nato, laus cum sancto Spiritu
Semper sit : et per infinita seculorum secula.
Amen.

(*Breviarium Metropolitanæ Ecclesiae Remensis*, Rhemis, 1614. Pars Hyemalis f° 230. — *Bréviaire de l'Abbaye de Saint-Remi*, 1549. — *Expositio himnorum cum notabili commento*... Cologne, Henri Quentell, 1494, f° LXXVI du t. 1er, avec glose autour du texte, exemplaire possede par M. l'abbe Bonnaire, cure de Witry-lès-Reims. — *Breviarium antiquum*, XIIe siècle, manuscrit de la Bibliothèque de Reims, cote C 193.190, f° 119 verso.)

II.

In festo S. Remigii. Ad matutinum.

Psallamus cordis organo
Pontificum dignissimo
In nostrorum remedio
Vocitato Remigio.

Qui plebi lumen remice
Donatus est clarescere
Divini verbi semine.

Operum in magnalibus
Miris fulgens virtutibus
Spes in se confidentium
Suarum custos ovium.

Langore pressos reparans
Nocturnos hostes effugans
Ad hoc se cunctis dederat
Ut cunctos salvos faceret.

Sic splendens per magnifica
Sanctitatis insignia
Hinc tandem capitolia
Cum palma petit supera.

Nunc (1) patrone piissime
Nobis concesse proprie
Ad nos supplices respice
Vota servorum suscipe.
Amen.

(*Bréviaire de l'Abbaye de Saint-Remi*, 1549, XIV Jan. Depositio S. Remigii Episc. et Conf. Exemplaire de l'Abbaye de Solesmes, pièce copiee et obligeamment communiquée, ainsi que les deux suivantes, par Dom Albert Noël, Religieux bénédictin, sous-bibliothecaire de l'Abbaye, 1891. — Ajoutons que cette hymne, comme la précédente et les deux suivantes, se trouve aussi dans un livre de chant benedictin conservé à la Bibliothèque de Reims, CR. 136, intitule : *Officium sancti Remigii, Remorum archiepiscopi et confessoris, — Parisiis, ex typographia Roberti Feugé, 1639*, in-folio de 13 ff.)

III.

In festo S. Remigii. Ad Laudes.

Remigi presul inclyte,
Christi athleta splendide,
Adesto nostris precibus
Quas pie tibi fundimus.

O gloriose pontifex,
Nostræ salutis opifex,
Ut digne demus cantica
Nostra disrumpe crimina.

(1) Variante : *Domine*.

Adesse tuis famulis
Dignare dux amabilis
Sentiant nostra pectora
Tua semper munimenta.

Tu es nostrum refugium
Tu robur potentissimum
Tu salus et protectio
Nostraque jubilatio.

Dona, creator omnium
Qui es vita viventium
Ut precibus Remigii
Te valeamus perfrui.
Amen.

(*Breviaire de l'Abbaye de Saint-Remi*, 1549, XXIX maii, *Translatio S. Remigii.*)

IV.

In festo S. Remigii. Ad vesperas.

Remigi presul inclyte
Patrone gentis gallice
Quem nasciturum mysticus
Prenuntiavit angelus.

Qui matrem diu sterilem
Fecisti prole nobilem
Et necdum corpus possideus
Vicinis notus factus es.

Qui clerum sive populum
Frequenti çede territum
Discutum sorte bellica
Ope servasti celica.

Post hec bellatorum optimus
Vicisti tetros spiritus
Et perduellem Franciam
Fecisti Christo subditam.

Pro tantis ergo meritis
Eternis gaudes premiis
Indutus stola candida
Quam dedit innocentia.

Ora pro nobis, quesumus,
Diem festum colentibus
Quo finem sumens carneum
Capis vite commercium.

Hic si quid digne canimus
Decerne tuis laudibus,
Si sonat negligentiam
Oramus indulgentiam.

Per mundi regem Dominum
Sibique natum unicum
Per spiritum paraclitum
Qui regnat in perpetuum
Amen.

(*Bréviaire de l'Abbaye de Saint-Remi*, 1549, XIV januarii, *Depositio S. Remigii Episcopi et confessoris*. En voici le titre entier : *Breviarium secundum usum percelebris archicenobii Divi Remigii Remensis, nunc primum typis excussum. — Parisiis, apud Yolandam Bonhomme, Vico Jacobeo, sub Unicornis signo commorantem*, 1549. — 2 vol. in-8, goth. rouge et noir, 2 colonnes, figure de saint Remi sur le titre et marque de Thielman Kerver au verso du dernier feuillet.)

V.

Die XXX decembris. Festum relationis Sancti Remigii. Ad Vesperas et Laudes.

Remos triumphans inter ovantium
Turmas clientum Remigius redit :
Diem beatam corde casto
Solliciti celebrate cives.

Servabit urbis mœnia Pontifex,
Ovile Pastor, parcite fletibus :
Lupi rapacis nec furorem,
Nec boreas metuemus enses.

En ille muris proximus imminet
Augusta sacri jam simul agminis.
Currum triumphalem per æquor
Turba novis comitatur hymnis.

Plebs mixta clero, mixtaque civibus
Vel flectit altis quæstibus æthera,
Vel fronde vernanti coronat
Festa vias, titulosve ponit.

O qui benigno numine sidera
Terramque comples, da miseris manum,
Calles ut angustos supremæ
Impavidi teneamus aulæ. Amen.

(*Officia S. Remigii, episcopi et confessoris. — Parisiis, ex typographia Ludovici, Sevestre, via Amygdalinâ ;* in-f° de 24 ff., livre de chant à l'usage des Bénédictins sans date, p. 21 et 22. — Bibliothèque de Reims, CR. 136.)

VI.

Ad matutinum.

Dum stella gentis lucida, Remigi,
Redis in urbem, pax simul advolat,
Et pacis artes, et Draconis
Imperio metuenda virtus.

Dat æther imbrem ferreus uberes,
Coacta gazas fundit humus sinu,
Longosque vitis passa soles
Luxuriante superbit uvâ.

Res mira : claudus stat pede libero,
Sano resurgunt corpore languidi ;
Jam surdus audit, jamque mutus
Grandiloquo sonat ore Christum.

Tuos Remenses protege, Remigi,
Et supplicantem respice Franciam,
Fac Christiani sponte Christo
Subjiciant pia colla Reges.

Fides avorum tendat in ultimos
Longe nepotes : te duce caritas
Virtutis antiquæ feracem
Concipiat rediviva flammam.

O qui benigno numine sidera
Terramque comples, da miseris manum,
Calles ut angustos supremæ
Impavidi teneamus aulæ.
Amen.

(Même livre d'office, que pour l'hymne précédente, p. 22-23.)

Aucune des six hymnes données ici n'est plus en usage ; le propre du diocèse de Reims a rétabli, en 1872, les quatre hymnes plus ou moins modifiées du bréviaire rémois du XVIIIe siècle, à savoir, pour le 13 janvier : *Vos thura Franci,* et *Divina, præsul,* — et pour le 1er octobre : *Quæ dies tanto,* et *Lux, Christe, nondum* (1). Devenues très populaires par leur rythme et leur chant, ces hymnes n'ont rien à envier à celles du moyen âge.

(1) *Officia propria ad usum archidiœceseos remensis, juxta exemplar à S. R. Congregatione denuo revisum et emendatum, et à S. D. N. Pio IX P. M. approbatum, de mandato Ill. ac Rev. DD. J. F.* LANDRIOT, *archiepiscopi remensis, edita.* — *Turonibus,* typis *A. Mame,* 1871.

ANCIENNES PROSES.

Il nous serait difficile de classer dans l'ordre chronologique de leur composition les dix proses que nous groupons ici. Les six premières datent certainement du moyen âge, mais à des époques sans doute différentes : elles se trouvent toutes dans le missel de l'abbaye de Saint-Remi de 1556, ou dans celui du diocèse de Reims de 1491. — La septième, également du moyen âge, appartient à un manuscrit du xve siècle, de l'abbaye de Saint-Thierry, près Reims. — La huitième vient d'un manuscrit contemporain d'Angers. Toutes ces proses ont un caractère primitif, avec beaucoup de longueurs, mais certains beaux passages.

Les deux dernières sont du xviiie siècle, et, à part quelques variantes, sont encore en usage dans les diocèses de Reims et de Laon. Elles déroulent en une suite de tableaux la vie du saint, ses miracles, ses vertus, sa mort, retracés avec la pompeuse ordonnance à la mode, les oppositions et les alternances qui ont aussi leur caractère poétique et leur beauté.

Pour ceux qui aiment le contraste et la variété des œuvres d'âges différents, ces dix morceaux marqueront les expressions diverses d'un culte qui n'a pas varié au fond, depuis le ixe siècle, dans ses principales manifestations. Les mêmes légendes se répètent de siècle en siècle, sous un tour plus ou moins heureux, mais souvent expressif et original. Les proses, chantées avec entrain et ferveur par tous les fidèles, sont ainsi un témoignage des croyances populaires, des sentiments de confiance et d'unanime vénération envers l'apôtre des Francs.

I.

In die festivitatis sancti Remigii, die XIII[a] Januarii, Prosa. Vox Ecclesiæ.

Ad præsulis Remigii
    Sacra festa.
Psallat plebs jucunda
Ejus recolens gesta.

Cujus ab utero signis
    Refulget vita.

Voce nam promissus,
Ante quam genitus
    Est cælica.

Natusque oculos
Cæci vatis novat
    Luce clara.

Traditus literis
Providente Dei
    Clementia.

Futurus populi pastor
Imbuitur scientia.

Crescens igitur
Morum probitate multa,
Præsulatus meruit ad summa
    Tolli fastigia.

Ex hinc gentium corda
Abundanter implet
    Christi doctrina,
    Pia largiente
    Dei gratia.

Regem baptizat,
De cœlo chrisma
Sacrum impetrat,
Afferente columba :
Quis, rogo, vidit talia ?

Ampula lapsa cælitus,
Divino chrismate plena,
Sancti pro memoria,
Servatur in Ecclesia.

Ergo dulcia
Christo cantica
Decantet nostra
Concio eya.

Hæc solennia patris
Celebrans devoto studio,
Atque mente pia.

Cujus instantia,
Christo servit Francia tota,
Ipsique commissa est
In sorte Apostolica,
Sorde quam demoniaca
Expurgavit, sacrum
Per baptisma, fide
Confirmans in Catholica.

Puella nobilis
Ad conspectum Præsulis
Ducta, expulso dæmone,
Sospitati pristinæ data
Longo certamine fessa,
Extincta est absente Præsule
Deficiente corporis vita.

Quam rediens
Mox sancte suscitas,
Et fortius salute vegetas :
Et remittis lætam
Ad propria.

Sicut cæcum donasti
  Lumine,
Infestoque purgasti
  Dæmone,
Sic ab omni nos
Purges macula.

Ut restinguis urbis incendium,
Sic in nobis carnale vitium :
Impetresque regna cælestia.

Quo tecum jugi lætitia
Condecantemus, Alleluia.

(*Missale ad usum perceleberis archimonasterii Sancti Remigii Rhemensis*, 1556, *Sanctorale*, f° XXIII recto.)

II.

XXIX^a Maii. Translatio S. Remigii.

PROSA

Magnus Deus omnium,
Qui se suis præmium
Contulit in gloria.

Cum jam post exilium,
Post carnis hospitium
Potiuntur patria.

Cujus dispositio
Potenti consilio
Sic dictavit omnia.

Ut in rerum corpore
Quedam suo tempore
Servaret magnalia.

Quarum rerum novitas
Sit mira suavitas
Pregustanti talia.

Quia sic accenditur,
Et in eum rapitur
Qui dat certa gaudia.

Ad hac pregustamina
Dedit Deus limina :
Ne sequendo devia
Erremus à patria.

Et contra naufragium
Perduxit Remigium,
In cujus potentia
Nemo timet maria.

Quo parentum senescentum
Revirescunt et florescunt
Effeta plantaria.

Et dat florem preter morem
Hyemalis non vernalis
Etas, et materia.

Huius cura à cultura
Nefandorum idolorum
Respiravit Francia.

De qua culta, messis multa
Recondenda non urenda
Crevit in Ecclesia.

Huius actus enarrare
Est arenas numerare :
Quorum cum Dei gratia
Immensa fuit copia.

Sed credentes eum verè
Veris bonis inhærere,
Per illius suffragia
Confidamus de venia.

O Remigi, lux Francorum,
Audi preces famulorum,
Audi fletus, solve metus,
Remove penalia *(ter dicitur)*.

Ut id per te mereamur,
Quo te frui gratulamur :
Ubi fructu sine luctu
Pascamur et gloria.

Ad hæc vera gaudia
Nos conducat gratia
Alleluia.

(*Missale ad usum percelebris monasterii Sancti Remigii Rhemensis*, Rhemis, 1556, f° XL, verso.)

III.

In translatione sancti Remigii, die 1ª octobris, sequentia.

Venerando presuli Remigio
Psallat fratrum veneranda concio.
Psallat corde, psallat ore,
Tanto gaudens confessore
Nostra congregatio.

Nec discordet vox a vita,
Et sic erit exaudita
Vocum modulatio.

Post vindictam scelerum,
Quando culpis hominum
Est destructa Gallia,

Ad salutem omnium
Beatum Remigium
Concepit Cilinia.

Huic (1) vita presulis
Cepit a cunabulis
Florere miraculis
Et virtutum gratia.

Mater anus concipit,
Sicut Deus precipit.
Cecus lumen recipit
Qui predixit talia.

Per hunc claudis gressus datur,
Cecis lumen renovatur,
Fugantur demonia.

Per hunc Deus restauravit
Quicquid seva devastavit
Vuandalorum furia.

Mira fulgens sanctitate
In remensi civitate
Sedavit incendia,

Dum malignos spiritus
Fugaret vir inclitus
Urbis extra menia.

Ubi pedem imprimebat,
Planta pedis apparebat
Testis est ecclesia,

In qua vena silicis
Ostendit pontificis
Sacrata vestigia (2).

Dum in aquis
Rex sacratus (3)
Mundaretur a peccatis,
Res nova miraculi,

(1) Variante : *Hujus.*

(2) Au seuil du grand portail de l'église Saint-Remi, on voyait dans la pierre l'empreinte d'un pied que vénéraient les fidèles. Cette empreinte disparut dans les travaux de restauration accomplis en 1850.

(3) Variante : *Sacratis.*

Vas est missum celitus,
Dono sancti spiritus,
Per columbam presuli.

Virgo quedam tholosana,
Virgo decens sed insana,
Huius sancti precibus,

Et ab hoste liberata
Et a morte suscitata,
Redditur parentibus.

Ave gemma sacerdotum,
Galliarum antidotum
Et lumen ecclesie.

Ante partum nuntiatus
Et in ventre consecratus
Beate Cilinie.

Dyadema presulum,
Decus, honor, speculum,
Flos et gemma francie.

Pietatis oculum
Leva super populum
Presentis ecclesie.

Dum in solo huius mundi,
Hostes premunt nos immundi,
Seda mare, placa ventum,
Ne nos mergat in tormentum
Demonis astucia.

O confessor summi regis,
Audi preces tui gregis
Et nos mundos a peccatis,
Junge regno claritatis
Ubi pax et gloria.
Amen.

(*Missale ad usum Remensis Ecclesie*, 1491, In translatione sancti Remigii, 1ᵃ octobris, fᵒ LXXII. — Même prose dans les Missels de Reims de 1505 et de 1542, et dans le Missel de Saint-Remi, de 1556, fᵒ CI, verso.)

IV.

Missa votiva de sancto Remigio.

PROSA.

Fulgens summa luce meritorum presul Remigi,
Nobis vere pacis posce sedem pie Remigi.
Tu vatis lumina tenebris obsita Remigi,
Vena matris lactea, luci reddis illita Remigi.
Dum capit baptisma per te gens gallica Remigi,
A Deo mittitur crismatis ampula Remigi.
Demone purgatur virgo tholosana Remigi :
A te vitæ datur, quæ fuit mortua Remigi.
Multa nitent tua, quis narret opera Remigi ?
Sed memor memorum sis, presul presulum Remigi. Amen.

(*Missale ad usum percelebris archimonasterii Sancti Remigii Rhemensis*, Rhemis, 1556, Fol. CI.)

V.

Missa votiva de Sancto Remigio.

ALIA PROSA.

Vocem iocunditatis nuntiate,
In laudes almi Remigii
Francorum summi Apostoli.

Quem nasciturum mirabili
ordine prompsit vox domini.

Natus prophetam
materno lacte perungens
reformat lumine.

Signatus præsul superno lumine,
pari sacra tuo unguine.

O fœlicem pontificem,
quem sacravit ipse Deus.

Qui de cælis contrahere
nomen fuit idoneus.

Scolis liber fit reclusus,
fugiens humanos visus
pro Christi servitio.

Præsul factus attentavit
idem rursus ut sacraret
archanum se domino.

Aves ei convescuntur,
cæci lumen consequuntur,
fugantur dæmonia.

Parvus liquor exundavit,
vis demonum victa cessit,
franguntur incendia.

Captivatam liberavit,
et deffunctam suscitavit,
dans à pœnis reditum
per virtutis meritum.

Cæli cives obsequuntur,
fidem gentes assequuntur,
missum chrisma cælitus
ministravit spiritus.

Christi visa facie
refulsit mirifice.

Per missarum gratiam
transivit ad gloriam.

Ergo gaude gens Francorum,
per hunc festa plebs sanctorum
tanti patris gratia,
decantans alleluia.

(*Missale ad usum percelebris archimonasterii Sancti Remigii Rhemensis*, Rhemis 1556. Fol. CI.)

VI.

Après la 12e leçon et son répons. Ad matutinum.

Deprecemur hodie
Spem gerentes venie
Huic omnes plaudite
et dicite :
Ave presul inclyte,
Hoc in vite limite,
Fer opem plebi tibi subdite.
O Pastor proprie,
O Patrone proprie.
Qui toti patrie factus es pons gratie,
Nos indue veste justitie.
Tibi novo schemate
Vas cum chrismate
Demissum est a sancto Pneumate.
Tu oleo laetitie nos resperge,
Mestitiae nevos terge,
Et tribue perpetue
Nitorem glorie.
Annue dux strenue nobis : annue pro tua pietate
Quod tui à te clientes hac in nocte devote poscimus
Amen. Te Deum.

(*Bréviaire de l'Abbaye de Saint-Remi*, 1549, XIV januarii, depositio S. Remigii episc. et confessoris, pièce copiée et obligeamment communiquée par Dom Albert Noël, religieux bénédictin de l'abbaye de Solesmes, 1891.)

VII.

De Sancto Remigio, archiepiscopo.

Fraterna gratanter nunc canat tuba.

1.

Laudes promat Dominoque jubilet
Voce precelsa.
Grates pangat, modulos accommodet
Mente devota.

2.

Cor unum atque anima unica
Semper gubernet, fovens caritate nos integra
Pace benigna
Ac sicut chorus concinit unicus
Ita collata fide sit corde salus credita
Ore confessa.

3.

Ergo gaudentes Domino concinat
Concio nostra.
Laudando Christum exprimat talia
Modulans ita.

4.

Te decet honor ac potestas celsa
Te fortitudo, virtus decet clara
Gloria magnifica.
Te laudat ovans celum, mare, terra
Te corda nostra racione freta
Jussa per angelica.

5.

Assumas hec modo quesumus
Que reddimus vota.
Conjungas hec vota superis
Te resonantia.

6.

Adnectans cum quorum vocibus
Organa nostra.
Affectu socies gaudia pia
Te simul laudancia.

7.

Ut vita sit his consors
Opera rege nostra.
Tradendo nobis post hec
Munera perhennia
In seculorum secula.

(Abbaye de Saint-Thierry, près Reims, *Liber prosarum missæ pro pluribus anni festis*, manuscrit du xve siècle, à la Bibliothèque de Reims, coté C 179-204, 281, f°s 15 et 16. — Pièce indiquée par D. Cagin, religieux bénédictin de l'abbaye de Solesmes, et copiée par lui le 14 novembre 1891. — D'après sa copie, la prose comprend, outre le *Proemium*, sept strophes doubles, divisées en deux membres parallèles et correspondant pour le nombre des syllabes et la mélodie.)

VIII.

Prosæ Ecclesiæ Andegavensis.
27. De Sancto Remigio.

1.

Ecce dies praeoptata,
dies felix, dies grata,
dies digna gaudio;
Gens Francorum, plebs devota,
funde preces, redde vota,
congaudens Remigio.

2.

Quem Deus de sene patre
et de veterana matre
pro te nasci voluit;
Tibi natus, tibi datus,
tibi sic pro te creatus
ut pater condoluit.

3.

Post hunc tibi Wandalorum
hostiumque barbarorum
potestas subjacuit;
Per hunc error idolorum
necnon et haereticorum
fraus omnis evanuit.

4.

Ejus sacrum exordium
secretorum caelestium
vox Montanum docuit,
Ipsum vocans Remigium,
sed et pro te remedium
qui te Deo genuit.

5.

Lacte matris oculos abluit
sui vatis;
Caecus erat, mox languor defuit
caecitatis.

6.

Datus (1) scholis parem non habuit
in doctrina
Hinc reclusus, specie floruit
columbina.

7.

Defuncto Bennadio
praesule Remorum
ad ipsum devotio
fertur singulorum,
Sed aetatis tenerae
diffusus et morum
in se non vult tollere
pondus robustorum.

8.

De responsis igitur
facta mentione,
rapitur, extrahitur
de reclusione.
Sed emissa caelitus
lux cum unctione,
terret eum funditus
de praesumptione.

9.

Parere fidelium
promptus voluntati,
dat se sacrificium
Summæ Trinitati.
Quem se caepit reddere
universitati
non est promptum pandere
nostrae pravitati.

(1) Variante : *Datur.*

10.

Fugantur daemonia,
leprosi mundantur,
defuncti ad gaudia
vitae revocantur.
A quacumque gratia
nulli defraudantur;
rex et omnis francia
in fide formantur (1).

11.

O Remigi, speculum
omnium bonorum,
flos et gemma praesulum,
decus clericorum,
Munda tuum populum
faece vitiorum;
fac nos post hoc saeculum
cives angelorum.

(*Manuscrits* — Paris, Bibl. Nat., 868. — Missel d'Angers, xve siècle, Z. — Extrait des *Analecta liturgica, Londini, apud Weale et Foran*, fasciculus II. Octobris 1888, p. 44-45. Transcrit sur l'exemplaire obligeamment communiqué par M. l'abbe Bonnaire, curé de Witry-lès-Reims, le 1er mars 1894.)

A la suite de ces huit proses anciennes, nous en signalons deux plus récentes, l'une usitée dans l'Église de Laon, dont voici les vingt strophes :

IX.

Te, præceptor Clodovei,
Lux Francorum, præco Dei,
Te, Remigi, sedibus
Fulgens in celestibus
    Veneramur.

(1) Variante : *Firmantur.*

In te, gentis illustrator,
Et deorum debellator,
Edite Ciliniâ,
Dona quot eximia
Nos miramur.

Ortum Vates qui prædixit,
Sua cœcus dum extinxit
Lacte tuo lumina,
Visûs pronit tegmina,
Compos lucis.

Rupes cavæ frustra tegunt,
Deus vocat, Remi cogunt;
Quid, caput ingentibus
Dum micat splendoribus,
Delitescis ?

Prius pastor caritate,
Vincis annos gravitate,
Et senex sermonibus,
Et sacerdos moribus
Et vir sensu.

Verbo vitæ pascis oves,
Nudos tegis, ægros foves,
Curas addens sedulas,
Grandes ornas infulas
Spreto censu.

Sponsæ Christi defensores,
Dignos plebi das pastores,
Signis et irradias.

Corda frangis tu peccantûm
Offers votà, jungis fletum;
Et Deo concilias.

Dei firmas unitatem
Simul Verbi dignitatem,
Parque Patri vendicas.

Malé-sanos tu coërces ;
Ore ligas et loquaces,
Solvis et ut judicas.

Rex ferus interritos
Milites armaverat,
Hactenus indomitos
Allamannos vicerat ;
Sed tu regem superas.

Ad pedes procubuit,
Totque victor cladibus
Ceu leo recubuit :
Cingere majoribus
Laureis tu properas.

Nunc, Sicamber, colla subde
Quæ ferox erexeras :
Quod colebas nunc incende,
Cole quod incenderas.

Donis, Præsul, quot redundas !
Quot promis oracula !
Sunt hæc nostræ, quam tu fundas,
Fidei cunabula.

Plena per te Numine,
Tota gens franciadûm,
Sacro surgit flumine
Gens nova Christiadum.

Fabricat quos aurifex,
Nos deos abigimus ;
Prædicat quem Pontifex,
Unum modo colimus.

Dempto diademate,
Quem immergis supplicem
Huic divino Chrismate
Mox perungis verticem

Docta per quem Gallia
Christi cultrix prodiit,
Quanta tibi gloria !
Quæ lux nobis exiit !

Sancte Pastor ! regia
Christo sceptra subjicis
Per te minus Gallia
Factis floret bellicis,
Quam fide non dubiâ :
Cœlo gentem aspice.

Nos sacris indociles
Imbuisti legibus ;
Fac invictos pugiles
Et piis conflictibus,
Et æternis nobiles
Tecum palmis effice.
Amen (1).

L'autre prose est toujours en usage dans l'Église de Reims (2) ; voici la première forme de ses douze strophes, on en remarquera les nombreuses variantes avec le texte actuel :

X.

1.

Suæ salutem patriæ
Nostræ gentis Apostolum,
Clarumque sidus Galliæ
Celebremus Remigium.

2.

Hunc proditurum præscio,
Vates ore cecinerat ;
Vix editus, Vati suo
Lumen extinctum reparat.

(1) *Paroissien latin-français à l'usage de la partie laonnoise du diocèse de Soissons*, partie d'été, Laon, 1830, p. 479. — *Recueil des principales proses en usage dans beaucoup de diocèses de France*, par M. Lesur, curé de Cuirieux (diocèse de Soissons). — *Bar-le-Duc*, *typogr. des Célestins*, 1876, p. 43 et 46, deux proses en l'honneur de saint Remi, avec variantes pour la seconde sur le texte donné ici.

(2) *Missel de Reims* du XVIIIe siècle et jusqu'en 1850. *Propre* du diocèse de Reims, 1872, aux deux fêtes de saint Remi.

3.

Sæcli puer contagia,
Vanosque fastus rejicit,
Maturus ab infantia
Christi jugo se subjicit.

4.

Sua virtute proditur,
Hunc clerus, hunc plebs flagitat,
Sacras ad aras trahitur
Quem jam Deus elegerat.

5.

Annos deesse quid strepis ?
Jura lædi quid omnia ?
His illum solvi noveris,
Quem finxit aptum gratia.

6.

Vix pastor, fit Apostolus,
Perire Francos ingemit,
Christique zelo percitus,
Gentis errores impetit.

7.

Rex, aspirante gratiâ,
Alta docentem suscipit ;
Divinaque Mysteria
Jam factus alter concipit.

8.

Attentis, ovans, auribus
Sacra bibit oracula :
Suis victor ex hostibus,
Christi devinctus gratiâ.

9.

Cervices Christo flectere,
Sicamber, disce barbaras,
Et quod colebas, urere ;
Et colere quod usseras.

10.

Paret ; sacroque flumine
Tinctus Deo renascitur :
Renati statim Chrismate
Regale caput ungitur.

11.

Novum secuta Principem,
Gens ferox mores exuit :
Stupensque tantum Præsulem,
Christum triumphans induit.

12.

Per quem fidei claritas
Nostris illuxit mentibus,
Fac, Jesu, diva charitas
Nostris regnet in cordibus.
Amen (1).

On modifia plus tard quelques strophes, et la cinquième fut retranchée dans le propre diocésain de 1872, sans doute comme traitant de la grâce dans un sens janséniste, en disant de saint Remi promu tout jeune à l'épiscopat, que la grâce seule l'y avait rendu apte.

Ici s'arrêtent nos recherches, bien imparfaites comme étendue, et bien incomplètes sans doute comme résultat, mais pouvant servir de bases à d'autres travaux, et en tout cas sincère témoignage de dévouement à une étude si attachante.

(1) *Office propre de S. Remi, archevesque et patron de la ville de Reims.* — *A Chaalons, Seneuze*, 1743 ; in-folio, p. 39. (Bibliothèque de Reims, CR. 139.)

CHAPITRE II.

Le Mystère de saint Remi, Légendes des Tapisseries de Reims, Poésies plus récentes.

Les pièces du XVe siècle, que l'on connaît sous le nom de *Mystères*, et qui forment des drames à la fois historiques et religieux, ne pouvaient manquer de comprendre les plus célèbres et les plus populaires de nos traditions nationales : le baptême de Clovis et les miracles de la vie de saint Remi. En effet, on trouve un drame, intitulé *Baptême de Clovis*, dans un recueil manuscrit de la Bibliothèque Nationale, dont l'analyse littéraire a été donnée par un érudit contemporain.

On y voit, suivant les paroles du titre : « Comment le Roy Clovis se fit crestienner à la requeste de Clotilde, sa feme... et comme, en le crestiennant, envoia Diex la sainte ampole (1). »

Le dramatiste suit pas à pas le récit de Grégoire de Tours, il marque les scènes et les étapes qui amènent à la conversion du roi par saint Remi et à son baptême à Reims. Le baptême y est indiqué comme donné par immersion, car après la cérémonie le pontife enjoint aux chevaliers d'envelopper le roi de la tête aux pieds *d'un drap linge à mestier*, et de le porter ainsi dans son palais. Nous n'insisterons pas davantage sur une pièce connue et étudiée à raison de l'importance du sujet et de la naïveté du style.

(1) *Mystères de Nostre Dame*, deux volumes mss. du fonds Cangé, cités et analysés par Onésime LE ROY, dans ses *Études sur les Mystères*, Paris, Hachette, 1837, p. 40 à 72.

Ces qualités distinguent une autre composition également analysée par M. Onésime Le Roy, mais présentée par lui comme trop inférieure pour s'y arrêter longtemps (1). Il s'agit du *Mystère de saint Remy* (2), que M. Petit de Julleville a jugé plus équitablement, et au sujet duquel il a émis cette conclusion : « La publication du mystère encore inédit de saint Remi offrirait quelque intérêt pour l'histoire, ou du moins pour la légende nationale (3). »

Ce n'est point une édition de ce vaste drame, où figurent cent trente-six personnages, que nous offrons ici ; la place nous manque, et, disons-le aussi, l'intérêt n'est pas assez soutenu pour faire lire l'ensemble de ces quinze mille vers. Leur audition put charmer nos ancêtres, leur lecture n'est possible que par extraits. M. Petit de Julleville lui-même ne tenterait qu'à bon escient semblable publication intégralement. Toutefois, comme l'auteur est présumé pouvoir être Rémois, à raison des nombreux passages se rapportant à Reims, et comme la pièce a dû, vraisemblablement, être jouée à Reims (4), une analyse plus complète que celle

(1) *Études sur les Mystères*, 1837, pp. 71, 72.

(2) Bibliothèque de l'Arsenal, à Paris, ms. gr. in-4° de 117 ff. à 2 colonnes, comprenant environ 15,000 vers, coté 3,364 (ancien 271). — Une copie s'en trouve à la Bibliothèque de Reims, transcrite vers 1875 par M. Duchénoy et cotée sous le n° 1097 du nouveau classement, comprenant IV-240 feuillets, in-8°.

(3) *Histoire du Théâtre en France*, Les Mystères, t. II, in-8°, Paris, Hachette, 1880, pp. 255-57.

(4) Dans son ouvrage, *Le Théâtre à Reims*, Reims, 1885, in-8°, M. Louis Paris ne fait pas même mention du *Mystère de saint Remi*, qu'il citait pourtant dans ses *Toiles peintes et Tapisseries de la ville de Reims*, 1843, in-4°, t. II, p. 1060.

précédemment donnée par M. Petit de Julleville, avec quelques citations aux endroits les plus saillants, peut présenter un véritable intérêt local. On jugera ainsi du caractère que revêtait, aux yeux du peuple et à ceux des savants, le plus illustre des archevêques de Reims, celui que sa charité, son dévouement à toutes classes, sa longévité et tant d'autres circonstances, ont mis en relief d'une manière ineffaçable dans les annales de son église.

A ce point de vue, un aperçu du *Mystère de saint Remi* rentre absolument dans le cadre de cette notice.

Œuvre du XVe siècle, peut-être achevée au XVIe, cette pièce est conforme à tant d'autres œuvres analogues de la fin du moyen âge (1). Si elle est dénuée de valeur littéraire proprement dite, elle a une valeur de dialecte qui permettrait d'y rechercher l'origine de certains termes et de certaines expressions en usage dans le pays rémois. Nous ne pouvons ici entamer cet ordre de recherches de linguistique, mais nous en signalons l'intérêt et l'importance.

Le début, les mises en scène, les dialogues et la partie finale, sont des morceaux du genre général des Mystères, avec la prolixité des entretiens et le cortège habituel des figurants. Le prologue, assez long, se termine ainsi, moitié latin, moitié français :

(1) C'est à tort qu'une note du dernier siècle, inscrite sur le feuillet de garde du manuscrit original, fixe la rédaction de la pièce vers l'an 1544, à cause des notes, datées de 1528 et placées en tête du texte. Ce sont des notes d'affaires totalement étrangères à la pièce, qui ne peuvent établir aucune trace d'auteur ou d'époque ; « l'écriture est d'une main et d'un caractère très différents et beaucoup postérieurs. » PETIT DE JULLEVILLE, *Mystères*, p. 255.

Venite en bonne espérance
Videte et faictes silence
Car qui de Dieu fait mention
Il pourchace sa mansion
Des sains sièges de Paradis
Où est, sera et fut tousdis
Ille qui vivit et regnat
In secula seculorum. Amen.
Chantez menestrez
Jouez orgues.

Dialogue entre Montain, Dieu, Gabriel, Michiel et Nostre Dame, cette dernière dit en s'adressant au Christ :

Chier Sire, si vrai que jadis
Pour tous pécheurs en croix pendis
Et souffris le coup de la lance,
Aiez merci de celle France
Qui pieça fut Gaulle appellée,
De Lutesse et de la contrée
Où la cité fonda Remus
Qui fut frère de Romulus,
C'est Reins, c'est le très noble lieu
C'est Reims, où le service Dieu
Est accompli dévotement.

St Nicolas, Ste Catherine, St Étienne interviennent, puis c'est le tour d'Émile, Céline et Montain. — Naissance de saint Remi, et « sa création par miracle ».

Le Mystère place le lieu natal du saint à Cerny-en-Laonnois, tradition populaire tardive que la critique rejette de nos jours unanimement. L'ermite Montan se rend en ce village, disant :

Je viens d'Ardenne au bois Ramage
Où je demeure en hermitage
Passe à trente ans et demi,
Et si voulrois estre à Cerni
Une bonne ville en Lannois.

Il y arrive et confère longuement avec Céline, l'épouse d'Émile et bientôt la mère de Remi. Il lui dit :

Si vous estes dame Céline
La duchesse, femme de Emile
Et dame de Cerni la ville
. . . .

Elle lui répond :

Mon ami le duc de Lannois
Est mon seigneur et mon époux.
. . . .

La naissance d'un fils s'accomplit et termine la première scène « la Vocation du benoist S. Remy ».

F° 31. — Ci commencent aucuns des miracles de saint Remi, et premièrement d'un homme aveugle et demoniacle, qui fut gary à la prière dudit Saint.

Du tonnel qui à sa prière fut tout plein de bon vin.

Le tout par voie de dialogue.

F° 60. — Explicit l'istoire comment saint Remi en chassa les ennemis qui avoient bouté le feu à Reims et commence l'istoire d'un chevalier de hydrissen en Alemaingne.

. . . .

F° 82. — Cy s'enssuit comment monseigneur saint Remi garit une fille de Toullouse de l'ennemi qui la tourmentoit, et commence le roi Alari.

F° 109. — Explicit. . . . .

Cy après commence la bataille du Roy Clovis contre les Alemans et comment il fut baptisiez à Reims après ladite bataille.

DIALOGUE. — PERSONNAGES.

Messagier Trotemenu, Clovis, Aureleans, Royne, Connestable, Amiral, Seneschal, et enfin St Remi. — Victoire annoncée, la conversion s'affirme ; et Clovis dit :

Doulz Jhesu Crist, Dieu tout parfait
Vray Dieu qui pour nous volz morir
Vray Dieu, j'ay tant vers toi meffait
Que ta sainte grace encourir
Ay voulu et moy secourir
Ez venus à mon grand besoing
Si suis bien tenu de courir
En ton service prez et loin.

Le temps passé ay prins grant soin
De Mohommet croire et suir
Sa faulse loy me mist ou join
Pour moy plus au diable asservir.
....
Si vueil desormais desservir
Ta très sainte amour si je puis
....

La scène du baptême est très naïve :

SAINT REMY.

Sus sans arrest
Alons aux fons et je suis prest
Dieu soit à ce commencement.
....

Les officiers du roi l'assistent, le prélat demande le saint chresme à Karitas, qui avoue l'avoir laissé à Notre-Dame ; alors saint Remi invoque le ciel et demande que l'on prie :

Et moy mesmes commenceray
En loant Dieu et chanteray
La loenge que j'aime plus
Veni, Creator spiritus.

En le cantant, doit descendre le saint esprit tenant à son becq la sainte ampoulle, et la prent saint Remi, et puis dit :

O vray Dieu, doubz Dieu précieux,
Dieu tout puissant, Dieu Jhesu Crist,
. . . .
Nous envoiez le saint esprit.
. . . .

Interrogations du pontife à Clovis, ses réponses, sa prière après le baptême, le baptême de ses officiers, les remerciements du roi à saint Remi :

Homme de Dieu, homme Remi,
Homme dévoé, homme très saint
Saint homme où tout honneur remaint
Joieusement
Très doulcement
Vous merci souverainnement
De la grant joie
A grant Montjoie
Que Dieu par vous ci nous envoie.

Nous et les nostres
Par tous apostres
A toujours, mais sommes tous vostres
De cuer, de corps et de pencée.

Or est la prière exaussée,
Dame, de quoi m'avez requis
Tant avez fait et tant ay quis
Que vrai Xrestien suis devenu.
. . . .

Le dialogue continue, mais saint Remi propose d'aller rendre grâce à Dieu :

Allons, l'église est bien prochaine
Et la voie assez gracieuse.
Alons sans en plaindre la peinne
Chantans une antesne joieuse
En l'onneur de la precieuse
Vierge qui le filz Dieu porta,
Commençans la plus amoureuse
Par foy, c'est Inviolata.

Explicit le batesme du Roy Clovis.

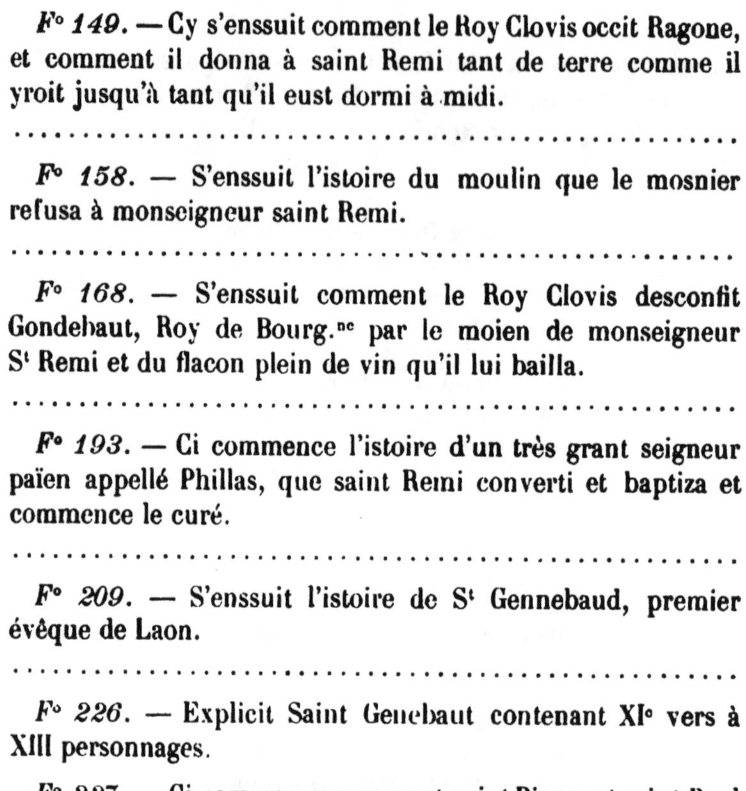

F° 149. — Cy s'enssuit comment le Roy Clovis occit Ragone, et comment il donna à saint Remi tant de terre comme il yroit jusqu'à tant qu'il eust dormi à midi.

....

F° 158. — S'enssuit l'istoire du moulin que le mosnier refusa à monseigneur saint Remi.

....

F° 168. — S'enssuit comment le Roy Clovis desconfit Gondebaut, Roy de Bourg.^{ne} par le moien de monseigneur St Remi et du flacon plein de vin qu'il lui bailla.

....

F° 193. — Ci commence l'istoire d'un très grant seigneur païen appellé Phillas, que saint Remi converti et baptiza et commence le curé.

....

F° 209. — S'enssuit l'istoire de St Gennebaud, premier évêque de Laon.

....

F° 226. — Explicit Saint Genebaut contenant XI^{c} vers à XIII personnages.

F° 227. — Ci commence comment saint Pierre et saint Paul vinrent devers saint Remi en la chapelle lui aidier à dire matines.

Dialogue entre Dieu, Michel, Gabriel, puis Lienart, clercq, saint Remi, saint Pierre, St Paul, l'arcediacre.

Ce dernier avait dormi trop tard, et St Remi, fort matinal, s'était trouvé seul pour chanter matines dans sa chapelle. Dieu vint à son aide et se plut à envoyer saint Pierre et saint Paul pour assister saint Remi. Quand l'archidiacre s'est éveillé et entre dans la chapelle, il est tout ébahi de voir ces personnages célestes chanter les répons de l'office. Alors saint Remi lui dit :

Je m'esbay où mes gens sont
Ad ce qu'il est assez bonne heure.
Pieça ne firent il tel demeure
A venir cy.

ARCE DIACRE.

Monseigneur, je vous cri merci
Je sçay moult bien que j'ay mesprins
Mais si grant sommeil m'avoit pris
Que je ne sçai que dire en doie.

SAINT REMI.

Je croy bien, Dieu vous en doint joie
Je ne le dy mie pour moy
Mais raison veult et bonne foy
Que Dieu soit servi sans feintise
Dedans et dehors sainte église
Par grant liesse.

Maugré péresse
Qui des péréceux est la maitresse
Car elle meinne à mauvais port
Cellui qui prez de lui s'endort
Si ne la doit nullui amer
Mais diligence réclamer
Comme prochainne
Comme hostelainne
Comme des cieux la chastelainne
Comme celle qui ses amis
A mainte fois en gloire mis.

. . . .
. . . .

Or nous en allons au palais
Pour reposer joieusement.
Dieu mette en France bonne paix
A tousjours mais prochiennement
Si que chacun son sauvement
Puisse acquérir ez cielz lassus,
Ou les benois sains haultement
Chantent Te Deum laudamus.

Les scènes si touchantes de la vieillesse et de la mort de saint Remi ne viennent pas couronner l'œuvre; c'est un appendice au récit d'un miracle qui finit le manuscrit.

F° 235. — C'est ce qui convient adjouster à l'istoire de la fille de Thoulouse.

Dialogue entre Prolice et Gaiette, le père, Alari, Alexandre, le père termine ainsi :

Mon cher seigneur de nous et d'elle.

Fin du Mystère.

Le *Mystère de saint Remy* fut joué sans doute fréquemment, durant les xv° et xvi° siècles, sur le parvis de la cathédrale de Reims, et joué aussi, avec non moins d'attrait, dans les cours du monastère de Saint-Remi aux jours de fête et d'allégresse populaire. Il a laissé dans ces deux monuments des témoignages encore visibles de son influence dans les arts, je veux dire les célèbres tapisseries de l'*Histoire du Fort Roy Clovis* et celles de la *Vie de saint Remy* (1).

(1) Tapisseries. — *Histoire du fort Roy Clovis.* « Deux mystères, *Sainct Remy* et le *Baptême de Clovis* nous eussent servi à prouver encore une fois l'alliance intime, au moyen âge, des arts et de la poésie; mais cette vérité n'a plus, ce nous semble, besoin de démonstration. Et puis, et cette fois-ci la chose est flagrante,

Ces tentures qui décorent nos églises sont, en effet, la traduction du Mystère sous sa forme la plus aimée et la plus vivante, avec accompagnement de légendes dont le sens et la tournure sont empruntés au langage naïf du poète loçal. Les tapisseries du *Roy Clovis,* provenant du Cardinal de Lorraine et dont il subsiste seulement deux pièces, se trouvent reproduites et décrites dans un ouvrage magnifique, à la disposition des chercheurs (1). Celles de la *Vie de saint Remi,* données à l'abbaye par l'archevêque Robert de Lenoncourt, n'ont pas encore été publiées en photogravures, mais leurs dix pièces ont été dessinées et offertes au public par deux auteurs compétents (2). En outre, le texte des légendes inscrites sous chaque scène des miracles de saint Remi, a été bien des fois reproduit et annoté (3). Nous jugeons donc inutile de donner ici une nouvelle copie de ces poésies bien connues. Il sera facile de rapprocher les passages et de confronter les textes pour se rendre compte des analogies que nous citons entre le Mystère et les Tapisseries.

L'inspiration provoquée dans les arts par les récits de la vie de saint Remi, se succéda postérieurement au moyen âge et à la Renaissance. Il serait assez long

l'artiste l'emporte de beaucoup sur le poète par la largeur de la composition, le luxe des ornements..... » *Toiles peintes et Tapisseries de la ville de Reims...* par L. Paris, 1843, in-4°, t. II, p. 1060.

(1) *Tapisseries de la Cathédrale de Reims*, texte par M. Ch. Loriquet, avec 20 planches photogravures des clichés exécutés par A. Marguet et Ad. Dauphinot, in-f°, 1882.

(2) *Tapisseries de Saint Remi,* par Ach. Jubinal et L. Paris, atlas in-f°, sans texte, 1846.

(3) *Essai historique sur l'église de Saint-Remy,* par Lacatte-Joltrois, in-12, 1843; réédition par l'abbé Cerf, in-12, 1868.

d'énumérer tous les tableaux, les statues, les bas-reliefs consacrés à ces souvenirs (1). Les poètes s'en inspirèrent aussi, dans des conditions et selon des circonstances bien différentes : on pourrait en citer aussi de nombreux exemples dans le cours du XVIIe et du XVIIIe siècle. Nous nous bornons à rappeler trois œuvres peu remarquables en elles-mêmes sous le côté littéraire, mais caractéristiques par leur rapport avec les événements de la fin du dernier siècle et du commencement du nôtre. La première de ces pièces invoque le secours tutélaire de saint Remi, au moment où l'ancienne Église de France parut s'écrouler dans la tempête qui emporta la monarchie (2). La seconde est une sorte d'évocation

(1) Le Baptême de Clovis est représenté en sculpture au portail nord (XIIIe siècle), et à la galerie du grand portail (XVe siècle) de la Cathédrale de Reims ; on trouve la scène des trois Baptêmes (ceux de Notre-Seigneur, de Constantin et de Clovis) dans un bas-relief du XVIIIe siècle, à l'église Saint-Remi, — un vitrail moderne de l'église Saint-Jacques offre les scènes de quatre Baptêmes, avec les trois précédents. — Le Musée de Reims possède deux grands tableaux du Baptême de Clovis, l'un par Alaux, 1828, l'autre par Rigo. — La Cathédrale montre une vaste toile d'Abel de Pujol, reproduite pour beaucoup d'églises rurales du diocèse par le pinceau de Rève.— Les églises de Loivre, d'Aire, de Brimont, d'Ormes, de Montbré, de Charleville, et généralement toutes celles qui sont placées sous le vocable de saint Remi, conservent des tableaux, anciens ou modernes, ou des statues le représentant avec ses attributs ou quelque scène de sa vie.

(2) Le cri de l'amour paternel, ou saint Remi en pleurs aux François : *Doleo super te... Sicut mater unicum amat filium suum, ita ego te diligebam.* — (Au IIe Livre des Rois, chap. Ier, v. 36).— A Rheims, et se trouve à Paris chez Crapart, libraire, près la place Saint-Michel, 1792. In-8° de 58 pages. Au verso de la couverture, note sur saint Remi ; à la page 1, *Saint Remi en pleurs aux François*, discours jusqu'à la page 48, où commence une série de prières diverses jusqu'à la fin.

de l'Apôtre des Francs en regard de l'épopée impériale. Sous les dehors d'une apothéose, les termes en semblent bien excessifs et flatteurs, mais elle rend bien compte des sentiments de l'époque (1). Enfin, la troisième ramène la tutélaire figure de saint Remi sous un régime plus doux et plus calme, au sein duquel on espérait trouver un abri assuré, un remède à tous les maux. Illusions trompeuses, mais signe instinctif de la confiance populaire (2).

De nos jours encore, en maintes circonstances, on a remis en honneur la mémoire de saint Remi. Une complainte fut écrite lors de la reconstruction de son tombeau (3), des poésies ont vu le jour en bien des anniversaires consacrés à son culte, et si ces productions

(1) Annonce de l'auguste Cérémonie qui aura lieu le 23 du mois d'Août 1807, en exécution de la Décision de S. M. l'Empereur et Roi, qui autorise à placer l'Aigle Impériale au-dessus du Tombeau de Saint-Remi, Apôtre des Français et patron de la Ville de Reims, avec une Ode composée par un élève du Lycée sur le même objet. 4 pp. in-4°. — A Reims, chez Le Batard, Imp. Libr. En tête, aigle couronnée ; détails sur la pose de l'Aigle impériale sur le tombeau du saint, et à la suite, Ode, signée : *Lefebvre-Forest, Élève du Cours des Belles-Lettres au Lycée.* A la fin, lettre signée *Portalis*, informant le curé de Saint-Remi que l'Empereur avait autorisé cette décoration, avec l'inscription : *Protegente Napoleone magno*, par décision du 6 janvier 1807. — (Cette pièce très rare se trouve à la Bibliothèque de Reims, dans la collection du *Journal, Affiches, Annonces et Avis divers du département de la Marne*, n° du 22 août 1807.)

(2) Cantique pour la fête de saint Remi. — Reims, Le Batard, *s. d.* [1815], in-8° de 4 pp. Ce cantique commence ainsi : *O grand apôtre de la France*, et il est trop connu pour le reproduire. Son auteur est Louis-Victor Parant, né à Reims en 1753, professeur de l'ancienne Université, puis de l'École Saint-Denis et du Lycée, mort en 1816.

(3) Nous en avons une copie de la main de M. V. Duquénelle.

fugitives sont loin d'être des modèles à citer, disons à leur honneur que le sens traditionnel n'en est jamais absent. Les arts continuent aussi leur essor pour glorifier la légende de l'Apôtre des Francs. La châsse qui contient ses reliques va être renouvelée, autant que possible sur le modèle de l'ancienne châsse, ciselée à Reims en 1647 et fondue à Paris en 1793.

Une tentative est faite en ce moment à l'établissement des Gobelins et sous les auspices de la Direction des Beaux-Arts, pour opérer une restauration complète des précieuses tapisseries conservées en l'église Saint-Remi. Si cet essai se poursuit et s'achève entre des mains si habiles, ce sera le plus durable monument de la gratitude de notre époque envers l'ancienne France et de sa fidélité aux lointaines traditions de son berceau (1).

(1) Au mois de décembre 1895, la restauration de l'une des dix pièces est terminée, et les frais sont estimés par M. Jules Guiffrey, directeur des Gobelins, à 3,500 fr. par tapisserie, soit à 35,000 fr. pour la collection. L'État prendrait à sa charge 15,000 fr.; et il suffirait, pour garantir l'heureux achèvement du travail, d'une participation de la ville de Reims et de la fabrique de Saint-Remi s'élevant à 20,000 fr., somme à répartir en dix annuités, soit 2,000 fr. par an pendant dix ans. L'effort est possible : espérons qu'il sera tenté avec pleine réussite, grâce à l'appui zélé de M. Frantz Marcou, inspecteur général des Monuments historiques.

I. — Œuvres d'Art.

Nous avons cité en note (p. 164), les principales églises du diocèse de Reims où sont conservées des œuvres d'art avec sujets relatifs à la vie de saint Remi et au baptême de Clovis. Voici quelques autres indications en dehors de cette région.

Église Saint-Remi de Troyes. — Peintures sur bois du XVIe siècle, huit panneaux peints en grisaille et encadrés dans la boiserie d'une chapelle latérale : six scènes de miracles et portraits des donateurs, avec la date du 6 août 1552. *(Revue de Champagne et de Brie*, 1893, p. 821.)

Musée de Troyes. — Grande toile par Natoire : *Saint Remi apportant à Clovis la soumission des peuples de Reims.*

Église de Mognéville, canton de Révigny (Meuse). — Retable avec volets décorés de peintures du XVIe siècle, offrant des scènes de la vie de saint Remi. *(Visite et indication de M. Louis Robillard, septembre 1895.)*

Hôtel de Ville de Bruxelles. — Deux salles décorées de six tapisseries de Flandre, du XVIIe siècle *(Le Brun del^t, Van der Borgt fecit)*. Elles représentent autant de scènes de la vie de Clovis : *Clotilde laissant tomber une pièce d'or. — Aurélien demandant sa main. — Mariage de Clovis. — Noces de Clovis. — Baptême de Clovis. — Clovis dictant son testament. (Visite du 30 août 1891).*

II. — Bibliographie.

Nous ajoutons en supplément quelques nouveaux renseignements bibliographiques à ceux donnés plus haut (p. 116 à 119).

1\. — *Les Quinze-Vingts depuis leur fondation*, par Léon

Le Grand, archiviste aux Archives nationales. — *Paris*, 1887, in-8°. — Détails sur la confrérie de Saint-Remi, établie dans l'église des Quinze-Vingts et sur le vocable de cette église, sous le nom du même saint, p. 210, 212.

2. — *Lettre du pape Anastase à Clovis en 497, relativement à son baptême*, article de M. Julien Havet, qui en démontre la fausseté et l'invention par Jérôme Vignier, dans la *Bibliothèque de l'École des Chartes*, année 1885, p. 258-59.

3. — *Première entrevue de Clovis Ier, roi des Francs, et de Clotilde, sa femme, au village de Villery, près Troyes*, par P. Dosge, *Troyes*, 1854, br. in-8° de 32 pp. (*Catalogue Voisin*, novembre 1895, n° 18803.)

4. — *Hymni sacri et novi, autore* Santolio Victorino. Editio novissima, in quâ Hymni omnes, quos Author usque ad mortem concinuerat, reperiuntur. — *Parisiis, Dionys. Thierry*, M.DC.XCVIII.

On trouve dans ce recueil (p. 188-190), trois hymnes en l'honneur de saint Remi : *Sancto Remigio Rhemensi Episcopo, I. Octobris*. Ce sont les hymnes : *Vos tùra Franci*, — *Divine Præsul*, — et *Jam castra Christum*; mais ces hymnes ne sont point composées dans l'ordre des strophes des hymnes actuelles : on y retrouve plusieurs passages conservés, et d'autres modifiés ou supprimés.

TABLE.

PRÉAMBULE.

CHAPITRE Ier.

§ Ier. — Hymnes.

§ 2. — Proses.

CHAPITRE II.

Appendice.

LA QUESTION MONÉTAIRE

Lecture de M. Th. MALDAN, Membre titulaire.

Messieurs,

Lorsque notre Président a bien voulu me proposer de vous entretenir de la question monétaire, ma première impression fut pour me demander si le sujet rentrait bien dans le cadre des études et des préoccupations habituelles de l'Académie. Et puis, je me suis souvenu que le personnage le plus considérable de l'Irlande, l'archevêque de Dublin, Mgr Walsh, avait publié l'an passé, à propos du bimétallisme, une brochure dont trois éditions se sont rapidement épuisées, et qui a été traduite et répandue en France et en Allemagne. Ce fait, qu'un Prélat éminent, pénétré des maux que notre système monétaire infligeait à son pays, ait jugé de son devoir de prendre ainsi parti dans le débat, vous prouve suffisamment quel intérêt cette question éveille dans toutes les classes de la société, et à ce titre elle mérite de fixer à son tour l'attention de notre Compagnie.

Vous n'ignorez pas, Messieurs, que depuis un certain nombre d'années, nos principaux produits, blés, sucres, cuirs, laines, vins, tissus, sont tombés à des prix désastreux pour les producteurs. Une expérience journalière nous démontre également que cette baisse, loin de réaliser la vie à bon marché, ne profite que d'une manière bien restreinte au consommateur. Elle a surtout provoqué l'encombrement du commerce de revente au détail, et l'augmentation du nombre des intermédiaires.

Pendant longtemps, c'était l'opinion courante que la *surproduction* seule était la cause de cette dépression générale des cours. Mais il a bien fallu se rendre à l'évidence, et l'on est forcé d'admettre aujourd'hui que la crise de l'argent constitue une des causes les plus graves et les plus redoutables des souffrances de l'agriculture et de l'industrie. Aussi, l'étude de ce grave problème est-elle partout à l'ordre du jour ; la question vient d'être portée tour à tour devant les Parlements de France, d'Angleterre et d'Allemagne, et nous allons examiner ensemble rapidement l'historique et les conséquences de ce qu'on appelle la crise du bimétallisme.

Jusqu'en 1876, notre système monétaire reposait sur la base du double étalon d'or et d'argent. La valeur relative des deux métaux était fixée comme 1 est à 15 1/2, c'est à dire qu'un kilo d'or était calculé dans nos hôtels des monnaies comme l'équivalent de quinze kilos et demi d'argent, et, grâce à la liberté de la frappe, tout détenteur d'une certaine quantité d'or ou d'argent savait d'avance bien exactement en quelle somme monnayée il pouvait la faire transformer à première réquisition.

En 1873, malheureusement, l'Allemagne, qui ne possédait jusque-là que de l'argent et de la monnaie de papier, vit tout à coup, par suite de notre indemnité de guerre, affluer chez elle le numéraire en abondance ; profitant de cette circonstance, elle se décida brusquement à adopter l'étalon d'or, et devint monométalliste-or. Les États-Unis firent de même, et, menacés de voir tout notre or quitter la France, nous fûmes, en 1876, obligés, comme tous les peuples de l'Union Latine, de nous défendre contre les conséquences de cette fatale mesure, en suspendant chez nous la frappe libre de l'argent Du coup, l'argent perdit deux cent trente millions de consommateurs parmi les peuples les plus riches et les plus commerçants du globe, et rien d'étonnant dès lors si, devenue une simple marchandise, sujette, comme toutes les autres, à la loi de l'offre et de la demande, l'argent a perdu, par rapport à l'or, 55 %, c'est à dire plus de moitié de sa valeur ancienne.

Cette démonétisation de l'argent, entraînant ainsi une diminution considérable du capital monétaire général, a provoqué une perturbation d'autant plus grave que le monde s'est trouvé depuis ce jour divisé en deux camps, qu'on a très justement appelés le *camp jaune* et le *camp blanc ;* le *camp monométalliste or* et le *camp monométalliste argent.*

Il en est résulté une hausse énorme dans le change de l'or, hausse d'autant plus inévitable que les pays à étalon d'or étaient des pays riches, gros créanciers des pays à étalon d'argent ; et ces derniers, obligés d'effectuer leurs paiements en or, ont dû se procurer ce métal à tout prix, et en précipiter ainsi le renchérissement.

Examinons maintenant ce qui se passe dans les échanges entre les pays d'Europe à étalon d'or et les pays à étalon d'argent, soit que ces derniers nous expédient du blé, de la soie, du thé, du riz, etc., ou que nous cherchions à leur vendre les produits de nos manufactures et de notre industrie.

Dans le premier cas, qu'il s'agisse de la Chine, du

Japon, de l'Inde ou du Mexique, nous allons voir comment un article vendu pour un prix quelconque en or sera immédiatement converti en une quantité de pièces d'argent représentant le double de son prix nominal de vente.

Dans l'Inde, par exemple, l'unité monétaire est la *roupie*. C'est, vous le savez, une monnaie d'argent pesant à peu près la moitié de notre pièce de cinq francs, et qui. avant 1876, s'échangeait contre deux shillings d'Angleterre, ou contre deux francs cinquante de notre monnaie. Autrefois, le négociant indien qui livrait en Europe un quintal de blé au prix de vingt francs, échangeait donc, au cours de deux francs cinquante, ses vingt francs contre huit roupies. Aujourd'hui, il ne vend plus que dix francs la même quantité de blé, soit avec une baisse de 50 °/₀ ; mais comme la valeur relative entre l'or et l'argent s'est modifiée dans la même proportion, il obtiendra, avec l'or qu'on lui a versé, une quantité d'argent double de celle qu'il recevait auparavant, c'est à dire qu'il échangera encore ses dix francs contre huit roupies. En un mot, tout en nous vendant leurs produits moitié moins cher, les peuples monométallistes argent ont encore le même bénéfice, attendu qu'ils reçoivent toujours la même quantité d'argent ayant conservé la même puissance d'achat dans leur pays, et pouvant leur procurer la satisfaction de la même somme de besoins.

Pendant ce temps, dans nos pays à étalon d'or, les producteurs se voient forcés de vendre leurs marchandises pour la moitié des prix de jadis, et comme toutes leurs charges, impôts, salaires, intérêts des sommes empruntées, sont restées les mêmes, il leur faut livrer une quantité double de produits pour faire face aux mêmes obligations. Rien d'étonnant dès lors, si, dans de telles conditions, l'agriculteur européen ne peut plus résister à la concurrence étrangère, et si la propriété foncière subit une baisse énorme par suite de la diminution de son revenu.

Quelle est, par contre, la situation faite dans les pays à métal blanc aux marchandises que nous cherchons à leur envoyer?

Autrefois, quand le rapport de l'or et de l'argent était fixe, les paiements qu'ils nous faisaient en pièces d'argent représentaient pour nous une somme équivalente en or. Aujourd'hui que la monnaie de ces pays ne vaut plus que la moitié de la nôtre, il faut, s'il ne veut pas se ruiner, que l'exportateur français demande, pour toucher le même prix que jadis, le double de cette somme. En reprenant l'exemple précédent, il faudra, pour payer une bouteille de Champagne vendue *cinq francs en or, quatre* roupies d'argent, tandis que *deux* suffisaient autrefois. Et alors, les acheteurs des pays à métal blanc, obligés de payer deux fois plus cher les produits européens, préfèrent s'en passer, ou plutôt ils se mettent en mesure de les fabriquer à leur tour. Ils construisent des usines, font venir d'Europe des ouvriers habiles, et si l'on ne réussit pas à arrêter ce courant, c'est la ruine à brève échéance de toutes les exportations européennes dans ces immenses étendues de pays à étalon d'argent, qui comptent plus de douze cents millions de consommateurs. Pour ne citer qu'un exemple, les grandes fabriques de cotonnades anglaises, qui ont si longtemps approvisionné le monde, se voient supplantées par des usines similaires créées en plein Orient, et qui, vendant en monnaie d'argent, peuvent faire une concurrence désastreuse à la mère patrie.

Il est donc permis d'affirmer que la baisse générale de tous les produits et le malaise universel qui en résulte, doivent être attribués, pour une grande part, au vice de notre régime monétaire. Il constitue en effet, pour les pays à étalon unique d'argent, une prime considérable à l'exportation de leurs propres produits, et il entrave les expéditions que l'Europe voudrait leur faire.

La crise dont nous venons d'essayer de vous peindre les causes et les effets est devenue si aiguë, que partout les nations s'agitent et réclament une solution. Les partisans du monométallisme reconnaissent eux-mêmes l'étendue du mal ; et il n'y a guère que les puissants prêteurs d'argent, la haute finance internationale, les grands importateurs, qui, réalisant d'énormes bénéfices sur l'agio de l'or, fassent faire encore campagne dans leurs journaux en faveur du maintien de la situation actuelle.

Quels remèdes convient-il donc de lui appliquer ? Évidemment, un nouveau relèvement des droits de douanes ralentirait les importations étrangères et améliorerait un peu la situation de nos producteurs ; mais ce serait un expédient fâcheux, car rien n'est plus désirable que la stabilité des tarifs douaniers, et de plus, une telle mesure ne remédierait en rien à la mévente de nos articles d'exportation.

Le remède que réclament les associations bimétallistes, c'est le retour à l'ancien système, aussi vieux que le monde, du rapport fixe entre l'or et l'argent, de façon à rendre une valeur uniforme à tout le capital monétaire du globe, en supprimant du coup l'antagonisme du camp jaune et du camp blanc. Mais ce qui complique beaucoup les difficultés de la solution à intervenir, c'est qu'une entente internationale est absolument indispensable. Nous ne pouvons agir que d'accord avec l'Angleterre et l'Allemagne, car rétablir de notre propre initiative la frappe de l'argent, ce serait provoquer la sortie immédiate à l'étranger de nos réserves d'or, et un tel remède serait assurément pire que le mal.

Ce qui peut faciliter cette entente si désirable, c'est qu'il se produit chez tous les gouvernements un mouvement bien marqué dans le sens de la réforme monétaire.

L'Allemagne commence à reconnaître l'erreur qu'elle a commise en 1873, et le Reichstag votait, il y a quelques semaines, une proposition invitant le Gouvernement à négocier, avec les autres pays, une entente bimétalliste pour la réhabilitation de l'argent.

En France, le Président du Conseil, M. Ribot, déclarait à la Chambre que l'abandon de la frappe de l'argent a été un acte extrêmement malheureux. Cette semaine, la *Ligue Nationale bimétalliste* vient de se constituer à Paris d'une manière définitive, sous la présidence de M. Loubet, ancien président du Conseil des Ministres, ayant comme président d'honneur M. Magnin, gouverneur de la Banque de France, un nom dont la signification ne saurait nous échapper.

En Angleterre même, malgré les réserves formulées par le Chancelier de l'Échiquier, une motion vient d'être votée sans opposition par le Parlement, demandant la réunion d'une conférence internationale qui discuterait les mesures à prendre pour faire disparaître l'écart grandissant qui s'est produit dans la valeur relative de l'or et de l'argent.

Il faut donc souhaiter de tous nos vœux que ces bonnes dispositions aboutissent à des résultats favorables, et que la conférence internationale qui va se réunir puisse trouver les moyens de remédier à la crise que nous traversons. A l'heure actuelle, des transformations de la plus haute gravité se préparent dans l'Extrême-Orient. Les succès si rapides et si étonnants du Japon, en forçant la Chine à sortir de sa longue torpeur, sont évidemment le prélude d'un changement complet dans l'attitude et dans les conditions d'existence des peuples de race jaune. Nul ne peut prévoir les surprises que l'avenir nous ménage, le jour ou ces populations quatre ou cinq fois plus nombreuses que les nôtres, intelligentes, économes et laborieuses, seront entrées résolument dans la voie du progrès.

Nos grands États européens agiraient donc sagement en faisant, par la réforme de leur système monétaire, disparaître une cause permanente d'infériorité. Peut-être, aussi, cette entente internationale constituerait pour eux le premier pas dans la voie d'un accord bien désirable, s'ils veulent prémunir la vieille Europe contre les complications et les dangers de tous genres que lui réserve le prochain avénement à la civilisation moderne de ces immenses agglomérations, avec lesquelles il nous faudra désormais compter.

LES BÉNÉDICTINS CHAMPENOIS

de la Congrégation de Saint-Maur

ORIGINAIRES DE L'ANCIEN DIOCÈSE DE REIMS

Communication de Dom Albert NOËL, Bénédictin de la Congrégation de France, Membre correspondant de l'Académie.

Dès le début du XVIIe siècle, plusieurs monastères de moines Bénédictins de France, ayant voulu revenir à l'observance primitive de la Sainte Règle, s'étaient unis et avaient formé la célèbre congrégation dite *de Saint-Maur*. La raison qui les porta à prendre ce nom venait de ce qu'ils s'étaient mis sous le patronage du disciple bien-aimé du fondateur de l'Ordre, saint Maur ; en 1621, le pape Grégoire XV confirma la Congrégation sous ce titre. Nous n'avons pas à retracer son histoire : disons cependant qu'à la fin du siècle dernier elle se composait de six provinces, qui renfermaient près de deux cents monastères, et avait donné à l'Église plus de six mille religieux, remarquables à divers titres. La province de Champagne formait l'une de ces six subdivisions, et comprenait quarante maisons. Nous voulons donner dans ces pages la liste chronologique des Bénédictins originaires de l'ancien diocèse de Reims, mais sans détails à leur égard, sauf pour quelques cas exceptionnels (1). La *Matricule* officielle

(1) Voir un premier relevé de ce genre, intitulé *Les Écrivains champenois de la Congrégation de Saint-Maur*, dans la *Revue de Champagne et de Brie*, t. V, août 1878, p. 97 à 114.

de la Congrégation est, à proprement parler, notre seule source d'informations, et nous conserverons pour chaque religieux son numéro d'immatriculation, afin de rendre les recherches plus faciles. Chaque maison possédait un exemplaire de ce rôle, et c'est ainsi que sont venus dans nos bibliothèques ceux qui y sont encore conservés (1).

Ajoutons, pour l'intelligence du lecteur, que la *Matricule* est un registre in-folio, divisé par colonnes verticales, où sont inscrits, en casiers séparés, les nom, prénoms, âge de chaque religieux, son lieu de naissance, le monastère de sa profession et celui où il est mort, avec les dates convenables. Par les soins du Provincial, une lettre circulaire était adressée à chaque maison en temps utile, et de la sorte la *Matricule* était tenue à jour fort exactement. Pour abréger, nous omettons le mot *Abbaye* devant l'indication du patron, et il faudra toujours le sous-entendre. Chaque province avait toujours au moins un monastère de noviciat; celui de la province de Champagne était fixé à Saint-Remi de Reims, mais parfois les sujets étaient envoyés à Saint-Pierre de Jumièges, en Normandie, à Saint-Faron de Meaux, ou même à la Sainte-Trinité de Vendôme, dans le Blaisois : les premiers le furent en Lorraine.

(1) La Bibliothèque de Reims conserve plusieurs de ces matricules, provenant des abbayes rémoises.

LISTE DES BÉNÉDICTINS

7. — Dom Michel-Thomas *Masson*, né à Rethel, profès à Saint-Hydulphe (auj. Vosges), le 6 mai 1612; mort le 12 septembre 1661, à Notre-Dame de Bonne-Nouvelle-lez-Rouen.

12. — Dom Jean-Firmin *Rainsant*, né à Suippes (Marne), profès à Saint-Vanne de Verdun à l'âge de 16 ans, le 21 avril 1613, mort le 8 novembre 1651 à Saint-Magloire de Lehon, près Dinan (Côtes-du-Nord). Son corps repose auprès de celui du V. Dom Noël Mars, général de la Congrégation de Bretagne, en la nef de la dite église abbatiale. *L'Histoire littéraire de la Congrégation de Saint-Maur*, par D. Tassin, p. 58, et la *Bibliothèque des écrivains de l'Ordre de Saint-Benoît*, t. II, p. 446, lui ont consacré un article, où on apprécie ses ouvrages tant imprimés que manuscrits. L'*Histoire mss. de la Congrégation de Saint-Maur* donne des détails plus intimes sur ce serviteur de Dieu. On conserve à la *Bibliothèque nationale de Paris*, n° 15077 du fonds latin des manuscrits de Saint-Victor, une collection de lettres adressées au P. Rainsant.

183. — Dom Oudard Remi *Le Goir*, né à Reims, profès à Saint-Remi de cette ville le 20 octobre 1625, où il décéda le 26 janvier 1641.

185. — Dom Placide *Simonnet*, né à Mézières (Ardennes), profès à Saint-Remi de Reims le 21 octobre 1625, mort le 20 novembre 1661 à Saint-Pierre de Conches, au diocèse d'Évreux.

195. — Dom Germain-Étienne *Dureteste*, né à Reims, profès à Saint-Remi de Reims le 26 décembre 1625, est mort à Paris le 19 septembre 1660, au monastère des Blancs-Manteaux.

295. — Dom Philippe-Dunstan *Caty*, né à Mouzon, profès à Saint-Remi de Reims le 23 mai 1628, décédé le 7 août 1663 à Saint-Maixent, au diocèse de Poitiers.

310. — Dom Jean-Évangéliste *Faveret*, originaire de Suippes, profès, comme le précédent, le 1er septembre 1628, mort le 3 juin 1646 à Paris, à Saint-Germain-des-Prés.

340. — Dom Nicolas-Joseph *Boulet*, né à Reims, profès à Saint-Remi de cette ville le 10 février 1629, décédé à Moutier-Saint-Jean, au diocèse de Langres, le 5 juin 1676.

347. — Dom Nicolas-Étienne *Poncelet*, né à Reims, profès à Saint-Pierre de Jumièges le 19 mai 1629, mort le 28 décembre 1662 à Saint-Pierre de Ferrières, au diocèse d'Orléans.

416. — Dom Jean-Maur *Gallias*, né au Chesne (Ardennes), profès à Saint-Remi de Reims le 13 mai 1630, mort le 7 août 1679 à Sainte-Colombe de Sens, aujourd'hui de l'Yonne.

435. — Dom François-Pierre d'*Estrebay*, né à Manre, d'autres disent Monthois (Ardennes), profès à Saint-Remi de Reims le 1er septembre 1630, décédé le 4 septembre 1662 à Notre-Dame d'Évron, diocèse actuel de Laval.

445. — Dom Thierry-Remi *Clément*, né à Reims, profès à Saint-Remi de la dite ville le 9 décembre 1630, est mort le 26 août 1655, dans son monastère de profession.

476. — Dom André-Barthélemy *Deston*, né à Reims, profès le 5 septembre 1631 à Saint-Remi de Reims, mort le 22 avril 1677, à Saint-Pierre de Bourgueil-en-Vallée, au diocèse d'Angers, mais aujourd'hui de celui de Tours.

487. — Dom René *Ravineau*, né à Reims, profès à Saint-Remi de la même ville le 22 décembre 1631, mort à Saint-Nicaise de Reims le 26 janvier 1670.

497. — Dom Gérard-Grégoire *Le Grand*, né à Reims, profès, comme le précédent, le 25 mars 1632, et mort en son monastère de profession, le 26 décembre 1672. C'était un admirateur de Dom Marlot, dont il a célébré l'ouvrage : *Metropolis Historia Remensis*, dans un beau poème ; pareillement il a consacré une pièce de trois cents vers à chanter la Basilique de Saint-Nicaise, et n'y a pas oublié la description du fameux tombeau de Jovin. On a joint ces pièces au premier volume de la *Metropolis* de D. Marlot. L'*Histoire littéraire de la Con-*

grégation de Saint-Maur, p. 81, et de la *Bibliothèque des Écrivains de l'Ordre*, t. Ier, p. 413, font une mention très honorable de notre poète.

568. — Dom Nicolas-François *Bazin*, né à Reims, également profès à Saint-Remi de Reims, le 30 septembre 1633, où il est mort le 18 septembre 1690.

626. — Dom Jean-Théodore *Richer*, né à Reims, aussi profès à Saint-Remi, le 30 novembre 1634, fut envoyé ensuite au monastère de Notre-Dame de la Daurade, à Toulouse, où il mourut le 16 septembre 1669.

673. — Dom Artus-Victor *Cotron*, né à Reims, profès le 10 août 1635, mort le 10 mars 1679 à Saint-Riquier, dans le Ponthieu, à deux lieues d'Abbeville, diocèse d'Amiens. Le chanoine Bandeville (voir ses *Œuvres*, t. II, p. 521), s'est souvenu de lui. (Voir à la page 208 quelques détails à son sujet.)

682. — Dom Gérard-Adrien *Thomas*, né à Reims, profès à Saint-Remi le 11 septembre 1635, y mourut après quelques années, le 26 janvier 1641.

765. — Dom Gilbert-Philibert *Maugre*, né à Donchery (Ardennes), profès le 30 décembre 1636 à Saint-Remi de Reims, y finit ses jours le 24 décembre 1671.

771. — Dom Nicolas-Benoît *de La Salle*, né à Reims, profès à Saint-Pierre de Jumièges le 13 janvier 1637, vint mourir à Saint-Vincent de Laon, le 8 mars 1653. (Voir plus bas les nos 958 et 5477.)

778. — Dom Henri-Arnoul *Bernard*, né à Fraillicourt-en-Porcien (Ardennes), profès à la Trinité de Vendôme le 10 février 1637, décédé à Saint-Pierre de Ferrières-en-Gâtinais, autrefois du diocèse de Sens, aujourd'hui d'Orléans, le 3 septembre 1663.

789. — Dom Oger-François-Grégoire *de la Chèze*, né à Reims, profès à la Sainte-Trinité de Vendôme le 11 mai 1637, mort le 7 septembre 1662 à Saint-Sauveur de Redon, autrefois du diocèse de Vannes, maintenant de Rennes.

792. — Dom Claude-Jacques *Jacquesson*, né à Donchery (Ardennes), profès à Saint-Remi de Reims le 14 juin 1637,

décédé à Saint-Saumer-le-Moutier, à Blois, le 16 avril 1652, alors du diocèse de Chartres, et depuis de Blois.

802. — Dom Jean-Bernard *Planchette*, né à Aubigny-les-Pothées (Ardennes), profès à la Trinité de Vendôme le 15 août 1637, mort à Saint-Remi de Reims le 6 avril 1680, dans sa 72e année. L'*Histoire littéraire*, p. 94, la *Bibliothèque des Écrivains de l'Ordre*, t. II, p. 408, et surtout Boulliot, *Biographie Ardennaise*, t. II, p. 313, donnent une place honorable à ce savant homme, avec la liste de ses écrits. Il fut en son temps un prédicateur renommé.

823. — Dom Pierre-Bruno *Rohart*, né à Rethel, profès à Saint-Remi de Reims le 24 octobre 1637, trépassa à Marmoutiers-lez-Tours, le 28 octobre 1656.

845. — Dom Augustin-Léon *Bonnestraine*, de Reims, profès à Saint-Remi de Reims le 9 avril 1638, mort huit ans après, le 28 mars 1646, à Saint-Germain-des-Prés, à Paris, n'étant encore que diacre.

846. — Dom Jean-Philippe *Romagny*, né à Boult (Marne), aussi profès à Saint-Remi de Reims, le 30 avril 1638, décédé à Saint-Germain-des-Prés, à Paris, le 23 mars 1653.

886. — Dom Henri-Louis *Jounin*, de Donchery (Ardennes), profès à Saint-Pierre de Jumièges le 17 janvier 1639, mort le 4 décembre 1698 à Saint-Pierre de Ferrières, aujourd'hui du diocèse d'Orléans.

916. — Dom Claude-Germain *Morlet*, né à Somme-Tourbe (Marne), profès le 1er août 1639 à Saint-Faron-les-Meaux, où il est décédé le 13 août 1690. Rappelons en passant que cette église, élevée en un faubourg de Meaux, possédait le tombeau d'un des plus braves paladins de Charlemagne, Ogier le Danois, autrement dit l'Ardennais, qui après sa vie d'aventures s'y était fait moine, vers le milieu du IXe siècle.

933. — Dom Lambert-Thomas *L'Espagnol* ou *Lespagnol*, né à Reims, profès à Saint-Faron le 26 décembre 1639, mort le 13 août 1690 à Saint-Pierre d'Orbais, alors du diocèse de Soissons et aujourd'hui de Châlons-sur-Marne, monastère fondé en 680 par saint Réol, archevêque de Reims. Il a com-

posé *la Vie, les Vertus et les Miracles de saint Senne, fondateur et premier abbé du monastère anciennement appellée* (sic) *la vallée de Sestre en Bourgogne, et maintenant Saint-Seine, où il est fait une description de la source du fleuve de la Seine qui est dans les limites de son territoire, ensemble divers degrés d'honneurs que Dieu a procurés en terre à ce saint ;* manuscrit conservé au fonds français à la Bibliothèque nationale de Paris, sous le n° 19560 (*Supplément* de M. Ulysse Robert, page 41).

946. — Dom Antoine-Joseph *Philippoteaux*, de Rethel, profès comme les précédents, à Saint-Faron-les-Meaux, le 19 mars 1640. La *Matricule* se contente d'ajouter pour le lieu et le jour de son décès : *ignoratur*.

958. — Dom Nicolas *de La Salle*, né à Reims, profès à Saint-Faron de Meaux, diocèse de même, le 9 septembre 1640, mort à Saint-Denis-en-France, près Paris, le 25 janvier 1689.

1059. — Dom Gabriel *Coquebert*, né à Reims, profès à Saint-Remi de Reims le 29 novembre 1642, mort à Saint-Vincent-du-Mans, diocèse de même, le 5 octobre 1681, n'étant que diacre.

1065. — Dom Nicolas *Coquebert*, parent du précédent, né à Reims, profès à la Sainte-Trinité de Vendôme le 15 février 1643, décédé le 4 septembre 1661 à Saint-Pierre de Jumièges, près Rouen.

1131. — Dom Louis-Damien *Raulin*, né à Donchery, profès à Saint-Remi de Reims le 29 septembre 1644, mort à Saint-Pierre-de-Corbie, au diocèse d'Amiens, le 25 novembre 1699.

1186. – Dom Henri *Jobart*, né à Reims, profès le 16 février 1646 à Saint-Remi de Reims, où il est passé à une vie meilleure le 8 mai 1673.

1192. — Dom Albéric *Robert de Malval*, de Mars, probablement Marcq-sous-Bourcq (Ardennes), profès à Saint-Remi de Reims le 3 mai 1646, décédé à la Sainte-Trinité de Fécamp le 29 novembre 1675.

1203. — Dom Antoine *Durban*, né à Mouzon (Ardennes), profès à Saint-Remi de Reims le 22 août 1646, mort à Paris, le 18 octobre 1697, en l'abbaye de Saint-Germain-des-Prés.

1223. — Dom Jean *Gérard*, né à Donchery (Ardennes), profès à Saint-Remi de Reims le 29 avril 1647, décédé le le 17 novembre 1703 à Saint-Pierre-de-Corbie, au diocèse d'Amiens.

1241. — Dom Ponce-François *de Saint-Remi*, aliàs *Pailla*, né à Warcq (Ardennes), profès à Saint-Remi de Reims le 21 septembre 1647, mort à Saint-Faron, au faubourg de Meaux, le 26 septembre 1661.

1298. — Dom Gilbert *Gérard*, de Donchery (Ardennes), profès à Saint-Remi de Reims le 6 mai 1649, mort le 16 juin 1690 à Saint-Pierre-de-Cormery, au diocèse de Tours.

1323.— Dom Martin *Brimont*, né à Saint-Masmes, près Beine (Marne), profès à Saint-Faron de Meaux, mort le 12 juin 1690 au Prieuré Saint-Martin de Fives, près Lille, membre de Saint-Nicaise de Reims, et où l'on vénère une image miraculeuse de la Sainte Vierge, qui y attire un grand concours de pèlerins.

1351. — Dom Jean *Jacquemart*, de Château-Porcien (Ardennes), profès à Saint-Remi de Reims le 21 septembre 1650, mort le 17 avril 1708 à Saint-Nicolas de Ribemont, dans l'ancien diocèse de Laon, aujourd'hui de Soissons.

1359. — Dom Jean *Bretagne*, né à Reims, et profès à Saint-Remi de la même ville le 21 septembre 1650, décédé le 10 janvier 1554 à Saint-Pierre-de-Corbie, diocèse d'Amiens.

— Nous ne devons pas omettre ici un religieux de même nom, son parent probablement, Dom Claude *Bretagne*, né à Semur-en-Auxois, au diocèse d'Autun, mais qui fut prieur triennal à Saint-Remi de Reims en 1666, 1669 et 1673, où il se fit remarquer comme prédicateur. Il a publié la *Vie de M. Bachelier de Gentes, Rémois* (Reims, Pottier, 1680, in-8°) et divers autres ouvrages, et mourut à Rouen, en 1694.

1377. — Dom Philippe *Petit*, né à Reims, profès à Saint-Remi de cette ville le 19 février 1651, mort un an après à Saint-Denys-en-France, près Paris, n'ayant encore reçu que la tonsure.

1399. — Dom Rodolphe-Remi *Bruneau*, de Chaumont-

Porcien, profès à Saint-Remi de Reims le 13 juin 1691, trépassa le 15 avril 1698 à Saint-Évroul d'Ouche, dans l'ancien diocèse de Lisieux, aujourd'hui de Bayeux.

1417. — Dom Simon *Bilain*, né à Fismes (Marne), aussi profès à Saint-Remi, le 11 février 1652, mort à Saint-Denys-en-France le 22 octobre 1690.

1431. — Dom Gérard *Capitaine*, né à Donchery (Ardennes), profès à Saint-Remi de Reims le 8 juin 1652, mort quinze mois après, simplement tonsuré, en l'abbaye de Saint-Bénigne de Dijon, le 15 septembre 1653.

1452. — Dom Michel *Canart*, né à Reims, profès à Saint-Faron-les-Meaux le 4 octobre 1652, décédé le 7 avril 1684 à Saint-Aubin d'Angers.

1468. — Dom Nicolas *Fransquin*, né à Reims, et profès en l'abbaye de Saint-Remi de cette ville le 19 mai 1653, mourut le 19 janvier 1714 à Saint-Nicaise, même diocèse.

1495. — Dom François *de la Chèze*, né à Reims, de la même famille que celui que nous avons inscrit sous le n° 789, fit profession à Saint-Remi de Reims le 24 février 1654 et décéda à Saint-Denys-en-France, le 3 décembre 1685.

1496. — Dom Pierre *Chastelain*, né à Rethel, compagnon de profession de Dom de la Chèze, alla mourir le 19 août 1671 à Saint-Michel-en-l'Erm, non loin de la ville de Luçon, au département actuel de la Vendée.

1499. — Dom Jean *Gillotin*, né à Saint-Germainmont (Ardennes), profès à Saint-Denys-en-France le 1er avril 1654, décédé le 1er février 1709 à Saint-Riquier-en-Ponthieu, département actuel de la Somme.

1507. — Dom Gilles *Oudard*, de Mouzon, profès à Saint-Remi de Reims le 19 mai 1654; son lieu de décès ainsi que la date et le millésime ne sont pas inscrits sur la *Matricule*.

1532. — Dom Jean *Mabillon*, né à Saint-Pierremont (Ardennes), le 23 novembre 1632, profès à Saint-Remi de Reims le 7 septembre 1654, mort à Paris, en l'abbaye de Saint-Germain-des-Prés, le 27 décembre 1707. La *Biographie Ardennaise* de Boulliot, t. II, pp. 150-164, lui consacre l'un de ses meilleurs articles et des plus documentés. Il nous est doux de rappeler ici la magistrale étude que M. Jadart a donnée sur les Vie, Œuvres et Mémoire de Dom Mabillon, au t. LXIV des *Travaux de l'Académie de Reims* : c'est l'une des perles de cette savante collection.

1564. — Dom Laurent *Thierry*, de Fismes, profès à Saint-Denys-en-France le 11 mai 1655, est revenu mourir en son pays, à Saint-Remi de Reims, le 14 septembre 1710.

1604. — Christophe *Sémery*, né à Reims, profès à Saint-Remi de Reims le 18 septembre 1655, décédé à Saint-Denys-en-France, le 17 mars 1704.

1615. — Dom Jean-Evangéliste *Coquebert*, né à Reims, de la même famille que celui classé sous le n° 1065, profès à Saint-Remi de Reims le 19 juin 1656, décédé le 8 janvier 1689 à Saint-Vincent de Laon.

1686. — Dom Quentin *Durand*, de Rethel, profès à Saint-Faron-les-Meaux le 26 juillet 1656, mort à Saint-Nicaise de Reims, le 2 mai 1708.

1687. — Dom Maur *Gaillard*, de La Cassine, près Sedan, profès comme le précédent et avec lui, alla mourir à Saint-Vincent de Laon le 4 février 1702.

1739. — Dom Pierre *Benoimont*, né à Mézières (Ardennes), profès à Saint-Remi de Reims le 17 février 1657, mort le 30 octobre 1716, à l'abbaye de Saint-Thierry, près Reims. (Voir ci-dessous, n° 3466.)

1756. — Dom Bernard *Bolle*, né à Tannay, près Le Chesne (Ardennes), profès à Saint-Remi de Reims, le 28 avril 1657, mort au prieuré de Saint-Fiacre-en-Brie, près de Meaux, le 6 juillet 1714.

1940. — Dom Philibert *Aublin*, né à Bourcq, près Vouziers (Ardennes), profès à Saint-Remi de Reims le 3 avril 1660, décédé à Saint-Corneille de Compiègne, le 22 février 1695.

1956. — Dom Pierre *Jacquet*, de Grandpré (Ardennes), profès le 31 juillet 1660, mort le 12 avril 1712 à Saint-Jean-d'Angely, ancien diocèse de Saintes, aujourd'hui réuni à celui de La Rochelle.

1975. — Dom Jérôme *Huret*, de Reims, profès à Saint-Remi de Reims, comme le précédent, mort le 6 janvier 1720 au prieuré de Saint-Fiacre-en-Brie, diocèse de Meaux.

2094. — Dom Jean *Dueil*, né à Reims, profès à Saint-Allyre de Clermont-en-Auvergne le 28 septembre 1662. La *Matricule* n'indique ni le jour, ni l'année de sa mort. Un de ses parents, peut-être son frère, mourut second curé de Charleville en 1720, et il en est fait mention dans les *Registres de Visites* de l'archevêque Le Tellier.

2095. — Dom Simon *Champenois*, né à Reims le 25 mars 1644, profès à Saint-Remi le 29 septembre 1662, et décédé à Saint-Nicaise de la même ville, le 20 octobre 1718. — Il est le petit-neveu de Dom Marlot, et a écrit, sur les traces de son oncle, un *Abrégé de l'Histoire de l'Abbaye de Saint-Nicaise de Reims*, dont le manuscrit autographe a été récemment acquis par la Bibliothèque de Reims. — *Supplément à l'Histoire littéraire de la Congrégation de Saint-Maur*, par M. Ulysse Robert, Paris, 1881, p. 28 : « Champenois (Simon), né à Reims, fit profession dans l'abbaye de Saint-Remi de sa ville natale, le 29 septembre 1662, à l'âge de dix-huit ans, et mourut le 20 octobre 1718, à Saint-Nicaise de Reims. Il a collaboré aux travaux entrepris en vue d'une édition des Œuvres de saint Anselme, en transcrivant le manuscrit de saint Martin de Tournai, qui contenait les œuvres de ce Père. Le résultat de ses recherches est consigné dans le manuscrit latin 11689 de la Bibliothèque Nationale de Paris, folio 15. (Matricule n° 2095. — Mss. lat. 11689, fol. 15.) »

2134. — Dom Joseph-Adam *Ravineau*, né à Reims, profès à Saint-Remi le 13 avril 1663, mort, comme le précédent, à l'abbaye de Saint-Nicaise, le 5 mai 1693.

2166. — Dom Robert *le Philipponat*, né à Épernay, profès à Saint-Remi de Reims le 22 juillet 1663, et y est décédé le 4 septembre 1704.

2198. — Dom Jean *Demoulin*, de Montcornet (Ardennes), profès à Saint-Remi de Reims le 5 décembre 1663. La *Matricule* n'a pas enregistré les jour et an de son décès.

2240. — Dom Gérard *Le Poirre*, né à Reims, aussi profès à Saint-Remi le 17 mai 1664, y est mort le 23 mars 1728.

2308. — Dom Joseph *de la Pierre*, de Mézières-sur-Meuse (Ardennes), profès à Saint-Remi de Reims le 1er janvier 1665, décédé le 5 novembre 1728, à Saint-Nicaise de la même ville.

2350. — Dom Marius *Bouillart*, aussi de Mézières, profès à Saint-Remi le 10 juillet 1665, y est mort le 31 août 1705.

2366. — Dom Henry *Charlier*, né à Clavy, près Signy-l'Abbaye (Ardennes), profès à Saint-Remi de Reims le 9 septembre 1665, y rendit le dernier soupir le 10 mai 1723.

2367. — Dom Nicolas *Noizet*, né à Charleville, fit profession avec le précédent le même jour et mourut à Paris le 16 octobre 1727, à l'abbaye de Saint-Germain-des-Prés.

2406. — Dom Jacques *Taillet*, né à Reims, et profès à Saint-Remi de cette ville le 21 mars 1666, mourut à Saint-Pierre de Corbie, au diocèse d'Amiens, le 7 juillet 1702, n'étant que diacre.

2420. — Dom François *Marlot*, né à Reims, profès à Saint-Remi le 4 juin 1666, mort à Notre-Dame de Nogent-sous-Coucy, ancien diocèse de Laon, aujourd'hui réuni à celui de Soissons, le 3 octobre 1712. — Le lecteur nous permettra de rappeler ici la mémoire vénérée de Dom Guillaume *Marlot*, né à Reims en 1596, et mort en 1667 : il était l'oncle du précédent. C'est le rénovateur de l'*Histoire de l'Église de Reims*, et l'Académie de cette ville s'est honorée en faisant imprimer à ses frais, il y a cinquante ans, l'édition française de son *Histoire*. Tout récemment, l'érudit secrétaire de la Compagnie, M. H. Jadart, a publié sur notre historien, dans le tome XCI des *Travaux de l'Académie*, une notice substantielle où il complète et corrige tout ce qui avait été dit sur Dom Marlot. Ce savant religieux n'appartenait pas à la Congrégation de Saint-Maur, aussi ne l'avons-nous pas inscrit à son année de profession.

2423. — Dom Jean *Roland*, né à Reims, profès à Saint-Pierre de Jumièges, près Rouen, le 11 juillet 1666, mort à Fontenelle, autrement dit Saint-Wandrille, près Caudebec, même diocèse, le 18 février 1704. Il était petit-cousin de Nicolas Roland, fondateur de la *Congrégation du Saint Enfant-Jésus*, dont M. le chanoine Alex. Hannesse vient de nous retracer si éloquemment la vie. Dom Jean était né le 28 mars 1644 et avait été baptisé à Saint-Michel.

2444. — Dom Jean *Gellé*, né au Chesne (Ardennes), profès à Saint-Remi de Reims le 23 septembre 1666, mort le 5 juillet 1725 à Paris, à l'abbaye de Saint-Germain-des-Prés, âgé de 80 ans. On trouvera, page 208, quelques détails à son sujet.

2587. — Dom Édouard-Nicolas *Charlot*, né à Reims, profès à Saint-Remi le 1er novembre 1668, décédé à Paris le 14 février 1677, au prieuré de Notre-Dame des Blancs-Manteaux.

2588. — Dom Guillaume *Robin*, de Vrigne-aux-Bois (Ardennes), profès à Saint-Remi en même temps que le précédent, et mort en son monastère de profession le 15 octobre 1710.

2594. — Dom Thierry *Bazin*, né à Reims, profès à Saint-Remi de la même ville le 23 novembre 1668, mort à Saint-Valéry-sur-Mer, au diocèse d'Amiens, le 20 septembre 1720.

2595. — Dom Jean-Baptiste *Lemery*, de Rethel, profès au même lieu avec le précédent, décédé à Saint-Basle de Verzy, près Reims, le 16 décembre 1719.

2639. — Dom Pierre *Le Noble*, également de Rethel, profès à Saint-Remi de Reims le 20 juillet 1669, rend le dernier soupir à Saint-Denys-en-France, le 1er novembre 1695.

2687. — Dom Nicolas *Derodé* (De Rodé, d'après la *Matricule*), né à Reims, profès à Saint-Remi le 8 décembre 1669, vient mourir le 28 mai 1707 au prieuré de Saint-Marcoul de Corbeny, aujourd'hui du diocèse de Soissons.

2688. — Dom Jean *Aubry*, né à Reims, comme le précédent, profès avec lui le même jour et au même lieu, meurt à Paris le 5 juin 1700, au prieuré des Blancs-Manteaux, maison fondée par saint Louis pour les Servites, au XIIIe siècle.

2693. — Dom Charles *Henrion*, ou *Henriot*, était né à Reims et fit profession à Saint-Remi de la même ville, le 12 janvier 1670, à l'âge de vingt-deux ans, et il mourut le

28 septembre 1710, au monastère de Saint-Basle. Il a composé pour le *Monasticon benedictinum* une *Histoire de l'abbaye de Saint-Vincent de Laon*, qui se garde à Paris dans les manuscrits latins de la Bibliothèque nationale, sous le n° 12703. (*Supplément* de M. Ulysse Robert.)

2716. — Dom Pierre *Misson*, aussi né à Reims, profès le 6 mai 1670 à Saint-Remi, mort à Saint-Denys-en-France le 4 avril 1720.

2719. — Dom Jean *Jessenet* (abusivement *Jollinot*, dans la *Matricule*), né à Reims en 1651, et profès à Saint-Remi le 20 juin 1670, devint le compagnon de Dom Mabillon, qui a fait son *Elogium* en la préface du ve siècle Bénédictin. Il mourut à Saint-Germain-des-Prés le 6 novembre 1680, âgé de 29 ans, des suites de fatigues contractées dans un voyage en Lorraine où il accompagnait son ami et compatriote Dom Mabillon. La *Bibliothèque des Écrivains de l'Ordre*, t. Ier, p. 540, et l'*Histoire littéraire de la Congrégation de Saint-Maur*, pp. 209 et 794, lui ont consacré un article.

2777. — Dom Daniel-Claude *Prérost*, d'Aougny, près Ville-en-Tardenois (Marne), profès à Saint-Remi de Reims le 12 avril 1671, trépassa à Saint-Denys-en-France le 27 décembre 1708.

2871. — Dom Jean *de la Mothe*, né à Reims, profès à Saint-Faron-les-Meaux le 17 juin 1672, mort à Saint-Remi de Reims le 2 juin 1718.

2927. — Dom Thomas *Demay*, né à Signy (Ardennes), profès à la Sainte-Trinité de Vendôme, aujourd'hui diocèse de Blois, le 2 août 1673, mort au prieuré de Saint-Pierre de Corbény, diocèse actuel de Soissons.

2931. — Dom Charles *Datesme* (ou *Dunesme*, suivant une autre lecture), né à Charleville (Ardennes), profès à Saint-Remi de Reims le 17 août 1673, mort le 25 décembre 1722, comme le précédent, à Corbény, ancien diocèse de Laon,

3020. — Dom Thierry *Ruinart*, né à Reims le 10 juin 1657, profès à Saint-Faron de Meaux le 19 octobre 1675, mort à Saint-Pierre d'Hautvillers, membre de la Congrégation de

Saint-Vanne, le 27 septembre 1709. Il fut l'ami le plus dévoué et le compagnon inséparable de Dom Mabillon. La *Bibliothèque des Écrivains de l'Ordre* lui consacre, pp. 524-532 du tome II, l'un de ses articles les plus documentés, ainsi que l'*Histoire littéraire de la Congrégation de Saint-Maur*, pp. 273-284. Depuis, M. Jadart a publié dans les *Travaux de l'Académie*, t. LXXVII, l'un de ses plus savants mémoires, rempli de détails substantiels sur ce moine, l'une des gloires de l'Église de France au siècle dernier.

3021. — Dom Remi *Marchant*, né à Mézières, profès à Saint-Faron de Meaux, avec Dom Ruinart, et mort à Saint-Thierry-lès-Reims le 7 mars 1726.

3035. — Dom Jacques *Adnet*, aussi de Mézières, et profès à Saint-Faron, comme le précédent, le 7 avril 1676, décédé à Saint-Remi de Reims le 22 juin 1725.

3049. — Dom Nicolas *Amé*, né à Reims, profès à Saint-Augustin de Limoges le 1er août 1676, mort le 23 novembre 1689 à Saint-Pierre de Chézal-Benoît, au diocèse de Bourges.

3051. — Dom Nicolas *Ferry*, d'un village inconnu du diocèse de Reims, profès à Saint-Faron de Meaux, le 27 août 1676, mort à Saint-Remi le 17 janvier 1747. Le nom de son lieu d'origine est estropié sur la *Matricule*, où se lisent ces mots : *pagus Sohautreinpi, Diœc. Remen.*

3076. — Dom Claude *Misson*, frère de Dom Pierre (ci-dessus, 2716), né à Reims, profès à Saint-Faron-les-Meaux le 21 mars 1677, mort à Saint-Eloi de Noyon, diocèse actuel de Beauvais, n'étant encore que simple tonsuré.

3080. — Dom Jean-Baptiste *Benoimont*, de la même famille que Dom Pierre (ci-dessus, 1739), né à Mézières (Ardennes), profès à Saint-Faron le 9 mai 1677, décédé le 9 mars 1721 à Saint-Quentin-en-l'Ile, au diocèse ancien de Noyon, aujourd'hui de Soissons.

3130. — Dom Jean *Billaudet*, de Rethel, aussi profès à Saint-Faron, le 9 mai 1678, trépassa à Saint-Corneille de Compiègne, le 4 juin 1690.

3172. — Dom Henri *Egée* ou *Eyet*, né à Reims, profès à

Saint-Faron le 12 juillet 1679, mort à Saint-Remi de Reims le 16 juin 1718.

3188. — Dom Pierre *Cordier*, de Reims, aussi profès à Meaux le 2 octobre de la même année, mourut à Paris le 17 avril 1729, en l'abbaye de Saint-Germain-des-Prés.

3191. — Dom Henri *Bouzenet*, suivant la *Matricule*, mais plus probablement *Bausonnet*, né à Reims, également profès à Meaux le 8 novembre 1679, mort aussi comme le précédent à Saint-Germain, le 23 mars 1719.

3205. — Dom Simon *Rifflart*, né à Reims, profès le 18 mai 1680 à Saint-Faron-de-Meaux, trépassa le 9 novembre 1722 à Saint-Nicolas-au-Bois, à trois lieues de Laon, au diocèse actuel de Soissons.

3265. — Dom Claude *Chappelain*, né à Reims, profès à Meaux le 3 février 1682, mort à Saint-Remi de Reims le 13 février 1731.

3380. — Dom Jacques *Charlier*, de Rethel, profès à Saint-Pierre de Corbie, diocèse d'Amiens, le 20 novembre 1682, mort à Saint-Basle de Verzy, près Reims, le 12 janvier 1711.

3416. — Dom Gérard *Tibé*, né à Rethel, profès à Saint-Faron de Meaux le 12 mai 1683, décédé à Saint-Remi de Reims le 15 juin 1722.

3417. — Dom Charles *Bertrand*, né à Écueil, près Ville-en-Tardenois (Marne), profès à Saint-Faron, avec le précédent, mort à Saint-Nicolas de Ribemont, ou des Prés, ancien diocèse de Laon, le 1er avril 1715.

3432. — Dom Jean-Joseph *Frizon*, de Reims, profès à Saint-Pierre de Corbie le 27 juillet 1683, décédé à Saint-Denys-en-France, le 20 mai 1706.

3458. — Dom Nicolas *Mereau* ou *Moreau*, né à Reims, profès à Saint-Pierre de Corbie le 27 octobre 1683, mort le 3 février 1739, à Saint-Vincent du Mans.

3466. — Dom Nicolas *Benoimont*, (de la même famille que ceux déjà nommés, 1739 et 3080), né à Mézières (Ardennes), profès à Saint-Faron de Meaux le 23 novembre 1683, mort à Saint-Thierry-lès-Reims, le 14 juillet 1727.

3467. — Dom Pierre *Delacroix*, né à Attigny, profès au même lieu et les mêmes jour et an que le précédent, décédé le 17 juin 1734 à Saint-Pierre d'Orbais, alors du diocèse de Soissons, mais aujourd'hui de Châlons-sur-Marne.

3577. — Dom Réné *Hibert*, rémois, profès à Saint-Pierre de Corbie le 30 juin 1685, mort à Saint-Nicaise de Reims le 14 avril 1741.

3811. — Dom Guillaume *Lefils*, aussi rémois, profès à Saint-Faron de Meaux le 2 mai 1689. La *Matricule* dit qu'il mourut hors de la Congrégation, mais sans plus de détails.

3836. — Dom Jean *Sureau*, né à Château-Regnault (Ardennes), profès à Meaux, comme le précédent, le 7 septembre 1689, décédé à Saint-Thierry-les-Reims le 28 avril 1728.

3857. — Dom Nicolas *Le Noble*, de Rethel (de la même famille que ci-dessus, n° 2639), aussi profès à Meaux le 4 mars 1690, mourut le 27 juillet 1733, à Saint-Nicolas-aux-Bois, autrement dit du Sault, au diocèse ancien de Laon.

3992. — Dom Jean *Alaydon*, né à Rethel, profès à Marmoutiers-lès-Tours le 5 octobre 1691, mourut supérieur général de la Congrégation de Saint-Maur, à l'abbaye de Saint-Germain-des-Prés, à Paris, qui en était chef-lieu, le 6 juin 1733, âgé de soixante-trois ans. Boulliot a décrit sa vie au tome Ier de sa *Biographie ardennaise*, pp. 14-15.

3995. — Dom Jean *Guérin*, de Reims, fit profession à Saint-Faron de Meaux le 22 mars 1692, âgé de 19 ans, et mourut à Saint-Pierre d'Orbais, diocèse actuel de Châlons-sur-Marne, le 26 mars 1728.

4208. — Dom Remi *Lespagnol*, rémois, profès au même lieu que le précédent, le 4 octobre 1696, âgé de 19 ans, mourut à Saint-Remi de Reims le 25 novembre 1743. Il était de la famille de Dom Lambert Thomas, cité ci-dessus 933.

4243. — Dom Pierre *Drouin*, de Reims, étant âgé de vingt-deux ans, fit avec le précédent profession au même lieu et le même jour, mourut à Saint-Lucien de Beauvais, diocèse actuel de ce nom, le 6 mars 1757.

4262. — Dom Charles *Pierret*, rémois, avait vingt et un ans quand il fit profession à Saint-Faron de Meaux, le 16 septembre 1697 : le lieu ni l'année de son trépas ne sont indiqués dans la *Matricule*.

4331. — Dom Gilles *Pàris*, de Montcornet-en-Ardennes, âgé de vingt ans, fait profession à Meaux le 19 septembre 1698, et meurt à Saint-Pierre de Corbie, au diocèse d'Amiens, le 17 août 1748.

4366. — Dom Gérard *Bolle*, né à Charleville (Ardennes), profès à Meaux le 27 février 1699, âgé de trente-cinq ans, mort à Saint-Denys-en-France le 31 janvier 1740. Il était peut-être parent de Dom Bernard, cité n° 1756.

4368. — Dom Jean-François *Hibert*, rémois, âgé de vingt et un ans, fit profession avec le précédent au même lieu, et mourut à Saint-Nicaise de Reims le 15 novembre 1747 ; peut-être de la même famille que celui n° 3577.

4495. — Dom Jean-Baptiste-Nicolas *Deloche*, de Juzancourt, près Asfeld (Ardennes), âgé de vingt-huit ans, profès à Saint-Faron de Meaux le 8 juin 1701, mort à Saint-Vincent de Laon le 6 avril 1725.

4504. — Dom Nicolas *Choppelet*, né à Renwez (Ardennes), âgé de dix-neuf ans, profès à Saint-Faron de Meaux le 22 juin 1701. La *Matricule* n'indique ni le lieu ni la date de sa mort.

4506. — Dom Jean-François *Hachette*, de Reims, profès le 6 juillet 1701, à Saint-Faron de Meaux, à l'âge de dix-neuf ans. Comme pour le précédent, la *Matricule* est muette à son égard.

4507. — Dom Richard-Victor *Benoimont*, de Mézières (Ardennes), âgé de dix-huit ans, profès le même jour et la même année que Dom Hachette à Meaux. Les date et lieu de décès ne sont pas connus ; voir ci-dessus les n°s 1739, 3080 et 3466.

4508. — Dom Nicolas *Moreaux*, de Charleville (Ardennes), a fait profession en même temps que les deux sus-nommés et au même lieu ; mort à Saint-Eloi de Noyon, le 27 décembre 1748.

4518. — Dom Jean-Baptiste *Terneau*, du Thour (Ardennes), âgé de vingt ans, profès le 16 août 1701, mort à Saint-Germer de Beauvais, le 22 juin 1726.

4535. — Dom François *Rempiioux* (sic), né à Reims, âgé de vingt et un ans fait profession au noviciat de Saint-Faron le 14 décembre 1701. La *Matricule* n'en dit pas davantage sur son compte. (Voir ci-dessous le n° 4893.)

4551. — Dom Charles-François *Launois*, de Rethel, fit profession, âgé de dix-neuf ans, comme le précédent, le 29 août 1702, et mourut à Saint-Remi de Reims le 16 mai 1744.

4558. — Dom François *Benoimont*, de Mézières (Ardennes), probablement frère de Dom Richard, déjà nommé (n° 4507), profès à Saint-Faron, étant âgé de vingt-quatre ans, le 5 mai 1702, décédé à Saint-Denys-en-France le 28 novembre 1731.

4560. — Dom Jean *Delume*, né à Charroué, paroisse de Cliron (Ardennes), profès à Meaux le 18 juin 1702, étant âgé de vingt-cinq ans, mort le 25 mars 1725 au prieuré de Saint-Marcoul de Corbeny, dans le Laonnais.

4575. — Dom Simon-Louis *Maillefer*, rémois, profès à Saint-Faron de Meaux, âgé de dix-neuf ans, le 9 août 1702; on ignore le lieu et la date de son trépas. (Il était prieur de Ribemont en 1717, d'après la *Généalogie de la famille Maillefer*, voir plus bas, n° 4639.)

4576. — Dom Nicolas *Doury*, aussi rémois, a fait profession avec le précédent, étant âgé de dix-sept ans; même observation au sujet de sa mort.

4588. — Dom Pierre-Joseph *Lefils*, de Reims, profès au même lieu, âgé de dix-neuf ans, le 21 octobre 1702, décédé à Saint-Pierre de Corbie, au diocèse d'Amiens, le 12 septembre 1738, n'étant que diacre. (Voir ci-dessus Dom Guillaume, n° 3811.)

4623. — Dom Simon *Mopinot*, rémois, âgé de dix-huit ans, profès à Saint-Faron de Meaux, le 18 février 1703, meurt étant prêtre, à Saint-Germain-des-Prés, à Paris, le 11 octobre 1727.

4639. — Dom François-Élie *Maillefer*, rémois, frère de Dom

Simon (voir ci-dessus, n° 4575), profès à Meaux, à l'âge de dix-neuf ans, le 10 juillet 1703, mort à Saint-Remi de Reims le 30 octobre 1761. — Il était fils de Jean Maillefer, marchand bourgeois de Reims, auteur de mémoires historiques publiés dans les t. LXXXII et LXXXIV des *Travaux de l'Académie de Reims*; on trouvera dans ces mémoires beaucoup de renseignements sur les Bénédictins rémois, et notamment la notice sur Dom François-Élie Maillefer, tirée du nécrologe de l'abbaye de Saint-Remi, t. LXXXIV, p. 304-305. Neveu du Bienheureux J.-B. de La Salle, ce savant bénédictin composa une vie de son oncle, qui est conservée inédite au Cabinet des Manuscrits de la Bibliothèque de Reims.

4655. — Dom Louis *Choppelet*, de Renwez (Ardennes), de la même famille que Dom Nicolas (voir ci-dessus, n° 4504), était âgé de seize ans quand il fit profession, le 28 août 1703, à Meaux ; il est mort le 1er août 1767, à Saint-Nicolas-du-Bois, diocèse actuel de Soissons.

4703. — Dom Philippe-Joseph *Boulanger*, natif de Donchery-sur-Meuse (Ardennes), fit profession à l'âge de dix-neuf ans au Noviciat de Saint-Faron-lès-Meaux : mais on ignore le lieu et l'époque de sa mort.

— Nous devons faire observer que désormais la *Matricule* ne nous fournira que fort rarement ces dernières indications, soit qu'il y ait eu interruption dans l'envoi des circulaires de décès, ou plutôt parce qu'à l'époque de sa rédaction (1756) la plupart des religieux vivaient encore. Cependant, çà et là on voit apparaître des dates postérieures, 1766, 1768, par exemple. Comme nous le disons plus haut, le noviciat de la province de Champagne ayant oscillé à plus d'une reprise entre Saint-Faron et Saint-Remi, nous indiquons Meaux pour le premier et Reims pour le second.

4727. — Dom Jean *Legrand*, né au Chastellet (Ardennes), profès à Meaux, étant âgé de vingt-neuf ans, le 29 mars 1705 : date du lieu de décès et du jour inconnue.

4758. — Dom Simon-Pierre *Saingery*, de Mézières-sur-Meuse, profès à Saint-Faron le 23 septembre 1705, âgé de dix-huit ans, mort à Saint-Remi de Reims le 7 août 1760.

4805. — Dom Simon *Callou*, né à Reims, profès comme le précédent le 20 octobre 1706, également âgé de dix-huit ans, mort à Notre-Dame de Breteuil, au diocèse de Beauvais, le 16 septembre 1759.

4893. — Dom Joseph-Pierre *Rempnoux*, né à Reims, profès à Meaux, âgé de vingt-six ans, le 12 juillet 1708 : date de décès inconnue. Le nom est plus correctement écrit que celui du n° 4535, qui paraît être de la même famille.

4920. — Dom Jean-François *Champenois*, de Reims, profès comme le précédent, âgé de dix-neuf ans, le 18 janvier 1709, mort prêtre à l'abbaye de Saint-Florent-le-Vieil, près Saumur, au diocèse d'Angers, le 11 juillet 1742.

4939. — Dom Jean *Launay*, de Pouilly (Marne), profès à Meaux le 13 mai 1709, âgé de vingt-trois ans, mort à Saint-Julien de Tours le 20 juillet 1741.

4956. — Dom Paul-Alexandre *Prebel*, né à Rethel, profès comme le précédent le 13 novembre 1709, âgé de dix-neuf ans. La *Matricule* ne donne pas d'autres détails.

5002. — Dom Edmond-Robert *Benoimont*, de Mézières, de la même famille que ceux déjà cités n° 1739, 3080, 3466, 4507 et 4558, profès à Saint-Pierre de Jumièges, près Rouen, le 1er février 1711, âgé de dix-neuf ans, décédé à Notre-Dame de Breteuil, au diocèse de Beauvais, le 30 octobre 1737.

5020. — Dom Remi-Joseph *Hibert*, né à Reims, profès à Meaux le 25 mai 1711, âgé de dix-neuf ans, mort à Saint-Remi de Reims le 16 octobre 1741, étant prêtre.

5032. — Dom Jean François *Gobin*, de Mézières-sur-Meuse (Ardennes), profès à Saint-Pierre de Jumièges, près Rouen, le 5 août 1711, décédé étant prêtre, le 3 juillet 1724 à Saint-Fulcran, au diocèse ancien de Lodève.

5084. — Dom Joseph *Bona*, né à Reims, profès à Saint-Lucien de Beauvais le 24 juillet 1712, étant âgé de vingt ans, mort à Saint-Denys-en-France le 2 octobre 1728, revêtu du sacerdoce.

5100. — Dom Placide-Charles *Lasart*, né à Reims, profès

comme le précédent le 28 octobre 1712, âgé de dix-neuf ans. On ignore la date et le lieu de son décès.

5102. — Dom Nicolas *Lebus*, de Rimogne (Ardennes), aussi profès à Saint-Lucien, à l'âge de vingt-deux ans, le 28 octobre 1712. La *Matricule* n'indique pas la date de sa mort, ni le lieu.

5120. — Dom François *Bouron*, de Chermont *(sic)*, diocèse de Reims, profès à Saint-Lucien le 13 mars 1713, âgé de vingt-trois ans; mort à Saint-Vincent de Laon le 22 juillet 1749. Le nom du lieu d'origine est mal écrit.

5171. — Dom Hubert *Benoit*, de Reims, profès à Saint-Lucien de Beauvais le 14 février 1714, âgé de dix-huit ans. Sa mort n'est pas indiquée.

5237. — Dom Gérard-Jean *Lamy*, de Sermiers, diocèse de Reims, profès le 26 décembre 1714, à Saint-Lucien, âgé de dix-huit ans; décédé à Saint-Pierre de Chézy, près Château-Thierry, diocèse de Soissons, le 5 février 1749.

5256. — Dom François-Guillaume *Leseur*, né à Mézières-sur-Meuse (Ardennes), profès le 14 août 1714 à Saint-Pierre de Jumièges, près Rouen, à l'âge de dix-sept ans; mort à Saint-Germain-des-Prés, à Paris, le 7 février 1747.

5284. — Dom Jean-Baptiste *Lochart*, de Reims, profès à Saint-Lucien de Beauvais le 13 janvier 1716, à l'âge de dix-neuf ans. Sa mort ni le lieu de son décès ne sont désignés.

5308. — Dom Médard *Gonoy*, né à Reims, profès à Saint-Lucien, à l'âge de dix-neuf ans, le 27 mars 1716. Même observation que ci-dessus.

5330. — Charles *Le Fricque*, de Reims, profès à Saint-Pierre de Jumièges le 17 septembre 1716, âgé de vingt-cinq ans, décédé à Saint-Pierre de Corbie, au diocèse d'Amiens, le 29 janvier 1732.

5416. — Dom Nicolas *Benoit* (aussi *Benoist)*, de Reims, profès à Saint-Remi de Reims, étant âgé de dix-neuf ans, le 21 septembre 1717. C'était probablement le frère de Dom Hubert (voir ci-dessus n° 5171). Date de décès inconnue.

5430. — Dom Jacques-Remi *Barbereux*, né à Reims, profès

à Saint-Remi de Reims le 17 novembre 1717, mort à Saint-Fulcran de Lodève, diocèse actuel de Montpellier, le 20 août 1737, à l'âge de quarante et un ans.

5436. — Dom Nicolas *Jallabert*, aussi de Reims, profès à Saint-Remi de cette ville, à l'age de vingt ans, le 23 décembre 1717. Date de décès non indiquée. En 1766, il était religieux aux *Blancs-Manteaux*, à Paris. Il avait collaboré avec Dom de Bar à l'*État de la France*, Paris, 1749, 6 volumes in-12. (*Supplément* de M. Ulysse Robert, qui renvoie à la collection mss. 1096, et aux manuscrits du fonds français de la Bibliothèque nationale, n° 15785.)

5452. — Dom Pierre-Jean-Baptiste *Jallabert*, parent du précédent et peut-être son frère, fait profession à Saint-Remi de Reims, âgé de vingt-deux ans, le 11 mai 1718. L'époque de sa mort n'est pas connue.

5477. — Dom Jean-Baptiste-Louis *de La Salle*, né à Reims, et profès à Saint-Remi de la dite ville le 26 août 1718, à l'âge de vingt ans ; mort prêtre à Saint-Corneille de Compiègne le 4 janvier 1736. (Voir ci-dessus n° 771.)

5478. — Dom Gérard *Jacquetel*, aussi de Reims, fit profession avec le précédent le même jour, à l'âge de 23 ans, et trépassa à Saint-Pierre de Lagny-en-Brie, au diocèse de Meaux, le 6 mars 1740.

5511. — Dom Michel *Valleran*, de Thin-le-Moutier (Ardennes), profès à Saint-Remi de Reims le 5 juin 1719, âgé de vingt-deux ans, mort à Saint-Pierre de Corbie, au diocèse d'Amiens, le 8 mai 1747.

5535. — Dom Joseph-Nicolas *Godinot*, né à Reims, profès à Saint-Remi de Reims le 11 septembre 1719, âgé de dix-neuf ans. La date de son décès n'est pas marquée.

5541. — Dom Jean *de Bar*, ami intime de Dom Dantine, né à Reims en 1700, fit profession à Saint-Remi de cette ville le 13 novembre 1719, et mourut à Paris, au monastère des Blancs-Manteaux, le 25 novembre 1767. La *Bibliothèque des Écrivains de l'Ordre* lui a consacré une courte notice, t. Ier, p. 91, ainsi que l'*Histoire littéraire de la Congrégation de*

Saint-Maur, p. 635. Comme il a collaboré avec un autre bénédictin de sa Congrégation, et que ce dernier est né sur notre frontière et a professé la philosophie à Saint-Nicaise de Reims, nous lui donnons place :

(5088). — Dom Maur *Dantine*, né le 1er avril 1688, à Gonrieux, alors diocèse de Liége, aujourd'hui de Namur, village situé un peu au nord de Rocroi, profès à Saint-Lucien de Beauvais le 14 août 1712, mort aux Blancs-Manteaux, à Paris, le 3 novembre 1746. L'*Histoire littéraire*, pp. 631-636, lui a consacré l'un de ses articles les plus complets. Tous les dictionnaires biographiques en font mention.

5556. — Dom François *Gobreau*, né à Reims, profès à Saint-Remi de Reims le 2 avril 1720, âgé de dix-sept ans. — Désormais nous n'indiquerons plus, que par exception, les dates et lieu de décès de chaque religieux, la *Matricule* ne nous fournissant aucune référence à cet égard.

5567. — Dom Jean-Baptiste *de Sandras*, né à Renwez (Ardennes), profès à Saint-Remi de Reims le 9 juillet 1720, âgé de vingt ans, issu de la Maison de Sandras, qui possédait la terre de Murtin dès le XVIe siècle. Cette famille, d'origine champenoise, porte pour armes : *d'argent à trois charbons de sable, ardents de gueules,* elle est alliée à toute la vieille noblesse ardennaise. (Voir CAUMARTIN, *Procès-Verbal de la Recherche de la Noblesse de Champagne.)*

5574. — Dom Pierre *Carpentier*, né à Charleville (Ardennes), en 1696, profès à Saint-Remi de Reims le 27 août 1720, mort à Paris, au collège de Bourgogne, en 1767, ayant quitté, à cause de ses infirmités, la Congrégation en 1737. L'*Histoire littéraire*, p. 633, et la *Bibliothèque des Écrivains de l'Ordre*, t. Ier, p. 178, racontent en détail la vie et les œuvres de ce savant homme, ainsi que BOULLIOT, au t. Ier de la *Biographie Ardennaise*, pages 205-217.

5592. — Dom Pierre-Remi *Benoist*, de Reims, profès à Saint-Remi de la dite ville le 10 mars 1721, âgé de dix-huit ans. (Voir ci-dessus, n°s 5171 et 5416, relatifs à divers membres de cette famille.)

5602. — Dom Antoine *La Goille*, né à Reims, profès à Saint-Remi le 5 mai 1721, âgé de dix-huit ans, de la famille de Lagoille de Courtagnon, qui au début de ce siècle était Grand-Maître des Eaux et Forêts de Champagne.

5609. — Dom Philippe *Fanier*, Rémois, profès à Saint-Remi de Reims le 14 septembre 1721, âgé de dix-huit ans, mort étant prêtre, le 8 juillet 1742 à Saint-Jean de Laon, aujourd'hui diocèse de Soissons.

5630. — Dom Michel *Savoye*, aussi né à Reims et profès à Saint-Remi le 20 novembre 1721, âgé de dix-neuf ans.

5639. — Dom Jean-Baptiste *Baussonnet*, Rémois, profès à Saint-Remi de cette ville le 8 février 1722, âgé de vingt-deux ans. L'*Histoire littéraire de la Congrégation de Saint-Maur*, p. 718, donne quelques détails sur les travaux de ce savant religieux.

5701. — Dom Pierre *Lesure*, d'Attigny (Ardennes), profès à Saint-Lucien de Beauvais le 5 février 1723.

5767. — Dom Claude *Senange*, né à Charleville, que la *Matricule* inscrit par erreur au diocèse de Liége, profès à Saint-Lucien de Beauvais le 16 février 1724, âgé de vingt-neuf ans.

5787. — Dom Guillaume François *Viot*, de Saint-Loup (Ardennes), profès à Saint-Lucien de Beauvais le 24 mai 1724, âgé de vingt-deux ans, mort à Saint-Crépin-le-Grand de Soissons en octobre 1748, n'étant que diacre.

5804. — Dom Jacques *Viot*, de Charleville (Ardennes), profès à Saint-Wandrille, près Caudebec, au diocèse de Rouen, le 3 septembre 1724, âgé de vingt ans. Probablement de la famille du précédent.

5812. — Dom Jean *Vita*, Rémois, profès à Saint Lucien de Beauvais le 22 novembre 1724, âgé de trente et un ans.

5823. — Dom Pierre *Henry*, né à Sermiers (Marne), profès à Saint-Remi de Reims le 7 mars 1725, à l'âge de dix-sept ans.

« *Henry* (Pierre), né en 1707 au château du Cosson, près Sermiers, bénédictin de la Congrégation de Saint-Maur, a continué le *Gallia Christiana*. Il a donné le onzième volume, qui contient la province de Normandie, 1759 ; le douzième, qui contient les provinces de Sens et de Tarentaise, parut en 1770. Dom Henry mourut à Paris le 10 février 1782. — *Taschereau* (Jacques), né en 1720, bénédictin de la même Congrégation en 1738, travailla avec Dom Henry au *Gallia Christiana.* » (Note de Hédouin de Pont-Ludon, papiers non classés de la Bibliothèque de Reims.)

5873. — Dom Nicolas *Leroy*, né à Reims, également profès à Saint-Remi de cette ville le 11 février 1726, étant âgé de vingt-deux ans.

5911. — Dom Étienne *Dunesme*, né à Remilly (Ardennes), aussi profès à Saint-Remi le 24 juillet 1726 ; il était âgé de vingt ans.

5915. — Dom Claude *Fanier*, né à Reims, et profès à Saint-Remi le 1er août 1726 ; son âge n'est pas indiqué, mais seulement le jour de sa mort, arrivée le 19 mars 1732, à Saint-Germain-des-Prés, à Paris ; il n'était que diacre.

5922. — Dom Michel-Benoit *Lefricque*, né à Reims, profès à Saint-Remi de cette ville le 18 septembre 1726, âgé de dix-sept ans ; mort à Saint-Germain-des-Prés, à Paris, n'étant encore que diacre, le 23 juin 1733.

5924. — Dom Claude *Gérard*, né à Haraucourt, près Sedan, profès le 30 septembre 1726, âgé de vingt et un ans. La *Matricule* inscrit par erreur cette paroisse comme étant du diocèse de Verdun, bien qu'elle ait toujours appartenu à l'Église de Reims.

5964. — Dom Jean-François *Gobreau*, né à Reims, profès à Saint-Remi le 16 juillet 1727, âgé de dix-huit ans.

5971. — Dom Sébastien *Demain*, de Reims, profès à Saint-Remi le 4 septembre 1727, à l'âge de vingt et un ans.

5984. — Dom Pierre *Catelain*, né à Reims, profès à Saint-Remi le 21 décembre 1727, âgé de dix-sept ans.

5988. — Dom François-Jean *Forest*, né à Reims, profès au même lieu le 8 janvier 1728, âgé de dix-neuf ans.

5992. — Dom Louis *Lebeuf*, né à Reims, et profès à Saint-Remi le 29 janvier 1728, à l'âge de vingt ans.

6003. — Dom Jean Louis *de Bar*, né à Reims, profès à Saint-Remi le 28 mai 1728, âgé de dix-sept ans : il était de la même famille que le savant religieux dont nous parlons plus haut, n° 5541.

6009. — Dom Antoine-Remi *Amé*, né à Reims, profès à Saint-Remi le 8 juillet 1728, âgé de dix-sept ans. (Voir ci-dessus le n° 3049.)

6016. — Dom Simon *Fanier*, né à Reims, profès à Saint-Remi le 16 août 1728, à l'âge de dix-sept ans : il était de la famille de ceux qui sont inscrits sous les n°s 5609 et 5615.

6051. — Dom Nicolas *Lécuyer*, né à Reims, fit, à l'âge de dix-neuf ans, profession à Saint-Remi le 22 juin 1729.

6052. — Dom Jean-Baptiste *Larbré*, né à Balham (Ardennes), fit profession avec le précédent, âgé de dix-neuf ans.

6087. — Dom Pierre *Barbier*, né à Reims, profès à Saint-Lucien de Beauvais le 1er mai 1730, à l'âge de dix-neuf ans.

6115. — Dom Jacques *Thibault*, né à Merfy (Marne), profès comme le précédent, âgé de vingt-quatre ans, le 11 octobre 1730.

6133. — Dom Jean *Goulin*, né à Reims, fit profession aussi à Beauvais, à l'âge de vingt ans, le 18 février 1731.

6199. — Dom Charles *Narelot*, né à Reims, profès à Saint-Faron-lès-Meaux le 2 mars 1732, âgé de vingt-huit ans.

6212. Dom Pierre-Nicolas *Froussart*, né à Rethel en 1714, profès à Meaux le 30 avril 1732.

6249. — Dom Charles *Jactat*, né à Sept-Saulx (Marne), en 1704, profès à Saint-Lucien de Beauvais le 30 octobre 1732.

6262. — Dom Jean *Lechanteur*, né à Donchery (Ardennes), profès à Saint-Faron-lès-Meaux le 19 janvier 1733, âgé de vingt-six ans.

6307. — Dom Jean-Baptiste *Vaucher*, né à Reims en 1715, profès comme le précédent, le 23 décembre 1733.

6315. — Dom Louis-Nicolas *Doucet*, de Châtillon-sur-Bar (Ardennes), aussi profès à Meaux, le 30 janvier 1734, à l'âge de vingt ans.

6333. — Dom Jean-Baptiste *Guyot*, né à Buzancy (Ardennes),

en 1713, profès à Saint-Faron le 18 juin 1734, mort à Saint-Remi de Reims le 8 mars 1792, enterré dans le Cloître et transféré ensuite au cimetière de la paroisse.

6384. — Dom Pierre *Donnet*, né aux Hautes-Rivières (Ardennes), en 1712, profès comme le précédent, le 12 juillet 1734.

6405. — Dom Jean-Baptiste-Nicolas *Parmentier*, né à Reims en 1715, profès à la Sainte-Trinité de Vendôme le 5 décembre 1735.

6447. — Dom Jean-Baptiste *de Bar*, né à Reims en 1714, profès à Saint-Faron de Meaux, le 22 août 1736. (Voir les nos 5541 et 6003.)

6451. — Dom Ponce *Husson*, né à Saint-Laurent près Mézières (Ardennes), en 1714, profès au même lieu que le précédent, le 12 septembre 1736.

6468. — Dom Gérard *Lescuyer*, né à Reims en 1719, profès à Meaux le 18 janvier 1737. (Voir le n° 6051.)

6469. — Dom Antoine *Arrier*, né à Reims en 1718, fit profession avec le précédent à Saint-Faron de Meaux.

6905. — Dom Henri *Chesnon*, né à Gourdan (?) au diocèse de Reims, en 1717, profès à Meaux le 27 octobre 1737. Il y a erreur dans la *Matricule*, car ce lieu, d'ailleurs mal orthographié, n'appartient pas au diocèse de Reims.

6543. — Dom Jacques-Raoul *Roulin*, né à Reims, était âgé de dix-huit ans quand il fit profession au même lieu que les précédents, le 15 octobre 1738; mort à Saint-Denys-en-France, le 6 octobre 1746, n'étant encore que diacre.

6573. — Dom Claude *Rousseau*, né à Reims en 1722, fit profession à Saint-Faron de Meaux le 7 mars 1739, puis fut envoyé à Paris, en l'abbaye de Saint-Germain-des-Prés, qu'il habita longtemps. Il mourut à Saint-Denys-en-France le 1er mars 1787. On l'avait chargé de composer l'*Histoire de Champagne*, d'après les recherches de Dom Baussonnet, mais ce projet n'eut pas de suite. Il a composé, sous le voile de l'anonyme : 1° le *Cœnobitophile* ou lettres d'un religieux français à un laïc, son ami, sur les préjugés publics contre l'état monastique. Au Mont-Cassin (Paris), Valleyre l'aîné, 1768, in-12. (On en conserve deux exemplaires parmi les imprimés du *Cabinet de Reims*, nos 570 et 571); 2° *Mémoire* pour la ville de Reims contre le Chapitre, in-4°, s. d.; 3° *Recueil de Lettres* adressées à M. Mille, auteur de l'*Abrégé chronologique de l'Histoire de Bourgogne*. Paris, 1722, in-8°. L'*Histoire littéraire de la Congrégation de Saint-Maur*, p. 719, lui attribue quelques poésies. Notre compatriote Lacatte-Joltrois lui a consacré un bon article dans la *Biographie universelle* de Michaud, supp. t. LXXX, p. 68.

6574. — Dom Jean-Baptiste *Noël*, né à Reims en 1721, profès à Meaux en même temps que le précédent.

6575. — Dom François-Germain *Dégré*, né à Reims en 1722, aussi profès à Meaux le même jour.

6580. — Dom Jean-Bertrand *Dodet*, né à Reims en 1720, profès à Saint-Faron de Meaux le 3 avril 1739.

6612. — Dom Nicolas *Boquillon*, né à Rethel en 1721, profès à Saint-Pierre de Jumièges, près Rouen, le 5 octobre 1739.

6634. — Dom Jean-François *Nereux*, né au Mesnil, près Juniville (Ardennes), en 1720, profès à Saint-Faron de Meaux le 28 mai 1740.

6635. — Dom Claude-Simon *Dumont*, né à Reims en 1719, profès avec le précédent et au même lieu.

6646. — Dom Jean-Baptiste *Husson*, né à Saint-Laurent (Ardennes), profès à Saint-Faron de Meaux le 3 septembre 1740.

6664. — Dom Charles *Cazin*, né à Reims en 1722, profès au même lieu que le précédent, mais le 5 janvier 1741.

6696. — Dom Maurice *Turpin*, né à Reims en 1722, profès au noviciat de Saint-Faron-lès-Meaux le 12 juillet 1741.

6729. — Dom Nicolas-François *Fortier*, né à Reims en 1723, aussi profès à Meaux le 27 décembre de la susdite année.

6730. — Dom Remi *Laubreau*, né à Reims en 1724, fit profession avec le précédent le même jour et au même lieu.

6756. - Dom Nicolas *Noël*, né à Reims vers 1713, fit profession à Saint-Faron de Meaux le 25 juillet 1742, à l'âge de vingt-huit ans. Ses aptitudes pour les sciences exactes le firent envoyer à Paris, et il devint ensuite garde du Cabinet royal de physique à la Meute. Dans cette place, il put développer ses talents; aussi, travailla-t-il longtemps à un ouvrage sur la physique et sur l'optique, qu'on annonçait en 1777 comme devant bientôt paraître. Dom François ne l'a pas oublié dans sa *Bibliothèque des Écrivains de l'Ordre de Saint-Benoit*, t. II, p. 334. Nous ne savons pas s'il n'aurait pas été membre de la famille Noël, qui a produit en ce siècle un médecin assez célèbre à Reims. (Voir ci-dessus le n° 6574.)

6782. — Dom Henri-Jacques *Barbier*, né à Reims en 1725, profès comme le précédent le 25 janvier 1743. (Voir n° 6087.)

6803. — Dom Charles *Bohant*, né à Reims en 1725, aussi profès à Saint-Faron de Meaux le 2 juillet 1743.

6810. — Dom Protais *Buiron*, né à Reims en 1725, profès comme ceux qui précèdent, le 8 août 1743.

6880. — Dom Jean-Nicolas *Gérardin*, né à Murtin-les-Renwez (Ardennes), profès, à l'âge de dix-neuf ans, le 16 octobre 1744, à Meaux.

7036. — Dom Matthieu *Gérusez*, né à Reims en 1730, profès à Saint-Faron le 20 septembre 1747.

7039. — Dom Philippe-Joseph *Sutaine*, né à Reims en 1728, profès comme le précédent, le 14 novembre 1747; il assista aux derniers jours de sa chère abbaye de Saint-Remi, dont il était le trésorier, et mourut à Reims le 8 juin 1800, âgé de soixante-douze ans.

7081. — Dom Joseph *Barbier*, né à Reims en 1727, profès à Saint-Martin de Séez, en Normandie, le 12 septembre 1748.

7090. — Dom Jean-Baptiste *Dodet*, né à Charleville (Ardennes), profès à Saint-Faron de Meaux le 15 octobre 1748, âgé de vingt et un ans.

7091. — Dom Jean-Louis *Benoit*, né à Reims en 1728, fit profession avec Dom Dodet.

7105. — Dom Pierre *Barbier*, né à Reims en 1730, profès à Saint-Martin de Séez le 26 novembre 1748. (Voir les n°s 6087, 6782 et 7081.)

7138. — Dom Jean-Baptiste *Houssart*, né à Reims en 1730, profès à Saint-Faron de Meaux le 10 septembre 1749.

7157. — Dom Henri-Claude *Cazé*, né à Cormicy (Marne), profès comme le précédent, le 13 novembre 1749, à l'âge de vingt-trois ans.

7268. — Dom Ponce-Étienne *Darq*, né à Bouconville (Ardennes) en 1730, profès à Saint-Pierre de Jumièges le 20 octobre 1751.

7324. — Dom Noël *Lacroix*, né à Charleville (Ardennes) en 1731, profès à Saint-Faron de Meaux le 7 décembre 1752.

7389. — Dom Louis *Féral*, né à Châtillon-sur-Marne, diocèse ancien de Soissons, profès à Saint-Médard de cette ville le 26 décembre 1753, âgé de dix-huit ans.

7413. — Dom Henri *Demain*, né à Reims en 1736, profès comme le précédent à Soissons, le 4 juin 1754. (Voir n° 5971.)

7415. — Dom Toussaint-Louis *Cordier*, également né à Reims en 1736, et compagnon de profession de Dom Demain. (Voir n° 3188.)

7436. — Dom Nicolas *Landelle*, né à Rethel en 1735, profès à Saint-Médard de Soissons, le 8 décembre 1754.

7438. — Dom Jean-Louis *Gérardin*, né à Murtin-lès-Renwez (Ardennes) en 1734, profès avec le précédent à Soissons; il faisait encore partie de la Conventualité de l'abbaye de Saint-Remi en 1792.

7450. — Dom Pierre-François-Abel *Cazé*, né à Corny-la-Ville (Ardennes), en 1738, profès au même lieu le 6 avril 1755; il est du nombre des vingt et un religieux qui furent laissés, en 1792, à Saint-Remi de Reims, pour assurer la perpétuité du service.

7453. — Dom Jean-Baptiste *Varré*, né à Reims en 1736, profès à Soissons le 6 juin 1755; il assista à la suppression de l'abbaye de Saint-Remi, en 1792, et mourut quelques années plus tard.

7493. — Dom Nicolas *Oudin*, né à Reims, profès à Saint-Médard de Soissons le 30 décembre 1755, âgé de dix-sept ans.

7532. — Dom Théodore *Pointillon*, né à Douzy (Ardennes), en 1737, aussi profès à Soissons le 17 novembre 1756.

7534. — Dom Pierre *Caillé*, né à Perthes, profès au même lieu avec Dom Pointillon; il résidait encore à Saint-Remi de Reims en 1792.

La *Matricule* s'arrête au n° 7563 et ne contient plus d'inscriptions de Bénédictins originaires du diocèse de Reims, bien que postérieurement plusieurs aient dû y figurer. Mais nous tenons à compléter la *Bibliothèque des Écrivains de l'Ordre de Saint-Benoît* relativement à Dom *Cotron*, cité plus haut, 673, qu'elle a omis à son rang, et à Dom *Gellé*, n° 2444, dont elle parle succinctement. Aussi a-t-elle renvoyé leurs notices en appendice, t. III, page 536 et suivantes, et tome Ier, page 367, corrigé t. IV, page 60 et suivantes.

Dom *Cotron* fut, à cause de son zèle, élevé à diverses charges dans la Congrégation de Saint-Maur, et trouva le temps de composer les histoires des Maisons qu'il fut appelé à gouverner. Il les a dressées sur les titres originaux, et des savants qui les avaient lues les déclaraient œuvres de maître. On cite notamment son *Histoire de l'Abbaye de Saint-Thierry-lez-Reims,* restée inédite, comme celle de *Saint-Benoît-sur-Loire.*

Dom *Gellé* (que la *Bibliothèque* appelle *Gélé),* fut aussi prieur de plusieurs Maisons de la Congrégation; il publia en 1705 le *Dictionnaire géographique* de Baudrand, qu'il revit et corrigea. Il avait préparé une édition des *Œuvres d'Ives de Chartres* qui n'a jamais vu le jour. Il mourut au milieu d'atroces douleurs, héroïquement supportées. Le *Mercure Français,* d'août 1725, pages 1800 et 1803, a reproduit son éloge.

TABLE DES NOMS

Cités dans la Liste précédente

Paris (G.), 4331.
Parmentier (J.-B.), 6405.
Petit (Ph.), 1377.
Philipponnat (R.-C.), 2166.
Philippoteaux (A.), 946.
Pierre (J. de la), 2308.
Pierret (Ch.), 4262.
Planchette (J.-B.), 802.
Pointillon (Ch.), 7532.
Poncelet (N.-E.), 347.
Prebel (Al.), 4956.
Prévost (D.-C.), 2777.

Rainsant (J.-F.), 12.
Raulin (L.-D.), 1131.
Ravineau (J.-A.), 2134.
Ravineau (R.), 487.
Rempnoux (F.), 4535.
Rempnoux (J.-P.), 4893.
Richer (J.-T.), 626.
Rifflart (S.), 3205.
Robin (G.), 2588.
Rohart (P.-B.), 823.
Roland (J.), 2423.
Romagny (J.), 846.
Roulin (J.-R.), 6543.
Rousseau (C.), 5673.
Ruinart (Th.), 3020.

Saingery (S.-P.), 4758.
Saint-Remi (P.-F. de), 1241.
Sandras (J. de), 5567.
Savoye (M.), 5630.
Semery (Ch.), 1604.
Sénange (Cl.), 5767.
Simonnet (P.-P.), 185.
Sureau (J.), 3836.
Sutaine (P.-J.), 7039.

Taillet (J.), 2406.
Taschereau (J.), 5823.
Terneau (J.-B.), 4518.
Thibault (J.), 6115.
Thierry (L.), 1564.
Thomas (G.-A.), 682.
Tibé (G.), 3416.
Turpin (M.), 6696.

Valleran (M.), 5511.
Varré (J.-B.), 7453.
Vaucher (J.-B.), 6307.
Viot (J.), 5804.
Vita (J.), 5812.

Nous ajoutons en terminant les noms des Frères convers et des Commis stabiliés dans la Congrégation, depuis l'année 1607, et dont il est fait mention sur la *Matricule*.

17 — Denis-Christophe *Lequeux*, d'Hannappes (Ardennes), profès convers à Jumièges, le 4 avril 1622.

45. — François-Alphonse *Cardelet*, né à Dom-le-Mesnil (Ardennes), profès à Fleury-sur-Loire le 11 juillet 1627.

51. — Charles-Servule *Guyot*, né à Ville-en-Tardenois (Marne), profès à Corbie, diocèse d'Amiens, le 6 janvier 1628.

59. — Jean-Marcoul *Danel*, de Cuis, près Avize (Marne), profès à Saint-Remi de Reims, le 3 septembre 1628, et y décédé le 7 avril 1677.

64. — Nicolas-Thierry *Roussy*, né à Reims, profès à Saint-Thierry du Mont-d'Hor, le 21 décembre 1628.

84. — Michel *Gourian*, né à Montgon (Ardennes), profès à Lehon, en Bretagne, le 8 décembre 1629.

103. — François-Aigulphe *Baret*, né à Reims, profès à Fleury, au diocèse d'Orléans, le 5 août 1631.

125. — Nicolas-Gentien *Triplot*, de Mesmont (Ardennes), profès à Saint-Pierre de Corbie le 3 décembre 1634, mort à Saint-Quentin, aujourd'hui diocèse de Soissons, le 4 février 1684.

242. — Jean *Cornette*, né à Saint-Gilles, près Fismes, profès à Saint-Faron de Meaux, le 4 février 1661, mort à Saint-Denys en France le 26 avril 1687. — On lit dans l'*Histoire manuscrite de la Congrégation de Saint-Maur*, à la date du 26 avril 1687 : « Mort de frère Jean Cornette, né à Saint-Gilles, près Fismes, profès à Saint-Faron de Meaux le 4 février 1661. Par amour pour les malades et pour ses frères, ce saint Religieux convers a composé une *Méthode pour préparer à manger à une communauté de religieux*. Louis XIV a anobli ses parents. »

261. — Nicolas *Blandin*, né à Reims, profès à Saint-Remi le 14 juillet 1664, mort à Saint-Faron le 10 novembre 1687.

268. — Jean *Grandfève*, né à Arcis, profès à Jumièges, en Normandie, le 25 janvier 1665, mort à Saint-Médard de Soissons, le 3 mars 1719.

271. — Thomas *La Pinte*, né à Reims, profès à Saint-Remi le 7 avril 1665, mort à Saint-Jean-d'Angely, en Saintonge, le 7 octobre 1705.

424. — Jean *Barbat*, né à Saint-Thierry, près Reims, âgé de vingt-neuf ans, profès à Saint-Pierre de Lagny-en-Brie, le 18 novembre 1710.

TABLE DES COMMIS

*7. — Pierre *Hardot*, né à Villers-Franqueux (Marne), se stabilie en qualité de commis en l'abbaye de Saint-Thierry-du Mont-d'Hor, près Reims, le 26 avril 1631, et y meurt le 6 janvier 1666.

*9. — Simon *Charlier*, né à Hermonville (Marne), se stabilie à Saint-Remi de Reims, le 17 avril 1632, et y meurt le 27 mars 1683.

*22. — Jean *Mauchouffé*, de Varennes, aujourd'hui diocèse de Verdun, se stabilie à Fleury-sur-Loire, le 1er février 1639, y décédé le 5 février 1675.

*39. — Jean *Bardou*, de Saint-Brice, stabilié à Saint-Faron-lès-Meaux, le 16 mars 1643, mais mort à Saint-Pierre de Lagny le 22 juillet 1652.

*80. — Remi *Lemenuz*, né à Montbré, près Reims, s'est stabilié à Saint-Remi de la même ville, le 10 septembre 1653 ; date de décès inconnue.

*82. — Henri *Lambert*, né à Reims, se stabilie à la Sainte-Trinité de Vendôme, le 16 mars 1654 ; on ignore l'époque de sa mort.

*88. — Jean *Pariset*, né à Prosnes (Marne), se stabilie à Saint-Remi de Reims, le 2 janvier 1655, et y meurt le 16 mars 1685.

*112. — Germain *Petit*, de Saint-Lié (Marne), stabilié à Saint-Remi de Reims, le 5 janvier 1660, mais décédé à Saint-Nicaise de cette ville, le 25 septembre 1704.

*116. — Gilbert *Rogeau*, né à Charleville (Ardennes), se stabilie à Saint-Pierre de Corbie, le 2 décembre 1662, mais va mourir à Saint-Éloi de Noyon, le 7 février 1672.

*131. — Nicolas *Dureau*, né à Reims, se stabilie à l'abbaye de la Trinité-de-Tiron, au Perche ; l'époque de son décès n'est pas indiquée, comme du reste pour tous ceux qui vont suivre.

*270. — Étienne *Boigret*, né à Saint-Germainmont (Ardennes), âgé de vingt-cinq ans, se stabilie à Saint-Nicaise de Reims, le 28 août 1708.

*288. — Nicolas *Bultel*, de Verzenay (Marne), âgé de trente trois ans, se stabilie à Saint-Remi de Reims le 10 octobre 1728.

*289. — Thomas *Le Bègue*, né à Reims, se stabilie en l'abbaye de Saint-Remi de la dite ville, à l'âge de trente-quatre ans, le 29 septembre 1738.

*290. — Thomas *Hennin*, de Maranwez-en-Porcien (Ardennes), se stabilie au même lieu que le précédent et en même temps que lui, étant âgé de vingt-cinq ans.

*322. — Jean *Coulon*, de Cuisles (Marne), stabilié à Saint-Jean de Laon le 10 mai 1732, à l'âge de vingt-six ans.

*324. — Noël *Faillardeau*, de Mohon près Mézières (Ardennes), se stabilie, à l'âge de 24 ans, en l'abbaye de Saint-Pierre de Lagny-en-Brie, le 16 octobre 1732.

La *Matricule* que nous avons sous les yeux s'arrête, en ce qui concerne les Frères convers, au n° 175 et à l'année 1756; mais il y a eu une interruption du 7 juin 1666 au même jour de l'année 1702. Pareillement, les promesses de stabilité des commis ne sont pas enregistrées du 3 juin 1666 au 29 avril 1683. Il y a là deux lacunes que des rôles tenus avec plus d'exactitude pourront peut-être combler un jour, si on vient à les découvrir.

TABLE DES NOMS DE PERSONNES

(Les Noms des Commis sont marqués d'un astérisque)

Dom A. NOËL,

M. B. de l'abbaye de Saint-Maur de Glanfeuil.

Le 20 septembre 1895.

ÉTUDE HISTORIQUE

SUR

CULOTEAU DE VELYE

Par M. AMÉDÉE LHOTE, Membre correspondant.

Parmi les biographies et les ouvrages historiques relatifs à notre département, nous n'avons nulle part rencontré, au sujet de Culoteau de Velye, tous les détails que nous publions ici, tant sur lui que sur sa famille, qui s'est illustrée dans les lettres, dans l'armée et dans le clergé. — Ces documents sont empruntés à l'*Histoire du pays, de la ville et cité de la comté-pairie de Vertus,* que nous croyons être une copie d'un manuscrit de Culoteau de Velye, conservée dans les liasses des papiers de Dom Jean François, déposés à la bibliothèque de Châlons (1).

Culoteau (Nicolas), seigneur de Velye (2), docteur en droit, fut avocat au Parlement, conseiller avocat du roi au Présidial de Châlons, bailli de la comté-pairie de Vertus, l'un des membres de la société littéraire de la même ville. Il naquit à Reims et fut baptisé en l'église

(1) *Diocèse ancien de Châlons,* manuscrit de Dom François, bénédictin. — Voir la *Biographie châlonnaise,* par Amédée LHOTE, in-8°, *Châlons, Martin,* 1870, pages 93 et 139. — Cfr. *Biographie rémoise,* par H. DANTON, 1855, p. 26.— Notice sur Culoteau de Velye dans la *Biographie rémoise,* LACATTE-JOLTROIS, à la Bibliothèque de Reims, p. 126.

(2) *Velye,* canton de Vertus (Marne).

paroissiale de Saint-Jacques, le 20 août 1697 (1).

Culoteau de Velye eut pour bisaïeul Pierre Culoteau, né vers 1578, qui épousa en octobre 1608, en la paroisse Saint-Pierre de Reims, Simonne Rainssant, fille de Jean Rainssant et d'Isabeau Serval : Simonne Rainssant avait pour frères Jacques et Nicolas Rainssant, ce dernier professeur en la Faculté de médecine, médailliste du roi Louis XIV, l'un des membres de l'Académie royale des médailles et inscriptions, qui mourut à Versailles en 1689. Il laissa deux filles qui épousèrent les sieurs Regnault, écuyers, demeurant à Reims, dont l'un était aïeul de M. Regnault d'Yrval, conseiller au Parlement. L'un des sieurs Regnault fut choisi pour curateur de Louis Culoteau.

Pierre Culoteau avait laissé de son mariage : Claude Culoteau, chanoine de la métropole de Reims, ancien curé de Ventelay (2); Nicolas Culoteau, qui épousa

(1) « Batême de Nicolas Culoteau. — L'an 1697, le 20me aoust, le R. Chauveaux, ptre et chapellain de cette paroisse sousigné, ay batisez le fils de maitre Gille Culoteaux, docteur et professeur en la faculté de médecine de Reims, et de Damoiselle Barbe Germiny, ses père et mère, mariez ensemble, auquel on a imposé le nom de Nicolas, et a eu pour parrein maistre Nicolas Germiny, avocat en parlement, et pour mareine Damoiselle Liesse Germiny de cette paroisse. *(Signé)* : Culoteau. — Germiny. — L. Germiny. — R. Chauveaux. » *(Registre de la paroisse Saint-Jacques de Reims*, 1697, f° 28 verso.)

(2) Il n'y eut d'autre membre de la famille Culoteau au Chapitre de Reims que celui-ci. « Joannes Culoteau, pbr. remus, receptus in propria auth. regia jure regaliæ, per resignationem Galeni Aubineau presbyteri in manibus Regis, 19 jul. 1652. — Obiit Remis 20 mart. 1654, sepultus in Eccl. paroch. Sti Michaelis, Curatus seu pastor Eccl. paroch. de Charbogne, Rem. dioces., et can. Remens. » Weyen, *Dignitates Eccl. metrop. Rem.*, f° 207 verso. *(Bibl. de Reims.)*

demoiselle de Vieuville, mort sans enfants ; et Louis Culoteau, qui suit :

Louis Culoteau, né à Reims en 1628, épousa Simonne Droynet, fille de Nicolas Droynet et de Marie Faciot ; Nicolas Droynet était frère de demoiselle Droynet, épouse du sieur Lempereur, demeurant à Épernay, père de Maurice Lempereur, lequel, après avoir été capitaine de dragons, se fit capucin en la maison de Saint-Honoré de Paris, où il est mort en 1721, âgé de quatre-vingts ans.

Nicolas Droynet était aussi frère de demoiselle Droynet, épouse du sieur Charuel, père de Jacques Charuel, conseiller du roi en ses conseils, intendant de justice, police et finances du pays de Metz-Lorraine et pays Barrois, mort en septembre 1692, et dont la succession, du côté maternel, est venue aux sieurs de Reims, de la famille de Bar, La Goitle de Roguincourt, Giles et Simonne Culoteau, enfants de Louis.

Giles Culoteau, écuyer, conseiller du roi, assesseur en la dite maréchaussée de Reims, médecin ordinaire du roi et doyen des professeurs de la Faculté de médecine en la même ville, mourut à Reims le 11 novembre 1706. Son épouse était Barbe Germigny, qui est décédée en août 1716 ; ils sont inhumés tous deux sur le préau de l'église paroissiale de Saint-Pierre.

Giles Culoteau et Barbe Germigny, sa femme, ont laissé trois enfants : Nicolas, prieur de Chaintrix, bachelier en théologie, licencié en droit, chanoine et chantre de la cathédrale de Châlons, promoteur général du diocèse, né à Reims en 1694, mort à Châlons le 10 décembre 1773, où il fut inhumé dans la cathédrale. Il succéda au canonicat de Nicolas de Germigny, grand chantre, chanoine et official en 1700, qui se retira du monde en 1715, pour se rendre en la Chartreuse du Val-Saint-Pierre, dans laquelle il passa quinze années après sa profession; lequel avait aussi le même bénéfice de Nicolas Tauxier, son oncle, qui l'avait eu lui-même du sieur Lafrique, aussi son oncle;

Jeanne-Simonne Culoteau, qui épousa en novembre 1716 messire Hugues de Guenaud, chevalier, seigneur de Vieuville, capitaine de grenadiers dans le régiment de Fronlay, incorporé dans Orléans. De ce mariage est issu Nicolas-Simon de Guenaud, chevalier, lieutenant-colonel de dragons à la suite du régiment d'Aubigné, et pensionnaire du roi.

Nicolas Culoteau de Velye dont nous avons parlé ci-dessus et objet de la notice qui suit.

Culoteau de Velye perdit son père à l'âge de neuf ans. Sa mère eut soin de son éducation, ainsi que de celle de ses autres enfants. Elle donna à ses deux fils un précepteur pour les conduire dans leurs études et les fit instruire dans l'Université de Reims. Nicolas a eu pour professeur en rhétorique Me Antoine Pluche, connu dans le monde littéraire par ses ouvrages. Il fit son cours de philosophie en la même Université, après quoi il fut attaché à l'étude des lois, à Reims, où il reçut le bonnet de docteur le 14 août 1720, et alla prêter le serment d'avocat en la cour du Parlement.

Le 4 janvier 1723, continuant à suivre les audiences du Parlement, il voulut tenter le moyen de se fixer à Paris, et y fut admis à concourir à une place de docteur agrégé en la faculté de droit; il fit les exercices prescrits pour le concours, mais la place fut adjugée à un de ses compétiteurs, qui était fils d'un des professeurs aux mêmes écoles. Cette fonction lui ayant manqué, il se livra à l'exercice d'un emploi dans la vente des offices municipaux, que M. Dodun, contrôleur général des finances, lui avait confié ; mais la vente de ces offices finie, et le changement de son protecteur, le déterminèrent à revenir en sa patrie, où, le 26 août 1726, il épousa à Châlons (paroisse Saint-Germain), Catherine Drouard de la Rouairie (1), fille de Louis-Antoine Drouart, procureur général fiscal du comté de Vertus, seigneur en partie du Mesnil, La Caure, et de la Rouairie, depuis conseiller du roi, élu en l'élection de Châlons, et lieutenant général du bailliage du comté-pairie de Vertus, et de dame Catherine Férat.

Le 23 mai 1727, Culoteau de Velye leva aux parties casuelles l'office de conseiller avocat du roi au présidial de Châlons ; et en décembre 1733, fut pourvu de l'office de bailli de la comté-pairie de Vertus, que lui donna Armand-François de Bretagne.

Il a eu de son mariage trois enfants, Catherine-Nicole-Antoinette, née le 15 novembre 1727 (paroisse Notre-Dame de Châlons), mariée à Aimé-Pierre Masson de Bergère, écuyer, seigneur de Coligny ; Louis-Simon Culoteau de Velye, né le 15 janvier 1729 (paroisse Notre-Dame de Châlons), seigneur en partie du Mesnil, La Caure et La Rouairie, capitaine d'infanterie dans le régiment de Valton, aujourd'hui Bouelle ; et Claude-Nicolas Culoteau, né le 13 avril 1730 (paroisse Notre-Dame de Châlons).

En 1753, Culoteau de Velye eut l'honneur d'être admis, avec dix-neuf amateurs de belles-lettres, pour former un corps de société littéraire en la ville de Châlons, sous la protection de Son Altesse Mgr le comte de

(1) Qui décéda à Châlons le 27 septembre 1736, âgée de vingt-huit ans (paroisse de la Trinité).

Clermont, et a eu celui d'être choisi le premier directeur de cette société naissante.

Les ouvrages de littérature qui lui ont fait honneur sont une dissertation sur la question posée par l'Académie des Inscriptions et Belles-Lettres, en décembre 1736, remise et proposée de nouveau en 1739, qui était conçue en ces termes :

Quelles étaient les lois de l'Isle de Crète? Si Lycurgue en a fait usage dans celles qu'il a données à Lacédémone? Quel rapport il y a entre ces lois, et s'il est tel qu'il faille nécessairement supposer que les unes ont servi de modèle aux autres?

Cette dissertation lui a procuré le prix que l'Académie avait proposé, et qui consistait dans une médaille de la valeur de 400 livres, qu'il a été recevoir en l'assemblée publique de cette Académie, le 20 avril 1740 ; M. d'Argenson, ministre de la Guerre, président. La même Académie expose que ce prix fut le premier, et qu'il est jusqu'à présent le seul qu'elle a été obligée de remettre, parce que, dans les meilleures pièces présentées au concours, les auteurs s'étaient contentés de recueillir, sur des compilations déjà faites, ce qui reste des loix de l'ile de Crète et de Lacédémone.

Dans le nombre des dissertations qu'il a lues dans les assemblées de la Société littéraire de Châlons, et qui ont eu la plupart pour objet l'histoire de la ville comté-pairie de Châlons, celle qui lui a procuré le plus d'avantage est une description qu'il a faite des monuments trouvés dans la construction de l'église de Vert (1), située dans le diocèse de Châlons, dans lesquels on remarque des morceaux qui semblent démontrer que

(1) *Vert-la-Gravelle*, canton de Vertus (Marne).

l'église de Vert avait été anciennement un temple de Cérès et d'Isis.

Cet ouvrage lui a procuré une relation littéraire avec M. Lévêque de Ravaillière, pensionnaire du roi et de l'Académie des Inscriptions et Belles-Lettres. M. le comte de Caylus, de la même Académie, si connu par son recueil d'antiquités égyptiennes, honora M. Culoteau de Velye de marques de bienveillance particulière, dont il lui a donné une preuve bien sensible par la dernière lettre que ce savant lui a écrite, et par laquelle il lui marque qu'il avait été procédé à l'élection d'un successeur à la place d'associé libre, vacante par la mort du président Abon ; que plusieurs suffrages s'étaient réunis en sa faveur, mais que la pluralité avait été pour M. Grosley, avocat, demeurant à Troyes, de la Société littéraire de Châlons.

Culoteau de Velye a fait aussi un discours en qualité d'avocat du roi au Présidial de Châlons, lors de la publication de la paix et de son enregistrement au dit bailliage, lequel se trouve en partie imprimé dans le journal de septembre 1739. Les journaux du même temps ont inséré quelques pièces fugitives du même auteur.

La *Biographie châlonnaise* donne la liste des mémoires et discours faits par Culoteau de Velye, et que nous reproduisons :

Discours sur l'établissement de la *Société littéraire de Châlons*.

Recherches sur tous les hommes de la ville de Châlons qui, dans tous les temps, se sont rendus célèbres par leurs talents et leur érudition.

Dissertation sur la consécration des empereurs Romains,

et particulièrement sur celle de Pertinax, justifiée par une médaille

Réponse aux discours de M. Meunier (1), sur sa réception à la *Société de Châlons*.

Dissertation sur l'établissement de la religion chrétienne dans la Belgique et dans la ville de Châlons.

Mémoire sur les privilèges des comtes de Châlons.

Dissertation historique sur le comté de Châlons.

Mémoire sur l'*Histoire de Vertus*.

Mémoire sur les grands hommes de la ville et du pays de Vertus.

Mémoire sur le Mont-Aimé.

Dissertation sur l'état ancien et nouveau de la Champagne.

Discours sur l'*Émulation*.

Discours sous ce titre : *Les bienséances sont des lois pour le sage*.

Discours sur l'abus des talents.

Dissertation sur la différence qui se trouve entre la religion des Grecs et celle des Romains.

Notice sur François de Lalouette, jurisconsulte, né à Vertus vers 1520 ; lue à la séance publique de la *Société littéraire de Châlons*, le 22 février 1763.

La plupart des ouvrages de Culoteau sont restés manuscrits, et sont perdus ou égarés. Il mourut à Vertus, le 14 novembre 1763.

(1) Jean-François Meunier avocat au Parlement, poète, littérateur, né à Châlons en 1726, mort à Paris vers 1790.

EXPOSITION RÉTROSPECTIVE DE REIMS

En 1895

Lettre de M. Ch. Yriarte et Comptes rendus divers

La part prise par l'Académie à l'organisation de cette Exposition, déjà relatée dans un des précédents volumes (1), nécessite la publication des pièces constatant le succès de l'entreprise. En voici deux, les plus intéressantes à cet égard : d'abord une lettre de M. Charles Yriarte, inspecteur général des Beaux-Arts, délégué du Ministre, ensuite un article de M. Frédéric Henriet, artiste peintre de valeur et critique d'art des plus compétents, membre de la Société historique de Château-Thierry, élu depuis correspondant de l'Académie.

I.

Lettre de M. Ch. Yriarte à M. Léon Morel.

Palais-Royal, le 14 juillet 1895.

« Monsieur le Commissaire général,

« En quittant la ville de Reims, après avoir rempli la mission que m'avait donnée le Ministre de l'Instruction publique et des Beaux-Arts, de visiter l'Exposition rétrospective et de lui en signaler le caractère, l'im-

(1) *Travaux*, t. LXXV, p. 175-181.

portance et les résultats, je tiens à vous exprimer, comme au représentant du Comité d'organisation, tout l'intérêt que j'ai pris à cette manifestation.

« A l'ombre de votre prodigieuse Cathédrale, les salles du Palais archiépiscopal étaient, grâce à vous et à vos collaborateurs, transformées en un véritable Musée où tout était disposé avec goût, et dénonçait une préoccupation des choses de l'esprit, le respect du passé, le soin de ce qui le rappelle à nos yeux, et, par-dessus tout, la passion des souvenirs du pays, de son progrès et de sa gloire.

« J'ai visité vos Musées, votre Bibliothèque, si riche en manuscrits et en incunables, vos galeries privées, auxquelles nos grands Musées Nationaux pourraient envier bien des œuvres de nos peintres français modernes ; et partout j'ai pu constater que le souci du développement des grandes industries qui font à la ville de Reims et au pays rémois une situation exceptionnelle, et rendent le monde entier son tributaire, s'allie au goût pour les choses de l'art, de la science et de l'illustration intellectuelle.

« Je vous remercie de votre accueil personnel, et de la courtoisie de vos Collaborateurs, et garderai un vif souvenir de cette rapide enquête où j'ai pu constater le succès de votre Exposition, due aux soins de votre Académie nationale, de concert avec l'Administration municipale.

« Agréez l'assurance de mes sentiments les plus sympathiques.

« Charles Yriarte,

« *Inspecteur général des Beaux-Arts,*

« Paris, rue Cambon, 23. »

II.

L'Exposition rétrospective de Reims, par M. Frédéric Henriet.

« Une Exposition rétrospective qui comprend toutes les branches de la curiosité, depuis les temps préhistoriques jusqu'à notre école de peinture, dite de 1830 (le programme est vaste), a été ouverte à Reims, le 1er juin dernier. La clôture est fixée au 15 de ce mois, et c'est avec regret qu'on la voit déjà toucher à son terme. Un si grand effort méritait une durée moins éphémère.

« C'est la seconde fois que la grande et belle ville de Reims tente cette grosse partie, et, comme en 1876, date de sa première Exposition, la réussite est encore complète cette année.

« Le haut patronage de Mgr le Cardinal Archevêque de Reims, le concours de la municipalité et l'infatigable dévouement du commissaire général, M. Léon Morel, collectionneur bien connu dans le monde de la science de l'homme primitif, en ont assuré le succès.

« N'oublions pas de citer à l'ordre du jour de ce bulletin de victoire l'érudit et zélé M. Jadart, bibliothécaire de la ville de Reims, et les autres collaborateurs non moins actifs et intelligents du commissaire général.

« L'Exposition est royalement installée dans le Palais archiépiscopal. L'adverbe n'a rien d'excessif, puisqu'elle occupe le grand appartement historique qui rappelle le sacre de nos rois, et, notamment, la vaste salle gothique dite *salle des rois*, qui fait un cadre si merveilleux aux richesses de tout genre réunies dans cette première place. Aussi, dès qu'il a pénétré dans cet immense vaisseau, le visiteur est-il conquis par la vue d'ensemble imposante, somptueuse, sévère, qui frappe ses yeux.

« Après avoir joui pendant quelques instants de ce premier éblouissement, on commence à s'orienter au milieu de ces séries variées, aussi bien classées que possible, étant donnée la rapidité avec laquelle on a dû opérer.

« Au fond de la salle, faisant face à l'entrée, sont placées les grandes armoires vitrées où s'étale la collection de costumes divers et vêtements sacerdotaux exposés par M. Théodore Petitjean, un amateur rémois dont le catalogue atteint déjà, dit-on, vingt-deux mille numéros. Sur le petit côté du parallélogramme, à droite, se trouvent les hautes vitrines de feu M. Gaston Chandon de Briailles, remplies d'objets consacrés au culte, la plupart des époques gothiques, ostensoirs, châsses, reliquaires, crucifix, crosses d'évêques, croix émaillées, boîtes à hosties, navettes à encens, statuettes de la vierge sculptées, etc.

« Du côté de la cheminée monumentale, à gauche, une élégante vitrine à étagère contient de menus objets appartenant à M. Léon Morel, des faïences, des miniatures, un très fin médaillon en biscuit de Louis XVI tout jeune, un précieux ivoire représentant les profils de Napoléon Ier et de Marie-Louise exécutés par Thiollier, qui succéda à Augustin Dupré comme graveur général des monnaies de France; une poire à poudre Henri II en corne de cerf délicatement sculptée et gravée.

« Je citerai aussi, appartenant à M. le commissaire-priseur Hubert, d'anciens tableaux de sainteté confectionnés par les moines de l'abbaye d'Orval, des statues, un livre d'heures, etc. ; des bois sculptés, des ivoires et des cuivres, à M. de Muizon ; des verres anciens et quatre chandeliers Louis XVI argentés, à M. Dallier.

« Les bahuts, les cabinets en chêne sculpté, en ébène incrusté d'ivoire, occupent les places restées libres entre les armoires vitrées. Au-dessus règne une rangée d'admirables tapisseries qui complètent la décoration de la salle. Plusieurs de ces tapisseries, exécutées d'après des peintures de Teniers, de Boucher, de Coypel, sont remarquables par leur fraîcheur et la vivacité de leur coloris. *L'Air*, composition de belle allure, *le Veau d'or*, la tapisserie espagnole appartenant à M. Robillard, sont à remarquer ; mais nous signalerons particulièrement la belle tapisserie flamande représentant le *Départ d'un preux chevalier pour la guerre*, appartenant à M. Goulden, et la tapisserie du xve siècle dite du *Roi Clovis*, prêtée par la Fabrique de la cathédrale, qui a envoyé également les principales pièces de son trésor, telles que le calice dit de saint Remi, du xiie siècle, le reliquaire de sainte Ursule, don du roi Henri III, et le reliquaire du Saint-Sépulcre, donné par Henri II le jour de son sacre.

« Dans les diverses salles, des vitrines plates ou droites alternent avec des meubles, commodes, consoles, bureaux des xviie et xviiie siècles. Dans ces vitrines sont disposées les séries de faïences de nos anciennes fabriques françaises, exposées par MM. Léon Chandon, Habert, Petitjean, Robillard, etc. Je remarque, en passant, que la fabrique de Sinceny se trouve largement représentée à l'Archevêché. Il n'y a rien d'étonnant à ce qu'un assez grand nombre de produits de cette fabrique, relativement peu éloignée, aient été recueillis en Champagne. Les assiettes des fabriques d'Aprey (Haute-

Marne), ou des Islettes, situées sur les confins de la Champagne et de la Lorraine, s'y rencontrent assez fréquemment. Les assiettes des Islettes, avec leurs tons criards, n'ont aucune valeur d'art. Elles sont en quelque sorte l'imagerie d'Épinal de la céramique.

« Je passe rapidement sur la faïence, dont on trouvera encore ici et là des pièces intéressantes appartenant au type Rouennais, Nivernais, Lorrain, ou provenant des faïenceries du Midi : Moustiers, Marseille, Montpellier, etc., pour arriver au grand salon dit de Charles X. Ce salon est exclusivement réservé à l'exposition de la médecine rémoise, si bien organisée et cataloguée par le Dr O. Guelliot, et de l'apothicairerie rémoise, dont la céramique spéciale, provenant des hôpitaux de Reims et de Rethel, m'a rappelé la belle pharmacie de l'Hôtel-Dieu de Château-Thierry, qui peut avantageusement soutenir la comparaison.

« Dans cette section pharmaco-médicale, j'ai remarqué un petit pot à onguent, d'un décor très sommaire, signalé au livret comme faïence de Champagne. L'indication est vague.

« Je regrette de n'avoir pas à noter un type plus caractéristique de la fabrication champenoise, comme par exemple ces terrines à pâté en forme de lièvre ou de canard, dont Épernay avait la spécialité, et dont le musée de Sèvres possède deux spécimens datés, avec le nom de la ville écrit en toutes lettres.

« Puisque j'en suis à formuler mes desiderata, je ne puis taire mon regret de n'avoir rencontré au palais de l'Archevêché aucune œuvre du fameux graveur Robert Nanteuil, un des plus glorieux enfants de Reims. On devait tout d'abord, m'a-t-on dit, exclure les gravures, de peur d'être débordé, et l'on avait raison, en principe ; mais en admettant même qu'on ait tenu la porte rigoureusement fermée aux œuvres du burin — et on l'a plus d'une fois entrebâillée — ne pouvait-on nous montrer du moins quelques-uns de ces admirables portraits aux deux crayons ou au pastel si fermes, si pénétrants, si sévères, qui font à Robert Nanteuil une place à part dans notre grande école du XVIIe siècle (1).

« L'inimitable miniaturiste Perin, Rémois lui aussi, a été mieux partagé. Il est représenté par plusieurs portraits d'une finesse exquise, parmi lesquels je signalerai celui de Philibert Calon, n° 687. Perin tient le premier rang dans cette charmante série, qui compte pourtant de très gracieux ouvrages, signés Isabey, Vestier, Hamm (?), Bauzil et même Petitot (voir le n° 1150, appartenant à M. Robillard).

« Dirai-je toutes les merveilles qui ont passé sous nos yeux, la curieuse collection de montres de M. Ad. Dauphinot, les délicats éventails, les émaux, les médaillons de Nini, les cires, dont deux ou trois hors ligne, les statuettes de Saxe, les biscuits de Sèvres, les figurines de Cyfflé, les camées, les bonbonnières, les dentelles, la tapisserie norvégienne, d'un décor si original et d'un si beau coloris, appartenant à M. Alex. Henriot, les pendules Louis XIII, Louis XIV, Louis XV et Louis XVI, les ivoires, les bronzes, les râpes à tabac en bois sculpté, etc., etc.

« La série de dessins et de tableaux offrirait ample matière à observations, si on voulait les soumettre à une

(1) La Bibliothèque de Reims possède, presque entière, l'œuvre gravée de Nanteuil ; cette riche collection vient d'être reliée en cinq atlas tenus constamment à la disposition des visiteurs. Le Musée de l'Hôtel de Ville offre également aux amateurs le dessin attribué à l'illustre graveur rémois. H. J.

critique sérieuse. Cette catégorie n'a pas été l'objet d'un tri suffisamment sévère. Nous signalerons toutefois de ravissants dessins signés Eisen, Boucher, Caresme, Cochin, un dessin de Prudhon : *l'Assomption de la Vierge*, un portrait de Victor Hugo par lui-même, traduit ou plutôt trahi par son graveur (ce curieux autographe du grand poète est exposé par M. le sénateur Diancourt) ; une chaude et brillante esquisse de Bonnington, première pensée du tableau du Louvre : *François Ier et la duchesse d'Étampes;* le magnifique portrait du cardinal archevêque de la Roche-Aymon par Roslin, les pastels de La Tour et de Rosalba ; un gracieux panneau de Boucher, et plus près de nous, *la Charrette*, de Corot, les bords de rivière de Daubigny, le grand fusain de Millet, et pour finir sur un chef-d'œuvre, le portrait si serré, si nerveux, si vivant de M. Morillot, député de la Marne, par Meissonier.

« On a rassemblé dans la chapelle tout ce qui a rapport à l'archéologie sépulcrale, depuis les temps préhistoriques jusqu'à l'époque franque ou mérovingienne, avec reconstitution de tombes garnies de leur mobilier funéraire. Parmi celles-ci, la tombe d'un enfant où la tendresse maternelle avait accumulé les objets à son usage, et les quatre pièces de monnaie pour payer le tribut de la barque à Caron.

« On ne pourrait souhaiter un cadre mieux approprié à ce genre d'exhibitions, qui nous montrent, à côté des ossements et de la poussière de nos aïeux, les premiers témoignages de leur civilisation rudimentaire.

« Cette salle est peut-être la plus intéressante de toutes, aujourd'hui que l'étude de l'homme primitif a pris un nouvel essor, grâce aux travaux et aux découvertes de Boucher de Perthes, né à Rethel, des Cochet, des Mortillet, des Frédéric Moreau et de M. Léon Morel, dont la collection occupe à elle seule les deux tiers de la chapelle. Dans le troisième tiers figurent honorablement les séries si bien classées de M. Vielle et les deux haches en silex de M. Harant, qui sont, au témoignage de M. Morel lui-même, de condition et de beauté tout à fait exceptionnelles ; la suite de pavages émaillés de M. l'abbé Chevallier, etc.

« Pourquoi ne l'avouerais-je pas ? Les silex taillés ou polis des époques paléolithiques ou néolithique ne disent pas grand'chose à un profane comme moi, et mon attention se serait portée tout droit, et à peu près exclusivement, sur les fragments de sculpture antique, comme le Jupiter, la Messaline, la statuette mutilée de Vénus en albâtre, que le premier ignorant venu peut admirer, si peu qu'il soit sensible au beau ; heureusement, M. Morel a eu l'extrême obligeance de nous signaler, de nous expliquer les objets les plus caractéristiques de sa collection, résultat de trente années de fouilles dans les départements de la Drôme, de Vaucluse, des Vosges, et principalement de la Marne. On se fera une idée exacte de cette collection en pensant que M. Frédéric Moreau, à qui M. Morel en demandait son sentiment, lui répondit ce simple mot : « *J'en suis jaloux.* »

« C'est dire, tout en faisant la part de la politesse dans cette réponse, que la collection de M. Morel est des plus importantes de France, après le Musée de Saint-Germain. Les explications si claires, si précises de M. Morel, m'ont fait mieux comprendre l'intérêt de ces objets qui nous racontent la vie, les coutumes de nos ancêtres des âges les plus lointains, et elles n'eussent pas tardé à faire de moi un adepte s'il avait continué tant soit peu ses attachantes démonstrations ;

mais il n'est si belle fête qui ne finisse, et nous avons quitté avec bien du regret cette Exposition si captivante à tant de points de vue.

« Sans doute, on sent que ce musée d'un jour a été improvisé avec quelque précipitation, que le catalogue en a été dressé à la hâte (j'excepte les notices très méthodiquement établies, communiquées par MM. Morel, Bosteaux, Vielle, le chapitre spécial et si bien documenté, relatif à la médecine locale) ; il est certain aussi que l'Exposition gagnerait à ce qu'on en retranchât deux ou trois cents numéros. Mais quand on pense aux tiraillements inséparables d'une pareille tentative, aux pressions qu'il faut subir, aux susceptibilités qu'il importe de ménager, aux hostilités sourdes qu'il s'agit de conjurer, à l'action dissolvante des prophètes de malheur contre lesquels on doit lutter, il faut applaudir des deux mains et rendre justice aux hommes de dévouement et de volonté patiente qui ont réussi à mener à bien, en si peu de temps, une entreprise de cette nature. Il y a là plus qu'un succès personnel pour M. Léon Morel, l'infatigable commissaire général : il y a de la part de la ville de Reims, du centre rémois tout entier, une manifestation de vie locale et régionale du plus heureux augure, qu'il convient d'encourager et, au besoin, de seconder, si jamais pareil effort artistique devait se renouveler.

« Frédéric Henriet. »

(*Journal des Arts*, du 6 juillet 1895.)

III.

Enfin, nous signalerons dans le *Bulletin monumental* (60e volume de la collection, 1895), un article de M. le comte de Marsy, directeur de la Société française d'Archéologie, intitulé : *L'Exposition rétrospective de Reims,* qui rend compte de sa bienveillante visite avec d'intéressants détails sur les divers objets d'art et les antiquités du Musée lapidaire ; ajoutons qu'une autre relation très fidèle de M. le chanoine Marsaux, curé-doyen de Chambly (Oise), décrit *Les ornements religieux, la broderie et l'orfévrerie à l'Exposition de Reims,* et complète le premier article. Ces deux notices ont paru dans un recueil trop répandu et trop consulté des érudits pour que nous ayons besoin de les reproduire ici. Il suffit de témoigner toute notre gratitude à leurs auteurs.

La *Revue de Champagne et de Brie* (juin-juillet 1895), contient également plusieurs notices descriptives d'objets d'art ou d'antiquités de l'Exposition de Reims, publiées par les soins de M. Alexandre Tausserat-Radel, secrétaire de la rédaction de la *Revue,* et membre correspondant de l'Académie.

H. J.

TABLEAUX ANCIENS

Conservés dans quelques Communautés et Chapelles de Reims

Communication de M. le Chanoine CERF, Membre titulaire

Il y a quelque temps, Messieurs, je vous ai parlé des tableaux qui ornent la chapelle des Frères de la Doctrine chrétienne, rue de Contray. Il serait bien intéressant de rechercher, dans Reims, ceux qui, sans avoir une grande valeur artistique, rappellent des souvenirs historiques.

Beaucoup sont connus et décrits dans le *Livret du Musée* de la ville, dans les *Monographies* des églises de Notre-Dame, de Saint-Jacques, de Saint-Maurice, de Saint-Remi.

Mais il en est d'autres dont on n'a pas encore parlé et qui sont heureusement conservés dans des communautés ou des chapelles de la ville. C'est d'eux que je viens vous entretenir.

Le travail que je vous apporte, Messieurs, est bien simple et sans aucune prétention. S'il offre quelque intérêt, c'est grâce aux renseignements héraldiques fournis par notre complaisant confrère, M. Charles Givelet.

HOPITAL GÉNÉRAL

La maison de l'Hôpital général de Reims possède encore de nombreux et de précieux souvenirs historiques de l'ancien Collège des Jésuites, dont les Religieuses de la Charité prirent possession en 1766.

Ce sont des bahuts, des fauteuils, des encoignures en marqueterie ornées de cuivres élégants, des tapisseries, les boiseries remarquables de l'ancienne bibliothèque, l'escalier en pierre qui y conduit, et des tableaux.

Les peintures qui ornent l'ancien réfectoire des Jésuites représentent la *Vie* et l'*Apothéose de saint Ignace et de saint François-Xavier*. Elles ont été exécutées par le célèbre peintre de Reims, Jean Hélart, et offertes par des familles de la ville, comme le prouvent les écussons. Elles sont bien connues : je ne fais que les rappeler à votre souvenir.

Mais il y en a d'autres, dans la chapelle, dans les corridors, dans les appartements, qui méritent d'être signalées, à raison de leurs donateurs.

Dans la chapelle sont suspendus des tableaux d'un certain intérêt. Plusieurs semblent avoir fait partie d'une décoration d'ensemble. De même que le réfectoire avait été orné de toiles d'une dimension semblable, la salle des exercices, peut-être, avait été décorée de tableaux de même grandeur : deux mètres cinquante sur un mètre cinquante et d'autres deux mètres sur deux.

Signalons tout d'abord ceux qui ne fournissent pas de renseignements historiques :

1° *Une Sainte Famille,* de 1634 ;

2° *Pêche miraculeuse,* l'écusson est effacé ;

3° *Disciples d'Emmaüs,* l'écusson est disparu ;

4° *Saint Pierre et saint Jean à la porte du Temple, guérison d'un paralytique ;*

5° *Notre-Seigneur bénissant les enfants.*

Les tableaux historiques sont :

Sermon sur la Montagne, aux armes de Lancelot

Favart : *d'azur à la fasce ondée d'argent accompagnée en chef d'un croissant du même, et en pointe d'une ancre au naturel, posée en bande et dont l'organeau est placé vers la droite de l'écusson.*

Ce donateur, de concert avec Marie de Malval, sa femme, fit en 1684, l'année de sa nomination de Lieutenant des Habitants de Reims, un don très important à l'Hôpital de la Charité (1).

Sous la tribune de la chapelle, auprès du confessionnal, à gauche, se trouve *Jésus bénissant des Poissons,* 1684 ; donné par la famille Roland, dont on voit les armoiries : *d'argent à la fasce de gueules, chargée de trois besans d'or.*

La date de 1684 indique que ce Roland était François, seigneur de Romain, enterré en l'église de ce lieu. C'est lui qui fit voter, par le Conseil de Ville, l'établissement des lanternes pour l'éclairage public de Reims (2).

Le tableau est signé : H. Hélart, F.

En regard : *Notre-Seigneur au milieu de ses disciples,* avec un écusson : *d'argent à deux roses de gueules, tigées et feuillées au naturel et liées d'azur.*

Du côté de l'évangile, servant de fond à un petit autel de la Très Sainte Vierge, on voit un très grand tableau, l'*Assomption*. Marie s'élève seule vers les cieux, dans lesquels apparaissent deux anges. Autour du tombeau de Marie sont les Apôtres ; penchés, ils cherchent le corps de la Vierge, mais ils ne trouvent que des roses et des lis.

Auprès du maître autel, à gauche, la *Samaritaine*

(1) Voir l'*Armorial des Lieutenants des Habitants de Reims*, par M. Ch. Givelet, p. 178.

(2) *Armorial des Lieutenants*, par M. Ch. Givelet, p. 188.

apparaît au Puits de Jacob, 1689, avec les armoiries de la famille Ravineau : *d'argent, au chevron d'azur, accompagné en chef de deux roses de gueules, et en pointe d'une grappe de raisin avec tige et feuilles au naturel et deux supports de feuilles dorées.*

Ravineau de Toussicourt était conseiller de ville ; il figure dans un règlement de 1694 (1).

Au fond du chœur des religieuses est suspendu un tableau très gracieux, la *Très Sainte Vierge,* assise, tenant sur ses genoux l'Enfant Jésus, qui tend ses bras. Saint Joseph apparaît dans l'ombre. La figure de Marie est très fine et très expressive.

En face de ce groupe, un ange présente à l'Enfant Jésus un jeune homme aux cheveux bouclés. Le tableau est de 1634 et porte un écusson en grisaille : *écartelé aux 1er et 4me, de ..., à trois roses de..., posées deux et une, aux 2e et 3me, de ..., à un serpent de ..., ondoyant, posé en pal.* Au-dessus, *casque à cinq grilles, fermé, vu de face avec lambrequins pendants sur les côtés. Le tout en grisaille comme l'écu.*

Le serpent ondoyant, posé en pal, constitue les armoiries de la famille Colbert. La date, 1634, du tableau, concorde avec l'âge que pouvait avoir J.-B. Colbert, né en 1619, ou l'un de ses frères. Il serait intéressant de savoir si J.-B Colbert, ou Charles son frère a fait ses premières études chez les Jésuites de Reims, et si ce portrait ne serait pas celui de l'un des enfants de Nicolas Colbert, seigneur de Vandières.

(1) Varin, *Archives législatives*, IIe partie, *II Statuts* 1010. Une demoiselle Loupeigne de Toussicourt a fait don à la cathédrale de deux bas d'aube en point d'Alençon et point de Venise. Ils figuraient à l'Exposition rétrospective ; ils sont d'une grande valeur.

Dans la nef, du côté de l'épître, est un *ex-voto,* en reconnaissance d'une guérison. Le tableau représente l'*Église triomphante,* avec quelques saints célèbres, surtout pris parmi les fils de saint Ignace, la guérison miraculeuse ayant été obtenue dans la chapelle de leur collège de Reims.

Au bas du tableau, sur un premier plan, sont assis deux enfants, en surplis, lisant, auprès de trois jeunes gens, debout, saint Stanislas Kostka, en surplis, saint Louis de Gonzague et Berchman, peut-être.

En regard, sur la droite, sont saint François-Xavier, en étole ; saint Ignace montrant le livre de la *Règle,* avec les initiales si connues de l'Institut : *A. M. D. G.*

Au second plan, entre un ecclésiastique, assis, en chape, et un pape vêtu de rouge, tenant dans son bras une croix double, on voit, debout, l'enfant qui fait son vœu, Charles de Chaumont.

Sur la droite, saint Georges, avec la croix, terrasse un dragon.

Le troisième plan est occupé par des saints différents, au milieu desquels sont les Quatre Évangélistes.

Au-dessus, à gauche, sont des religieux avec la crosse, et à droite, les Apôtres. La Très Sainte Trinité apparait dans le haut de la toile, entre Moïse, la Sainte Vierge et saint Jean.

Sur un cartouche, soutenu dans le bas du tableau par un personnage, on lit : *Regnum Cœlorum vim patitur; Matt. XI.* Cette pensée que le royaume des cieux souffre violence, est rappelée par les personnages, saint Stanislas, saint Louis de Gonzague, modèles de pénitence ; par saint Ignace et saint François-Xavier, qui entreprirent de si grands travaux pour la gloire de Dieu, et au prix de tant de fatigues ; par saint Georges luttant contre un dragon ; par les Évangélistes et les Apôtres qui répandirent leur sang pour l'amour de Jésus-Christ.

Enfin le texte latin suivant relate la donation faite, en 1638, par le très noble Charles de Chaumont :

Hominum atque Angelorum Reginæ sotericum hoc anathema ex voto appendit Nobilissimus Adolescens Carolus de Chaumont sodalis parthenicus, anno 1638.

Les armoiries de la famille, placées au bas du tableau, sont : *de sable à un chien d'argent colleté de sable. Supports, deux sauvages au naturel, ceints de feuillages de sinople et tenant une massue levée au-dessus d'eux. Cimier, un casque d'argent grillé d'or, surmonté d'un demi-sauvage au naturel et levant une massue au-dessus de sa tête.*

Les de Chaumont sont très connus. L'*Histoire générale de France* (1) donne leur généalogie. Nous y trouvons un Charles de Chaumont, dont l'âge correspondrait avec la date de 1638 du tableau.

Les Jésuites eurent deux pères de cette famille, ce qui expliquerait la présence du jeune Charles dans un de leurs collèges (2).

En dehors de la chapelle, en haut du bel escalier de pierre, auprès de la porte de l'ancienne bibliothèque des Jésuites, aujourd'hui la lingerie, sont deux grands tableaux. Celui de gauche représente *Notre-Seigneur servi par des Anges.* Il a été donné, sans doute, par la famille Larcher de Champagne, dont on trouve les armes sur la toile : *d'azur au chevron d'or, accompagné en chef de deux roses d'argent et en pointe d'une croix patriarchale du même.*

(1) T. VIII, p. 888, et t. IX, p. 363.

(2) Lettre du R. P. Carrez, en résidence à Châlons-sur-Marne.

Larcher, conseiller du roi, est mentionné dans les Archives de la ville de Reims (1).

En regard : *Notre-Seigneur est à table chez le Pharisien.*

A l'infirmerie de la communauté, un vieux fauteuil-lit pour malade est surmonté d'un tableau, le *Sommeil de l'Enfant Jésus*. Auprès de la Sainte Vierge on voit le petit saint Jean, auquel saint Joseph fait signe de ne pas réveiller l'enfant.

Le tableau est signé Wilbault, le peintre célèbre de Château-Porcien, qui a produit des œuvres nombreuses et très recherchées (2).

Le dernier tableau que nous croyons devoir signaler se trouve dans une chambre du premier étage.

C'est le portrait en grand d'un ecclésiastique, en soutane noire, avec col et manchettes de lingerie. Il est assis dans un riche fauteuil, très ouvragé, garni de coussins de velours rouge, ornés de glands.

Au-dessus de sa tête on lit : *Anno Dni 1667, ætatis vero suæ 53.*

Sur une table ronde, placée devant lui, se trouvent une montre en or, un volume fermé sur le plat duquel apparaît un chiffre, un *H*, et une lettre avec le cachet en cire rouge des Jésuites, *IHS*, adressée à *Monsieur, Monsieur Gentillastre, pre et curé d'Hautvillers ;* ce qui explique la signification du chiffre *H*.

Dans le haut du tableau sont des armoiries : *de sable*

(1) Varin, *Archives législatives*, IIe partie, Ier vol. *Statuts*, 27 août 1692. — *Arch. législ.*, IIe vol., *Statuts*, 822, 826, 970, 974, Janv. 1693. — 1699.

(2) Sur les peintres Wilbault, voir une étude de M. H. Jadart. *Nicolas et Jacques Wilbault, peintres français du* XVIIIe *siècle* (1686-1806), *Paris*, *Plon*, 1886, br. gr. in-8°.

à chevron d'or surmonté d'un soleil d'or, accompagné en chef de deux cornes d'abondance de sinople, celle de dextre contournée, et versant toutes deux des fruits au naturel ; et en pointe, d'un arbre d'or. Avec cette devise : VBER. ALMO. SYDERE. TELLUS. *Supports deux palmes vertes* (couleur foncée.)

Quel peut être ce personnage ?

Serait-ce Me Gentillastre, le curé d'Hautvillers, comme semble l'indiquer la lettre qui porte son nom et qu'il tient à la main ?

Ce curé eut bien des rapports avec Reims. « En 1657, il est désigné avec le curé d'Épernay, et Husson, notaire à Hautvillers, pour une enquête au sujet d'un miracle opéré par la Bienheureuse sainte Hélène sur la personne de sœur Pérette de Sainte-Angèle, fille de Simon Camuset, d'Avenay, chirurgien à Reims.

« Cette enquête a été demandée par Cloquet, docteur en théologie, chanoine de Reims, vicaire général du Chapitre, le Siège archiépiscopal vacant.

Le procès-verbal de cette enquête ayant été déclaré en tout conforme à la vérité, il a été permis aux religieux d'Hautvillers de publier ce miracle (1). »

« En 1663, Thomas Gentillastre reçut une procuration de François de Chaumejean de Fouville, LXXXe abbé, pour prendre en son nom possession de l'abbaye à laquelle il avait été nommé en place de Barthélémy Delbein, mort le 4 mars 1663 (2). »

Ce tableau que nous étudions porte la date de 1667, il a donc été peint pendant que l'abbé de Chaumejean

(1) *Histoire d'Hautvillers*, par M. l'abbé MANCEAUX, t. Ier, p. 348 et suivantes.

(2) *Histoire d'Hautvillers*, t. II, p. 374 et suivantes.

était abbé d'Hautvillers, qu'il gouverna de 1663 à 1668, époque où il céda l'abbaye à son parent Louis de Chaumejean de Fouville, pour aller, s'étant fait militaire, à l'île de Candie (2).

Le curé d'Hautvillers prit possession de sa cure en 1651 et mourut en 1667, l'année où fut exécuté le tableau.

HOTEL-DIEU

La maison de l'Hôtel-Dieu de Reims est riche en souvenirs historiques : les chapiteaux romans de l'ancien cloître; la magnifique bibliothèque, devenue la chapelle ; le royal escalier en pierre ; les salles voûtées; les faïences anciennes de la pharmacie ; la traditionnelle soupière pour les saignées, toute en argent massif; les nombreuses toiles peintes qui décorent maintenant l'Hôtel de Ville.

Par contre, elle possède peu de tableaux de valeur. Ils proviennent de l'ancienne maison ; ils ont dû servir à une même décoration, si l'on en juge par les dimensions uniformes et par les encadrements en chêne fortement profilés.

Dans la chapelle des fonts de baptême, on trouve deux copies, sans valeur, du *Lavement des Pieds,* du Mutiano de la cathédrale, et du *Christ aux Anges,* de Thadée Succaro. Un panneau sur bois, représentant *Notre-Seigneur aux mains de ses bourreaux*, et quelques autres toiles sans mérite.

L'autel est orné d'un grand tableau cintré, l'*Assomp-*

(1) *Histoire d'Hautvillers*, t. II, p. 459.

tion de la Très Sainte Vierge. L'abbé Bouillot, dans son ouvrage *Biographie*, attribue cette peinture à Jacques Wilbault, qui aurait également peint, pour la même communauté, un *Saint Nicolas*, dont il fit une copie pour l'église de Rethel.

D'après Bouillot, Nicolas Wilbault aurait exécuté, pour l'Hôtel-Dieu de Reims, un tableau représentant la *Piscine probatique*. Il doit y avoir ici une erreur. Il n'y a pas eu de tableau de ce nom; il n'en est pas fait mention dans les inventaires de la maison. Avec M. Loriquet, nous pensons que Nicolas Wilbault a seulement retouché la toile peinte représentant la *Piscine probatique*, et lui a rendu la chaleur qu'elle avait perdue.

L'infirmerie de la communauté possède un très beau portrait de *M. Henri Hachette des Portes*, qu'il légua à sa sœur, supérieure de l'Hôtel-Dieu. Il naquit à Reims en 1712, fut nommé évêque de Sidon en 1753 ; de Glandève en 1771 ; sorti de France en 1792, il mourut à Bologne en 1798 Il avait été coadjuteur de Mgr de Rohan. Le tableau a été peint par G. Mauperin. Il existe un portrait du même gravé par J.-B. Bradel, in-folio. Le portrait conservé à l'Hôtel-Dieu est revêtu d'un manteau de fourrure sur lequel pend une croix épiscopale. Les armoiries sont surmontées d'une couronne de comte. La maison conserve également le portrait de la sœur de M. Hachette des Portes.

Dans un des appartements de la supérieure se trouvaient : 1° Un *portrait du Cardinal de Lorraine*, avec la date *MDLXXII ;*

2° Un *saint Jérôme*.

L'ancienne salle à manger du prieur de l'abbaye, qui date de 1750, possède encore : 1° Quatre panneaux décoratifs où l'on voit des *poissons*, des *canards*, des *asperges*, de la *salade*, du *beurre*, etc.

2° Un tableau représentant *Notre-Seigneur parlant à la Samaritaine au puits de Jacob ;*

3° Un autre, figurant le *Divin Maître parlant à Marthe et à Marie* auprès d'un escalier, peut-être celui du tombeau de Lazare.

Dans le réfectoire sont quelques toiles que nous signalons, quoiqu'elles n'aient pas une grande valeur :

1° Cardinal donnant la communion, tableau portant la date de 1722 ;

2° Un pape recevant des présents ;

3° *Notre-Seigneur au jardin des Oliviers ;*

4° *Religieuses lavant les pieds aux pauvres* dans une salle d'hôpital ;

5° *La Cène ;*

6° Une tête couronnée ;

7° *Jésus sur la croix ;*

8° Une *Flagellation,* peinte par *Sœur Julienne, B. R. 1683 ;*

9° Les portraits d'anciens supérieurs, *MM. Macquart, Thuillier.*

GRAND SÉMINAIRE

Le réfectoire du grand Séminaire possède le buste des *douze apôtres,* les têtes sont assez bien soignées ; un portrait de *Bossuet ;* un de *Mgr de la Roche-Aymon,* archevêque de Reims, en manteau fourré d'hermine ; un portrait de *M. Pierre Lallemant : Petrus Lallemant, Prior Sanctæ Genovevæ ejusdemque ecclesiæ et uni-*

versitatis Parisiensis cancellarius, ætatis 39 : obiit 18 Februarii 1673.

Buste de grandeur naturelle, tourné à gauche, regardant de face ; il a la tête couverte d'une calotte, est vêtu du surplis avec le collet usité dans l'ordre, et porte sur l'épaule les insignes de docteur en théologie.

« Pierre Lallemant naquit à Reims, en 1622 ; entra dans l'ordre des chanoines réguliers à l'âge de trente-trois ans, professa la rhétorique au collège du Cardinal Lemoine, à Paris, et se distingua par ses vertus et son éloquence. Nommé recteur de l'Université de Paris, il fut continué dans cette dignité par une nouvelle période triennale, par dix élections consécutives. Il se démit du rectorat, se retira à Saint-Vincent de Senlis, dont il fut prieur. En 1662, le Père Fronteau étant mort, il fut nommé à sa place chancelier de l'Université, mais il résigna bientôt cette charge et mourut prieur de Sainte-Geneviève, le 18 février 1673, à l'âge de cinquante et un ans, laissant divers ouvrages qui témoignent de ses occupations pieuses : le *Testament spirituel* ; — *la Mort des Justes* ; — *les saints Désirs de la Mort.*

« En 1678, Nanteuil gravait, d'après son propre dessin, le portrait du P. Lallemant, et le représente jeune : celui-ci a dû être peint dans les dernières années du génovéfain (1). »

Le portrait conservé au grand Séminaire donne la date précise de la peinture : le P. Lallemant avait trente-neuf ans.

Dans les salles des exercices sont réunis les portraits des derniers archevêques de Reims, peints par Germain, *MM^gr de Coucy, de Latil, de Numidie, Gousset, Landriot,*

(1) *Livret du Musée de la Ville.*

Langénieux. On y voit également les portraits des supérieurs *de Gourney, Aubry, Manier*, peints par Hécart, celui de M. Aubry a été copié sur la gravure éditée par l'abbé Miroy

A la chapelle on trouve deux grandes toiles collées sur les murs du sanctuaire : la *Cène et la Pentecôte ;* deux médaillons, l'*intérieur de Jésus et de Marie ;* une *Mise au tombeau*, don du Gouvernement ; *David demandant au Grand-Prêtre les pains de proposition ; Sainte Famille ; Baptême de Notre-Seigneur ; Saint François d'Assise ; Disciples d'Emmaüs.*

Chez M. l'Économe, le portrait de *l'abbé Chanzy*, né à Terron (Ardennes) en 1754, mort à Reims en 1833 ; chanoine honoraire, ancien professeur de l'Université de Reims, avant la Révolution, puis, après la tourmente, professeur avec l'abbé Legros, l'abbé Cordier, l'abbé Parent, dans les bâtiments du couvent de Saint-Denis (grand Séminaire), et de 1803 à 1809, professeur au Collège avec M. l'abbé Legros, proviseur, et l'abbé Parent. M. l'abbé Chanzy fit également la classe dans les anciens bâtiments des Augustins, rachetés en 1820 pour le petit Séminaire.

PETIT SÉMINAIRE

Dans la chapelle du petit Séminaire sont trois tableaux de valeur.

1° *Saint Charles Borromée donnant la communion aux pestiférés de Milan.*

C'est, dit-on, un original de Pierre Oost le père (1630-1671), de Bruges.

L'artiste a mis dans sa composition une grande simplicité. Il a rendu avec bonheur cette expression qu'arrachent les souffrances physiques et les émotions de la piété dans un pareil moment.

Rien n'est plus naturel que le mouvement de l'homme qui, d'une main, cherche à se préserver des émanations de la peste, et de l'autre écarte un jeune enfant du corps de sa mère couchée à terre et rendant le dernier soupir.

Le coloris, sans avoir trop d'éclat, est plein de vigueur et de vérité.

Les historiens parlent de ce tableau avec beaucoup d'éloges. Ils le donnent comme faisant partie de la galerie du Musée royal de Bruges.

Ce que nous pouvons affirmer, c'est que le tableau conservé au petit Séminaire est très beau. Mais nous ignorons si c'est un original.

2° *Saint Sébastien,* du corps duquel une femme debout retire les flèches dont il est percé.

On attribue cette toile à un grand maître. Elle est de toute beauté.

3° *Un Chasseur endormi.* Voulant donner à cette toile un caractère religieux, on a peint, dans le coin du tableau, l'échelle que Jacob vit en songe, sur laquelle des anges montaient et descendaient.

Le petit Séminaire possède quelques portraits peints des derniers archevêques : *Mgr Gousset, Mgr Landriot, Mgr Langénieux,* et des supérieurs, *MM. Thuillier, Lambert.*

On trouve également dans la maison trois tableaux représentant *M. l'abbé Malfillâtre :* 1° en aube, se disposant à dire la messe ; 2° en surplis, faisant le catéchisme ; 3° en chasuble, célébrant sa dernière messe à Saint-Germain-des-Près, le 10 novembre 1841 (1).

CHAPELLE DE SAINT-HILAIRE

(La Mission)

Dans cette chapelle on trouve :

1° Un très beau *Saint François d'Assise ;*

2° Un panneau en bois, fond d'or : *Notre-Seigneur dans les bras de Joseph d'Arimathie.* La peinture en est très fine ;

3° *La Très Sainte Vierge et l'Enfant Jésus,* au pied desquels on voit un personnage, portant une grande collerette à la Richelieu. Ce doit être un portrait ;

4° Une *Sainte Famille* finement peinte ;

5° Un *Saint Jérôme,* couché, lisant.

LYCÉE DE REIMS

Il est inutile de mentionner le remarquable tableau en pied du *Cardinal Charles de Lorraine,* peint par Marmotte, d'après le Titien. Il est connu de tous les amateurs, et figura dans un des salons de l'Exposition rétrospective, avec les deux candélabres en bronze vert et or moulu, provenant de l'abbaye d'Igny et prêtés au Collège, l'an XII de la République, comme on le voit dans l'*Inventaire* de l'abbé Bergeat.

A ce moment, les tableaux du Musée étaient volon-

(1) *Notice sur l'abbé P.-N. Anot et l'abbé F. Malfillâtre,* où sont relatées sa mort, et sa sépulture dans un cimetière de Paris, br. in-8°, 1893. (Extrait des *Travaux de l'Academie,* t. 92.)

tiers déposés dans les églises, les chapelles, et les établissements de la ville. Le Collège en reçut quatre grands, sur lesquels nous n'avons trouvé aucun renseignement historique. Ils sont dans la chapelle :

La Cène ; — le Boiteux guéri par saint Pierre ; — *le Paralytique,* également guéri par le même apôtre, à la porte du Temple ; — *Notre-Seigneur bénissant les enfants.*

ARCHEVÊCHÉ

Le Palais archiépiscopal possède un grand nombre de tableaux, précieux la plupart, parce qu'ils sont historiques.

Salle des Gardes. — A droite, en entrant : 1° *un chanoine ;* — 2° *Dom de Bar,* prieur de Saint-Remi, 1775 ; — à gauche : 3° *Fr.-Joseph Robuste,* évêque de Nitrie, suffragant, 1728 ; — 4° *H. Hachette des Portes,* évêque de Sidon, 1753, suffragant de Mgr de Rohan ; — de chaque côté de la cheminée : 5° *Ant. Barberini,* cardinal, 1657 ; — 6° *François de Mailly,* archevêque de Reims.

Salon de l'Académie. — A droite : 1° *François de Mailly,* cardinal, 1711 ; — 2° *Jn-Bte de Latil,* cardinal, 1824 ; — 3° *Ch.-Ant. de la Roche-Aymon,* cardinal, 1762 ; — 4° *Barberini,* cardinal, 1657 ; — 5° *Cardinal Gousset,* peint par Bel, de Besançon ; — Cheminée : 6° *Arm.-Jules de Rohan,* 1722 ; — 7° *Ch. de Lorraine,* cardinal, 1747.

Salon des Maréchaux. — A droite : 1° *Mgr Landriot,* archevêque de Reims, 1866 ; — 2° *Mgr de Boulogne,* évêque de Troyes, 1809 ; — 3° *Mgr de Estouteville,* cardinal, archevêque de Rouen, 1483 ; — 4° *Mgr de Rambouillet,* cardinal, évêque du Mans, mort en 1587 ; — cheminée : 5° *Hachette des Portes ;* — 6° *Mgr Blanquet de Rouville,* évêque de Numidie, suffragant de Reims, 1832, peint par Germain ; — gauche : 7° *Jules de Rohan*, 1722 ; — 8° *Ches-François d'Hallancourt*, évêque de Verdun, 1723.

Salon du Roi. — *Charles X,* en pied, en grand costume du sacre, offert par le Roi en 1826.

Chambre a coucher du Roi. — 1° *G. Alain*, Anglais, chanoine de Reims, 1584, cardinal en 1587 ; — cheminée : 2° *Mgr Romain-Frédéric Gallard,* coadjuteur de Mgr de Latil, 1839 ; — 3° *Mgr Nic. Gros*, de Reims, mort évêque de Versailles, peint par Mazocchi, 1843 ; — au pied du lit : 4° *Mgr Maurice le Tellier,* archevêque de Reims, 1692.

Salon qui précède la grande salle a manger. — Trois grandes toiles : 1° *Mgr Langénieux,* en pied, peint par P. de Lanbadère, 1889 ; — 2° un très beau *saint Sébastien,* percé de flèches ; — 3° *saint Remi ressuscitant la fille du comte de Toulouse,* avec une inscription empruntée aux Bollandistes, peint par M. Thévenin, de Reims, 1892.

Douze portraits de papes : *Pie VIII,* 1829 ; — *Benoit XIII*, 1724 ; — *Pie VI,* 1775 ; — *Clément IX*, 1667 ; — *Innocent XI*, 1676 ; — *Benoît XIII,* 1724 ; — *Innocent XII,* 1691 ; — *Léon XII*, 1823 ; — *Clément X,* 1670 ; — *Clément XIII,* 1758 ; — *Innocent*, *XII* 1691 ; — *Innocent XIII*, 1721.

Salle a manger. — *Grégoire XIII,* 1572 ; — *Benoît XIII,* 1724 ; — *Grégoire XVI,* 1831 ; — *Benoît XIV*, 1740 ; —

Paul V, 1566 ; — *Sixte V*, 1585 ; — *Benoît XII*, 1334 ; — *Pie VII*, 1800 ; — *Clément XIV*, 1769 ; — *Clément IX*, 1667 ; — *Pie VI*, 1775 ; — *Pie V*, 1566.

Salons du haut. — Plusieurs portraits ; un très beau de *Marie Stuart*, et deux également remarquables de religieuses de Saint-Pierre-les-Dames.

SAINT-MARCOUL

Portrait de *D. Ruinart*.

RELIGIEUSES DE L'ESPÉRANCE

Portraits du fondateur, le *P. Noailles*, de Bordeaux, de *Mr Regnard* et *Mgr Bara*, supérieurs de la maison.

CONGRÉGATION DE NOTRE-DAME

Dans la chapelle des Religieuses de la Congrégation de Notre-Dame sont plusieurs tableaux modernes, de grande dimension, peints par une religieuse de la maison, Anglaise d'origine, décédée, parmi lesquels on remarque :

Le Baptême de Notre-Seigneur et *la Samaritaine ;* une *Adoration des Mages ; Notre-Seigneur expirant sur la croix*.

Si nous examinons les différentes toiles, en commençant par l'*Adoration des Mages*, côté de l'évangile, nous trouvons :

Une *Annonciation ;* le fondateur de la Congrégation, *P. Fourrier*, en surplis, assis dans un fauteuil, présentant sa Règle, et prononçant les paroles inscrites au bas du tableau : *Je souhaite la paix en la Miséricorde à tous ceux qui se conduiront selon cette Règle. (B. P. Fourrier aux Galates, ch. 6)* ; — *Évêque entouré de soldats* qui vont le mettre à mort ; — *Sainte Famille ;* — un panneau orné de treize petits tableaux, représentant les *Stations du Chemin de la Croix*. Ce tableau est des plus remarquables ; le cadre est orné d'une mosaïque en bois de toutes nuances.

Sous la tribune sont deux tableaux très remarquables et de grande dimension, rappelant deux circonstances de la vie de saint Dominique. La manière dont la peinture est traitée, le choix des sujets, permettent de supposer que ces deux toiles proviennent du couvent des Dominicains de Reims.

Saint Dominique, à genoux, dans la basilique de Saint-Pierre, reçoit un bâton du prince des Apôtres, et un livre de saint Paul, avec ordre d'aller prêcher. Les deux apôtres sont dans un nuage. Des religieux dominicains sont dans l'église de Saint-Pierre, avec le chien traditionnel, tenant une torche à la gueule.

La seconde toile représente debout, auprès d'un Pape et d'un Cardinal à l'air consterné, *saint Dominique* rendant la vie à un mort étendu à ses pieds. Comme il ressuscita plusieurs morts de son vivant, le peintre, par des détails précieux, fait connaître quel est ce mort : c'est Napoléon, neveu du cardinal Stephano Fossa-Nova, représenté dans le tableau. Il était tombé de cheval ; son front porte une large cicatrice d'où s'échappe du sang en abondance. Dans le lointain apparaissent ses serviteurs tenant par la bride un cheval emporté.

Dans le vestibule de la chapelle, un tableau de

quatre mètres de long, la *Madeleine,* chez Simon, aux pieds de Notre-Seigneur. C'est une très belle copie de la *Pénitence* du Poussin, exécutée sans doute par un peintre de Reims pour les religieuses de Saint-Pierre-les-Dames.

SAINT ENFANT-JÉSUS

La Communauté possède de nombreux tableaux, dans les différents appartements de la maison :

Sainte Famille, toile très ancienne ;

Les Disciples d'Emmaüs ;

Adoration des Mages, vieille peinture sur bois ;

Ecce Homo, d'après le Guide ;

Notre-Seigneur prêchant les Béatitudes ;

Sainte Famille à Nazareth, le travail, par Vaudoit ;

Sainte Famille à Nazareth, la prière, par le même ;

Présentation de Notre-Seigneur au Temple, par le même ;

Apparition de Notre-Seigneur à la B. Marguerite-Marie, par le même ;

Religieuses soignant des blessés, par le même ;

Annonciation, par le même ;

Notre-Seigneur sur la Croix ;

Notre-Seigneur au Calvaire ;

Sainte Véronique essuyant la face du Sauveur ;

Jésus tombe sous le poids de sa Croix ;

Flagellation ;

Jésus au Jardin des Olives ;

Jésus au milieu des Docteurs ;

Agneau de Dieu adoré par deux anges ;

Nativité de Notre-Seigneur, grand tableau de l'ancienne chapelle ;

Mort de saint Joseph, ancien ;
Flagellation, d'après Rubens ;
Apparition de la Sainte Vierge à un religieux ;
Apparition de la Sainte Vierge à un évêque ;
Vierge en contemplation ;
Sainte Famille ;
Saint Charles Borromée, gravure d'après Lebrun ;
Saint Charles Borromée, peinture sur bois.

Portraits :

Le Chanoine Roland, fondateur de la maison (quatre copies) ;

Le B. J.-B. de La Salle (quatre exemplaires lithographiés) ;

Saint François d'Assise ;
Cardinal Barberin, 1674 ;
Mgr de Rohan, archevêque de Reims, 1722 ;
Mgr Le Tellier, archevêque de Reims, 1692 ;
Mgr de Latil, archevêque de Reims, 1839, lithographie ;
Mgr Gousset, archevêque de Reims, 1855, copie de Marquant-Vogel ;
Mgr de Mailly, archevêque de Reims ;
Mgr Landriot, archevêque de Reims, 1874, par Hécart.
Mgr Langénieux, archevêque de Reims, 1874, par Lamare ;
Mgr Gros, évêque de Versailles, lithographie ;
Mgr Gallard, coadjuteur de Mgr de Latil, lithographie ;
Mgr Hachette-Desportes.

Supérieurs de la maison :

Mgr Bara, 1854, par Hécart ;
M. Lambert, 1855, par le même (deux exemplaires) ;
Mgr Juillet, 1888, dessin par M. Brincourt ;
M. Peltier, 1888, dessin par M. Brincourt ;
Mgr Cauly, 1890, par Lamare ;

Mgr Gérard, 1880, par Hécart ;

La Mère Pérot, supérieure, 1808 ;

La Mère Sainte-Adélaïde, 1890, dessin de M. Brincourt ;

M. Malfillâtre prêchant une vêture à l'Hôtel-Dieu de Paris, 1819 ;

M. Malfillâtre, lithographie.

VISITATION

Les religieuses de ce couvent conservent trois tableaux rappelant des épisodes de la vie de M. l'abbé Malfillâtre.

Sa première messe, en mars 1804, dans la chapelle des Dames de la Visitation de Meaux ;

Sermon sur le Purgatoire, le 6 novembre 1826, dans l'église de Saint-Germain-l'Auxerrois ;

Son Tombeau dans le cimetière de l'Ouest de Paris, avec l'épitaphe citée dans la *Notice* de M. l'abbé Anot et de M. l'abbé Malfillâtre.

CARMÉLITES

Chapelle : un grand tableau, l'*Annonciation,* peint par Hécart, de Reims.

Sacristie : 1° *Évêque* dans un bateau, bénissant des naufragés en prière, placés dans un autre bateau ; au loin, on aperçoit l'orage. *Saint Nicolas ?*

Au bas de la toile, en mauvais état, on lit : N. Baillet N^ote.

2° *La chaste Suzanne,* avec les deux vieillards ; le peuple est rassemblé à la porte d'un palais.

Au parloir : 1° *Madeleine,* signé par S. Tisserand, peintre rémois (1660-1730), très estimé.

2° Un autre tableau de la *Madeleine*, sans signature.

M. LE BARON CHARLES REMY

Membre correspondant de l'Académie

ALLOCUTION

PRONONCÉE A SES OBSÈQUES, LE 7 JANVIER 1896

Par M. Henri JADART, Secrétaire général

« MESSIEURS,

« L'Académie de Reims doit apporter l'hommage de sa reconnaissance et de ses regrets sur la tombe de l'homme serviable et bon qu'elle estimait, de l'écrivain érudit et consciencieux qu'elle admit dans ses rangs en 1868, et qui fut son collaborateur discret et dévoué pendant un quart de siècle. Bien avant d'habiter notre ville, M. le baron Charles Remy remplit à Châlons les mêmes devoirs comme secrétaire de la *Société d'Agriculture, Commerce, Sciences et Arts du département de la Marne,* comme membre des Sociétés savantes de Vitry-le-François et de Bar-le-Duc, comme associé aux Congrès de la Société française d'archéologie (1). Partout

(1) *Congrès archéologique de France*, XLIIe session, Châlons-sur-Marne, 1875. — Communications de M. Ch. Remy : *Les anciennes cloches et le patois dans l'arrondissement de Vitry-le-François*, p. 254 ; *L'abbaye de Moutiers-en-Argonne*, p. 267-346.

il utilisa ses recherches en vue du bien public, et offrit son concours aux publications les mieux dirigées et les plus répandues : *L'Annuaire de la Marne,* et l'*Almanach-Annuaire de la Marne, de l'Aisne et des Ardennes,* fondé par la maison Matot-Braine et poursuivi avec la collaboration des notabilités littéraires et scientifiques de ces trois départements.

« Nous ne pouvons que citer les titres de ces deux recueils principaux que notre Confrère enrichit sans relâche : ce n'est pas le moment de détailler tant de travaux judicieux, de notices dues à sa plume féconde, et qui instruiront longtemps, avec un égal profit, les historiens et les archéologues de notre région. Disons seulement que le soin pieux de leur auteur se porta de préférence vers la biographie de nos contemporains jugés par lui dignes de mémoire pour leur vaillance, leurs talents ou leurs exemples de générosité. Ce fut là son œuvre de prédilection. Qui remplira désormais cette tâche où notre confrère excellait, en s'oubliant lui-même dans le plus désintéressé des labeurs? Héritier d'un nom illustré dans nos fastes militaires (1), il a rendu aux familles, aux villes et aux villages, au pays entier, un service bien méritoire en perpétuant le souvenir de leurs enfants et la tradition de leurs vertus.

« La modestie de notre confrère souffrirait d'un éloge personnel à cette heure suprême : ce qu'il cherchait le plus, c'était la vérité sur chacun. Nous ne pouvons taire son concours actif, en dépit de son âge avancé, dans une récente et mémorable circonstance, lors de l'Exposition rétrospective organisée à l'occasion du Concours ré-

(1) *Annuaire de la Marne*, 1834, p. 357, Notice sur le baron Remy père.

gional. Il y classa ses curiosités et les décrivit avec le même soin qu'il avait mis naguère à cataloguer la riche collection Léon Morel. Il fit plus encore, et sa dernière tâche fut d'écrire un compte rendu d'ensemble de notre Exposition, œuvre qu'il achevait à peine quand un cruel accident lui survint en se rendant à ces fêtes religieuses et historiques qui attirent un concours si nombreux autour du tombeau de Saint-Remi : une chute terrible brisa la vigueur de cette verte vieillesse, et le cloua sur un lit de douleur où ne l'abandonnèrent ni sa résignation chrétienne, ni sa patience inaltérable.

« Est-il besoin, Messieurs, d'ajouter à l'esquisse de cette honorable carrière qu'elle fut aussi marquée par le dévouement aux siens, non moins que par une constante participation aux entreprises d'intérêt général comme aux œuvres de charité et de bienfaisance ? Ce sont là des mérites que l'estime publique apprécie et consacre, mais que Dieu seul récompense. Adieu donc, respectable confrère ; votre mémoire nous sera toujours fortifiante et exemplaire. »

BIBLIOGRAPHIE

DES PUBLICATIONS RÉMOISES

de M. CH. REMY, Membre correspondant.

Fils d'un officier du Premier Empire, M. Charles Remy naquit à Vernancourt, canton de Heiltz-le-Maurupt (Marne), le 3 septembre 1818; sans quitter son canton natal, il exerça les fonctions de notaire à Charmont, puis se retira à Châlons, où il s'adonna à ses goûts innés de recherches sur l'histoire et la biographie locales. Des raisons de famille l'amenèrent à se fixer à Reims en 1874, et il y poursuivit ses travaux avec le même zèle et la même fidélité jusqu'aux derniers jours de sa vie. Il est mort à Reims le 4 janvier 1896, dans sa soixante-dix-huitième année, laissant une longue série d'utiles publications.

Nous ne pourrions énumérer ici cet ensemble considérable d'articles de journaux ou de revues et de notices variées, d'autant plus que ces dernières n'ont pas été toutes tirées à part des recueils divers qui les ont éditées. Un grand nombre concerne les localités voisines de son berceau (1), et nous préférons borner notre revue aux études d'intérêt spécialement rémois et aux dernières productions de l'érudit chercheur.

En premier lieu, citons un rapport de lui dans le

(1) Notamment : *Sermaize, ville d'eaux*, in-12. Ce fut dans cette ville que M. Charles Remy passa ses dernières vacances en famille, septembre 1895.

tome LV des *Travaux de l'Académie de Reims,* et son travail sur les *Ingénieurs de l'Intendance de Champagne,* dans le tome LXXVI du même recueil. Pour le surplus, il faut recourir à la collection des *Mémoires de la Société d'Agriculture, Commerce, Sciences et Arts du département de la Marne,* aux *Mémoires de la Société des Sciences et Arts de Vitry-le-François,* et à la série des *Annuaires de la Marne,* dont la *Table analytique* a été publiée dans le volume de 1892.

Nous renverrons enfin à la collection des *Almanachs-Annuaires de la Marne, de l'Aisne et des Ardennes,* édités depuis 1858 par la maison Matot-Braine, et auxquels M. Ch. Remy apporta, depuis 1875, la collaboration la plus dévouée et la plus scrupuleuse, surtout pour les renseignements biographiques. Il contribua fortement pour sa part à la réputation et au cachet historique qui distingue aujourd'hui cette publication, très répandue dans toute la région.

Voici la liste des productions intéressantes éditées par la maison Matot-Braine, et dues à la plume vulgarisatrice et féconde de M. Charles Remy, depuis qu'il s'était fixé à Reims :

1. — L'Exposition rétrospective de Reims en 1876, Fêtes et Expositions diverses. — 1877.

2. — Eustache de Vernancourt. — 1878.

3. — Le Palais de Justice de Reims. — 1879.

4. — L'Exposition universelle de 1878. — 1879.

5. — La Mosaïque des Promenades. — 1879.

6. — Profils d'Artistes champenois. — 1880.

7. — Le Musée de Peinture de Reims et les Artistes rémois. — 1880.

8. — Le Musée et la *Société d'Histoire naturelle de Reims.* — 1880.

9. — Les Foires de Champagne et de Reims. — 1881.

10. — La Cavalcade de Reims du 5 juin 1881. — 1882.

11. — Reims historique et monumental. — 1883-1886.

12. — Exposition de la *Société des Amis des Arts*, à Reims. — Années 1878, 1881, 1884, 1886, 1887.

13. — Fouilles opérées à Reims en 1884 par M. Blavat. — 1885.

14. — Archéologie rémoise (nouvelles fouilles de M. Blavat). — 1887.

15. — Les Anciennes Hôtelleries de Reims. — 1886.

16. — Orages à Reims en 1886. — 1887.

17. — Les Illustrations rémoises. — 1887.

18. — Inauguration du monument de Urbain II, à Châtillon sur-Marne. — 1888.

19. — Mosaïque rémoise trouvée en 1890. — 1891.

20. — Musée rétrospectif de Reims. — 1892.

21. — Charles-Quint en Champagne, Siège de Saint-Dizier, Incendie de Vitry-en-Perthois, Fondation de Vitry-le-François. — Reims, Matot, gr. in-8°, 1891.

22. — Notice historique sur Possesse (Marne). — 1891.

23. — La Maison de Beffroy. — 1895.

24. — Nécrologies annuelles de l'*Almanach-Annuaire de la Marne, de l'Aisne et des Ardennes*. — 1875-1896.

25. — Concours régional de Reims en 1895. Exposition des Industries diverses. — Exposition rétrospective. — 1896.

H. J.

UNE TAPISSERIE DE SAINT-REMI

DE RETOUR DES GOBELINS

Communication par M. H. Jadart, Secrétaire général.

L'église Saint-Remi, féconde en attractions religieuses et artistiques, en offre une nouvelle, et des plus intéressantes, à tous les amateurs rémois.

Hier, 20 décembre 1895, M. Jules Guiffrey, directeur des Gobelins, et M. Fr. Marcou, inspecteur général adjoint des Monuments historiques, ont rapporté la dixième pièce des *Tapisseries de la Vie de saint Remi,* qui avait été confiée pour une restauration complète à notre grand établissement national. Cette pièce offre le portrait de Robert de Lenoncourt, archevêque de Reims et abbé de Saint-Remi, le donateur des tapisseries en 1531. Il est encadré par quatre scènes des miracles de l'Apôtre des Francs. Le portrait est merveilleux d'expression et de finesse ; les légendes du saint sont rendues avec toute la naïveté du temps et la richesse décorative de la plus pure Renaissance. On ne sait ce que l'on doit le plus admirer, du travail original ou de la réparation que des mains savantes ont effectuée en un an environ. Le vieux tapis, rajeuni et triomphant des injures du temps et des hommes, a retrouvé ses couleurs et sa perspective. C'est une résurrection véritable.

On croit que le fondateur des Gobelins est d'origine rémoise ; cette circonstance a sans doute porté bonheur aux tentatives du début, et assurera, nous l'espérons, le concours de toutes les bonnes volontés en vue d'une restauration complète des dix pièces de la collection.

La dépense est élevée, l'effort sera long et il doit être persévérant, mais il s'agit d'une des plus glorieuses richesses d'art de Reims, d'un souvenir local inappréciable (1).

Pour le moment, il convient de visiter la tapisserie exposée sous un jour excellent, à un endroit très apprécié du Directeur des Gobelins pour sa salubrité et son aération, c'est à dire dans la portion du transept de Saint-Remi qui fait face à l'entrée de la sacristie. D'un accès facile, visible à toute heure, cette exposition doit attirer, pendant les fêtes de Noël et du jour de l'an, les Rémois et les étrangers de passage qui ont souci des choses de l'art. Les peintres, les décorateurs, les dames qui s'exercent au travail de la tapisserie, les amis de l'histoire locale, tous nos concitoyens tireront profit d'une visite si attrayante. L'opinion publique agira, de la sorte, en faveur d'une entreprise qui doit se poursuivre sans retard, pour l'honneur de notre ville et pour sa richesse aussi, car les pèlerins et les touristes des deux mondes s'y rendront plus nombreux à mesure qu'ils sauront ses œuvres d'art mieux réparées et entretenues.

H. J.

Reims, le 21 décembre 1895.

(1) Nous devons rappeler ici que M. Guiffrey nous a exprimé en cette circonstance son opinion sur la confection de nos tapisseries : il pense que les dessins ou les cartons, ainsi que les légendes, ont été composés sur place par des artistes rémois, et que le travail de tapisserie a été exécuté, également à Reims, par des ouvriers appelés du dehors, probablement de Flandre, et installés dans l'abbaye de Saint-Remi.

LE LIEU
DU
BAPTÊME DE CLOVIS

Par L. Demaison, Membre titulaire.

La question du lieu où Clovis reçut le baptême n'est pas une simple affaire de curiosité historique, livrée uniquement aux investigations des érudits. Le public lui-même, si peu attentif en général aux discussions purement scientifiques, ne saurait y rester indifférent. Ce problème ne s'impose pas seulement aux recherches des savants, il intéresse aussi la piété des fidèles ; les uns et les autres ont toujours été désireux de connaître l'endroit précis où s'est accompli ce grand événement qui a eu une influence si décisive sur les destinées de l'Église et de la France. Dès le moyen âge, l'attention s'est portée sur ce point ; diverses solutions ont été proposées, et comme les procédés d'une critique rigoureuse étaient fort étrangers aux habitudes de cette époque, on a tiré de quelques textes mal compris des conclusions arbitraires, et l'on a créé, à côté de la vérité et de l'exactitude, certains courants d'opinion qui se sont maintenus jusqu'à nos jours. Puisque ces erreurs trouvent encore du crédit, il est utile de les réfuter ; nous nous efforcerons donc de reviser la cause et d'établir de notre mieux la thèse que nous jugeons la seule vraie et la seule admissible, celle qui fait d'un baptistère dépendant de la cathédrale de Reims le théâtre de la conversion du roi des Francs. Cette thèse n'est pas nouvelle : elle a été soutenue par la plupart des anciens érudits, en particulier par Marlot (1), cet éminent bénédictin du XVIIe siècle, auquel nous devons la meilleure et la plus approfondie des histoires de Reims, et dont la science actuelle confirme très souvent les décisions, là où son esprit judicieux n'a pas trop subi le prestige des traditions locales. Si l'opinion que nous soutenons est déjà vieille, — nous la constaterons plus loin dès l'époque carolingienne, — la démonstration en peut être neuve : il est, en effet, certains détails qui ont échappé à nos devanciers, et certaines confusions dont ils n'ont pas assez nettement discerné l'origine. Aurons-nous réussi à compléter leurs recherches, et à faire la lumière sur ces points si obscurs? Tel est au moins le but que nous nous sommes proposé.

Avant d'entrer en matière, une première question devrait appeler notre examen, si elle n'avait été traitée déjà par une plume plus autorisée que la nôtre : Clovis a-t-il été réellement baptisé à Reims? Cette question, nous devons le reconnaître, est de celles qui ont pu être controversées ; elle n'a pas pour elle de ces témoignages contemporains irrécusables qui suffisent à enlever toute incertitude, et à mettre un fait historique hors de contestation. Tout récemment, on l'a vu résoudre dans le sens de la négative, contrairement à l'opinion générale, par un érudit fort compétent dans les questions mérovingiennes (2). Mais nous ne saurions

(1) *Metropolis Remensis historia*, t. I, p. 159; cf. *Hist. de la ville, cité et université de Reims*, t. II, p. 46. Voy. aussi *Gallia christiana*, t. IX, p. 10-11.

(2) B. Krusch, *Zwei Heiligenleben des Jonas von Susa; die ältere Vita Vedastis und die Taufe Chlodovechs*, dans les *Mittheilungen des Instituts für österreichische Geschichtsforschung*, t. XIV, p. 441 et suiv. — Un doute sur le baptême de Clovis à Reims a déjà été émis au XVIIe siècle par les frères de Sainte-Marthe ; voy. Marlot, *Metr. Rem. hist.*, t. I, p. 158.

accepter cette solution comme définitive, et les arguments présentés en sa faveur sont loin d'avoir cette clarté qui fait naître une conviction absolue dans tout esprit impartial. L'un des principaux et des plus solides en apparence est tiré d'une lettre de saint Nizier, évêque de Trèves, presque un contemporain de Clovis, qui semble placer à Tours le baptême de ce monarque (1). Ce texte mériterait d'être pris en sérieuse considération, si les termes en étaient assez précis pour autoriser cette explication et la rendre décisive ; mais on en a donné d'autres interprétations qui nous paraissent aussi bien justifiées, et permettent de le concilier avec l'opinion traditionnelle fixant à Reims le lieu du baptême de Clovis (2). Cette opinion, il est vrai, ne se manifeste pas d'une façon formelle antérieurement au VIIe siècle (3) ; est-ce une raison pour en conclure qu'elle a été inventée seulement à cette date et qu'elle est dépourvue de toute valeur historique ? Si Grégoire de Tours ne désigne point la ville où fut baptisé Clovis et ne fait pas mention

(1) Dans cette lettre adressée à Clodoswinde, reine des Lombards, pour l'exhorter à convertir, à l'exemple de Clotilde, son époux Alboin à la religion catholique, Nizier (évêque de Trèves depuis 525), dit en parlant de Clovis : « Cum esset homo astutissimus, noluit adquiescere, antequam vera agnosceret. Cum ista... probata cognovit, *humilis ad domini Martini limina cecidit, et baptizare se sine mora promisit.* » *Monumenta Germaniæ, Epistolæ*, t. I, p. 122 ; *Recueil des hist. de la France*, t. IV, p. 77.

(2) Voyez l'explication proposée par Suysken, *AA. SS. Boll.*, octobre, t. I, p. 83.

(3) Elle est formulée pour la première fois dans la *Vie de saint Vaast* et dans la *Chronique* dite de Frédégaire. Ces deux ouvrages ont été composés vers 642 (Krusch, *l. cit.*, p. 440 ; G. Kurth, l'*Histoire de Clovis d'après Frédégaire*, dans la *Revue des questions historiques*, t. XLVII (1890), p. 62).

de Reims dans son récit, toutes les circonstances qu'il indique concourent implicitement à faire attribuer à Reims cette scène du baptême, dont il nous trace un si poétique tableau (1). Et la chose est si vraie, que ceux-là même qui veulent voir en cette attribution une simple invention du VIIe siècle, lui donnent pour origine une conjecture fondée sur le texte de Grégoire de Tours (2). Le silence de cet historien serait au contraire inexplicable, dans le cas où le baptême aurait eu lieu à Tours. Comment, en sa qualité d'évêque de cette ville, aurait-il pu l'ignorer, lui qui cherchait toujours, en écrivain consciencieux, à s'instruire de tous les faits et à recourir à toutes les sources d'informations (3)? Il pouvait encore interroger des témoins contemporains, et l'événement n'était pas assez ancien pour qu'on en ait perdu le souvenir. Et s'il en avait eu connaissance, s'il savait qu'il s'était passé dans sa ville épiscopale, comment comprendre qu'il n'ait point fait à cette circonstance la moindre allusion?

Ainsi, sans vouloir pénétrer plus avant dans le débat, nous nous en tenons à l'opinion admise jusqu'ici par la très grande majorité des historiens, et malgré les objections qu'on a voulu lui opposer, nous pensons qu'elle a toutes les probabilités pour elle. Avec les érudits du XVIIe et du XVIIIe siècle, avec Junghans (4), avec

(1) *Historia Francorum*, l. II, chap. XXXI.

(2) KRUSCH, *l. cit.*, p. 442.

(3) Sur la valeur de Grégoire de Tours comme historien, voyez le savant travail de M. KURTH, sur *les Sources de l'histoire de Clovis dans Grégoire de Tours,* dans la *Revue des questions historiques*, t. XLIV (1888), p. 386; cf. G. MONOD, *Études critiques sur les sources de l'histoire mérovingienne.*

(4) *Geschichte der fränkischen Könige Childerich und Chlodovech*, p. 57.

M. Kurth (1), nous admettons que les prétentions de Reims sont fort légitimes, et que cette ville a été véritablement le berceau de la France chrétienne.

Après avoir reconnu que Clovis se rendit à Reims pour recevoir le baptême, il est permis de serrer de plus près la question topographique, et de rechercher en quel endroit il a dû être logé pendant son séjour, et dans quelle église il a embrassé la foi catholique.

L'abbé Lebeuf, dans une de ses savantes dissertations (2), prétend qu'il y avait à Reims un palais royal, d'où Clovis sortit pour aller au baptistère, et que « c'était l'ancien palais des empereurs romains », résidence de Valentinien Ier, qui y rendit plusieurs décrets dont le texte nous a été conservé dans le code Théodosien (3). Mais il ne nous paraît nullement certain que les empereurs romains aient eu un palais à Reims. Les lois que l'on nous cite se sont suivies à peu de jours d'intervalle ; elles sont datées du 27 janvier, du 13 février et du 29 mars 367. Valentinien, lorsqu'il les a promulguées, était simplement de passage à Reims ; son séjour a été de courte durée, et ne s'est pas prolongé sans doute au delà de quelques mois. Nous ne voyons pas non plus qu'aucun autre empereur ait eu dans nos murs une demeure permanente.

Quant à celle des gouverneurs romains qui avaient fixé leur résidence à Reims dès le temps de Strabon (4),

(1) *L. cit.*, p. 415.

(2) *Dissertation sur plusieurs circonstances du règne de Clovis*, Paris (1738), p. 10 et 11.

(3) Marlot, *Metrop. Remensis historia*, t. I, p. 43 ; cf. *Hist. de la ville de Reims*, t. I, p. 554.

(4) L. IV ; voy. Cougny, *Extraits des auteurs grecs concernant la géographie et l'histoire des Gaules*, t. I, p. 128.

on ignore en quel quartier de la ville elle se trouvait. Nous ne serions pas éloigné de la mettre dans le voisinage de la cathédrale, sur l'emplacement de l'archevêché actuel. En effet, l'évêque devenu de bonne heure, à Reims en particulier, le personnage le plus important de la cité, a pu, au déclin de l'Empire, prendre la place du gouverneur et s'installer dans son palais. On a découvert, à diverses reprises, dans les terrains de l'archevêché, des vestiges assez importants de constructions romaines. Au XVIIe siècle, quand on rebâtit, — hélas ! dans le goût de l'époque, — la façade du palais, on trouva à cinq ou six pieds de profondeur, en creusant des fondations, un pavé de mosaïque, et dans le voisinage, nous dit-on, « des fourneaux souterrains », c'est à dire les restes d'un hypocauste (1). Des travaux exécutés en 1845 firent mettre de nouveau au jour une assez belle mosaïque, qui a été transportée dans l'une des chapelles de la cathédrale (2). Ces trouvailles, sans apporter une preuve bien certaine, fournissent à notre hypothèse une présomption favorable. L'existence d'un édifice important par lui-même et par les souvenirs qui s'y rattachaient n'a peut-être pas été étrangère au choix que fit l'évêque saint Nicaise de cet endroit pour y élever, au commencement du Ve siècle, son église cathédrale, *in arce sedis ipsius,* — ce sont les expressions mêmes dont se sert l'auteur de la vie de ce prélat (3).

(1) Note de Lacourt, chanoine de Reims, dans VARIN, *Archives administratives de Reims*, t. I, p. 724 ; TARBÉ, *Reims*, p. 306.

(2) CH. LORIQUET, *La mosaïque des Promenades et autres trouvées à Reims*, Travaux de l'Académie de Reims, t. XXXII (1862), p. 117, et pl. 3, fig. 4 et 5.

(3) *Vita sancti Nichasii*, ms. de la Bibliothèque de Reims, K 792/772 (XIIIe siècle), fol. 3 r°.

C'est très vraisemblablement dans le palais épiscopal que Clovis a logé la veille de son baptême. Ses successeurs ont continué cette tradition ; chaque fois qu'ils venaient à Reims, c'est à l'archevêque qu'ils demandaient l'hospitalité. Il en était ainsi des rois capétiens : on a un diplôme de Louis VII, de l'année 1138, daté du palais du *Tau* (1), ou palais de l'archevêché ; on lui donnait alors ce nom, à cause de sa salle principale qui rappelait, paraît-il, par la disposition de son plan, la forme de cette lettre de l'alphabet grec. Jusque dans les temps modernes, les souverains ont conservé l'usage de prendre gîte à l'archevêché ; ils y avaient leurs appartements, destinés surtout à les recevoir au milieu des pompes et des cérémonies de leur sacre.

Hincmar, en parlant du logement de Clovis, a eu certainement en vue le palais épiscopal habité par saint Remi, et situé, à n'en pas douter, auprès de la cathédrale. Dans sa *Vita Remigii*, il nous raconte que le saint évêque eut avec Clovis, en la nuit qui précéda son baptême, un entretien où il acheva de l'instruire des vérités de la religion. Cette entrevue aurait eu lieu dans un oratoire consacré à saint Pierre, attenant à la chambre du roi, « oratorium beatissimi apostolorum principis Petri, cubiculo regis contiguum (2). » Nous

(1) « Actum Remis. publice in palatio Tau. » Original aux archives de Reims, fonds de l'abbaye de Saint-Denis, liasse 1 ; cf. Varin, *Archives administratives de Reims*, t. I, p. 293.

(2) « Sed et rex... cum ipso et venerabili conjuge, in oratorium beatissimi apostolorum principis Petri, quod... cubiculo regis contiguum erat, processit. » Ch. iv, 58, *AA. SS. Boll.*, octobre, t. I, p. 146. Hincmar, un peu plus haut (57), représente la reine Clotilde en prières, *in oratorio sancti Petri juxta domum regiam.*

n'avons pas à examiner si ce trait a un caractère historique. Hincmar a-t-il accueilli quelque tradition locale, plus ou moins véridique, qui avait cours de son temps et rattachait le souvenir de Clovis à l'oratoire de Saint-Pierre ? A-t-il, en vue de la mise en scène, hasardé certaines conjectures et donné sur quelques points de détail un peu trop libre cours à son imagination (1) ? L'entrevue de Clovis n'est rapportée par aucun autre chroniqueur ; on ne la trouve que dans la vie de saint Remi, composée par Hincmar ; or, cette vie est remplie de fables, *fabulis respersa,* suivant l'expression sévère, mais rigoureusement exacte, des Bollandistes (2), et tout ce qui vient de cette source est justement suspect. Ce qui est certain, c'est qu'il y avait à l'époque carolingienne, dans l'enceinte de l'archevêché, une chapelle dédiée au prince des Apôtres. Hincmar, qui la cite à propos de Clovis, l'avait encore sous les yeux, et son existence nous est confirmée par le témoignage de documents très précis.

Hincmar lui-même semble y faire allusion dans une lettre aujourd'hui perdue, mais dont l'analyse nous a été conservée par Flodoard, lettre de reproches adressée à un certain Rodoldus, qui avait indûment permis à d'autres prêtres de célébrer la messe « in quadam capella basilicæ cortis ecclesiæ subjecta (3). » Cette

(1) Hincmar se faisait une idée assez étrange de la manière dont on doit écrire l'histoire : « Vera est lex hystoriæ, dit-il, simpliciter ea quæ, fama vulgante, colliguntur, ad instructionem posteritatis litteris commendare. » *Ibid.*, p. 132.

(2) *Ibid.*, p. 131.

(3) « ...Pro eo quod incaute solverit quod ipse presul canonice obligaverit, et aliis presbiteris missam celebrare permiserit *in quadam capella basilicæ cortis ecclesiæ subjecta.* » FLODOARD, *Histo-*

désignation n'est pas très claire, et a prêté à différentes interprétations (1). Nous pensons que la *cortis ecclesiæ* est bien le palais attenant à l'église métropolitaine; nous verrons plus loin, en effet, la chapelle de l'archevêché mentionnée sous le nom de « ecclesia sancti Petri *ad cortem* ». Il ne faut pas s'étonner de voir employer ici le terme de *basilica;* réservé plus tard à des édifices importants, il n'avait pas primitivement une acception aussi restreinte, et s'appliquait parfois à de fort modestes chapelles (2).

Flodoard nous apporte aussi sa part de renseignements sur l'oratoire du palais; il le connaissait d'autant mieux qu'il le desservait en qualité de chapelain. C'était alors une crypte, une chapelle souterraine que l'archevêque Ebbon avait fait construire « opere decenti », en l'honneur de saint Pierre et de tous les saints, avec d'autres bâtiments annexes, destinés à renfermer les archives de l'église de Reims (3). Cette

ria Remensis ecclesiæ, l. III, chap. XXVIII, ap. *Monumenta German. hist.*, t. XIII, p. 552. Cette expression de *subjecta* ne désignerait-elle pas ici une chapelle basse, située sous la chapelle principale, disposition que nous retrouvons au XIIIe siècle dans la chapelle du palais?

(1) Dans l'édition de Flodoard publiée en 1854 par l'Académie de Reims, M. Lejeune a traduit par « une chapelle dépendante de l'église de Bazancourt » (t. II, p. 394). Bazancourt, village de l'arrondissement de Reims, s'appelait, en effet, *Basilica Cortis* au moyen âge, mais il ne paraît pas qu'il en soit question ici. Les derniers éditeurs de Flodoard l'ont compris comme nous, et n'ont pas pris les mots *basilicæ cortis* pour un nom de lieu. (*Mon. Germ.*, l. cit.)

(2) MARTIGNY, *Dictionnaire des antiquités chrétiennes*, p. 79.

(3) « Archivum ecclesiæ (Ebo) tutissimis ædificiis cum cripta in honore sancti Petri, omniumque apostolorum, martirum, confes-

construction est celle qu'a connue également Hincmar ; elle n'était, comme on voit, nullement ancienne, car elle avait été rétablie peu d'années avant lui par le prélat qui l'avait immédiatement précédé sur le siège de saint Remi.

Au commencement du XIIIe siècle, tandis qu'on jetait les fondements de notre admirable cathédrale, on résolut en même temps de rebâtir de fond en comble la chapelle de l'archevêché. Le nouvel édifice, qui a heureusement survécu à toutes nos révolutions, est un chef-d'œuvre de goût et d'élégance, dû probablement à Jean d'Orbais, le premier architecte de Notre-Dame de Reims (1). Suivant une disposition qui se rencontre fréquemment au moyen âge dans les chapelles des palais et des châteaux, dans la Sainte-Chapelle de Paris, par exemple, on lui a donné deux étages. La chapelle supérieure, aux légers arceaux et aux voûtes élancées, était réservée aux archevêques et aux membres du clergé attachés à leur personne ; l'étage inférieur, plus simple, moins orné et en partie souterrain, était affecté aux gens de service et aux officiers subalternes. Cette chapelle basse était restée sous le vocable de saint Pierre. Un manuscrit liturgique, écrit vers la fin du XIIIe siècle (2), mentionne une procession que l'on faisait

sorum ac virginum dedicata, ubi Deo propitio deservire videmur, opere decenti construxit. » FLODOARD, *Hist.*, l. II, chap. XIX, *Mon. Germ.*, t. XIII, p. 467.

(1) *Bulletin archéologique du Comité des travaux historiques*, 1894, p. 26, note.

(2) Bibliothèque de Reims, n° 327 (anc. C 174/185). La fête de saint Louis y est déjà indiquée, ce qui fixe sa date à la fin du XIIIe siècle. Les caractères de son écriture ne permettent pas de le rajeunir davantage.

le mercredi des Cendres « in capellam archiepiscopi inferiorem, scilicet *in oratorium sancti Petri* », et où l'on chantait des antiennes en l'honneur de cet apôtre (1). On remarquera ici ces mots d'*oratorium sancti Petri ;* ils semblent être une réminiscence du texte d'Hincmar, qui n'a peut-être pas été sans influence pour la conservation de ce vocable.

La même mention est reproduite, à peu près en termes identiques, dans un processionnel imprimé à Reims en 1624, par ordre de l'archevêque Gabriel de Sainte-Marie (2). A cette époque, la chapelle était encore consacrée à saint Pierre, et l'usage de la procession s'est conservé jusqu'à la fin de l'ancien régime (3).

Ainsi, il y a là une tradition constante qui nous permet de reconnaître, dès une date fort ancienne, l'exis-

(1) « ...Datis cineribus, incipit cantor antiphonam *Inmutemur*, et hanc decantantes, ordinate procedunt in capellam archiepiscopi inferiorem, scilicet in oratorium sancti Petri... Introitu capelle canitur antiphona *Tu es pastor...* Qua finita, procumbunt ad orationem..., quo usque tacite decurrerint VII psalmos penitentiales. Quibus finitis, presbyter dicit : *Et ne nos inducas...* Postea dicit orationem de sancto Petro ; qua finita, canitur in eodem reditu hec antiphona : *Quodcumque ligaveris*, que incipitur a cantore. » (Fol 15 v°.) Cf. MABILLON, *Annales benedictini*, t. II, p. 422. — Ce texte figure aussi dans deux autres ordinaires manuscrits de l'Église de Reims, conservés à la Bibliothèque de cette ville, l'un du XIIIe siècle (n° 326, fol. 12 r°), l'autre du commencement du XIVe siècle (n° 328, fol. 28 r°). Le premier est presque contemporain du manuscrit que nous venons de citer, un peu plus ancien peut-être, car la fête de saint Louis ne s'y trouve pas.

(2) Fol. 35 v°.

(3) Les cérémonies de cette procession figurent encore dans le processionnel imprimé à Reims en 1780 par ordre de l'archevêque, Mgr de Talleyrand-Périgord. (Propre du temps, p. 61.)

tence, dans le palais de l'archevêché, d'une chapelle de Saint-Pierre, dont le titre s'est perpétué à travers les siècles, malgré bien des changements et des reconstructions successives.

Ici nous devons nous arrêter un instant devant une assertion étrange, qui mériterait peu d'attention, si elle ne trouvait encore dans le public trop de personnes disposées à l'accueillir. La crypte actuelle de l'archevêché serait l'oratoire même où saint Remi aurait catéchisé Clovis. Cette opinion s'est produite surtout il y a une cinquantaine d'années; des écrivains rémois, très populaires, lui ont prêté leur appui et ont contribué à la répandre (1). On était alors sous l'inspiration du romantisme; on avait l'amour du pittoresque, et l'on sacrifiait aisément la prose de l'histoire à la poésie de la légende. Ces voûtes mystérieuses, ce demi-jour de la chapelle souterraine, ces vieux murs noircis, semblaient un cadre merveilleusement approprié à la scène retracée par Hincmar. On savait que cette chapelle avait été dédiée à saint Pierre; on n'en demandait guère plus, et la conjecture fut bientôt mise en circulation. Nous devons dire, à la décharge de nos auteurs, que la crypte était alors une cave remplie de décombres, et qu'ils n'ont pas eu peut-être la faculté de l'examiner de très près. Depuis ce temps, on l'a déblayée; elle est devenue accessible, et, d'autre part, l'archéologie a fait beaucoup de progrès. Aujourd'hui, on ne saurait y voir un oratoire de l'époque mérovingienne sans montrer la

(1) L. Paris, *Chronique de Champagne*, t. III (1838), p. 127 à 130; Tarbé, *Reims* (1844), p. 315. Ces auteurs ont été réfutés par M. Amé, dans sa notice sur la chapelle de l'archevêché de Reims, *Annales archéologiques* de Didron, t. XV (1855), p. 214 et suiv.

plus profonde incompétence. Il est certain qu'il n'y a pas dans la chapelle basse de l'archevêché une seule pierre antérieure au XIIIe siècle (1); elle est absolument contemporaine de la gracieuse chapelle qui la surmonte, et elle a été bâtie en même temps et d'un seul jet. Il n'est pas bien sûr non plus qu'elle occupe la place exacte de l'oratoire cité par Hincmar, tant le palais archiépiscopal a subi de remaniements et de modifications dans le cours des âges; mais elle a hérité de son vocable, et cela probablement par une tradition non interrompue. Ce sont là pour elle des titres de noblesse suffisants.

Contrairement à l'avis général des historiens de Reims, c'est au vieil oratoire de Saint-Pierre au palais, et non pas à l'église paroissiale de Saint-Pierre-le-Vieil, que nous rapportons le legs fait par le testament de saint Remi, « ecclesiæ sancti Petri infra urbem quæ curtis dominica dicitur (2) ». *Curtis dominica* est, d'après nous, la cour de l'évêque, c'est à dire sa demeure avec ses dépendances. La chapelle du palais nous paraît être désignée ici aussi clairement que possible, surtout si l'on prend soin de rapprocher cette expression des termes de la lettre d'Hincmar, que nous avons citée plus haut. Remarquons, du reste, que ce passage du testament de saint Remi nous reporte également à l'époque carolingienne; il ne se trouve en effet que dans le grand testament, document apocryphe qui paraît avoir été fabriqué à cette dernière époque, et dont l'authenticité est rejetée actuellement par tous les critiques.

(1) *Bull. archéologique*, 1894, p. 29, note.

(2) FLODOARD, *Hist.*, l. I, chap. XIX, *Mon. Germ.*, t. XIII, p. 430.

Il serait donc téméraire de vouloir tirer de ce texte une conclusion en faveur de l'existence de notre oratoire au temps de saint Remi, mais nous le voyons mentionner avec certitude dès le VIIe siècle. C'est à lui que nous attribuons le legs de trois sous d'or fait par l'évêque Sonnace « ad basilicam sancti Petri in civitate (1) », et le don de l'évêque Landon à l'église « sancti Petri *ad cortem* (2) ».

Il faut aussi très évidemment l'identifier avec la « basilica sancti Petri *quæ nunc dicitur ad palatium* », dont parle l'auteur de la *Vita sancti Gildardi,* récemment mise en lumière par les Bollandistes (3). Comment ne pas reconnaître ici la chapelle de Saint-Pierre au palais, l'église de la *curtis dominica,* auquel tous les textes que nous venons de produire s'appliquent avec un si parfait accord?

Il en est de même de l' « ecclesia sancti Petri quæ est infra muros urbis Remensis » de la Vie de sainte Clotilde (4). Peut-être cependant, à la date assez tardive où écrivait l'auteur de cette vie, s'était-il déjà produit avec l'église Saint-Pierre-le-Vieil une confusion que nous verrons prendre corps à une époque plus avancée du moyen âge.

L'opinion qui veut associer au récit du baptême de Clovis le souvenir d'une ancienne église consacrée à saint Pierre, n'a aucune valeur traditionnelle ; elle est née d'une méprise qui s'est manifestée postérieurement

(1) *Ibid.*, l. II, chap. V, *Mon. Germ.*, t. XIII, p. 454.

(2) *Ibid.*, l. II, chap. VI, *Mon. Germ.*, t. XIII, p. 455. — L'évêque Sonnace mourut le 20 octobre 631, et Landon, le 14 mars 649.

(3) *Analecta Boll.*, t. VIII, p. 397.

(4) *Mon. Germ.*, *Scriptores rerum merovingicarum*, t. II; *Rec. des historiens de la France*, t. III, p. 401.

à Hincmar, à la fin de la période carolingienne. Ni Grégoire de Tours ni Hincmar ne laissent supposer que Clovis ait été baptisé dans une basilique de Saint-Pierre. Hincmar nous représente seulement, ainsi que nous l'avons vu, Clovis, à la veille de son baptême, conférant avec saint Remi dans l' « oratorium sancti Petri », contigu à ses appartements. Ce passage a été la source de toute l'erreur. On a retenu vaguement, un peu plus tard, ce nom de Saint-Pierre ; on en a exagéré la portée, et l'on en a fait à tort l'application au lieu du baptême de Clovis. Et l'auteur de la Vie de sainte Clotilde, par exemple, est venu nous dire que la pieuse reine avait une grande prédilection pour l'église de Saint-Pierre, parce que son époux y avait reçu la grâce du baptême : « Hanc itaque ecclesiam cunctis diebus quibus advixit, multum dilexit et excoluit, *pro eo quod vel suus rex Ludovicus in ea sancti baptismatis gratiam accepit* (1). » Il se fait ici évidemment l'écho, non d'une tradition sérieuse, mais d'une conjecture erronée. Au reste, cette Vie de sainte Clotilde n'est qu'une compilation sans caractère original, rédigée vers le xe siècle (2). Un autre ouvrage, qui est à peu près du même temps et n'a pas plus d'autorité au point de vue historique, la Vie de saint Gildard, semble placer aussi la cérémonie du baptême dans la « basilica sancti Petri (3) ». On aurait

(1) *Mon. Germ., Scriptores rerum merovingicarum*, t. II ; *Rec. des historiens de la France*, t. III, p. 401.

(2) B. Krusch, *Script. rerum merov.*, t. II, p. 341.

(3) « ... In civitatem Remorum venientes, in basilica sancti Petri, quæ nunc dicitur ad palatium, missas celebraverunt, et ea quæ Dei sunt agentes, beatus Remedius regem baptizavit, et de sacro fonte illum beatus Medardus suscepit. » *Analecta Boll.*, t. VIII, p. 397.

tort d'attribuer quelque importance à ces deux textes; ils ne prouvent rien, sinon qu'il s'était produit sur ce point, au xe siècle, une croyance absolument fausse.

L'idée du baptême de Clovis dans l'église de Saint-Pierre une fois admise, il s'est formé, — et cela dès le moyen âge, — un courant d'opinion en faveur de l'église paroissiale de Saint-Pierre-le-Vieil. Un chanoine de Reims, du xviie siècle, Pierre Cocquault, dans un vaste recueil historique dont le manuscrit est aujourd'hui conservé à la Bibliothèque de cette ville, nous révèle à ce sujet un détail assez curieux. En l'année 1486, les paroissiens de Saint-Pierre-le-Vieil faisaient courir le bruit que Clovis avait été baptisé dans leur église. « Le 22 novembre, ajoute notre chroniqueur, leur fut imposé silence comme estant chose non véritable, car Clovis fut baptisé à l'église de Reims. » Et il fait observer très judicieusement, en s'appuyant sur le vocable de saint Pierre, conservé de son temps à la chapelle basse de l'archevêché, que l'*oratorium sancti Petri,* indiqué par Hincmar, était dans le palais de l'évêque et à proximité de l'église cathédrale (1).

Ainsi tout ce que l'on a dit de Saint-Pierre-le-Vieil, à propos du baptême de Clovis, est inexact, et l'on doit, en la question, mettre cette église complétement à

(1) « Les parrochians de l'église de Saint Pierre le Vielle de Reims faissoient courir un bruict contre toutes apparances de vérité, que la Sainte Ampoule avoit esté aultrefois en ceste paroisse, et que Clovis, premier roy de France chrestien, y avoit esté baptissé et coronné roy de France. Le 22 novembre leur fut imposé silence comme estant chose non véritable, car Clovis fut baptissé à l église de Reims, et en ce lieu la Sainte Ampoule y fut apporté à saint Remy. » *Chronique de Pierre Cocquault*, t. IV, fol. 75 v°.

l'écart. Nous ignorons, du reste, entièrement son origine et le temps de sa fondation. L'épithète de *Vieil* (sancti Petri Veteris) lui a été appliquée de bonne heure : on la trouve dès le XIIIe siècle (1); mais la vieillesse d'un monument est une chose relative, et l'on se tromperait peut-être en assignant à notre église une date trop reculée. En tout cas, nous ne voyons dans Flodoard aucune mention qui puisse lui être rattachée avec certitude. Les plus anciens documents qui la concernent ne nous permettent pas de remonter au delà du XIIe siècle. En 1172, on y établit une confrérie, dite de Saint-Pierre-aux-Clercs, dont les titres originaux furent brûlés en 1330, dans un grand incendie qui consuma plusieurs maisons de la ville (2). Par suite de cet événement, la série des pièces composant l'ancien chartrier de l'église Saint-Pierre ne s'ouvre plus qu'au XIVe siècle, et encore les pièces de cette dernière date sont-elles rares, car ce fonds, tel qu'il existe maintenant aux archives de Reims, offre bien des lacunes. Les matériaux dont nous disposons sont donc insuffisants pour reconstituer toute l'histoire de cette paroisse, et surtout pour éclaircir le mystère de son origine.

Nous savons qu'on a parlé aussi d'une prétendue fondation, faite par saint Remi en l'église Saint-Pierre-le-Vieil; mais c'est une simple conjecture, sans aucun fondement, ainsi que Marlot l'a fort bien vu en son histoire de Reims : « On tient, dit-il que cette église

(1) Charte du 4 février 1259, citée dans VARIN, *Archives administratives de Reims*, t. I, p. 788.

(2) Archives de Reims, fonds de la paroisse Saint-Pierre, Inventaire des titres et papiers de la confrérie du Saint-Nom-de-Jésus et de Saint-Pierre-aux-Clercs, 1724, p. 9 à 11.

servit autrefois d'un monastère où saint Remi logea quarante vefves, dont il est parlé en la vie de saint Thierry, et qu'elle devint paroisse, lorsque ces vefves furent tranférées à Sainte-Agnès ; mais... Flodoard ne dit rien de tout cela (1). » Flodoard, effectivement, garde sur ce point un silence complet, et la Vie de saint Thierry ne dit rien non plus qui autorise cette supposition. Nous sommes encore en présence d'une de ces fausses légendes dont on a encombré les histoires locales, et qu'il appartient à la critique d'éliminer.

Pour en revenir à Clovis, il est certain qu'aucune église de Saint-Pierre n'a été témoin de son baptême, et que les traditions invoquées en faveur de cette opinion n'ont rien d'historique. Ainsi s'écroulent par la base toutes les raisons accumulées pour démontrer que la cérémonie a eu lieu dans un baptistère situé près de l'ancienne cathédrale, dédiée aux Apôtres, et devenue plus tard l'église Saint-Symphorien (2). Cette opinion, qui trouve à Reims des partisans convaincus, s'appuie surtout sur les passages précédemment cités des Vies de saint Gildard et de sainte Clotilde ; c'est là un étai bien fragile, sur lequel on ne peut se reposer en sécurité. On pourrait observer au surplus que le vocable des Apôtres n'est pas tout à fait identique au vocable de saint Pierre ; mais à quoi bon, puisqu'il ne doit plus être question ici de saint Pierre lui-même ?

Clovis n'a pas été baptisé davantage dans l'église de Saint-Martin de Reims, ainsi que l'a supposé Adrien de

(1) *Histoire de la ville, cité et université de Reims*, t. I, p. 689.

(2) Voyez la notice de M. le chanoine Cerf sur le *Baptême de Clovis* (1891), p. 16 et suiv.

Valois (1), pour expliquer une allusion de la lettre de saint Nizier, dont nous avons parlé plus haut, et d'après laquelle Clovis, décidé à embrasser la foi chrétienne, se serait rendu « ad limina domini Martini (2) ». Cette expression ne peut assurément désigner autre chose que la basilique de Saint-Martin de Tours, qui reçut, en effet, une visite solennelle du roi des Francs (3).

Ainsi, ces diverses solutions doivent être écartées, et Clovis, suivant toute vraisemblance, a reçu le baptême dans un baptistère attenant à la cathédrale qui existait de son temps, à celle que saint Nicaise avait bâtie en l'honneur de la Sainte Vierge (4). Il n'y avait alors sans doute à Reims, comme dans les autres villes épiscopales, qu'un seul baptistère, où l'évêque administrait le sacrement à des époques déterminées (5). C'est bien là le *templum baptisterii*, désigné par Grégoire de Tours dans son récit de la conversion de Clovis (6). Toutes

(1) *Rerum Francicarum libri VIII* (Paris, 1646), p. 263. Voy. *AA. SS. Boll.*, octobre, t. I, p. 82. Cf. Krusch, *Zwei Heiligenleben des Jonas von Susa*, p. 443.

(2) Voyez ci-dessus.

(3) En l'année 508, au retour de sa campagne contre les Visigoths. Grégoire de Tours, *Hist. Francorum*, l. II, chap. xxxvii et xxxviii. Certains écrivains ont pensé que Clovis avait pu faire un pèlerinage à Tours immédiatement avant son baptême. Le Coy de la Marche, *Saint Martin*, p. 362, et *Clovis et les origines politiques de la France* dans l'*Université catholique*, 1890, p. 22; G. Kurth, *Clovis*, p. 339.) L'opinion d'Adrien de Valois a été suivie par le P. Daniel, *Hist. de France*, édit. de 1755, t. I, p. 27.

(4) Il ne serait pas impossible, à la rigueur, que l'on ait conservé alors un baptistère dépendant de la cathédrale antérieure, celle qui était dédiée aux Apôtres; mais il est plus probable, qu'en construisant une nouvelle cathédrale, au commencement du ve siècle, on lui a annexé un nouveau baptistère.

(5) Martigny, *Dict. des antiquités chrétiennes*, p. 74.

(6) *Hist. Francorum*, l. II, chap. xxxi.

les présomptions sont en faveur de cette assertion ; pour la combattre, il faudrait avoir des preuves ; or, on n'en découvre nulle part.

Notre opinion est d'ailleurs ancienne ; ceux qui se défient des nouveautés introduites par la critique moderne aimeront à constater qu'elle était déjà admise au IXe siècle. Louis le Pieux, dans un diplôme donné à l'archevêque Ebbon, entre les années 817 et 825 (1), pour lui permettre d'employer les pierres des murs de Reims à la reconstruction de la cathédrale, rappelle que Clovis, son prédécesseur, a été dans cette église régénéré par le baptême (2). Nous n'insistons pas, bien entendu, sur ce témoignage, et nous ne lui attribuons en lui-même aucune force probante ; nous nous bornons à reconnaître que, malgré les divergences qui allaient bientôt se manifester, la vérité historique avait dès lors reçu une sorte de consécration officielle.

Nous n'ignorons pas que la Vie de saint Remi, écrite par Hincmar, a fourni une objection à laquelle on attache grande importance. D'après cette vie, saint Remi et Clovis se seraient rendus en grande pompe du palais au baptistère, au milieu des hymnes et des cantiques, à travers les rues somptueusement décorées (3).

(1) Telle est la date assignée par Sickel, *Acta Karolin.*, II, p. 150 et 330.

(2) « ... Metropolis urbis sancta mater nostra ecclesia, in honore sanctæ semperque virginis ac [Dei] genitricis Mariæ consecrata,... in qua, auctore Deo et cooperante sancto Remigio, gens nostra Francorum, cum æquivoco nostro rege ejusdem gentis, sacri fontis baptismate ablui... promeruit. » FLODOARD, *Hist.*, l. II, chap. XIX, *Mon. Germ.*, t. XIII, p. 469.

(3) « Eundi via ad baptisterium a domo regia præparatur, velisque atque cortinis depictis ex utraque parte prætenditur et desuper adumbratur. Plateæ sternuntur et ecclesiæ componun-

Pour qu'une telle procession ait pu avoir lieu, il faut supposer une certaine distance entre le point de départ et le lieu d'arrivée, condition qui ne se trouve point réalisée, si l'on admet un baptistère voisin de la cathédrale, et par conséquent trop rapproché du palais (1). La réponse nous semble facile : il ne faut faire aucun fonds sur le récit d'Hincmar, qui n'a pas la valeur d'une source originale. Toute sa narration est empruntée, en substance, à Grégoire de Tours par l'intermédiaire du *Liber Historiæ Francorum* (2) ; il y a seulement ajouté des traits légendaires et des développements de pure imagination. On peut donc hardiment refuser de l'entendre. Le récit de Grégoire de Tours mérite plus d'égards, mais nous n'y trouvons point trace d'une procession ou d'un cortège. Il nous dit simplement que la ville était en fête, que les places et les églises étaient pavoisées : « Velis depictis adumbrantur plateæ, ecclesiæ cortinis albentibus adornantur (3). » Il est impossible d'y voir autre chose, à moins de procéder à la façon d'Hincmar, auquel ces détails ont bien pu suggérer l'idée de la scène qu'il représente ; mais aujourd'hui nous sommes tenus à plus de rigueur scientifique. Donc, nous n'hésitons pas à disperser le cortège imaginé par

tur... Sicque, præcedentibus sacrosanctis evangeliis et crucibus, cum ymnis et canticis spiritalibus atque letaniis, sanctorumque nominibus acclamatis, sanctus pontifex, manum tenens regis, a domo regia pergit ad baptisterium, subsequente regina et populo. » Chap. IV, 62, *AA. SS. Boll.*, octobre, t. I, p. 146. Flodoard n'a fait que copier ce passage, *Hist.*, l. I, chap. XIII.

(1) Voyez la notice déjà citée de M. le chanoine CERF, p. 6 et suiv.

(2) H. SCHRÖRS, *Hinkmar Erzbischof von Reims*, p. 448.

(3) *Hist. Francorum*, l. II, chap. XXXI.

l'historien rémois, et nous ramenons Clovis dans le voisinage de la cathédrale.

En quel endroit au juste s'élevait le baptistère? Nous ne sommes pas en mesure de répondre à cette question. On lit, dans une continuation de la chronique de Flodoard, que l'archevêque Adalbéron fit détruire, en l'année 976, un ouvrage muni d'arcades *(arcuatum opus)*, qui était près des portes de l'église Notre-Dame de Reims, et sur lequel se trouvait un autel dédié au saint Sauveur, et des fonts d'un admirable travail (1). On a voulu y reconnaître le baptistère primitif (2), mais rien n'est moins sûr. Richer, qui rapporte le même fait dans sa chronique, nous parle d'arcades élevées qui s'avançaient depuis l'entrée jusqu'au quart environ de la basilique entière (3). Autant qu'on peut en juger par ces données fort obscures, il s'agit d'une construction intérieure qui encombrait l'église, d'une tribune peut-être, ainsi que le pensait Jules Quicherat (4), en tout cas, d'un ouvrage qui n'était probablement pas antérieur à l'époque carolingienne. Quoi qu'il en soit, on peut supposer d'une façon générale que l'emplacement du baptistère était compris dans les limites de la cathédrale actuelle, qui a embrassé dans sa vaste étendue tout l'espace occupé par l'ancienne cathédrale et par

(1) « Anno DCCCCLXXVI destruxit Adalbero arcuatum opus quod erat secus valvas ecclesiæ sanctæ Mariæ Remensis, supra quod altare sancti Salvatoris habebatur et fontes miro opere erant positi. »

(2) Marlot, *Metr. Rem. hist.*, t. I, p. 160.

(3) « Fornices qui ab ecclesiæ introitu per quartam pene totius basilicæ partem eminenti structura distendebantur, penitus diruit. » L. III, ch. xxii.

(4) *Mélanges d'archéologie, moyen âge*, p. 133.

une partie des constructions voisines. On n'en saura jamais plus, à moins que des fouilles ne nous procurent une découverte imprévue, sur laquelle, à vrai dire, nous n'osons fonder trop d'espérances (1).

(1) Ces pages étaient déjà imprimées, quand a paru dans les *Études religieuses* des Pères Jésuites (15 février 1896), un article du P. Jubaru sur le même sujet. Nous ne pouvons adopter toutes les conclusions du savant auteur, mais on trouve dans son travail des aperçus nouveaux et ingénieux. La question vaudrait la peine d'être discutée de nouveau.

[illegible] partie des constitutions [illegible]. [illegible] entre [illegible], à moins que des fouilles [illegible] découverte importante, sur [illegible] vrai [illegible] nous n'osons fonder trop d'espérances (1).

(1) Ces [illegible] étaient déjà [illegible], [illegible] [illegible] de [illegible] [illegible] [illegible] sur le même sujet. [illegible] les conclusions du savant auteur [illegible] [illegible] [illegible] de [illegible] [illegible] [illegible] d'être [illegible] [illegible]

L'ANCIENNE CHASSE

DE SAINT REMI

Œuvre d'Antoine Lespicier, orfèvre rémois

1643 - 1793

Par MM. Ch. Givelet, H. Jadart, L. Demaison, Membres titulaires.

La confection d'une nouvelle châsse destinée à contenir les ossements de saint Remi, et sa prochaine inauguration fixée au mois d'octobre 1896, forment à Reims un événement artistique et historique important (1). Ce sera, en effet, la quatrième châsse connue que la piété et la générosité des fidèles auront consacrée au culte si populaire de l'Apôtre des Francs (2). La châsse d'Hincmar dura de 852 à 1650, et fut même en partie conservée dans la nouvelle châsse, jusqu'en 1793. La châsse en argent, si remarquable, exécutée en 1643 aux frais de Dom Oudard Bourgeois, grand prieur de Saint-Remi, eut à peine un siècle et demi d'existence,

(1) L'exécution de cette châsse a été confiée, en 1895, par M. l'abbé Baye, curé-doyen de Saint-Remi, à M. Ch. Wéry-Mennesson, ciseleur et graveur à Reims, rue de Pouilly, 8, dont le talent et la compétence sont irrécusables pour un travail de ce genre.

(2) Nous ne comptons ici ni les cercueils primitifs qui continrent le corps du saint, depuis sa mort, en 533, jusqu'à sa translation par Hincmar, en 852, ni le coffre en bois provisoire qui recueillit ses restes depuis leur exhumation, en 1795, jusqu'à leur dépôt dans la châsse actuelle, en 1824.

et fut fondue à la Révolution. La châsse argentée actuelle, qui date de 1810 et fut inaugurée en 1824, n'a pu que remplacer, sans la faire oublier, celle qui l'avait précédée (1). Espérons que la nouvelle châsse qui va lui succéder, véritable œuvre d'art rappelant aussi l'ancien tombeau, réunira tous les suffrages et reliera le présent au passé.

Nous n'avons pas la prétention de retracer tous les faits si nombreux qui concernent la sépulture, les tombeaux et les châsses renfermant le corps de saint Remi, ses translations hors de Reims et à Reims depuis le VIe siècle. Nous donnerons en appendice la bibliographie des ouvrages qui en traitent d'une façon spéciale, nous réservant seulement ici l'étude de la translation de la châsse d'Hincmar dans une nouvelle châsse en 1650. Nous décrirons l'œuvre d'Antoine Lespicier, orfèvre rémois, due principalement aux libéralités de Dom Oudard Bourgeois, grand prieur de l'abbaye. Cette étude, bien que circonscrite au milieu du XVIIe siècle, ne manquera d'intérêt ni pour l'histoire, ni pour l'art.

(1) Cette châsse a été fondue et décorée, de 1806 à 1810, par François-Louis Braquehaye, fondeur, doreur et argenteur à Reims, moyennant le prix de 1,800 fr. Elle porte sur le socle, au dehors, cette inscription : *Cette châsse a été construite par la munificence de M. Ludinard de Vauxelles, restaurateur du tombeau de saint Remi, et Madame Marie-Jeanne Cautionnart, son épouse.* — Le donateur mourut le 2 août 1813, dans sa 82e année, sans avoir vu inaugurer la châsse qui avait cependant été transportée à Saint-Remi dès le 19 octobre 1810. La translation des reliques se fit par Mgr de Latil, archevêque de Reims, le 17 décembre 1824. Cf. *Le Tombeau de saint Remi*, par POVILLON-PIERARD, ms. inédit de la Bibliothèque de Reims, fos 187 à 189. — Voir une figure de cette châsse dans les *Trésors des Églises de Reims*, par Pr. TARBÉ, p. 196.

§ Ier.

La châsse d'Hincmar, projet de renouvellement par Dom Oudard Bourgeois (1535-1643).

La châsse, très simple de forme, dans laquelle Hincmar avait déposé le corps de saint Remi en 852, était restée certainement intacte jusqu'au XVIIe siècle, bien qu'elle ait dû être embellie extérieurement à plusieurs reprises. Elle le fut notamment en 1535 (1), lorsque Robert de Lenoncourt, évêque de Châlons, abbé de Saint-Remi, faisait reconstruire à ses frais le tombeau. Ce superbe mausolée, détruit dans son ensemble en 1793 et dont nous ne voyons plus qu'une reproduction moderne et partielle, frappa vivement l'imagination des artistes. Il fut considéré, un siècle après sa construction, comme le plus parfait modèle d'une nouvelle châsse de saint Remi. On avait en général, durant le moyen âge, donné aux châsses l'aspect des édifices gothiques : rien d'étonnant à ce qu'à l'époque classique le goût des Rémois ait fixé sa préférence sur un chef-d'œuvre d'architecture de la plus pure Renaissance.

Sa forme haute et élancée, ses frontons pleins de grâce, ses reliefs d'argent repoussé à l'étage supérieur, ses marbres, ses statues dans les niches inférieures, son

(1) Voir à cet égard les fournitures d'or et d'argent faites à Guillaume Dumont, orfèvre à Reims, de 1535 à 1537, d'après les comptes reproduits en appendice I. On y trouvera l'indication de curieux travaux d'orfèvrerie.

groupe harmonieux du roi Clovis catéchisé par saint Remi, sa porte étincelante, toutes ces richesses lui avaient valu une célébrité sans pareille. C'était surtout les pairs de France que l'on admirait, ces statues « dont la taille au naturel, dit D. Marlot, ravit les yeux des spectateurs, ne cédant en rien aux rares pièces de Phidias, tant vantées de l'antiquité » (1). Le savant bénédictin n'en connaissait pas l'auteur, pas plus que son émule et successeur, D. Chastelain, l'historien scrupuleux du monument (2). A défaut de tradition, dans notre siècle seulement, plusieurs écrivains, sans preuve aucune à l'appui, ont attribué à Pierre Jacques, mort en 1596, une œuvre sculptée en 1533, et que les plus minutieuses recherches lui refusent absolument (3).

Quoi qu'il en soit de son auteur, malheureusement inconnu, le tombeau de saint Remi enfanta au milieu du XVIIe siècle une charmante reproduction, qui compta, elle aussi, parmi les chefs-d'œuvre dont Reims se glo-

(1) *Histoire de Reims*, 1845, t. II, p. 540.

(2) « On n'a pu, écrivait-il en 1770, découvrir jusqu'ici le nom de l'habile sculpteur qui a fait ces figures. Il paroit seulement par un memoire datté de l'an 1536, que Michel La Chaussée, tailleur de pierre, a reçu pour ouvrages faits par lui audit tombeau en cette année, et pour 317 pieds de pierre pris sur la carrière et à six livres le cent qui y ont été employés la somme de 900 livres. » *Histoire abrégée de l'église de Saint-Remi de Reims* (1770) par Dom Pierre Chastelain, religieux bénédictin, ms. inédit de la Bibliothèque de Reims, p. 31, note.

(3) C'est une tendance erronée, mais invétérée à Reims, d'attribuer indistinctement tous les morceaux de sculpture aux *frères Jacques*. Les sculpteurs de ce nom ne sont point des frères, mais descendent l'un de l'autre. — Cf. *Les Jacques, sculpteurs rémois des XVIe XVIIe et XVIIIe siècles*, notice avec documents par H. Jadart, *Paris, Plon*, 1890, pp. 6 et 7.

rifia à l'égal des autres monuments vantés par les historiens (1).

La ville des sacres devait cette œuvre d'art au zèle généreux d'un bénédictin rémois, Dom Oudard Bourgeois (2), qui voulut associer à son projet l'archevêque de Reims, l'abbé commendataire de Saint-Remi, les religieux réformés, les anciens religieux, et ses concitoyens, en leur demandant à tous leur concours. Il mûrit longtemps son idée et la communiqua avec autant de prudence que d'esprit de suite. Nous avons de lui un naïf exposé de ses voies et moyens, dans son testament daté du 14 janvier 1639, lendemain d'une fête annuelle du saint : « Depuis cinquante ans, écrivait-il, que je suis religieux et beneficié, j'aurois par mon petit mesnage espargné quelques meubles et deniers pour subvenir aux necessitez de ma vieillesse, et pour après mon decez estre emploiez en bonnes œuvres, fondations,

(1) Voici encore le témoignage de Dom Marlot : « La châsse que le grand prieur, Dom Oudard Bourgeois, a fait couvrir d'argent, avec les mesmes images des douze pairs, les colonnes, chapiteaux, festons et autres enrichissements qui se remarquent au sépulchre, est l'une des plus grandes et magnifiques châsses qui soient en France. » D. Marlot, *Histoire de la ville, cité et Université de Reims*, t. II, p. 540.

(2) Avant d'être grand prieur de Saint-Remi, D. Oudard Bourgeois avait été longtemps prieur de Corbeny et avait publié l'*Apologie pour le pelerinage de nos Roys à Corbeny, au tombeau de S. Marcoul, abbé de Nanteuil, contre la nouvelle opinion de Monsieur Faroul, Licentié aux Droits, Doyen et Official de Mante*, par Dom Oudard Bourgeois, Benedictin, Prieur du Prieuré de St Marcoul à Corbeny. — *A Reims, chez Fr. Bernard*, 1638, pet. in-4°. — Dans la dédicace au Roi, placée en tête de l'ouvrage, l'auteur disait : « J'ose me promettre que votre Majesté aggréera qu'un foible Vieillard, qui a blanchy dans ses services, pousse cette voix de cygne sur le bord de son Tombeau..... », p. 2.

et à la décoration de l'église, et notament à la restauration, réparation, embelissement, enrichissement et décoration de la chasse de monsieur sainct Remy, apostre de la France et mon patron particulier (1). »

Il invoquait, pour réaliser son désir, l'appui de Henri de Lorraine, qui avait le double titre d'archevêque et d'abbé. Nous n'avons pas la réponse du jeune prince auquel le vénérable prieur s'adressait avec une si touchante effusion, et qui ne pouvait apporter à cette œuvre pie qu'une attention bien distraite. Dom Oudard Bourgeois ne se découragea pas, et en 1643 il exprimait le même vœu au nouvel abbé, Henri de Savoie-Nemours, duc d'Aumale, qui n'était ni plus résidant, ni plus au courant des affaires de l'abbaye. Il en reçut néanmoins l'approbation la plus encourageante, avec des témoignages d'intérêt et des recommandations précises sur la confection du travail (2).

Les ressources acquises d'avance sont la base de toute entreprise bien conçue : aussi, le grand prieur régla ses comptes avec les religieux avant d'engager aucune dépense et calcula ses ressources en 1642 (3). L'année suivante, il avait fait choix de l'orfèvre auquel

(1) Double exemplaire. Pièce originale des Archives de Reims, portant un sceau armorié avec le nom d'Oudard Bourgeois. *(Fonds de Saint-Remi, Trésorerie, Renseignements.)*

(2) *Ibidem*, même dépôt. Voir en appendice V.

(3) *10 mai 1642.* — « Traité fait entre les religieux de Saint-Remy et dom Oudard Bourgeois, grand prieur, qui leur abandonne diverses parties de rentes à lui dues jusqu'à concurrence de la somme de 6,000 livres, pour être employées au paiement du prix de la nouvelle châsse de saint Remy. » *(Archives de Reims*, fonds de saint Remi, liasse 389, n° 11. — *Inventaire de Le Moine.)*

il confierait son projet : c'était un Rémois, Antoine Lespicier, dont le nom se retrouve parmi ceux des marchands de l'époque (1), et sur lequel on comptait probablement d'autant plus qu'il avait déjà travaillé pour l'abbaye : « C'est celuy, écrivait D. Oudard Bourgeois à l'un de ses confrères de Paris, qui a fait nostre Resurrection (2). » Il s'agissait d'un reliquaire en argent, précieux joyau que le grand prieur avait offert en 1630 sur l'autel de saint Remi (3). Le talent de Lespicier était donc éprouvé et connu de tous lorsqu'on lui confia la tâche si importante d'une châsse de saint Remi, sur le modèle du fameux mausolée dû à la munificence de Robert de Lenoncourt.

Avant de traiter, cependant, D. Oudard Bourgeois entama des pourparlers avec les Bénédictins de Saint-Germain-des-Prés et avec les supérieurs de la congrégation de Saint-Maur, bien qu'il n'appartînt point à leur réforme. On prit à Paris le soin de le renseigner sur la relation du prix avec le poids de la châsse, et on lui conseilla de bien proportionner ce prix avec ses ressources, et pour cela de ne pas dépasser un certain poids (200 marcs d'argent). Il écrivit à Dom Calliste Adam que ce chiffre ne serait point dépassé « si ce n'est, ajoutait-il, que par les aumosnes des gens de bien, nous ayons de quoy d'y augmenter (4) ». Quant à Antoine Lespicier, mis aussi en relations avec les Bénédictins de

(1) Nicolas Lespicier, marchand mercier, 1639. *Archives de la Ville de Reims*, par Pierre VARIN, table générale.

(2) Lettre à D. Calliste Adam. Voir en appendice III.

(3) Voir en appendice II la description de ce reliquaire, avec d'intéressants détails liturgiques sur son usage d'après la fondation du grand prieur.

(4) Même lettre, 1643.

Paris, il écrivait de son côté à D. Calliste Adam, et discutait avec lui les questions de poids, de figure et de moulure, en homme du métier. Il affirmait que rien ne manquerait dans son œuvre « pour l'ordre de l'architectur et portraitur », et qu'elle aurait « autant de règle et proportion comme sy elle avoit esté faicte à Paris ». Il ajoutait modestement qu'il s'en rapportait à des experts : « Je passe, disait-il, par l'advis de plus habille que moy, desquelz je puis apprendre (1) ».

Les préliminaires étaient accomplis et tous les plans mûris : on pouvait passer à l'exécution.

(1) Lettre du 9 mars 1643, donnée en appendice IV.

§ II.

Confection de la nouvelle châsse par Antoine Lespicier, orfèvre rémois (1643-1650).

Le marché passé entre D. Oudard Bourgeois et Antoine Lespicier porte la date du 31 mars 1643, et une nouvelle convention, pour sûreté et garantie réciproque, y fut ajoutée le 20 septembre 1645 (1). Tous les détails d'exécution, le prix, le poids, la date de livraison et celle du payement y sont stipulés avec l'abondant formalisme des actes (2). Il y est question du plan ou « dessein qui en a été fait et dressé », précieux croquis resté sans doute entre les mains de l'artiste et dont nous n'avons pas retrouvé trace dans les archives. Comme la châsse d'Hincmar, celle-ci était en bois recouvert de lames. d'argent, car l'orfèvre devait « garnir d'argent le bois d'une nouvelle chasse », était-il dit expressément.

Elle devait avoir un étage supérieur, orné de douze cartouches, offrant, dans un riche travail au repoussé, les « histoires » ou scènes de la vie de saint Remi. Les

(1) Voir ces deux traités en appendice VI.

(2) Ce marché existe en double : la pièce manuscrite suivie de quittances données à diverses époques, et la pièce imprimée sur 2 ff. in-4°, avec la caution de Perette Hachette, femme de Lespicier. (*Archives de Reims*, ibidem.)

statues des Pairs de France allaient se trouver dans les niches inférieures, au lieu des statues d'archevêques que l'on croit avoir figuré sur la châsse d'Hincmar (1). Cette dernière, malgré sa vénérable origine, était bien démodée après dix siècles d'existence : « laquelle chasse, disait Oudard Bourgeois dans son testament, pour le présent (est hors d'usage) pour son antiquité et vieillesse, estant toute rompue et fracassée (2) ».

Commencée en 1643, la châsse qui devait éclipser celle d'Hincmar s'enrichit d'abord de ses dépouilles : on fondit l'or et l'argent qui la décorait encore, mais on réserva les pierreries pour rehausser l'éclat si pur des plaques argentées de l'œuvre nouvelle. En trois ans, Antoine Lespicier croyait avoir mené l'entreprise à terme, malgré bien des embarras et des surcroîts de dépenses; l'achèvement semblait du moins si prochain à D. Oudard Bourgeois et à ses anciens religieux, qu'à l'automne de l'année 1646, ils crurent être à la veille de la translation des reliques (3). L'archevêque Léonor

(1) Ce sont les statues des douze apôtres que l'on a placées sur la châsse de 1824, et c'était à bon droit, car saint Remi était, en France, comparé aux Apôtres : *Sancte Remigi, par Apostolis*, selon l'invocation des litanies du saint. La châsse de 1896 aura également ses douze statues d'apôtres, comme on le voit sur la planche ci-jointe, qui offre le premier dessin de restitution.

(2) Testament du 14 janvier 1639, déjà cité plus haut. — Dom Marlot dit aussi « que le Peuple de Reims voyoit la chasse à regret si peu ornée à l'extérieur, bien que très riche en l'une de ses faces ». *Le Tombeau du grand saint Remy*, p. 179.

(3) « Du jeudy 20e septembre 1646... les religieux réformés auroient jugez à propos de faire ouverture de la chasse du glorieux St Remy pour veoir en quel estat est le corps dud. sainct, à raison de la translation qui s'en doibt faire dans une nouvelle chasse mieux élabourée, faite et construitte par le soing et libé-

d'Estampes de Valançay ne pouvant assister, pour cause d'absence de Reims, à l'ouverture de la châsse, autorisa la reconnaissance qu'en feraient, le 20 septembre 1646, les dignitaires du Chapitre et les grands vicaires, assistés des religieux de l'abbaye (1). Auparavant, vers le 20 août, les religieux seuls avaient opéré en secret une première ouverture. Nous donnons, sur cette cérémonie si émouvante, la relation inédite d'un témoin oculaire, Dom Paul de Rivery, prieur des religieux réformés de Saint-Nicaise, qui écrivait quelques mois plus tard, le 11 février 1647, cette lettre très circonstanciée à son confrère, D. Nicolas Cocquebert, religieux à Notre-Dame de Josaphat, près Chartres :

✝

PAX CHRISTI

Mon Reverend Pere,

Je suis très aise de cette occasion de vous écrire pour vous mander ce qui s'est passé à St-Remy touchant l'ouverture de la chasse de ce saint. Vous scavez que Mr le Prieur (2) fait faire une nouvelle chasse : or comme elle approche d'être

ralité dud. D. Oudard Bourgeois, pour l'affection et dévotion particulière qu'il a aud. St Remy... » *Livre des choses mémorables arrivées en l'abbaye de Saint-Remi*, ms. de la Bibliothèque de Reims, f° 9, recto.

(1) *20 septembre 1646.* — Procès verbal d'ouverture de la châsse de St Remy. — Procès-verbal original en français. — Pièce annexe : *Escript trouvé dans la chasse de St Remy, archevesque de Reims*, on y trouve la copie et la traduction des inscriptions déposées par Hincmar dans le tombeau de St Remi. (Voir appendice VII, *Procès-verbal d'ouverture).*

(2) M. Oudart Bourgeois, grand prieur des anciens non réformez. *(Note ajoutée sur la copie du document, comme les suivantes.)*

faite, on a jugé à propos d'ouvrir l'ancienne pour voir l'état du corps, et pouvoir prendre l'ordre de le transporter de l'une dans l'autre. Cela fut conclu dans le conseil secret, où j'étois, par la bonté du Reverend Père Prieur (1), moi quatriême. La résolution fut qu'on envoiroit les coûtres (qui ont coutume de coucher dans l'église) coucher chez eux, et que la nuit nous l'ouvririons. Nous nous enfermâmes dans le tombeau, et aiant fait provision d'outils nécessaires, sur les sept heures et un quart du soir nous commençâmes notre ouvrage. Dom Antoine Alard, qui demeure a St-Remy, en étant l'entrepreneur et moi son second, le Reverend Pere Prieur et le pauvre Dom hiacinte, qui est mort depuis peu à St-Germain, servant de chandeliers. Sur les dix heures nous en vinrent a bout avec beaucoup de peine.

La chasse étant ouverte nous y vîmes le corps étendu tout de son long, et de la même grandeur qu'est la chasse, avec une odeur celeste. Nous fûmes tous saisis de devotion à la vûë du corps. Nos prieres étant faites nous commençâmes a le developer. Il est enveloppé de quatre sortes d'étoffes, sans compter celle qui est attachée a l'entour du coffre de bois en dedans qui est toute semblable, et comme je pense d'une même pièce avec son suaire qu'on porte en procession. Sinon qu'elle paroît si neuve qu'on la diroit sortir de la boutique, comme sont aussi les trois premieres enveloppes ; dont la premiere est d'un satin violet; la seconde d'un satin cramoisy d'un côté et verd de l'autre; la troisiême semble d'un satin blanc comme neige ; mais on n'a pu convenir de la matiere, quelques uns croiant que c'est une grosse toile de cotton, ou quelqu'autre chose de semblable ; quoi que c'en soit, c'est une etoffe pretieuse. La quatriême qui enveloppe le corps immediatement semble être un lin bien fin, ou un taffetas fort delié, cela ne se peut pas bien discerner, parcequ'elle est toute imbibée de l'humeur de sa chair et de beaume, car il a été embeaumé très assurement ; il est bien envelopé de quatre ou

(1) Dom Anselme Dohin, prieur des réformez.

cinq tours de cette dernière enveloppe et cela tient l'une à l'autre, quand nous pensions defaire cela, tout se rompoit. On discerne les pieds, les jambes, les cuisses, les bras, l'estomach, comme si un corps n'étoit enveloppé que d'un simple linge; nous laissâmes cela, voiant qu'il se déchiroit.

Outre les enveloppes susd[es] entre la troisiême et la derniere sur sa teste, il y a un grand voile de satin violet avec cinq croix de broderie, une au milieu, les quatre autres aux quatre coins, et tout a l'entour il y a ecrit en fil de soye verte, rouge et d'or, en latin, que Hincmar, indigne Archevêque de Reims et indigne successeur de St Remy, lui offre en vœu ce voile, afin qu'il l'assiste de ses prières (1); la lettre est aussi lisible que la meilleure de ce tems, a laquelle elle ressemble fort, il y a pourtant huit cens ans comme vous scavez et au dela.

Dessous la tête, il y a un petit coussin de satin avec quatre bouffes de soye et d'or. Nous decouvrîmes la tête a nud, la mandibule d'en bas étoit attachée encore au col, mais le reste d'en haut étoit séparé (on croit que c'a été par le mouvement de la chasse lors qu'on l'a portée en procession). Il n'a que cinq dents dans la bouche; le bas de son menton est garni de peau et de poil grand environ comme le nôtre, lorsque nous faisons faire nôtre poil de huit jours; il est comme châtaigné, je crois que c'est le beaume qui l'a rendu ainsi, car à son âge il devoit estre blanc. Sur la tête et sur les joûes il y a encore quelque peu de peau par ci par la, le creux des yeux en est rempli ; le reste de son corps est fort roide, et montre que les nerfs tiennent encore tous ses membres liez ensemble.

Après avoir bien vû, considéré, touché et baisé tout cela a nôtre aise, et avec de grands sentiments de dévotion, nous renveloppâmes le tout comme il étoit et remîmes la chasse, en sorte qu'on ne s'en appercevoit pas. Environ un mois

(1) Sancte Remigi, confessor domini pretiose, cum pietate mei memento Hincmari, nomine non merito Episcopi, indigni quoque sed devoti servi tui. — Cette inscription se trouve peut-être encore dans la châsse actuelle, et il serait très curieux de la reproduire par la photographie si elle était remise au jour.

après (1), on l'ouvrit de rechef par la permission de Mgr L'Archevêque, qui n'y put assister cette fois, étant allé en Picardie, en présence de Mr le Grand Vicaire, M. le Doyen, le grand Archidiacre et le secretaire de Mgr l'Archevêque, de Mrs les Anciens, Mr le Grand Prieur et tous nos confrères de St-Remy, et moi pour la seconde fois, sous le même pretexte que la première fois.

La chasse étant remise au premier état, elle fut sellée du sceau de Mgr l'Archevêque. Et pendant les Avents (2), Mgr L'Archevêque souhaita de le voir a la grande instance de Mr du Puy, Abbé de St Denis (3), qui y assista avec des principaux de la Ville (4). On en eut le vent par la Ville, comme on entendoit les carosses rouler à St Remy sur les sept heures du soir ; il y accourut plus de quatre mil personnes ; on fit si bien pourtant que peu le virent, peur d'inconvenient dans une si grande foule. Ce sera la derniere fois, comme je crois.

La chasse n'est pas si prête d'être achevée, comme on le croioit, a cause que l'Entrepreneur (5) est bien mal a son aise ; il a mal fait ses affaires, et le pis c'est qu'on lui a avancé l'argent. Mr du Puy en a parlé à la Reine, et lui a fait promettre mil ecus pour la dorer. Mgr L'Archevêque poursuit pour tenir son concile, il en a obtenu permission du Roy, il a été voir tous les Évêques de Picardie, qui y consentent en apparence, mais qui l'empêcheront en effet, a ce qu'on croit, il pretend le commencer en May prochain ; il souhaite que la translation se fasse alors en présence de tous les Évêques, on s'y dispose en cas que le concile se tienne. Si la lettre est longue et vous

(1) Le 20 septembre 1646.

(2) Le 13 9bre 1646.

(3) Henri de Maupas du Tour, évêque du Puy, aumônier de la Reine mère.

(4) 1. Mr Leonord d'Estampes de Valançay, 2. Robert Parent, 3. Guilleaume Parent, 4. Nicolas Bernard, 5. Jean Pinguenet.

(5) Antoine Lespicier.

fait perdre du tems a la lire, c'est la croiance que j'ai eu que vous entenderiez volontiers le recit de l'ouverture de la chasse de St Remy. Je me recommande a vos saints sacrifices et suis,

Mon Reverend Père,

Votre tres humble et tres
affectionné confrere,

Fr. Paul de Rivery, M. B. (1).

A St Nicaise de Reims, ce 11 fevrier 1647.

A la suite de ces deux ouvertures préalables de la châsse d'Hincmar, malgré l'état inachevé de la châsse en construction et l'impossibilité de l'inaugurer encore, une troisième ouverture eut lieu le 13 novembre 1646, cette fois en présence de l'archevêque Léonor d'Estampes de Valançay, du gouverneur, et de plusieurs magistrats de la ville et du bailliage, de l'historien D. Marlot et d'autres personnages notables. La reconnaissance du corps donna lieu à un nouveau procès-verbal officiel en latin, sur lequel nous n'avons plus à insister, puisque son texte a été donné et commenté amplement par D. Marlot (2).

Il nous faut revenir au travail de l'entrepreneur et

(1) Et sur le dos est écrit : *Au Reverend Père Dom Nicolas Cocquebert, Religieux de la congregation de St Maur a Notre Dame de Josaphat Les Chartres*. — *Archives de Reims*. Fonds de Saint-Remi, Trésorerie, liasse de Renseignements, Reliques, 1647, copie du temps, pièce sur laquelle on a inscrit en tête : *Lettre de conséquence*. — On trouve une autre copie de la lettre de D. Paul de Rivery dans un des recueils mss. de Raussin à la Bibliothèque de Reims, *Cérémonie des sacres*, p. 417, offrant quelques variantes avec celle que nous publions.

(2) Voir le document à la fin du *Tombeau du grand Saint Remy*, 1647.

aux fâcheuses péripéties qui en marquèrent l'achèvement. Déjà excédé sans doute par la durée du travail et le manque de ressources, Antoine Lespicier avait à faire face aux difficultés matérielles, comme aux surplus d'embellissements qui lui étaient demandés par les religieux. L'œuvre traînait en longueur, et le grand prieur, accablé de vieillesse, n'avait plus probablement l'activité nécessaire pour suffire aux désirs de l'artiste ; il mourut le 3 juin 1649, sans avoir vu le couronnement de son entreprise. Mais, avant son décès, il avait fallu aller en justice et les points les plus importants avaient été réglés.

Après une procédure au bailliage de Vermandois, deux experts avaient été nommés pour apprécier l'œuvre de Lespicier et en fixer la valeur (1). Ils avaient clos leur expertise le 26 mai 1649, tenant compte des clauses du marché et des pièces ajoutées à la décoration, en dehors des conventions (2). Ces experts étaient des orfèvres de Paris en grand renom, Claude de Villiers et Claude Ballin, ce dernier orfèvre du roi, successeur de Varin au balancier des médailles. Ils avaient fait le voyage de Reims, où ils séjournèrent à raison de huit livres parisis par jour, et ils furent taxés pour seize jours. On leur avait adjoint deux orfèvres rémois, Jean Nolin et Claude Pilloy, qui reçurent huit livres par jour de vacation (3). La moitié des frais furent suppor-

(1) Voir en appendice VIII une lettre de D. Calliste Adam à D. Oudard Bourgeois, relative au choix des experts et aux divers points de contestation avec Antoine Lespicier, 23 décembre 1648.

(2) Voir en appendice IX ce procès-verbal d'expertise, très long et minutieux, qui décrit la châsse entière.

(3) *24 may 1649*. — Procès-verbal et rapport des experts qui ont fait la prisée et estimation de la châsse de St Remy. — Extrait

tés par Lespicier, dont le compte se trouva en dernière analyse clos en ces termes :

« Total de la depense........... 14.143 livres
sur laquel il a receu .... 9.570 livres
Et partant reste à payer à Lespicier. 4.573 livres (1). »

L'opération se terminait donc avec une dépense de 14,143 livres, dont les deux tiers avaient été avancés à l'artiste au cours des travaux. Maintenant que l'œuvre était achevée, il lui restait la gloire de l'avoir exécutée, en échange des tribulations et peut-être même de la ruine qu'elle lui avait occasionnées. C'est le sort de beaucoup d'artistes.

N'oublions pas, deux siècles après, d'associer au nom de Lespicier celui du promoteur et bienfaiteur insigne, Dom Oudard Bourgeois, « dont la représentation en forme de priant se trouvait, dit D. Marlot, à l'un des côtez de la châsse, où se voit le Batême de Clovis, avec ce distique qu'il adresse à saint Remy :

Ecce tuis appendo tholis mea munera Præsul,
Hæc tibi si placeant, tu mihi redde vicem.

« Le même, ajoute l'historien, a préparé un voile de satin blanc broché d'or tout à l'entour pour mettre

des registres du Greffe civil du Bailliage de Vermandois, Siège royal et présidial de Reims. 24 ff. in-f° d'une écriture peu lisible. (Voir en appendice IX.)

(1) *Archives de Reims*, même fonds, renseignements, Mémoire des estimations de la châsse, 2 ff. sans date (vers 1650).

dans la châsse, avec cette inscription qui paraît au milieu :

Sancte Remigi lux Francorum memento mei
Cum venero ante Tribunal Christi (1). »

A ces touchantes et naïves démonstrations de confiance en l'intercession de saint Remi, ajoutons deux autres textes consacrés à sa mémoire et qui font aussi partie de l'histoire de sa châsse :

I.

Inscription du coussin en soie rouge, posé sous la tête de saint Remi, dans la châsse d'Hincmar :

Hoc opus exiguum Præsul clarissimus Hincmar
Alpheidi jussit condere, sicq ; dare.
Ille quidem jussit, sedet hæc mox læta peregit,
Protulit et factum, quod modo cernis opus,
Quæ sub honore novo pulvillum condidit ipsum,
Quo sustentetur, dulce sacrumque caput.
Remigii meritis Alpheidis ubique juvetur,
Ipsiusque preces hanc super astra ferant.

(*Procès-verbal de visite de la châsse par Léonor d'Estampes de Valançay, archevêque de Reims,* 13 novembre 1647.)

II.

Inscription du « voile en satin blanc, enrichy d'un très-beau feüillage d'or tout à l'entour, ayant un cœur au milieu,

(1) *Le Tombeau du grand Saint Remy*, p. 185. Nous ne savons si ce voile de satin blanc fut mis dans la châsse, mais on y lisait en dehors le nom du grand prieur, sur l'inscription reproduite par D. Chastelain et par D. Marlot, *ibidem*, p. 184.

sur lequel sont écrits ces mots en forme de vœu », préparé par la Révérende Mère Dame des Cordelières ou Clarisses de Reims, pour être enfermé dans la châsse de saint Remi, lors de la translation qui devait avoir lieu en 1647 :

Tibi Remigi sanctissime, Claudia (1) *humilis Clarissarum Mater hoc cordis pietatisque symbolum consecrans se suumque sodalitium fidei tuæ æternum committit*, 1647.

(*Le Tombeau du grand saint Remy*, par D. Marlot, p. 185.)

(1) Claudine Le Vergeur, abbesse de Sainte-Claire de 1624 à 1647, morte en avril 1647.

§ III.

Translation de l'ancienne châsse dans la nouvelle, sa description et sa durée, 1650-1793.

L'archevêque Léonor d'Estampes avait espéré faire la remise de la châsse d'Hincmar dans la nouvelle châsse au mois de mai 1647, durant la tenue d'un concile provincial (1). Mais des obstacles s'accumulèrent sans doute et les choses restèrent en l'état durant trois longues années. Les procès avec Antoine Lespicier, la mort d'Oudard Bourgeois, les préoccupations politiques, tout concourait à retarder la fin de cette louable entreprise. Ni l'archevêque, souvent absent, ni l'abbé commendataire, rendu à la vie mondaine, ne semblaient pressés d'accomplir le vœu du grand prieur défunt, que les religieux seuls ne pouvaient oublier. La châsse restait là en dépôt, les comptes étaient réglés avec Antoine Lespicier, mais personne ne prenait l'initiative d'en consacrer l'usage et de la déposer dans le superbe mausolée que l'on célébrait à l'envi (2).

(1) C'est bien ce que relatent Paul de Rivery, dans la lettre citée plus haut, et D. Marlot, sur le titre du *Tombeau du grand saint Remy*, en annonçant la « cinquième translation, désignée pour la présente année 1647 ».

(2) *Superbi admodum ac Luculentissimi Remigiani mausolei descriptio*, authore Domno Marcellino Ferey, monacho benedictino congregationis sancti Mauri. — Grande feuille in-f° maximo. (*Archives de Saint-Remi*, renseignements.)

Ce fut une émotion populaire et l'inquiétude générale de la population rémoise en face du péril imminent des guerres civiles de la Fronde qui déterminèrent l'inauguration du chef-d'œuvre de Lespicier, pour avoir la procession générale du corps de saint Remi au mois d'août 1658. La décision fut alors prise immédiatement et sans discussion (1).

Nous ne pouvons mieux faire que de renvoyer pour cet événement au récit qu'en donne D. Chastelain en ces termes :

« Au mois d'août 1650, dit-il, sous la menace d'un siège, devait avoir lieu une procession avec le corps de St Remy... Une seule chose embarrassoit les religieux de Saint-Remi, c'est que ledit corps n'avoit pu encore être enfermé dans la nouvelle châsse d'argent que dom Oudard Bourgeois, grand prieur des anciens religieux, avoit fait commencer par le moyen du revenu de ses bénéfices et de ses épargnes quatre ans auparavant, c'est-à-dire en 1646, par Mr Antoine Lépicier, très habile orfèvre de Reims, et que les religieux réformés, après le décès de Dom Bourgeois arrivé le 3 juin 1649, avoient fait achever par le même orfèvre; et que l'ancienne chasse se trouvoit dépouillée de ses ornements qu'on avoit employés à la structure de la nouvelle, au moins en partie (2). Mais on

(1) « Du jeudy 18e du mois d'août 1650, les religieux décident, a raison d'une procession du corps de saint Remi qui va avoir lieu, « qu'on enfermeroit l'ancienne chasse dans la nouvelle, vu « mesme qu'elle a été faite toute à dessein, ce qui a été ainsi « fait le mesme jour durant la nuict, en présence de... » *(Livre des choses mémorables,* f° 10, verso).

(2) « Cette ancienne châsse qu'Hincmar avoit fait faire, pesoit environ 24 marcs, la nouvelle en pèse 246 marcs. » *(Note de D. Chastelain.)* Son poids, d'après M. l'abbé Cerf, équivaut à environ 61 kilog. ou 120 livres. Lorsqu'on la pesa en 1793, on trouva 253 marcs, 6 onces, 2 gros d'argent. (Tarbé, *Trésors des églises de Reims,* p. 304.)

trouva un expédient qui fut de mettre l'ancienne chasse dans la nouvelle, sans toucher au s[t] corps et sans rompre les sceaux de Mgr l'archevêque et de l'abbaye. Ce qui fut exécuté la nuit du jeudy 18 au vendredy 19 aoust 1650, et le 21 suivant, elle fut portée en procession générale à la manière accoutumée (1). »

D. Chastelain donne ensuite la description détaillée de la châsse :

« Cette chasse, écrit-il, est toute d'argent, faite dans le même goût que le mausolée, excepté que les colonnes qui séparent les figures des douze pairs de France sont torses et ornées de feuillages délicatement travaillés. Elle est longue de sept pieds deux pouces ; haute de près de cinq pieds, y compris une grande couronne d'argent qui se met dessus quand on la tire dehors ; elle est large de deux pieds et demi (2). Au lieu de portes par devant, c'est un tableau d'argent chargé de pierres prétieuses, lequel représente St Remi baptisant le roy Clovis ; on y a employé 246 marcs d'argent. On y voyoit attaché de presque tous les côtés quantité de joyaux qui sont des preuves assurées de la libéralité de plusieurs personnes de Reims, tant ecclésiastiques que séculiers, et on lit autour l'inscription suivante :

ANNO SAL. 1648, REGNANTE LUD° XIV°, LEONORIO ARCHIEP°, HENR° ABB°. CORPUS INTEGRŪ. S. REMIGII FRANCOR̄. APLI. REMOR̄. PONTIFIC[s]. JAM OLIM AB HINCMARO. REMEN. ARCHIEPO IN CAPSA ARGENTEA RECONDITUM ; DOM. OUDARD' BOURGEOIS HUJUS ARCHIM̄. ARCHIPRIOR IN HANC LONGE PRÆSTANTIORE TRANSFERRI CURAVIT. CUJUS OPUS ACCEPTUM TIBI SIT, O SANCTE SANCTORUM DEUS, ET IPSE MEREATUR GLORIOSI PATRONI SUI CONSORTIO PERFRUI IN CŒLIS. AMEN.

(1) Dom PIERRE CHASTELAIN, *Histoire abrégée de l'église de Saint-Remi*, écrite en 1770, ms. de la Bibl. de Reims, p. 35.

(2) D'après les mesures actuelles : longueur, 2[m] 28 ; — hau-

« Il faut remarquer que le corps de saint Remi n'a été mis dans cette châsse qu'au mois d'aoust 1650... et que l'inscription avoit été gravée dès l'an 1648, Louis XIV étant Roy de france, Leonor d'Etampes étant archevêque de Reims, et Henry de Savoye Nemours étant abbé commendataire de St Remi (1). »

A la suite de la description de la châsse par D. Chastelain, nous n'avons plus qu'un document à faire connaître, c'est le procès-verbal lui-même du dépôt de la châsse d'Hincmar dans celle d'Oudard Bourgeois (2). On y trouvera également l'exposé des craintes qui se manifestèrent si vives à Reims au mois d'août 1650, et motivèrent l'inauguration de la châsse en vue d'une procession générale. La manière dont s'opéra cette translation est décrite dans les plus minutieux détails et sous l'attestation de D. Mommole Geoffroy, prieur, assisté de plusieurs religieux de Saint-Remi.

Ce procès-verbal du 18 août 1650 fut enfermé dans la nouvelle châsse avec un exemplaire du *Tombeau du*

teur, 1^m 68 ; — largeur, 0^m 82. — Les dimensions données par D. Marlot dans le *Tombeau de saint Remi*, p. 181, sont un peu différentes.

(1) L'inscription donnée ici est probablement très exacte ; elle diffère cependant en quelques parties du texte relaté par D. Marlot dans le *Tombeau du grand saint Remi*, p. 184. L'historien donnait sans doute un projet écrit en 1647 et que l'on aura modifié en 1648. — Il faut, d'ailleurs, comparer la description donnée par D. Chastelain avec celle d'un auteur inconnu, datée du 18 septembre 1725. Elle a été copiée par Raussin dans son recueil inédit de la Bibliothèque de Reims, *Cérémonie des Sacres*, p. 406, et nous la reproduisons en appendice XI.

(2) Pièce inédite donnée en appendice X, document particulièrement précieux en ce qu'il a séjourné dans la châsse de saint Remi de 1650 à 1793.

grand Saint Remy par D. Marlot, et tous deux ont été retrouvés intacts lors de la violation du tombeau, le 23 octobre 1793 (1). Le procès-verbal, aujourd'hui déposé aux Archives de Reims, avait été paraphé en marge le 2 brumaire an II, au désir des administrateurs du district, et signé par quatorze témoins, au nombre desquels on rencontre les noms connus de l'abbé Seraine, curé constitutionnel de Saint-Remi, de Géruzet-Muiron, notable, et de Favereau, officier municipal et administrateur de l'église. Ce dernier, le même jour, sauva les ossements de saint Remi en les inhumant au cimetière, après le dépouillement et la destruction simultanée des débris de la châsse d'Hincmar et de celle d'Oudard Bourgeois.

(1) Voir les procès-verbaux de cette époque, donnés dans les *Travaux de l'Académie de Reims*, t. LX, pp. 22-38, et dans les *Trésors des Églises de Reims*, par Pr. Tarbé, pp. 302-307. — Le procès-verbal du 2 brumaire, an II (23 octobre 1793), indique nettement que le membre du District procéda seulement au dépouillement des pierreries et des plaques d'argent recouvrant la châsse, mais que son ouverture et la violation des reliques furent le fait d'une foule curieuse et en tumulte qui avait envahi l'église pendant l'opération.

H. J.

Reims, le 7 février 1896.

DOCUMENTS INÉDITS

I.

Travaux exécutés à la châsse d'Hincmar par Guillaume du Mont, orfèvre rémois, en 1535 et 1536.

Novembre 1535. — Recepte de l'or qui estoit aux tabletures de la chasse sainct Remy, lequel a esté fondu par Guillaume Du Mont, orfèvre demeurant à Reims (1), le ve jour du mois de novembre mil V^c^ trente cinq, en la présence de maistre Adrian de Cretot, maistre d'hostel de Monseigneur l'evesque et comte de Chaalons (2), et de moy Nicol Lepaige, religieux et chambrier dudict sainct Remy :

Huytz lingaulx d'or, dont l'ung est rompu, qui poisent xxi marcs v unces et demye.

Trois lingaulx d'or qui poisent.. viii marcs, demye unce.

Somme totale est .... xxix marcs vi unces.

Or baillié à Guillaume du Mont, orfèvre, par moi Nicol Lepaige pour faire les tabletures de la chasse sainct Remy,

Le xviiie novembre an dessusdict, en trois lingaulx d'or, baillié......................... viii marcs demye unce.

Item, en six aultres lingaulx d'or, xvi marcs iiii unces et demye.

Somme totale.................... xxiiii marcs v unces.

Ita est *(signé)* Du Mont.

(1) Guillaume Dumont, juré des orfèvres de Reims en 1535. *Arch. législ. de Reims*, par P. Varin, *Statuts*, 3e vol., p. 78.

(2) Robert de Lenoncourt, plus tard cardinal, alors évêque de Châlons, abbé de Saint-Remi de 1533 à 1551.

Item baillié audict Guillaume Du Mont, le VIIe de fevrier, V^{c} XXXV ung marc, une unce, deux trezeaulx d'or en bordure qui estoit demourée de reste, en la presence de monsieur le maistre d'hostel Adrian de Cretot.

(Signé) Du Mont.

Recepte de l'or que Guillaume Du Mont, orfèvre, a rendu ouvré pour mettre en la tableture d'en hault le samedi XVIIIe jour de decembre l'an V^{c} trente cinq, receu huytz marcs septz unces et demye d'or.

Inventaire de l'argent baillié à Guillaume du Mont, orfèvre, pour employer à la chasse sainct Remy par monsieur le maistre d'hostel de monseigneur l'evesque de Chaalons, Adrian de Cretot, et moy Nicol Lepaige, religieux et chambrier de Sainct Remy le IIIIe jour de janvier mil V^{c} trente six.

En une thieulle et ung lingault d'argent pesant dix marcs deux unces six trezeaulx et demy.

Item est demouré entre les mains dudict Guillaume trois grans fermeilletz avec deux petis d'or, avec trois fleurs rondes, une croix, une bullette, et six anneaulx d'or.

(Signé) Adrian Cretot,
Du Mont,
Lepaige.

Le vendredi XXIIIe de février V^{c} XXXVI maistre Didier Buat, argentier de monseigneur l'evesque de Chaalons, et moy Nicole Lepaige, religieux et chambrier de Sainct Remy de Reims, avons receu de Guillaume du Mont orfèvre, demeurant à Reims, tant en argent doré que blanc, pour apposer au devant de la chasse de sainct Remy, la quantité de seize marcs quattre unces six trezeaulx et ledict Guillaume en avoir receu, le IIIIe janvier au dessus dict, dix marcs deux unces six trescaulx et demy, par ainsi et deu audict Guillaume six marcs, une unce, septz trezeaulx et demy d'argent.

(signé) Lepaige, Buat, Du Mont.

Ledict jour XXIIIe de fevrier furent fonduz les fermeilletz et signetz de l'autre part, escriptz ès persence des dessus dictz par ledict Guillaume, et pesoit septz unces et demye d'or, qui revenoient au tiltre de xx caratz, qui est demouré entre les mains dudict Guillaume.

(Signé) ADRIAN CRETOT, LEPAIGE, DU MONT.

Le XXVIII[e] mars V[c] XXXVII, damp Guillaume Bernard, trésorier, M[e] Didier Buat, argentier, et moy soubscript chambrier avons faict fondre à Guillaume Du Mont, orfèvre, beaucoup de petis loppins d'argent que nous aviens recueilly en la chappelle où avoit esté la chasse sainct Remy (1), et y a esté faict ung lingault d'argent qui poise avec des petits cloux d'argent six unces et demye d'argent que j'ay mis en mon coffre.

(Signé) LEPAIGE.

(Archives de Reims, Fonds de l'abbaye de Saint-Remi, Trésorerie, Renseignements.)

II.

Procès-verbal de présentation par D. Oudard Bourgeois, sur l'autel de Saint-Remi d'un reliquaire représentant la Résurrection, œuvre d'Antoine Lespicier.

†

....

Le 12 janvier 1630. — Disant ledict Domp Oudard Bourgeois qu'aiant, dès sont plus de trente ans, jouy par la permission de ses superieurs, en vertu des provisions de Rome, de quelques mediocres benefices du revenu desquels il auoit par sa frugalité espargné quelque somme de deniers, laquelle

(1) Il s'agit du tombeau de saint Remi, que l'on démolissait alors, pour le remplacer par le mausolée décrit et reproduit bien des fois.

depuis ung an en ça il auroit employé auec la permission de cesditz superieurs à la confection d'ung *reliquiaire d'argent* vermeil doré representant l'*histoire de la Resurrection de nostre Seigneur*, garny de huict figures, sçauoir de celle du Sauueur ressuscitant, de (1) poulces de hauteur, erigée sur un monument ou sepulchre, de celles de deux soldatz gardant ledict Sepulchre, de trois femmes allantes au monument, d'ung ange, et d'ung religieux priant, toutes posées sur une terrasse de mesme estoffe, soustenus par quatre cherubins de cuiure doré, le tout pesant quarente marcz d'argent vermeil doré, et quatre marcz de cuiure pour lesdictz Cherubins, revenans lesdicts quarente marcs à dix huit cens liures tournois à raison de quarente cinq liures le marc et lesdicts Cherubins à quatre vingtz dix liures tournois.

Lequel reliquiaire ledict Domp Oudard Bourgeois a dict auoir devotion et desire de presenter cejourdhuy en offrande à Dieu, à la Vierge Marie, au bienheureux s[t] Remy, sainct Benoist et sainct Marcoul, ses patrons, et à toute la Cour celeste, ce qu'il a faict et executé en nos presences, le posant sur le grand autel de l'église de ladicte Abbaye et archimonastère de sainct Remy, faisant ceste priere : *Suscipe sancta Trinitas hanc oblationem quam tibj offert indignus famulus tuus Odardus Borgesius hodie duodecima Ianuarij 1630, ob memoriam gloriosae Resurrectionis dominj nostri Jesu Christi et in honore beatae Mariae semper Virginis et Sanctorum confessorum tuorum Remigii, Benedicti, et Marculphi, et omnium sanctorum ut illis proficiat ad honorem, mihi autem ad salutem et remissionem peccatorum. Amen*, signé *Bourgesius*.

Et puis après le presentant aux susdicts Reverends pères Prieurs et religieux de Sainct Remy faisans et represèntans le couvent de la dicte Abbaye, le deliurant audict Tresorier pour iceluy estre gardé et conservé à perpetuité en ladicte eglise de sainct Remy par lesdicts Srs Tresorier et religieux, ainsi et comme les autres reliquiaires et joyaux de ladicte Abbaye

(1) Chiffre laissé en blanc.

sans en pouuoir estre distraict, transporté, aliéné, vendu ou engagé à l'aduenir en quelque sorte ou maniere, ny pour quelque cause que ce soit.

Et pour estre honorablement porté ès processions solemnelles tant du matin que du soir que ledict Domp Oudard Bourgeois a fondé en ladicte eglise de Saint Remy chacun an ès jours de Pasques et Pentecoste, et speciallement pour estre employée à porter le sainct Sacrement de l'Autel dans le soleil qui se peut appliquer en la main droicte de ladicte figure du Sauueur ressuscitant, en processions du matin desdicts jours de Pasques et Pentecoste, voire même en celle du jour de l'octaue de Feste Dieu, apres auoir este posé durant ladicte octaue sur l'Autel, au lieu du porte Dieu ordinaire si on le trouve bon (1). En obseruant néantmoins en tout ce que dessus les solemnitez et ceremonies ordinaires et accoustumées amplement deduites et declarées ès contractz cy deuant faictz et passez pour le subject des dictes processions, salutz et fondations, tant entre ledict Domp Oudard Bourgeois et les susd. Venerables Prieurs et anciens religieux qu'entre Messieurs les chanoines de sainct Timothé et le couvent des Reverendz peres Minimes, lesquels contractz ledict Bourgeois a requis lesdictz Reverends peres prieur et religieux reformez de voulloir agreer et accepter, mesme de les faire ratiffier et confirmer par le Chappitre general de la Congregation Benedictine de sainct Maure en France, et d'icelle confirmation luy en delivrer coppie en dans six mois en ça.

....

(*Archives de Reims,* Fonds de Saint-Remi, Trésorerie, liasse 389, n° 10.)

(1) Ce sont là de curieux détails liturgiques que nous ne pouvons que signaler ici, à propos des processions de la Résurrection à Reims.

III.

Lettre de D. Oudard Bourgeois, grand Prieur de Saint-Remi, à D. Calliste Adam, religieux, bénédictin à Paris, 1643.

Mon venerable père,

Ayant receu les vostres, je les aye communicquez à monsieur Lespicier, m^e^ orfebve à Reims (qui est celuy qui a faict nostre Resurrection), lequel vous escript et respond au poinctz contenuz aux vostres comme vous verrez par icelles et nous promet de ne passer plus de deux cent mars d'argent, sy ce n'est que, par les aumosnes de gens de bien, nous ayons de quoy d'y augmenter. Nous trouvons par conseil que nous ne pouvons diminuer le buffet de bois qui est pour le present et qu'il est nécessaire de l'enclor dedans un plus grand coffre pour les inconveniens qui en pouroient arriver, imitant en ce ce grand archevesque Hincmar, desniant au roy de Germanie une petitte parcelle du corps qui luy en demandoit, luy disant qu'il ne pouvoit toucher à ce s^t^ corps que Dieu avoit dès sy longtemps conservé en son entier. Il est vray qu'elle sera plus puesant qu'au paravant, mais nous pouvons diminuer le coffre ou bufet dedans lequel repose ledict s^t^ corps, non en sa grandeur mais en l'épesseur. Je vous envoye la coppie de l'accord que nous avons passé par ensemble a la diette et signez des reverendz pères visiteurs et prieurs des abbayes St Remy, St Denys en France, St Germain des Prez, St Arnulf et aultres, que vous communiqueré s'il vous plaist au R. P. supérieur de la congrégation, le priant humblement de faire exécuter le contenu d'yceluy, ce qui regarde la congregation, et quant à moy je suis prè de satisfaire an quoy je suis obligé, mon intention n'estant de fouler ladicte congregation, mais Dieu y prouvera au rest s'il luy plaist, cete affaire merit^e^ bien d'y penser plus d'une fois, mais vous est en la fontaine des sciences, et si mesme le temps commode se passe, car il me faut bien travailler en hivert comme en l'esté. Je remetz le tout à vostre prudence et au R. P. prieur des Blancmanteaux et du collège de Clugny qui ont commencez ceste bonne œuvre, mais c'est la fin qui coronne l'œuvre. Je baise les mains au R. P. supérieur, et aux prières des bons péres prieurs, demeurant toujjours

Vostre meilleur confrère et amy

BOURGEOIS.

A Reims ce Xme mars ....

Inscription au dos : Au vénérable père dom Calist Adam, religieux benedictin, et secrétaire du R. P. supérieur de la Congregation, à St Germain des Prez, à Paris.

Cachet avec armes.

(*Archives de Reims*, ibidem).

IV.

Lettre d'Antoine Lespicier, orfèvre à Reims, au R. P. Dom Calliste Adam, secrétaire du supérieur général de la Congrégation de Saint-Maur, 9 mars 1643.

Monsieur et Révérend Père,

Je vous diray que Monsieur le Grand Prieur de St Remy de Reims m'a communiquée la lettre que luy avès escrit touchant l'ouvrage qu'il convient faire pour l'ornement de la chasse de monsieur St Remy et l'advis que luy donnés comme en une ouvrage de petit prix quy est un reliquaire pour l'abaye de Marmoutier que l'orfebvre a exeddé XXI mar de la convention qu'il avoit faicte. C'est ung grand meconte d'aultant qu'en une telle ouvrage pour trois figures, il faut que le dict orfebvre soit incapable de faire des figures de virolle et qu'il y ay grand quantitée de moulles, comme font ordinairement messsieur les orphebve de Paris. J'ay appris dudict s^r grand prieur que vous aviés veu ung reliquaire que je luy ay faict, quy est une Resurection, quy poise envyrons quarante cinq mar, Je suis assuré que messieurs les orfebve de Paris ne ce vaudroient obliger à l'entreprendre à LX mar, d'aultant que le moulleur de Paris leur avance plus d'ouvrages en deux jours qu'il n'en pouroit pas construire en deux moys. C'est pourquoy on ce peult assurer que cest ouvrage on la peult faire aussi bien à deux cent mar comme à trois cent sans exedder à 4 ou 5 mar près, observant les forces où il appartient ; et vous pouvés vous assurer que pour l'ordre de l'architectur et portraitur ne manquera en cest ouvrage, y sera observé quand je l'auray entreprise, avec aultant de règle et preportions comme sy elle avoit esté faicte à Paris, passent par l'advis de plus habille que moy, des quelz je puis apprendre. C'est pourquoy, c'est à quoy vous pouvez vous assurer qu'il n'excdera ce prix sy ce n'est de vos volontés ou qu'il y arive de biensfaicteurs, et me diray

Monsieur et R. Père,

Votre tres obeissant serviteur

A. Lespicier.

Reims, 9 mars 1643.

Suscription au dos : A venerable personne dom Calist Adam, religieulx bénédictin et secrétaire du R. P. supérieur général de la congregation, à St Germain des prez, à Paris.

(*Archives de Reims,* Fonds de Saint-Remi, Trésorerie, Renseignements.)

V.

Lettre de Henri de Savoye, abbé de Saint-Remi (1), à D. Oudard Bourgeois, grand prieur de Saint-Remi, 27 avril 1643.

Monsieur le grand prieur, J'ai vu celle que vous m'avez escrit touchant le dessein qu'avés de renouveler la chasse de St Remi. J'approuve extremement cette resolution qui est pleine de piété et de zèle au service de grand sainct. Vous la pouvés executer quand il vous plaira. On me dict qu'il y a quantité de piereries à la chasse ; il faudra prendre garde que rien ne se perde et que tout soit remis et employé à celle que vous ferés faire ou à celle icy, si ne le faites que renouveler. Il sera nécessaire de faire procès-verbal de l'estat auquel la chasse est, et de celuy auquel vous l'aurés mise, afin que cella serve de tesmoignage de l'affection que vous avés à votre patriarche et bon maistre. Je vous recommande donc de faire travailler à son honeur le plus utilement que pourez, vous asseurant que je suis, Monsieur le grand prieur, votre affectionné à vous servir.

(Signé) Henry de Savoye,
à Paris ce 27 avril 1643.

Inscription : Monsieur, Monsieur Bourgeois grand prieur à St Remy de Reims, à Reims.

(Lettre autographe des Archives de Reims, *Fonds de Saint-Remi, Renseignemènts.)*

(1) Henri de Savoye-Nemours, duc d'Aumale, abbé de Saint-Remi de 1641 à 1657, sans avoir pris possession. Il fut aussi pourvu de l'archevêché de Reims avant le cardinal Barberin.

VI.

Marché pour la nouvelle châsse de saint Remy, le 31 mars 1643.

Par devant les notaires du roy en son Baillage de Vermandois demeurans à Reims soubzsignez, fut présent en sa personne Antoine Lespicier, Marchand Orphevre demeurant audit Reims, lequel reconnut volontairement avoir conuenu, marchandé, entrepris, et promis à Venerable et Religieuse personne Dom Oudard Bourgeois, Prestre, Religieux et grand Prieur de l'Archimonastère et Abbaye Saint Remy dudit Reims, present ce acceptant, de bien et deuement faire et parfaire par ledit sieur entrepreneur les ouurages qui ensuiuent. C'est à sçauoir de garnir d'argent le bois d'vne nouuelle Chapse, pour mettre et poser le precieux Corps du glorieux Saint REMY, conformément et au desir du dessein qui en a esté fait et dressé, representé par les parties, signé d'elles et de nous Notaires, pour euiter à variation ; lequel est demeuré en la possession dudit sieur entrepreneur, qui sera tenu de rendre en son entier, audit sieur grand Prieur dans quinze jours. Faire les Frontons, scizelets de bas relief avec les Colomnes de deux tiers de relief et y representer les mémes Histoires, en l'vne desquelles est representé le catechisme du Roy Clouis, et en l'autre, le Baptéme, et aux deux grands côtez de ladite chapse, y representer aussi de bas relief les figures des douze Pairs de France, ainsi et de la sorte qu'ils sont representez au sepulchre en demy relief, auec au dessus desdites Figures six Histoires aussi de bas relief de la Vie de Saint Remy, telles qu'elles seront aduisées par ledit sieur grand Prieur, et suiuant le dessein qu'il lui plaira en donner. Lesquelles Histoires seront Cartoche autour, auec des Festons pendans entre ledit Cartoche, les Pillastres qui sont representez au dessein les faire d'vn pouce de relief, auec les ordres de Molures, Corniches arquitianes, conformément ainsi qu'il est représenté audit dessein, à la reseruation des Colomnes torses qui ne doiuent estre que Pilastres, suiuant l'ordre doricque ou joricque (1), au choix dudit sieur grand Prieur, les dites Molures et Corniches se doiuent faire de bois de relief, et couuertes d'vne lamme d'argent, lesquelles suiuant leurs retours, se doiuent souder aux onglez desdites Corniches, en telle sorte qu'il n'en mesarriue, y scizeler aussi les Ecussons et Armoiries, conformément audit dessein, ou tels qu'ils aduiseront : et faire quatre Têtes de Cherubins de cuiure pour couurir les quatre petites rouës qui porteront ladite Chapse, qui seront dorées : et de fournir et employer par ledit sieur entrepreneur à la confection parfaite desdits Ouurages, deux cens marcs d'argent, au titre et bonté de Paris, et du méme que l'on y trauaille ; méme liurer le coffre de bois, ferrures, et toutes les autres choses qu'il conuiendra fournir et liurer esdits Ouurages, esquels il sera tenu de trauailler, en sorte qu'il les rende bien et deuëment faits et parfaits, conformément et au désir dudit dessein, et ainsi qu'il est cy-dessus dit, dans le mois d'aoust de l'année prochaine mil six cens quarante quatre ; et les faire receuoir par Expers et Gens à ce connoissans, respectiuement nommez et conuenus par les parties, aux frais et dépens de luy entrepreneur, lesquels Ouuvrages se feront à vices, afin qu'on les puisse démonter facillement, et seront les têtes desdites vices faites d'argent, et mettre et apposer en la dite Chapse les Armoiries et écritures qui luy

(1) Vraisemblablement pour *ionique*.

seront données és lieux et endroits qui luy seront desinez.

Cette conuention faite moyennant et à la raison de trente huit liures tournois, que ledit sieur grand Prieur sera tenu ainsi qu'il a promis de payer ou faire payer audit sieur entrepreneur par les Reuerends Pères Religieux du Conuent de ladite Abbaye, pour le prix de chaque marc desdits deux cens marcs d'argent, qu'iceluy entrepreneur doit fournir et employer (comme dit est) esdits Ouurages, en ce compris ses façons, peines et sallaires, méme tout ce qu'il est tenu liurer pour la perfection d'iceux Ouurages, ainsi qu'il est cy-dessus dit. Sur quoy ledit sieur entrepreneur a confessé auoir eu et receu content dudit sieur grand Prieur la somme de dix-huit cens liures tournois, qu'il a dit procedder du remboursement qui luy a esté fait depuis peu d'icelle; faisant le sort principal de cent liures de Rente constituée à son proffit par Nicolas Regnart Marchand demeurant à Laon d'vne part, et la somme de trente trois liures tz. pour arrerages écheus d'icelle d'autre part : desquelles deux sommes, montantes mises ensemble à dix huit cens trente trois liures tournois, qui ont esté comptées et nombrées presens nous Notaires en Escus sol, Iustes, Quadruples, doubles et simples Pistolles d'Espagne et d'Italie, actuellement et par effect deliurées audit sieur entrepreneur, qu'il a pris et receu, dont il s'est contenté, en a quitté et quitte ledit sieur grand Prieur, laquelle somme, auec autres sommes de deniers à luy deuës par plusieurs personnes, tant par contract de constitution de Rentes, Obligations, qu'autrement, iceluy grand Prieur a coddé ausdits Reuerends Peres Religieux de ladite Abbaye, sur la somme de six mil liures tournois qu'il leur a promis pour l'effect susdit, ainsi qu'il est plus a plain enoncé audit Traité, portant ledit transport de ce, fait et passé entr'eux par deuant nous Notaires le dixième jour de May dernier : et le surplus de la presente conuention sera payé à la susdite raison de trente huit liures pour chacun desdits marcs d'argent audit sieur entrepreneur, soit ou desdites Rentes, debtes actiues ceddées audit conuent par ledit sieur grand Prieur, ou par transport d'icelles, qu'il sera tenu d'accepter auec garentie vallable sans discussion des debteurs, scauoir la somme de deux mil liures lorsque lesdits Ouurages seront faits et aduancez jusques aux deux tiers, et le reste, à la reception d'iceux, et si sera tenu ledit entrepreneur de prendre en payement sur la presente conuention, l'argent qui proceddera de l'ancienne chapse à la valeur du prix de Paris, qui est de vingt sept liures pour marc, à la reserue de l'or, qui sera separé d'auec l'argent en la présence des parties aux frais dudit sieur entrepreneur, au proffit dudit sieur grand Prieur; et les Pierres qui sont sur icelle, les placer et mettre sur la nouuelle Chapse, et où il sera nécessaire d'employer sur icelle nouvelle Chapse quelque petite partie d'argent au pardessus desdits deux cens marcs, sera tenu ledit sieur entrepreneur le liurer, et se contenter de la valeur suiuant ledit prix de Paris. Promettans les parties reciproquement, sçauoir ledit sieur grand Prieur soubz l'obligation et hypothecque de ses biens et reuenus temporels, et ledit sieur entrepreneur de bonne foy, et soubz l'obligation et hypothecque de tous ses biens de tenir, entretenir, fournir, satisfaire, et punctuellement accomplir par icelles parties chacun en son particulier, a tout le contenu ès presentes, sans aucunement y deffaillir, en peine de tous depens, dommages, et interéts : et si sera tenu ledit sieur grand Prieur de faire aggréer les presentes par ledit conuent, et le faire obliger en ce qui le concerne à l'entretien et accomplissement du contenu en icelles, et en cas de manque ou deffaut de la part dudit sieur entrepreneur, de l'entretien et accomplissement desdites Présentes, il sera tenu de bailler pour seureté de ce bonne et seure caution, s'il en est requis. Fait et passé audit Reims, le dernier jour de Mars mil six cens quarante trois, en la maison de l'Aumônerie de ladite Abbaye, et ont lesdites parties signées la minute des présentes, et signiffié de faire sceller icelles au desir de l'Edit.

C. Desmolins, et Rogier.

20 septembre 1645. — Pardevant les Notaires du Roy en son baillage de Vermandois demeurans à Reims soubs-signez, comparurent en personne Antoine Lespicier Maître Orphevre demeurant audit Reims et Perette Hachette sa femme de luy licencée, lesquels pour satisfaire à l'intention de Dom Oudard Bourgeois, grand Prieur en l'Abbaye Saint Remy de Reims, et pour asseurance des deniers qu'il a debourcé jusques à huy, et qu'il debourcera pour la confection de la chapse entreprise à faire par ledit Lespicier du Corps de Saint Remy, suiuant les Traitez et conuentions qui en ont esté cy-deuant faits, et dont ladite femme a connoissance entière et parfaite : se sont iceux obligez solidairement l'vn pour l'autre, et un seul pour le tout enuers ledit sieur Bourgeois, de l'asseurer desdits deniers, en sorte qu'il n'en souffre aucune perte, promettante ladite Hachette de la licence dudit Lespicier son marry, en cas que le decez dudit Lespicier arriue auparauant le parachef de la dite Chapse, qu'il promet rendre faite et parfaite dans le premier jour de Carême prochain, de representer par la dite femme les Ouurages qui seront faits de la dite Chapse au jour dudit decez, méme en cas que lesdits Ouurages ne soient de la valeur des sommes touchées et à toucher par ledit Lespicier, de payer par ladite femme le surplus desdits deniers, à la deduction des Ouurages faits qui seront estimez, le tout sans prejudice à l'entretenement de ladite conuention fust allencontre dudit Lespicier, et ayans cause, et à l'entretien du contenu és Presentes, ladite Perette Hachette licencée comme dessus de sondit marry, a obligé ses biens sans y contreuenir, en peine de tous dépens, dommages, et interéts. Fait et passé audit Reims, le vingtiéme jour de septembre mil six cens quarante cinq, et ont lesdits sieurs Bourgeois, Lespicier, et sa femme, signez la minute des Presentes, et signiffiez de faire sceller icelles au desir des Ordonnances et Edits.

N. Cloqvet, et C. Desmolins.

(*Archives de Reims*, Fonds de l'abbaye de Saint-Remi, liasse 389 n° 11, pièce manuscrite originale; la même imprimée du même temps, 2 ff.)

VII.

Procès verbal d'ouverture de la châsse de saint Remy, 20 septembre 1646.

†

Du jeudy vingtiesme du mois de septembre mil six cens quarante six, venerables personnes dom Oudard Bourgeois, religieux et grand prieur de l'abbaye et archi-monastère de St Remy de Reims, de l'advis de ses religieux, et le R. père dom Anselme Dohin, prieur des réformés, auroient jugez a propos de faire ouverture de la capse du glorieux St Remy, pour voir en quel estat est le corps dudict sainct, à rayson de la translation qui s'en doibt faire dans une nouvelle capse mieux élabourée, faite et construite par le soing et libéralité dudit dom Oudard Bourgeois, pour l'affection et devotion très particulière qu'il a audict St Remy. Ce que ne voulant entreprendre que soubs le bon plaisir et approbation de monseigneur l'archevesque, ledict dom Oudard Bourgeois luy en auroit donné advis quelques iours auparavant, pour sçavoir sa volonté la dessus, ce que ledict sieur archevesque ayant approuvé et n'ayant peu s'y trouver en personne, comme il eust bien désiré, y auroit commis mons[r] Parent, son grand vicaire et chanoine, et mons[r] Pinguenet, son secrétaire; auroit pareillement jugé fort convenable que deux des principaux chanoines de Nostre Dame, sçavoir mons[r] Bernard, grand archidiacre, et mons[r] Parent, doyen et théologal, y fussent présents. Pour quoy effectuer on leur auroit à tous donné heure de se trouver en nostre église de St Remy à l'yssue des vespres au iour cy dessus nommé, où estants tous arrivés le Reverend Père Dom Anselme Dohin, prieur susdict, et dom Antoine Allard, revestus d'aubes et estolles, avec quelques cierges ardents, auroient fait l'ouverture de ladicte capse avec beaucoup de respect et dévotion, en présence de tous les Messieurs susdicts et des religieux du dict St Remy, comme aussi de Monsr Marlot, religieux, prieur des anciens Religieux de l'abbaye de St Nicaise, et du R. père dom Paul de Rivery, prieur des Réformés, à l'ouverture de laquelle chacun se seroit mis en prières, puis, ledict R. p. dom Anselme Dohin, prieur sudict, assisté de Dom Antoine Allard, auroit développé le sainct corps qui estoit couvert de trois suaires fort antiens, dont le premier est de satin rouge, le second de taffetas blanc, ou bien une toille fine fort bien tissée au dire d'aucuns, et le troiziésme du coton, et d'un autre encore de couleur rougeastre assez ancien, qui couvre le s[t] corps immédiatement, et en outre d'un voil de satin violet posé sur son chef, autour duquel sont escrittes les paroles suivantes : *Sancte Remigi, Confessor Domini pretiose, cum pietate mei memento Hincmari, nomine non merito Episcopi, indigni quoque, sed devoti servi tui,* lequel corps saint s'est trouvé tout entier, exhalant une très bonne odeur; et à son chef et menton, s'est veu encore du poil assez rase, lequel chef a esté seul descouvert, à nud, à rayson qu'il a esté facile à un chacun de distinguer tous les autres membres dudict corps saint à travers du dernier suaire, pour estre fort délié et comme colé sur ledict corps sainct; de peur aussy de demembrer quelque partie d'iceluy, ce qu'estant fait, et chacun ayant considéré le s[t] corps avec beaucoup de resentiment et devotion, ladicte capse a esté fermée et remise comme auparavant, et scellée de la part de mon dict seigneur et du couvent, après quoy a esté chanté une antienne en l'honneur dudict St Remy. Fait et passé en ladicte abbaye de St Remy de Reims, les jour et an que dessus.

(Signé avec paraphes) :

Bourgeois.

Bignicourt,
sous-prieur.

Fr. Anselme Dohin,
prieur.

D. Estienne Villequin,
tiers-prieur.

Fr. Philippe des Vignes.

Pichart,

Fr. T. de Ponville

D. Cauchon.

Fr. Paul Bayard,
scribe du Chapitre.

(*Archives de Reims*, Fonds de Saint-Remi, liasse 389, n° 11)

VIII.

Lettre du R. P. Dom Calliste Adam, religieux bénédictin, à Dom Oudard Bourgeois, grand Prieur de l'abbaye de Saint-Remi, 23 décembre 1648.

PAX CHRISTI

Monsieur et Reverend Père,

L'esloignement ny le changement de demeure n'a en rien diminué le respect et le service que je vous ay voué et à

Messieurs vos confrères que j'honore et estime grandement, et chéris les occasions qu'il vous plaist me faire naistre de vous rendre et à notre glorieux Patron St Remy quelque petit service.

Ayant donc receu vostre lettre, je me suis informé si le s[r] Pigeard, marchand orfèvre, qui depuis longues années a travaillé pour les monastères de nostre congregation, pourroit suppléer au défaut de celuy que m'avez nommé par la vostre, mais il est encore moins en estat de ce faire que le premier. J'ay donc fait recherche de quelques autres bien capables de juger de votre different, mais la saison fascheuse, le péril des chemins, le temps des estrenes, font qu'ils ne veulent point entreprendre presentement le voiage, quelque prière qu'on leur en face. De plus, quelqu'un m'a représenté que deux orfèvres nommez ne pouront pas peut estre décider la question, car supposé qu'ils ne puissent convenir par ensemble, il faudra nécessairement avoir recours à un troisième, et ainsy il vaudroit mieux en convenir ou le faire nommer d'office, et que tous trois fissent le voiage ensemble que de n'en avoir que deux. J'ay esté aussi adverty d'ailleurs que le s[r] de Villers est parent ou allié du s[r] Lespicier, quoiqu'il soit fort legal et bien capable, mais afin que vous y preniez garde.

De plus, on ne trouve pas à propos par deça que les Experts *doivent appretier l'ouvrage entier mais que vous devez demeurer ferme aux termes de vostre marché qui est en bonne forme, mais seulement estimer* le travail qui aura esté adjouté par dessus le craion représenté à l'ouvrier en contractant, et ceux auxquels j'en ay parlé *s'estonnent* que L'Espicier demande 80 livres du marc, veu qu'il *a faict marché avec eux* à 38 livres et semble en ce faisant pretendre que les experts apprétieront le total de l'ouvrage au prejudice de la teneur du marché. On m'a nommé Mr Debonnaire, M. Balain, orfèvres fort capables et gens de bien que vous pouriez faire ordonner d'office et qui pourront faire le voiage. On m'a encore promis de m'en enseigner d'autres, comme Monsr Nicolas Loir, mais je ne suis pas asseuré s'il voudra aller à Reims. Tant y a qu'en tout ce qui dépend de moy pour votre service, je le feray, de mesme affection que je desire rester toute ma vie,

Monsieur et R. Père,

Vostre très humble et très obeissant confrère et serviteur en N. S.

F. Calliste.

Paris, le 23 décembre 1648.

(*Archives de Reims*, Fonds de Saint-Remi, Trésorerie, Renseignements.)

IX.

Expertise et description de la châsse de saint Remi, faite par Claude de Villiers et Claude Ballin, orfèvres de Paris. — Procès-verbal de rapport des experts qui ont fait la prisée et estimation de la châsse de saint Remy, le 24 mai 1649.

Extraict des registres du greffe civil du baillage de Vermandois, siège roial et presidial de Reims.

Cejourd'hui vingt quatriesme jour du mois de mai mil six cens quarente neuf, nous soubz signés M^{es} orphebvres, scavoir Claude de Villiers, demeurant rue Sainct Martin à Paris. et Claude Ballin, aussi maistre orphebvre, demeurant audit Paris rue Grenelle (1), en vertu de l'appoinctement rendu de M^{r} le bailly de Vermandois ou son Lieutenant général à Reims, vingt neufiesme jour d'apvril audict an mil six cens quarente neuf, et suivant l'assignation du sixiesme jour de may par l'huissier Delacroix, nous estans transporté en ladicte

(1) *Claude Ballin*, célèbre orfèvre français, né en 1615, directeur du balancier des médailles, auteur d'ouvrages précieux en tous genres, mort en 1678.

ville de Reims pour procedder à l'estimation de la chapse de sainct Remy aveq les desnommés, scavoir Jean Rolin et Claude Pillois, maistres orphebvres demeurans audict Reims, nous tous ensemble sommes transportés au logis du sieur Lancelot de Lassalle, bourgeois dudict Reims, ou nous avons trouvé ladicte chapse faite par Anthoine Lespicier, maistre orphebvre demeurant audict Reims, laquelle chapse nous avons prisé et estimé suivant et conformément audict appoinctement en trois manières, l'une sur le pied de la convention, l'autre des augmentations et à la plus juste valleur qui nous a esté possible suivant le marché faict par ledict Lespicier aveq le sieur Oudart Bourgeois, grand prieur de l'archimonastère de Sainct Remy.

1. — Premièrement, toute la base servant de pied destail, tant aux colonnes que pilastres de la chapse, dans la frise duquel pied d'estail qui debvoit estre tout uni suivant le marché et dessein à la reserve de douze escussons où il y debvoit avoir les armes des douze paires de France, il y a des festons scizelée de bas relief fort nettement, d'augmentation d'ouvraige et non de poid, pesant le tout ensemble trente ung mars trois onces et demie, ou environ, suivant le pris du marché, monte à trois cens quarente cinq livres douze sols, laquelle ouvrage de scizelure augmente de moictié la façon de ladicte baze, partant ce ne seroit sur le pied de la convention que la somme de cent soixante douze livres dix solz.

Ici.................................... CLXXII l X s.

Et aians esgard la despence qu'il a fallu faire tant pour le choix et gaige d'un homme capable de faire et scizeler tous lesdictz ornemens, nous les avons apprécié à leur juste valleur a la somme de cent quatre vingts quatorze livres tournois.

Ici.................................... CIIII xx XIIII l.

2. — Plus la corniche d'en hault y compris l'architrave, frise et cimaise qui devoient estre touttes unies, suivant le devis et dessein, pesantes vingt huict marcs ou environ qui est pour la façon de ladicte corniche de trois cens huict livres, mais y aiant faict des ornemens dans ladicte frise, scavoir

testes de cherubins, roses et fleurons, le tout fort nettement scizelé, quy augmente d'un quart la façon de ladicte corniche qui est sur le pied de ladicte convention la somme de soixante dix livres tournois.

Ici .... LXX[l].

Et aiant esgard aux raisons susdictes, nous les avons aprecié a la plus juste valleur de ladicte augmentation, cent quarente une livres tournois .... CXLI[l].

3. — Plus vingt huict pilastres sur le long de la chapse, lesqueles, suivant le marché et dessein, il n'y en debvoit avoir que quatorze, et touttes unies, qui eussent pesé quatre onces ou environ, qui montent chacun pour la façon à la somme de cent dix sols suivant le marché, mais les aiant cannelés, cela a oblijé ledict Lespicier de faire les frais des estampes en boust et difficulté de les assembler par les costés à cause desdictes cannelures, ce qu'il faict qu'il y a le double de travail à les faire comme elles sont, et ce ne seroit sur le pied de la convention que la somme de unze livres pour la façon de chacune, qui monte à la somme de trois cens huit livres .... III[c] VIII[l]

Et aiant esgard aux raisons susdictes, nous les avons apprecié à leur plus juste valleur à la somme de dix huict livres tournois pièce qui faict ensemble cinq cens quatre livres .... V[c] IIII[l]

4. — Plus les niches de la forme qu'elles sont à cause que ledict Lespicier estoit obleigé de faire avecq une figure des douze paires de France scizelés en bas relief et sans autre ornement que tracer ladicte niche, laquelle en l'estat qu'elle est, creusée et enrichie tant d'ornemens de rusticque que grandes saillies (?) de leurs impostes, moulures et enfoncement de la cocquille, et a cause de sa grande foiblesse, comme aussy pour les frais des estampes qu'il est convenu de faire, avons jugé y avoir autant d'ouvrage que s'il eust scizelé ladicte figure et peult équipoller la dicte augmentation.

5. — Plus les figures des douze paires de France, lesquelles figures debvoient estre scizelés de bas relief, comme dict est,

lesquelles n'eussent poisé qu'un mar chacune quy nestoit pour ladicte figure suivant son marché que unze livres pièce, mais en l'estat qu'elles sont, scavoir de ronde bosse, poisant chacune trois mars ou environ y aiant six fois autant d'ouvraige, ce n'est sur le pied de la convention que soixante six livres pour chacun des dictes figures, qui montent ensemble à sept cens quatre vingtz douze livres .... VII^c IIII^xx XII

Et aians considéré aux frais qu'il a convenu faire audict Lespicier, tant pour ses modelles de cire, estampes en broiche (?), subjection de les assembler à cause de leur grande foiblesse et grand temps à les finir ainsy qu'elles sont et aux raisons susdictes, les avons apprecié à la somme de six vingtz livres pièce, faict ensemble Mil quatre cens quarente livres.. M IIII^c XL^l

6. — Plus les huit colonnes estant et faict en suivant le dessein, n'eust pesé qu'un mar chacune et n'eust esté que unze livres pour la façon de chacune, mais en la forme qu'elles sont faictes estant de colonnes torses d'ordre de Corinthe et touttes rondes, avecq ung rainçeau de feuilles de vignes allentour de ladicte colomne qui ne debvoient estre que de deux tiers de reliêf, partant il y a quatre fois autant d'ouvraige, à cause qu'il n'estoit obleigé que le faire toutte unie sur le pied de la convention, ce n'est que quarente quatre livres chacune qui font ensemble la somme de trois cens cinquante deux livres .... III^c LII^l

Et aans esgard aux frais qu'il a convenu faire pour les augmentations, ledict ouvrage de plus aux raisons sus dictes, les avons appréciés à la somme de soixante livres tournois pièce, qui fait ensemble quatre cens quatre vingt livres .... IIII^c IIII^xx l

7. — Plus les quatre fonds de derrièr et entre les colonnes torses qui sont scizelez de feuillage et dans un cartouche apportant ladicte ampolle pésante trois onces et demi ou environ, laquelle suyvant le marché et dessein ne debvoit estre que tout unie et n'eust esté que quatre livres dix sept sols pièce, il y a deux fois et demy autant d'ouvraige et n'est

que douze deniers de la façon de chacune pièce sur le pied de la convention, qui faict la somme de quarente huict livres .... XLVIII^{l}

Lesdictes pièces sont fort nettement sizelez, les avons apprecié à la somme de quinze livres pour la façon qui fait ensemble soixante livres............................. LX^{l}

8. — Plus aux deux faces de ladicte chapse, au dessus des colonnes torses, les frontons dans l'un desquels est scizelé ung ange portant les armes de France et dans l'autre costé ung ange portant la couronne avecq plusieurs cherubins dans des nues extrêmement finis, et au dessus desdicts frontons les armes de l'abbaie de sainct Remy, enrichis de cartouches et festons et encor de deux autres festons pendans dans deux roses, une partie de laquelle ouvrage a esté faicte au subject de l'elevation necessaire de ladicte chapse qui n'eut pesé que trois mars ou environ chacune face et n'est suivant le marché que trente trois livres chacune, y ayant augmentation d'un marc et d'une fois plus d'ouvrage que comme elle eust esté, ce n'est sur le pied de la convention que soixante six livres pièce, le tout ensemble cent trente deux livres...... CXXXII^{l}

Et aians esgard aux raisons susdictes à cause de ladicte augmentation de saillie et relief de ladicte ouvraige, nous les avons apprecié à leur plus juste valleur a la somme de quatre vingtz dix livres pièce, qui faict ensemble cent quatre vingts livres.. CIIII$^{xx\,l}$

9. — Plus la cime du dernier fronton est une grande armoirie de France et de Navarre aveq les deux ordres dans ung grand cartouche, de plus deux enffans tenans lesdictes armes, assis desur des festons pendans sur lesdicts frontons, le tout de ronde bosse, a quoy ledict Lespicier n'estoit obleigé que de faire ung simple escusson et a costé deux petites consoles qui n'eussent pesé que sept onces ou environ chacune face, ce n'eust esté suivant le marché que neuf livre douze solz six deniers pour la façon, mais en la forme qu'elles sont, pesantes trois mars et demi ou environ, avons jugé y avoir cinq fois autant d'ouvrage que s'il l'eust faicte suivant son dict marché,

et partant ce ne seroit sur le pied de la convention que quarente huict livres chacune des dictes faces, qui faict ensemble quatre vingtz seize livres.............. IIII^{xx} XVI^{l}

Et aiant esgard au modelle des enffans qu'il a convenu faire et grand temps qu'il y a à les reparer et frais de moulles et aux raisons susdictes, les avons apprecié à la somme de soixante quinze livres chacune face, faisant ensemble cent cinquante livres .... CL^{l}

10. — Plus au rechaussement dessoubz les petittes histoires est une grande plinte où il y a quantité d'escripture scizelé avecq des feuillages ravallés et le champ poinctillié contenant toutte la longueur de ladicte chapse, laquelle plinte ne debvoit estre suivant le marché que de demi poulce de hauteur et eust pesé quatre onces ou environ de plus qu'il n'estoit suivant ledict marché que cent dix solz de façon pour chacun costé, mais en l'estat que ladicte plinte est faicte, elle pese deux mars et demi ou environ chaque costé, et l'avons jugé et estimé y avoir dix sept fois autant d'ouvraige et partant ce ne seroit sur le pied de la convention que la somme de cinquante cinq livres pour chacun costé, qui font ensemble la somme de cent dix livres pour la façon de deux...... CX^{l}

Et aians esgard aux raisons susdicts et veu la grande netteté de ladicte scizelure et le choix d'ung homme capable pour faire la dicte ouvrage, nous l'avons apprecié à la somme de quatre vingtz livres tournois piece, qui faict pour les deux cent soixante livres............................. CLX^{l}

11. — Plus la couverture du grand domme, laquelle ne debvoist estre que toutte unie avecq de simples fillez, laquelle ne heust pesé que dix mars ou environ, ce ne seroit que cent dix livres suivant le marché, mais en l'estat qu'elle est scizelée de fleurs de lys sans nombre, enlassés dans des lozanges en forme de cordons de feuilles, pesante ladicte couverture dix huit mars ou environ, nous jugeons et estimons y avoir une fois autant d'ouvraige si elle eust esté faicte suivant le marché et ce ne seroit sur le pied de la convention que la somme de deux cens vingt livres.................... II^{c}XX^{l}

Et aians esgard aux raisons susdictes et vu le travail de ladicte scizelure sur ung travail sy foible que sont lesdictes pièces et au grand relief qu'ils ont, nous les avons apprecié à leur plus juste valleur à la somme de trois cens soixante livres.. III^cLX^l

12. — Plus le couronnement avecq son gros cordon scizelé de feuilles des deux costés et quatre vases dont à deux il a deux pieds d'estaulx qui ne doivent estre suivant son devis et dessein fort petit et avecq beaucoup moins d'ouvraige et n'eust pesé que quatre mars ou environ, suivant son marché ce n'eust esté que quarente quatre livres pour la façon, mais ainsy qu'est faict ledict couronnement et vaze, estant très bien scizelé et de grand relief, pesant le tout dix mars ou environ, y aiant quatre fois autant d'ouvraige que de la sorte qu'il eust faict suivant son dessein, ce ne seroit sur le pied de la convention que cent soixante seize livres..... CLXXVI^l

Et aians esgard aux raisons susdictes, comme aussy a la grande difficulté qu'il y a d'assembler des pièces sy foibles et à les souder ensemble, nous les avons apprecié à leur plus juste valleur à la somme de deux cens soixante livres. II^c LX^l

13. — Plus quatre grands anges sur les premiers frontons, lesquelles figures ne doibvent estre que scizelé de bas-relief et n'eust pesé que quatre onces pièce ou environ, ce n'eust esté suivant son marché que cens dix solz pièce, mais en l'estat qu'elles sont de ronde bosse et bien reparé, pesante chacune deux mars sept onces ou environ, nous jugeons et estimons y avoir cinq fois autant d'ouvraige, partant ce n'est sur le pied de la convention que vingt sept livres dix solz pièce pour la façon de chacune figure quy faict ensemble la somme de cens dix livres tournois.................. CX^l

Et aians esgard aux raisons susdictes et aux frais des modelles qu'il a convenu faire, nous les avons jugé et apprecié à la plus juste valleur la somme de deux cens livres pour les quatre.................................... II^cl

14. — Plus la lanterne pesante seize mars ou environ, laquelle ne debvoit estre que fort simple et beaucoup plus

petite suivant son devis et dessein, et n'eust pesé que quatre mars ou environ, ce ne seroit que quarente quatre livres pour la façon et en l'estat qu'elle est, ornée d'une grande couronne et console revestue de feuilles et autres ornements, laquelle avons jugé et estimé y avoir quatre fois autant d'ouvraige que celle qu'il debvoit faire suivant son dessein, partant ce ne seroit sur le pied de la convention que cent soixante six livres.................................... CLXVI^{l}

Et aians esgard aux raisons susdictes et veu l'achèvement de ladicte lanterne, l'avons apprecié à la somme de deux cens cinquante livres.............................. $\text{II}^{c}\text{L}^{l}$

15. — Plus vingt huict petittes renommées, tenantes ung cartouche à deux, à quoy ledict Lespicier n'estoit obleigé par son dict marché, pesantes une once et demi ou environ sur le pied de la convention, ce n'est que quarente ung solz les deux, faisant ensemble la somme de vingt huict livres quatorze sols.............................. $\text{XXVIII}^{l}\text{IIII}^{s}$

Et eu esgard aux raisons susdictes, nous les avons apprecié a six livres pièce pour la façon qui faict ensemble la somme de quatre vingt quatre livres.................... $\text{IIII}^{xx}\text{IIII}^{l}$

Et néantmoings, sur la dicte estimation faicte au plus juste de la valleur desdictz articles, est à considerer les frais qu'il a convenu faire tant pour les mouller en bois, cire et autre dessein, estampes de brose, frais des mouleurs et autres personnes quy ont travaillé à ladicte chapse, lesquels estantes capables de faire les plus difficilles choses quy sont dans ladicte ouvraige ont beaucoup cousté, soit en gaige que pour les faire venir, nous jugeons et estimons en conscience les dictes augmentations à la somme de quatre mille quatre cens soixante trois livres, sur laquelle somme il fault desduire la somme de six cens soixante livres, en cas qu'il fust payé de soixante mars de plus que son marché et que sy ledict Lespicier n'estoit payé de son plus faict que selon l'estimation faicte par eux sur le pied de la convention et non pas à raison de l'estimation suivant la juste valleur, il y souffriroit ung notable interest.

16. — Plus, aians considéré la corniche des pieds d'estaulx, nous avons estimé qu'elle vault la somme de trente cinq livres de plus que son marché.................... xxxv[l]

17. — Plus, la grande corniche d'en hault, nous l'avons estimée la somme de cent vingtz livres de plus que son marché.. cxx[l]

18. — Plus, les six histoires des miracles de sainct Remy scizelés de bas relief et petits frontons au-dessus des dictes histoires, avecq leurs ornemens, nous les avons estimés la somme de cent vingt livres de plus que son marché... cxx[l]

19. — Plus, les deux grandes histoires aux deux bouts, sçavoir le Baptesme de sainct Remy et le catéchisme du Roy Clovis, et ayans consideré qu'elles estoient plus fortes et plus pesantes que le reste de ladicte ouvraige, nous les avons estimé à la somme de quarente cinq livres pour les deux plus que son marché................................. xlv[l]

20. — Plus, considérans toutte la valleur de ladicte chapse en l'estat qu'elle est faicte, sçavoir touttes les corniches, frontons, moulures, impostes avecq leurs grandes saillies, retours de corniches, subjections d'assemblaiges au subject de leur excessive foiblesse et légereté, auquel travail tant des histoires et autres ornemens, finis et bien scizelés, a quoy ledict Lespicier a beaucoup surpassé et augmenté son dessein et devis qui eust esté très simple, partant à beaucoup moins de frais et de temps s'il eust suivy ponctuellement son dict dessein, c'est pourquoy aians esgard et considérans toute ladicte ouvraige, nous la jugeons, prisons et estimons en conscience valloir la somme de cinquante quatre livres pour chacun marc d'argent et façon tous frais compris, en foy de quoy nous avons signé le présent rapport. Signé : Claude de Villiers, Ballin, Jean Nolin, Pillois. Et n'entendons pas sur la susdicte estimation, y compris les frais que ledict Lespicier a peu faire, soit pour le bois et ferure de ladicte chapse qui n'est point de leur cognoissance, et ont les susdictz expers signé.

Aujourd'huy mercredy vingt sixiesme jour du mois de may

mil six cens quarente neuf, du matin, devant nous Jean Beguin, escuier, seigneur de Coëgny et Chaalons sur Vesle, conseillier du Roy, lieutenant général au baillage de Vermandois, siège roial et présidial de Reims, en la présence de Antoine Lespicier, orphebvre demeurant à Reims, en personne, et par mestre Estienne Deschamps, son procureur, assisté de Me Rigobert Cuvillier, son advocat, et de Me Gérard Moisnet, procureur de dom Oudard Bourgeois, assisté de Me Guillaume Josseteau, son advocat, sont comparus Claude de Villiers et Claude Baslin, maistres orphebvres demeurans à Paris, Jean Nolin, et Claude Pilloy, aussi maistres orphebvres demeurans audict Reims, lesquels ont representé le présent procès verbal et icelluy affirmé contenir vérité, et y avoir proceddé en leur âme et conscience. Taxé à chacun desdictz de Villiers et Baslin, pour seize jours, à raison de huict livres parizis par jour, tant pour voiage, vaccations, que retour et aux dictz Nolin et Pilloy à chacun seize livres parisis, lesquelles sommes seront advancée par ledict Lespicier, sauf à recouvrer.

A nous, pour diverses vaccations, quarente huict solz parisis.

Au greffier, aussy pour mesmes vaccations, vingt quatre solz tournois.

A paier par les parties par moictié.

Pour ces présentes..... controllé, CXII sols parisis.

(*Signé*), De Laval.

(*Archives de Reims*, Fonds de l'abbaye de Saint-Remi, Trésorerie, liasse 389, n° 11.)

X.

Procès-verbal de la mise de l'ancienne Châsse de saint Remi dans la nouvelle Châsse, le 19 août 1650.

✝

Les dangers dans lesquels s'est vue la France par les frequents soulèvements qui ont esté excitez en plusieurs de ses villes en ceste année mil six cent cinquante, ayant jetté l'estonnement dans les esprits les plus forts, ont fait apprehender une dangereuse revolution dans l'estat, qui pourroit tourner à la ruine de cette grande et illustre monarchie, si Dieu par sa bonté n'y apportoit le remede aux malheurs dont elle se voyoit menacée, car l'ennemy, profitant de ses desordres, faisoit de grandes avances dans cette province de Champagne, et avoit déjà pris sans aucune resistance les Villes de Chasteau Porcien et de Rethel, après avoir pris en Picardie le Chastelet et la Capelle, et ceste ville de Reims se voyoit à la veille d'un siège auquel sans doute elle auroit succombé, n'estant pas en estat de resister à une si puissante armée comme estoit celle de l'ennemy, laquelle dans le sentiment commun arrivoit au nombre de plus de trante mil hommes effectifs conduits par l'archiduc Leopol et par le Vicomte de Turenne, et que d'ailleurs elle ne pouvoit estre secourue par les armes de nostre Roy, lequel avoit retiré la plus grande partie de ses troupes de ceste province pour le siege de Bourdeaux, ou sa majesté estoit en personne. Dans des conjonctures si perilleuses et si extraordinaires, on n'a pas de moyen plus prompt que d'importuner le ciel et prier Dieu par les merites du glorieux St Remy, apostre et tutélaire de France, et principalement de ceste ville de vouloir dissiper tous ses orages et destourner tous ses malheurs qui sembloient ne viser qu'a sa ruine. Pour cet effet toute la ville demande que l'on face une procession solemnelle, en laquelle soit porté le corps du glorieux St Remy, lequel on ne porte jamais que pour des nécessités tres urgentes ; la parole nous en est portée par trois des principaux chanoines de Notre Dame, sçavoir Monsr L'allemant, grand vicaire et penitentier, et Messrs chantres et soubs chantre, sur laquelle ayant esté deliberé par ceste communauté de donner ceste satisfaction à la confiance, et devotion de toute la ville, fust resolu de porter le s[t] corps le dimanche suivant, vingt uniesme d'aoust de la susdite année mil six cent cinquante, mais d'autant que la chapse, dans laquelle repose le pretieux corps dudit sainct Remy, estoit depouillée de son ornement, parceque l'argent qui la couvroit avoit esté employé dans la construction d'une nouvelle chapse plus riche et beaucoup mieux travaillée, il fust proposé de mettre l'ancienne chapse dans la nouvelle toute entiere, si cela se pouvoit, ce qu'ayant esté faisable, et ayant eu assurance de l'ouurier qui auoit faict la nouuelle, que l'ancienne pouvoit entrer dans la nouuelle sans aucune ouuerture, que mesme elle auoit esté faicte à ce dessein, et qu'il s'obligeoit de l'y faire entrer si on l'employoit ; ce qui fust cause que la resolution fust prise de mettre ladite ancienne chapse dans laquelle est le pretieux corps de s[t] Remy dans la nouuelle comme le plus conuenable et le plus bel ornement qu'on luy pouuoit donner, ce qui a esté accomply en la maniere qui s'en suit.

La nuit du jeudy venant au vendredy dix neufviesme d'aoust mil six cents cinquante, l'ancienne chapse où est le corps de St Remy fust tirée du tombeau, et s'est trouvée scellée des seaux de monseigneur l'archevesque et de l'abbaye et archimonastère, laquelle ayant esté considerée par m[re] Langlois, menuisier susdit, il dict qu'il estoit necessaire de destacher les moulures, et oster quelque peu de bois afin de faciliter l'entrée dans la nouuelle chapse, ce qu'il fist sans aucune rupture, ni ouverture de ladite ancienne chapse, quoy qu'il n'ayt pas pu conserver les seaux qui estoient posez, bien qu'on luy eust très particulierement recommandé de ne les pas rompre, ce qui est ici expressemment remarqué, afin que l'on scache que ladite chapse n'a pas esté ouverte depuis qu'elle fust fermée et scellée par Monseig^r Leonor d'Estampes de Valancay, archevesque de Reims, le treiziesme novembre mil six cens quarante six, ainsy qu'il est amplement porté dans le procès verbal faict par l'authorité dudict seigneur archevesque, qui est imprimé à la fin du livre intitulé : *Le Tombeau de St Remy*, lequel pour cest effet nous avons mis avec le present acte dans la nouvelle chapse avec l'ancienne, en tesmoignage qu'il n'a esté faict aucune ouverture à ladite chapse, ains qu'elle a esté mise et fermée ainsy qu'elle estoit. Tout ce que dessus s'est faict et passé en presence du R^d pere Dom Mommole Geoffroy, prieur de cest archimonastère, des frères, Dom Philippe Desvignes, sous-prieur, Dom Ildefonse de Ste Marie, senieur, dom Felix Mauljean, procureur, Dom François de St Remy, sacristain, FF. Thomas Rivard, et Marcoul Danet, convers, les jour et an susdit. En foy de quoy, ils ont tous signé le present acte.

(Signé) : Fr. Mommole Geoffroy, prieur susdit. — Fr. Philippe Desvignes, soubsprieur. — Fr. Ildefonse de Saint Marie, sen. — Fr. Félix Mauljean. — Fr. François de S. Remy. — Thomas Rivard. — Fr. Marcoul Danet.

En marge du 1er feuillet a été écrite lors de la découverte de cette pièce durant le dépouillement de la châsse, le 23 octobre 1793, cette mention avec les signatures : « Paraphé au désir du procès verbal des administrateurs du district de Reims, du conseil général de la commune, aujourd'hui 2e jour du 2. mois, l'an 2 de la République. *(Signé) :* Vincent. — Maireau. — Tristant. — Brutus Bertrand. — Jean-Noël Le Maitre. — Gérardin-Varré. — Bauvois. — Saindra. — Pillier. — Seraine — Geruzet-Muiron. — Favereau. — Lejeune-Beuget. — Fourneaux fils.

(Archives de Reims, Fonds de Saint-Remi, Renseignements, pièce rapportée dans la liasse.)

XI.

Description de la Châsse de Saint Remy, de Reims (18 septembre 1725).

La châsse où le corps de saint Remy, seizième archevêque de Reims, est déposé, est une des plus belles et des plus magnifiques qui soient en France, non seulement par la matière et par les pierres préçieuses dont elle est ornée (1), mais encore par l'ouvrage qui est très fini, et dont le dessin est très correct et très exact.

Premier corps. — Cette châsse, qui est toute d'argent, a sept pieds moins un quart de pouce de longueur sur deux pieds un pouce de largeur et un pied dix pouces de hauteur.

Deuxième corps. — Sur ce premier corps s'élève un second corps arrondi en forme de dôme, qui a six pieds six pouces de longueur, un pied sept pouces de largeur, et un pied deux pouces de hauteur; de sorte que toute la châsse a trois pieds de hauteur, depuis sa base jusqu'au faîte.

Le premier corps est travaillé d'argent lisse muraillé; sur les deux côtés duquel, dans sa longueur (2), sont placés les douze Pairs de France (les Pairs ecclésiastiques d'un côté, les Pairs laïcs de l'autre), en autant de niches cintrées, enfoncées en demi rond, ornées au dessus des cintres d'un pierre précieuse. Toutes ces niches sont séparées par deux pilastres (3) accouplés, cannelés aux deux tiers du fust, et le reste rudentés. Ces pilastres, au nombre de vingt-huit, qui sont d'ordre ionique, ont leurs bases, chapiteaux, architraves et

(1) Il y en a beaucoup de fausses. (*Note de Raussin*, comme les suiv.)

(2) Il n'y en a que cinq de chaque côté dans la longueur, le Duc de Bourgogne et l'Évêque Duc de Reims sont sur le devant, en face de l'autel, dans le tombeau de pierre; en quoi il diffère de la châsse.

(3) Dans le tombeau extérieur, elles sont séparées par des colonnes.

frises, et portent treize pouces de hauteur, y compris la base et le chapiteau. Les figures des Pairs ont un pied six lignes de hauteur. Ils sont représentés dans l'action qui leur est propre en la cérémonie du sacre de nos Rois, et pour les distinguer, on a placé au dessous de leurs niches leurs armoiries en demi bosse blasonnées de leurs émaux et attachées sur le stylobate. Les Pairs ecclésiastiques sont sur la droite de la châsse, et les Pairs laïcs sur la gauche. On lit au dessus de la niche sur la frise les noms de leurs pairies et dignités.

Sur le devant de la châsse, se voit un tableau en demi-relief, qui représente saint Remi, assis dans un fauteuil, catéchisant le roi Clovis, qui est à genou sur un prie-dieu, et saint Thierry, debout, portant une croix archiépiscopale (1). A chaque côté de ce tableau sont deux colonnes torses accouplées d'ordre corinthien, de même hauteur que les pilastres des côtés. Elles sont ornées le long du fust d'une branche de vigne ornée de feuilles de raisins et de pampres. Elles ont leurs bases, chapiteaux, frises, etc. Au dessus de chaque chapiteau, il y a une pierre précieuse ; ces quatre colonnes soutiennent un fronton triangulaire sur lequel il y a deux anges couchés à droite et à gauche, en regard. Le tympan est orné d'un tableau en demi-relief, qui représente un ciel rempli de gros nuages, dans lesquels se voient quantité de chérubins, et au millieu une figure d'ange qui apporte une couronne royale. Dans la partie la plus élevée, sont les armes de l'abbaye en ronde bosse ; et au dessus du fronton est un cartouche isolé, où sont les armes de France et de Navarre, surmontées de la couronne royale.

Sur l'autre face, au derrière de la châsse, se voit aussi un tableau en demi relief, qui représente le roi Clovis plongé dans les fonts baptismaux. Il est accompagné de la reine Clotilde, ayant la couronne sur la tête, avec plusieurs seigneurs de sa Cour, et saint Remy qui reçoit la sainte ampoule qui lui

(1) L'ouvrier a donné à saint Remy un air majestueux et imposant, et au bon Roi un air plat et humilié... *(Note de L.-J. Raussin.)*

est apportée du ciel par une colombe (1). Ce tableau est accompagné, comme celui de devant, de colonnes torses avec leurs bases, chapiteaux, architraves, frises, fronton, etc., excepté que dans le tympan du fronton, c'est un ange qui apporte du ciel, sur un voile, les fleurs de lys. Les armes de France et de Navarre, celles de l'abbaye, sont placées de même que sur le devant de la châsse. On a orné ce tableau des mêmes pierreries qui étaient sur l'ancienne châsse donnée par l'Archevêque Hincmar ; qui ont été augmentées de quelques diamants, et de quantité de beaux saphirs, rubis et émeraudes donnés par quelques notables habitants de Reims, pour orner un si précieux tombeau (2).

Ce premier corps (ou quarré) est terminé par une corniche de l'ordre des pilastres, qui règne tout au tour, et qui fait ressaut (ou saillie) sur les chapiteaux et frontons.

Le second corps de cette châsse a deux sortes d'ornements. Le premier, qui est immédiatement au dessus de la corniche, a d'un côté sur toute sa longueur un grand cartouche orné de feuillage dans le millieu, et deux plus petits aux deux bouts ; sur lesquels sont représentées les principales actions de saint Remy en bas relief, au cizelet. Sur le premier, du côté des Pairs ecclésiastiques, est la naissance de saint Remy, en l'an 434 (de lerre chrétienne). Dans le second, qui est plus grand, saint Remy y est sacré évêque, l'an 456, et dans le troisième, semblable au premier, saint Remy ressuscite un homme qui avoit été tué en tombant de cheval. Le champ du corps de la châsse est enrichi de festons, de guirlandes de fleurs, fruits et feuilles, liés ensemble et semés de fleurons. A l'autre côté de la châsse, côté des Pairs laïcs, il y a trois cartouches semblables à ceux du côté opposé. Dans le premier sont représentés deux miracles faits par saint Remy, qui après avoir chassé le diable du corps d'une fille de Toulouse, la res-

(1) Il y a des variantes sur ce fait : car on dit aussi qu'elle fut apportée au Diacre par un ange invisible. (*Note de L.-J. Raussin.*)

(2) Il y en a beaucoup de fausses. (*Note de L.-J. Raussin.*)

suscita parce qu'elle étoit morte par la violence de la première opération. Dans la deuxième du millieu est représentée la mort de saint Remy, l'an 530, âgé de 96 ans ; dans le troisième, enfin, on voit le miracle arrivé à Reims, l'an 569, par l'intercession de saint Remy qui préserva la ville de la peste inguinaire, dont tout le voisinage étoit attaqué, après que les Ecclésiastiques, suivis des habitants, eurent porté en procession autour de la ville, sur les remparts, l'étoffe de soye qui servait de couverture au tombeau de saint Remy, laquelle ils disposèrent sur un brancard en forme de châsse. C'est ce qu'on appelle vulgairement à Reims le suaire de saint Remy. Le champ de ce côté de la châsse est orné comme l'autre, de festons, fleurons, etc. Ces six tableaux en bas relief, sont d'une ordonnance très correcte et d'une cizelure de grande beauté.

Au millieu de la longueur de la châsse, au dessus des deux grands tableaux, s'ellèvent deux frontons arrondis. Dans le tympan de celui qui est à droite, au dessus de la consécration de saint Remy, on voit un bas relief dans une gloire, un ange qui joue du luth : et dans le tympan du fronton du côté gauche, on voit, dans une gloire, un ange qui tient une palme à la main. Au-dessus de chacun de ces frontons, il y a un vase d'amortissement, qui exhale de la flamme ou de la fumée d'encens.

Sur la base de ce second corps, on a gravé tout autour de la châsse, ces mots latins : « *Anno salutis 1647, Beatissimi* « *Remigii francorum apostoli corpus integrum, jam olim ab* « *Hincmaro, Archi Presule Remensi in locello argenteo recon-* « *ditum, Domnus Oudardus Bourgeois, hujus Archicœnobii* « *magnus Prior, in longè ditiorem et prœstantiorem, cum* « *brandeo et apnnis sericis transferri curavit, cujus dum* « *pium pariter et elegans miraris opus, precare ut cujus* « *cultum promovere voluit, ejusdem in cœlis œterno fruatur* « *consortio* (1). »

(1) Cette inscription est semblable à celle que reproduit D. Marlot dans le *Tombeau du grand S. Remy*, p. 184, mais elle diffère de

La partie la plus élevée du second corps est une couverture en dôme enrondie, ornée d'une espèce de mosaïque semée de fleurs de lys en demi relief, enchassées en des losanges formés par des rameaux de laurier très déliés ; le tout relevé au ciselet.

Ce qui forme l'amortissement de cette châsse est une file de grandes fleurs de lys et de petits fleurons posés alternativement, et dont les pieds sont entrelassés dans des feuillages qui règnent sur toute la longueur, et qui élèvent cet ouvrage de cinq pouces au dessus du faîte. Au millieu de la châsse est placée une lanterne surmontée d'une couronne royale qui est terminée par une double fleur de lys. Cette lanterne a un pied cinq pouces de hauteur. Les deux extrémités sont terminées par deux gros vases d'enfaîtement, fort enrichis de sculpture, qui exhalent de l'encens.

On a employé pour faire ce magnifique ouvrage, deux cent vingt trois marcs d'argent, dont vingt trois marcs proviennent de l'ancienne châsse, donnée par l'archevêque Hincmar, de sorte qu'il n'a été payé au sieur Lépicié, très habile orphève de Reims, qui a entrepris et fini ce superbe tombeau, que deux cent marcs d'argent à vingt huit francs le marc et pour la façon 8,000l.

200 marcs d'argent à 28l......	5.600l	
23 marcs de l'ancienne châsse.	756l	23 marcs à 28l ne font que 644
Façon	8.000l	
Total.......	14.356l	

(*Bibliothèque de Reims*, manuscrits, in-4°, *Cérémonie des Sacres*, recueil autographe du Dr L.-J. Raussin, pp. 405 à 411.)

celle que D. Chastelain copia et que nous croyons le véritable texte gravé en 1648. Voir plus haut, p. 314.

XII.

Bibliographie des auteurs traitant des reliques de saint Remi.

Anonyme (Religieux de Saint-Remi), *Livre des choses mémorables pour servir à l'histoire de l'abbaye de Saint-Remi, de 1624 à 1764,* ms. inédit de la Bibliothèque de Reims, pp. 9 et 10.

Bollandistes (les), *Acta Sanctorum Octobris,* t. I, Anvers, 1765, pp. 110 à 128.

Chastelain (dom), bénédictin, *Histoire abrégée de l'église de Saint-Remi*..., 1770, ms. inédit de la Bibliothèque de Reims, pp. 35-37.

Ceriziers (le P. de), jésuite, *Les heureux commencemens de la France chrétienne*... Reims, 1633, pp. 360 et suiv.

Cerf (l'abbé Ch.), chanoine, *Violation, inhumation, exhumation des Reliques de saint Remi en 1793, et vérification de ces mêmes reliques, depuis cette époque jusqu'à nos jours,* dans les *Travaux de l'Académie de Reims,* t. XLII, pp. 96 à 124 (tirage à part.) Voir du même auteur, *Histoire et description de l'église Saint-Remi,* 1868, pp. 120 et suivantes.

Dorigny (le P. Jean), jésuite, *Histoire de la vie de S. Remy,* Reims, 1714, Châlons, etc., pp. 319-328, et 480-490.

Lacatte-Joltrois, *Essais historiques sur l'église Saint-Remi,* 1843, pp. 108-110.

Maquart (J.-J.), dessinateur, *Le Tombeau de saint Remi à Reims*..., 1847, 5 p. et 4 pl. — Voir un rapport de M. l'abbé Aubert sur les *Inscriptions du nouveau tombeau de saint Remi* (1847) dans les *Travaux de l'Académie de Reims,* t. VIII, p. 228.

Marlot (dom Guillaume), bénédictin, *Le tombeau du grand saint Remy,* Reims, 1647. L'ouvrage entier est consacré au tombeau, translations, châsses, etc.; sur la châsse inaugurée de son temps et la visite des reliques, voir pp. 192 à 232. — Voir aussi, du même auteur, *Metropolis Remensis historia*, t. Ier, p. 179, et *Histoire de la Ville, Cité et Université de Reims*, t. II, p. 157.

Poussin (l'abbé), vicaire, *Monographie de l'abbaye et de l'église St-Remi de Reims*... Ouvrage illustré de huit dessins par E. Leblan,... Reims, 1857, pp. 31, 168, 181 et 263.

Povillon-Piérard, annaliste rémois, *Tombeau de saint Remi*, ms. in-12 de la Bibliothèque de Reims, fos 92, 148, 187 et suiv. — Cfr., du même, l'*Histoire de l'église de Saint-Remi de Rheims*, ms. du même dépôt, t. Ier, fos 156 et 246.

Raussin (docteur Louis-Jérôme), *Cérémonie des Sacres*, ms. in-4° de la Bibliothèque de Reims, contenant, p. 405 à 416, une description de la châsse de saint Remi, datée du 18 septembre 1725, et p. 417 à 422, une copie de la lettre de D. Paul de Rivery sur l'ouverture de la châsse de saint Remi en août 1646.

Sutaine (dom), bénédictin, *Cérémonial ou usuaire de l'abbaye de Saint-Remi* (1756-1792), et *Livre des événements mémorables arrivés dans l'église Saint-Remi* (1766-1798). Deux mss. autographes et inédits, à la Bibliothèque de Reims.

Tarbé (Prosper), correspondant de l'Institut, *Trésors des Églises de Reims*, avec planches par J.-J. Maquart, pp. 189-197 et 302-304; vue de la châsse de 1824, p. 196. — Cfr., du même, *Les Sépultures de l'église Saint-Remi*, 1842, pp. 50-56.

Tourneur (l'abbé V.), vicaire général, *Étude sur les Reliques de saint Remi*, dans les *Travaux de l'Académie de Reims*, t. LX, pp. 1 à 39 (tirage à part). — Voir aussi le ms. autographe et inédit du même auteur, *L'Église Saint-Remi*, conservé par son neveu, M. Louis Tourneur.

FIN.

TABLE

L'ancienne Châsse de saint Remi. — Notice historique et descriptive.

Documents inédits.

L'ABBÉ CORDIER

Sous-Principal du Collège des Bons-Enfants

Par M. le Chanoine Cerf, Membre titulaire.

De nos jours, sur des tables de marbre, dans des notices biographiques, on aime à conserver la mémoire des personnes qui se sont fait un nom par des actes de vertu. Nous serait-il permis de retracer ici, en quelques lignes, la vie d'un prêtre du diocèse de Reims, une des gloires de l'Université de la ville; une victime de la Révolution; un prédicateur distingué; un professeur célèbre du grand Séminaire de Meaux?

Nicolas Cordier est né le 23 janvier 1766 (1), de Pierre Cordier, instituteur à Hannogne (Ardennes), et de Marie-Jeanne Falvy (2).

(1) « L'an de grâce mil sept cent soixante-six, le vingt-troisième janvier, est né en cette paroisse et a été baptisé par moi, prêtre curé d'Hannogne, le fils de Pierre Cordier et de Marie-Jeanne Falvy, son père et sa mère mariés ensemble et habitant cette paroisse, auquel on a imposé le nom de Nicolas. Le parrain a été Nicolas Falvy, et la marraine Barbe Guérin, son épouse, qui ont signé suivant l'ordonnance.

« P. Cordier. — Nicolas Falvy. — Brouhet, *curé*. »

(2) Pierre Cordier eut six enfants :

Pierre-Georges-Chrysostome, 28 janvier 1762, mort le 30 janvier 1837; — Marie-Marguerite, 3 février 1764; — Nicolas, 23 janvier

Il vint à Reims au moment de la mort de son père (1), et suivit avec succès les cours de l'Université. Il reçut la tonsure le 21 mai 1785, dans la chapelle du palais archiépiscopal, des mains de Mgr Pierre Perreau, évêque de Tricomie (2), et, dans les mêmes conditions, les ordres mineurs, le 17 mai 1788 (3). Il remporta, à la

1766 ; — Marie-Catherine, 7 mars 1769, décédée le 6 juillet 1773 ; — Marie-Angéline, 28 février 1773, décédée le 25 mars 1777 ; — Nicolas-Pierre, 12 février 1775.

Ce dernier vint à Reims, fit de brillantes études, et figure dans la liste des prix de l'Université, année 1792. Il remporta le premier prix de dictature et le premier prix de thème. *(Almanach de Reims.)*

Il fut intendant chez Mlle de Murcy, qui habitait à Reims, rue de la Renfermerie. Il donna des leçons de latin à des jeunes gens des meilleures familles de la ville. Son nom est cité dans le procès-verbal de la reconnaissance de la Sainte Ampoule. *(Histoire de la Congrégation de Notre-Dame*, par Mgr Péchenard.)

(1) Pierre Cordier, instituteur à Hannogne, de 1750 à 1781, mourut le 14 avril 1781, le Vendredi Saint, et fut inhumé le jour de Pâques, « avec grande cérémonie; sa mort a causé bien de la peine à la paroisse, car c'était un bon maître d'école ». *(Mss. d'Hubert Dameras*, d'Hannogne.)

Il eut pour successeur, en 1781, son fils Pierre-Georges-Chrysostome, marié le 1er juillet 1789, avec Marie-Louise-Élizabeth Latierce, fille de défunt Alexis Latierce et de Marie-Jeanne Lahire. *(Arch. com., état civil.)* On a de lui plusieurs ouvrages d'instruction, manuscrits composés de 1800 à 1830. Il cessa d'enseigner dès l'année 1830, et mourut en 1837. En 1813, le 28 juin, il fut autorisé à reprendre ses fonctions d'instituteur, qu'il avait dû abandonner au moment de la Révolution. *(Arch. municipales*, Académie de Metz, Université.)

(2) Lettres d'ordination signées par MM. de Lescure, vicaire général, et Bauny.

(3) Lettres signées par MM. de Maurous, vicaire général, et G. Tilmon.

fin de cette année, le premier prix de physique (1).

Nicolas Cordier fut ordonné sous-diacre le 6 juin 1786 (2), diacre le 19 décembre de la même année, avec dispense des interstices (3); prêtre le 29 mai 1790, avec dispense (4), et chanta sa messe à Hannogne le 23 juin 1790 (5).

Reçu maître ès-arts le 27 novembre 1790 (6), il remplit les fonctions de sous-principal en 1791 (7), au collège de l'Université de Reims ; refuse de prêter le serment constitutionnel, et pour cette raison quitte Hannogne, le 14 juillet 1792, où il était venu se réfugier aussitôt la fermeture du collège (8).

L'abbé Cordier dut s'exiler. Il part de Reims le 8 septembre 1793, pour la ville de Dinant (9), se rend

(1) *Almanach de Reims*, 1788.

(2) Nicolas Cordier fut ordonné par Mgr Perreau, dans la chapelle du palais.

(3) *Idem*.

(4) Lettres d'ordination, signées par MM. de Lescure et G. Tilmon.

(5) « Nicolas Cordier est venu à Hannogne, le 29 juin 1790, chanter la messe, le jour de la Saint-Pierre, belle cérémonie. » (*Mss. de Hubert Dameras*, conservé à Hannogne ; notes et extraits fournis par M. Jules Carlier, de Hannogne.)

(6) Lettres du grand-maître de l'Université et diplôme signés, le 18 octobre 1809, par M. l'abbé Legros, proviseur du Lycée, faisant fonction de recteur de l'Académie.

(7) Nicolas Cordier succède à M. Joseph Maquart, remplit ces fonctions avec MM. Mauvy, Anot, Regnart... M. Rouyer étant grand-maître du collège; M. Legros, principal; M. Rondeau, proviseur. (*Almanach de Reims*, 1791; — Mgr Cauly, *Collège des Bons-Enfants*, p. 758.)

(8) « Nicolas Cordier n'a point voulu prêter serment, on l'a fait partir hors d'Hannogne. » (*Mss. de Hubert Dameras.*)

(9) Liste des émigrés du diocèse de Reims. (*Bulletin du Diocèse*, 1869-1870.)

de là à Varsovie, pour faire l'éducation d'un jeune homme de grande famille, qui conserva de lui les meilleurs souvenirs.

Rentré en France, il revient à Reims, demeure chez son frère Pierre Cordier, rue de la Renfermerie, dont il baptisera un enfant, le 15 octobre 1803 (1).

En 1802, M. l'abbé Legros fonde une maison d'éducation dans les bâtiments de l'ancien couvent de Saint-Denis (grand Séminaire); il prend avec lui plusieurs de ses anciens confrères de l'Université de Reims : MM. les abbés Parent, Chanzy et Nicolas Cordier.

M. l'abbé Legros, en 1809, est nommé proviseur du Lycée impérial. Il prie son ami Cordier de le seconder dans cette nouvelle mission ; celui-ci ne croit pas devoir répondre à son désir. L'abbé Legros alors lui délivra deux diplômes de bachelier ès-lettres, de bachelier ès-sciences, les signa, comme proviseur faisant fonction de recteur de l'Académie, au nom du grand-maître de l'Université. M. Cordier part pour Meaux.

Le P. Loriquet, après la dissolution de la Société des Pères de la Foi, se rendit auprès de l'Évêque de Meaux, Mgr de Faudoas, qui s'empressa de l'employer à l'œuvre des Séminaires. C'était en 1810. L'année suivante, il

(1) 11 mars 1803 : « Baptême par M. Cordier, prêtre habitué de cette paroisse, avec la permission de M. le Curé de cette paroisse, d'Innocent, né hier, fils de Nicolas-Pierre Cordier et de Jeanne-Adélaïde Roze ; le parrain, Innocent Falvy, représenté par Nicolas Cordier, oncle de l'enfant, et Marie-Anne Guitel. » *(Registre de la paroisse de Notre-Dame.)*

fut rejoint par l'abbé Cordier, son ami, son admirateur, qui le chargea de l'enseignement de la théologie, au mois d'octobre 1811. Précédemment, M. Féry, originaire de Soissons, supérieur du grand Séminaire en formation, donnait ces leçons, tandis que le P. Loriquet, supérieur du petit Séminaire, enseignait la philosophie (1).

A cette époque, le P. Loriquet composait son *Histoire de France,* qui ne parut qu'en l'année 1814. L'abbé Cordier fut chargé par son ami de revoir et de corriger les manuscrits. Ses conseils étaient toujours bien accueillis. Nous sommes heureux que les accusations portées contre l'historien soient aujourd'hui reconnues fausses ; il nous eût été pénible de voir peser sur le correcteur les inepties imputées à l'auteur.

Parmi ses élèves, M. Cordier avait plusieurs jeunes gens de Reims, signalons surtout celui qui fut son panégyriste, l'abbé Gros, auquel sa mère écrivait, le 23 mai 1813 : « Aie recours à Dieu et aux avis de « M. Cordier pour bien remplir l'emploi qu'on t'a « donné (2) ; ne néglige rien pour faire comprendre ce « que tu enseigneras aux élèves qui te seront confiés, « inspire-leur la vertu dans toutes les occasions et par « ton exemple (3). »

L'abbé Gros suivit les conseils de sa mère, s'attacha à la personne de M. Cordier. Aussi il sentit vivement

(1) Renseignements fournis par M. le chanoine Denis, de Meaux, lettre du 23 janvier 1895.

(2) M. Gros, futur évêque de Versailles, qui ne reçut la tonsure à Meaux que le 12 juin 1813, venait d'être chargé de la direction de la Maîtrise de cette ville.

(3) Lettre de Mme Gros, rapportée dans la préface des *Œuvres de Mgr Gros,* p. XXI, Paris, Jouby, 1862.

la perte qu'il fit en perdant son professeur à Reims et à Meaux, son guide, le confident de son âme.

Le typhus, dans les premiers jours de 1814, sévissait dans les ambulances militaires de Meaux. « Le saint « prêtre, M. Cordier, dévoré du zèle des âmes, brûlant « du feu de la charité, vole le jour et la nuit, à l'Hôtel-« Dieu (1), au chevet de nos soldats mourants, leur « prodiguant les consolations et les secours de la reli-« gion. Mais bientôt, le 20 avril, jour de Pâques, il « succombe, à l'âge de 48 ans, victime de son héroïque « dévouement, dans les bras de son ami, le P. Loriquet, « qui lui administra les derniers sacrements. Sa mort « fut un deuil pour le séminaire, pour la ville, pour « l'Église. Elle affecta bien vivement l'âme de son cher « élève, et y laissa un vide immense.

« Les liens particuliers qui l'attachaient au vénéré « défunt assignaient à M. Gros la tâche de redire ses « vertus et ses talents. Il acquitta cette dette de la « reconnaissance avec l'accent de la douleur la plus « vive et la plus sincère. C'est un disciple qui retrace à « grands traits les hautes qualités, les vertus éminentes « d'un maître justement regretté, et les propose pour « exemple à ses élèves ; c'est un fils qui pleure la mort « d'un tendre père et communique à la famille éplorée « les angoisses d'un cœur aimant, blessé dans ses plus « chères affections (2). »

Nous ne pouvons donner ici le panégyrique prononcé

(1) Le P. Loriquet avait, à Meaux, comme anciens confrères de la Société des PP. de la Foi, les PP. Jennesseaux, qui succéda à M. Cordier à l'Hôtel-Dieu, et Varlet, qui sont devenus Jésuites en 1814, aussitôt après la guerre, et M. Fauveau, qui demeura dans le diocèse de Meaux et mourut archiprêtre de Melun.

(2) Préface des *Œuvres de Mgr Gros*, p. XXII.

par M. Gros ; c'est bien à regret, car c'est l'éloge le plus beau et le plus complet que l'on puisse faire de M. Cordier. Dans ce discours, le futur évêque de Versailles montre déjà avec quelle éloquence, quelle pureté de style il composera ses sermons et ses mandements.

« La science de l'abbé Cordier, dit-il, était profonde « et étendue. Il excellait dans l'art de la prédication : « que dire de son éloquence dans la chaire ? Quelle « fécondité dans la composition ! Quelle adresse dans « les pensées ! Quel feu dans les termes ! Quelle ardeur « dans la déclamation !...

« Vous en savez quelque chose, habitants de Reims. « Il suffisait qu'un de ses sermons fût annoncé pour « vous voir arriver en foule, dans le désir de l'entendre.

« Mais ce qui doit surtout exciter notre admiration, « c'est son zèle des âmes. A la voix de son supérieur, « il tressaille de joie. Il vole à la mort. Il prodigue ses « soins aux soldats des ambulances ; il ne prend aucun « repos, malgré les supplications de ses amis. Ses « forces s'épuisent ; il ne tient plus, la fièvre le dévore, « il sort quand même pour porter aux soldats les con- « solations de la religion ; il les aide à bien mourir et « succombe lui-même.

« On met tout en œuvre pour le sauver ; c'est en « vain. Il est frappé à mort ; il expire le saint jour de « Pâques. Son âme, comme un fruit mûr, se détache « d'elle-même et tombe doucement dans le sein de « Dieu.

« Il n'est donc plus ce maître habile, ce prédicateur « zélé, ce père tendre. Il n'est plus (1). »

(1) *Panégyrique de M. l'abbé Cordier*, prononcé par M. l'abbé Gros, ms.

TABLE DES MATIÈRES

CONTENUES DANS CE VOLUME

SÉANCE PUBLIQUE

POÉSIE

SCIENCES, HISTOIRE, ARCHÉOLOGIE, BIOGRAPHIE, NÉCROLOGIE ET BIBLIOGRAPHIE RÉMOISE

PLANCHE

50689 — Reims, Imprimerie de l'Académie (N. Monce, dir.), rue Pluche, 24.

IIC

TRAVAUX

DE

L'ACADÉMIE NATIONALE

DE REIMS

NOTA

La responsabilité des opinions et assertions émises dans les ouvrages publiés par l'Académie appartient tout entière à leurs auteurs.

TRAVAUX

DE

L'ACADÉMIE NATIONALE DE REIMS

QUATRE-VINGT-DIX-HUITIÈME VOLUME

ANNÉE 1894-1895. — TOME II

DEUX VOLUMES SEMESTRIELS CHAQUE ANNÉE

PAR ABONNEMENT : 12 FRANCS

PRIX DE CE VOLUME : 10 FRANCS

REIMS

CHEZ F. MICHAUD, LIBRAIRE DE L'ACADÉMIE

23, rue du Cadran-Saint-Pierre, 23

M DCCC XCVII

L'ÉGLISE ET L'ABBAYE

DE

SAINT-NICAISE

DE REIMS

Notice historique et archéologique,
depuis leurs origines jusqu'à leur destruction,
avec de nombreuses illustrations

Par Ch. GIVELET

Membre titulaire de l'Académie nationale de Reims
Chevalier de Saint-Grégoire le Grand

REIMS

F. MICHAUD, LIBRAIRIE ANCIENNE ET MODERNE

ÉDITEUR DE L'ACADÉMIE

Rue du Cadran-Saint-Pierre, 19

M DCCC XCVII

Les initiales illustrées employées dans cet ouvrage ont été tirées des manuscrits in-folio *Graduel* et *Antiphonaire* de Saint-Nicaise, conservés à la Bibliothèque de Reims. Elles sont, ici, réduites au quart de leur exécution.

Quoique les caractères employés pour l'impression de ce volume ne soient pas ceux dits *Elzéviriens* qui comportent des majuscules ornées, nous avons pensé faire plaisir aux amateurs en mettant sous leurs yeux quelques variétés des nombreux types de décoration qui entourent les initiales dont ces manuscrits sont émaillés.

CH. G.

INTRODUCTION

> *Et non relinquent in te lapidem super lapidem.*
> (S. Luc, chap. XIX.)

EPUIS la mise en vente de l'église et de l'abbaye royale de Saint-Nicaise, les Rémois n'ont cessé de déplorer cette mesure révolutionnaire. Malgré l'activité prodigieuse que l'État mit à aliéner les édifices religieux supprimés, Saint-Nicaise resta debout pendant la période qui vit tant de ruines s'amonceler autour de lui. L'abbaye, nouvellement reconstruite, pouvait être utilement employée, et, quoique la nécessité de sa conservation fût reconnue, on la vendit avec l'église le 24 décembre 1798, comme nous le verrons plus loin.

Il est à remarquer qu'aucun de nos historiens ne

parle ni de l'église Saint-Remi, ni même de la Cathédrale, avec cet enthousiasme qu'ils laissent éclater quand il s'agit de Saint-Nicaise. De Saint-Remi, ils ne citent que le tombeau du saint évêque, la couronne aux quatre-vingt-seize lumières, le candélabre à sept branches, la mosaïque à figures qui recouvrait le chœur et le sanctuaire, puis enfin les sépultures royales abritées sous ses voûtes antiques. De Notre-Dame, il n'est question que de son splendide portail, ne faisant nul éloge de sa nombreuse et admirable statuaire, ni des sculptures si fines et si délicates qui la décorent dans toute son étendue, pas plus que de ses magnifiques arcs-boutants qu'on chercherait en vain dans ses rivales. Tous, au contraire, sont unanimes pour célébrer l'élégance, la légèreté et les admirables proportions de Saint-Nicaise, dont la pureté des lignes compensait les riches décorations de celles de Notre-Dame. Ses portiques et surtout ses clochers aux flèches aériennes mettent le comble à leurs poétiques descriptions.

On avait alors à Reims le spectacle, peut-être unique, de deux grandes églises : l'une, Notre-Dame, commencée par l'abside au XIIIe siècle et terminée par le portail au XIVe ; l'autre, Saint-Nicaise, commencée par le portail au XIIIe siècle et terminée par l'abside au XIVe : incomparable ensemble des richesses architecturales de la plus belle période ogivale qui couvrit la France de tant de monuments, que notre siècle s'est repris à aimer.

Plus d'une fois, à propos de Saint-Nicaise, nous aurons dans ce travail occasion de parler des deux grandes églises qui, plus heureuses que celle-ci, sont restées debout. Voici à ce sujet une remarque que nous venons de faire et qui a son intérêt :

Lorsque, avant la démolition de Saint-Nicaise, on se trouvait en haut de la rue Sainte-Balsamie, aujourd'hui des Salines, on devait jouir d'un magnifique coup d'œil. De là, on est en face de l'abside et du transept de Saint-Remi, rehaussés alors par un gracieux clocher détruit en 1825. Du même endroit, vers la droite, on découvre la vue latérale sud presque entière de la Cathédrale, et, en faisant un demi-tour sur soi-même, c'était l'élégant portail de Saint-Nicaise qui présentait sa svelte perspective. En dehors de ces trois grands édifices, un nombre considérable d'églises et de chapelles, toutes surmontées de clochers aux formes variées, donnaient à la ville un aspect pittoresque qui, aujourd'hui, lui fait presque complètement défaut. On peut s'en rendre compte très facilement en jetant les yeux sur une de ces anciennes vues de Reims où figurent tous les monuments de la ville (1). La Cathédrale, dont la masse imposante fixe d'abord l'attention, s'élève à peu près au centre de l'ancienne ville. Les abbayes de Saint-Remi et de Saint-Nicaise, enclavées dès le XIVe siècle dans les remparts qui devaient les protéger contre l'invasion anglaise, sont situées sur le haut de la colline qui termine Reims vers le sud-est. Dans cette direction, c'est Saint-Nicaise qui, par son élévation, attire les regards. L'église, bâtie pour ainsi dire dans l'axe de celle de Saint-Remi, semble écraser celle-ci, malgré le point déjà élevé qu'elle occupe. Par leur position, ces abbayes, comme celles de Saint-Thierry, de Verzy et d'Hautvillers, pour ne parler que de Reims et de ses environs, confirment deux vers latins qui indiquent le choix des lieux où les religieux de différents ordres se plaisaient à élever leurs monastères :

Bernardus valles, colles Benedictus amabat,
Oppida Franciscus, magnas Ignatius urbes.

(1) *Vues de Reims*, par Edme Moreau, Baussonnet, Chastillon, etc., plus deux tableaux au Musée dont l'un a été donné, en 1842, par la mère de notre collègue, M. L. Fanart.

Les autres édifices qui avoisinaient nos grandes abbayes étaient : la collégiale de Sainte-Balsamie construite à l'angle de la rue de ce nom et de la place Saint-Nicaise (1) ; à droite, sur la même place, la petite paroisse de Saint-Jean-Baptiste ; dans la rue Sainte-Balsamie, celle de Saint-Martin ; près d'elle, mais dans la rue des Cardinaux, aujourd'hui des Créneaux (2), l'importante collégiale et paroisse de Saint-Timothée qui faisait le principal ornement de cette rue. Les deux clochers de cette église pouvaient être aperçus du point de la rue actuelle des Salines que nous venons d'indiquer. De là, dans la rue Saint-Sixte, on voyait l'antique église qui portait le nom du premier évêque de Reims (3). Plus loin, à la hauteur de l'abside de Saint-Remi, les habitants du quartier avaient leur église paroissiale, Saint-Julien. De l'autre côté de la rue, c'étaient les Minimes

(1) En 1793, la place Saint-Nicaise reçut le nom de place de Lucrèce.

(2) La rue des Créneaux ne comprenait alors que la partie située entre les rues du Barbâtre, de Sainte-Balsamie et de la rue Perdue. La suite, à partir du tournant, s'appelait rue des Cardinaux. La rue Sainte-Balsamie perdit son nom en 1793 pour prendre celui de rue des Salines, nom qu'elle a conservé depuis.

(3) Cette église, tombant de vétusté, fut supprimée le 27 septembre 1686 par Ch. Maurice Le Tellier, et sa démolition consommée seulement en 1726.

venus à Reims en 1572, et qui occupaient l'emplacement de l'ancien prieuré de Saint-Cosme et Saint-Damien.

Des nombreux édifices qui décoraient le haut de cette partie de la ville, il ne reste donc plus que l'église et l'abbaye de Saint-Remi. Cette église est devenue paroisse depuis la Révolution, et, en 1827, l'Hôtel-Dieu cédant ses bâtiments pour y construire le palais de justice, la gendarmerie et les prisons actuels, cet hôpital fut transféré dans l'illustre abbaye bénédictine, où nous le voyons maintenant.

C'est à la vénération séculaire des Rémois pour Saint-Remi qu'est due, malgré le peu de cas qu'on faisait de l'architecture de son église, l'érection de l'antique abbatiale en paroisse, après l'expulsion des religieux. Sa proximité avec celle de Saint-Nicaise ne permit pas à cette dernière de subir cette heureuse transformation, qui nous l'aurait infailliblement conservée.

M. A. Lebourq, dans son ouvrage intitulé : *La démolition de l'église Saint-Nicaise (1791-1805)* (1), fournit en abondance des documents attestant le bon

(1) Reims, Ernest Renart, libraire de l'Académie, 5, rue du Cadran-Saint-Pierre, 1883. Extrait des *Travaux de l'Académie de Reims*, t. LXXII, p. 37.

état, au moment de leur vente, de l'église et de l'abbaye. On y voit les ressources que l'on pouvait tirer de leur conservation. A l'appui de ce que j'avance, je vais citer quelques preuves extraites de cet intéressant travail. Elles établiront d'une manière péremptoire tout l'intérêt que nos pères portaient à Saint-Nicaise et le zèle, malheureusement inutile, qu'ils déployèrent pour sa conservation.

Le premier de ces documents émane de M. Dessain, procureur du Conseil général de la commune de Reims, qui, dans la séance du 5 mars 1791, exprime ses regrets et ceux d'un grand nombre de ses concitoyens de voir l'église Saint-Nicaise exposée à être vendue et détruite. M. Dessain dit que cette église est unique en son genre, qu'elle a un besoin urgent de quelques réparations et que, si on tarde à les faire, la dépense deviendra plus considérable et alors les fonds plus difficiles à obtenir. « Quoique, dit-il, Saint-Nicaise soit à Reims, on peut le considérer comme un édifice national, étant, par conséquent, à la charge de la nation. Celle-ci, à la vérité, ne peut accepter de restaurer tous les monuments qui ont besoin d'être réparés ; mais, dans toute la France, peut-on trouver un édifice aussi beau et aussi délicat que Saint-Nicaise ? Non, assurément ; alors, conclut

M. Dessain, l'exception faite en faveur de Saint-Nicaise ne peut tirer à conséquence (1). »

Une autre pièce datée du 14 août 1792, émanant du ministère de la guerre et signée Clavière, ministre de la guerre par intérim, conclut que, d'après le rapport du médecin et du chirurgien des armées, l'abbaye de Saint-Nicaise peut recevoir très convenablement de 500 à 600 lits (2).

Le 19 août de la même année, M. Poirier, garde-magasin, fut autorisé par le Conseil général du district à convertir en hôpital l'église et les bâtiments de l'abbaye. Cette heureuse autorisation n'a pas dû être suivie d'effet, car on ne trouve nulle part la transformation de l'abbaye et de l'église en hôpital. Ces bâtiments auraient par là, sans aucun doute, échappé à la destruction, si en 1792 on avait pu les utiliser.

Plus loin, dit M. A. Lebourq, le 26 avril 1795, sur la demande qui a été faite par le Comité des établissements publics, le Conseil général de la commune de Reims a dressé la liste de tous les monuments et biens publics comme suit :

« . . . La ci-devant église de Saint-Nicaise (archi-

(1) *Pièces justificatives*, n° I, p. 337.
(2) *Pièces justificatives*, n° II, p. 338.

lecture admirable qui mérite d'être réparée),..... La maison du ci-devant couvent, magasins à fourrages. »

L'année suivante, l'administration municipale, dans sa séance du 8 septembre 1796, dresse un mémoire sur les édifices et les établissements qu'il convient de maintenir dans la commune de Reims.

Ce mémoire conclut à la conservation de cinq églises pour la célébration du culte. Saint-Nicaise est le second parmi les monuments choisis. La Cathédrale seule le précède sur la liste. Les voici dans leur ordre :

1° L'église dite Cathédrale ;
2° L'église de Saint-Nicaise ;
3° L'église de Saint-Maurice ;
4° L'église de Saint-Jacques ;
5° L'église de Saint-André.

Ici encore se manifeste l'attachement de nos ancêtres pour l'œuvre de Libergier. Ce monument, dit le mémoire, moins vaste et moins pompeux que l'église dite Cathédrale, n'en est que plus élégant en architecture. Ce document continue en exaltant notre regretté Saint-Nicaise ; la délicatesse de sa structure, la coupe légère et brillante du vaisseau le font considérer comme une merveille dans le genre gothique. L'église est très bonne et ne demande qu'une réparation facile à faire à sa toiture; l'embellissement qu'elle procure à la ville, sa réputation répandue par toute l'Europe demandent hautement sa conservation.

On peut s'étonner de ne pas voir l'église Saint-Remi figurer parmi les édifices préservés de la destruction. C'est que, pour conserver Saint-Nicaise au culte, on voulait faire de Saint-Remi un hôpital dont les vastes galeries et les nefs seraient converties en salles bien aérées pouvant contenir tous les lits actuellement dans l'Hôtel-Dieu (1).

Le 26 septembre 1796, l'administration municipale déclare que, si elle a demandé de laisser subsister Saint-Nicaise pour en faire une caserne,... elle n'a présenté ce moyen que pour en éloigner la vente, s'il était possible..... C'est ainsi qu'elle termine le procès-verbal de ce jour : « Nous persistons toujours à demander la suspension de la vente de la maison de Saint-Nicaise pour pouvoir en faire une maison de détention (2). »

(1) 8 septembre 1796. *Pièces justificatives*, n° III, p. 338.

(2) *Pièces justificatives*, n° IV, p. 340.

Le 18 octobre 1796, notre municipalité émet le vœu de « voir convertir Saint-Nicaise, ancien couvent d'hommes, en magasin militaire. L'église et la maison de Saint-Remi étant destinées à l'Hôtel-Dieu, il conviendra de conserver l'église de Saint-Nicaise pour que les citoyens qui exerçaient leur culte à Saint-Remi puissent l'exercer à Saint-Nicaise.

« C'est un monument précieux de l'architecture légère dont la conservation importe aux arts et qui n'admet aucune comparaison avec Saint-Remi... »

Le 22 novembre de la même année, d'après une lettre du ministre de l'intérieur, l'administration municipale de Reims choisit le citoyen Poterlet, architecte du département, qui devra, « pour se conformer à la demande du ministre, faire un rapport détaillé sur les églises, cathédrales et autres dont la beauté, l'importance, etc....., peuvent offrir des avantages pour le progrès des arts, pour le culte, ou pour quelque objet d'utilité publique ».

« L'église ci-devant Cathédrale et celle de Saint-Nicaise, dit le rapporteur, se trouvent toutes deux, par leur beauté et leur importance, devoir être conservées (1). »

(1) *Archives de Reims*. A. Lebourq, page 17.

L'administration municipale de Reims éprouvait pour Saint-Nicaise une sollicitude que ne partageait pas le Directoire du département de la Marne. A la date du 18 juillet 1798, « celui-ci se propose de mettre incessamment en vente la ci-devant église et les bâtiments de Saint-Nicaise de Reims ». A cette nouvelle, l'administration rémoise, par une lettre adressée au citoyen Grandpré et dont nous extrayons les principaux passages, lui témoigne sa surprise et lui fait connaître son intention de les sauvegarder, et même de solliciter des fonds pour leur entretien comme monuments des arts dont la conservation était intéressante. « Il y a longtemps, écrit-elle, qu'il manque dans le département une prison ou maison de détention » ..... « Il n'est pas possible de trouver un local plus convenable à ce sujet que l'église et la maison de Saint-Nicaise..... Il est donc instant d'arrêter la vente de cet édifice ..... »

En lisant ces dernières lignes, on est tenté de croire que le gouvernement refusait de convertir en caserne ou en hôpital les bâtiments et l'église de Saint-Nicaise, puisqu'à la date du 26 septembre 1796, l'administration municipale de Reims, pour la première fois, propose d'en faire une maison de détention. C'est bien ce qui avait lieu, ainsi que nous le verrons un peu plus loin.

Le besoin de réparations « aussi urgentes que nombreuses », comme l'avait dit M. Dessain, en 1791, doit être exagéré. En effet, nous n'avons vu que lui seul constater le besoin de ces restaurations (1). Le Conseil général, en 1795, déclare que l'église « mérite d'être entretenue ». En 1796, l'administration municipale de Reims reconnaît « l'édifice comme étant en très bon état et ne demandant qu'une légère réparation à la toiture ». Il est donc probable que M. Dessain s'est mépris sur le genre de restaurations nécessaires à ce moment. C'étaient, sans doute, des clochetons, des fleurons ou toute autre ornementation en saillie qui avaient souffert des injures du temps, et dont il sollicitait la mise en bon état comme étant urgente. Des dépenses immédiates n'étaient donc pas à craindre, puisque l'on réclamait ainsi sous des formes diverses, la conservation non

(1) Ce n'est que le 21 juillet 1798 que le commissaire du Directoire exécutif près de l'administration municipale de Reims, que le receveur des Domaines nationaux, et qu'un expert nommé par l'administration centrale et départementale de la Marne « déclarent que l'église Saint-Nicaise est dans la plus grande vétusté, menace une ruine très prochaine et n'est pas susceptible d'être réparée ». (A. Lebourq, pages 21 et suivantes.)

seulement de l'église, mais de l'ensemble de l'abbaye.

Dans un rapport fait le même jour (18 juillet 1798), M. Serrurier fils, architecte à Reims, écrit : « ..... La ci-devant abbaye de Saint-Nicaise, qui contient un grand cloître, de grands bâtiments qui sont très solides, de grandes cours et un vaste jardin, est la maison la plus propre pour y établir une prison;..... cette maison contient de vastes salles voûtées (1). »

Parmi les nombreux documents recueillis par M. Lebourq, les citations qui précèdent suffisent pour faire apprécier le haut prix que les amis des arts et nos ancêtres en particulier attachaient à la conservation de l'église et de l'abbaye de Saint-Nicaise. Nous approchons du moment où les offres d'acquisition se présentent et de celui où l'État et l'administration départementale font leurs efforts, malgré les Rémois, pour vendre ces immeubles, que la nation s'était si indûment appropriés.

Malheureusement, l'acquisition des biens nationaux revendus avec de gros bénéfices avait déjà fait la fortune des acquéreurs révolutionnaires; elle excitait l'avidité de ceux qui avaient précédemment

(1) *Archives de Reims*, liasse Police, prisons, conciergeries, etc.

réussi dans leurs entreprises, et engageait d'autres citoyens à s'enrichir par les mêmes moyens. Ce fut le cas d'un nommé Le Brun, de Paris. Dans les Archives de Châlons, à la date du 30 octobre 1798, on lit :

« Châlons, 9 brumaire an VII.

« Je soussigné, Eustache-Joseph-Maximilien Le Brun, domicilié à Paris, déclare à l'administration centrale du département de la Marne être dans l'intention d'acquérir les bâtiments composant la maison conventuelle de Saint-Nicaise de Reims, ensemble l'église attenant..... d'en payer, conformément à la loi du 26 vendémiaire dernier, six fois le revenu qui est de 7.000 francs, faisant un capital de 42.000 francs.

« Le Brun. »

Malgré cette offre faite dans les conditions voulues par la loi, Le Brun ne devint pas propriétaire, car, le 12 décembre suivant, le président de l'administration municipale fait savoir qu'il vient d'être adressé par le département une affiche de vente de domaines nationaux, indiquant pour le 4 nivôse prochain l'adjudication définitive des cours, jardins et église de la maison conventuelle de Saint-Nicaise...

Le 25 frimaire an VII (15 décembre 1798),

M. Poterlet, architecte à Châlons, écrit à son parent, M. Poterlet, sous-chef de bureau au ministère de l'intérieur, une lettre dont voici un extrait :

« Je vous dirai pour nouvelle, mais pour nouvelle qui met en deuil les amis des arts, que, sur la demande du ministre des finances, on vient de mettre en vente la superbe église de Saint-Nicaise ; c'est un nouvel acte de vandalisme qui déshonore le département de la Marne et le nom français ; si cela continue, je ne serai pas étonné que la ci-devant Cathédrale de Reims n'éprouve bientôt le même sort. »

Le 29 frimaire an VII (19 décembre 1798), M. Prudhomme, capitaine du génie en chef dans notre département, rappelle à l'administration centrale que les locaux de Saint-Nicaise ont toujours été compris, depuis la guerre, dans le nombre de ceux affectés au service militaire, et que cette maison renferme des fourrages et est occupée pour le même service..... Il l'invite à surseoir à la vente jusqu'à ce que le sous-directeur des fortifications de Sedan l'ait mis à même de connaître s'il a approuvé son travail, et si l'on peut demander l'aliénation de ce bâtiment (1).

(1) *Archives de Châlons.*

Enfin l'esprit destructeur l'emporte, et, le 24 décembre 1798 (4 nivôse an VII), l'acte de vandalisme est consommé. L'église ainsi que les bâtiments de la maison conventuelle sont adjugés à Jean-Simon Defienne, de Paris, cautionné par Santerre, moyennant la somme de 2,001,000 francs en assignats ou 45,000 en écus.

Nous l'avons vu : les pétitions, les démarches et les réclamations qui surgirent de toute part n'obtinrent aucun résultat. Le citoyen Defienne, l'acquéreur révolutionnaire de Saint-Nicaise, cautionné par Santerre, travaillait sourdement avec lui à sa démolition ; et avant que l'œuvre de destruction fût complète, les Rémois suppliaient de nouveau le gouvernement et le département de leur accorder la conservation des ruines grandioses qui, aujourd'hui encore, attesteraient ce qu'a été Saint-Nicaise au temps de sa splendeur. Mais, hélas ! rien ne put contre la cupidité des nouveaux propriétaires.

Empêcher la démolition de l'église, en abandonnant les bâtiments abbatiaux à l'acquéreur, parut être alors la seule espérance à laquelle on devait se rattacher. Aussi, tous les moyens possibles furent-ils employés pour léguer aux générations futures cette illustre basilique qui, pendant près de six siècles, avait excité l'admiration générale et qui, bâtie sur le point culminant de la ville, pouvait être considérée comme son fleuron.

Nous ne pouvons résister au désir de faire connaître une pétition que les Rémois adressèrent au ministre de l'intérieur le 24 août 1800.

Ce sont donc encore des documents originaux qui vont nous fournir des citations pour prouver combien les Rémois étaient attachés à l'église Saint-Nicaise, alors même qu'elle était à l'état de ruines.

Cette pétition, très chaleureuse requête, avait pour but d'obtenir la conservation des ruines de l'église, ruines grandioses dont l'aspect contribuait encore à l'embellissement du panorama de la ville. Malgré la longueur de cette réclamation, nous la donnons dans son entier aux *Pièces justificatives*, parce qu'elle montre combien les Rémois regrettaient la démolition de ce célèbre monument (1).

Nous faisons suivre cette lettre d'une autre émanant de la municipalité de Reims, qui se joint aux pétitionnaires pour conserver les ruines avant que la destruction n'en soit plus avancée (2).

A la fin du siècle dernier, et même au commen-

(1) *Pièces justificatives*, n° V, p. 341.

(2) *Pièces justificatives*. n° VI, p. 342.

cement de celui-ci, les nouvelles ne se répandaient pas avec la promptitude à laquelle nous sommes maintenant habitués. Ainsi, quand à Reims on pétitionnait pour obtenir la conservation des ruines, le *Journal de Paris*, huit jours plus tard, ne soupçonnant pas la triste vérité, témoignait de tout l'intérêt qu'il portait à ce bien national, et flétrissait dans les termes énergiques que nous allons reproduire, la vente si regrettable de l'abbaye reconstruite depuis peu de temps, et celle de son élégante église :

« Citoyens, vous annoncez, dans votre feuille du 25 thermidor, que la vente de la célèbre église de Saint-Nicaise de Reims vient d'être définitivement maintenue.....

« Les bâtiments immenses de l'église et de l'abbaye de Saint-Nicaise ont été adjugés pour une somme d'environ 45,000 fr. numéraire. La revente seule de la pierre de taille provenant des démolitions produira plus de 600,000 fr., à raison de 1 fr. le pied cube.

« Opprobre donc aux vandales qui dévastent mon pays en détruisant ses chefs-d'œuvre.

« Les ministres de l'intérieur François de Neufchâteau et Quinette ont insisté sur la conservation de l'église Saint-Nicaise à cause de sa beauté.

« L'arrêté du Directoire exécutif du 21 thermidor maintient la vente de cet édifice, à la suite d'un rapport du Ministre de l'Intérieur, Lucien Bonaparte, qui n'a jamais existé dans les bureaux des ministres (1). »

M. Poterlet de Châlons, dont il a été déjà question, s'intéressait très vivement, lui aussi, à la conservation de notre monument. Voici ce que, à la date du 9 fructidor an VII (28 août 1799), il écrivait à son parent M. Poterlet de Paris :

« Toutes nos démarches pour la conservation du monument de Saint-Nicaise ont donc été infructueuses ! et le très inepte Quinette en a ordonné la démolition au profit du général Roulade (2) et Cie. Il n'y avait qu'un vil Jacobin de 1793 qui pût ordonner ce nouvel acte de vandalisme, qui portera longtemps le deuil chez les amis des arts. »

Si cette lettre reçut une réponse, elle n'est pas parvenue jusqu'à nous. Malgré cette lacune, la correspondance entre M. Poterlet de Châlons et celui de Paris nous révèle des faits intéressants relatifs

(1) *Journal de Paris*, 1er fructidor an VIII (1800, 18 août).

(2) Allusion à la conduite de Santerre lors de l'exécution du roi Louis XVI.

aux travaux de démolition de Saint-Nicaise. Nous y lisons :

« Châlons, 25 brumaire an VIII (15 novembre 1799).

« Pour répondre plus promptement, mon cher cousin, à la lettre que vous m'avez fait l'amitié de m'écrire le 23 de ce mois, je vous envoie les pièces que j'ai rassemblées au sujet de l'église Saint-Nicaise de Reims.....

« Vous reconnaîtrez que le travail demandé par le Ministre de l'intérieur ne lui a jamais été envoyé; il est encore dans les cartons de l'administration centrale. Le Directoire a été renseigné sur des rapports mensongers, faits par des experts prétendus, vendus aux acquéreurs.

« La couverture de l'église dont est question est démolie ; on commence à abattre la maçonnerie, mais il y a peu de choses, le portail et les tours sont encore intacts (1). »

D'après l'ouvrage de M. Lebourq, déjà plusieurs fois cité, la démolition n'a guère commencé que vers la fin de l'année 1799.

Si M. Viollet-le-Duc avait fait quelques recherches dans les Archives de Reims et de Châlons, il y aurait

(1) *Archives de Reims.*

vu, ainsi que nous, que les réclamations incessantes des Rémois ont arrêté pour un temps le moment de la vente, puis celui de la démolition de l'abbaye, et enfin que l'église, qui a survécu pendant un petit nombre d'années aux bâtiments abbatiaux, ne put échapper, même à l'état de ruines, à la cupidité des acquéreurs définitifs.

Voici l'injuste accusation que porte contre nos ancêtres M. Viollet-le-Duc dans son *Dictionnaire de l'Architecture* : « L'église de Saint-Nicaise a été démolie depuis la fin du dernier siècle. En ordonnant cette démolition, les gens de Reims ont privé leur ville et la France d'un des plus beaux monuments de l'art au XIIIe siècle. Heureusement les documents sur cet édifice ne font pas trop défaut ; on en possède des plans et quelques gravures, entre autres celle de la façade, qui est un véritable chef-d'œuvre et qui est due au graveur rémois De-Son. Cette pièce rare date de 1625. » (1)

C'est pendant que l'illustre architecte écrivait ces lignes, qui seraient une véritable honte pour Reims si elles étaient exactes, que notre confrère, M. A.

(1) Paris, A. Morel édit., rue Bonaparte. 13. MDCCCLXIV, tome VII, page 298, note.

Lebourq, colligeait avec une patience de bénédictin et une scrupuleuse exactitude, les documents puisés dans les Archives de Reims et de Châlons, et dont nous avons donné des extraits. Ces documents vengent d'une façon éclatante l'honneur des Rémois, en établissant d'une manière irrécusable que leurs nombreuses protestations n'ont rien pu contre l'inflexible avidité de ces révolutionnaires étrangers à Reims, ne voyant dans ces démolitions qu'une source de revenus pour longtemps intarissable; satisfaction d'autant plus recherchée qu'elle fut plusieurs fois sur le point de leur échapper.

Nous, enfants et petits-enfants de ces générations qui furent témoins de tant d'actes de vandalisme à la fin du XVIIIe siècle, nous n'avons pas oublié les amers regrets de nos ancêtres, nous décrivant le Saint-Nicaise qu'ils avaient connu, aimé et visité tant de fois. Nous nous rappelons ces remparts d'où, les larmes aux yeux, ils nous faisaient voir les ruines dont les débris disparaissaient tous les jours, jusqu'à ce qu'enfin, les derniers matériaux ayant été dispersés, le sol de l'église fût nivelé. On bâtit alors sur une partie de son emplacement une rue composée de maisons uniformes habitées par des tisseurs, et depuis plus d'un demi-siècle le bruit de leurs métiers remplace le chant des religieux auxquels leurs devanciers avaient laissé l'admirable édifice dont on chercherait aujourd'hui vainement la place. ***Et non relinquent in te lapidem super lapidem.***

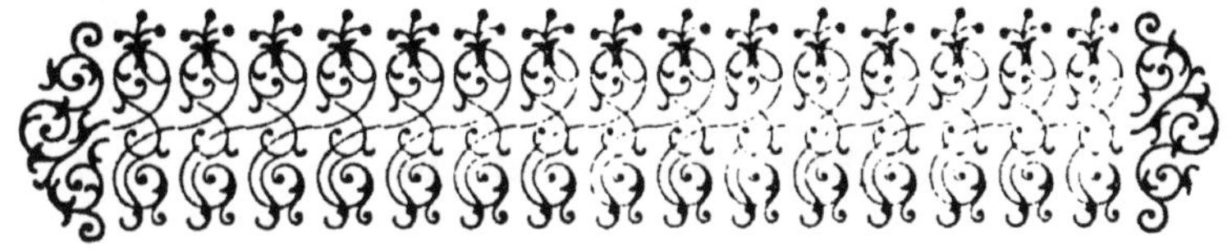

CHAPITRE Ier

Églises primitives jusqu'au XIIIe siècle.

L'ÉGLISE de Saint-Nicaise, dont nous avons déploré l'anéantissement dans notre *Introduction,* n'était pas le plus ancien édifice religieux construit sur l'emplacement où celui-ci s'élevait naguère. Deux autres l'avaient précédé. C'est au consul Jovin, d'après la tradition, qu'on devait le plus ancien. Tombant de vétusté, il avait été rebâti ou seulement réparé par l'archevêque Gervais, au XIe siècle. Deux cents ans après, ce temple n'étant plus qu'une ruine, les Bénédictins élevèrent la basilique célèbre dont la démolition impie, commencée dans les derniers jours du XVIIIe siècle, s'acheva dans les premières années du suivant. Cette église fut généralement considérée comme étant la troisième élevée sur le même emplacement.

Basilique Jovinienne.

Si la construction de l'église dite Jovinienne n'est pas le plus ancien monument chrétien de Reims, ce fut certainement l'un des premiers édifices religieux de cette ville, et, d'après le texte des auteurs les plus reculés, c'est à saint Sixte, l'apôtre de Reims, qu'on serait redevable de la première église. Cependant, on s'accorde plus ordinairement à considérer celle qui nous occupe comme ayant été construite vers le milieu du IVe siècle, par Jovin, qu'une ancienne tradition considère comme Rémois. Flodoard dit que l'église fut bâtie de 340 à 346 (1). L'empereur Julien avait confié à Jovin le commandement des armées romaines, d'abord en Illyrie, puis en Gaule. Trois fois il avait vaincu les Allemands qui cherchaient à envahir notre pays, et, en 367, il était élevé à la dignité de consul.

La date de la mort de Jovin est restée inconnue, mais tout porte à croire qu'elle eut lieu en 370. Il fut inhumé dans l'église qu'il avait construite en l'honneur de saint Agricole, son parent, martyrisé à Bologne. Saint Remi, dans son testament, mentionne cette église et lui lègue, nous dit l'annaliste Cocquault, quelques-uns de ses biens. Tous les ans, les religieux de Saint-Nicaise célébraient un *obit*, le 7 septembre, en souvenir de Jovin, qu'ils considéraient comme leur premier fondateur.

Malgré l'incertitude qui régnait sur l'époque de sa mort, c'est à cette date qu'il est inscrit dans le nécrologe de l'abbaye dont parle Marlot. Ce manuscrit n'est

(1) FLODOARD, édition de l'Académie, t. Ier, p. 43.

pas parvenu jusqu'à nous ; un cérémonial de 1742 (1) en fait également mention, non au même jour, mais bien au 6 du même mois (2).

Flodoard, de son côté, assure que ce fut pour satisfaire à sa dévotion envers saint Agricole que Jovin éleva ce temple et le plaça sous le vocable de son parent. Il concourait ainsi à étendre le culte qu'on lui rendait déjà publiquement. Cette basilique, construite sur une colline près de Reims, était, disent les auteurs du temps, un monument considérable. Ces mêmes auteurs font grand éloge de la beauté de son architecture, de l'ornementation de ses riches colonnes, de ses voûtes, de ses arcatures dorées et peintes en mosaïque ; elle était éclairée, ajoutent-ils, par de magnifiques vitraux aux couleurs éclatantes (3). Au-dessus de la porte était gravée en lettres d'or l'inscription conservée par Flodoard, transcrite aussi par M. Loriquet, et que nous reproduisons ici :

« Felix militie svmpsit devota Jovinvs
Cingvla, virtvtvm cvlmen provectvs in altvm,
Bisqve datvs meritis eqvitvm peditvmque magister,
Extvlit eternvm seclorvm in secvla nomen ;

(1) Ms. C 194/191 de la Bibliothèque de Reims, p. 29 ; on y lit : « 6ª *Septembris*. Anniversarium Jovini, urbis Romæ præfecti, hujus ecclesiæ fundatoris munifici, celebratur solemniter cum vigiliis trium lectionum et majori sacro in quo ministrant diaconus et subdiaconus, adoletur incensum, et in fine absolutio ad lecticam. Pulsatur major campana primæ turris modo in fine ceremonialis descripto (feuillet 22 et suivants). In vesperis autem accenduntur sex cerei ad altare cum quatuor ad lecticam quæ antea præparanda est. »

(2) *Reims pendant la domination romaine*, par Ch. Loriquet, 1860, page 132.

(3) Ces vitraux devaient être composés de verres de couleurs variées probablement et mis en plomb. La peinture sur verre était encore inconnue à cette époque.

Sed pietate gravi tanta hec preconia vicit,
Insignesque trivmphos relligione dicavit,
Vt qvem fama dabat rebvs svperaret honorem,
Et vitam factis posset sperare perennem.
Conscivs hic sancto manantis fonte salvtis,
Sedem vivacem moribvndis ponere membris,
Corporis hospitivm letvs metator adornat,
Reddendos vite salvari providet artvs.
Omnipotens christvs ivdex venerabilis atqve
Terribilis, pie, longanimis, spes fida precantvm,
Nobilis eximios famvlis non impvtat artvs.
Plvs ivsto fidei ac pietatis premia vincant. »

Jovin dota, en outre, cette église de revenus suffisants pour son entretien et pour celui des ministres destinés à y célébrer l'office divin (1).

La renommée de Jovin avait dépassé les frontières alpines; son crédit à Rome était tel que le Souverain Pontife voulut enrichir son église en lui donnant de précieuses reliques : une dent de l'apôtre saint Barthélemy, une des saintes Agnès et Marguerite, vierges et martyres, quelques petits ossements de saint André et du martyr saint Vincent.

Flodoard rapporte qu'en ce temps-là le cimetière de Saint-Sixte servait de lieu de sépulture aux évêques de Reims; mais à peine l'église Saint-Agricole fut-elle achevée, que nos prélats la choisirent pour y faire reposer leurs corps. Six d'entre eux y furent inhumés : saint Aper ou Afer, décédé en 350 (2); saint Maternien,

(1) *Almanach historique de Reims*, 1772, p. 72.

(2) Flodoard et les anciennes listes omettent Discolius, inhumé dans Saint-Agricole, et que Democharès ainsi qu'un manuscrit de Notre-Dame d'Arras placent après Afer. Discolius ne fut que chorévêque, c'est-à-dire prêtre remplissant les fonctions épiscopales là où il était envoyé par son évêque.

le 7 juillet 359; saint Donatien, le 14 octobre 390; saint Vivent, le 13 août 394, et, suivant Molanus, en ses additions sur Usuard, le 7 septembre de la même année. Saint Sevère, qui trépassa le 15 janvier de l'an 400, y reçut aussi la sépulture, de même que saint Nicaise, martyrisé le 14 décembre 406 ou 407.

Quoique décapité sur le seuil de la cathédrale, le corps de saint Nicaise, recueilli par les chrétiens, fut inhumé dans Saint-Agricole, qui ne tarda pas à perdre son nom pour prendre celui du saint martyr dont les Rémois ne venaient pas implorer le secours sans ressentir les effets de sa puissante protection. Le corps de saint Nicaise resta dans la basilique jovinienne jusqu'en 893, époque de sa translation dans la cathédrale par l'évêque Foulques.

L'abbaye de Saint-Vaast d'Arras possédait une portion du chef de notre saint Martyr.

La liste donnée par Flodoard des évêques inhumés dans l'église Saint-Agricole s'arrête à saint Nicaise.

Sonnace, évêque de Reims, mort en 631, indique dans son testament l'église Saint-Remi pour être le lieu de sa sépulture; mais il n'oublie pas la basilique royale de Saint-Nicaise, à laquelle il lègue cinq sols d'or.

Plus tard, en 649, l'évêque de Reims, Landon, également enterré à Saint-Remi, fait don de plusieurs présents en argenterie à Saint-Nicaise. Flodoard ne les décrit pas (1).

La gloire et la célébrité des reliques de saint Nicaise mirent le comble à l'illustration de l'antique monument qui les possédait. Saint Remi se rendait souvent dans

(1) Flodoard, édition de l'Académie, Reims; P. Regnier, 1854, tome Ier, pages 259 et 262.

cette église, où il se plaisait à prier sur les tombeaux vénérés de ses prédécesseurs. Dans son testament, ce grand évêque désigne cette basilique sous le nom de Saint-Nicaise, et depuis, tous les auteurs qui en ont parlé ne lui ont pas donné d'autre vocable.

Une légende transmise par la tradition rapporte que saint Remi était en prières dans l'église de Saint-Nicaise lorsqu'on vint le prévenir que le diable avait mis le feu à la ville. Saint Remi, sortant du lieu saint pour aller éteindre l'incendie, laissa la trace de ses pieds sur les pierres qui s'amollissaient sous ses pas. Flodoard rapporte que de son temps on en voyait encore quelques-unes sur les degrés de Saint-Agricole. Plusieurs de ces pierres ont été conservées pendant 1,100 ans environ. Au grand portail de Saint-Remi, où on les avait respectées lors de la reconstruction de l'église, elles furent détruites en 1840. Les églises de Saint-Pierre, Saint-Timothée et celle des Templiers les ont gardées jusqu'à leur démolition (1).

La légende de cet incendie se voit sur la troisième des dix tapisseries données (en 1531) par l'archevêque Robert de Lenoncourt à l'église abbatiale de Saint-Remi.

« Mais, nous dit Dom Philbert Leauté, moine de Saint-Nicaise (2), les édifices les plus durables doivent, tôt ou tard, comme les autres, payer leur tribut au temps, et nulle précaution ne peut les mettre à l'abri de ses ravages. Soit donc que celui-ci n'eût éprouvé que les accidents ordinaires dans la longue suite des siècles,

(1) Lacatte-Joltrois, *Saint-Nicaise*. Manuscrit de la Bibliothèque de Reims, page 189.

(2) *Almanach historique de Reims*, 1772, page 73.

soit que la négligence de quelques abbés, ou bien que l'usurpation même de quelques seigneurs en eût accéléré la ruine en diminuant les ressources nécessaires à son entretien, il est certain qu'on le vit, dans les temps qui précédèrent l'archevêque Gervais (l'an 1056), non seulement déchu de sa première beauté, mais presque sans couverture, sans portes et sans vitraux, ne montrant plus que des restes précieux sous lesquels il était prêt à s'ensevelir. »

Ce monument, qui existait depuis 760 ans, écrit Dom Chastelain, aurait encore duré pendant des siècles s'il avait été entretenu avec soin.

Église de Gervais de la Roche-Guyon.

A peine monté sur le siège épiscopal de Reims, un des premiers soins de Gervais fut de visiter les monuments religieux de son diocèse. Frappé de l'état de délabrement de l'église Saint-Nicaise, ce prélat résolut non seulement de la sauver quand même, mais encore de lui rendre sa splendeur primitive.

Pour arriver à son but, il dut avoir recours à son patrimoine et entamer les épargnes qu'il avait faites lorsqu'il était évêque du Mans (1). Gervais obtint aussi du roi Henri Ier et de son fils Philippe Ier des res-

(1) Ce fait est consigné dans un manuscrit qui était conservé dans les archives de l'abbaye de Saint-Nicais (*Almanach historique de Reims*, Dom Leauté, 1772.)

sources que ces princes, dans leur générosité, voulurent bien mettre à sa disposition.

Cette église, d'après Pierre Cocquault, était primitivement celle d'une abbaye. Par cette abbaye, notre chroniqueur veut désigner les bâtiments qu'occupaient les clercs dotés par Jovin, et dont les fonctions étaient de célébrer chaque jour, d'une manière convenable, le service divin. Sous l'épiscopat de Gervais, les dépendances de l'église n'étaient plus, comme elle, que de véritables ruines. C'est dans ces ruines, dit Flodoard cité par Dom Chastelain, que les animaux et les bêtes sauvages avaient fait leur retraite. L'église n'avait conservé que son titre de cure ou de paroisse.

L'abbaye, avec permission de l'archevêque de Reims, était possédée alors en titre ou bénéfice par un comte du nom de Thibault. Celui-ci fut obligé de la résigner entre les mains de l'archevêque Gervais, qui rendit l'église à Dieu en la restaurant, et l'abbaye aux moines en la retirant des mains des usurpateurs.

Si Gervais ne reconstruisit pas entièrement l'église, il y fit d'importantes réparations. Ensuite, les clercs qui chantaient les offices furent remplacés par des religieux qui y célébraient plus exactement le service divin.

L'archevêque de Reims entreprit alors de renouveler les bâtiments de l'abbaye depuis leurs fondements. Il éleva un nouveau réfectoire, un cloître, un dortoir, des officines, avec les autres lieux réguliers pour recevoir et loger commodément ceux qu'il y voulait introduire. La fondation que le comte Thibault avait usurpée fut reprise par l'archevêque Gervais, qui l'aliéna au profit de la basilique qu'il réparait. Cela se passait en 1057, la seconde année du pontificat de Gervais de la Roche-Guyon, et quatre ans après, l'abbaye était entièrement renouvelée. Un bâtiment pour recevoir les hôtes avait aussi été construit, dit Marlot, suivant la louable coutume des premiers Bénédictins.

Après la mort de l'archevêque Gervais de la Roche-Guyon, des désordres s'introduisirent dans l'abbaye. L'archevêque Manassès Ier, usurpateur du siège de Reims, succéda à Gervais. Il ne chercha pas à faire rentrer dans le devoir ceux qui s'en étaient écartés. Il ne songea pas davantage à l'entretien des bâtiments de l'abbaye, ni à celui de la basilique ; ce n'est qu'après sa mort, arrivée en 1092, que Rainald ou Renauld Ier du Bellay, ému de ce qui se passait dans son diocèse, se mit avec zèle à réformer les mœurs des ecclésiastiques, et chercha à réparer les édifices, ceux mêmes que Gervais avait renouvelés avec tant de soin.

Comme il arrive souvent aux époques troublées par les guerres, les reliques des saints étaient mises en lieu sûr. Celles de saint Nicaise avaient été transportées à Tournay.

En des temps meilleurs, Gervais les fit revenir à Reims. Après avoir restauré ou rebâti l'église, ce qui fut l'occasion d'une solennité pour laquelle on déploya toute la pompe et la magnificence possibles, la dédicace de Saint-Nicaise eut lieu le 26 septembre 1060. C'est la seule connue et la seule dont chaque année les religieux renouvelaient le souvenir par une fête toujours très solennelle.

Une seconde dédicace, cependant, ainsi que le rapporte Marlot (1), avait eu lieu du temps de l'abbé Guido : « L'église de Saint-Nicaise fut dédiée, pour la seconde fois, par l'archevêque Guillaume de Champagne, sui-

(1) Tome III, page 354.

vant ces paroles qui se lisent dans un livre manuscrit : « *Dedicatio secunda ecclesiæ Jovinianæ seu sancti Nicasii ab instauratione ipsius per Guillelmum Archiepiscopum cardinalem, anno 1175.* »

Malgré les éloges accordés à la restauration ou à la reconstruction de l'église de Jovin par Gervais, il faut croire qu'elle laissait à désirer au point de vue de la solidité.

Les dégradations de cette basilique étaient telles que cette église n'était plus qu'une ruine. Ce monument ne subsista que de 1057 à 1229. On est étonné de voir une église élevée à cette époque, près de s'effondrer au bout de cent soixante-douze ans, de manière à ne pouvoir plus être réparée. A quoi peut-on attribuer ce désastre? Est-ce à un mauvais replâtrage de la basilique jovinienne, ou à ce que la nouvelle église était construite avec de mauvais matériaux? Nos chroniqueurs sont muets à cet égard. Toujours est-il que la basilique due à la munificence de Gervais, basilique qui était un des plus somptueux monuments de l'époque, se trouvait tellement ruinée qu'elle ne put être réparée.

C'est alors qu'on jeta les fondements de la troisième église de Saint-Nicaise, dont nous allons nous occuper et qui, après avoir subsisté pendant près de six cents ans, fut anéantie révolutionnairement tout à la fin du siècle dernier.

CHAPITRE II

Église de Libergier.

Extérieur.

Le premier quart du XIIIe siècle s'écoulait lorsqu'eut lieu la destruction complète de l'église de Gervais. Alors l'Europe se couvrit de cathédrales et d'églises abbatiales qu'aucune époque n'a pu égaler depuis. Parmi ces monuments, chefs-d'œuvre de l'architecture et orgueil bien légitime de la France, l'église Saint-Nicaise était considérée comme un des plus beaux types.

Voici ce que Guillaume Baussonnet, dessinateur et graveur rémois, poète à ses heures, dit de l'église Saint-Nicaise, comme l'a relaté D. Marlot :

Ce beau temple, dont la structure
Ravit les yeux d'étonnement,
Monstre assez que son bastiment
Passe toute autre architecture.
Outre son antique tombeau,
Qu'un grand prince fit au cizeau,

Ses vitres ont des rares marques,
Puisque, par leurs vieilles façons,
Ils prédisent à nos monarques
Le lien éternel de leurs deux escussons.

Le graveur rémois Nicolas Deson intitule ainsi son œuvre : *Lexcellent frontispice de l'église de l'abaye de Sainct Nicaise de Reims, 1625.*

La gravure faite pour l'histoire de Dom Marlot porte en titre : *Perelegantis basilicæ Sancti Nicasii remensis propylæum.*

Piganiol de la Force dit dans sa *Description de la France :*

« L'église de l'abbaye de Saint-Nicaise passe aujourd'hui pour un chef-d'œuvre d'architecture. Les piliers en sont fort déliés et fort hauts ; la voûte est fort exhaussée, et un morceau des plus hardis qui soit peut-être dans le monde. La rose qui est au bout d'une des ailes est parfaite, et il serait difficile de trouver des ouvriers capables d'en faire une pareille à l'autre aile, pour la symétrie. Les deux clochers sont sur le devant de l'église et font le principal ornement du frontispice, étant tout à jour et pour ainsi dire tout en l'air, ainsi que la galerie qui communique de l'un à l'autre (1). »

Dans le *Voyage littéraire de deux Bénédictins de la congrégation de Saint-Maur,* il est dit : « L'église de Saint-Nicaise est une des plus délicates et des plus belles qui soient en France. Le portail et les flèches de pierre font plaisir à voir (2). »

(1) *Nouvelle description de la France*, par M. Piganiol de la Force, tome IIIe, page 217. Paris, chez Charles-Nicolas Poirion, rue Saint-Jacques, MDCCLIII, 3e édition.

(2) *Voyage littéraire*, Paris, 1717, 2e partie, page 84.

Dans le récit du *Voyage littéraire* par Dom Guyton, publié par la *Revue de Champagne et de Brie*, on lit : « L'abbaye de Saint-Nicaise a une belle et délicieuse église qui n'est pas finie. Le maître-autel simple avec rideaux sur colonnes de cuivre ; bel escalier pour le dortoir (1). »

Nous lisons dans les *Éphémérides troyennes* de 1764 que « l'église Saint-Urbain de Troyes, si célèbre par son élégante légèreté, est comme l'émule des deux édifices des plus célèbres de France, la Sainte-Chapelle de Paris et Saint-Nicaise de Reims » (2).

Mme de Genlis, en parlant de Reims et de sa Cathédrale, écrit : « Cette ville a d'autres belles églises gothiques. Durant le règne de la Terreur, on eut la barbarie de détruire la plus belle, l'église de Saint-Nicaise, qui était un chef-d'œuvre d'élégance et de légèreté. » Dans la même page, Mme de Genlis fait confusion et parle du pilier branlant comme se trouvant à la Cathédrale (3).

Dans la dédicace de son manuscrit traitant de Saint-Nicaise, Povillon-Piérard, offrant son travail à Dom Jean-Joseph Baudart, ancien grand prieur de cette abbaye, dit « que le plus magnifique monument de Reims va disparaître. Le majestueux et noble édifice dont la forme élégante, svelte, j'ai presque dit aérienne, que le sol de la ville s'enorgueillit de porter... (page 3),

(1) *Revue de Champagne et de Brie*, onzième année. Avril 1887, dixième livraison, page 295.

(2) *Éphémérides troyennes pour l'année 1764*. Volume in-18, page 7. Troyes.

(3) *Les Monuments religieux* ou *Description critique et détaillée*, par Mme de Genlis. Paris, 1805, page 61.

sanctuaire incomparable par sa beauté et son élégante structure... (page 6) (1). »

A la page 73 du même manuscrit, Povillon donne un passage, écrit en 1702 par Dom Jean Gomeau, religieux de la Congrégation de Saint-Maur, sans citer l'ouvrage dans lequel il l'a trouvé : « Il est certain, dit-il, qu'on a employé de très habiles gens pour bâtir l'église de Saint-Nicaise de Reims. N'eussent-ils jamais fait que ce chef-d'œuvre, on ne leur pourrait refuser la gloire d'avoir été les mieux entendus de leur siècle dans l'art de faire des bâtiments et généralement dans toutes les parties de l'architecture. Ces hauts clochers, si mignons et si hardis tout ensemble, hauts de 151 pieds, qu'à les voir on les croirait suspendus en l'air (2)... ».

Viollet-le-Duc, le grand architecte du XIXe siècle, qui a étudié à fond les plans et les vues de Saint-Nicaise, écrit : « Cette église est un des plus beaux monuments de la Champagne. D'une construction savante, cet édifice montrait ce qu'était devenue cette architecture champenoise au milieu du XIIIe siècle. » (3).

Plus loin, le même auteur s'exprime ainsi : « A Reims, il existait une église dont nous parlons fréquemment, Saint-Nicaise, bâtie par l'architecte Libergier, et dont l'ordonnance, la structure et les détails étaient d'une valeur tout à fait exceptionnelle. De cette église, démolie au commencement de ce siècle, il ne reste que la dalle tumulaire de son architecte, aujourd'hui déposée à la Cathédrale ; quelques fragments de pavage et d'ornement, des plans, un petit nombre de dessins et une admirable gravure (4). »

(1) Povillon-Piérard, Manuscrit de la Bibliothèque de Reims.
(2) Povillon-Piérard, Manuscrit de la Bibliothèque de Reims.
(3) *Dictionnaire de l'Architecture*, tome VII, page 296.
(4) *Dictionnaire de l'Architecture*, tome VIII, page 59.

Enfin, dans la *France artistique et monumentale,* M. Louis Gonse, à l'article Saint-Nicaise, dit : « Si les fatalités de l'histoire n'avaient pas privé la ville de Reims de son bijou le plus précieux, j'aurais à terminer la revue de ses monuments religieux non par une nécrologie, mais par une apothéose. Jusqu'au commencement de ce siècle, en effet, Reims a possédé un édifice qui était considéré de son temps comme le type le plus complet, le plus homogène et le plus élégant peut-être de l'architecture gothique : je veux parler de l'église abbatiale de Saint-Nicaise..... Toutes les somptuosités de l'art ogival, vitraux, sculptures, objets mobiliers, peintures, y avaient été accumulées pour en faire un ensemble extraordinaire. Cette splendide église était l'œuvre d'un des plus grands artistes du moyen âge ; elle présentait donc l'inappréciable avantage d'une date et d'une origine certaines. Sa silhouette dominait la ville au sud et balançait, avec ses flèches, ses riches portails, ses fenestrages et tous ses clochetons, les perspectives monumentales de la Cathédrale et de Saint-Remi. Ornée de ces trois édifices, Reims était comme l'Athènes de l'art gothique (1). »

Ces diverses citations, auxquelles on pourrait ajouter encore un nombre considérable d'autres, suffisent pour bien faire comprendre à notre génération et aux suivantes, les regrets de nos ancêtres en voyant démolir un monument d'une valeur aussi exceptionnelle.

Reportons-nous maintenant à l'époque de sa construction.

(1) *La France artistique et monumentale,* tome 1er, page 31. Paris, à la Librairie illustrée. (Société de l'*Art français.*)

Construction de Saint-Nicaise.

Simon des Lyons, qui était abbé de Saint-Nicaise au XIIIe siècle, voulut doter son abbaye d'une grande et remarquable église, comme on en élevait tant alors. Il crut, pour réussir dans son entreprise, pouvoir confier à l'architecte Hue Libergier le soin d'en dresser les

Cliché d'une charmante statuette, exécutée par M. Henri Wendling, sculpteur rémois, reproduisant très exactement les traits du célèbre architecte Libergier, d'après sa dalle tumulaire conservée à la Cathédrale. Cette statue a 0m35 de hauteur.

plans, et ce fut en 1229 que l'archevêque de Reims, Henry de Braisne, en posa la première pierre (1).

Le souvenir de cette cérémonie fut conservé à Saint-Nicaise, dans un vitrail de la grande nef placé près du portail.

L'abbé des Lyons n'eut pas même la satisfaction de voir s'élever les fondations du nouvel édifice, car il décéda l'année suivante, et les travaux ne commencèrent qu'en 1231, comme nous le verrons plus loin.

Les revenus de l'abbaye étaient loin de suffire aux dépenses qu'entraînait une construction aussi considérable ; c'est pour cela que Simon de Dampierre, élu abbé en novembre 1230 pour succéder à Simon des Lyons, chercha les moyens qui pourraient lui procurer les ressources nécessaires à l'exécution du projet de son prédécesseur. Il ne s'adressa pas en vain à la famille royale, et sut aussi intéresser les fidèles à l'œuvre grandiose de Libergier (2).

Deux architectes de génie, rapporte Dom Philbert Leauté (3), ont successivement, travaillé à la construction de la célèbre basilique dont les admirables proportions, la hardiesse du dessin et de l'exécution, la délicatesse et la noble simplicité sont les principales beautés qu'on y admire. Le premier, que nous avons

(1) Voir l'Eclaircissement sur la date de construction de l'Eglise Saint-Nicaise, *Appendice*, p. 465.

(2) Le pape Innocent IV, en 1246, accorda des indulgences à tous ceux qui, par leurs aumônes, aideraient à continuer l'ouvrage entrepris. Il envoya des Brefs aux évêques d'Amiens, de Tournay, de Térouanne, etc., afin de les exhorter à permettre des quêtes dans leurs diocèses. (Marlot, édition de l'Académie, tome III, page 332.)

(3) *Almanach historique de Reims*, 1772.

déjà nommé, Hue Libergier, après avoir dirigé pendant trente-quatre ans les travaux commencés en 1229, mourut en 1263. Il avait élevé le portail avec ses tours surmontées de leurs flèches et les trois nefs, laissant à son successeur, Robert de Coucy, le soin de continuer la construction du monument qui devait avoir une si grande renommée.

Pierre Barbet, archevêque de Reims (1271 à 1278), enjoignit aux moines de Saint-Nicaise de détruire les créneaux récemment élevés sur les murs qui fermaient l'abbaye, parce que, dit-il, l'abbaye relevait de l'archevêque et que ces fortifications, d'après l'usage, paraissent indiquer qu'elle est plutôt soumise au roi qu'à l'archevêque.

En même temps, Pierre Barbet ordonna aux religieux de charger leurs armoiries d'une croix d'argent, brochant sur le fond d'azur fleurdelisé d'or, parce que ces armes étaient celles du roi. Cette brisure rendait le blason de Saint-Nicaise semblable à celui de l'archevêché et indiquait ainsi que cette maison était sous la dépendance de l'archevêque (1).

Atrium.

Plus tard, la façade du noble édifice fut précédée d'un atrium fermé par des murs crénelés. On y pénétrait par un portail gothique, construit en face de la porte principale de l'église. Il était surmonté d'un gable percé vers le haut d'un quatre-feuilles. A droite et à gauche

(1) Voir aux *Pièces justificatives*, n° VII, p. 343.

de cette entrée, des colonnes s'appuyaient sur des contreforts, le tout terminé par des pinacles ornés de crochets sur leurs rampants. Aux angles des murs, de chaque côté de la porte, étaient suspendues deux échauguettes (1).

Cette construction remontait au XIVe siècle. Elle fut faite par le Rémois Philippe La Cocque, abbé de Saint-Nicaise, de 1316 à 1348. Il avait obtenu de Robert de Courtenay, archevêque de Reims (2), l'autorisation d'enfermer le portail de l'église dans une cour. Si cet atrium n'est pas contemporain de l'élévation du chœur et des chapelles, sa construction la suivit immédiatement.

Il avait la largeur du portail, soit 36m, sur une profondeur de 19m50. Sa clôture s'appuyait à droite sur le pied droit de la porte où était représenté le martyre de saint Nicaise. Ces murs de défense, élevés pendant le XIVe siècle, ne subsistèrent pas jusqu'au moment de la destruction de l'église. Ils furent remplacés à une époque restée inconnue par une clôture en pierre, percée à l'opposé de la porte principale de l'église d'une ouverture munie d'une grille en fer ouvrant entre deux pilastres.

Cet atrium avait l'avantage d'éloigner les passants du splendide monument et surtout de mettre ses sculptures à l'abri des dégradations que les enfants, toujours heureux de détruire, n'auraient pas manqué d'y faire.

(1) Voir la gravure du *Monasticon gallicanum*.
(2) Robert de Courtenay mourut en 1323 ou 1324.

Rez-de-Chaussée.

La remarquable gravure exécutée, en 1625, par l'artiste rémois Nicolas Deson, dont nous avons déjà parlé, va nous faciliter la description du portail, de sa statuaire et de ses délicats ornements. En 1625, le gothique n'était plus compris, même par les artistes, et les gravures que nous possédons, remontant au XVIIe siècle, reproduisent bien imparfaitement les monuments du moyen âge et surtout leur ornementation. Il n'en est pas de même de la gravure qui nous occupe, le dessin de celle-ci ayant été fait à l'aide d'une chambre noire, *conclave obscuratum,* nous dit Dom Grégoire le Grand, moine de Saint-Nicaise ; aussi, possédons-nous bien exact et dans ses moindres détails le portail entier de l'illustre église bénédictine, orné de cinquante colonnes de marbre qui, dit Marlot, lui servaient d'enrichissement. Cette gravure, belle entre toutes, nous représente le monument tel que l'ont décrit le Grand Prieur de Saint-Nicaise et tous les auteurs contemporains, parmi lesquels nous devons surtout citer Dom Philbert Leauté, moine de Saint-Nicaise, qui donna, dans l'*Almanach historique de Reims,* en 1772, une description de ce royal édifice.

Au fond de l'atrium, on montait sept degrés pour arriver aux porches, remarquablement dessinés, qui précédaient les portes de l'église. De hauteur et de largeur inégales, cette suite de frontons formait une admirable décoration. « Si simple par son plan, nous dit M. Viollet-le-Duc (1), cette composition était en élévation d'une grande richesse, mais sans que les détails nuisissent en rien à l'ensemble des lignes. D'abord l'architecte avait eu l'idée nouvelle de donner à ses porches l'aspect d'une de ces décorations que l'on dispose devant les façades d'église les jours de grandes cérémonies. Sans contrarier la structure principale de l'architecture, ces arcades, surmontées de gables, formaient une sorte de soubassement décoratif occupant toute la largeur de l'église, et percé de baies au droit des portes. C'était comme un large échafaudage tout garni de tapisseries; car on remarquera que les nus de ces soubassements étaient ornés de fins reliefs fleurdelisés (2) qui leur donnaient l'aspect d'une tenture... Cette idée fut développée plus tard avec plus ou moins de bonheur, mais sans qu'on ait, nous semble-t-il, dépassé ce premier essai. »

Les trois portes ouvrant sous ces porches correspondaient au centre de l'axe de chacune des nefs. Le porche central, divisé en trois ouvertures, était compris entre les deux contreforts butant les archivoltes de la nef, et recevant le poids des deux clochers vers le centre de l'église.

Devant les pieds droits de la porte principale, s'élevaient, sur la façade du porche, deux colonnes de marbre rouge, veiné de blanc (3), qui soutenaient le

(1) *Dictionnaire d'Architecture*, par Viollet-le-Duc, tome VII.

(2) M. Viollet-le-Duc se trompe, ce n'étaient pas des fleurs de lis, mais de fins reliefs composés de feuillages réunis quatre par quatre au centre des losanges.

(3) Des cinquante colonnes de marbres divers, dit Marlot, qui décoraient la façade occidentale de l'église, les deux dont il s'agit étaient les plus hautes, et elles avaient subi de nombreuses

fronton central. Les pieds droits qui l'accompagnaient à droite et à gauche, divisaient en deux parties égales, au-dessous de l'arc en tiers-point, le bas du contrefort et l'espace laissé libre entre celui-ci et le pied droit de la porte. Les parties se rapprochant du centre étaient à jour au-dessous du quatre-feuilles. Les frontons des

extrémités et ceux qui séparaient les portes avaient reçu la gracieuse décoration dont nous donnons le dessin ci-dessus.

Les deux porches latéraux étaient resserrés entre les

réparations. Elles ont 3m60 de hauteur, 0m50 de diamètre à un mètre au-dessus de la base. D'après la tradition, elles ornent aujourd'hui le vestibule de la maison n° 13 de la place Royale. Ce marbre provient soit des Pyrénées, soit de Treslon (Nord). Trente-deux colonnes de marbre décoraient les portiques, les autres étaient placées aux étages supérieurs.

contreforts qui soutenaient les clochers sur la façade. Ces porches, de même profondeur que celui du centre, n'avaient qu'une ouverture qui n'excédait pas la moitié de celle du milieu de la façade.

L'élégante décoration formée de quatre-feuilles, si justement appelée tapisserie par Viollet-le-Duc, fort simple en elle-même, comme il le dit (1), mais d'un très

(1) On conserve un débris de ces sculptures, donné par MM. Bertherand au Musée archéologique de la ville; il avait servi de dalle dans l'établissement de leur filature des Longueaux, où fort heureusement on l'avait retourné. Les sculptures sont

intactes. Dans la rue du Faubourg-Fléchambault, la maison n° 50 est bâtie avec des matériaux provenant de Saint-Nicaise; on y retrouve entre autres deux pierres ornées de ces sculptures avec les moulures qui encadraient les bords. On voit aussi sur le côté droit de ce bâtiment, chaussée Saint-Martin, des débris de pierres gravées, telles qu'on les remarque sur les frontons des porches. L'entablement de cette même maison est aussi décoré avec une corniche provenant de l'abbaye de Saint-Nicaise.

grand effet, cachait les murs des porches, couvrait de ses sculptures les quatre frontons qui, tout en les ornant, masquaient le bas des contreforts. Cette décoration, toute de bon goût, existait tant sur les murs en façade que sur les parois latérales et les voûtes des porches. Elle était d'un séduisant aspect (1), et se composait de fins reliefs représentant de gracieux quatre-feuilles allongés, sculptés dans des losanges garnis eux-mêmes au point de jonction d'un petit bouton ou quatre-feuilles en relief, ne dépassant pas la saillie des bandes qui les recevaient. A ses extrémités, cette tapisserie débordait légèrement les contreforts sur lesquels elle s'appuyait.

Les sept frontons étaient uniformément ornés d'imbrications faites d'hexagones profondément gravés dans

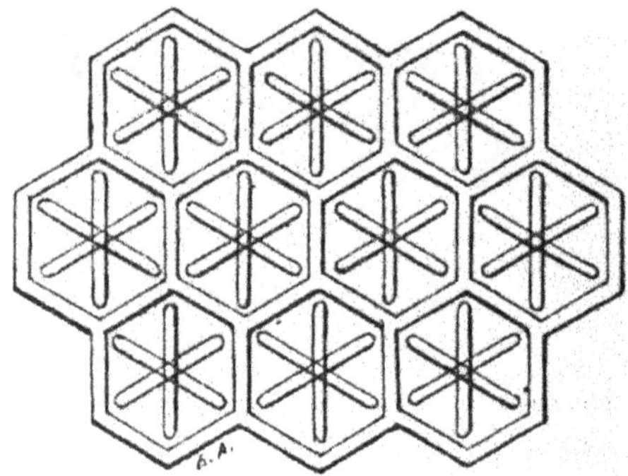

la pierre; ils renfermaient aussi d'autres lignes, également gravées, figurant des dessins variés, notamment des étoiles formées par six raies.

(1) Les ruines du portail de Saint-Jean-des-Vignes à Soissons, et le bas de la façade de la cathédrale d'Amiens offrent en certains endroits une décoration analogue à celle-ci.

Au XVIIe siècle, les gables de ces frontons n'avaient plus que des moulures, ils avaient déjà perdu les crochets qui, au XIIIe siècle, devaient garnir leurs rampants. Ce qui me fait supposer que des crochets ont existé à Saint-Nicaise, comme ceux que nous voyons sur les parties correspondantes de la Cathédrale, c'est qu'au commencement de ce siècle, pour éviter de refaire ce que le temps ou des accidents avaient détruit, on abattit ceux qui étaient encore en place. C'est ainsi qu'à Notre-Dame toutes les arêtes des petits obélisques des contreforts du rond-point, à l'exception d'un seul, avaient été entièrement dépouillées de leur délicate ornementation. Il est fort probable qu'il en fut de même à Saint-Nicaise, lorsqu'au XVIIe siècle les réparations se firent aux frais des abbés commendataires. De riches pinacles surmontaient encore les gables au moment de leur démolition. Huit petits clochetons, semblables entre eux, à quatre faces, tout à jour, supportaient chacun cinq pyramides. Celle du centre avait une élévation de beaucoup supérieure à celle des autres. Ces clochetons étaient placés en angle entre les frontons qui supportaient les deux courtes colonnes des côtés. Celles des autres angles qui se présentaient en avant et en arrière étaient beaucoup plus longues. A la base des clochetons il y avait des gargouilles, que la dimension forcément restreinte d'une gravure n'a pas permis de reproduire d'une manière bien apparente. On y distingue surtout, au-dessous, de magnifiques feuillages venant se dresser sur l'angle saillant des tailloirs des chapiteaux de l'étage inférieur, qui, eux non plus, ne sont pas vus de face. La base des frontons reposait sur des archivoltes toutes garnies de trèfles en saillie et dont l'effet était fort décoratif. Le premier et le septième, placés aux extrémités de la façade, sur les contreforts, étaient semblables aux autres, mais de moindres dimensions. Il n'y avait rien au-dessous de ces frontons qui fût ajouré. L'ornementation de cette partie du portail était inscrite dans des arcatures de forme semblable à celles où s'ouvraient les fenêtres, tant de la façade que des trois nefs de l'église.

Cette décoration consistait en deux colonnes placées dans les angles ; une troisième, appuyée contre un pied droit, était au centre. Ces colonnes supportaient deux trilobes surmontés d'un quatre-feuilles inscrit aussi entre des colonnes.

De chaque côté de la porte principale, la moitié de la partie inférieure, placée sous le fronton, était ouverte et donnait accès au porche du milieu de la façade.

Sur une colonne de marbre, appuyée contre un trumeau et séparant les deux vantaux de la porte principale, se dressait la statue colossale de saint Nicaise, qui tenait sa tête mitrée entre ses mains. Les épaules du martyr s'élevaient au-dessus de la base des trilobes supportant le quatre-feuilles. Les décorations de ce cadre se composaient de figures sculptées en haut relief retraçant le jugement dernier.

Avant d'en parler, disons que de chaque côté de la porte, à la hauteur de la base qui soutenait la statue de saint Nicaise, l'espace compris entre celle-ci et les contreforts était occupé par deux enfoncements peu profonds et trilobés. Ils contenaient chacun six statues d'apôtres de moyenne dimension. Au-dessous de la tablette en saillie qui supportait ces figures, était répétée la gracieuse ornementation qui couvrait le nu des quatre contreforts accompagnant les trois portes;

de sorte que tout le rez-de-chaussée de ce portail était garni de ces bas-reliefs que déjà nous avons désignés sous le nom de tapisserie.

Revenons maintenant au tympan de cette porte où étaient sculptées les scènes du jugement dernier (1).

En haut relief et à la place d'honneur, au-dessus de la porte centrale, on voyait un quatre-feuilles et deux

(1) La gravure de Deson, agrandie par la photographie, nous a permis de distinguer nettement les sujets trop petits sur cette planche pour être bien vus et ensuite décrits.

trilobes garnissant le tympan. Le Père éternel occupait le centre du quatre-feuilles. Il était assis, nimbé, les bras étendus et bénissant de la main droite. Ses pieds reposaient sur le globe terrestre soutenu par deux anges dont la présence à cet endroit remplissait le vide

laissé autour de la boule du monde. Cette scène se passait dans le ciel. Aussi voyons-nous encore deux autres anges encensant et occupant le lobe supérieur ; ceux de droite et de gauche étaient remplis chacun par trois anges à genoux sur des nuages et paraissant adorer leur Créateur. Les deux trilobes placés au-dessous du quatre-feuilles, en bas du tympan, étaient réservés aux élus et aux damnés.

Dans celui de gauche, à droite du Père éternel, une dizaine d'élus, de condition et d'âge différents, étaient conduits par des anges qui, volant au-dessus d'eux, leur indiquaient le chemin du ciel. Sur la même ligne, de l'autre côté, étaient les réprouvés exprimant la douleur et le désespoir, soit en se couvrant le visage, soit en se tordant et grimaçant. Au milieu des damnés on voyait un tombereau traîné par un gros chien à longue queue et à courtes oreilles ; il était conduit par une femme armée d'une fourche, se tenant debout dans le véhicule où elle empilait ses victimes. Cette manière de figurer les damnés conduits à l'enfer me paraît être particulière à l'église Saint-Nicaise. Le plus souvent, comme dans les sculptures de notre Cathédrale, les démons conduisent leurs proies entre deux chaînes et les dirigent vers une chaudière où d'autres diables les précipitent.

A Saint-Nicaise, le malin esprit, représenté sous les traits d'une femme que le peuple appelait la *Mère blonde,* servait d'épouvantail aux enfants du quartier. Lorsqu'ils avaient un caprice ou même ne faisaient que crier, on les menaçait de les livrer à la *Mère blonde,* qui ne pouvait manquer de les emporter dans son tombereau. Il paraît que cette menace suffisait pour produire l'effet désiré par les parents.

Au-dessus de cette scène, des diables entraînaient quelques damnés par les moyens ordinaires à cette sorte de représentation.

Le tympan de la porte de gauche avait, comme celui de droite, reçu une décoration identique à celle que nous avons vue au milieu du portail. Les entrées, quoique plus étroites que celle du centre, étaient divisées par un meneau, ce qui ne s'est pratiqué pour les portes latérales que dans un nombre très restreint de grands monuments. Plus loin nous verrons quel a été le motif qui a engagé l'architecte à diviser en deux les entrées des basses nefs du splendide édifice.

A l'endroit correspondant à celui où nous avons remarqué les scènes du jugement dernier, il y avait à gauche celles du martyre des premiers patrons de cette église, saint Agricole et saint Vital.

La gravure de Deson, mise en perspective, ne permet pas de voir entièrement les sujets sculptés au-dessus des portes latérales ; cependant, aidé par les descriptions qu'en donnent Dom Marlot et Dom Philbert Leauté, on supplée facilement à ce qui n'est pas représenté sur l'estampe.

En bas, à gauche, le gouverneur près duquel se tient un bourreau fait subir un interrogatoire à Vital d'abord, puis à Agricole, qui sont debout devant lui. Derrière les chrétiens, deux bourreaux dans la même position. Dans la partie supérieure, au-dessus de cette scène, deux anges apparaissent sur des nuages et semblent encourager les martyrs à persister dans leur foi. Sur le refus de Vital d'y renoncer, le gouverneur lui fait subir le supplice du fouet ; c'est la scène qui est représentée dans le trilobe de droite. Six bourreaux, avec leurs instruments de supplice, occupent le cadre où se trouve aussi le martyr qui, déjà frappé, est tombé à genoux, le visage contre terre; il est maintenu dans cette position par l'un d'eux dont un bras levé est prêt à fouetter sa victime. Dans le haut, des anges attendent son âme pour la porter au ciel. Le saint, si rudement flagellé, meurt sous les coups de ses meurtriers.

Agricole, aussi ferme dans ses résolutions que l'a été Vital, son domestique, est mis en croix. C'est ce martyre que l'artiste avait sculpté en haut relief dans

le quatre-feuilles qui occupait la pointe du tympan. La croix était placée au centre, Agricole y était suspendu. Sur la gravure on ne voit qu'un personnage à sa droite. Ici, encore, la perspective du dessin ne permet pas de découvrir les autres, tandis qu'à gauche la scène se complète avec trois bourreaux. Comme nous l'avons déjà fait, c'est à l'aide des descriptions que nous remplissons le cadre. Quatre anges, n'ayant pu trouver place au-dessus d'Agricole, sont dans le lobe inférieur

du quatre-feuilles. Il semble qu'on les a placés sous ses yeux pour encourager le vaillant martyr.

A la partie correspondante de la porte de droite étaient sculptés, en bas dans les trilobes, le martyre d'Eutropie, sœur de saint Nicaise, et ceux du diacre Florent et du lecteur Joconde. Eutropie, après avoir arraché les yeux du meurtrier de son frère, dont elle veut venger le trépas, reçoit la palme du martyre par le coup de poignard que ce même bourreau lui plonge dans le sein. C'est ce qui était figuré dans le trilobe gauche en bas du tympan. Trois personnages seulement sont visibles sur la gravure, le reste est caché par la saillie du contrefort. La décapitation du diacre et du lecteur décorait le trilobe de droite. Quatre personnages figuraient ce double martyre : les deux saints et leurs deux bourreaux. On y voyait en outre un ange descendant du ciel et apportant aux martyrs les couronnes dues à leur persévérance.

Le quatre-feuilles qui surmontait les trilobes occupant la place d'honneur était réservé au titulaire de la royale église. Saint Nicaise y était donc représenté à genoux, décapité sur le seuil de sa cathédrale. Celle-ci n'est pas visible dans l'œuvre de Deson. Il y avait quatre bourreaux, dont un donnait le coup de la mort au glorieux pontife. Ces cinq figures sculptées en haut relief avaient toutes été sculptées dans le même morceau de pierre, ainsi que le fait remarquer D. Marlot (1).

Portail. — Premier Étage.

Un passage, comme il en existe un dans notre Cathédrale, devait régner au-dessus des porches. Il était absolument nécessaire pour la réparation du dallage qui préservait les voûtes de ces porches, pour l'entretien des frontons et des clochetons qui les séparaient. Il était tout aussi indispensable pour la restauration des

(1) Scènes analogues du martyre de saint Nicaise, au tympan du portail nord de la Cathédrale de Reims, et sur un vitrail du XIIIe siècle de l'église de Longueval (Aisne), décrit dans le t. LXX des *Travaux de l'Académie de Reims*, p. 355.

vitraux qui, de cet endroit élevé de six à sept mètres au-dessus du sol, montaient jusqu'aux voûtes. Ce passage ou terrasse n'avait pas moins de deux mètres de largeur devant les fenêtres, et les contreforts qui les séparaient devaient être percés d'ouvertures au-dessus du dallage, afin d'offrir une circulation facile dans toute la largeur de l'élégant édifice.

Une grande fenêtre régnait entre les deux contreforts sur lesquels s'appuyaient et les tours et les murs de la nef principale. Cette grande ouverture se divisait en deux parties, subdivisées elles-mêmes en deux autres qui, trilobées, supportaient chacune un quatre-feuilles. La grande rose s'épanouissait au-dessus des deux fenêtres géminées surmontant le porche central. L'O ou rosace remplissait toute la largeur qui existait entre les contreforts. Un arc en tiers-point reposait sur des colonnes descendant jusque sur celles qui accompagnaient la grande fenêtre, et encadrait la rosace. Trois roses ont successivement décoré le grand portail. La première, œuvre de Libergier, fut renversée par un orage le 8 décembre 1540 ou 1541. « Sa cheute rompit les orgues et brisa tout le pavé », dit Marlot. Cet accident, arrivé sous Charles des Ursins, le premier des abbés commendataires, qui dissipait une partie des économies réalisées par les abbés réguliers, ses prédécesseurs, fit dire à Marlot qu'on pouvait déplorer cette disgrâce avec les tristes accents du Prophète : *Cecidit corona capitis nostri ; væ nobis quia peccavimus.* Cet abbé ne songea pas à réparer ce désastre. Dix ans après, son successeur, Claude de Guise, remplaça la rose de Libergier par celle dont nous admirons la riche conception et les gracieux contours sur la gravure de Deson. Elle était ornée de vitraux peints, et Claude de Guise y avait fait placer les armes de sa famille. Cette rose, à son tour, ne put résister à un furieux ouragan et tomba le 11 décembre 1711 (1). Elle fut alors remplacée

par celle qui subsista jusqu'à la destruction de l'église. Cette dernière, bien comprise surtout pour l'époque de

(1) Le 10 décembre 1711, un ouragan des plus violents sévit sur Reims et causa à Saint Nicaise des désastres tels que les religieux, pour y parer, durent demander au roi l'autorisation d'employer le produit d'une coupe de bois. La violence du vent avait été telle que la rose du grand portail était renversée, que sa chute avait défoncé les pavés de la grande nef, que les panneaux des vitres étaient tombés, que la couverture dans toutes les parties de l'église, nefs, transept, chapelles, avait souffert de l'impétuosité du vent ainsi que les planchers du transept ; de plus, que le clocher du chœur s'était incliné vers l'orient et que 86 toises de mur du jardin étaient abattues.

Le conseil du roi chargea le sieur Lescalopier, commissaire départi pour l'exécution des ordres du roi en Champagne, de faire une enquête sur la nécessité d'exécuter les réparations demandées par les religieux de Saint-Nicaise. (Voir *Pièces justificatives*, nos *XVI* et *XVII*, page 344.)

sa construction, n'avait pas cependant l'élégance des formes de la précédente. On la devait aux frères Gentillastre, architectes à Reims. Un Rémois, Ch. Minouflet, l'avait garnie de vitres peintes.

A la même hauteur que la fenêtre géminée qui soutenait la rose, une fenêtre était percée de chaque côté au-dessus des portes de la façade et donnait du jour à la basse nef.

Ces ouvertures étaient moins élevées que celles qui éclairaient la nef centrale; elles s'ouvraient cependant jusqu'à la hauteur des voûtes des bas côtés, occupant toute la largeur laissée libre entre les contreforts qui supportaient les clochers. Ces fenêtres trilobées, séparées par un meneau, étaient surmontées d'un redent ou petite rose à quatre feuilles. Au-dessus, une série de huit arcatures aveugles garnissait le nu du mur supportant les grandes ouvertures dont nous allons parler. Visibles seulement sur le portail, dans la gravure de Deson, ces arcatures devaient s'étendre sur les faces latérales des tours et se continuer, alors ajourées, sur toute la longueur des bas côtés dont elles dissimulaient la toiture. Nous savons qu'une galerie régnait au-dessus des chapelles de l'abside (1) ; il est donc fort probable qu'il en existait une primitivement sur la longueur des nefs latérales. Ces galeries, sans doute détruites par le temps, n'auront pu, faute de ressources, être réédifiées.

Au-dessus de cette fausse galerie ou galerie aveugle, s'ouvraient sur la façade du portail de grandes fenêtres s'élançant à la hauteur des maîtresses voûtes de l'édifice.

(1) Une galerie analogue subsiste à la Cathédrale, autour des chapelles, et l'on voit encore au-dessous des tours les bases de celles qui ont été élevées sur la longueur des bas côtés.

Ces fenêtres, répétées sous chacune des faces des tours, formaient des chambres voûtées et à jour dont l'heureuse disposition permettait à la lumière d'arriver de trois côtés et de pénétrer dans l'intérieur de l'église. La quatrième face seulement était vitrée, elle faisait partie des fenêtres de la nef principale. Les ouvertures de cet étage, semblabes à toutes celles des trois nefs, en avaient la même division et la même symétrie. La largeur et la hauteur des fenêtres des collatéraux étaient un peu moindres que celles de la nef majeure.

Portail. — Galerie.

De cette gracieuse façade, il nous reste maintenant à décrire la partie la plus élégante peut-être du portail.

Plus haut que l'étage dont il vient d'être question, s'élevait, au-dessus de la rose, un pignon triangulaire. Un second semblable au premier masquait les combles, qui ne commençaient qu'après les tours, à la seconde travée de la nef. Les centres de ces pignons étaient percés de trois petites rosaces à six redents placées de manière à former un trèfle. Elles servaient dans le second pignon à éclairer le grenier principal de l'église, dans lequel on pénétrait par une porte ouverte au centre et qu'on ne peut voir sur l'œuvre de Deson. Six autres petits trèfles étaient sculptés dans l'épaisseur de la pierre. Ceux du sommet et des angles inférieurs du pignon étaient plus grands que les trois autres placés dans les espaces laissés libres par les trois roses ou trèfles qui décoraient le centre. Sur les fonds unis, existait une ornementation gravée analogue à celle qui décorait les frontons du rez-de-chaussée de cet édifice. Les rampants des pignons, comme ceux des frontons des portiques, étaient unis. Ils avaient été sans doute, eux aussi, garnis autrefois de crochets.

Chacun des galbes de ces grands pignons se terminait par un magnifique fleuron. Derrière le premier pignon, régnait une splendide galerie s'appuyant sur les tours jusqu'à la moitié de la hauteur de celles-ci. Elle était toute à jour et composée de neuf arcatures terminées en arcs brisés, surmontées chacune d'un fronton décoré de zigzags dans toute sa longueur. De petits jours triangulaires dont les lignes suivaient celles des frontons ajoutaient encore à l'élégance de cette galerie terminée dans sa hauteur par une bande de pierres plates. Une autre, identique à celle-ci, reliait entre elles les faces postérieures des tours.

On peut aussi, sans présomption, admettre que le bandeau de pierres plates a été posé au moment des restaurations parcimonieuses faites par un abbé commendataire pour remplacer les dix pinacles qui s'élevaient entre les galbes de la galerie, et dont le mauvais état demandait une reconstruction totale. On a dû opérer ici comme on l'a fait au rez-de-chaussée de l'église, en enlevant les crochets et les autres ornements délicats rongés par le temps. En dehors de la regrettable parcimonie des abbés commendataires, il faut avouer qu'aux XVIIe et XVIIIe siècles les monuments gothiques n'étaient plus compris et que les architectes étaient très portés à faire les restaurations suivant le goût de cette époque.

L'espace qui séparait ces deux galeries offrait une communication large et facile entre les tours. Ne quittons pas ces galeries sans faire remarquer que leur architecture était celle de la partie basse des tourelles placées aux angles des tours, où elles supportaient des clochetereaux (1); de plus, qu'elles paraissent avoir servi de modèle à celles qui, au XIVe siècle, surmontaient les murs latéraux de la grande nef de la Cathédrale, et dont on voyait, il y a peu d'années encore, la reproduction exécutée au commencement du XVIe siècle, après le terrible incendie de 1481. Comme à Saint-Nicaise, la galerie de Notre-Dame continuait la même décoration, soit qu'elle fût en ligne droite, soit qu'elle contournât les pinacles surmontant les arcs-boutants qui venaient s'appuyer à sa base.

Cette galerie, ainsi que celles des bas côtés, devait, pensons-nous, régner sur toute la longueur de la nef. De même que pour celle de l'étage inférieur, le manque de ressources ne permettant probablement pas sa restauration, on l'aura complètement détruite.

Tours et Flèches.

Après avoir gravi trois cent trente degrés pris dans l'épaisseur des murs, nous arrivons enfin à ces tours aériennes surmontées de leurs flèches en pierre s'élançant à 83m60 au-dessus du sol et qui, complétant la façade de l'édifice, donnaient à la ville l'aspect grandiose et majestueux que rien n'a pu remplacer depuis l'inutile démolition de cet illustre chef-d'œuvre.

En parlant des clochers de Saint-Nicaise, c'est encore

(1) Nom donné, au XVIIe siècle, aux petites pyramides qui accompagnaient la grande placée au centre.

en termes émus que Viollet-le-Duc (1) déplore la destruction du célèbre monument. Il dit « qu'un architecte rémois, d'un rare mérite, Libergier, construisit à Reims une église dont la démolition est à jamais regrettable... » Il loue plus loin la composition des deux clochers, conformément au mode adopté vers le milieu du XIIIe siècle, faisant partie de la façade et portant sur la première travée des collatéraux, marquant ainsi carrément leur place dès la base de l'édifice.

..... « C'est sur les contreforts que sont portés les pinacles qui accompagnent quatre des côtés de l'octogone du beffroi. Ces pinacles sont à deux étages, l'un carré posé diagonalement comme ceux des tours de la cathédrale de Laon, et l'autre à huit pans. Une grande flèche surmonte l'étage octogone, et quatre petites pyramides couronnent les pinacles (2). » La grande flèche et les petites pyramides, suivant le tracé de leurs bases, avaient huit pans. Les quatre faces surmontant les grandes ouvertures de la tour étaient toutes ajourées par trois baies longues et fort étroites, plus larges cependant à la base qu'au sommet. Ces ouvertures sont continuées, comme nous l'avons vu, pour ainsi dire, sans interruption depuis la naissance de l'édifice jusqu'aux pointes des flèches. Les quatre contreforts qui les accompagnaient constituaient ensemble toute la solidité du portail, et les murs ajourés qui comblaient les vides inutiles pour la solidité de l'édifice pouvaient n'être considérés que comme un élégant remplissage.

(1) *Dictionnaire de l'Architecture*, tome III, page 389.

(2) C'est la gravure de Deson qui a servi à M. Viollet-le-Duc à écrire tout ce qu'il rapporte de Saint-Nicaise dans son *Dictionnaire de l'Architecture*, où il en parle souvent, comme si ce splendide monument était encore debout.

Au sommet des flèches, Deson, sur sa gravure, nous fait voir une croix de fer scellée dans une boule (1) et surmontée d'un coq. Ici encore, de même que pour les rampants des divers pignons, il est à peu près certain que des crochets garnissaient les arêtes des pyramides et des pinacles de chaque tour. Ces crochets n'existaient déjà plus en 1625 lorsque Deson fit son remarquable dessin; sans cela il n'eût pas manqué de les y faire figurer.

D'après l'abbé Pluche, Libergier aurait fait preuve d'une intelligence peu commune en risquant avec succès, sur des appuis aussi délicats que l'étaient les tours, la construction sur chacune d'elles de cinq pyramides en pierre, dont la plus grande avait cinquante pieds de hauteur sur une base de seize pieds.

Je termine cette description des clochers en empruntant encore à Viollet-le-Duc l'appréciation qu'il en donne dans son *Dictionnaire de l'Architecture* (2) : « Les clochers de Saint-Nicaise nous paraissent la plus complète expression du clocher gothique attenant aux façades : légèreté et solidité, disposition simple, programme exactement rempli, construction bien entendue, rien ne manque à cette œuvre de Libergier; il ne lui manque que d'être encore debout pour nous permettre de l'étudier dans ses détails. »

Si le regret de Viollet-le-Duc, cet habile architecte, est partagé par tous les Rémois qui ont entendu parler de notre incomparable Saint-Nicaise, combien ne doit-il pas l'être et ne l'est-il pas en effet par ceux qui aiment les monuments et qui, surtout, ont étudié la gravure de

(1) Elle remplaçait probablement un fleuron en pierre. La croix ne devait s'élever que sur le clocher du chœur.

(2) *Dictionnaire de l'Architecture*, tome III, page 390.

Deson, vraie comme le serait une photographie! Elle retrace les profondeurs, les épaisseurs et les moindres détails de l'église, ce qui, avec l'aide des plans, permettrait la reconstitution, sans hésitation et sans tâtonnements, du portail de cet édifice, que les Rémois, avec un légitime orgueil, faisaient admirer à tous les Français et aux étrangers attirés dans nos murs par sa réputation universelle.

Cloches.

Avant de continuer notre visite autour du gracieux édifice, ne descendons pas des clochers sans parler de l'harmonieuse sonnerie qu'ils renfermaient. Au moment de la Révolution, ils abritaient six cloches. Les deux plus grosses étaient placées l'une au-dessus de l'autre, dans la tour du nord, et dans celle du midi, en bas, étaient les deux moyennes, au-dessus desquelles étaient les deux petites.

Sans parler des bourdons de Notre-Dame, les cloches de Saint-Nicaise, dont nous ne connaissons positivement ni le poids, ni le nom de la note qu'elles donnaient, étaient les plus grosses de toutes celles de la ville. Placées dans la tour du nord de la Cathédrale, après la suppression de l'abbaye de Saint-Nicaise, on pensa qu'il fallait douze hommes pour sonner les quatre plus fortes, mais on réduisit à dix le nombre des sonneurs. La grosse cloche actuelle de Saint-Remi, le bourdon, donne le *la* du diapason normal. Les bourdons de la Métropole font entendre les notes *fa* et *sol* du même diapason. Le second bourdon de la Cathédrale était fêlé longtemps déjà avant la Révolution, qui le fit briser. Il devait donner la même note que celui qui le remplace aujourd'hui. Il est donc très probable que la grosse cloche de Saint-Nicaise, considérée aussi comme un bourdon, donnait le *la*, et que les six cloches de cette église correspondaient aux notes *fa dièse, mi, ré, ut dièse, si, la,* de notre diapason.

Sur une maison, aujourd'hui détruite, de la rue Andrieux, n° 51, on voyait, il y a un demi-siècle, le tracé en ocre rouge du diamètre de trois des plus fortes cloches de Reims (1). C'était, extérieurement, celui du gros bourdon de la Cathédrale, puis celui du bourdon de Saint-Nicaise, et au centre celui de la grosse cloche de Saint-Hilaire. Les noms des églises possédant ces trois bourdons étaient peints en noir autour des cercles. La dimension de ces diamètres n'était malheureusement pas indiquée. L'espace laissé libre entre le bourdon de Notre-Dame et celui de Saint-Nicaise était plus considérable que celui qui séparait ce dernier de la grosse cloche de Saint-Hilaire. Il est à peu près certain qu'il n'y avait qu'un ton *(la, si)* entre ces derniers, tandis qu'il y en avait deux *(fa, la)* entre le bourdon de la Cathédrale et celui de Saint-Nicaise.

Aux jours de grande solennité, m'ont raconté mes ancêtres, les six cloches de Saint-Nicaise sonnaient à toute volée, et les Rémois se plaisaient à monter sur les remparts pour jouir du charme éclatant de leurs voix, ce qui ne devra pas étonner quand on saura que c'est à Pierre Deschamps, le fondeur du gros bourdon

(1) Le son du second bourdon de la Cathédrale était peu apprécié à cause de sa fêlure, on ne le comptait pas parmi les belles cloches de la ville.

de la Cathédrale, qu'était due encore à cette époque une partie de la sonnerie de Saint-Nicaise, qui passait pour être la plus belle de toutes celles de la ville.

C'est vers 1570 que furent fondues ces cloches, dont la plus forte était appelée *Bourdon,* « lorsqu'en 1790, rapporte M. l'abbé Cerf (1), l'abbaye de Saint-Nicaise

(1) *Notre-Dame de Reims*, par l'abbé Cerf, tome Ier, pages 247 et 539. — Nous donnons ci-dessous les autres renseignements sur la sonnerie de Saint-Nicaise, qui furent recueillis par M. Duchénoy dans les minutes des notaires de Reims :

1611, 20 novembre.— Pour assister et faire acte de la pesanteur d'une cloche de nouvel refondue (en l'abbaye de S. Nicaise) par Pierre Roussel, maistre fondeur, demt à Reims, avant que d'estre montée et placée au clocher de ladite abbaye, laquelle cloche estant en la nef de ladicte église ..... auroit esté poisée en présence de ..... par Estienne (blanc), maistre graveur et fondeur à Reims, et trouvée peser 1887 livres 1/2, non compris les cordages (laquelle poisoit avant sa refonte 2052 livres) ce qui fait un défaut de 165 livres, sans y comprendre un grand chandelier de cuivre qui estoit en la chapelle de Nostre-Dame de ladite abbaye qui du moins estoit du poids de 100l.

1612, 25 novembre. — Nicolas Gard, charpentier, s'engage à mettre et placer au clocher de l'église de S. Nicaise une cloche de nouveau refondue..... moyt 36l.

1624, 3 janvier. — Marché fait par l'abbaye de S. Nicaise avec Robert Rivière, mre charpentier à Reims, pour faire de neuf les moutons l'un de la grosse cloche de l'église de ladite abbaye l'autre de la 3e grosse cloche appelée la *moyaulte*, qui est au clocher du costé du trésor et livrer tout le bois ..... moyt 78l tournois.

1647, 10 avril. — Estienne Breton, mre fondeur de cloches demt à Bassigny, convient avec le procureur de l'abbaye de S. Nicaise de despendre et descendre les cloches de ladite église scavoir quatre qui sont dans la moyenne tour, l'une desquelles est rompue et cassée depuis environ quinze ans, deux autres qui sont dans le petit clocher fort discordante et le timbre de

ayant été supprimée, les six cloches furent réunies pour quelque temps aux onze de Notre-Dame ».

Peu après, toutes ces cloches furent envoyées à Paris pour être converties en monnaie ; on ne conserva à la Cathédrale que le gros bourdon et la grosse cloche de Saint-Nicaise, qui se fêla en 1803. Cette dernière avait déjà remplacé celle de Pierre Deschamps, qui avait été brisée.

A plusieurs endroits et dans les écrits de différents auteurs, on parle de la petite tour et du gros clocher. Toutes les vues et les plans de Saint-Nicaise nous montrent les deux tours parfaitement égales en hauteur

l'orloge et du mestail desdites cloches et de celuy qu'il conviendra fournir ledit entrepreneur en fera scavoir quatre grosses approchant en son au plus près que faire se pourra de celle que ledit entrepreneur a depuis quelque temps fait pour l'église de St Hillaire de cette ville en plain ton et parfait de *fa, mi, ré, ut*, distante l'une de l'autre d'un ton entier, de plus on fondera et racordera deux cloches dudit petit clocher avec la quatriesme grosse en ton de *ré, mi, ut*, et avec les quatre cloches susdites en ton d'octave, de quinte en quart selon que son art luy pourra permettre en faisant la grosse desdites quatre d'environ quatre milz poisant, et d'abondant que les dictes quatre grosses sacorderont avec les deux grosses et de la première thour en ton de tier au quart selon que l'art y peut reusir ; tenu ledit entrepreneur d'escrire, graver et imprimer sur lesdictes cloches les escriptures qui luy seront baillées de la part dud. couvent. Et outre de fondre et rendre les plumars parfaits et nécessaires, et mesme de fournir le mestail qu'il conviendra au pardessus de celuy procedant desdites cloches ..... A rendre le tout dans le temps de six sepmaines..... moyennant 1100[l] tournois, tant pour ses peines et façons que pour le fournissement des matériaux.

Joint quittance desdits 1100[l] du 2 octobre suivant.

1670, 26 septembre. — On a béni la cloche de S. Nicaise qui est la plus grosse.

et en superficie. Il est donc à présumer que ces écrivains ont entendu par grosse tour celle qui renfermait les plus fortes cloches, et par petite tour celle qui abritait les quatre autres.

Au temps de la Ligue, nous dit Pussot, et jusqu'au moment de la soumission de la ville au roi, deux hommes, placés l'un à la Cathédrale, l'autre à Saint-Nicaise, guettaient les mouvements de l'ennemi et donnaient le signal de son approche en sonnant le tocsin, et en plaçant une bannière du côté de la tour où on le voyait arriver (1).

Un incendie, que nous supposons avoir été de peu d'importance, éclata dans l'abbaye, vers 1563. Nos chroniqueurs n'en font pas mention. Cependant, on lit dans les *Registres des Conclusions du Conseil,* à la date du 15 octobre 1563 : « Conclu que les M[res] de l'artillerie feront refaire les seaux de cuyr de la munition de ceste ville qui ont esté portez en la maison abbatiale de S. Nicaise pour mettre eau et pour servir au feu de meschief y survenu, lesquels ont esté rompuz et gastez. »

En ces temps-là, les incendies étaient plus fréquents que de nos jours; les dégâts qu'ils occasionnaient

(1) Pussot, édition de l'Académie, page 61. — « Et tout le temps d'icelle guère (la guerre de la Ligue), tant devant que après, usques à la réduction de la ville de Reims au roy, estoit par un homme posé exprès en l'une des grosses tours de Nostre-Dame, mis un signal d'une banyère au comble de la tour, du costé que venoient les gens de cheval, et préalablement sonné le tocseng d'une moyenne cloche appelée Richarde, de chacun coup, selon le nombre des hommes de cheval, et le nombre estant grand, estoit sonné ladicte cloche en forme d'alarme. Et le semblable à Sainct-Nicaise. »

étaient souvent fort considérables. C'est pour cela que cet incendie et d'autres encore, probablement, ont décidé le conseil de ville à établir ces deux guets de la Cathédrale et de Saint-Nicaise.

L'élévation des clochers et l'éloignement des deux édifices les désignaient au choix de nos édiles. Aussi les guetteurs et les veilleurs de nuit y furent-ils installés, comme on le voit dans les *Registres des Conclusions* du conseil de l'année 1590 et en d'autres documents des Archives de la ville (1).

(1) « Sera posé une escharguette au clochier de Saint-Nicaise, lequel sera proposé par le conseil et, pour le choisir, sera le prieur de Saint-Nicaise oy, et pour en poser encore une sur le clochier de N.-D. »

1592. — 16 may, sera mis le jour de Pentecoste et festes suivantes, de nuit, un homme sur le clocher de Saint-Nicaise, pour advertir s'il se présente quelque alarme.

1592. — 12 aoust, six escus à Poncelet et Claude Melot, dems. à l'abbaye de Saint Nicaise pour un mois d'avoir fait le guet.

Le registre de la chambre des comptes de 1649 indique la construction d'un échafaud au clocher de S.-Nicaise pour faire le guet.

Registre des *Deniers patrimoniaux*, 1432 :

1432. — Payé à J. Corvisier de la Neufville et autres 27[l] 5[s] pour les guets de jour tant sur le moustier de la Neufville, Mont Saint-Pierre, sur le moustier de S. Nicaise de Reims, sur la husse de S. Nicaise ..... afin de manseuir les soyeurs, laboureurs et autres gens estans sur les champs de la venue des gens d'armes quant ils approcheraient de la cité de Reims.

1432-1433. — Guet sur le clochier de la Neufville, sur le clochier de S. Nicaise, sur la husse, sur le Mont St-Pierre et à Chaudeteste.

1433-1434. — Guet fait le jour au-dessus des vignes de Chaudeteste, sur l'église du mont St-Pierre, sur le clochier de la Neuf-

A droite du portail, la vue de l'église n'était obstruée par aucune construction (1). La première travée de la basse nef s'ouvrait sous la tour. Venaient ensuite cinq travées de même aspect; des contreforts recevant les arcs-boutants qui soutenaient les hautes voûtes séparaient chacune des six travées. Ils s'élevaient à 31^{m}, et des passages étaient réservés dans leurs massifs, au niveau du sol et sur le bas du toit des nefs collatérales. L'un de ces contreforts, le troisième après ceux sur lesquels s'appuyait le clocher de droite était célèbre non seulement en France, mais il l'était même dans toute l'Europe. On le connaissait sous le nom du *pilier tremblant,* parce que, nous dit J.-B. Géruzez (2), « ce pilier tremblait très visiblement toutes les fois que l'on sonnait une cloche placée dans la tour méridionale, à droite. »

Voici ce qu'en dit notre concitoyen :

« Dans un temps où la vraie physique était trop peu

ville, sur la Husse, sur le clochier de S. Nicaise, aux Boves au dessus de Champigny et en lieudit à Montlyon.

1680, 28 may. — Un homme tomba en bas du clocher de S. Nicaise sur les petites voûtes et ensuite dans le jardin de M. Lefondeur. Il fut enterré à S. Jean.

(1) Un des plans de l'église cependant fait voir, entre les contreforts des deuxième et troisième travées, une série de 6 voûtes d'arêtes de constructions ouvrant en dehors de l'église; elles ne s'élevaient pas au-dessus du bas de fenêtres du collatéral.

(2) *Description historique et statistique de la ville de Reims*, etc., par J.-B.-F. Géruzez, ex-génovéfain, professeur au collège royal de Reims. Imprimerie de Boniez-Lambert, Châlons, 1817, pages 324 et suivantes.

connue, on a attribué ce phénomène à des sympathies, à l'électricité, au magnétisme, à l'attraction. Pluche, au 7e volume du *Spectacle de la Nature*, page 227, édition in-12, 1751, en donne une explication fort naturelle, dont nous allons présenter l'analyse.

« La cause de ce phénomène venait de l'ébranlement qu'une cloche (1) placée dans la tour qui était du même côté que le pilier, donnait d'abord à la tour, puis à la voûte et enfin au pilier.

« Le mouvement causé par la sonnerie entière était si considérable qu'un verre rempli d'eau placé sur le rond-point de l'église, s'agitait et répandait l'eau de tous côtés. La même agitation avait lieu sur la petite voûte ou calotte des clochers, en sorte qu'on ne pouvait s'y tenir quand les cloches sonnaient.

« La cloche qui ébranlait ce pilier et battait d'orient en occident, dans la direction de la nef, pesait 2,000 livres et était élevée de 130 pieds (43m33), tandis que ce pilier ne l'était que de 93 pieds. Une autre cloche, voisine de celle-ci et dans la même direction, ne faisait pas trembler le pilier quand on la sonnait seule, parce qu'elle pesait 600 livres de moins que l'autre, et n'était pas assez forte pour ébranler l'édifice et le pilier.

« Plus bas, dans le même clocher, étaient deux autres cloches battant du nord au midi, et dont la direction était opposée aux deux premières.

« Elles étaient placées trop bas pour donner une forte secousse au clocher et à la voûte, et ne faisaient aucune impression sur le pilier. Quand les quatre cloches sonnaient ensemble, le pilier ne tremblait pas ; le mouve-

(1) Cette cloche était la quatrième des six qui composaient la grande sonnerie. *(Almanach historique de 1772.)*

ment devenait circulaire au lieu d'être en ligne directe, et l'effet des cloches d'en bas détruisait l'effet des cloches d'en haut.

« Le tremblement du pilier venait donc, encore une fois, de la secousse donnée à toute la voûte de l'édifice, par une cloche ou deux battant dans la même direction. Si le pilier tremblant eût été bien solide, il n'eût pas été ébranlé.

« Les deux premiers tremblaient autrefois ; on fut obligé de les regarnir de ciment dans leurs liaisons avec la nef, et leur agitation cessa. On aurait fait cesser très probablement celle du pilier en le réparant et en l'induisant (*sic*) de ciment. Si une cloche de 2,000 livres et élevéé de 130 pieds suffisait pour produire un mouvement très sensible dans le pilier, une cloche de 4,000 eût produit un effet double, et eût peut-être suffi pour renverser une partie du clocher ou de la voûte.....

..... « Le czar Pierre, passant à Reims en 1717, y resta quatre heures et en employa deux à examiner ce phénomène ; et l'on dit que, ne pouvant le deviner, il s'endormit sur la voûte. Le prétendant Jacques III avait eu la même curiosité ainsi que le prince électoral. L'année suivante, Louis XVI, à son sacre, alla aussi examiner ce phénomène singulier. »

Pendant longtemps on crut qu'un seul des piliers de Saint-Nicaise tremblait, mais toutes les parties de l'église étaient tellement bien unies entre elles que le mouvement se faisait sentir sur l'édifice tout entier. Voici ce que Povillon-Piérard rapporte à ce sujet : « Pour prouver sans réplique la vacillation du grand portail et en même temps de toute l'église de Saint-Nicaise par la mise en mouvement de toutes les cloches, il ne faut que rapporter la surprise de l'ingénieux Fleury qui, après avoir affermi son pilier, croyait qu'il ne tremblait plus. Ce maître couvreur se trompa, car, étant un jour sur la flèche d'un clocher pour y faire une réparation pendant que l'on sonnait les cloches, il sentit un mouvement si fort qu'il fut obligé de descendre, croyant qu'il devenait malade ou que c'était la peur qui le prenait, ou même un éblouissement; mais ses ouvriers lui dirent qu'ils avaient vu trembler non seulement les deux flèches, mais toute l'église. »

Le pilier ou, pour mieux dire, le contrefort tremblant préoccupa beaucoup nos ancêtres, et tous ceux qui ont écrit sur Saint-Nicaise n'ont pas manqué d'en parler. Il est, je crois, plus que probable que si *pareil phénomène* venait à se produire aujourd'hui dans un édifice et faisait craindre pour sa solidité, nos architectes et nos ingénieurs auraient bientôt découvert le vice de construction, et par conséquent y apporteraient immédiatement le remède.

Lors de la démolition de l'église, les architectes acquirent la conviction que le pilier tremblant était construit comme les autres et que sa résistance était la même.

Malgré sa légèreté, Saint-Nicaise ne laissait rien à désirer comme solidité. Les assises de pierres étaient d'une épaisseur prodigieuse, et, aux endroits où il n'en pouvait pas être ainsi, les pierres étaient maintenues par de forts goujons de fer scellés avec du plomb.

Toutes les fenêtres des nefs hautes et basses étaient, comme nous l'avons dit, semblables à celles qui, au grand portail, accompagnaient la rose. Elles ne différaient que par la dimension, dans leur hauteur surtout.

Comme dans notre Cathédrale, sur chaque contrefort s'appuyaient deux arcs-boutants, l'un placé vers le milieu, l'autre vers le haut de la fenêtre.

Dépenses pour la Construction.

Avant d'entreprendre la description des parties de Saint-Nicaise construites pendant le xive siècle, il n'est pas hors de propos de publier ici le résumé extrait d'un manuscrit découvert à Paris, à la bibliothèque nationale, par notre confrère M. J. Gautier et qui, année par année, à l'exception de trois lacunes formant une période de dix ans, donne le chiffre des dépenses occasionnées par la construction de l'église au xiiie siècle.

Bien qu'on ait commencé à creuser le terrain pour asseoir les fondations de Saint-Nicaise en 1229, et quoique la pose de la première pierre ait eu lieu le mardi de Pâques 1229 (1), ce n'est qu'en 1231 que le registre commença à mentionner le résumé des dépenses.

Cette liste avec ses lacunes comprend cinquante-deux années, le temps qu'il a fallu pour élever les nefs, le portail et les tours surmontées de leurs pyramides.

L'ensemble des trois lacunes est de dix ans, avons-nous dit. La première comprend trois années, 1263, 1264 et 1265. La seconde eut lieu en 1267, et la troisième fut de 1275 à 1280, soit six années. 1281 et 1282 terminent la liste comptant cinquante-deux ans. C'est en 1266 que la dépense fut la plus considérable. Elle s'éleva à 2,615[l] et 18[s]. En 1258, on avait eu à payer 2,480[l]. Ce sont les deux seules années où les frais de construction dépassèrent 2,000[l] ; si la dépense de 1266 est la plus

(1) Date inscrite sur la pierre tumulaire de Libergier. (Voir page 465.)

forte, c'est que, en 1267, on ne paya probablement rien. C'est l'année de la seconde lacune (1).

Un bien vif intérêt s'attacherait à la conversion de la monnaie du XIIIe siècle en monnaie du XIXe, et, malgré mon désir de l'offrir au lecteur, j'ai dû l'abandonner; car différents essais ont été tentés pour obtenir ce résultat, mais ils sont restés infructueux. Devant les difficultés qui se présentent, il m'a fallu renoncer à satisfaire ce désir, et me contenter de copier exactement le registre renfermant les comptes tels qu'on les releva au siècle qui vit s'élever notre admirable et regretté Saint-Nicaise.

Cependant, M. H. Fisquet, dans son ouvrage intitulé *La France pontificale*, page 281, dit en parlant de Saint-Nicaise : « Cette magnifique église, selon les cartulaires, coûta, de 1231 à 1282, sauf un intervalle de dix années dont les comptes n'ont pas été retrouvés, la somme de 50,941 livres 6 sous parisis, ou 63,676 livres 12 sous 6 deniers (2). » Sans oser affirmer l'exactitude de ces chiffres, nous les présentons au lecteur tels que M. Fisquet les a produits, puisque l'accord, nous l'avons dit, n'existe pas sur la conversion des monnaies anciennes en nouvelles.

Les ressources pour la construction de Saint-Nicaise, comme pour celles de tous les grands édifices élevés pendant les âges de foi, étaient les produits de quêtes faites par ceux qui construisaient ces gigantesques monuments. A Saint-Nicaise, deux religieux, munis de permissions de l'archevêque de Reims et des évêques

(1) Voir aux *Pièces justificatives*, n° X, p. 347.

(2) *La France pontificale* (*Gallia christiana*), par M. H. Fisquet. Paris, E. Repos, libraire-éditeur, rue Bonaparte, 70.

suffragants de la province, parcouraient avec des reliques les villes et les bourgades, accordant des indulgences à tous ceux qui, selon leurs moyens, aidaient à l'achèvement de la basilique. L'escarcelle des religieux se remplissait, les travaux continuaient jusqu'à l'épuisement des ressources, et le produit de nouvelles quêtes permettait de terminer ou tout au moins d'avancer la construction du monument.

Il est regrettable que l'indication des dépenses faites pour l'élévation du portail et des nefs n'ait pas été continuée pour celle du transept, du chœur et des chapelles. Si ce relevé de dépenses, comme on peut le croire, a existé, il n'est pas parvenu jusqu'à nous.

Les constructions, arrêtées en 1282, ont été reprises en 1297 dans un style qui, bien que s'accordant avec le précédent, en différait cependant d'une manière notable.

En 1314, par son testament, l'archevêque Robert de Courtenay, mort en 1323, laisse aux religieux de Saint-Nicaise trois de ses meilleurs chevaux et des chariots pour transporter les matériaux nécessaires à l'achèvement de l'église.

Transept méridional.

Après la construction du portail et des trois nefs, il y eut une interruption de quinze ans dans les travaux. Robert de Coucy, choisi pour succéder à Libergier, continuera son œuvre ; mais, suivant le goût de son époque, les fenêtres auront un aspect tout différent. Au lieu d'un meneau, il y en aura trois ; les arcs en tiers-point qui les terminent seront ornés de trèfles et de quatre-feuilles, dont un plus grand atteindra le sommet des fenêtres. Les autres changements ne peuvent être appréciés que par les personnes qui, s'occupant d'archéologie, examinent attentivement les moulures, les bases des colonnes, leurs chapiteaux, etc., etc.

A droite, parallèlement à la nef, mais en saillie d'une travée sur le bas côté, se trouvait le transept méridional. Sa décoration ne manquait pas d'analogie avec celle du grand portail. Le nombre des marches qu'il fallait gravir pour y arriver était moindre, ce qui se comprend, puisque le terrain est plus élevé à l'abside qu'au portail. C'est au surplus ce qu'indiquent les plans.

Trois ouvertures en tiers-point, d'égales dimensions, formaient l'entrée du porche. Leur description est la même que celle qui a été donnée pour la partie correspondante du grand portail. Leur décoration a été aussi copiée sur celle du XIIIe siècle. Ici, cependant, deux colonnes de diamètre différent placées l'une devant l'autre divisaient l'arcade centrale en deux parties. Une troisième colonne, en marbre cette fois, supportait une statue de Notre-Dame tenant l'enfant Jésus ; elle était adossée, au fond du portique, au solide pilastre qui soutenait la verrière ouverte au-dessus.

Comme au grand portail, immédiatement sous la rosace, ces ouvertures étaient entre les deux contreforts. La grande fenêtre garnie de meneaux multiples, édifiée comme la rose dans le style du XIVe siècle, formait la principale décoration de ce transept dont le pignon n'a jamais été construit et qui, jusqu'au moment de la démolition de l'église, a été remplacé par un toit en croupe couvert d'ardoises.

Des escaliers étaient, suivant l'usage, ménagés dans l'épaisseur des deux contreforts de la façade du transept ; ils conduisaient aux étages supérieurs de l'édifice.

Petit Clocher.

Sur le toit, au-dessus de la travée qui précédait le transept, était achevalé le petit clocher du chœur, appelé le clocher de plomb, parce que sa charpente était revêtue de ce métal. Quatre ouvertures allongées, terminées à leur sommet en arc brisé, semblables entre elles, s'ouvraient sur chaque face. Elles étaient surmontées, au centre, d'un fronton triangulaire placé entre les quatre clochetons ou pinacles qui s'élevaient au-dessus des angles. Au centre s'élançait une haute pyramide à quatre faces sortant d'une base à huit pans assez élevée. Sa pointe, renversée par un vent impétueux vers la fin de l'année 1627, fut ensuite rétablie. Une croix dominait cette flèche d'une élégance remarquable; cinq cloches (1), moins fortes que celles des tours du grand portail, y avaient trouvé place. Elles servaient à annoncer les offices de la semaine et ceux des petites fêtes. Les offices des jours de grande solennité, nous l'avons vu, étaient sonnés avec les six grosses cloches des tours du portail. Cette sonnerie était cependant toujours précédée par une volée des cinq cloches sonnée dans le clocher de plomb.

Suivant une indication que m'a donnée M. Jadart, il serait très possible, d'après la tradition, que le métal

(1) Nous avons vu plus haut que les grosses cloches ont été transportées à la Cathédrale, et de là à Paris, où cinq d'entre elles furent converties en monnaie. Povillon-Piérard dit que le clocher de plomb contenait quatre cloches, et Lacatte-Joltrois porte leur nombre à cinq.

d'une ou de plusieurs de ces cloches ait servi à en fondre un certain nombre de petites, qui furent distribuées entre quelques paroisses dépourvues de cloches au sortir de la Révolution. De ce nombre serait celle de Saint-Germainmont (1). Au-dessus des trois cloches de la sonnerie de cette église, on en a suspendu une quatrième. Elle est petite, nommée *Nicasie*, et sert à sonner les messes basses et les catéchismes. La tradition lui assigne l'origine que nous venons d'indiquer.

On lit en effet, en une ligne, au sommet de cette cloche, entre deux rangs de palmettes et de fleurons : L'AN 1806 J'AI ÉTÉ VOUÉE A S. NICAISE ET EN PORTE LE NOM. Plus bas, sur le devant, un crucifix, et en arrière la marque du fondeur dans un écusson orné d'une cloche avec le nom autour : CAVILIER FONDEUR.

Diamètre, 0m50.

Ainsi que l'indique une note manuscrite, non signée, datant de 1790, il y avait douze cloches à Saint-Nicaise (2) : six dans les tours du portail, cinq dans le clocher de plomb, et une douzième probablement dans le campanile placé au-dessus d'un dortoir, d'où le son devait parvenir facilement dans toute l'étendue de l'abbaye. Cette cloche était, sans doute, destinée à convoquer les religieux aux différents exercices de leur vie monastique.

(1) Saint-Germainmont, canton d'Asfeld (Ardennes).

(2) Cette note nous apprend qu'il y avait à Reims, en 1790, 138 cloches dans les églises, abbayes, paroisses, etc., de la ville, sans compter les clochettes des couvents et des chapelles. Je l'ai trouvée dans les papiers de notre confrère, M. Fanart, qui la tenait de son oncle, M. Goulet-Collet, qui, entre autres renseignements sur Saint-Nicaise, m'avait donné, en juin 1864, ceux qui concernent les cloches de cette abbaye.

Chapelles absidales.

Une seule travée séparait le transept des chapelles. Celles-ci étaient au nombre de cinq ; leur disposition autour du chœur produisait un merveilleux effet. Les deux premières de chaque côté n'avaient que trois pans coupés, sur les angles desquels s'appuyaient des contreforts ; la troisième, qui occupait le centre de l'édifice, était plus profonde. Construite comme les autres à pans coupés, elle était éclairée par cinq fenêtres.

Les deux chapelles qui accompagnaient celle du centre de l'abside, du côté du nord, étaient en tous points semblables à celles du midi. La régularité des lignes et des détails était remarquable à Saint-Nicaise ; les nefs, le transept et les chapelles étaient les mêmes à gauche et à droite.

Transept nord.

Du côté du nord, une petite porte percée au centre du transept s'ouvrait sur l'abbaye ; il n'avait pas d'entrée monumentale comme celui du midi, n'était point achevé et ne s'élevait qu'à la hauteur du triforium.

Un toit couvert d'ardoises, comme celui de la nef, placé au-dessus du triforium, protégeait les constructions existantes. Sur la face du transept tournée vers le nord, on apercevait le bas de la rose qui n'avait pas été achevée (1). Les deux fenêtres de ce même transept

(1) Voir la planche du *Monasticon gallicanum*.

regardant le couchant étaient complètes ; elles étaient même surmontées de la corniche qui avait, suivant l'usage du temps, supporté une galerie régnant autour de l'église, tout au moins, à Saint-Nicaise, dans la partie du XIVe siècle. Elle existait aussi au rez-de-chaussée du monument autour des chapelles, comme l'indique le mémoire des travaux de réparations à exécuter à ce monument (1).

Les plus grands et les beaux édifices sont tous ornés d'une galerie régnant dans le pourtour; je n'en ai cependant pas trouvé de traces dans la construction des nefs hautes et basses, mais tout porte à croire que ces parties de notre belle église en ont été décorées. S'il en est ainsi, elles étaient déjà détruites avant que Dom Marlot ait fait la description de son église abbatiale. Il est possible qu'elles aient disparu comme celles des bas côtés de notre Cathédrale, toujours pour le même motif: les fonds nécessaires pour leur réparation ayant manqué.

Bas Côté nord.

Le long de la basse nef du côté gauche s'étendait un des côtés ou portiques du cloître. Il ne s'appuyait que sur les contreforts qui, dans cette partie de l'édifice, étaient ajourés à leur base, offrant ainsi un passage facile pour la circulation et les réparations à faire à l'église. Dans ce bas côté, on avait ménagé deux ouvertures par lesquelles on communiquait avec l'abbaye. L'une était au bas de l'église, près de la porte Saint-

(1) Voir aux *Pièces justificatives*, n° XIII. — *Procès-verbal du 18 mars 1645*, page 356.

Vital et Saint-Agricole; l'autre, dans la partie gauche du transept et ouvrant sur le cloître. De l'abbaye, il fallait monter quelques marches pour entrer dans l'église.

Quittons donc cet étroit passage, et dirigeons-nous vers le portail occidental par où nous entrerons dans cet incomparable édifice.

CHAPITRE III.

Description de l'église Saint-Nicaise.

Intérieur.

En terminant le chapitre précédent, j'ai donné à notre merveilleuse église le titre d'incomparable. Cette épithète, je ne crains nullement de l'appliquer à notre Saint-Nicaise. Oui, Saint-Nicaise, d'après tous nos historiens et nos ancêtres, surpassait en élégance les églises qu'on pouvait à bon droit considérer comme ses rivales.

En effet, n'était-il pas supérieur, en tout, à Saint-Urbain de Troyes, qui n'a ni l'ampleur ni la hauteur et la largeur de notre église. Les bas côtés de Saint-Urbain s'arrêtent au transept ; le chœur seul se prolonge et termine l'église privée, à son chevet, de déambulatoire et de chapelles absidales. Les voûtes de la nef majeure sont en planches. Elles vont probablement disparaître sous peu, et seront remplacées par des voûtes copiées sur celles du XIVe siècle.

La Sainte-Chapelle de Paris qui, plus encore que

Saint-Urbain, est d'une élégance peu commune, ne pourrait pas davantage supporter la comparaison avec Saint-Nicaise, dont le plan comprenait tout ce qui se trouve dans les plus grands édifices religieux du moyen âge. La décoration de la chapelle de saint Louis l'emportait évidemment sur celles de Saint-Nicaise et de Saint-Urbain ; mais c'est le seul côté par lequel la Sainte-Chapelle s'élevait au-dessus de ses rivales.

Si je rappelle ici la supériorité de Saint-Nicaise sur Saint-Urbain et sur la Sainte-Chapelle, c'est que, comme je l'ai dit plus haut, les *Éphémérides troyennes de 1764*, en parlant de Saint-Urbain, rapportent que cette église ne peut être mise en parallèle qu'avec la Sainte-Chapelle de Paris et Saint-Nicaise de Reims.

Pénétrons donc par la pensée dans Saint-Nicaise et examinons ce que nous connaissons de ce merveilleux monument.

A peine entré dans l'église, le visiteur, ai-je entendu dire par mes ancêtres, le visiteur qui voyait Saint-Nicaise pour la première fois, restait immobile et saisi, frappé qu'il était par l'harmonie qui régnait entre les différentes parties de l'édifice, sa hauteur, sa longueur et sa largeur.

Ce chef-d'œuvre, entre les chefs-d'œuvre d'une époque qui en a tant produit, atteignait et surpassait même l'idée que l'extérieur déjà si délicat avait pu faire supposer. Malgré son étonnante légèreté, sa solidité n'était pas compromise, puisque les pierres à l'intérieur de toute la construction étaient invisiblement reliées entre elles par des crampons, des agrafes ou des barres de fer scellées avec du plomb.

Moins élevée que la Cathédrale, plus haute que Saint-Remi, et moins étendue que ces deux gigantesques édifices, l'église de Saint-Nicaise se rapprochait des cathédrales voisines de Reims, de celles de Châlons et de Soissons, dont voici les principales dimensions intérieures :

	Saint-Nicaise (1)	Soissons (2)	Châlons (3)
Hauteur sous voûtes.	31m66	33m30	27m08
Longueur intérieure.	101 66	101	96 40
Largeur	26 70	25 60	23 15 (4)

Je ne cherche pas ici à mettre ces trois monuments en parallèle. Je ne parle que de leurs dimensions, qui peuvent nous aider à nous faire une idée de l'étendue de notre regretté Saint-Nicaise.

Si des vues extérieures, du portail surtout, sont parvenues jusqu'à nous, il n'en est malheureusement pas de même de l'intérieur du monument. Nous avons cependant pu y suppléer, grâce à un croquis déposé aux Archives nationales où il sert d'enveloppe à quelques pièces relatives à notre église. Voici ce que m'écrit à ce sujet mon neveu, M. Léon Le Grand, archiviste aux Archives nationales :

« A l'intérieur d'un rouleau fermé par un plan de Saint-Nicaise se trouve une petite fiche de papier, qui porte la mention suivante, écrite par une main du XVIIe siècle : « Le T. R. P. Supérieur général m'a mis « entre les mains le plan du monastère géométral et de

(1) *Saint-Nicaise*, MARLOT latin et français, Dom LEAUTÉ.

(2) Soissons, *La Cathédrale de Soissons*, par MM. DARRAS et POQUET.

(3) *Histoire de la ville de Châlons-sur-Marne*, L. BARBAT, 1860, in-4°, page 82.

(4) Mesure prise par l'auteur dans le monument.

« profil pour remettre à nostre R. P. Prieur de Saint-
« Nicaise, le 17 février 1675.

(Signé) : « F.-P. SAVEAUMARES (1). »

« Avec cette fiche est roulée une feuille de papier couverte d'un croquis assez informe donnant le plan par terre de l'église et l'élévation d'une des travées (2). »

Ce croquis indique les mesures en hauteur des trois principales divisions de la grande nef. La première, qui s'élevait du pavé au cordon recevant le triforium, avait 43 pieds, soit près de 15 mètres. Entre le premier et le second cordon régnait le triforium; il avait 12 pieds ou 4 mètres. Dans la dernière division, celle où s'ouvraient les grandes fenêtres s'élançant jusqu'aux voûtes, on comptait 42 pieds ou 14 mètres. Ce qui donne un total de 97 pieds, ou de 32m33.

Ces mesures ne concordent pas exactement avec celles que nous indique Marlot, ni, après lui, tous ceux qui ont donné les dimensions de Saint-Nicaise. Marlot dit que les voûtes sont élevées de 95 pieds au-dessus du sol, tandis que l'église aurait 97 pieds de hauteur sous voûte, d'après le croquis des Archives nationales. Il est bien difficile aujourd'hui de constater sur quelles parties de l'édifice porte cette légère différence. Il est cependant à présumer que la mesure prise en une fois est sujette à moins d'erreurs que celle qui, donnée à différentes hauteurs, est plus difficile à obtenir d'une manière très précise. Aussi suivons-nous les indications fournies par Dom Marlot.

Les voûtes de Saint-Nicaise, élevées à 31m66 au-dessus

(1) Ce religieux était alors procureur de Saint-Nicaise.

(2) N° 3, Marne, 4.

du sol, n'atteignaient pas la hauteur de celles de la Cathédrale, qui en sont à 40^m ; mais elles dépassaient de 6^m66 celles de Saint-Remi, qui ont 25^m de hauteur au-dessus du pavé.

Les édifices de la Cathédrale et de Saint-Remi sont plus longs que ne l'était Saint-Nicaise : la Cathédrale mesure 138^m en longueur; Saint-Remi, 113^m, et Saint-Nicaise ne comptait que 101^m66.

L'édifice entier était soutenu par vingt-huit piliers, tous hors d'œuvre. Vingt-deux étaient cylindriques, cantonnés de quatre colonnes d'un moindre diamètre supportant, du côté de la nef, les colonnes et les colonnettes qui maintenaient les arcs doubleaux et les arcs formerets des voûtes; celles des côtés recevaient les nervures des arcs en tiers-point s'ouvrant sur les bas côtés, et, sur la quatrième colonne, reposait l'arc doubleau des basses voûtes. Ces vingt-deux piliers séparaient les trois nefs haute et basses, celles du transept, et supportaient aussi une partie des voûtes des premières chapelles absidales. Au point de jonction du chœur, de la nef et du transept étaient quatre piliers plus forts, cantonnés comme les autres de quatre colonnes entre lesquelles s'élevaient cinq colonnettes soutenant, sur la nef, le chœur et le transept, une voûte à cinq clefs, *dont l'entreprise,* nous dit Marlot, *étoit grandement estimée par les maistres.* Les deux premiers piliers du bas de la nef leur étaient semblables ; c'était sur eux que s'appuyaient les clochers du grand portail.

D'après les plans les plus détaillés, les piliers élevés au XIVe siècle étaient les mêmes que leurs aînés.

Le triforium ou galerie intérieure, avons-nous dit, reposait sur le premier cordon. Il se divisait en quatre arcades, deux sous chaque baie de la fenêtre; chacune de ces arcades était géminée, et, dans le tympan de l'arc en tiers-point, on avait ouvert un gracieux quatre-feuilles qui contribuait à donner une légèreté que n'ont pas généralement les triforiums des monuments de cette époque. Cette belle partie de l'édifice, paraît-il, ne manquait jamais d'attirer l'attention des visiteurs.

Verrières.

De la forme des fenêtres hautes et basses nous n'avons rien à dire, puisqu'elles ont été décrites avec l'extérieur de l'édifice. Elles représentaient une superficie dépassant 4,000 mètres, sans compter les deux roses, les trois grandes fenêtres du portail et celles du transept. Toutes ces ouvertures avaient été garnies de vitraux peints qui représentaient des mystères, des vies de saints et la personne des donateurs. Nos historiographes ne nous donnent aucun détail sur les anciennes verrières des nefs, du chœur et du transept, si ce n'est cependant Marlot qui, en parlant d'une fenêtre haute près du portail, dit qu'on avait représenté l'archevêque de Reims, Henry de Braisne, revêtu de ses habits pontificaux et posant la première pierre du célèbre édifice. Comme nous l'avons rapporté en parlant de la dédicace de la basilique, « cette cérémonie, ajoute-t-il, eut lieu le second jour de la feste de Pasques, en 1229 ». C'est ce que confirme d'ailleurs l'inscription gravée sur la pierre tumulaire de Libergier.

A cette trop courte description d'une aussi intéressante verrière, l'historien Marlot seul joint une autre vitre qui a dû disparaître vers 1640. Voici ce qui l'amène à en parler.

Il est question, dans le paragraphe deuxième de l'*Appendice* traitant de la rénovation de l'église et du royal monastère construits par Jovin, de la réédification par l'archevêque Gervais de l'église, du réfectoire, du cloître, du dortoir, des officines et autres lieux réguliers destinés à recevoir et loger commodément les religieux qui devaient remplacer les clercs. « En mémoire d'un si glorieux rétablissement, écrit Marlot, nos anciens avaient fait enchâsser une vitre damasquinée dans la nef de l'église, proche du trésor, qu'on voyait encore il n'y a pas vingt ans, que des personnes peu curieuses ont ostée, où l'histoire de la fondation estoit naïvement représentée dans une agréable variété de couleurs : car on voyoit un archevesque avec ses habits pontificaux, assis en un thrône, tenant des bourses en une main et le baston pastoral de l'autre, avec des architectes et entrepreneurs vestus à l'antique, ayant des chaperons sur leurs testes, auxquels l'archevesque présentait une pièce d'or pour les arrhes du marché, et plus loing estoient des tables mises avec des verres pleins de vin où les mesmes personnes, je veux dire les ouvriers, buvoient le vin du marché suivant la coustume qu'ils gardent encore à présent, approuvée par une peinture si authentique (1). »

Si les annalistes de Saint-Nicaise se sont tus relativement aux vitraux peints du chœur, des nefs et du transept, qui, dit Marlot, contribuaient si merveilleusement à la décoration de l'édifice, le même historien et ceux qui ont écrit après lui, se sont plu à entrer dans quelques détails plutôt généalogiques et historiques qu'archéologiques, en décrivant les vitres peintes

(1) Marlot, édition de l'Académie, tome III, page 321.

des chapelles, ce qui fait voir que les historiens ne se sont attachés qu'aux noms des donateurs illustres, à leurs familles et à leurs armoiries.

Dans son chapitre sur les vitraux, Marlot ne parle pas des verrières offertes par les abbés Odo le Plat et Philippe La Cocque ; il n'y a qu'à l'article de leurs sépultures qu'il les indique comme figurant sur les vitres données par eux.

Dom Marlot qui, vers 1665, écrivait son histoire de Reims en latin, dit que toutes les fenêtres de l'église étaient encore en couleur. Ce genre de décoration n'a jamais été surpassé ni même égalé par aucun autre, comme on peut s'en convaincre en visitant la Sainte-Chapelle de Paris, où l'on n'a cependant ménagé sur les murailles ni l'or ni les émaux.

C'est au travail et au manuscrit de Dom Guillaume Marlot que j'emprunterai les notes nécessaires à la description de ces verrières, qui, d'après le récit des divers historiens, étaient splendides.

Les voûtes du chœur et des chapelles étant construites, la nef et l'abside étant désormais réunies, on put juger de la délicatesse de l'architecture de Saint-Nicaise ; ce qui fit que les rois, les princes et les seigneurs, attirés à Reims par leur dévotion au tombeau du saint évêque martyr, offraient à son église les vitres magnifiques où l'on voyait, comme je l'ai dit, non seulement leurs armoiries, mais encore le nom et la famille de ceux qui les avaient données. Les vitraux peints dont nous allons parler étaient tous dans les cinq chapelles de l'abside.

1° Chapelle Saint-Nicolas. — C'est dans cette chapelle que se trouvaient les vitraux les plus anciens. Une seule fenêtre est décrite. Au côté droit était placée la vitre de Marie de Brabant, seconde femme de Philippe le Hardi, fille de Henry,. duc de Brabant. Elle était peinte à genoux, tenant le vitrail qu'elle offrait à Saint-Nicaise. Près d'elle étaient : Louis, son fils, qui fut comte d'Evreux ; Marguerite, qui épousa le roi d'Angleterre, et Blanche, décédée sans avoir été mariée. La robe de la reine, les vêtements de ses enfants et la bordure étaient couverts des armes de France et de Brabant. En haut de la fenêtre, on voyait le roi à cheval avec ces mots : *Philippus rex*.

Les écussons formant la bordure étaient posés en losanges : c'était *d'azur semé de fleurs de lis d'or sans nombre, pour la France, et de sable au lion d'or, pour le Brabant.*

Il y avait, à gauche, une demi-fenêtre.

2° CHAPELLE DE SAINT-ANDRÉ. — Dans cette chapelle, brillait la verrière donnée par Philippe le Bel en 1300. Le roi était assis sur un trône placé dans le quatre-feuilles au sommet de la verrière. Plus bas, dans la vitre, on voyait la reine entourée de ses sept enfants. On y lisait les noms de *Louis le Hutin*, de *Philippe,* de *Charles* et d'*Isabeau*, qui épousa le roi d'Angleterre. Sur les habits du roi, de la reine et de leurs enfants, étaient dessinées les armes de France et de Navarre. Sur les bordures étaient ces mêmes armoiries, plus celles des comtes de Champagne et du Perche.

Les armes de France : 1° comme ci-dessus ; 2° celles de Navarre : *de gueules à une chaîne d'or en triple orle, en croix et en sautoir ;* 3° des comtes de Champagne : *d'azur à la bande d'argent accompagnée de deux doubles cotices potencées et contrepotencées de treize pièces d'or;* 4° du Perche : *d'argent à deux chevrons de gueules superposés.*

Près de cette vitre en était une autre donnée par Marie d'Espagne, épouse de Charles de Valois, comte d'Alençon, frère de Philippe de Valois, roi de France. Les armes de France et d'Espagne étaient peintes sur leurs habits et sur les bordures.

Les armes représentées sur ce vitrail étaient : *écartelées au premier et au quatrième de Castille et de Léon, de gueules au château d'or qui est de Castille, et d'argent au lion de pourpre, armé et lampassé de gueules qui est de Léon; aux deuxième et troisième du comte Ch. de Valois, qui portait de France à la bordure de gueules chargée de dix-huit besans d'argent.*

Il n'est pas question de la troisième fenêtre.

3° Chapelle de Notre-Dame de Coucy. — En cette chapelle, située au centre de l'abside, était la vitre offerte par la reine Jeanne de Navarre, femme de Philippe le Bel, comtesse de Champagne et du Perche. Elle était représentée ayant entre ses mains le vitrail qu'elle offrait à Saint-Nicaise. Près d'elle se tenait son fils, Louis le Hutin, revêtu d'une robe violette semée de fleurs de lis d'or.

La bordure se composait des armes de France et de Navarre. Celles du Perche n'y figuraient qu'une seule fois, et encore n'étaient-elles qu'en mi-parties avec celles de Navarre.

C'est la seule verrière mentionnée dans cette chapelle.

4° Chapelle de Saint-Remy. — Odo le Plat, Rémois, abbé de Saint-Nicaise, a beaucoup travaillé pour établir sur un bon pied tout ce qui concernait son abbaye. Il est allé recevoir le fruit de ses travaux le 28 avril 1297. L'on voyait sa figure sur la vitre de la chapelle de Saint-Quentin, appelée depuis de Saint-Remy, chapelle dans laquelle il a été inhumé, après avoir gouverné son monastère pendant neuf ans. Il était en chape, à genoux devant saint Nicaise, avait sous ses pieds six religieux qui récitaient le psautier nuit et jour pour le repos de son âme. Au-dessus de la tête de cet abbé, on avait peint deux lampes ardentes. Une inscription faisait connaître son nom : *Odo abbas huius ecclesiæ,* et dans le panneau voisin, en une ligne : *Dedit istam verreriam.*

Auprès de cette verrière se trouvait, au centre, celle donnée par les seigneurs de Châtillon; Thibault, comte de Bar, et Jeanne son épouse avaient donné la troisième.

L'explication de cette fenêtre à trois baies, fournie par Dom Marlot, ne fait rien connaître de ce qu'étaient les vitres peintes. Son explication porte sur les familles des personnages qui y étaient représentés et sur leurs armoiries.

Voici ce qu'il rapporte : « C'est dans cette chapelle qu'étaient des vitres venant de la libéralité des seigneurs de Châtillon-sur-Marne. Gaucher de Châtillon, cinquième du nom, était seigneur de Crécy, Crèvecœur, Troissy, Marigni, connétable de Champagne, puis comte de Portian et connétable de France. Il épousa Isabeau de Dreux, fille de Robert IV du nom, comte de Dreux et de Braine, et de Beatrix, comtesse de Montfort, de la maison royale qui vivait en 1276. Gaucher et sa femme étaient représentés dans le vitrail avec leurs armoiries mises en bordure. Le comte portait de Châtillon, c'est-à-dire de *gueules à trois pals de vair au chef d'or chargé d'une merlette de sable* pour brisure au canton dextre du chef; et les armes de la comtesse étaient : *échiqueté d'or et d'azur, à la bordure de gueules, qui est de Dreux.* »

Il y avait encore une autre vitre dans cette même chapelle, qui venait de Thibault, comte de Bar-le-Duc, fils d'Henri, comte de Bar, et de Philippe de Dreux. Ce seigneur fut marié trois fois..... Ses deux premières femmes n'ont pas de rapport avec notre verrière ; sa troisième était Jeanne de Toucy, fille de Jean, seigneur de Toucy, de la maison de Châtillon, qui avait épousé Elisabeth, dame de Toucy en Puisaye. Les seigneurs de Toucy portèrent donc les armes des Châtillon qu'ils brisèrent de quatre merlettes de gueules sur le chef, comme on le voyait sur la vitre de Saint-Nicaise, où étaient encore les armes de Bar, *d'azur, semé de croix recroisetées au pied fiché d'or, à deux bars adossés du même brochant sur le tout.* Au-dessous de la vitre étaient les noms des enfants issus de leur mariage : Henry, Jean, Charles, Regnault, Thibaut, Erard, Pierre, Marie, Aelis, Marguerite et Isabeau de Bar. La bordure du vitrail est enrichie des armes de Châtillon et de Bar ; en haut, dans le trèfle, est la figure du comte, armé et à cheval, tenant l'épée nue en main ; et au premier côté de la vitre sont écrits ces mots en lettres d'or : *La comtesse de Bar.*

Il est maintenant facile de se convaincre que les historiens de Saint-Nicaise n'ont tenu, en décrivant ces six verrières, qu'à bien faire connaître leurs origines royales ou princières, avec les armoiries qui y étaient figurées, et qu'ils ont généralement décrites avec soin. Dom Philbert Leauté dit que les vitraux peints de Saint-Nicaise représentaient des mystères ou des vies de saints ; et Marlot, qui les a tous connus, ne donne aucune explication sur les sujets des médaillons des fenêtres du rez-de-chaussée, ni sur les grands personnages qui remplissaient les hautes baies de la grande nef. Il aurait pu, en citant l'archevêque Henry de Braine posant la première pierre de l'édifice, décrire ou même seulement indiquer les noms des autres personnages qui lui faisaient suite. Il les appréciait cependant, car il dit : « Quant aux vitres qui achèvent la beauté de cette somptueuse église, elles sont tellement exquises qu'il est difficile d'en rencontrer de plus belles dans toute la France. » A l'époque où ce grand-prieur de Saint-Nicaise écrivait, le goût pour les œuvres du moyen âge s'affaiblissait, et l'on aimait déjà la lumière entrant à grands flots dans le lieu saint au moyen de vitres incolores, remplaçant ainsi les chefs-d'œuvre qu'y avaient placés leurs ancêtres.

Ce qui précède paraît faire double emploi avec ce que nous allons dire. Mais nous n'avons pas cru devoir supprimer les renseignements donnés par les divers écrivains consultés pour les autres vitraux. Nous désirions faire une suite complète d'après les documents déjà anciens. L'importance du travail qui va suivre fera voir avec quel soin on doit traiter ces sujets. Je suis donc heureux de pouvoir offrir une description de cette dernière plus complète, plus intéressante et surtout plus exacte. Je le dois à l'extrême complaisance de M. Léon Maxe-Werly qui a eu l'heureuse chance de découvrir un croquis de cette fenêtre. Cette découverte excite en moi le vif regret de n'avoir que ce vitrail seul expliqué en détail avec autant de savoir et de compétence.

C'est vers 1872 que notre docte confrère, M. L. Maxe-Werly, correspondant du Ministère, fit la découverte d'un dessin qu'il reconnut comme pouvant être le croquis d'une vitre peinte décrite par Dom Marlot. Les recherches de M. Maxe-Werly furent couronnées de succès, et aujourd'hui, avec l'obligeance qui le caractérise, M. Maxe-Werly m'autorise, comme je l'ai dit, à me servir de son travail et à le présenter tel qu'il l'a composé ; je le fais d'autant plus volontiers que je ne pouvais pas espérer offrir au lecteur quelque chose d'aussi intéressant et d'aussi complet. Voici donc ce qu'écrit à ce sujet notre savant collègue dans le *Bulletin archéologique du Comité des Travaux historiques,* n° 2 de 1884 :

« En travaillant à la Bibliothèque nationale, département des manuscrits, j'ai trouvé, intercalé au milieu des pièces relatives au Barrois (1), un ancien dessin fait à la plume représentant les vitraux d'une large fenêtre à trois baies amorties en arc brisé, à doubles compartiments trilobés, surmontées chacune d'une rosace, et dont le style indique la fin du XIIIe siècle ou les premières années du XIVe. Tracé par une main exercée, ce croquis, œuvre d'un dessinateur habile, ne porte aucune suscription permettant de connaître le lieu où il a été pris ; mais les armes de la Maison de Bar (qui y sont reproduites), ayant attiré mon attention, je reconnus, dans les légendes inscrites en lettres gothiques sur le fond du panneau central, les noms des enfants de Thibault II, comte de Bar, et de Jeanne de Toucy, sa femme. Ce dessin n'a pas été terminé dans toutes ses parties ; l'artiste, qui l'a tracé d'une main rapide, paraît s'être attaché de préférence à compléter ses renseignements pour la baie du milieu, laissant inachevé le vitrail de gauche (2).

(1) *Collection Decamps*, article Barrois, tome LVII, p. 54.

(2) Ce vitrail était dans la chapelle de Saint-Quentin.

« En voici la description :

« Le premier panneau, celui de droite, est divisé en quatre tableaux, séparés entre eux dans le sens de la hauteur par un meneau vertical, et dans sa largeur par une inscription. Le tableau de droite est occupé par l'ange Gabriel debout, vu de profil, saluant la sainte Vierge, qui se trouve dans le tableau voisin ; au-dessus on lit la légende : ODO ABBAS — HVIVS ECCLESIE, et sur les panneaux inférieurs : DEDIT ISTAM — VERRERIAM.

« Le troisième tableau représente un abbé à genoux, la tête nue, les mains jointes, la crosse appuyée sur l'épaule gauche, dans l'attitude de la prière ; il est tourné vers le quatrième tableau, dans lequel se tient un saint debout, crossé et mitré, qui le regarde et auquel il adresse sa requête. Au-dessous, dans la bordure, on voit plusieurs petits médaillons ronds où sont représentés différents personnages agenouillés, assis, lisant, priant ou écrivant.

« Le vitrail du centre, le plus intéressant des trois, est composé de six scènes à deux personnages, dont une inscription fait connaître les noms ; celles placées à droite sont occupées par des personnages féminins, celles de gauche par des jeunes hommes, tous appartenant à la même famille.

« Les deux premières scènes, en tête, ont pour fond de tableau un édifice religieux dont la façade à pignon triangulaire est surmontée d'un clocheton principal, flanqué de deux autres plus petits ; les quatre autres ont un seul et même motif de décoration, consistant en un pignon à ouverture trilobée, dont le tympan est percé à gauche et à droite d'un petit oculus.

« A la partie supérieure du vitrail, à gauche du meneau qui partage cette baie en deux parties, on remarque, dans le premier tableau, un évêque debout, mitre en tête, tenant d'une main la crosse et de l'autre bénissant une femme agenouillée, dont la robe est ornée de bandes brodées aux armes de la Maison de Toucy ; en légende : LA CO — NTESSE — DE B — AR, en quatre lignes. Dans le tableau suivant, deux hommes de face, debout, les mains jointes : MESSIRES — HENRI et MESSIRES — JEHAN, en deux lignes. Au-dessous, à droite, deux femmes debout dans la même attitude : AL — LIS et MAR — I — E, sur trois lignes ; puis, dans le tableau voisin, deux jeunes hommes : TIER — AVS et RE — NAVS, en deux lignes. Enfin, dans la partie inférieure, et dans l'ordre précédent, deux femmes vues de profil : MARGE — RIS et YSAB — AVS ; et, à gauche, dans la sixième scène, deux enfants : ERA — RD et PIE — RRES, légendes également inscrites en deux lignes (1).

« Dans tous ces tableaux, les inscriptions sont placées au-dessus et de chaque côté de la tête des différents personnages ; dans les cinq dernières, sur les bandes brodées qui garnissent les costumes, on voit figurées alternativement les armes de Bar et de Toucy. Ces armoiries se retrouvent dans la bordure servant d'encadrement à ce vitrail dans le sens de la hauteur, et deux écussons seulement ont été dessinés dans le bas, contre le montant de droite, par l'auteur inconnu du croquis, objet de cette étude. Les légendes avaient été primitivement écrites au crayon rouge, mais plus tard une main inhabile, en les rechargeant à l'encre, en a altéré les caractères.

(1) Au lieu de lire de bas en haut en commençant par la gauche, selon l'usage généralement adopté au moyen âge, ces vitraux doivent être étudiés dans l'ordre que j'indique, c'est-à-dire en commençant en haut et par la droite.

« Dans la troisième baie, divisée comme la première en plusieurs tableaux, on voit au premier un personnage crossé et mitré, bénissant une femme agenouillée devant lui, puis dans les trois autres un homme vu de face, debout et les mains jointes. Tous portent sur leurs vêtements des bandes brodées aux armes de la Maison de Châtillon, armoiries qui se retrouvent alternées dans l'encadrement avec celles de la Maison de Dreux, et dont deux seuls spécimens ont été indiqués contre le montant de droite.

« Au bas du dessin, dans le blanc, l'artiste anonyme a dessiné et enluminé sous le panneau du centre deux écussons aux armes de Bar et de Toucy ; sous celui de gauche, ceux des Maisons de Dreux et de Châtillon (1).

« En l'absence de tout renseignement qui pût me guider dans mes recherches pour découvrir l'édifice auquel avaient appartenu ces vitraux, j'avais inutilement consulté, aux *Archives de la Meuse*, les cartulaires des abbayes de Jeand'heures, d'Evaux, de l'Isle et autres, sans y rencontrer l'ODO ABBAS qui, selon mon opinion, devait me conduire à la solution désirée, lorsque le hasard me fit rencontrer dans l'*Histoire de la Ville, Cité et Université de Reims* le renseignement que vainement je cherchais ailleurs.

« Dans cet ouvrage, en parlant des vitraux de l'église

(1) Bar, *d'azur à deux bars adossés d'or, semé de croix recroisetées au pied fiché d'or.*

Toucy, *de gueules à trois pals de vair, au chef d'or chargé de quatre merlettes de gueules.*

Dreux, *branche de Beu, échiqueté d'or et d'azur à la bordure dentelée ou engrelée de gueules.*

Châtillon, *de gueules à trois pals de vair, au chef d'or chargé d'une merlette de sable au canton dextre.*

Saint-Nicaise, Dom Marlot s'exprime ainsi : « Il y a « encore une autre vitre en la même chapelle (celle de « Saint-Remy), qui vient de Thibault, comte de Bar- « le-Duc, fils de Henry, comte de Bar, et de Philippe « de Dreux. Ce seigneur fut marié trois fois, suivant « Duchesne, et eut en premières noces Jeanne de « Flandre, en deuxièmes Jeanne de Montmorency (1), « puis enfin Jeanne de Toucy, fille de Jean, seigneur « de Toucy, de la maison de Châtillon ..... Les sei- « gneurs de Toucy prirent les armes de Châtillon « qu'ils brisèrent de quatre merlettes de gueules sur le « chef pour différent, ainsi qu'on le voit en la vitre de « Saint-Nicaise, où sont encore les armes de Bar, qui « portent *d'azur à deux bars adossés d'or semé de croix « recroisetées au pied fiché*. Au-dessous sont les noms « des enfants sortis de leur mariage, Henry, Jean, « Charles, Marie, Aelis, Marguerite, Isabeau, Thibaut, « Renaud, Errard et Pierre. La bordure de la vitre est « enrichie des armes de Toucy et de Bar. En haut, dans « le trèfle, est la figure du comte, armé et à cheval, « tenant l'épée nue en main, et au premier côté de la « vitre sont écrits ces mots : *la comtesse de Bar*, en « lettres d'or. »

« Ce récit de l'historien rémois, qui écrivait vers 1660-1663, nous permet de reconstituer par la pensée ce que notre dessinateur a omis de reproduire au centre de la rosace demeurée vide, quand, dans l'espace au-dessous des arcs trilobés des quatre derniers tableaux,

(1) Thibault n'eut que deux femmes : Jeanne de Flandre et Jeanne de Toucy. Dans son *Histoire de la Maison de Bar-le-Duc*, Duchesne rectifie l'erreur qu'il avait commise en lui donnant comme seconde épouse Jeanne de Montmorency.

il a indiqué en un trait de plume de petites scènes célestes qui se laissent deviner, mais dont le croquis trop rapidement exécuté n'autorise point à donner une description exacte. En rapprochant la description fournie par Dom Marlot du croquis de la bibliothèque nationale, il devient possible d'acquérir une idée exacte des admirables verrières de la chapelle Saint-Remy, qui fut aussi dédiée à Saint-Quentin (1), et de connaître l'époque à laquelle elles furent faites.

« Le vitrail de droite présentant, dans la partie supérieure, la scène de l'Annonciation, fut offert par un Rémois, Odo le Plat, élu abbé de Saint-Nicaise en 1289. Or, comme ce personnage, « dont le portrait se voit en une vitre de la chapelle de Saint-Quentin qu'il a fait faire, où il est représenté en chape », mourut le 28 avril 1297 (2), nous avons la date extrême de la fabrication de ce vitrail.

« Celui de gauche est ainsi décrit par Dom Marlot :
« En la chapelle de Saint-Remy sont les vitres venant
« de la libéralité des seigneurs de Chastillon-sur-
« Marne, Gaucher de Chastillon, cinquiesme du nom,
« sieur de Crécy, Crèvecœur, etc., connestable de

(1) « Gilles de Montcornet, abbé de Saint-Nicaise, fut enterré dans la chapelle de Saint-Quentin, proche l'abbé Odo, où sont les vitres des Châtillon, dont il était parent. » — Dom Marlot, *Histoire de la Ville, Cité et Université de Reims*, tome III, p. 362.

(2) Odo le Plat, remus, electus mense januario, anno 1290, Theobaldum Lotharingiæ ducem pro Ruminiaci feodis....., carnis sarcinam deposuit IV cal. mai., anno 1297.

« In vitrea Quentiniani sacelli fenestra, cernitur ejus imago depicta vivis coloribus. Ibidem illius jacent ossa lapideo sub tumulo, litteris et figuris evanescentibus. » *(Gallia christiana*, tome IX, col. 215.)

« Champagne, comte de Porcien, puis connestable de « France, époux de Jeanne de Dreux....., qui vivait « en 1276. Le comte et la comtesse se voient en la vitre « avec leurs armes, dont elle est environnée à l'entour. « Le mari porte de Chastillon pour briseure, la mer-« lette de sable sur le quanton dextre du chef, et la « femme, de Dreux échiqueté d'azur et d'or à la bor-« dure de gueules. »

« Ici Dom Marlot indique par erreur Jeanne de Dreux comme épouse de Gaucher. Ce renseignement, emprunté à l'*Histoire de la Maison de Châtillon,* d'André Duchesne, a été rectifié par cet auteur dans l'*Histoire de la Maison de Dreux,* où il prouve que Gaucher épouse en premières noces Isabeau de Dreux, dame de Nesle en Tardenois, morte le 29e jour d'avril 1297. Le vitrail en question est donc antérieur à cette date.

« Dans la verrière du centre, où se trouvaient représentés Thibault et sa famille, nous ne rencontrons point Charles de Bar, indiqué par Dom Marlot, ni Philippe qui complètent la liste des douze enfants issus, selon Duchesne, du mariage du comte de Bar avec Jeanne de Toucy.

« En voici la liste :

« 1° Henry III, comte de Bar, qui succéda à Thibault en 1297 (1),

« 2° Jean, seigneur de Puysaie, en 1305,

« 3° Charles, qui mourut jeune,

« 4° Thibaut, évêque de Liège, en 1303,

« 5° Renaud, évêque de Metz, en 1302,

(1) Le comte Thibaut II est mort, non en 1277, comme le rapporte Maillet, ni en 1288, date indiquée par Duchesne et Moréri, mais bien vers 1296-1297.

« 6° Errard, seigneur de Pierrepont, mort vers 1335,

« 7° Pierre, seigneur de Pierrefort, vers 1314,

« 8° Philippe, femme d'Othon IV, comte de Bourgogne, morte avant 1291,

« 9° Alix, qui épousa en 1278 Mathieu, fils de Ferri III, duc de Lorraine,

« 10° Marguerite,

« 11° Isabeau,

« 12° Marie, femme de Gobert d'Apremont.

« Si donc les noms de Charles, mort en bas âge, et de Philippe, décédée avant 1291, ne figurent point sur le vitrail de la chapelle Saint-Remy, il faut admettre : 1° que le don en fut fait entre cette dernière date et l'année 1297, époque à laquelle mourut le comte Thibault ; 2° que Dom Marlot a commis une erreur en y indiquant la présence de Charles à côté de ses frères Henri et Jean, chaque tableau ne renfermant que deux personnages. Déjà, en 1631, dans ses preuves de l'*Histoire de la Maison de Bar-le-Duc,* André Duchesne décrivait ainsi « la vitre qui se voit en l'église de « Sainct-Nicaise de Reims..... Et au premier costé « de la vitre, on lit ces mots : *La comtesse de Bar,* « escrit en lettres d'or et d'argent, autour d'une figure « de femme..... Au-dessous sont ces autres mots : « *Marie, Ealis,* et plus bas : *Marguerite, Isabeau.* De « l'autre costé de la mesme vitre, il y a *Messire Jean,* « *Messire Charles.* Et plus bas, *Renaus, Thiebaut;* et « plus bas encore, *Erars, Pierre* ».

« Charles, étant mort en bas âge, ne doit point avoir été mentionné sur la vitre, quand le second fils de Thibault était encore de ce monde ; je ne trouve point ce Charles indiqué dans le livre intitulé : « *Le Lignage* « *de Coucy, de Dreux,* etc., mis par escript en l'an

MCCCIII » ; au-dessous sont les noms des enfants, où l'ordre de naissance des enfants du comte de Bar est ainsi rapporté :

« Henry, ly aisnez des fils,
« Jehan, le second filz du comte,
« Thibault, le tiers fils du comte,
« Pierre, le quars fils,
« Philippe, l'aisnée des filles, etc.

« Il serait inutile de chercher quels furent les artistes auteurs de ces vitres de la chapelle Saint-Remy. Si les noms de Libergier et de Robert de Coucy sont arrivés jusqu'à nous, il n'en est point de même des peintres verriers qui, pendant près de cinq siècles, ont produit à Reims ces magnifiques verrières de Notre-Dame, de Saint-Remy et des édifices religieux si nombreux en cette ville. Dès le xe siècle, l'art de la peinture sur verre avait fait de tels progrès dans cette région que, suivant le rapport de Richer, déjà en 970 l'ancienne Cathédrale était éclairée par des fenêtres où se trouvaient représentées diverses histoires (1); mais il faudrait descendre jusqu'à la fin du xve siècle pour rencontrer le nom de Nicolas Dérodé, le plus ancien peintre verrier qui ait signé ses œuvres sur les vitraux de Reims. »

Ce savant et intéressant document complète très heureusement le peu de renseignements sur les vitraux que nous ont légués nos historiens de Saint-Nicaise.

5° Chapelle Sainte-Eutropie. — Les détails n'abondent pas sur ce que représentaient les vitraux de cette chapelle. Nous savons que dans une des verrières on y

(1) « Quam fenestris diversas continentibus historias dilucidatam..... » Richer, *Histoire de son Temps*, édition de J. Guadet, tome II, chapitre xxii, p. 22.

avait figuré le martyre de la sœur de saint Nicaise. L'historien ne dit même pas si la vie ou la légende de cette sainte y avait été peinte. L'abbé Philippe La Cocque n'avait pas été oublié sur la verrière que lui ou les siens avaient donnée à cette chapelle ; le sujet de ce vitrail est resté inconnu, et Marlot ne fait qu'indiquer le nom du donateur en disant qu'il y est représenté. On y lisait cette inscription : *Philippe de Rains, jadis abbé de cette église*.

Ici se termine le peu que nous savons concernant la magnifique décoration tant appréciée par nos devanciers, qui cependant, à notre grand regret, ont négligé de nous en transmettre la description.

Toutes ces vitres, à travers les âges, n'ont pas été sans avoir besoin d'être restaurées. Nous donnons à l'*Appendice* le détail des réparations qui leur furent faites, et en même temps celles de la toiture, aux années 1557, 1583, 1595, 1596 (1). Il y avait, à droite, une demi-fenêtre dans cette chapelle.

Pour compléter ce que j'ai pu réunir sur les vitraux peints de notre célèbre basilique, j'emprunte à Dom G. Marlot les quelques lignes qui terminent sa description :

« Toutes ces vitres qui apportent un merveilleux lustre à cette magnifique église, ont esté conservées avec soin jusqu'aujourd'huy, et faites en divers temps, à mesure que l'édifice s'avançoit, par des illustres personnes, qui ont donné sujet à un poëte du païs de l'apostropher en ces vers :

« Ce beau temple, dont la structure, etc. » (2)

(1) Voir aux *Pièces justificatives*, XI, page 349.

(2) Voir au chapitre II, page 11.

Chapelle Sainte-Eutropie.

Un ancien usage qui se rapporte à la chapelle Sainte-Eutropie mérite d'être signalé.

Il y avait dans cette chapelle, qui était la première de la série en commençant par la droite, une balance suspendue à sa fermeture. On y pesait les enfants, qu'on plaçait dans un plateau, dans l'autre on mettait l'image ou statue de sainte Eutropie ; cela s'appelait *contrepeser*. Pendant ce temps, le sacristain récitait l'antienne et l'oraison de la vierge martyre sainte Eutropie ; cela se pratiquait encore du temps du grand-prieur Dom Marlot. On espérait par là préserver de toutes maladies les petits enfants qui venaient de naître, tout au moins les en garantir jusqu'au moment de leur virilité. On venait, pour cette cérémonie, non seulement de Reims, mais de tous les pays environnants.

On faisait aussi tremper les reliques de la sainte dans de l'eau qu'on donnait aux malades ; cet usage avait nom : *lotiones conficere*. On espérait ainsi obtenir non seulement des grâces spirituelles, mais aussi la guérison, la santé et la prospérité des familles.

C'est à la suite de cette cérémonie que Philippe de Valois offrit à Saint-Nicaise une image en argent représentant son fils. Nous parlerons de cette image lorsque nous serons arrivés à l'endroit où elle était placée.

Il est regrettable qu'on ne trouve nulle part la description architecturale, ni celle du mobilier des chapelles de l'abside de notre église abbatiale, qui cependant, d'après nos chroniqueurs, ne le cédaient en rien aux autres parties de ce grand monument.

Nous savons que ces chapelles étaient au nombre de cinq. Leurs vocables ont varié, et ceux qui ont écrit sur Saint-Nicaise ne les ont pas toujours placées dans le même ordre. Voici celui dans lequel elles étaient en dernier lieu. La première à gauche porta primitivement le nom de *Saint-Gervais* et ensuite de *Notre-Dame de Liesse*. La seconde, celle de *Saint-André*, paraît avoir toujours conservé le même patron. La troisième, qui occupait le centre de l'abside, était placée sous le vocable de *Notre-Dame de Coucy ;* ce nom lui a été donné parce que les armes de la maison de Coucy étaient peintes sur ses voûtes et sur les piliers. Elle fut aussi appelée *Notre-Dame la Verde*, puis *Notre-Dame de Bonne-Nouvelle*. La quatrième, celle de *Saint-Remy*, avait eu *Saint-Quentin* pour titulaire. La cinquième, dédiée à *Sainte-Eutropie*, l'avait été précédemment à *Saint-Nicolas*, puis à *Saint-Benoît*. Vers la fin du XVIe siècle, elle s'appelait *Chapelle de la Croix*.

La disposition des cinq chapelles construites autour du sanctuaire l'encadrait merveilleusement. Moins nombreuses qu'à la Cathédrale et à Saint-Remi, où on en compte sept dans chaque abside, les chapelles de Saint-Nicaise, plus ingénieusement disposées, formaient un admirable diadème au sanctuaire. On s'en rend facilement compte par l'examen du plan de l'église. Il rappelle, pour les chapelles seulement, celui si heureusement conçu de Saint-Yved de Braisne, qui frappe immédiatement le visiteur lorsqu'il pénètre dans cette antique abbatiale.

Cette église n'a pas de déambulatoire; quatre chapelles seulement s'ouvrent sur le transept, et les deux qui touchent au chœur ont leur abside dirigée, celle de droite vers le sud, et celle de gauche vers le nord. Cette disposition, des plus gracieuses, se remarquait à Saint-Nicaise et contribuait à donner dans cette partie de l'église la forme élégante qui régnait dans tout l'édifice.

Sanctuaire.

Dans le sanctuaire, près du maître-autel, à droite, il y avait une piscine où, suivant l'ancien usage, les officiants se lavaient les mains. On y avait aussi ménagé la place nécessaire pour y déposer les vases sacrés.

A gauche, toujours près du grand autel, on voyait un portrait de la sainte Vierge, copié sur l'original peint par saint Luc, et qui existe à Rome dans la basilique de *Sainte-Marie-Majeure* (1).

Il y avait d'autres portraits fort anciens de Notre-Dame. Sur l'un d'eux, la sainte Vierge était assise sur une chaise, tenant le Sauveur qui avait un oiseau sur le poing. Dom Marlot dit en avoir vu quantité de semblables, et il observe qu'en tous les autels de Saint-Nicaise la Vierge tenait le milieu entre les images posées au-dessus, et que la Mère de Dieu était assise sur un siège, comme il vient d'être dit.

Le maître-autel était en bois, entouré de courtines attachées à des colonnes de cuivre, comme nous le verrons en décrivant les changements que fit dans l'église, à partir de 1760, le grand-prieur, Dom Mathieu Hubert.

Attachée au gros pilier de la croisée de l'église, à gauche du maître-autel, du côté de l'abside, on voyait la statue de Jean, duc de Normandie, fils de Philippe

(1) Dom Marlot, tome III, page 344, édition de l'Académie.

de Valois et roi de France après lui. Jean étant tombé gravement malade, son père n'ayant d'espoir qu'en Dieu, lui demanda par l'intercession de saint Nicaise, en les mérites duquel il avait une grande confiance, d'obtenir la guérison de son fils. Il priait encore lorsque le malade entra en convalescence. Le roi, sous forme de vœu, offrit par reconnaissance, en 1335, au saint pontife martyr une statue d'argent massif représentant son cher fils au naturel. Cette image, haute de quatre pieds, avait deux petits enfants à ses côtés, et un plus grand auprès d'eux avec la reine, comtesse de Bologne.

« Quelques dix ans après, rapporte Marlot, l'abbé et les religieux voyant que cette image de grand prix pouvait contribuer à l'achèvement de leur église, supplièrent humblement Sa Majesté vouloir permettre qu'elle fût vendue et les deniers employés au bastiment, ce que le roi permit volontiers, à condition d'en entretenir une toute semblable de bois ou de pierre argentée en sa place, pour mémoire du présent fait à leur église. » L'acquiescement du roi à cette demande se lit dans une charte donnée à Poissy le 5 mai 1346 (1).

« L'abbé fit donc tailler une image de bois, conformément à la charte royale; on voit encore la statue à côté du grand autel, avec les autres figures rapportées cy-dessus (2), et sur le piédestal sont les armes de France, à la bordure de gueules, qui témoignent que

(1) Voir aux *Pièces justificatives*, n° XII, p. 355.

(2) En 1760 cette figure a été enlevée quand on a posé les grilles, comme nous le verrons plus tard, mais ce déplacement dut hâter sa ruine, car d'après M. Lacatte-Joltrois, elle tomba en poussière en 1761. Les historiographes de Saint-Nicaise ne disent pas ce que sont devenues celles de la reine et des trois enfants dont il n'est plus fait mention à partir de 1346.

c'est un fils de roy, lequel a imité la dévotion de son père envers Saint-Nicaise, tous deux estant marqués comme bienfaiteurs dans le livre des obits. »

Je n'ai vu nulle part l'indication de l'endroit précis où, dans l'église, se trouvait le trésor. Le *Procès verbal de l'estat de l'Abbaye de St-Nicaise, 18 mars 1645* (1), n'en parle que pour faire connaître la nécessité d'y exécuter des réparations. C'est ainsi qu'il dit côté du trésor, ou côté du cloître sans d'autres détails. Le trésor était donc dans la partie droite de l'église, puisque les vues et les plans de Saint-Nicaise placent tous, suivant l'usage bénédictin, le cloître au nord de la basilique.

Le trésor n'a dû être transféré à gauche qu'au moment où le grand-prieur Dom Mathieu Hubert renouvela presque entièrement le mobilier de l'église, comme nous le verrons plus loin. Deux tambours furent, à ce moment, placés aux extrémités du transept ; celui de gauche, transformé en armoire, reçut alors ce qui composait le trésor de Saint-Nicaise.

Tombeau de Jovin.

Revenons maintenant sur nos pas, dirigeons-nous par la nef majeure vers le grand portail où se trouvait le cénotaphe connu sous le nom de *Tombeau de Jovin*. Il était à droite en entrant, contre le mur, entre la porte et la basse nef, adossé à la muraille; trois colonnes, hautes de deux mètres, en marbre gris d'Allemagne, surmontées de leurs chapiteaux du XIVe siècle et posées

(1) Voir aux *Pièces justificatives*, n° XIII, p. 356.

sur des bases de la même époque, le soutenaient par devant.

Dom Martène et Dom Durand, dans le *Voyage littéraire de deux Bénédictins de la Congrégation de Saint-Maur*, etc., etc., première partie, Paris, MDCCXVII, disent à propos du cénotaphe qui nous occupe : « Le tombeau de Jovin, préfet des Gaules, qui vivoit du temps de Julien l'Apostat et qui fit bâtir l'église de Saint-Agricole, au lieu où est aujourd'hui celle de Saint-Nicaise, est un ancien monument dont le travail et la matière ne peuvent se payer. On peut le voir gravé dans l'Histoire de Monsieur Marlot et dans les Annales du Père Mabillon. » Il était autrefois enchâssé dans une moulure de bois contenant deux vantaux fermés au dedans de manière à protéger les figures, mais ces bois tombèrent de vétusté et n'ont pas depuis été renouvelés. Les mutilations de ce sarcophage proviennent des deux chutes de la rose du portail, occasionnées, comme nous l'avons dit plus haut, par des ouragans des plus violents (1).

Nous n'avons pas l'intention de donner ici le détail de ce qu'il représente. Tous les historiens rémois s'en sont sérieusement occupés. Je citerai principalement, et par ordre chronologique : Nicolas Bergier, dans son ouvrage *Les Grands Chemins de l'Empire romain ;* Dom

(1) Le 10 décembre 1711 il y eut un cruel orage de vent qui a fait tomber la flèche de St-Jacques et écrasé la maison où elle est tombée, et a jetté la rose du grand portail de St-Nicaise, le vent a tout brisé et enlevé le plomb de l'église de St-Remy. Et on estime le degast par toutte la ville monter à 200 mille livres.

Le 24 décembre 1712, la rose du grand portail de St-Nicaise fut achevée en planches en attendant qu'on la rétablira en pierres de taille, cela a couté plus de neuf cens livres. Elle a été renversée le 10 décembre 1711. *(Archives de Reims.)*

Guillaume Marlot, autant dans son histoire latine de Reims que dans son manuscrit français de la même histoire, publiée en quatre volumes par les soins de l'Académie; l'abbé Pluche, chanoine de Reims, dans son *Spectacle de la Nature;* Dom Philbert Leauté, dans l'*Almanach historique de Reims, 1772;* J.-B. Géruzez, dans sa *Description de Reims;* Povillon-Piérard, dans son *Manuscrit sur Saint-Nicaise ;* enfin, plus récemment, dans le *Reims sous la domination romaine,* de notre ami regretté et savant confrère, M. Ch. Loriquet. Tous s'accordent à dire qu'une chasse y est figurée. On y remarque en effet deux cerfs et un sanglier qui sont abattus. Un chien se précipite sur un lion percé par la

lance d'un personnage qui est à cheval. Ce cavalier, au centre du monument, paraît en être la principale figure. Deux chevaux, dont un seulement monté, occupent la scène, qui ne compte pas moins de onze personnes, dont un enfant. Les côtés latéraux du cénotaphe sont aussi sculptés ; sur celui de gauche, un homme, armé d'une pique et tenant un casque, suit un cheval dont l'avant-corps contourné se termine sur la face principale. L'autre côté de droite contient trois hommes, celui du milieu est aussi armé d'une lance.

On y voit encore un chien. A l'angle gauche, sur le devant du monument, est un pilastre détaché de la scène, surmonté d'un chapiteau orné de feuilles de roseau. On y remarque, avec des plantes aquatiques, un fleuve représenté par la statue d'un homme couché dans les ondes. Son bras gauche est appuyé sur une urne d'où l'eau s'échappe à grands flots.

Ce cénotaphe, fait d'un seul bloc de marbre blanc, est sculpté en ronde bosse sur sa face principale seulement; au contraire les bas-reliefs des faces latérales n'ont que la saillie nécessaire pour qu'on distingue les sujets qu'ils représentent. Les dimensions de ce sarcophage sont, d'après M. Ch. Loriquet, de 2m84 de longueur, 1m40 de largeur sur 1m50 de hauteur.

En attendant que Reims ait un emplacement définitif pour construire un musée archéologique, le tombeau de Jovin occupe au palais archiépiscopal la place d'honneur dans la crypte de la chapelle convertie en musée depuis 1865. Cette magnifique pièce, unique dans nos contrées, ne fut heureusement pas comprise dans la vente de Saint-Nicaise, dont les acquéreurs hâtaient la démolition. Le tombeau de Jovin put être enlevé de l'église sans éprouver de nouvelles dégradations. Il est aujourd'hui le principal morceau du Musée archéologique (1).

Il domine tout ce qui a été réuni dans cette crypte, tant par ses dimensions que par l'intérêt qu'il suscite. Il n'est pas, comme à Saint-Nicaise, adossé à la muraille et supporté par des colonnes; ici, il est établi sur un massif de maçonnerie semblable à celui qui le recevait dans la Cathédrale où, transféré de Saint-Nicaise le 28 mars de l'année 1800, il resta pendant soixante-cinq ans (2).

(1) L'*Odyssée du Tombeau de Jovin*, par Lucien Monce-W., 1895, in-8°, Frémont, Arcis-sur-Aube.

(2) Depuis que ces lignes ont été écrites, Mgr le Cardinal Langénieux, désirant rendre la crypte de la chapelle de l'Archevêché à sa première destination, manifesta le désir de voir les pierres sculptées réunies dans cette crypte transférées dans un autre local. Le Conseil municipal fit alors choix de la partie du cloître de l'ancienne abbaye de Saint-Remi (aujourd'hui l'Hôtel-Dieu), attenant à l'église, et depuis les premiers mois de 1896, cet emplacement est converti en Musée archéologique appartenant à la Ville.

Libergier et Robert de Coucy.

Près du tombeau de Jovin, à quelques mètres du grand portail, était inscrite dans le dallage de la nef principale la pierre tumulaire du célèbre architecte.

Comme le cénotaphe de Jovin, cette dalle ne fut pas comprise dans le prix de vente de l'église. Ce monument, bien authentique et d'une valeur incontestée, recouvrait les restes de Libergier tombés en poussière, à l'exception des plus gros os et de ses bottines, qui étaient assez bien conservés (1).

Nous n'avons pas vu que ces restes aient été recueillis lors de la profanation de la sépulture ; ils ont dû être dispersés avec presque tous ceux que l'église, les cloîtres et toute l'abbaye bénédictine avaient abrités. En 1800, cette dalle, précieuse épave entre toutes de la célèbre basilique, nous est parvenue intacte dans la Cathédrale qui, lui donnant un abri, en bas de la nef, rappelait la place qu'elle occupait à Saint-Nicaise. Après quarante-cinq ou quarante-six ans, on eut la crainte de la voir disparaître, frottée qu'elle était souvent par les pieds des nombreux visiteurs de Notre-Dame ; cette crainte la fit transporter devant la chapelle Saint-Jean-Baptiste, dite du Rosaire. Cet endroit ne lui offrant pas un refuge assuré pour sa conservation, elle était

(1) Povillon-Piérard, Manuscrit sur *Saint-Nicaise*. — Voir sur le texte de cette inscription l'éclaircissement, p. 465.

menacée d'une fin prochaine; on lui fit donc franchir la grille de cette chapelle, qui est la plus rapprochée de l'Archevêché. A cette époque, cette partie de la Cathédrale n'était pas aussi fréquentée qu'elle l'est aujourd'hui.

Depuis quelques années, la Commission archéologique de l'Académie s'émut de cet état de choses et obtint un nouveau déplacement. Mais l'indécision mise à choisir un endroit convenable et définitif, fit que, pendant plusieurs années, elle resta déposée dans le chantier des travaux de la Cathédrale. Ce transfert n'était pas heureux, puisqu'en cet endroit elle gisait ignorée et perdue. Les chantiers n'étant pas publics, personne même ne l'y sachant reléguée, on ne pouvait la visiter. Enfin, l'architecte actuel du gouvernement, M. Darcy, comprenant l'intérêt qu'offre une semblable dalle, voulut la protéger contre toute espèce de dégradation. Il la mit dans l'intérieur de la Métropole, contre la muraille du transept nord, à gauche de la porte d'entrée, sous le grand orgue. Ce dernier transport eut lieu en 1893. Cette dalle est en pierre blanche, ses ciselures sont remplies de plomb. Outre les traits de Libergier qu'elle reproduit, elle nous transmet son petit nom et des détails que, sans elle, nous aurions probablement toujours ignorés. Le grand artiste, en costume laïc de l'époque, y est gravé en pied, tenant de sa main gauche une règle graduée et de l'autre la représentation du portail et des nefs, parties de l'église qu'il a construites; à ses pieds à gauche, un compas; à droite, une équerre. Deux colonnes supportant un fronton trilobé et garni de crochets accompagnent l'architecte. De chaque côté du fronton et à la hauteur de la tête de Libergier, des anges l'encensent. L'inscription, gravée en caractères du XIIIe siècle, contourne la dalle ; elle est ainsi conçue :

CI · GIT · MAISTRE · HVES · LIBERGIER ·

S · QVI · COMENSA · CESTE · EGLISE · LAN · DE · LINCARNATION · M · CC · ET · XX · I · X · LE · MAR.

DI · DE · PAQVES · ET · TRESPASSA · LAN · DE ·

LINCARNATION M · CC · LXIII · LE SAMEDI · APRÈS · PAQVES · POVR · DEV · PIEZ · POR · LVI ·

La longueur de cette dalle est de 2^{m}74 et sa largeur de 1^{m}55 ; elle a 0^{m}25 d'épaisseur. Elle est placée à 1^{m}35 au-dessus du sol.

Après la mort de Libergier et après une interruption de trois lustres, nous avons vu que la reprise des travaux fut confiée à Robert de Coucy ; celui-ci les conduisit jusqu'en 1311, année de son décès. On lui fut redevable du chœur, de son déambulatoire et des chapelles. Il travailla aussi aux transepts qu'il n'acheva pas. A celui du midi, il ne manquait que les voûtes à l'intérieur. Au nord, la construction du transept était moins avancée. Le mur percé de deux fenêtres du côté de la nef, comme au midi, était terminé ; il avait même reçu sa corniche ; mais la façade qui les reliait ne s'élevait pas au-dessus du triforium ; et nous avons vu qu'il n'existait que le bas de la rose qui devait compléter ce splendide ensemble.

Les historiens de Saint-Nicaise qui ont connu le monument s'accordent à dire que, dans les constructions de Robert de Coucy, on retrouvait le goût, les dessins, la délicatesse et la sobriété dans les ornements qu'on remarquait dans la partie ancienne de l'église. Un œil observateur et exercé, disent-ils, pouvait seul saisir la légère différence qui existait dans les constructions des deux architectes.

Il est probable que Robert de Coucy eut connaissance du plan primitif de Libergier, qu'il le suivit en l'accommodant toutefois aux exigences de la mode de son temps.

Le second architecte de Saint-Nicaise fut inhumé dans le cloître de l'abbaye de Saint-Denis de Reims. Il reposait sous une dalle de pierre blanche où sa figure était gravée. On y lisait : *Cy gist Robert de Coucy, maistre de Notre-Dame et de Saint-Nicaise, qui trespassa l'an 1311.* Ce souvenir d'un grand artiste des XIIIe et XIVe siècles avait déjà disparu à la tourmente révolutionnaire qui détruisit l'église, le cloître et une partie de l'abbaye des Génovéfains de Saint-Denis.

Lacatte-Joltrois, dans son histoire manuscrite de Saint-Nicaise, nous apprend que, dans la rue de Moronvilliers, aujourd'hui des Carmes, demeurait en 1329 un nommé Gilles, « maistre des œuvres de Saint-Nicaise », qui, probablement, fut le successeur de Robert de Coucy.

Tombeau de saint Nicaise.

Non loin de la sépulture de Libergier, on voyait le tombeau de saint Nicaise. Il se trouvait du même côté que celui de Jovin, à droite, mais placé entre le second et le troisième pilier, à la deuxième travée de la nef. Une pierre recouvrait le lieu des sépultures du saint patron et de sainte Eutropie, sa sœur. On lisait sur cette tombe : *Cy est le lieu et la place où que Monsieur saint Nicaise, iadis archevesque de Reims, et Madame sainte Eutropie, sa sœur, furent inhumés en terre, après que furent martyrs pour la foy chrestienne.* (D. Marlot.)

Quatre colonnes de marbre ornées de chapiteaux corinthiens, placées aux angles, soutenaient un sarcophage de marbre blanc, qui avait sept pieds de longueur et deux de largeur.

« Un dessin conservé dans les papiers de Peiresc et que je reproduis malgré sa naïveté, dit M. Edmond Le Blant, rectifie les inexactitudes d'une gravure donnée par Dom Marlot :

« On y reconnaît d'abord Moïse, jeune et imberbe, recevant les tables de la loi ; puis David combattant Goliath et tenant le *pedum* pastoral et la fronde. Ici, le sculpteur a représenté de même taille le géant et le jeune berger. Au milieu du bas-relief, deux palmiers, sous lesquels le Christ est debout entre saint Paul et saint Pierre, auquel il remet le livre de la loi nouvelle ; saint Pierre porte, comme de coutume, la croix, instrument de son supplice ; saint Paul tient un *volumen* et non pas, ainsi qu'on le voit dans la mauvaise gravure de Dom Marlot, un calice du moyen âge. A la droite du Christ est un agneau qui le regarde ; à sa gauche, un cerf, la tête basse, buvant sans doute à l'eau symbolique des quatre fleuves. Le dernier groupe nous montre Job vêtu de l'*exomis* et assis, non pas sur un fumier ou sur la cendre, ainsi que le disent les textes antiques : il est représenté sur un siège élégant et posant le pied droit sur un *scabellum ;* devant lui est sa femme, couvrant, comme nous le voyons ailleurs, sa bouche d'un pan de son vêtement ; elle tenait de la main droite un bâton, au bout duquel elle tendait un pain à son mari, et dont le point d'attache se voit encore dans le dessin de Peiresc. Nous retrouvons à Arles et dans plusieurs autres lieux la même scène non mutilée. Un des amis de Job, debout et vêtu du *pallium*, est entre la femme et le patriarche (1). »

Ce monument antique, remontant aux premiers siècles de la foi chrétienne, avait dû être acheté tel qu'on le connut jusqu'à la Révolution, époque de sa destruction. Il en reste encore aujourd'hui de petits fragments : l'un d'eux nous montre le corps décapité de saint Paul, tenant un *volumen* de la main gauche, la droite est brisée ; la femme de Job est en deux parties, le bas des jambes manque ; tenant au même morceau, un des amis de Job dont le buste et la tête sont seuls conservés. On a retrouvé encore depuis peu un débris de cerf. Ces fragments sont déposés dans le Musée de la ville, avec ceux offerts par M. Léon Morel.

Dans l'édition latine de Marlot, il est dit, tome Ier, page 116, qu'on lisait autrefois sur le couronnement en bois qui soutenait la couverture de ce monument, les vers transcrits (1566) sur la châsse d'argent, qui était placée sur le maître-autel :

Te canit ordo Christi sacer propheticus iste,
Lucet ut eloquio, nitet hic radiente metallo,
Significativis promens sacra dogmata verbis
Cœtus apostolicus, doctrinæ luce coruscus.

« Dom Le Fondeur, trésorier de l'abbaye, religieux ancien et le dernier qui a subsisté après la réforme qui eut lieu vers 1630, a renouvelé et ajouté de nouvelles décorations à ce monument auquel il a fait mettre ses

(1) *Les Sarcophages chrétiens de la Gaule*, par M. Edmond Le Blant, page 17. — Paris, Imprimerie nationale, MDCCCLXXXVI.

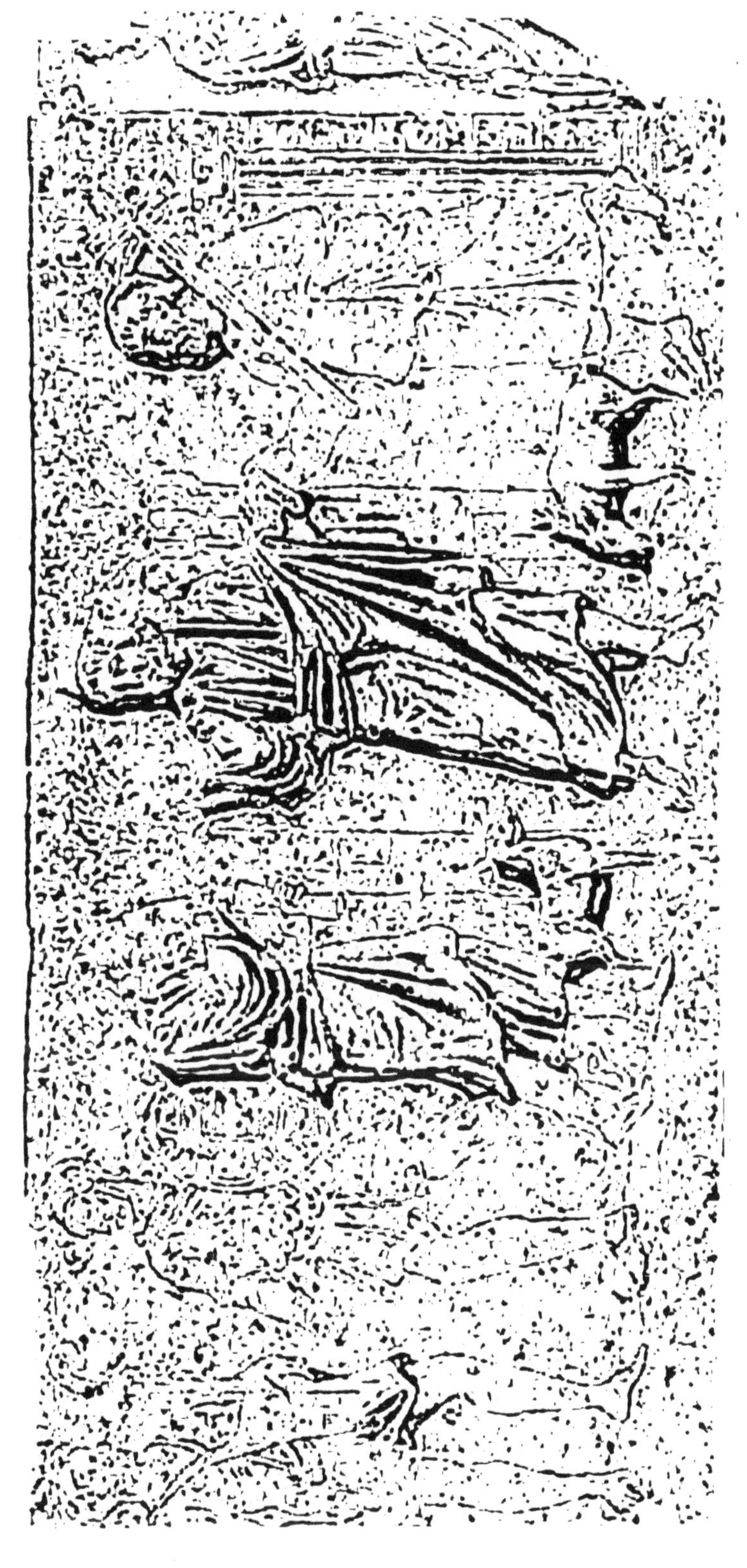

armes (1). » Sur les quatre coins de la couverture, étaient assis quatre anges de marbre, au milieu desquels s'élevait un piédestal, qui soutenait une urne également en marbre.

Nous avons tout lieu de croire que le travail fait par l'ordre de Dom Le Fondeur a été exécuté par Thibault Poissant, artiste abbevillois, qui, d'après ses notes, aurait travaillé à Reims en 1655 (2), notamment à l'église Saint-Nicaise où il fit un mausolée de marbre représentant le martyre de ce saint et celui de sa sœur (3).

Après ce travail de Thibault Poissant, Dom Le Fondeur fit changer de côté l'ancienne face du sarcophage. Autrefois, on voyait la partie primitivement sculptée tournée vers la grande nef, tandis que dans les derniers temps elle regardait le côté droit de l'église. A la sculpture de Poissant, considérée comme de beaucoup supérieure à l'autre, était réservée la place d'honneur.

Ce monument avait jadis contenu des reliques des martyrs saint Nicaise et sainte Eutropie ; mais longtemps avant sa destruction, il avait cessé de les abriter. Dom Marlot n'y vit que des ossements appartenant à des saints dont les reliques ne portaient aucune indication.

Aux premières et aux secondes vêpres des fêtes solennelles, pendant le chant du *Magnificat*, ce tombeau était encensé par le célébrant et par celui qui l'assistait. Il l'était encore par le diacre, lorsqu'on chantait le *Gloria in excelsis Deo* de la messe conventuelle. Immé-

(1) Dom Philbert Leauté, *Almanach historique de 1772*, p. 84, note.

(2) D'après MM. Povillon-Piérard et Lacatte-Joltrois, Dom Le Fondeur existait encore en 1690.

(3) C'est à l'obligeance de M. Henri Macqueron, secrétaire de la *Société d'Émulation d'Abbeville*, que je dois cet utile renseignement.

diatement après, ces officiants se dirigeaient vers la réserve du Saint-Sacrement qu'ils encensaient aussi.

Aux fêtes de saint Nicaise, on couvrait ce cénotaphe d'un tapis aux brillantes couleurs, sur lequel on faisait brûler deux cierges (1). L'usage de poser un tapis sur ce monument devait être antérieur aux travaux que fit exécuter Dom Le Fondeur. Ce tapis n'aurait pas été facile à placer sur les quatre anges et sur l'urne qui surmontaient ce monument. Il n'y aurait surtout pas produit un bon effet. La coutume d'allumer des cierges, en ce jour solennel, a dû être conservée. Près du cénotaphe du saint évêque, on voyait suspendus à la voûte de la basse nef des chaînes, des vaisseaux, des chaises à porteurs, des béquilles, des pieds en cire, etc., témoignages de la reconnaissance de ceux dont les prières, faites au tombeau de saint Nicaise, leur avaient obtenu une guérison miraculeuse. Ceux qui étaient atteints de maladies très graves, de la peste, ou bien encore ceux qui, voyageant sur mer, étaient exposés à de grands dangers, s'en voyaient délivrés par l'intercession du saint pontife, n'oubliaient pas de témoigner leur reconnaissance par des offres d'*ex-voto*. Ces miracles sont affirmés par une bulle du Pape Alexandre VI, qui l'explique clairement par ce texte : *Cum ad Ecclesiam Monasterii vestri ob miracula quæ ibidem Dominus per Beati Nicasii Martyris merita operatur, de diversis mundi partibus confluant peregrini, quorum nonnulli conferunt*, etc. (2).

En l'année 1895, M. Eug. Auger, l'artiste habile

(1) Povillon-Piérard. Manuscrit *Saint-Nicaise*. Bibliothèque de la Ville.

(2) Marlot latin, tome Ier, page 337.

et consciencieux auquel on doit un grand nombre d'illustrations de cet ouvrage, apprit que les marbres du sarcophage qui nous occupe, avaient servi à édifier une cheminée sous le premier Empire, et qu'elle décorait la salle à manger du presbytère de Chenay (1). Le fait vérifié fut reconnu vrai, et M. Grandremy-Lecoq, auquel on attribuait le changement de destination des marbres du tombeau de Saint-Nicaise, était entrepreneur de maçonnerie à Reims à la fin du siècle dernier et au commencement du XIXe. On savait à Reims que ce maître maçon avait fait de nombreuses acquisitions de matériaux lors de la démolition de Saint-Nicaise ; cela confirmait la tradition qui, en cette occasion, fut reconnue exacte en tous points.

L'emploi du marbre de ce sarcophage, converti en cheminée, explique le peu d'épaisseur laissé aux figures sculptées sur les deux principales faces. Le marbre si vanté de la cheminée de Chenay a été reconnu pour être le même que celui des figures parvenues en petit nombre jusqu'à nous. Le peu que nous en possédons est reproduit sur un dessin du tombeau avec le relief des statues ; le reste est simplement figuré au trait.

Nous avions espéré trouver, dans le riche cabinet de M. Léon Morel, un débris assez considérable de sarcophage, mais il ne peut s'accorder avec aucun des personnages figurés sur le dessin. Le marbre est bien le même, mais la sculpture, plus fine que celle des débris conservés au Musée, nous porte à croire que ce fragment a appartenu au côté sculpté par l'artiste abbevillois. Ce morceau représente le corps d'un soldat, plus son bouclier. Auprès de lui et y tenant, on voit une partie de

(1) *Chenay*, village de l'arrondissement de Reims.

la robe ou de la tunique d'un personnage qui, comme le soldat, n'a plus ni le haut du corps ni les parties inférieures. Il est à désirer qu'on fasse encore de nouvelles découvertes de ces intéressantes sculptures.

Dallage du Sanctuaire de Saint-Nicaise.

Les artistes du moyen âge, dont le génie avait trouvé une décoration particulière pour chacune des parties de l'édifice qu'ils construisaient, aimaient à embellir l'aire du chœur de leurs monuments. C'est ainsi qu'à Reims on retrouvait des exemples de cette luxueuse prodigalité. A Saint-Remi, le chœur et le sanctuaire étaient entièrement couverts d'une immense peinture en mosaïque à personnages, remontant au XIIe siècle. Un fragment d'une autre, également du XIIe siècle, provenant d'un monument depuis longtemps détruit, est déposé au Musée de la ville: il représente le sacrifice d'Abraham (1). Il en existait encore à Reims deux de la même époque, toutes d'ornementation de couleur, d'un dessin analogue à ceux des vitraux dits en mosaïque ou en grisaille. Elles ornaient : l'une, le chœur de l'église abbatiale de Saint-Pierre-les-Dames, et l'autre, celui de la collégiale et paroisse de Saint-Symphorien (2). Seules, les églises

(1) Elle fut découverte rue Notre-Dame, aujourd'hui Robert-de-Coucy, lorsqu'on creusa une tranchée pour la construction de l'égout qui longe cette rue. Cette mosaïque était au pied de la tour du nord de la Cathédrale. Elle avait décoré un édifice appartenant soit au Chapitre, soit à l'Hôtel-Dieu.

(2) La mosaique du chœur de Saint-Symphorien ne fut pas anéantie avec l'église. Lors de la démolition de celle-ci, la mo-

riches pouvaient se permettre de remplacer les dalles de pierre par un travail aussi dispendieux. A ces mosaïques, dont les dernières remontaient au XIIe siècle, succédèrent les pavés en céramique ou terre cuite émaillée, dont les débris encore nombreux sont parvenus jusqu'à nous. Ceux-ci, dès le XIIIe siècle, étaient employés à la décoration des églises, des monuments civils et même des maisons particulières. C'est ainsi qu'étaient pavés le chœur et les chapelles de l'église abbatiale et paroissiale de Saint-Denis (1).

A Saint-Nicaise, le sanctuaire n'était dallé ni en céramique ni en mosaïque. Il l'était en pierres dures, en pierres de liais gravées. Les traits formés par la gravure et remplis de plomb représentaient des scènes de l'Ancien Testament comprises entre Noé et Daniel.

Cet ancien dallage, aujourd'hui probablement unique, d'un travail très soigneusement exécuté, était le même que celui des pierres tombales qui, jusqu'à nos jours, ont été conservées en assez grand nombre.

« Ce pavage est le plus admirable et le plus complet exemple qui nous soit parvenu de cet art curieux... Par son aspect général, dit M. Louis Gonse, il a l'élégance d'un tapis de pied... Pour rencontrer un spécimen aussi délicatement épuré de l'art de cette époque,

saïque fut recouverte de terre et se trouva tout entière sous le pavé d'une grande cour de fabrique, rue des Trois-Raisinets, n° 12. Ce ne fut qu'en enlevant les terres qui couvraient le sol de cette cour qu'on la mit à découvert, et qu'elle fut détruite en juin 1861. Deux débris purent être sauvés et sont aujourd'hui au Musée de la Ville.

(1) Ce pavage fut découvert lorsqu'on baissa le sol de la rue Libergier. Ce genre de décoration fut en usage du XIIe au XVIe siècle inclusivement.

il faut aller jusqu'aux décorations de la Sainte-Chapelle de Paris, où saint Louis avait prodigué le talent de ses meilleurs artistes. Ce pavage incrusté, aujourd'hui à Saint-Remi (chapelle Saint-Éloi, près du transept méridional), est un chef-d'œuvre à peu près inconnu, sur lequel je suis heureux d'attirer toute l'attention des archéologues et des artistes (1). »

Le célèbre pavé de Saint-Nicaise avait été vendu avec l'église; aussi le croyait-on perdu. Vers 1812, M. Taus-

sat, de Verzenay, en fit l'acquisition. L'aire de sa cuisine le reçut alors comme dallage, et, plus tard, Mme Vve Clicquot-Ponsardin acheta la maison et, avec elle, nos précieuses dalles. Pendant plusieurs années,

(1) *La France artistique et monumentale,* tome Ier, page 31, Paris, à la Librairie illustrée. (Société de l'*Art français.*)

l'architecte de la ville, M. Brunette, fit d'inutiles tentatives d'acquisition ; il désirait placer ces pavés à Saint-Remi dont il faisait alors la restauration, lorsque, en 1846, il obtint enfin de Mme Vve Clicquot-Ponsardin le remplacement, aux frais de la Ville, des dalles de Saint-Nicaise par d'autres dalles neuves et d'excellente qualité.

Ces pavés historiés n'ont pas tous été retrouvés. Il n'y en a que quarante-cinq à Saint-Remi. D'autres existent dans des propriétés particulières, comme celui de la destruction de Sodome. Il est scellé dans une muraille du jardin de M. Meunier, à Trois-Puits (1). Un beau et grand fragment est inscrit dans le pavage d'une cuisine à Prunay. Il représente Cyrus et Daniel, dont les noms se lisent au-dessus de leurs têtes. Notre regretté confrère, M. Fanart, avait ramassé un débris de ces dalles dans les décombres de l'église. Il en fit don au Musée de la Ville. Il est trop incomplet pour être expliqué. D'autres fragments doivent encore exister, assez nombreux et intéressants peut-être, mais ils ont échappé à nos recherches.

Les quarante-cinq pavés qui, comme vient de le dire M. Gonse, forment aujourd'hui le dallage de la

(1) Dans la cuisine de cette même maison, il y a une plaque de cheminée armoriée provenant, dit-on, de l'abbaye de Saint-Nicaise. Elle porte écartelé aux premier et quatrième de... à un cygne de... au chef de... chargé de trois étoiles. Aux deuxième et troisième de... à un lion de... Ces armes sont surmontées d'une crosse et d'une mitre dans les coins; en haut, la date [16 07]. Les armoiries sont accompagnées de branches de laurier, le tout inscrit dans un cercle de 0^{m}68 de diamètre. Dans les coins du carré, en bas, un petit ornement répondant à ceux où se trouve la date. Ces armes, qui nous sont inconnues, ne sont pas celles de François de Guise qui tenait alors la crosse de Saint-Nicaise.

première travée de la chapelle Saint-Éloi, à droite dans l'abside de Saint-Remi, sont placés dans l'ordre chronologique indiqué dans la Bible. Ils forment un carré aussi long que large, mesurant de 3^m90 à 4^m. Des demi-pavés remplissent les vides formés par les losanges ; il y en a dix-neuf. Deux proviennent de dalles à figures qui ont été sciées dans la hauteur. Sur l'une d'elles, on reconnaît Moïse tenant un bâton ; près de lui un autre personnage. Cela ne suffit pas pour désigner dans quelle scène ils figuraient. L'autre demi-dalle, très incomplète aussi, est d'une interprétation fort difficile : une femme vêtue, probablement Suzanne, tend un de ses pieds nus vers un filet d'eau qui sort d'une montagne. Dans chaque angle du haut, il y a un quart de pavé. Ces quarts, autrefois, ont dû former une demi-dalle qui a été sciée en 1846 pour combler les deux vides formés par les losanges. Les dix-neuf demi-pavés existants représentent tous des feuillages, des fleurs, des fruits symétriquement posés et rappelant parfaitement le XIVe siècle.

Une petite bande noire, large de 0^m02 environ, encadre aujourd'hui chacun de ces pavés. A Saint-Nicaise, nous savons que la bordure en marbre noir était beaucoup plus large et qu'ornée de dessins gravés, aujourd'hui inconnus, elle avait de 0^m08 à 0^m10, ce qui avantageait infiniment chacune des dalles en en faisant ressortir l'encadrement et les sujets. Les scènes, inscrites dans des médaillons variés, ressemblent à celles des anciens vitraux à histoires ou légendes. Il y en a de quatre sortes. Mais les lacunes qui existent aujourd'hui ne facilitent pas la réponse au pourquoi tel motif a été choisi plutôt que tel autre. Les formes d'encadrement variaient-elles à chaque ligne ? Nous ne pouvons le dire ; seulement on peut affirmer qu'ils n'étaient pas tous semblables dans une même histoire. Les bordures, dont on compte sept variétés, ne correspondent pas non plus avec les mêmes encadrements. Les dalles sont carrées et ont 0^m58. Elles sont placées en losange et ont 0^m82 d'une pointe à l'autre.

Je termine cet article en indiquant quels sont les quarante-cinq sujets qui ont pu être préservés de la destruction révolutionnaire et qui, fort heureusement, ont trouvé un abri dans la basilique de Saint-Remi, où les générations futures leur paieront un juste tribut d'admiration.

Pavés du sanctuaire de Saint-Nicaise.

1. Construction de l'Arche.
2. Arrivée de deux anges à Sodome, chez Loth.
3. Loth fait sortir ses gendres de sa maison.
4. L'ange fait sortir Loth de sa maison.
5. La femme de Loth changée en statue de sel.
6. Abraham et Isaac sur la montagne.
7. Sacrifice d'Abraham.
8. Rébecca couvre Jacob d'une peau de chevreau.
9. Esaü se présente devant Isaac, son père aveugle, pour recevoir sa bénédiction.
10. Echelle mystérieuse.
11. Laban dit à Jacob de garder ses troupeaux.
12. Jacob lutte contre l'ange.
13. L'ange bénit Jacob.
14. Jacob bénit ses enfants.
15. La fille du roi Pharaon présente Moïse à son père.
16. Aaron et Moïse devant Pharaon, la verge d'Aaron est changée en serpent.
17. Plaie d'Égypte : les grenouilles.
18. Plaie d'Égypte : les mouches.

19. Plaie d'Égypte : la peste sur les animaux.
20. Moïse et Aaron devant Pharaon.
21. Pharaon et son armée à la poursuite des Israélites.
22. Moïse divise les eaux de la mer Rouge.
23. L'armée de Pharaon se dirige vers la mer Rouge.
24. Engloutissement des Égyptiens dans la mer Rouge.
25. La manne dans le désert.
26. Moïse fait jaillir l'eau du rocher.
27. Hur et Aaron soutiennent le bras de Moïse.
28. Moïse et le serpent d'airain.
29. Moïse brise les idoles.
30. On entend la harpe qui indique qu'il faut adorer Nabuchodonosor.
31. Les trois enfants dans la fournaise.
32. Nabuchodonosor changé en bête.
33. Daniel, Ananias, Misaël et Azarias en présence de Nabuchodonozor, à qui Daniel explique un songe.
34. Daniel reproche à Balthazar son inconduite.
35. Festin de Balthazar.
36. Daniel explique les mots tracés sur les murs de la salle du festin.
37. Suzanne et ses servantes.
38. Suzanne accusée par les vieillards.
39. Suzanne condamnée à mort.
40. On va l'exécuter.
41. Les vieillards dans le jardin.
42. Supplice des vieillards.
43. Traces des pieds sur la cendre devant les idoles.
44. Daniel dans la fosse aux lions.
45. Nabuchodonosor fait sortir Daniel de la fosse aux lions.

Fragments.

1. Moïse avec son bâton brise les idoles.
2. Suzanne au bain.

Malgré les nombreuses lacunes qui existent dans les histoires gravées sur ce dallage, nous devons encore nous estimer heureux de posséder ce qui est aujourd'hui conservé dans Saint-Remi. Cela nous donne la preuve que les historiographes de Saint-Nicaise n'étaient pas au-dessous de la vérité lorsqu'ils vantaient ce dallage devenu célèbre, et, puisque nous avons la certitude que leur appréciation n'était pas exagérée, nous devons les croire exacts dans leurs autres descriptions, tant de l'église que de son mobilier.

Le chœur de Saint-Nicaise n'avait pas reçu une décoration aussi artistique que le sanctuaire. Il était couvert de marbre aux couleurs variées et brillantes, sur lesquelles nos historiens ne nous ont pas laissé d'autres renseignements.

Dans le procès-verbal du 18 mars 1645, adressé à MM. les Chanoines de la Sainte-Chapelle de Paris, à propos des réparations à faire tant à l'église qu'à l'abbaye, il est dit qu'il y a 1,100 pavés de marbre noir ayant dix pouces et demi en carré qu'il faut remplacer parce qu'ils sont détruits par la gelée. On ne comprend pas que la gelée agisse ainsi sur le marbre à l'intérieur d'un monument. Ces pavés, très probablement d'une mauvaise qualité, ont plutôt été salpêtrés ou délités par l'alternative de sécheresse et d'humidité qu'ils subissaient. Ils ont donc eu besoin d'être remplacés après trois cents ans environ de service. Le procès-verbal ne parle pas d'autres couleurs de marbres (1).

(1) Voir aux *Pièces justificatives*, n° XIII, page 356.

Sépultures.

Je vais faire suivre la description du précieux dallage qui vient de nous occuper par la publication d'un manuscrit de la Bibliothèque de la ville, n° 1670, traitant des sépultures qui existaient à Saint-Nicaise, tant dans l'église que dans l'abbaye. Je donne ce document inédit, le plus complet de ce qui a été écrit sur ce sujet, tel que l'a composé son auteur, sans en modifier le plan et en respectant même l'orthographe du manuscrit.

J'ai dû en retrancher ce qui se rapporte aux vitraux des chapelles. Il n'ajoute rien à ce que j'en ai dit précédemment, et n'a aucun rapport avec ce qui concerne les sépultures.

Des Tombes et Sépultures de l'Esglise de Saint Nicaise.

« *Sépultures.* — On void a l'entrée de l'esglise proche le grand Portail la tombe du premier architecte de nostre Esglise d'apresent avec ceste Inscription :

« *Cy Gist* Hugues Libergier *qui a commencé cette Eglise lan 1229, et mourut lan 1263.* (Voyez page 95.)

« Contre le Mur du portail est le fameux Mosolé de Jovin nostre premier fondateur. (Voyez page 88.)

« En avançant dans la neffe on voit entre deux Pilliers le tombeau de St Nicaise et de St Eutrope, sa sœur, soub lequel ils ont reposez en terre 400 ans et plus. (Voyez page 96.)

« *Chœur.* — En entrant dans le chœur Nicolas

Duchet abbé est enterré derrière laigle qu'il a fait faire. Il est mort le 22 10bre 1430.

« *Idem.* — Iacque Champion est enterré proche de Nicolas Duchet, il est mort le 15 septembre 1462, après avoir tenu l'abbaye 11 ans 4 mois ; leurs tombes ny sont plus.

« *Idem.* — Iean Willemet Retellois est mort le 10 Octobre 1521. Il a esté enterré au milieu du chœur soub une tombe noire portant épithaphe.

« *Cloistre.* — Simon de Lions qui a commencé de bastir nostre esglise comme elle est apresent est mort le 13 octobre 1230. Il a esté enterré dans le cloistre proche l'entrée du Chapitre, soub une tombe sans sculpture. Il y avoit 3 tombes proche l'entrée du Chapitre scavoir : 2 rases, lune de Simon de Lions 1er du nom, l'autre de Simon 3e. Et une autre de Marbre de Thomas de Florene, *florinensis.* Elles ont toutes estez transportez dans le tour des chapelles derrière le grand autel. Simon de Dampierre a esté eslu abbé au mois de 9bre 1230.

« *Cloistre.* — Il est mort le 8 Iuillet 1241. Il a esté inhumé dans la chapelle du cloistre soub une tombe plombée sur laquelle tout est effacé. Elle a esté transportée dans la neffe.

« *Cloistre.* — Milon Chossart (1) estoit abbé en 1265 il est mort le 25 octobre. Et enterré dans la chapelle du Cloistre au costé droit.

« *Idem.* — Guibert ou Gilbert a esté abbé lespace

(1) Il est représenté en chape. — Marlot, édition de l'Académie, tome III, page 361.

de 18 ans. Il est mort le 13 10bre 1289. Il est enterré dans la chapelle du cloistre soub une tombe blanche a gauche. » (Voyez page 179.)

L'auteur de ce manuscrit ne fait pas mention de la dalle tumulaire d'Odo le Plat, qui fut inhumé dans la chapelle de Saint-Quentin. Une notice écrite en latin et destinée au *Monasticon gallicanum* (1) nous indique que plusieurs abbés de ce royal monastère avaient reçu leur sépulture dans les chapelles de la grande église. Voici ce qu'elle rapporte :

« Odo Platvs (le Plat), Remvs, electvs anno 1289, carnis sarcinam deposvit anno 1297..... In vitrea Qvintiniani sacelli fenestra, cernitvr eivs imago depicta vivis coloribvs.

« Ibidem illivs jacent ossa svb lapideo tvmvlo, litteris et figuris euanescentibvs. « Cet abbé, dit Mar« lot, dans son histoire française, obtint plusieurs « amortissements et lettres de jussion des rois pour la « clôture de derrière l'église, souvent démolie par les « habitants de Reims (1296)..... Cet abbé fut un grand « économe, aimant l'ordre et la décoration de l'église, « qui a tenu l'abbaye pendant neuf ans avec réputation, « mourut le 28 avril 1297. »

« *Idem.* — Iacque Joffrin le dernier des abbez reguliers a tenu l'abbaye 9 ans. Il est mort le 13 Ianvier 1530. Il est enterré dans la chapelle du cloistre au pied de lautel soub une tombe noire.

« *Notre-Dame de Liesse.* — Devant la porte de nostre Dame de Liesse il y a une tombe avec cette Inscription :

(1) Cette notice est conservée au Cabinet des *Manuscrits* de la Bibliothèque nationale, fonds latin, n° 11818, f° 296.

Cy Gist Louis Dingne *Iadis Clers de leglise de ceans et chanoine de s^t^ Thimoté.*

Dans la Chapelle de Nostre Dame de Liesse.

« *Idem.* — Guy Morel a esté eslu abbé le 8 decembre 1349, du tems de son regne la porte de la ville appelee de s^t^ Nicaise a esté murée dans l'apprehension du siege des Anglois. Après 15 ans de possession de l'abbaye il en a fait la resignation a Pierre Cocquelet. Il est décédé le 30 Ianv^r^ 1363. Il repose dans la chapelle de Coucy, a present de Nostre-Dame de Liesse soub une tombe plombée dont l'inscription est presque effacée. Il est représenté en peinture dans la vitre. Au bas de sa figure il est écrit *Guido Morelle quondā huius ecclesiæ abbas.*

« *Idem.* — Pierre Cocquelet après dix sept années de gouvernem^t^ de l'abbaye est mort le 17 Ianvier 1381. Il est enterré dans la chapelle de Coucy du costé de levangile proche Guy Morel soub une tombe plombée sur laquelle il ne reste que peu de chose quon puisse lire. »

Gilles de Landres, qui l'année même du décès de Odo le Plat hérita de sa crosse, est mentionné par Dom Marlot.

Cet historien, dans son édition française (1), dit :

« L'abbé Gilles de Landres n'a tenu la dignité abba-
« tiale que deux mois et demy, et est inhumé derrière
« le chœur, en la chapelle dite maintenant la Verde et

(1) Académie de Reims, tome III, page 361.

« anciennement la Belle. Sa tombe porte qu'il trespassa « le 29 juillet 1298.

« Voici l'inscription telle que la rapporte le Grand « Prieur de Saint-Nicaise : « *Cy-gist ly abbez Gilles qui* « *fut nés de Landres et trespassa en l'an de grace 1298,* « *deux jours en la fin de juillet. Priés à Nostre Seigneur* « *pour luy.* »

Nous avons eu la bonne fortune d'apprendre qu'au fond de la cour et servant de seuil à la maison d'un maréchal de Ludes (1), se trouvait une magnifique dalle tumulaire. Notre satisfaction s'accrut en déchiffrant l'inscription qui, de suite, nous fit voir que cette pierre avait recouvert les restes d'un abbé de Saint-Nicaise. Malheureusement cette dalle fut sciée en plusieurs parties. En rapprochant le calque des morceaux où se voient les lignes gravées, jadis remplies de plomb, on se rend parfaitement compte de la partie qui manque et qui se complète très aisément. Ce qui nous paraît perdu doit être retourné et posé comme marche dans l'escalier qui descend à la cave, dont la première est gravée ainsi que la première de l'escalier du grenier. Ces parties se raccordent bien avec ce qui est au-dessus et au-dessous. Près de la moitié de l'inscription a disparu. Le peu de largeur de la dalle où elle est gravée a dû être enlevé afin de bien équarrir la pierre en la mettant à la mesure de sa nouvelle destination. L'orthographe de l'inscription gravée offre quelques variantes avec celle reproduite par Dom Marlot, et que nous avons citée plus haut. Marlot l'a donnée comme on l'aurait écrite de son temps. Voici ce qui nous reste

(1) *Ludes,* village, canton de Verzy.

de l'inscription telle qu'on la lit sur la dalle : « *Ci · gist · li abbes · gilles · qvi · fv · nes · de · Landres ...... Segnieur · povr · lame · de · lui.* » L'abbé, revêtu de sa chasuble, les mains jointes, maintient avec son bras gauche sa crosse passée en partie sous ses vêtements. Le collet de la chasuble est orné de jolies broderies, et le manipule l'est de fleurs de lis.

L'abbé Gilles est figuré entre deux colonnes surmontées de leurs chapiteaux, et supportant un arc en tiers-point trilobé inscrit dans un fronton dont les galbes sont ornés de feuillages, remplaçant les crochets d'une époque antérieure. Le défunt est encensé par deux anges placés dans les angles. Contrairement à l'usage où on les voit posés à genoux sur des nuages, ici ils sont debout et sans nuages. Derrière les anges, sont des clochetons posés sur des pilastres placés entre les colonnes et la bordure contenant l'inscription. Cette dalle en pierre de liais, qui a 1^{m}21 en largeur, devait avoir 2^{m}78 en hauteur.

Je reprends la suite dans le manuscrit.

« Soub la tombe blanche qui est du costé de lepistre est enterré labbé Roger. Au bas de la chair abbatiale. Il uiuoit en lannee 1299. Dans les 2 autres chapelles de la Vierge il n'y a ni chair d'abbé, ni tombe blanche au bas.

« A l'entree de la chapelle soub une tombe noire est enterré Simon Cuvilliet, Remois, Prieur decedé le 3 Iuin 1500.

« Robert de Coucy 2e architecte de nostre Esglise dont il a basti le chœur et le tour des chapelles, est mort en lannee 1311, et partant plusieurs marquez cy dessoub sont decedez pendant qu'il batissoit.

« En entrant dans le tour des chapelles on void 4

grandes tombes de pierre blanche les unes apres les autres dans le milieu, sur la j^re^ proche la Balustrade est representé un Religieux ioignant les mains, revestu de son froc, dont le capuce qui lui couvre la teste, non le visage se termine en pointe et qui paroit au dessus de sa teste pareil à celuy d'un chartreux. Il ny paroit aucunne ecriture que ce chiffre a la bordure au dessous de ses pieds : Lan 1313 passa. — Il ny paroit aucune marque de superiorité. La figure est presque effacée. — Autour de la 2e tombe paroit cet Inscription. — *Cy gist Messire* IACQUE DE RUMIGNY *sire de Bossenoe priez pour same* (sic) *que Dieu en ait mercy.* Il y a un grand écusson dans le milieu de la tombe.

« Sur la bordure de la 3e il est ecrit : *hic Iacet Domnus Gobertus quondam huius Ecclesiæ Thesaurarius qui obiit anno Domini 1267. Anima eius requiescat in pace.*

« Sur la 4e sont gravez un homme et une femme presque effacés. Sur le haut il est marque sur la j^re^ ligne *cy gist* GUIDS. on ne peut lire le reste. le 1er mot de la 2e ligne est *Mademoiselle* le reste ne paroit plus.

« Entre la premiere et la 2e tombe a costé tenant a la chapelle est enterré un prestre.

« A lopposite il y a une tombe sans figure, sans ecriture.

« Cette tombe de Guibert a esté transportée icy, de la chapelle du cloistre ou il a esté enterré.

« Entre la 3e et la 4e tenant a la balustrade de la chapelle on void la tombe dun abbé avec sa figure et autour cette inscription : *Anno milleno cum centesimo bis, et octuageno nono* GUIBERTUS *abbas fuit hic tumulatus. Vir bonus, et gratus, Iustus, probus atque disertus. Luciæ festo sibi propitius Deus esto.*

« Vis a vis, tenant au mur du chœur, il y a une tombe avec ceste epitaphe :

« Hac cinerescit humo Venerandus Guido Lupipes
« De cuius satis est immensa salute michi spes.
« Quem licet extulerint bona momentanea rerum,
« Cuncta satisfaciens correxit fine dierum.
« Finis et initium nulli subiecta ruinæ
« Et loca defuncto vel regna carentia fine
« Extinxit Jubar Ecclesiæ speculumque remensis
« Lux atra supremi vicesima septima mensis.

« Suit une tombe dans le milieu avec cette Epitaphe :

« Clausa sub hac tumba prudens Avelina quiescit
« Quæ modo putrescit simplex velut una columba
« Principio fine sunt pluribus acta probata.
« Huius Avelinæ nec ab ullo sunt reprobata.
« Velans ditavit præbens solatia pavit
« Nudos egentes plorantibus esurientes.
« In martis mense sepelitur funeris ense.

« Tout proche on void une tombe avec la représentation d'un religieux teste nue et tenant en ses mains sur son estomac un Livre. Avec cette inscription autour: *Qui trepassa lan 1216 le 12e aoust,* le reste de lescriture est ou rompue ou effacée. Elle est proche le mur du chœur vis a vis le milieu de la chapelle St Remy, Et a ses pieds il y a une autre tombe qui touche a la balustrade. Elle est belle mais toute rase.

« *Idem.* — En suitte il y a une autre tombe avec cette epitaphe :

« Miles discretus Rainaldus ibi tumulatus
« Longanimis lætusque Lupipes stirpe vocatus.
« Stirpe decens et mente recens, fulgens pietate.

« Per patriam dans lætitiam cunctis bonitate
« Extinxit famem egentis dansque levamen
« Ægris, velamen nudis, lapsis moderamen,
« Quæ sunt ploranda Maii dat quinta calenda.

« *Idem.* — Après cette Tombe en suiuent trois autres grandes qui occupent la largeur de la chapelle de bonne nouuelle deuant la balustrade scavoir deux plombées ou de pierre d'ardoise, et celle du milieu de pierre blanche. Soub la j[e] du costé de la sacristie est enterré un advocat de Reims, mort en 1309. Il a fondé une messe.

« *Prieur.* — Soub la tombe du milieu qui est grande repose le R. P. Maurice de Courmicy prieur de ceste Esglise qui est decedé le 30 Decembre en lannée 1293. Il y est representé la teste nue, revestu dun froc tenant en ses mains un liure devant son estomach.

« *Idem.* — Soub la 3e tombe repose Iean de Reims chevalier du Roy, et son maistre de Salle decedé le 30 Iuillet 1380. Une longue epée nue trauerse la tombe du haut en bas, et ses armes sont aux 4 coins de la tombe.

« *Idem.* — La tombe prochaine est rase.

« *Idem.* — La suiuante represente une femme avec ces mots a la bordure. Cy gist Pentecouste qui fust femme de Millars de Roay. Elle est dans le milieu du tour et vis a vis le commencement de la chapelle St André, tenant à la balustrade et vis a vis le milieu de cette chapelle on void une autre tombe plus grande avec cette inscription autour de la bordure : Cy gist Millars de Roay bourgeois de Reims qui est décédé en lannee 1270. Sans figure.

« *Idem.* — Au bout de cette tombe il y en a une autre proche le mur du chœur portant cette inscription dans sa bordure : Cy Gist Dans BAUDUINS LA MARCHTE qui fut Iadis prieurs dans cette Esglise, et trepassa lan de lincarnacion de nostre Signieur 1280 le j^{er} du mois doctobre. Elle n'a point de figure.

« *Idem.* — Après ces 2 tombes suiuent les trois autres dont nous auons fait mention cy dessus lesquelles ont estez transportées du cloistre proche lentrée du Chapitre dans le tour des chapelles de lesglise lorsque lon a rebasti a neuf le Cloistre et le Chapitre.

« *Idem.* — La première est la tombe de THOMAS DE FLORENE de la famille noble et ancienne de Franchivmont. Elle est de marbre noir et la teste de marbre blanc. Il y est representé revestu des habits sacerdotaux comme allant dire la messe enuironné d'une epitaphe courte mais fleurie. (Voir le *Marlot français*, III, 342.)

« *Idem.* — Les deux autres sont celles de SIMON j^{er} et de SIMON 3e.

« Elles sont les unes après les autres dans le milieu.

« *Idem.* — A costé de la 3e proche le mur du chœur il y a une tombe auec ceste epitaphe :

« Clausa sub hoc lapide BALAHAM comitissa quiescit.
« Cuius vita satis digna, Deoque placens.
« Floruit in mundo morum probitate, Parentum
« Præsidio, sed ei vivere christus erat.
« Flent inopes huius Adelidis funera, cuius
« Dextera larga datum, cui dare semper erat.
« Eius ab hac luce mayo mediante recessit
« Spiritus, In Christi pace quiescat. Amen.

« *Idem.* — Proche de la balustrade et de la chapelle Ste Eutrope a present de St Benoit se trouve une tombe avec une figure d'un homme uenerable grauée et dans la bordure cette Epitaphe :

« Quem lapis hic tangit, Dives et pauper plangit,
« Civis honorate locuples, mitis, moderatus,
« Dictus TIERICUS, multorum carus amicus,
« Hic qui cuncta videt, paradisi lumen videt.
« En haut dessoub le bord :
« E XV. 16. a menbris 1 DX.
« Hunc ter nona novembris (Recessit. Ex cepit supplé)

« *Hoc est :* — Mille trigesimo primo a menbris quadringenti sexaginta,

« Hunc ter nona novembris (mille est dans la bor dure).

« Il est decedé le 27 nouembre de lannee 1460 aagé de 31 ans.

« La chapelle de St Eutrope a esté appellée ensuite de St Nicolas, depuis la destruction d'une chapelle du prioré dudit nom proche de Reims. Elle se nomme a present de St Benoist.

« *Dans la chapelle de Ste Eutrope* a present de St Benoit :

« *Idem.* — Philippe de la Cocque est mort le 18 Ianvier 1348. Il a esté enterré dans la chapelle de Ste Eutropie. Sa figure est peinte sur la vitre avec cette inscription : Philippe de Rains Iadis abbé de ceste Esglise. »

Marlot, édition de l'Académie, tome III, page 362 et suivantes, parle comme il suit de l'abbé Philippe La Cocque, ce qui complète ce qu'en dit l'auteur de ce manuscrit que nous citons :

« PHILIPPE LA COCQUE † 1348 collvcet in vitrea fenes-

« tra eivs effigies depositvs in B. Evtropiæ sacello. Cet « abbé duquel Marlot fait un pompeux éloge fonda « à perpétuité un obit pour l'âme de Robert de Cour- « tenay, archevêque de Reims, qui par affection pour « l'abbaye de Saint-Nicaise contribua de ses deniers à « l'achèvement de l'église. Il lui prodiguait aussi ses « faveurs et lui accorda la clôture entière du monastère. « Nous avons vu que c'est à lui qu'on était redevable « de la fermeture de la façade de l'église par l'atrium. Le « corps de Philippe la Cocque repose dans la chapelle de « Ste-Eutropie, sous une tombe noire, au pied de l'autel. « Il est représenté sur une vitre qu'il donna à cette « chapelle. Au bas de la fenêtre on lisait : *Philippe de* « *Rains Iadis abbé de cette église.* »

La rédaction de cette inscription *Iadis abbé* semble indiquer que cette vitre ne fut peinte qu'après la mort de Philippe la Cocque. Marlot nous apprend en effet que deux sœurs de cet abbé, l'une religieuse à Presle, et l'autre nommée Agnès, sont marquées dans l'obituaire le 29 juillet et le 28 juin pour avoir laissé de grands biens à l'église. Cette générosité indiquée par Marlot confirme bien la pensée que les sœurs de Philippe la Cocque ont fait peindre la vitre où est représenté cet abbé, leur frère, après son décès. Reprenons le manuscrit :

« Au pied de l'autel on void une grande tombe blanche sur laquelle sont gravez deux personages, un homme et une femme, lhomme y est teste nue ayant une dague pendante a sa ceinture et de lautre costé est apparemment son Epouse modestement vestue, lun et lautre ont les mains Iointes. On lit sur la bordure : Cy gist Collart D'ennay Iadis seigneur de Vau (ou Val) etc..... qui trepassa lan 1398 le 28 may, priez pour luy..... De lautre part : Cy gist Dame *(sic)*.

« Les tailleurs de pierre de la rose ont brisez le reste de lescriture. Une tombe toute rase ioint celle cy du costé de leuangile.

« *Prieur.* — Une tombe qui touche au pillier de la chapelle St Benoist en dehors porte ceste epitaphe :

« Quidquid ab humano quanquam superfluit actu
« Radere RADULFUS, surgeret aptus erat
« Esse par ille fuit parque et cum non prior esset
« Digna priore pius voce manu arte reus.
« Huic tulit octobris lux hanc penultima lucem
« Perpetuum det ei lux tua, Christe, diem.

« Au-dessous des vers est cette notte biffée :

« Lon sinstruira dune lecture plus Iuste et des siècles de l'escriture (en effet il y a des erreurs de lecture évidentes. — Voir le *Marlot français,* t. III, p. 342.)

« *Idem.* — GILLES JEUNART a obtenu l'abbaye par resignation de son prédécesseur Simon Maubert. Il est mort à Paris le 18 mars 1416, suivant le necrologe du Monastere.

« *Idem.* — IACQUE GEULART est mort après avoir gouverné l'abbaye pendant 22 ans. Il a rendu son ame a Dieu pleine de vertus le 19 Avril 1451. Lon ne sait pas ou il est enterré.

« *Dans la nef. — Des tombes qui sont dans la neffe* lesquelles y ont estez rapportez après la chutte de la Rose.

« Tous les pavez d'une espace considerable en ont estez brisez et enfoncez, la seule tombe de l'architecte Hugues Leberger est demeurée dans son entier. Le fait est certain, ie lay vu, et appris sûrement.

« *Idem.* — La premiere de ces tombes rapportées est a droite de larchitecte auec cette Epitaphe :

« Abbas Raynaldus iacet hic. Patris ecce Sepulchrum.
« Vivere Christus ei fuit, et mors est sibi lucrum.
« Nam pius et prudens, humilis patiensque, benignus
« Sobrius et castus vita fuit atque modestus.
« Bis oriente die sancti post festa Mathiæ
« Hic feria sextæ nona defungitur hora.

« *Idem.* — Une autre à gauche dont voicy l'epitaphe :

« Poncia, pons inopum, spes et solamen eorum,
« Præsens vita sibi dum superesset, erat.
« Pavit, vestivit, dispersit, cavit, amavit
« Mendicos, nudos, danda, cavenda, Deum.
« Sancte, tuam famulam, Nichasi, quinta dicavit
« Hanc tibi convivam post tua festa dies.

« *Idem.* — Les trois tombes suiuantes sont après celle de larchitecte et se touchent lune a lautre.

« La j[re] represente la figure dune femme auec ces paroles : Hic iacet Maria uxor Doardi.

« *Abbé.* — Sur chacune des deux suiuantes est gravé un abbé revestu des habits sacerdotaux tenant en sa main un calice.

« *Idem.* — Autour de la teste du premier sont graués ces mots :

« Hic iacet Haidericus cundam abbas huius ecclesiæ.

« *Idem.* — Epitaphe de la 2e tombe. — Sur la bordure :

« Corpore fascetus, felici sorte repletus,
« Largus, amans, lætus, vir constans, virque quietus.

« Drogo fuit nomen, cui felix eius et omen.
« Autour de sa teste :
« Cuius solamen sit spiritui Deus, amen. »

Un fragment de cette dalle a été employé dans la construction d'un mur clôturant une propriété de M. Ch. Benoist, rue Ponsardin. Cet immeuble est situé sur l'emplacement des anciens remparts. En 1886, le fragment a été offert au Musée archéologique de la Ville par son propriétaire. Ce débris contient seulement la tête du personnage et une partie de l'encadrement. Il est en pierre blanche; c'est un fragment d'environ 0m44 de hauteur moyenne, la tête n'est qu'à moitié visible ; de la légende qui l'entoure on ne lit que SPIRITVI · DEV, près de la tête un ange encensant ; le débris de la bordure ne contient que cinq lettres E : FASC. Ce peu de caractères a suffi pour restituer le texte entier de la dalle, d'après le recueil des épitaphes de Saint-Nicaise par D. Chastelain, f° 36 (1).

« *Idem.* — Plus bas dans la neffe on void une petitte tombe avec ceste inscription dans la bordure :

« *Prieur.* — Hic iacet venerabilis vir Domnus Robertus Penblet Doctor theologus magnus Prior et Eleemosinarius huius domus, nec non Prior de Rumigniaco qui obiit die 27 martii 1575. Orate pro eo.

« *Nef.* — Abbas Reginaldus seu Raynaldus solemniter electus anno 1181. Abdicat anno 1193. Iacet in capitulo sub tumba alba cui insculptum est tale Epitaphium : Abbas Raynaldus, etc..... supra.

« *Idem.* — Haidericus eligitur anno 1193 : iam senex

(1) Cabinet des *Manuscrits* de la Bibliothèque de Reims.

resignauit parenti anno 1197, obiit 22 Augusti, situs in capitulo. Tumba eius insculptam habet effigiem abbatis cum hoc Epithaphio : Hic iacet Haidericus quondam abbas huius Ecclesiæ. (Voyez ci-dessus, page 124.)

« Drogo 12° Ianuarii abbatialem dignitatem adeptus est ex resignatione patrui sui Haiderici. Superueniente uocationis tempore defungitur, 18 Nouembris, anno 1221. Sepultus que est in capitulo sub tumba albi coloris cum hoc Epithaphio : Corpore facetus etc... supra. Marlot, 649, 50, 51.

« Les trois tombes de pierre d'ardoise qui sont dans la neffe y ont estez transportées en partie de la chapelle du cloistre, en partie d'ailleurs.

« Après tout il faut se souvenir que touttes les tombes que nous uenons de representer servent de couuerture aux cendres de quantité de celebres et saints archevesques de Reims *des 1ers siecles de lesglise* dont la Basilique Iouinienne a esté le Depost sacré dés lannée 340 pendant lespace dun nombre considerable de siecles et que cest ce qui releue le merite de ces sepulchres.

Marlot fol. 648 art. 3 :

« Ioannes 3e vivebat anno 1148. Iacet iuxta Ægidium de Montcornet, ubi extremum tubæ clangorem præstolatur *in sacello dicto la Verde,* sub tumba alba in qua visitur abbatis effigies.

« Cela ne peut pas estre, puisque touttes les tombes de ceste chapelle sont reconnues par leur propre ecriture, et il n'y en a aucune autre. De plus Mr Marlot luy mesme fol. 653. art 5° ecrit ce qui suit : « Ægidius « de Monte Cornuto ex gente Castilonea fato functus « est post 14 annos regiminis, 16 Ianuarii, an, 1316...

« iacet in sacello s[ti] Quintini, Castiloneæ familiæ et « Barrensis stemmatibus in uitreis decorato.

....

« Gilles de Montcornet de la maison de Chatillon sur Marne est mort le 16 Ianuier 1316 apres auoir tenu le siege de l'abbaye 14 ans. Il est enterré dans la chapelle de St Quentin la quelle est ornée des armes de Chatillon et de Barre. Cest luy qui par ses sollicitations a obtenu de Messire Robert de Courtenay archev. de R[s] qu'il ayt ouuert la chasse de St Nicaise pour faire la preuue de ses reliques.

« Iacques Iacquier a obtenu labbaye par la demission uolontaire de Richard de Longüeille Cardinal. Il est decedé le 14 Iuillet 1483. Il a esté enterré dans le sepulchre de Gilles de Montcornet.

« Dans la chapelle, ditte de la Verde, a présent de Bonne nouuelle. Gilles de Landre n'a esté abbé que deux mois et demy. Il est mort le 29 Iuillet 1298, et est enterré dans la chapelle de la Verde au pied de lautel soub une tombe de pierre blanche sur laquelle il est écrit : Cy gist ly abbé Gilles qui fust né de Landres, et trepassa en lan de grace 1298, etc.

« Agnes vefue de Colin le Vert mercier a Reims est enterrée dans *la mesme chapelle* proche de Gilles de Landre du costé de leuangile soub une tombe blanche sur la quelle sa figure est grauée. Elle a fondée une messe tous les iours de lannée. le contrat en est ecrit sur une pierre noire attachée au pillier de la chapelle. Elle est decedée le 12 feburier 1411.

« A la teste de cette tombe est enterré Me Iean Madre Prestre soub une petite tombe de pierre blanche, il a fondé plusieurs Messes chaque année. Il est mort le 4 7bre 1654.

« Plus prés du mur est enterré soub une grande tombe blanche Thomas de Savelon, autrement de Geux bourgeois de Reims.

« Simon Maubert de Troye abbé est decedé le 19 Ianuier 1405 après 7 annees de prelature. Il repose dans la *chapelle de la Verde* du costé de lespitre ioignant Gille de Landre soub une tombe plombée sur laquelle est grauée la figure dun abbé auec une courte Epitaphe.

« Au dessoub est la tombe de George de Salbertas gentilhomme de Marseille Maistre Dautel de Mr Charle des Ursins premier abbé commendataire de St Nicaise, mort le 3 Ianvier 1557.

« Iean Fransquin Remois Docteur Tresorier de St Nicaise est mort en Iuillet 1500. Il est enterré *a lentree de la chapelle de bonne Nouvelle* soub une tombe noire (1). »

(1) Consulter aussi sur les épitaphes de Saint-Nicaise les deux éditions de l'*Histoire de Reims*, par D. Marlot; celle de 1666, t. I, p. 649, et celle de 1846, t. III, p. 340. — Le Recueil de Dom Chastelain, *Histoire abrégée de l'abbaye de Saint-Nicaise* (ms. de la Bibliothèque de Reims), offre quelques épitaphes inédites, notamment à la page 12, celle de Nicolas Cauchon, seigneur de Gueux et de Sillery, et celle de Dom Pierre Pain-et-Vin, religieux de l'abbaye. Cette dernière, qui se voyait dans la nef avant la démolition du jubé en 1760, était ainsi conçue :

Siste, lege, exora, gressus, epitaphia, Christum,
Fixo, flens, supplex, lumine, prece, voce.

CHAPITRE IV.

Renouvellement du Mobilier au XVIIIe siècle.

L'Église Saint-Nicaise ne put, pas plus que les autres, échapper aux changements que le goût des xvie, xviie et xviiie siècles apporta dans les monuments religieux. Partout, les vitraux, les autels, les jubés, les stalles, etc., etc., en un mot, tout ce qui était susceptible d'être modernisé le fut, autant que les ressources le permirent.

C'est ainsi qu'à Saint-Nicaise les magnifiques vitraux dont Marlot avait, même au xviie siècle, fait un pompeux éloge, furent presque tous remplacés par du verre blanc. En 1772, Dom Philbert Leauté nous fait savoir, en parlant des vitres données par les familles royales et princières, qu'il en reste quelques-unes qui sont encore entières.

En même temps, le riche dallage du sanctuaire est relégué en dehors du chœur, soit dans le déambulatoire, soit dans les chapelles de l'abside.

Le chœur et le sanctuaire, dit le même religieux, sont alors pavés à grands frais avec des marbres de quatre couleurs : rouges, gris, noirs et blancs, disposés de manière à former des cubes en tous sens (1), et sur lesquels l'abondance de lumière, pénétrant par les vitres blanches, produisait un effet merveilleux. La précision de l'ajustement de ces marbres excitait aussi l'admiration. Ce dallage est aujourd'hui en grande partie dans le sanctuaire de la Cathédrale (2).

L'autel gothique en vieux bois très commun, disent toujours, d'un ton dénigrant, le moine de Saint-Nicaise, Dom Philbert Leauté, et Povillon-Piérard, fut remplacé par un autel en marbre des plus précieux (3), sur le devant et aux angles duquel étaient appliqués des bronzes qui ont disparu, et dont la description ne nous est pas parvenue (4). On peut encore voir les traces de leurs scellements, car cet autel est aujourd'hui dans l'arrière-chœur de la Cathédrale où, vers 1830, on construisit le contre-autel servant de retable et le tabernacle de marbre qui y sont maintenant.

Il s'en faut de beaucoup, d'après Povillon-Piérard, que cet autel, placé où il est, attire l'attention des connaisseurs, comme il la fixait à Saint-Nicaise. Ce n'est plus ce beau jour, ni cette délicatesse, ni surtout cette charmante perspective, qui, du reste, ne peut se trouver ailleurs.

(1) Ce pavage fut exécuté par le sieur Thomas, marbrier à Beaumont-en-Hainaut.

(2) Celui de l'église de Villers-devant-le-Thour, canton d'Asfeld, en est aussi décoré, dit-on.

(3) Il fut exécuté par le sieur Dropsi, marbrier à Paris, et consacré le 21 mars 1762, par Mgr Hachette des Portes, évêque de Cydon, et depuis évêque de Glandève.

(4) Ils étaient l'œuvre du sieur Caffieri, académicien.

Disons encore qu'à Saint-Nicaise, derrière l'autel gothique, existait un retable à plusieurs étages, en bois, supportant des reliquaires et des chandeliers. Au centre, était placée une châsse en argent, d'une forme antique et recherchée, dit Povillon-Piérard (1), qui renfermait la tête et les principaux ossements du saint patron de l'église. Parmi les reliques de saint Nicaise, le même auteur cite encore une dent molaire et des plus grosses du saint martyr, que sa représentation en relief tient de la main droite. A sa droite et à sa gauche étaient des statues de vierges, attachées avec celle du saint évêque sur un marchepied assez grand. C'est ce reliquaire qu'on portait quant on faisait des quêtes pour l'achèvement de l'église. Il figurait aussi dans la procession qui se rendait de l'abbaye à la Cathédrale, le mardi des Rogations.

On y voyait également :

La mâchoire de sainte Eutropie, vierge et martyre, enfermée sous un chef d'argent ; on l'apercevait par une vitre ;

Un *grand os du bras de saint Nicaise,* dans un bras d'argent doré, orné de pierreries, lequel fut fait aux dépens du trésorier, en 1315 ; autrefois posé sur un marchepied, il était soutenu par deux anges en argent ;

Un *os du bras de saint Sixte,* orné d'un bras d'argent ;

Un *os du bras de saint Ecleonard,* confesseur, bras d'argent enfermé par ordre de Jean de Craon, comme on le voit par acte de reconnaissance des reliques, en 1359 ;

(1) Sur ce reliquaire on lisait cette inscription :

Les prophètes chrétiens célèbrent ta victoire,
Leurs voix et ce métal font éclater ta gloire,
Les apôtres aussi dans leur foi si fervens
Prouvent la vérité de ses *(sic)* saints documens.

Quantité de reliques (parcelles) de saint Pierre, saint André, apôtres; saint Laurent, etc., etc., dont les reliquaires ne sont pas décrits.

Un inventaire de 1690, communiqué par M. Léon Le Grand, nous donne un état curieux des reliques que possédait l'abbaye à cette époque (1).

Un sceau du gardien des reliques de l'église Saint-Nicaise a été conservé. Une empreinte en cire, que je dois à l'obligeance de M. de Barthélemy, membre de l'Institut, m'a permis de le faire exécuter en

cliché. Le sceau remonte au XIVe siècle et représente saint Nicaise en chasuble, décapité et tenant sa tête mitrée qu'il va déposer sur un autel. Sur celui-ci, il n'y a qu'un calice non couvert de son voile. Au-dessus du chef du saint martyr, on voit

(1 Voir aux *Pièces justificatives*, n° XIV, page 430.

un ange qui paraît sortir d'un ornement de la bordure, et maintient le nimbe qui entoure la tête que saint Nicaise supporte encore.

Ce joli sceau, de forme elliptique, on ne peut mieux conservé, a été dessiné par M. P. Queutelot, de Reims. Il mesure 0m, 055 en hauteur. Sur sa bordure, on lit en caractères gothiques : S · CVSTODIS · RELIQVIAR · ECCLE · BTI · NICHASII · REMEN.

Au retable du maître-autel, qui était entouré de courtines maintenues par quatre colonnes en cuivre, en succéda un autre en marbre sur lequel on mit une fort belle croix en bois doré, parfaitement conservée. Elle a 2m47 de hauteur. Le Christ surtout est très remarquable. Les extrémités de la tête et des bras de la croix sont ornées de gracieux fleurons. Son pied est un tabernacle. En bas s'ouvre la porte décorée de rayons, sur lesquels un triangle porte en hébreu le nom de Dieu ; au-dessus, dans leurs feuillages, on remarque des épis et des grappes de raisin ; le tout encadré dans de jolis ornements du temps de Louis XV (1).

De chaque côté de la croix, on avait placé un candélabre en bronze doré, portant trois cierges, et dont les pieds étaient ornés de médaillons aux effigies des patrons et des fondateurs de l'église (2). Lorsque la fabrique de la Cathédrale fit l'acquisition de l'autel et du dallage, elle avait aussi décidé d'y joindre six grands chandeliers qui garnissaient le maître-autel ; mais il est probable que l'achat de ceux-ci n'eut pas

(1) Cette croix est aujourd'hui à Saint-Remi, sur l'autel de la chapelle Saint-Fiacre.

(2) Ils étaient l'œuvre, comme les bronzes de l'autel, du sieur Caffieri, académicien.

CROIX DU MAITRE-AUTEL DE SAINT-NICAISE

actuellement à Saint-Remi

lieu. On ne voit nulle part qu'ils aient fait partie du mobilier de Notre-Dame.

Des reliquaires dont on ne parle pas devaient, aux jours de fête, occuper le reste du retable. On les conservait dans le trésor.

Trois canons d'autel, en bois sculpté et doré, sont conservés à Saint-Remi. Celui du centre est, avec ses lignes gracieusement courbées, divisé en quatre parties.

Les compartiments du centre en bas, et ceux des côtés, sont remplis par le texte liturgique. Au milieu, celui du haut, est à jour. L'artiste l'avait sans doute ainsi conçu pour permettre au célébrant de pouvoir, sans déplacer le canon, ouvrir la porte du tabernacle pratiquée, nous l'avons vu, dans le pied de la croix. La partie supérieure du cadre est ornée de fruits et de fleurs qui débordent sur les côtés d'une petite corbeille, dans laquelle ils ont été placés.

Les deux petits canons, semblables entre eux, proviennent d'une autre série. Ils ne sont composés que de

feuilles disposées avec élégance, et forment un carré qui contient le texte. L'écriture de ces trois canons est moderne et sans enluminures.

D'autres meubles nécessaires au culte, ayant aussi leur importance, ont de même échappé au vandalisme révolutionnaire. Je citerai donc un lutrin et un pupitre en fer forgé. Conservé à Saint-Remi, le lutrin, placé dans le chœur, y est d'un très bon effet. Sa partie haute, destinée à supporter les livres notés in-folio, est garnie de fines barres de fer disposées en losanges dont les vides sont remplis par des feuillages en forte tôle repoussée. Il est à double face et remplit l'office d'une armoire où l'on peut déposer les petits livres de chant. Le pied de ce lutrin est à trois pans, en marbre rouge de Belgique veiné de blanc et finement sculpté. Il remplaçait, à Saint-Nicaise, l'aigle traditionnel en cuivre,

LUTRIN DU CHŒUR DE SAINT-NICAISE

actuellement à Saint-Remi

donné par Nicolas Duchet, abbé de 1416 à 1430, l'année de sa mort. C'est sur ce lutrin qu'aux fêtes solennelles les religieux de Saint-Nicaise posaient leurs magnifiques grands in-folio de vélin, dont la description sera l'objet d'un chapitre particulier.

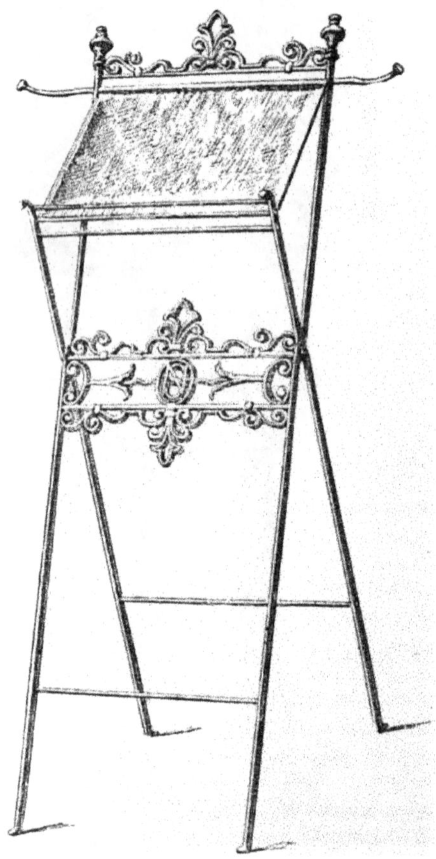

Comme le lutrin, le pupitre en fer du grand chantre orne aussi le chœur de Saint-Remi. Il est destiné à recevoir l'in-folio servant à faire les diverses intonations. Dans la traverse qui maintient ses montants est le chiffre

S.N. En haut du pupitre, de chaque côté, sont deux patères qui ont servi, à Saint-Nicaise et à Saint-Remi, à maintenir les bâtons des grands chantres, jusqu'à l'époque où on est revenu à la liturgie romaine; conservées à leurs places, elles sont malheureusement aujourd'hui sans emploi.

D'après Dom Leauté, « la beauté du coup d'œil d'une architecture aussi élégante que celle de Saint-Nicaise, était interrompue autrefois par un *vilain jubé gothique,* qui, quoique d'une très belle structure, dit Povillon-Piérard (1), séparait la nef d'avec le chœur. Sur l'arcade de ce jubé était une construction faite en forme de chapelle et fermée sur le devant par une belle grille en fer forgé. De cet endroit, on montrait les reliques aux fidèles assemblés pour les vénérer (2).

Des murs de dix à douze pieds de hauteur remplissaient l'intervalle des piliers qui environnaient le chœur et le sanctuaire, et n'y donnaient entrée que par des portes basses et étroites par lesquelles deux personnes de front n'eussent pu passer.

Dans un manuscrit légué à la Bibliothèque de la Ville par M. E. Saubinet, on lit, à la date de 1756 : « Le portaille, lescallier de S. Nicaise et la chapelle de la Vierge ont été raccommodé telle qu'on les voit aujourdhuy et l'on travaille a jetter les deux portes qui sont a causté du cœur de sorte que l'on tournera autour du cœur facilement. »

Lorsque le jubé, l'autel, son retable avec ses rideaux, et les murs existaient, ils interceptaient la vue de la

(1) Manuscrit de l'*Histoire de Saint-Nicaise*, page 83. Bibliothèque de la Ville.

(2) POVILLON-PIÉRARD, *Saint-Nicaise*, manuscrit, page 80.

magnifique chapelle qui se trouvait derrière, en sorte, dit Dom Leauté, qu'il était difficile et même impossible de juger au premier coup d'œil de l'aspect général de l'édifice et d'en saisir les justes proportions.

D'après ce même religieux, ce fut donc pour obtenir la vue de l'ensemble de l'église, que le grand-prieur de l'abbaye, Dom Mathieu Hubert, homme de goût, dit-il, et zélé pour les décorations du saint lieu, commença par démolir le *vilain jubé gothique* et les murs hauts de dix à douze pieds qui entouraient le chœur ; il remplaça ceux-ci par sept belles grilles en fer forgé qui permirent à l'œil du visiteur de pénétrer au delà du sanctuaire, dès son entrée dans l'église.

Le maître-autel, placé jadis au fond de l'abside, fut avancé jusqu'au centre du transept, qui devint alors le sanctuaire.

Le déplacement de l'autel entraîna celui du pavé. L'ancien sanctuaire devint le chœur, qui reçut alors comme dallage un assemblage de losanges de marbre blanc et noir. La tradition veut qu'une petite partie de celui-ci soit aujourd'hui dans le château de Courmelois (1), où il couvre l'aire de la salle à manger et celle du vestibule. Dans la salle à manger, ces dalles, qui ont 0m33 sur chacune de leurs faces, sont ce qu'elles étaient dans le chœur de Saint-Nicaise ; mais dans le vestibule, dont les proportions sont moindres que celles de la salle à manger et dont l'escalier couvre une assez grande partie, les dalles n'ont été employées qu'après avoir reçu chacune deux traits de scie ; ce qui fait que quatre pavés du vestibule, deux blancs et deux noirs, couvrent la même superficie qu'une seule dalle de la salle à manger.

(1) *Courmelois*, petit village du canton de Verzy.

Les stalles des religieux furent renouvelées; on en fit soixante-seize surmontées de boiseries sculptées avec des médaillons où l'on voyait les bustes des apôtres et des docteurs. Elles furent exécutées par Desmon, de Laon, d'après les meilleurs tableaux et les meilleures estampes. Une partie de ces stalles est à Saint-Maurice; quelques-unes des boiseries, avec sept de leurs médaillons, ont aussi trouvé place dans la même église, qui fit ces acquisitions en 1797. A cette époque, déjà, les acquéreurs révolutionnaires de l'église cherchaient à tirer le parti le plus profitable à leurs intérêts en dépouillant l'église de son mobilier, immédiatement mis en vente, quoiqu'ils ne fussent nullement assurés de l'adjudication définitive en leur faveur, qui, nous le savons, n'eut lieu que le 24 décembre 1799.

Mais revenons à la description du mobilier.

A Saint-Nicaise, les stalles étaient rangées des deux côtés du chœur avec une interruption devant la travée centrale. Une belle grille la fermait et permettait de jouir de la vue de la chapelle absidale dédiée à Notre-Dame; c'était la plus vaste et la plus remarquable des chapelles de l'église. On y voyait deux tableaux peints à l'huile, acquis en Belgique par Dom Marlot en 1665. L'un représentait une *Vierge,* de Van Eyck, l'autre le *Denier de César,* par Poter.

Van Eyck et son frère, natifs de Gand, sont les premiers qui ont fondu leurs couleurs avec de l'huile, au lieu d'employer, comme précédemment, la cire ou la colle.

Poter, peintre bruxellois, revenant d'Italie, après y avoir fait un ou deux tableaux, tomba pendant la nuit dans la Senne où il se noya. Ses œuvres doivent être fort rares et par conséquent d'une grande valeur.

Nous ne connaissons cette acquisition de tableaux par Dom Marlot pour sa chère église que par la description qu'en donne Dom Grégoire le Grand, Rémois et religieux de Saint-Nicaise, dans l'éloge en vers adoniens, accompagné de notes, qu'il fait de la basilique de Saint-Nicaise. Ces précieuses peintures ont disparu dans un temps qu'aucun historien n'a fait connaître. Si elles ont été enlevées de Reims ou détruites, il est probable que ce fut à une époque déjà éloignée (1).

Lors de la vente de l'église, les grilles furent descellées, les fers tordus et vendus au poids, d'après Povillon-Piérard, qui nous a conservé le dessin de celle de l'entrée du chœur. On l'avait achetée pour Saint-Remi, mais elle n'y fut jamais posée, et aujourd'hui on ignore complètement comment et à quelle époque elle a disparu de cette église. Ces grilles étaient l'œuvre des serruriers rémois Triou et Masson.

Dans les deux bras de croix, le même grand-prieur fit poser des tambours sculptés, d'un fini et d'un mérite réels, comme on peut s'en assurer en les voyant aujourd'hui dans la Cathédrale où ils abritent les portes des bas côtés au grand portail. Les quatre évangélistes y sont représentés en pied avec leurs attributs. Parmi eux, au centre, sont figurés, au milieu de palmes et de feuillages, les insignes d'un abbé ou d'un évêque; on y voit en outre une croix, un ostensoir, un flambeau ardent, etc., etc.

Le tambour placé à Saint-Nicaise, dans le transept nord, converti en armoire, servait de trésor. C'est là qu'étaient renfermées de très nombreuses reliques,

(1) Voir aux *Pièces justificatives*, n° XV, page 434.

richement enchâssées d'or et d'argent relevés de pierreries. Ce trésor contenait aussi ce que l'église possédait de précieux.

Au-dessus était placé le buffet de l'orgue peu considérable, dit Povillon-Piérard, mais dont le son, grâce à la sonorité de l'édifice, le remplissait d'une agréable harmonie. La délicatesse du buffet s'accordait merveilleusement avec toutes les parties de l'église. Primitivement, l'orgue était placé au grand portail, mais en 1540 là chute de la rosace l'ayant écrasé, les religieux décidèrent son transport dans le transept gauche, où la Révolution le trouva. Le soin de toucher cet instrument était généralement confié à l'un des religieux de la maison.

L'argent qui servit à la transformation du mobilier de l'église avait été destiné à son achèvement. On y avait très sérieusement songé, mais un nouveau partage de biens avec la Sainte-Chapelle de Paris, autorisé par Louis XIII, mit les religieux dans l'impossibilité d'exécuter ce projet qui, depuis, fut pour toujours abandonné. M. Lacatte-Joltrois, dans son manuscrit sur Saint-Nicaise déposé à la Bibliothèque de la Ville, ajoute à ce qui précède que les religieux voulaient, après avoir achevé l'église, la réparer ainsi que les bâtiments réguliers. Les églises et les fermes de campagne qui appartenaient à l'abbaye, et dont ils avaient été les fermiers pendant un grand nombre d'années, devaient aussi subir les réparations nécessaires.

Ce fut dans l'espace de quatre années, de 1760 à 1764, que Dom Mathieu Hubert renouvela le mobilier de l'église à laquelle il fit aussi des réparations. Il dépensa 96,200 livres pour l'ensemble de ces travaux.

En voici le détail avec les prix extraits par Povillon-Piérard d'un manuscrit de Dom Chastelain :

Pour la charpente et la couverture de l'église...	18.000^l
Réparations autour de l'église, au portail et aux flèches	15.000^l
A reporter...	33.000^l

Report...	33.000[l]
La grille au fond du chœur..................	1.200
Les stalles, les boiseries et les tambours........	23.000
Le grand autel de marbre fin.................	6.000
Les candélabres, les accompagnements et ornements de l'autel............................	6.200
Le pavé du chœur, 90 toises à 60[l] la toise......	5.400
Les trois grandes grilles du chœur............	18.000
Les quatre petites	3.400
	96.200[l]

Cette somme, qui paraît considérable au premier coup d'œil, abstraction faite du style de l'église, fut dépensée avec intelligence. On comprend ces changements quand on songe au goût qui dominait partout à cette époque, et au profond mépris qu'on professait pour la plupart des œuvres du moyen âge. Les sculptures d'une grande valeur, dont une minime partie fut conservée, nous font regretter la perte des autres (1). Tous ces meubles, aujourd'hui déplacés, offrent d'autant plus d'intérêt qu'ils sont les seules épaves sauvées de la destruction complète et si malheureuse de notre admirable et bien regretté Saint-Nicaise.

(1) Plusieurs de ces boiseries avaient été recueillies à Saint-Maurice; quelques-unes avaient été employées à la décoration du buffet d'orgues. Lorsque, en 1889, un nouvel orgue remplaça l'ancien, les sculptures de Saint-Nicaise furent vendues à la maison Cavaillé-Coll avec l'ancien instrument, de sorte qu'il ne reste maintenant dans cette église que les panneaux contenant les bustes de saint Pierre et de saint Jean. Cependant deux autres bustes, sculptés également en bas-relief, ornent l'autel de la chapelle Saint-Joseph : ils représentent les apôtres saint André avec sa croix et saint Jude tenant une hache. En bas de

« Dom Mathieu Hubert a aussi dépensé 150 mille livres, dont il était dû à la sortie de ce religieux 50 mille

l'église, à la porte du nord, au grand portail, il y a un tambour orné aussi des bustes en bas-relief des apôtres saint Mathias, tenant une massue, et saint Barthélemy, un couteau.

Comme celles de saint Pierre et de saint Jean, ces figures sont sculptées dans des cartouches d'un style analogue (Louis XV) et

pour les réparations et autres ajustements et même pour le bâtiment des *Hôtes* et des *Infirmes* (1). »

semblent avoir été exécutées par la même main ; mais, pour ces dernières, la tradition est muette sur leur origine, qui cependant paraît devoir être la même que celle des tambours et des autres boiseries.

(1) Povillon-Piérard, manuscrit *Saint-Nicaise*, page 90.

Voici, entre autres, une des causes de la démolition de l'église. Les religieux, ayant des réparations à y faire, appelèrent M. Serrurier, architecte nouvellement arrivé à Reims, et le résultat de ses observations fut que les voûtes étant en craie, leur reconstruction était nécessaire. C'était une erreur qui plus tard fut on ne peut plus préjudiciable au monument ; les voûtes, comme on le vit en les démolissant, étaient en belle et bonne pierre, et ne pouvaient inspirer aucune crainte pour leur solidité.

CHAPITRE V.

Acquisitions faites à Saint-Nicaise par la Cathédrale.

Il y a déjà plus d'un siècle, lorsque la Révolution supprima les maisons religieuses, le bien des communautés, leurs bâtiments et ce qu'ils renfermaient, tout fut déclaré propriété de l'État.

Celui-ci cherchait à s'en défaire moyennant des prix ordinairement modiques. C'était une occasion pour les fabriques des églises conservées de se procurer ce qui paraissait devoir leur convenir, et de sauver ainsi les objets utiles et les œuvres d'art, souvent en dehors de cette mesure destinés à la destruction.

Notre Cathédrale ayant donc fait différentes acquisitions à Saint-Nicaise, il m'a semblé opportun de les faire connaître en mettant *in extenso* sous les yeux du lecteur la copie exacte des procès-verbaux extraits du *Registre des Délibérations du Conseil de Fabrique,* dont je dois la copie à l'obligeance de M. Lucien Monce.

EXTRAITS du Registre pour servir à l'Enregistrement des délibérations qui seront arrêtées, pour l'administration de l'Œuvre et Fabrique de l'Église métropolitaine de Notre-Dame de Reims, tant en assemblées générales des paroissiens, qu'en assemblées particulières de Messieurs les administrateurs de la Fabrique.

Séance du 26 aoust 1791. — *Cloches.* — Sur ce qui a été exposé que, dans le nombre des cloches, il y en a deux de cassées et qu'elles pourroient être remplacées par deux de celles de l'église de St Nicaise qui sont des mêmes dimensions; mesdits sieurs Robin, Andrieux, Aubriet et Lelarge sont priés de faire vérifier les dimensions des cloches pour connoitre si elles peuvent remplacer celles de la cathédrale et si elles sont jugées convenables, authorisés à faire les démarches traités et conventions nécessaires, pour en faire l'échange et la translation dans le clocher de l'église cathédrale après néantmoins en avoir fait le rapport au bureau assemblé.

Présents à cette séance : M. Galloteau-Chappron, président et premier marguillier; MM. Robin, Jolly-Pilloy, Partie-Jaillot, Guérin de Lioncourt, Andrieux, Clicquot-Watelet, Aubriet, Blondel-Berton, Godinot-Lelarge, Lelarge-Lelarge et Duchatel-Demain, membres.

Séance du vendredi 2 septembre 1791. — *Cloches.* — MM. les Commissaires ont fait le rapport que les cloches de l'église de Saint-Nicaise ne peuvent convenir pour l'accord avec celles qui sont actuellement dans les tours de l'église cathédrale, mais qu'il y a lieu de presumer que la grosse cloche de l'église de Saint-Hilaire pourrait convenir. Surquoy a été arrêté que MM. les Commissaires feront examiner par les personnes de l'art, si la cloche de St Hilaire peut convenir, et au cas qu'elle convint, feront le nécessaire pour l'obtenir en échange des cloches cassées.

Séance du 16 septembre 1791. — *Cloches.* — Le sieur Lasnier, musicien, étant entré, a fait le raport, qu'il a avec d'autres musiciens fait l'examen des cloches des différentes églises supprimées pour en trouver une qui peut remplacer celle de l'église cathédrale qui est cassée, et qu'il n'en a point trouvée; que pour retablir le complet de la sonnerie, il faudroit faire refondre la cloche cassée; et qu'il seroit plus utile, et moins couteux de prendre les six cloches de Saint-Nicaise, et donner en échange six autres de la cathédrale.

Surquoy ayant été délibéré, il a été arrêté de demander au directoire du district les six cloches de Saint-Nicaise, et de rendre en échange les six cloches de la cathédrale qui seront reformées; en conséquence le Conseil de fabrique autorise Messieurs Robin, Andrieux, Aubriet, et Lelarge, commissaires nommés à cet effet par la délibération du vingt six aoust — à faire toutes les diligences nécessaires pour obtenir l'échange des dites six cloches, contre les six autres de l'église cathédrale qui seront reformées, sauf à fournir l'excedent de poid le cas échéant, et pour ce faire tous les traités, et donner au district, au nom du Bureau toutes les soumissions qui seront nécessaires, faire tous marchés avec les ouvriers, pour faire démonter et descendre les cloches des tours de St Nicaise, les f[re] acconduire à l'église cathédrale, et les faire monter et mettre en place, faire stipuler de la part des entrepreneurs toutes les garanties convenables, — et demander au district que les fabriques qui obtiendront les cloches à reformer des tours de la cathedrale, en l'échange d'autres cloches, soyent chargées de les prendre en place, et en faire demonter et descendre à leur compte, de la même manière que la fabrique prendra celles de St Nicaise, lesdits Commissaires où d'eux d'entre eux arreteront les mémoires des ouvriers sur lesquels le Bureau en fera payer le montant

(N. Diot, évêque métropolitain, assiste à cette séance.)

Séance du 11 octobre 1791. — *Porches de St Nicaise.* — ... Comme aussy d'obtenir les porches des portes collatérales de l'Eglise de St Nicaise pour être placés aux portes collatérales du portail de l'église cathédrale.

Séance du 20 octobre 1791. — *Cloches.* — Le transport des cloches de St Nicaise, leur placement dans les tours de la cathédrale et la descente de celles de la cathédrale seront marchandés avec le sr Paroissien.

Séance du Jeudy 3 novembre 1791. — *Cloches.* — MM. Robin, Andrieux, Aubriet et Lelarge comme maîtres des ouvrages, chargés de ce qui concerne l'échange de six des cloches de la cathédrale avec six de l'église de St Nicaise, les faire placer et les rendre sonnantes, et faire pour ce la charpente nécessaire moyennant la somme fixée de neuf cent livres prix fait avec le sr Paroissien, l'administration approuve cette convention et authorise MM. les Marguilliers a faire payer la ditte somme lorsque les ouvrages seront finis.

Séance du vendredy 16 décembre 1791. — *Placement des cloches.* — Messieurs les Commissaires nommés pour faire l'échange, et faire faire le placement des nouvelles cloches ayant rendu compte des ouvrages qui leur ont paru nécessaires à faire dans le clocher, ont mis sur le bureau un devis fourni par le sr Paroissien, surquoy ayant délibéré, l'assemblée à autorisé Messieurs les Commissaires qui ont commencé l'opération à traiter avec le sr Paroissien pour faire faire les ouvrages énoncés au devis qui leur a été remis.

Séance du Samedy 21 janvier 1792. — *Pavé de St Nicaise.* — L'un de Messieurs a observé que le pavé en marbre de trois couleurs du chœur de Saint-Nicaise va être mise en vente que celuy du sanctuaire de Notre-Dame est mauvais et qu'il seroit convenable de le remplacer par celuy de St Nicaise.

L'assemblée a arreté que le remplacement proposé seroit utile, mais avant de prendre sur cela une décision définitive MM. Robin, Aubriet, de Loupeigne et Andrieux sont priés de faire faire la visite et estimation du pavé de Saint-Nicaise s'assurer de la possibilité de le faire servir à Notre-Dame et faire faire un devis estimatif de la depense qui pourroit resulter tant de l'achapt que du transport et pose, pour, sur leur rapport être arreté ce qu'il appartiendra.

Chandeliers de St Nicaise. — L'assemblée s'étant fait rendre compte de l'effet que peuvent faire sur l'autel du Cardinal les chandeliers de St Nicaise a authorisé MM. Robin et Aubriet a en faire l'achapt du district en échange avec d'autre cuivre qu'ils feront prendre dans les sacristies et réserve de l'Eglise de Notre-Dame et ensuite a les faire netoyer, mettre en etat de neuf et traiter de la depense du travail avec l'ouvrier qui en sera payé sur l'arreté qu'ils en feront après réception de l'ouvrage.

Séance du 31 janvier 1792. — *Sonnerie.* — ..... M. Galloteau-Chappron a fait ensuite lecture de l'état ou tarif qui suit des rétributions de la sonnerie tant pour la fabrique que pour les sonneurs dont les taxes ont été approuvées et sa transcription arretée.

POUR LES ENTERREMENS :

Premier ordre. — Les quatre petites cloches venant de Saint-Nicaise sonnées par sept hommes.

Chaque laisse deux livres dont seize sols à la fabrique et une livre quatre sols aux sonneurs.

Second ordre. — Les trois petites cloches de St Nicaise sonnées par quatre hommes.

Chaque laisse une livre quatre sols dont douze sols à la fabrique et douze sols aux sonneurs.

Troisième ordre. — Les deux petites cloches de St Nicaise, sonnées par trois hommes.

Chaque laisse douze sols dont quatre sols a la fabrique et huit sols aux sonneurs.

POUR LES BAPTEMES :

Premier ordre. — Les quatre grosses cloches venant de St Nicaise sonnées par douze hommes.

Pour deux volées et deux taboulages six livres dont deux livres huit sols à la fabrique et trois livres douze sols aux sonneurs.

Second ordre. — Les quatre petites cloches venant de St Nicaise sonnées par sept hommes.

Pour deux volées et deux taboulages quatre livres dont une livre dix huit sols à la fabrique et quarante deux sols aux sonneurs.

Troisième ordre. — Les quatre cloches apellées *Clabaudes* sonnées par deux hommes.

Pour deux volées et deux taboulage (*sic*) vingt sols dont dix sols a la fabrique et dix sols aux sonneurs.

A été arreté que ce tarif sera suivi acompter du premier fevrier prochain a été aussy arreté que la maniere de sonner observée jusqu'a present pour tous les offices pendant le courant de l'année et touttes les fêtes solennelles et autres sera continuée suivant l'usage du cy devant Chapitre et que les sonneurs seront payés comme ils l'étoient par le cy devant Chapitre.

Séance du 7 mars 1792. — *Sonnerie.* — Sur l'observation faitte qu'il y avoit erreur dans le tarif arrêté dans la precedente deliberation relativement au nombre d'hommes employés a la sonnerie pour les baptemes et enterremens, il en a été proposé un nouveau qui a été arreté ainsy qu'il suit :

POUR LES ENTERREMENS :

Premier ordre. — Les quatre grosses cloches venant de St Nicaise sonnées par dix hommes.

Chaque laisse deux livres dont treize sols a la fabrique et vingt sept sols aux sonneurs.

Second ordre. — Les quatre petites cloches venant de St Nicaise sonnées par cinq hommes.

Chaque laisse une livre cinq sols dont onze sols à la fabrique et quatorze sols aux sonneurs.

Troisième ordre. — Les deux grosses des quatre petites cloches venant de St Nicaise autrement les deux moyennes par trois hommes.

Chaque laisse douze sols dont quatre sols à la fabrique et huit sols aux sonneurs.

POUR LES BAPTEMES :

Premier ordre. — Les quatre grosses cloches venant de St Nicaise sonnées par dix hommes.

Pour deux volées et deux taboulages six livres dont trois livres à la fabrique et trois livres aux sonneurs.

Second ordre. — Les quatre petites cloches venant de St Nicaise sonnées par cinq hommes.

Pour deux volées et deux taboulages quatre livres dont deux livres dix sols a la fabrique et trente sols aux sonneurs.

Troisième ordre. — Les quatre cloches apellées *Clabaudes* sonnées par deux hommes.

Pour deux volées et deux taboulages vingt sols dont dix sols a la fabrique et dix sols aux sonneurs.

A été arreté aussy que le surplus de la precedente deliberation relatif a la sonnerie sera executé.

Séance du Lundy 20 aoust 1792. — *Portiques et pavé de St Nicaise.* — Ensuite il a été observé que par la deliberation du onze 8bre mil sept cent quatre vingt onze il avoit été arresté de solliciter auprés du Directoire du District pour obtenir ces deux portiques pour les placer dans l'église de Notre Dame aux deux portes collatérales du portail ou il est necessaire d'en faire placer.

Que par autre deliberation du vingt un janvier dernier il avoit été proposé de faire lachapt du pavé en marbre du chœur de S[t] nicaise pour remplacer celui du sanctuaire de notre dame qui est très defectueux.

Et comme ces deux objets doivent être vendus le vingt cinq aoust présent mois, il a été proposé d'en faire lacquisition. surquoi lassemblée ayant deliberé considerant que les deux portiques en menuiserie sont necessaire aux deux portes collateralles du portail de notre dame, que le pavé du sanctuaire de notre dame est très defectueux que la fabrique se trouvera bientot obligé de le faire refaire ce qui feroit une depense tres considerable sans procurer un pavé aussi beau que celui de St Nicaise, ladministration a arrêtté de faire lachapt des deux portiques, et du pavé aux meilleures conditions possibles, et a à cette fin nommé Messieurs Joly-Pilloy, Robin et Blondel-Gangan auquel le Bureau donne le pouvoir de se trouver à la vente indiquée au 25 aoust, et par eux, ou personnes de leurs choix, faire enchere sur les cy portiques et pavé, et s'en rendre adjudicataires, l'administration s'en remettant à leur prudence pour le prix de l'un et l'autre des objets, et les autorisent si ils en restent adjudicataires à traiter de suite avec les ouvriers pour faire enlever, et transporter lesdits objets dans l'Eglise notre dame; et les y faire poser.

Autorise aussy le sieur receveur de la fabrique à payer le montant des dites acquisitions sur les certificats des dits sieurs commissaires, et l'ordonnance de Monsieur le premier marguillier.

(Nota. — L'évêque Diot assiste à cette séance, mais ne signe plus : N. Diot, év. métrop.; mais : † *N. Diot év.*)

Séance du 24 aoust 1792. — *Portiques, pavé et autel de St Nicaise.* — Messieurs Joli-Pilloy, Robin, et Blondel-Gangan, commissaires nommés par la deliberation du vingt aoust pour faire l'achapt des portiques de St Nicaise et du pavé du chœur, ont fait leur rapport contenant qu'ils se sont rendus adjudicataires des portiques moyennant la somme de........, du pavé moyennant celle de........., et de l'hôtel *(sic)* moyennant...., a prendre le tout en place, et que, en conséquence des pouvoirs a eux donnès ils ont de suite fait commencer à deplacer et enlever led. objets.

Le Bureau aprouve lachapt des portiques du pavé en marbre et de l'hotel de St Nicaise authorise monsieur le marguillier a donner lordonnance pour en faire payer le prix et le receveur a payer, arrette que l'autel de la chapelle des fonds sera supprimée, que l'autel du Cardinal de larriere chœur sera déplacé et reposé dans la chapelle des fonds et que l'autel de St Nicaise sera mis en place de l'autel du Cardinal.

Pavé du sanctuaire. — Le pavé du sanctuaire de notre Dame sera levée et mis dans les reserves ou magazin jusqu'a nouvel ordre et sera remplacé par celui de S[t] nicaise pour la levée, transport et replacement dans notre Dame il sera traité avec un marbrier, ainsi que pour le transport et replacement des autels.

Séance du Jeudy 6 septembre 1792. — *Transport du pavé, etc., de St Nicaise à N[e] D[e].* — Le s[r] Herman marbrier ayant averti du danger qu'il peut y avoir de laisser sejourner a S[t] nicaise, les marbres de l'autel et du pavé du chœur, le bureau l'authorise a en faire faire le transport en leglise de notre dame aux depens de la fabrique, le plus promptement possible.

Séance du samedy 15 septembre 1792. — *Pavé, porches et autel.* — Monsieur Galloteau ayant exposé que M. Forêt l'ainé citoyen de cette ville a fait imprimer et repandre un memoire, par lequel il critique l'achat que le Bureau a fait faire du pavé en marbre, et de l'autel de saint nicaise, et des deux portiques destinés pour servir de porches aux deux portes collatérales du portail, que par ce mémoire le s[r] Forest cherche à indisposer, et à soulever les paroissiens contre l'administration; et lecture ayant été faite dudit imprimé, l'administration a reconnu que le s[r] Forest est induit en erreur, et a cherché à y induire les paroissiens par des idées fausses, tant sur le montant de la dépense que sur la destination de l'autel :

L'administration considérant que les portiques sont non seulement d'utilité, mais de nécessité pour remplacer les porches que le Chapitre faisoit mettre tous les ans aux portes collatérales, et dont la malpropreté faisoit une disparate choquante avec la beauté de lEglise, que l'autel, et le pavé de marbre pouvant être regardé comme des monuments à conserver, l'administration a fait le bien de la nation en donnant une valeur à ces objets, qui ne pouvoient convenir qu'à l'Eglise métropolitaine, et qu'elle a fait l'avantage de la paroisse puisque le prix de l'achat doit venir en compensation de sommes plus considérables dües par la nation à la fabrique, qu'au surplus il ne s'agit pas icy d'une depense faite par les marguilliers de la paroisse, mais bien d'une chose delibère par les paroissiens par leurs representants investis de tous leurs pouvoirs sur quoy : IL A ÉTÉ ARRÊTÉ que le travail commencé sera continué, et MM. les marguilliers autorisés à arrêter les mémoires des ouvriers, et à les f[re] payer, et que ce travail' et la connaissance que les paroissiens acquererons de la verité des faits, et de la moderation de la dépense de la maind'œuvre, qui ne fera pas un objet de cent Louis serviront suffisamment de reponse au memoire du s[r] forest, qui sera lui-même forcé de reconnoître son erreur, et le tort qu'il a eû d'avoir essayé de soulever les paroissiens contre leurs representants.

En consequence arrête que le pavé qui est exposé a être fracturé, en raison de l'abandon de l'Eglise, sera levé, et transporté à notre dame le plus promptement possible, que les marbres de l'autel qui est démonté, seront aussy apportés dans l'Eglise de notre Dame, et qu'aussitôt le transport fini, l'autel du cardinal sera demonté, et celuy de St Nicaise mis à sa place ; et les marbres de l'autel du cardinal, reunis, et deposé en lieu sûr.

A l'Egard du Pavé, il y sera surcis à la pose jusqu'a nouvel ordre, attendu l'approche de l'hyver.

Marbrier. — Ensuite s'est présenté le s^r^ Herman marbrier, qui a demandé a conclure le marché pour le deplacement du pavé, et de l'autel de Saint-Nicaise, le transport dans l'arriere cœur de notre Dame, et le deplacement de l'autel du Cardinal, et du pavé du sanctuaire de notre dame, et le replacement de l'autel, et du pavé de St Nicaise.

Surquoy a été arrêté que Mrs Robin, Joly, et Guerin, projetteront le marché, et le presenteront à la premiere assemblée.

Séance du Mardy 16 octobre 1792. — *Portiques.* — **M.** Blondel-Gangan chargé de faire poser aux portes collatéralles du portail, les deux portiques de St Nicaise, a présenté le devis du Travail et le Bureau a ajourné à la première assemblée pour y délibérer.

Séance du 24 octobre 1792, le premier de la République française. — *Pose des portiques de St Nicaise.* — Examen fait du projet des ouvrages à faire, pour la pose des deux portiques achetés à saint Nicaise, et destinés pour les portes collateralles du portail de Notre-Dame ; L'administration à nommé Les Citoyens Robin, Joly pilloy, Guerin, Aubrié et Gerardin varré ; pour conclure, et signer le Marché, convenu avec Le Citoyen Blondel Menuisier, et veiller à le faire exécuter.

Marché à faire avec les Srs Herman, Paroissien et Masson. — Examen fait du devis présenté par le sieur Herman Marbrier. le sieur Paroissien Charpentier, et le sieur Masson Serrurier ; L'administration donne Egallement les mêmes pouvoirs auxdits Robin, Joly Pilloy, Blondel, Guerin, Aubrié et Gerardin Varré.

Séance du 30 octobre 1792, le premier de la République française. — *Herman et Blondel, marchés fait.* — **M.** Guerin ayant présenté le Marché fait avec le sieur Herman Marbrier le vingt cinq du courant, pour la pose de L'autel de saint Nicaise, et le pavé du sanctuaire moyennant *Deux Mille deux cent cinquante Livres*; Le Bureau la approuvé et ratifié, et à egallement ratifié celui fait avec Mr Blondel pour la pose des deux portiques en menuiseries, aux deux portes collateralles du portail moyennant *Cinq cent Livres.*

Paroissien, marché fait. — Approuve et ratifie égallement celui fait avec le sieur Paroissien pour la Charpente desdits deux portiques suivant le devis moyennant *Cinq cent Livres* y compris les objets du nouvel œuvre à y faire.

Masson, marché fait. — Approuve et ratifie egallement celuy fait avec le sieur Masson Serrurier pour les ouvrages de sa profession moyennant *Cent cinquante Livres.*

Séance du 4 novembre 1792, le premier de la République française. — *L'autel de St Nicaise à recevoir.* — Le Citoyen Guerin a annoncé que l'autel en marbre venant de Saint-Nicaise est monté dans l'ariere chœur de notre Dame, à l'emplacement ou étoit l'autel du cardinal, que le travail de la pose est fini, et que le marbrier demande que l'ouvrage soit visité et recu; et a observé qu'en demontant l'autel du cardinal il s'est trouvé un caveau contenant des cercueils de plomb, qui n'étoit fermé que par la table de marbre qui formoit la marche de derrière l'autel; que le marbrier a été obligé de faire un travail non prevu, pour faire baisser cette table de marbre, et l'enfoncer sur l'ouverture du caveau, au niveau du pavé; que le sr Herman demande a être indemnisé de la depense que ce travail a occasionné. Surquoy ayant délibéré, l'administration a choisi, et nommé les citoyens Joly Pilloy, Robin, Blondel Gangan, et Gerardin Varré, pour faire l'Examen du travail de la posée de l'autel, vérifier si le sieur Herman à satisfait en tout aux clauses et conditions du traité fait avec lui, et lui remettre le certificat de réception si ils trouvent le travail bien fait.

A l'egard de l'indemnité demandée pour excédent de travail ; arrête que le marché etant fait en entreprise à forfait, il n'y avoit lieu à déliberer.

Autel du Cardinal. — MM. Jolly Pilloy, Robin, Blondel-Gangan, et Gerardin Varré commissaires nommés par délibération du 20 aoust, 15 7bre, et 24 8bre d^ier^ pour faire les marchés pour le déplacement et replacement des autels, et pavé du sanctuaire, ont fait rapport qu'ils sont convenus avec le s^r^ Herman marbrier, à la somme de deux cents livres pour toutes choses, pour en exécution de la déliberation du 29 aoust d^er^ demonter l'autel de la chapelle des apôtres, et mettre en place l'autel de marbre du cardinal qui étoit dans l'arriere chœur, à la charge par led. s^r^ herman de faire le transport des marbres et pierres et ensuite de faire déblayer, transporter, et déposer dans l'un des réserves de l'Eglise qui lui sera indiqué par les marguilliers toute la démolition de l'autel des apôtres; et ce qui pouroit rester de la démolition de celuy du cardinal, et d'être ledit s^r^ herman garant de tous les accidens qui pouvoient arriver aux marbres dans le transport.

L'administration approuve ladite Convention, et fera payer ladite somme de Deux cents livres audit sieur Herman après l'ouvrage fini et recu.

Séance du jeudy 21 fevrier 1793, l'an deuxième de la République française. — *Acompte au marbrier.* — Sur ce qui a été observé par le citoyen Guerin, que le marché fait avec le citoyen hermann relativement, à la pose du pavé du chœur porte qu'il sera payé a mesure de l'ouvrage et que ledit citoyen hermann demande un a compte a été arreté qu'il luy sera delivré quatre cent livres.

Séance du mardy 8 may 1793, l'an deux de la République française. — *Pavé.* — Le citoyen Guerin a dit que les ouvriers qui ont posé le pavé du chœur demandent une gratification elle leur a été accordée de vingt cinq livres.

Le pavé étant posé les citoyens Lelarge et Parmentier ont

été nommés pour examiner sil l'est tel qu'il doit être et en faire la reception a été en outre decidé que les marbres et gravois qui sont dans le chœur seront de suite deblayés et placés dans la réserve, les ouvriers qui y seront employés seront payés, sauf a retenir au citoyen Hermann ce qu'il en coutera pour ce déblayement s'il en est tenu par son marché.

Des quatre acquisitions faites à Saint-Nicaise pour la fabrique de Notre-Dame, il est malheureux que la première, celle des *cloches*, n'ait pas été maintenue. Le décret national ne laissant qu'une cloche par église obligea l'envoi à Paris des cinq autres et de toutes celles de la Cathédrale, pour y être fondues et converties en monnaie de billon (1). La cloche conservée fut la plus grosse de celles de Saint-Nicaise, qui se fêla en 1804. C'est ainsi que disparut le dernier souvenir de cette harmonieuse sonnerie qui avait tant charmé les oreilles de nos ancêtres.

Depuis cet accident, notre Cathédrale n'a pas cessé de jouir des autres acquisitions faites à Saint-Nicaise. Le *maître-autel* de l'église abbatiale a pris le nom de son prédécesseur à la Cathédrale, l'*autel du Cardinal*. Le *dallage en marbre de quatre couleurs* est toujours à sa place dans le sanctuaire, et les deux tambours placés aux petites portes du grand portail préservent toujours les basses nefs des vents impétueux de l'ouest.

Il est bien à désirer qu'on trouve à Reims un endroit

(1) Le gros bourdon ne fut pas compris dans la mesure parce qu'il servait les jours de décade, et annonçait les fêtes et réjouissances publiques.

de dimension suffisante pour y placer ces tambours, que les architectes du gouvernement ne veulent pas conserver dans la Cathédrale. Ayant été faits sous le règne de Louis XV (de 1760 à 1764), ils n'ont, en effet, aucun rapport avec l'architecture de Notre-Dame. Ils seraient peut-être bien placés dans la grande nef d'une église moderne, simple d'architecture, comme Saint-Jean-Baptiste (quoique gothique), et dans Saint-Benoît, qui, attendant son église paroissiale, n'a encore qu'une modeste chapelle très insuffisante. Il serait regrettable à tous égards de voir détruire ces épaves de Saint-Nicaise, sauvées depuis un siècle, ou même quitter Reims pour aller faire l'ornement d'édifices éloignés peut-être de notre contrée.

La série des acquisitions faites par la Cathédrale à Saint-Nicaise clôt la liste de ce qui a été conservé. C'est bien peu. S'il y a d'autres objets que ceux décrits dans cet ouvrage, ils ont échappé à nos investigations. Il est, cependant, fort possible que nos églises en possèdent quelques-uns ; mais ni la tradition, ni aucun signe particulier, ne désignent leur provenance.

Nous croyons donc avoir terminé la nomenclature de ce que nous savons avoir appartenu à l'illustre basilique.

Au mois de mai de l'année 1896, plusieurs journaux de Paris annoncèrent un don qui venait d'être fait au Musée du Louvre. Il s'agissait d'une statue de Saint-Nicaise léguée par feu M. Micheli, et que sa fille, accomplissant les volontés de son père, avait envoyée à notre grand Musée national.

Désirant connaître la description de cette statue, je priai M. Léon Le Grand, de prendre sur place tous les renseignements nécessaires, ce qu'il fit ; et, sur sa demande, M. Courajod, conservateur au Louvre, remit obligeamment à M. Le Grand deux photographies que je suis heureux de pouvoir reproduire. Depuis, M. Courajod étant décédé, son successeur, M. André Michel, voulut bien m'adresser les détails descriptifs que je vais reproduire.

Cette statue est en pierre, elle a $0^{m}79$ de hauteur et conserve encore des traces de peinture ancienne dans les plis de son costume ; la statue porte au revers, dans la partie inférieure, des traces d'un trou de scellement.

Lorsque M. Micheli fit, à Reims, acquisition de cette statue, il apprit qu'elle avait appartenu à une des abbayes de notre ville ; sa fille connaissait ces détails, mais elle ne put préciser le nom de l'abbaye. On ne peut guère croire qu'elle décorait une autre abbatiale que celle de Saint-Nicaise. Elle n'a pas, en effet, été proposée à l'acquéreur sous le vocable de Saint-Denis (1), mais bien sous celui de Saint-Nicaise. En la vendant à un Parisien, il semble que le vocable de Saint-Denis lui donnait plus de valeur ; mais, non : elle n'a été connue alors et depuis que sous celui de Saint-Nicaise.

Le savant conservateur du Musée du Louvre, M. Courajod, avait accepté cette statue avec la dénomination qu'elle portait lorsque M. Micheli en fit don au Musée.

(1) Il y avait à Reims une grande abbaye de génovéfains, dont l'église abbatiale et paroissiale était placée sous l'invocation de saint Denis. Sur l'emplacement de l'église, on a percé la rue Libergier. Quant à l'abbaye, elle a été presque entièrement conservée ; le grand Séminaire en occupe la majeure partie, et le reste a été vendu et converti en maisons particulières.

Nous ferons donc comme lui, et avec lui, nous la considérerons comme représentant le saint évêque martyr de Reims.

L'usage de représenter les archevêques de Reims avec le rational était considéré comme un insigne pri-

vilège qui paraît n'exister déjà plus au xve siècle. Saint Remi, dont la statue décore le trumeau du portail latéral de son église, achevé en 1511, saint Remi n'en est pas orné comme à la statue du portail occidental. Ici, quoique bien mutilé, on reconnaît encore une partie du rational. Le pallium, qui était porté par les archevêques, n'était que par exception accordé à un petit nombre d'évêques. Saint Denis n'a jamais été représenté avec le pallium, et pas probablement avec le rational, puisque

pendant toute la durée du moyen âge, la Cathédrale de Paris n'était que le siège d'un évêché dépendant de l'église métropolitaine de Sens. Ces remarques iconographiques sont, il me semble, suffisantes pour que, sans crainte de nous tromper, nous conservions à cette statue le nom de saint Nicaise.

Au Musée du Louvre, elle est accompagnée de cette inscription :

St Nicaise, École française, XVe siècle.
Provient de Reims. Don de M. Micheli.

Le Saint décapité a les yeux fermés ; il tient sa tête de la main gauche passée sous le menton, entièrement rasé, suivant l'usage du xve siècle ; le chef de saint Nicaise est coiffé d'une mitre beaucoup plus haute que celles portées antérieurement ; elle est ornée de galons et de broderies, la main droite du Saint maintient la mitre sur la tête. Sur la chasuble à collet, de forme antique, est posé le pallium ; en dessous, apparaissent les franges de l'étole, le bas de l'aube et de la soutane dont l'ampleur des plis couvre les pieds du Pontife. N'oublions pas le manipule passé à son bras gauche. Ces vêtements sacerdotaux portent bien tous le cachet du xve siècle (1).

(1) Il y a dans l'église de Louvergny, canton du Chesne, arrondissement de Vouziers, Ardennes, une statue analogue, du xive ou xve siècle, assez bien conservée et qui paraît d'une certaine valeur artistique. Saint Nicaise est le patron du pays, comme il l'était aussi des paroisses de Prémecy, Auménancourt-le-Petit, Le Han, Chilly, Girondel, La Férée, Villers-le-Tilleux, Fagnon, Montmeillant, Raucourt et Cuis, dans l'ancien diocèse de Reims, selon le pouillé de l'abbé Bauny, en 1777.

CHAPITRE VI.

L'Abbaye depuis ses premiers temps.

ANS l'avant-propos placé au commencement de cet ouvrage, nous avons vu les propositions de tous genres jointes aux efforts des Rémois pour conserver l'église et l'abbaye de Saint-Nicaise. Tout d'abord, on voulait faire de l'église des magasins à fourrages ; puis, pour l'abbaye au moins, on songea à la convertir en une maison de détention ; on demanda ensuite son utilisation en caserne. Ces diverses propositions, avons-nous dit, n'avaient qu'un but, celui de conserver ces bâtiments en les rendant utiles à la nation, et, par là, surtout, d'empêcher la vente de l'église. Rien ne put arrêter l'esprit destructeur s'attaquant aux monuments religieux à la fin du XVIIIe siècle ; et aujourd'hui la reconstitution de l'abbaye, du moins sur le papier, est plus difficile que celle de l'église, les renseignements que nous possédons étant moins précis et moins nombreux.

Nous allons cependant essayer de le faire, en réunissant tous les matériaux que nous ont laissés Flodoard,

Pierre Cocquault, Pussot, le grand-prieur de l'abbaye, Dom Guillaume Marlot, Dom Philbert Leauté, moine, aussi de cette maison, etc. Nous ne manquerons pas non plus de puiser aux sources moins anciennes, recueillies par les témoins des tristes démolitions dont nous avons encore vu des ruines éparses sur le sol de l'église et de l'ancienne abbaye. Mais avant de parler des constructions détruites à la fin du XVIIIe siècle et au commencement du XIXe, il est bon de faire connaître le peu que nous savons de celles qui les ont précédées.

Jovin ayant bâti l'église des saints Vital et Agricole, de 340 à 346 (1), la dota de revenus et, nous dit Marlot, « laissa fort probablement tout le pourpris de son chasteau où est située l'église, pour la demeure des clercs qui rendoient service à l'église ; en mémoire de quoy se célèbre tous les ans un obit solemnel, le septiesme septembre..... saint Remy disposant de ses richesses en son testament luy laissa trois sols avec les héritages qui venoient de Jovinus, et l'église de Saint-Michel, en termes fort respectueux, et qui contiennent tous les éloges qu'on luy peut donner. »

Les archevêques Sonnace et Lando ne l'oublièrent pas non plus dans leurs testaments, et Flodoard dit « qu'il y avoit autrefois des clercs avec un prestre pour faire le divin service proche du tombeau des martyrs, et des officiers ou *custos* (sic) pour la garde des portes ; de sorte que ce n'est pas sans raisons si dans la charte de Philippe Ier, dressée au temps de la rénovation de l'église faite par Gervais, elle porte le tiltre d'abbaye, bien qu'il n'y eût jamais eu de moines auparavant, ce nom étant lors commun à toutes sortes de bénéfices

(1) Dom MARLOT, édition de l'Académie, tome III, page 319.

occupés par les clercs vivant en quelque sorte de communauté. »

Flodoard et Marlot ne donnent aucun renseignement sur ce qu'étaient les bâtiments occupés par les clercs. Ils ont dû subir le sort de l'église, qui menaçait ruine sous l'épiscopat de Gervais de la Roche-Guyon. Ce prélat, nous l'avons vu, entreprit la reconstruction ou tout au moins une restauration complète de l'église, qu'il reconnut être d'une architecture incomparable, et fit bâtir, ajoutent les divers historiens, un nouveau réfectoire, un cloistre, un dortoir, des officines avec les autres lieux réguliers, pour y loger commodément ceux que l'archevêque voulait y introduire. C'est à l'année 1057, la seconde du pontificat de Gervais, que Dom Marlot fait remonter ces constructions, qui ne demandèrent que quatre ans pour être terminées.

« Ce même pontife (1) fonda aussi l'hospital auquel il unit la terre et la seigneurie de Merguillon pour recevoir les hostes, suivant la louable coustume des premiers Bénédictins ; il dota pareillement de ce qu'il put cette nouvelle abbaye, y annexant la seigneurie de Saint-Hilier (2) sur la rivière de Suippes, les autels de Dontrian, de Saint-Euphraize, de Fismes, d'Houdilcourt et de Saint-Sixte, avec la paroisse et le fauxbourg, etc., que le roy Philippe confirma par un privilège de l'an 1066.

« Et pour ce que le roy, confirmant ces donations, veut que le cloistre et le fauxbourg soient francs de toutes charges et qu'il parle encore de la seigneurie de Houdilcourt, donnée pour l'anniversaire d'Henri Ier,

(1) Dom Marlot, édition de l'Académie, tome III, page 321.
(2) Saint-Hilaire-le-Petit.

laquelle est la première qui ait été unie au monastère de Saint-Nicaise, tiltrée du nom de royal comme ayant été fondé par nos roys dès son origine. »

Aussi, lorsque l'usage de porter des armoiries se généralisa, cette royale abbaye reçut les armes de France, telles que le roi les portait alors : *d'azur semé de fleurs de lis d'or sans nombre*. En 1285, Pierre Barbet, archevêque de Reims, voulut qu'on ajoutât une croix blanche *(d'argent) brochant sur les fleurs de lis*,

afin que, par cette addition qui rendait les armes de l'abbaye semblables à celles de l'archevêché de Reims, on reconnût l'autorité du métropolitain sur les religieux de Saint-Nicaise. Plus tard, à une date que je ne puis préciser, la croix d'argent fut remplacée par le chef mitré de saint Nicaise, au naturel. Ce sont ces dernières armoiries qui subsistèrent jusqu'à l'époque de la destruction des maisons religieuses.

Les premiers religieux appelés à Saint-Nicaise par l'archevêque de la Roche-Guyon étaient des chanoines réguliers, qu'il ne tarda pas à transférer au monastère de Saint-Denis, dont il fut aussi le fondateur. Dom Marlot ne partage pas cet avis, bien qu'il ait été inséré dans le commentaire de Sainte-Vaubourg par Dom Jean l'Espagnol ; car la bulle de 1061 du Pape Alexandre II, confirmative de la fondation de Saint-Denis, ne fait pas mention des religieux qui devaient faire le service à Saint-Nicaise ; mais elle indique les chanoines réguliers de Saint-Augustin pour Saint-Denis, déjà établis en cette abbaye le 4 du pontificat

d'Alexandre (1064), et désigne les Bénédictins comme étant en possession de Saint-Nicaise depuis son origine.

Tant que vécut l'archevêque Gervais de la Roche-Guyon, l'abbaye, qui paraît avoir été l'objet de ses prédilections, conserva l'austérité de la règle de saint Benoît, et les moines ne cessèrent de donner l'exemple de la vie religieuse portée à sa plus haute perfection.

Comme la plupart des grandes abbayes, Saint-Nicaise eut des écoles. Celles-ci furent très florissantes, au XIe siècle surtout. Plusieurs hommes célèbres en sortirent à différentes époques ; citons entre autres : Guillaume,

Simon, noble liégeois; Geoffroy, qui devint abbé de Saint-Thierry; Geoffroy, l'un des historiens de saint Bernard; Drogon, qui fut cardinal; Joran, qui de simple religieux fut nommé abbé et puis cardinal; Gilbert, abbé de Saint-Michel et de Saint-Nicolas-aux-Bois, à qui sa grande connaissance des arts libéraux fit donner le surnom de Platon, etc., etc.

Après la mort de leur fondateur, les Bénédictins laissèrent s'introduire dans l'abbaye des désordres que favorisa l'usurpation du siège épiscopal par Manassès Ier.

Cette maison perdit alors le meilleur de ses revenus, et sa pauvreté fut telle, que les religieux, venus de divers pays, la quittèrent pour retourner dans leurs premières résidences. Il ne restait plus alors à Saint-Nicaise un seul prêtre pour célébrer les divins mystères. Seul, dit la chronique de l'abbaye, un novice, nommé Joran, qui, par la suite, devint illustre, tint tête au désordre et continua tous les jours la récitation de l'office avec l'aide d'un convers.

Le successeur de Manassès, l'archevêque Renault du Bellay, mit autant de zèle à réformer les mœurs des ecclésiastiques qu'à réparer les batiments ruinés par l'incurie des temps qui précédèrent son installation sur le siège de Reims. Connaissant le mauvais état du monastère de Saint-Nicaise, réédifié depuis peu et avec autant de soins par Gervais de la Roche-Guyon, l'archevêque Renault du Bellay résolut de le préserver de la chute prochaine dont il était menacé. Lorsqu'il cherchait mentalement, parmi les plus célèbres abbayes de France, où il pourrait trouver des religieux ayant conservé leur règle dans toute son intégrité, il fut sollicité par le pape Urbain II de venir le trouver à Rome. Passant en Auvergne, il s'arrêta à la Chèze-Dieu, où il admira l'exacte observance des disciples de saint Robert que dirigeait le vénérable Seguinus. L'archevêque du Bellay comprit de suite qu'avec de tels religieux il lui serait possible, si ce n'était même facile, de relever l'abbaye de Saint-Nicaise. Il s'en ouvrit donc à l'abbé Seguinus, qui, à cause de l'éloignement des deux monastères, eut de la peine à consentir à ce que lui demandait l'archevêque de Reims. Cependant, ayant choisi quelques-uns de ses religieux, il vint en notre ville avec Renault du Bellay où il traita de leur établissement, accepta pour un temps le titre d'abbé, voulant par là affermir les religieux dans la pratique de leur règle. Peu à peu il releva l'abbaye, lui fit recouvrer ses légitimes possessions et en acquit encore de nouvelles. Ses successeurs, Nicolas et Wido, qui étaient profès de la Chèze-Dieu, continuèrent les traditions de l'abbé Seguinus.

L'abbé Guido II, qui décéda le 3 octobre 1179, fut le premier qui créa une Société dans laquelle les religieux bénédictins de Saint-Remy et de Saint-Nicaise échangeaient des prières. Les moines des deux abbayes se réunissaient pour les processions et assistaient aux obsèques de leurs religieux respectifs.

Guillaume de Champagne, archevêque de Reims, fit une seconde dédicace de l'église de Saint-Nicaise, alors que l'abbé Guido II en tenait la crosse, suivant ces paroles, nous dit Marlot, paroles qui se lisent en un livre manuscrit : *Dedicatio secunda ecclesiæ Jovinianæ seu sancti Nicasii ab instauratione ipsius, per Guillelmum archiepiscopum cardinalem, anno 1175* (1).

Joran le Novice, dont nous venons de parler, lors des

(1) Dom Marlot, tome III, édition de l'Académie, page 354.

désordres qui ruinaient l'abbaye, fut alors, comme récompense de ses mérites, élevé à la dignité d'abbé. Cette maison, sous sa direction, ne fit que prospérer, et le nombre des religieux qui, sous Manassès II (1096-1106), était fort restreint, dépassait, après le décès de Joran, celui de quatre-vingts, tant à Saint-Nicaise que dans les huit prieurés qui en dépendaient.

« Les religieux du même monastère, nous dit Dom Marlot (1), avaient non seulement un bréviaire propre, un missel, des fêtes distinctes, des constitutions et des cérémonies à part, mais encore un habit quelque peu différent qui les distinguoit des autres moines du diocèse, et qui tesmoignoit que leur institution venoit de diverses sources : car bien que le froc fût à peu près semblable, ils avoient cela de particulier qu'ils portoient l'aumusse noire sur la teste, ainsi que l'histoire de Tournay marque avoir esté institué par Galtherus ou Waltier, à l'égard des chanoines de la Cathédrale, l'an 1251 . . . Le pape Clément V permit seulement aux Bénédictins de son temps de porter ainsi l'aumusse, ce qui monstre que l'usage estoit plus ancien : *Almutiis de panno nigro, vel pellibus caputiorum loco, cum caputiis habitùs quem gestaverint sint contenti*. Les religieux de Saint-Remy conservèrent les aumusses de drap au dehors et fourrées en dedans, et ceux de Saint-Nicaise, dont les constitutions étaient tirées de celles de la Chèze-Dieu, s'approchaient par la forme de leurs aumusses de celles des chanoines, étant, par ce moyen, distingués dans les assemblées (2). »

Les religieux de Saint-Nicaise se servaient de l'au-

(1) Dom MARLOT, édition de l'Académie, tome III, page 325.
(2) Dom MARLOT, édition de l'Académie, tome III, page 325.

musse à l'église, au chapitre et au réfectoire. Les autres habits de ces Bénédictins étaient semblables à ceux des diverses maisons de cet ordre dans la province. Il est cependant encore un point à noter à ce sujet : c'est qu'à matines, ils portaient des bottes garnies de laine ou de bourre, que le chambrier était obligé de fournir. L'usage de les enterrer avec leurs bottes a été mis en évidence lorsqu'on fit l'ouverture d'anciens tombeaux. Les religieux de Saint-Nicaise n'étaient pas les seuls qui portaient des bottes fourrées, car Marlot dit qu'il en est fait mention en un titre de Thibaut, comte de Chartres, pour des filles de l'ordre de Fontevrault : *Dictus comes confert centum solidos annuatim solvendos ad botas foderatas emendas.*

Cette digression ne nous a pas paru inutile, puisqu'elle nous apprend, en peu de mots, ce qu'étaient les religieux de Saint-Nicaise pendant les premiers siècles de la fondation de leur maison, puis, quel était leur costume antérieurement au XIIIe siècle.

Cette abbaye, dans ses origines, n'avait pas toujours été renfermée dans des murs de clôture. L'élévation même des remparts ne mit pas fin aux constructions et renversements successifs des murailles protectrices de l'abbaye. Ces remparts, élevés pour la défense de la ville, servaient aussi de promenades aux Rémois. Les regards indiscrets de ceux-ci forcèrent les abbés à demander l'autorisation d'élever des murailles entre le rempart et l'abbaye. Nous allons citer les faits rapportés par nos chroniqueurs, faisant connaître les noms des abbés qui eurent à lutter dans ces importantes questions.

Simon de Marmoustier, élu abbé en 1242, tint la crosse abbatiale pendant quatorze ans. Il contribua largement à la construction de l'église et à l'amélioration de l'abbaye. Il obtint du Souverain Pontife la permission d'augmenter le nombre des religieux fixé à soixante par l'archevêque.

L'an 1253, l'archevêque Thomas de Beaumetz l'autorisa à faire bâtir une simple muraille sur les remparts, rien que pour soustraire l'abbaye aux regards curieux et gênants des passants (1), et non pour en faire un mur de défense : *Ita tamen ut in dictis muris non sint aliqui crenelli qui defensionem ostendant, et via octo pedum inter fossata et murum remaneat transeuntibus* (2).

L'abbé Gérard de Cernay ou Cerny, successeur de Simon de Marmoustier, « se maintint au droit qu'il avoit de garder les clefs d'une porte de la ville bastie derrière son église, contre l'abbé de Saint-Remy et deffendit le privilège qu'il avoit d'establir un maistre d'escole sur ses terres contre l'escolatre de Reims par sentence de l'an 125.... (3). »

La porte de ville, dont il vient d'être question, existe encore aujourd'hui, mais les tours qui l'accompagnaient furent détruites en 1749. (*Almanach historique de Reims*, 1752.)

« Il y eut dispute durant que le dit Gérard fut abbé (de 1254 à 1263) entre l'abbaye de St Remy et St Nicaise qui estoit au derrier de leglise pour les clefz dicelle, mais elles nappartenoient ni a lung ni a lautre d'autant que en ce temps les archevesques les avoient et leurs appartenoient les clefz de la ville de Reims (4). »

..... « Les papes Innocent et Alexandre IV accor-

(1) Voir aux *Pièces justificatives*, n° XVI, p. 443, clôture de 1347.

(2) Dom Marlot, édition de l'Académie, tome III, page 359.

(3) Pierre Cocquault, manuscrit de la Bibliothèque de la Ville.

(4) Pierre Cocquault, manuscrit de la Bibliothèque de la Ville.

dèrent de son temps (1) aux religieux la permission d'hériter de leurs parents, de ne pouvoir estre excommuniés en commun, ny empeschés de célébrer le saint office en leur église, les portes fermées, à voix basses, et sans tinter les cloches, pendant un interdit général de la province ou du diocèse. L'archevesque Thomas leur permit de chanter publiquement les proses, antiennes et respons dressés pour la feste de saint Nicaise, par une chartre de l'an 1260 (2). »

« Milo Croissart, nommé abbé de Saint-Nicaise par l'archevêque Jean de Courtenay, avec le consentement des religieux, eut de grandes prises avec les échevins pour la fermeture de l'abbaye du costé du rempart, mais il obtint une bulle particulière de Clément IV pour ce sujet à laquelle l'Archevesque acquiesça. Il mourut en 1269 (3). »

Guibert ou Gilbert, fut élu abbé en 1270. « L'archevesque Pierre Barbet luy permit de joindre au pourpris de l'abbaye le lieu qui estoit depuis le fauxbourg jusqu'à la porte de Saint-Nicaise, et depuis les bastiments d'icelle jusqu'à l'ancien mur dressé sur les fossés de la ville, l'an 1280. Ce qui fut authorizé par Philippe III fils de saint Louis à la prière de la reine Marie grandement affectionnée au monastère, l'an 1296 (4). »

Déjà, à la page 336 du tome III de l'édition de l'Académie, Marlot dit que cette reine, fille de Henry, duc de Brabant « avait employé son crédit pour faire en sorte que le monastère fût non seulement enfermé dans l'en-

(1) L'abbé Gérard de Cernay.

(2) Voir aux *Pièces justificatives*, n° XVII, page 444.

(3) Dom Marlot, édition de l'Académie, tome III, page 360.

(4) Dom Marlot, édition de l'Académie, tome III, page 360.

ceinte des murailles de la ville, mais que les religieux eussent la permission de dresser une fermeture au haut du rempart pour empescher la veue des passants, l'an 1282.

« La clauture du derrier du chœur de St Nicaise nestoit encore faicte de son temps (Guibert), 1289, pour laquelle il y eust de grandes disputes. Il l'obtint encore de Pierre Barbet, archevesque pour la faire près des remparts (1). »

« Odo le Plat, natif de Reims, parvint à l'abbaye par le libre suffrage des religieux. Il obtint plusieurs amortissements et lettres de jussion des rois pour la closture de derrière l'église, souvent démolie par les habitants de Reims, 1296.

..... « Cet abbé fut grand économe, aimant l'ordre et la décoration de l'église. Son portrait se voit en une vitre de la chapelle de Saint-Quentin qu'il a fait faire, où il est représenté en chape; et, ayant tenu l'abbaye neuf ans avec réputation, il mourut le 28 avril 1297 (2). »

« Philippe la Cocque, étant abbé de Saint-Nicaise, promit ainsi que ses religieux de faire un obit et service solennel à perpétuité pour Robert de Courtenay, archevêque de Reims, ainsi qu'ilz en faissoient un pour lame du deffunct Gervais archevesque de Reims fondateur de labbaye de St Nicaise daultant que ledit Robert avoit consenti que la ville fut ragrandye et que la dicte abbaye fut enfermée dans icelle, par chartres qui sont au trezor de l'archevesché de Reims, 1319 (3). »

Un accord se fit entre les échevins, citoyens et habi-

(1) Dom Marlot, édition de l'Académie, tome III, page 360.

(2) Dom Marlot, édition de l'Académie, tome III, page 361.

(3) Extrait fait avec Dom Marlot, tome III, page 361, et les mémoires de Pierre Cocquault, mss. de la bibliothèque de Reims.

tants de Reims, et les moines de Saint-Nicaise au sujet de la clôture de l'abbaye élevée par les religieux au pied des remparts, ce qui gênait la circulation. Les religieux offrirent aux échevins, aux citoyens et aux habitants une somme d'argent que ceux-ci refusèrent, voulant sans doute conserver leur droit de passage entre les fortifications et l'abbaye. Cette grosse question fut le sujet de nombreux procès qui, commencés en 1328, ne durent se terminer qu'en novembre 1346 par un accord entre les échevins, les Rémois, et les moines de Saint-Nicaise (1). Ces procès furent la fin de ces discussions, car, depuis cette époque, les religieux ont toujours conservé leur mur de clôture.

Sous l'abbé Guy Morel, fut minée la porte de la ville, derrière l'abbaye, à cause du siège dont les Anglais nous menaçaient, et qu'ils commencèrent le 4 décembre 1359; mais le courage des Rémois, dans la défense de leur cité, obligea l'ennemi de l'abandonner le 11 du mois de janvier suivant.

De bonnes relations étaient ordinairement de tradition entre les religieux de Saint-Remi et ceux de Saint-Nicaise; cependant, nous voyons que de temps à autre ces bons rapports étaient troublés lorsque l'une de ces maisons croyait ses intérêts ou ses privilèges lésés par leurs rivaux de l'autre abbaye. Le 8 novembre 1362, fut rendu par-devant le bailli de Vermandois au sujet d'un litige entre les religieux de Saint-Nicaise et le Chapitre de Reims, un accord au sujet des processions (2).

Jean Pussot, dans son journalier édité par les soins de l'Académie, nous raconte, page 131, que « le lundy

(1) Extrait des *Archives de Reims*, Liasse n° 13.
(2) Voir *Pièces justificatives*, n° XVIII, page 445.

xxv may 1609, premier jour des Rogations, les religieulx de Saint-Remy de Reims fermèrent leur église et refusèrent l'entrée d'icelle aux religieulx de Saint-Nicaise, qui y alloient en procession et y dire leur messe, comme de coustume et comme ils l'avoient de mesme faict en l'année passée nonobstant l'arrest donné de la cour de parlement à Parys sur leur difficultée ce qui causa scandal et murmur du peuple, au mescontentement de plusieurs gens de bien. Dieu le veuille accorder. »

Pussot n'indique pas le motif pour lequel les moines de Saint-Remy refusèrent l'entrée de leur église à ceux de Saint-Nicaise, mais Dom Guill. Marlot, dans son tome III, page 371, de l'édition de l'Académie, écrit, en parlant de Claude de Guise, deuxième abbé commendataire de Saint-Nicaise, que « ce fut sous cet abbé que les religieux de Saint-Remy, tirant à obligation quelques honneurs qu'on leur rendoit seulement par civilité en la feste de Saint-Nicaise, voulurent s'attribuer d'autres prérogatives que les anciennes sociétés ne leur accordent pas ; mais ils furent déboutés de ces vaines prétentions par arrest du parlement rendu le 14 aoust 1607, auquel il est dit : « Que sans préjudicier auxdites « sociétés, les religieux des deux monastères se pourront visiter mutuellement aux jours de festes et « dédicaces de leur église, et se rendre les honneurs « réciproquement èsdites visitations les uns aux autres, « comme bons frères et humbles religieux doivent « faire. »

L'abbaye de Saint-Nicaise, de même que toutes celles des Bénédictins, avait comme bâtiments réguliers son cloître, son chapitre ou salle capitulaire, son réfectoire près de la cuisine, ses dortoirs, sa bibliothèque, son infirmerie; on y ajouta une salle pour recevoir les archives et une autre appelée chauffoir où les moines se réunissaient pour les travaux qu'ils faisaient en commun, ou même en particulier. Il y avait ensuite le bâtiment des hôtes, construit pour héberger les étrangers qui séjournaient pendant un temps plus ou moins long dans l'abbaye. Les hommes seuls pouvaient pénétrer dans l'intérieur de la maison. Les femmes n'étaient admises qu'à l'église et au parloir, celui-ci toujours situé dans la première cour. En dehors des constructions ci-dessus mentionnées, on y voyait, comme l'indiquent les différents plans conservés jusqu'à ce jour, les chambres des hôtes, les décharges ou offices, les granges, le pressoir, etc., etc. La succession des siècles a fait subir aux bâtiments de nombreuses modifications, soit à cause des changements survenus dans la constitution monastique, soit en raison de leur vétusté. Ces bâtiments, demandant souvent une grande restauration ou même une réédification complète, ont alors été reconstruits selon les besoins du nouvel usage auquel on voulait les destiner.

Nous ne possédons de la royale abbaye que la gravure in-folio faite pour le texte écrit par Dom Michel Germain, religieux bénédictin qui fit profession à Saint-Remi. Il travailla pendant vingt ans, de 1672 à 1692, à cet ouvrage, auquel on donna le titre de *Monasticon gallicanum* (1). Le texte de ce travail n'a pas été publié en même temps que les gravures. La planche qui représente l'abbaye de Saint-Nicaise, avec sa légende de vingt et un renvois, nous fait connaître

(1) Voir la savante notice de M. Courajod sur le *Monasticon gallicanum*.

par le détail l'emploi de chacun des bâtiments. Plus tard, une vue peinte à l'huile, de 0m73 de hauteur sur 1m07 de largeur, a été copiée sur la gravure du *Monasticon,* en tenant compte toutefois des changements survenus pendant le laps de temps qui s'est écoulé entre l'exécution de ces deux vues. J'ai trouvé cette dernière à Sermiers (1). Elle fait partie de mon cabinet. Elle était encore dans la maison occupée jadis par trois religieux de Saint-Nicaise qui, vivant sous la même règle que leurs confrères restés dans l'abbatiale de Reims, formaient une petite communauté.

L'abbaye, au siècle dernier, n'avait plus aucun des bâtiments édifiés par Jovin, ni même par l'archevêque Gervais de la Roche-Guyon. Ce que les murs de Saint-Nicaise renfermaient de plus ancien était une chapelle construite sans voûtes au XIIe siècle, et le petit cloître dont nous parlerons en son temps. Cette chapelle fut érigée au XIIe siècle, en l'honneur de la Vierge Marie, envers qui la dévotion des religieux de Saint-Nicaise s'est toujours signalée d'une façon remarquable, disent les historiographes de ce monastère. Outre les petits oratoires qui lui étaient élevés dans diverses parties de la maison, trois grandes chapelles lui étaient consacrées, deux dans le pourtour du chœur. La première, la principale, qui était d'une architecture remarquable, fort ornée et éclairée par de splendides vitraux ; la seconde située près de la sacristie, et la troisième, la plus étendue, était dite du cloître, parce qu'il fallait traverser ce lieu régulier pour s'y rendre. Elle était située près de la salle capitulaire et du chœur de la grande église, au nord. Elle avait été édifiée, suivant

(1) Canton de Verzy.

l'usage des Bénédictins, pour servir d'oratoire à ceux qui désiraient prier et méditer en particulier. Sa consécration se fit avec pompe, le 26 août 1163, par saint Thomas de Cantorbéry, venu en notre ville pour assister à un concile tenu sous le pontificat du métropolitain Henri de Braisne.

Tous les ans, nous apprend Dom Marlot, au jour anniversaire de cette cérémonie, on y chantait les vêpres et la messe de la Dédicace avant la célébration des offices de la grande église. Tous les jours, dans cette même chapelle, on chantait aussi les matines de la sainte Vierge, et on y disait une messe basse en son honneur. Lors de l'introduction de la réforme de saint Maur, ces usages et une quantité d'autres cérémonies cessèrent d'avoir lieu dans cet oratoire, dont la contenance couvrait une superficie de 197^{m}40 (1).

Aucune description de la chapelle du cloître ne nous a été transmise. Nous ne la connaissons que par le peu qu'en on voit sur la planche du *Monasticon gallicanum*. Sa forme et ses dimensions sont indiquées sur plusieurs des plans de l'abbaye. La gravure du *Monasticon* ne nous montre que le côté gauche de l'édifice. Les premières travées de ce côté et la façade sont masquées par la salle capitulaire, qui s'ouvrait sur le cloître, et par le dortoir qui la surmontait. L'abside de cet oratoire était à cinq pans. Un chœur la précédait, huit contreforts la soutenaient. Le nombre de ceux-ci varie suivant les plans. Ils ont été probablement élevés lors de la construction des voûtes en pierre par le Rémois Jacques Joffrin, le dernier abbé régulier de cette maison.

(1) *La démolition de Saint-Nicaise de Reims*, par A. Lebourq, page 18.

« Cet abbé, dit Marlot, fut élu canoniquement pour sa piété et l'affection qu'il portait aux choses saintes. C'est lui qui fit fondre les trois grosses cloches de la petite tour et deux autres qui furent placées dans le petit clocher. Il donna un ciboire d'argent ciselé, un livre d'évangiles couvert d'argent, deux ornements de damas, l'un rouge, l'autre blanc, tous les livres servant au chant, écrits sur vélin ; il fit fermer les chapelles avec des clôtures en bois (1). »

En dehors de la vue du *Monasticon gallicanum*, cinq plans de l'abbaye sont parvenus jusqu'à nous. C'est surtout à l'aide de ces documents, conservés aux archives nationales, que nous pourrons étudier et connaître ce qu'étaient les constructions de notre célèbre maison. Il est à regretter que le plus ancien de ces plans ne remonte qu'à la seconde moitié du XVIIe siècle. Néanmoins, malgré les ressources restreintes que nous offrent ces différents plans, nous connaîtrons certains détails que sans eux nous aurions toujours ignorés.

Pour savoir ce qu'était la chapelle Notre-Dame, nous allons les examiner en suivant l'ordre chronologique. Le plus ancien porte pour titre : *Le plan du premier estage* (rez-de-chaussée) *du monastère de Saint-Nicaise de Rheims, 1658*. Il montre, avec les autres bâtiments, la chapelle qui nous occupe.

Ce plan indique qu'elle avait six travées, dont les voûtes étaient soutenues par sept arcs doubleaux. La dernière travée ne comptait pas moins de huit arcs diagonaux se réunissant à la clef, au point culminant de la voûte. Sur ce même plan de 1658, on n'a figuré qu'une seule porte placée en bas de la chapelle, porte

(1) Dom Marlot, édition de l'Académie, tome III, page 369.

par laquelle on se rendait à la grande église, en traversant un vestibule précédant un grand escalier qui conduisait aux dortoirs.

Après les huit contreforts de l'abside, on en comptait encore cinq à gauche et quatre à droite. Une grande fenêtre, d'après la vue du *Monasticon*, percée entre chaque contrefort, éclairait la chapelle. A droite, après la première travée où s'ouvrait la porte, les deux suivantes n'avaient pas de fenêtres, ainsi que l'indique le mur plein tracé sur le plan.

Cette chapelle, en 1658, était déjà convertie en sacristie destinée au service de la principale église, comme le fait connaître la légende tracée sur le plan de cette époque. Mais Dom Chastelain, dans son histoire manuscrite de notre abbaye, rapporte que la moitié de cette chapelle servait de sacristie, et que le reste avait été conservé pour y célébrer l'office divin de nuit pendant l'hiver, à cause du froid extrême de la grande église.

Sur un autre plan, exécuté à la fin du XVIIIe siècle, de nombreux changements se font remarquer dans les bâtiments. La chapelle, à cause de la dimension du plan, offre plus de détails et, je crois, aussi plus d'exactitude. Il y a trois portes. La première est indiquée au centre de la façade, la deuxième est placée à droite, comme on la voit sur le plan du XVIIe siècle, et la troisième s'ouvre à gauche, au milieu de la longueur de l'édifice.

Non loin du contrefort construit près de cette porte, et du côté du portail, on voit deux petits cercles concentriques qui pourraient bien représenter un puits, car sur le plan de 1668, les bâtiments figurés près de la chapelle sont remplacés par des jardins sur celui du

XVIIIe siècle. Ce qui me porte à croire qu'ils sont l'indication d'un puits, c'est que ce signe, répété plusieurs fois, n'existe que dans les jardins.

On pourrait peut-être aussi voir dans ce signe l'indication d'un escalier conduisant aux combles de la chapelle, mais je crois que, malgré toute l'apparence de vérité qu'offre cette supposition, il faut l'abandonner ; car, outre que la forme des marches n'est pas indiquée non plus, on ne trouve nulle part la trace de l'entrée de l'escalier, soit à l'extérieur soit à l'intérieur de la chapelle. Le faîtage de la toiture de cette chapelle ne dépassait pas en hauteur celui des bâtiments de l'abbaye, et pouvait par conséquent être réparé en se servant de hautes échelles.

A la suite des huit contreforts placés autour de l'abside de la chapelle, on en compte encore trois à droite et cinq à gauche. Les sept fenêtres du chœur sont seules figurées sur ce plan. La nef n'en était cependant pas dépourvue, car elles sont gravées sur la vue du *Monasticon*.

On serait redevable, d'après Povillon-Piérard, de ces fenêtres, plus grandes que ne devaient l'être celles du XIIe siècle, à Jacques Joffrin qui leur aurait donné sans doute la forme en usage à l'époque où il fit construire les voûtes. Cet abbé, bienfaiteur de la maison, orna cette chapelle de chaires (stalles) de menuiserie, d'un chartrier, de vitres et d'un autel où son nom et la date de son décès étaient gravés.

Il y avait, tant dans la chapelle Notre-Dame que dans le chapitre qui lui était contigu (1), les sépultures des

(1) Dom Marlot, édition française de l'Académie, tome III, page 340 et suivantes.

premiers abbés de cette maison, ainsi que celles de ses bienfaiteurs et de certains personnages de haute naissance.

Une seule dalle, parmi toutes celles que contenait cette chapelle, a été sauvée pour un temps. Elle fut transportée dans l'hôtel de la rue Saint-Guillaume, n° 17, aujourd'hui des Consuls, n° 27, où débitée en plusieurs morceaux, elle servit à protéger un bahut contre les intempéries ; ce bahut séparait la cour du jardin. Aujourd'hui l'hôtel, la cour et le jardin ont été renouvelés, et la pierre a disparu. J'en ai fort heureusement pris la description et le dessin en 1847.

Cette dalle avait jadis recouvert la sépulture de l'abbé Guibert ou Gilbert, et, devant être posée sur un bahut pour remplacer une pierre ordinaire, on ne s'est nullement préoccupé de la conserver intacte. Elle était trop longue, on scia les pieds et une partie de la tunique de l'abbé, au-dessous de la chasuble ; elle était trop large, on la diminua dans toute sa largeur, et encore le fut-elle une seconde fois dans le même sens. Les deux parties furent alors placées l'une au bout de l'autre. Cette mutilation la réduisit exactement aux dimensions voulues pour couvrir le bahut. Cette dalle pouvait avoir 2m35 de longueur, sur 1m05 de largeur. L'abbé Guibert y est représenté revêtu d'une chasuble, les mains croisées sur la poitrine, maintenant avec son bras gauche sa crosse, dont on ne voit que la volute et un peu de la hampe, qui est posée sur lui. Le reste disparaît sous les plis de ses vêtements. La volute de cette crosse ornée de crochets est terminée par une tête de serpent. La tête nue de l'abbé repose sur un coussin dont les broderies forment des losanges renfermant chacun une croisette. Au-dessus est un arc en tiers-point trilobé, sous un fronton orné de crochets sur ses rampants, et surmonté d'un fleuron. Dans les angles, deux anges posés sur un genou encensent le défunt. Autour de cette belle dalle en pierre blanche, était gravée l'inscription suivante, telle que nous la rapporte exactement Dom Marlot : « Anno milleno centvm bis et octvageno Gvibertus abbas fvit hic tvmvlatvs vir bonvs et gratvs ivstvs probvs atqve disertvs Lvcie festo sibi propitivs Devs esto. »

A la mort des religieux, on exposait dans cette même chapelle leurs corps dans des cercueils ouverts, avant de les porter dans l'église abbatiale, où l'on chantait l'office précédant leur inhumation.

Dans les abbayes bénédictines, c'est la salle du chapitre qui, après l'église, est la pièce principale et la plus ornée. Elle est généralement à l'est et s'ouvrant sur le cloître. Placée dans ces conditions, celle de Saint-Nicaise communiquait à droite avec l'église par le transept ; elle conduisait aussi à la chapelle Notre-Dame que son emplacement, nous l'avons vu, fit appeler chapelle du cloître, et, vers le nord, on se rendait à la salle des récréations. Six arcs doubleaux supportant deux rangées de voûtes s'appuyaient sur les murailles de la salle et retombaient sur deux épines de colonnes placées à égale distance des murs et reliées entre elles par un septième arc doubleau. La salle devait s'éclairer par les deux fenêtres placées dans les travées avoisinant la porte, ainsi que par deux autres percées dans le mur construit du côté de la chapelle, à gauche de celle-ci. Des vitres peintes décoraient ces fenêtres.

Le dallage en céramique de la salle capitulaire remonterait, à ce que rapporte l'historiographe Lacourt, au XIe siècle. Pour des pavés faits en matière aussi friable, cette date me paraît fort éloignée ; elle doit aussi être antérieure à la construction de la salle. C'est surtout du XIIe au XVIe siècle que fut usité ce mode de dalles ; mais laissons parler le chanoine de Notre-Dame. « Le marche-pied des chambres et des salles étoit de petits carreaux émaillés sur leur surface, et qui, par le rapport de plusieurs pièces, formoient des compartiments réguliers, tels qu'étoient ceux de l'ancien chapitre de l'abbaye de Saint-Nicaise, qu'on a détruit depuis quelques années et qui étoient du XIe siècle (1). »

Quoi qu'il en soit, ce dallage, qui a dû être remplacé avant la destruction de l'abbaye, était loin d'avoir la valeur de l'incomparable pavé du chœur de la grande église ; cependant, pour avoir été remarqué par le chanoine Lacourt, il faut que le pavé de cette salle ait eu quelque mérite, car il en subsiste encore de magnifiques, dont l'éclat des dessins rouges et jaunes est relevé par des bandes de pavés noirs également revêtus d'émail. D'après ce que nous avons remarqué, tout à Saint-Nicaise était de premier choix et témoignait du bon goût des artistes qui meublaient ou décoraient soit l'église, soit l'abbaye.

La salle capitulaire, avons-nous dit, avait reçu de nombreuses sépultures. C'est là que l'abbé Haideric avait été inhumé sous une dalle, aussi de pierre blanche, qui suivit dans la rue Saint-Guillaume celle de l'abbé Guibert, et qui partagea le même sort. Moins large que la précédente, elle ne reçut qu'un seul trait de scie qui la divisa en deux parties égales dans toute sa longueur. Elle fut de même placée sur le bahut cité plus haut. Haideric était représenté revêtu de ses ornements sacer-

(1) P. VARIN, *Archives administratives*, tome III, page 723.

dotaux, un calice sur la poitrine, et, plus bas, on voyait ses mains croisées. La bordure de cette dalle avait de l'analogie avec celle des vitraux de cette époque, elle était formée d'enroulements continus. Deux colonnes, surmontées de leurs chapiteaux, longeaient la bordure, elles supportaient un arc trilobé tracé par deux lignes entre lesquelles était gravée l'inscription suivante : HIC IACET HAIDERIC QUONDAM ABBAS HVIVS ECCLESIE. Les deux derniers mots n'ayant pu trouver place à la suite des autres formaient une seconde ligne à droite, suivant la courbe de l'arc trilobé. Entre la bordure et cet arc, l'artiste avait placé, munis d'encensoirs, deux anges, dont le corps sortait de la bordure. Cette dalle avait 1m85 sur 0m90.

C'est par le cloître qu'on entrait au réfectoire. Il était perpendiculaire à l'église, avait la même disposition de voûtes que le chapitre, mais au lieu d'être un parallélogramme, la forme du réfectoire était celle d'un rectangle oblong. Les plans n'indiquent ni l'endroit de la chaire, du haut de laquelle un religieux lisait à haute voix pendant les repas, ni celui du lavabo, où l'abbé en signe d'hospitalité lavait les mains des étrangers qu'on admettait au réfectoire. Cet usage de laver les mains des hôtes a, depuis fort longtemps, remplacé celui de leur laver les pieds.

A la suite du réfectoire, était la cuisine, également voûtée, et dont les arceaux, comme les arcs doubleaux, retombaient sur une épine de colonne.

De la cuisine, où l'on remarque l'indication d'une immense cheminée, on se rendait dans le réfectoire des valets et dans la salle des hôtes. Ces deux dernières pièces avaient leur entrée sur la cour d'honneur. Venaient ensuite une des chambres destinées aux hôtes et celle du Père cellérier, séparées l'une de l'autre par un large vestibule, avec perron sur la grande cour et aboutissant au cloître de l'autre côté. Le dépositaire dans lequel était conservé l'argent confié au cellérier touchait la cellule de ce dernier, qui était en même temps le trésorier de l'abbaye. Ensuite, se trouvait celle du Frère portier, dans laquelle on entrait par le grand vestibule qui précédait l'escalier d'honneur et qui conduisait au dortoir.

Tous ces bâtiments, au dire des derniers historiens de Saint-Nicaise au XVIIIe siècle, étaient remarquablement construits; mais, ce qui était le plus admiré par les architectes, les artistes et les visiteurs, c'était un magnifique escalier fait en forme de vis, soutenu dans sa hauteur par une demi-voûte portée par les murs, et dont la dernière rampe, qui était de toute la largeur de l'escalier, n'était soutenue que par une seule clef. On était redevable de cet escalier à « Léonard Gentillastre, petit-fils de Léonard Gentillastre, architecte, et de Madelaine Jeunehomme; fils de Jean Gentillastre, aussi architecte, et de Marie Hourlier de la paroisse St Pierre-le-Vieil, né en 1674, et mort garçon en 1739 (1) ». C'est par ce grand escalier qu'on montait au dortoir.

En 1717, on fit voir au czar Pierre le Grand, dit la relation de Dom de la Motte, le grand escalier de l'abbaye de Saint-Nicaise, nouvellement bâti.

Le cloître, formant un carré parfait, était placé au centre de tous ces bâtiments. Chacun de ses portiques avait à l'intérieur une longueur de 34 mètres environ.

Si l'on en croit la vue du *Monasticon* et celle de la peinture de Sermiers, le cloître aurait été achevé au XIVe siècle, au moins sur les deux faces qui y sont repré-

(1) Manuscrit de Reims, portefeuille de Taizy, R B, page 13.

sentées : celle qui longe l'église et celle qui est vis-à-vis de la porte d'entrée par la cour d'honneur. Mais les différents plans de l'abbaye que nous possédons, celui de 1658 notamment, qui, je l'ai dit, me paraît être le plus soigné et aussile plus exact, s'accordent avec le texte des historiens de Saint-Nicaise ; car Dom Marlot nous dit que la guerre avec les Anglais a été funeste aux constructions de l'abbaye : elle empêcha non seulement l'achèvement du transept de l'église, mais encore celui du cloître dont un seul côté fut terminé. Sur sa voûte commencée vers le chapitre aurait été bâti le dortoir, dont l'architecture extérieure devait correspondre à celle de l'église ; de même pour le réfectoire, le chapitre et les autres offices des lieux réguliers (1). Ceux-ci ont été cependant voûtés pendant le moyen âge, à une époque que nous ne pouvons préciser.

Le plan de 1658 n'indique donc, comme étant voûtée, que la galerie de onze travées qui est parallèle à l'église, plus, à chaque extrémité, une unique travée en retour ; c'est la seule dont on connaît le dessin. Deux autres galeries du cloître, celles qui regardent l'ouest et le sud ont chacune trois contreforts. Les trois qui s'appuient sur le côté opposé à l'église sont moins anciens que les trois autres qui, coloriés en rouge, indiquent d'après une note du plan qu'ils sont d'une époque plus reculée.

Le nombre des colonnes qui remplissaient les espaces libres, entre les contreforts, variait entre 5 et 8. Dans la dernière galerie, qui était adossée au bâtiment séparant le cloître de la cour d'honneur, il devait y avoir huit pilastres sans contreforts. Cette galerie n'a probablement jamais été achevée. Si nous avons foi en l'exac-

(1) Dom Marlot, édition de l'Académie, tome III, page 333.

titude de ce plan, les quatre portiques ou galeries du cloître sont des constructions remontant à des époques différentes.

La peinture trouvée à Sermiers, bien d'accord avec la gravure du *Monasticon*, donne aussi la vue de deux des côtés du cloître. Elle représente celle qui regarde l'ouest, qui est très détaillée, et celle qui s'abrite contre la nef de l'église; mais celle-ci est vue en raccourci. Sur la face de chaque contrefort, on remarque trois colonnes surmontées d'un clocheton garni de crochets sur ses angles. L'arc en tiers-point, ouvert entre les contreforts, contient deux grandes arcades géminées dont le sommet est occupé par une rosace à six redents. Toutes ces arcades sont elles-mêmes subdivisées en deux par de petites colonnes, et chacune de ces ouvertures supporte une rose également à six redents. Cette gracieuse décoration se composait donc pour chaque travée de sept arcs en tiers-point, de cinq colonnes et de trois rosaces. Aussi, Dom Marlot et les historiens qui l'ont suivi, n'ont pas manqué de dire que ce portique du cloître était en parfaite harmonie avec l'architecture de l'église, ce qui me paraît fort exact; le chœur ayant été bâti pendant le XIVe siècle, c'est évidemment l'époque qu'on peut attribuer à cette partie du cloître.

La porte d'entrée du monastère, le pressoir, l'écurie, l'infirmerie, etc., sont aussi indiqués sur le plan de 1658, qui fut dressé en vue des travaux indispensables à exécuter aux différentes constructions de l'abbaye.

Nos anciens historiens ne nous ont pas donné la description des bâtiments contemporains de ceux de l'église; Marlot, comme nous l'avons vu, se contente de nommer les principaux lieux réguliers dont l'architecture devait s'harmoniser avec celle de la basilique.

Cette observation du grand-prieur de l'abbaye se trouve confirmée dans le *Voyage littéraire de deux Bénédictins de la Congrégation de Saint-Maur* (1). Nous lisons effectivement dans le compte rendu de leur visite à Saint-Nicaise : « Les lieux réguliers répondent assez à la splendeur de l'église, surtout la bibliothèque qui est excellente, mais il y a peu de manuscrits. » Personne n'ignore qu'à partir du moyen âge, ce qui avait été élevé pendant cette période, n'était plus en faveur, et qu'il fallait des constructions exceptionnelles pour attirer l'attention même des artistes. Cette remarque suffit pour maintenir l'opinion que nous avons émise en différentes fois dans ce travail, que l'église et l'abbaye étaient dues à des artistes d'un très grand mérite.

Ce n'est que plus tard, quand les réparations devinrent nécessaires, et surtout lorsque l'abbaye, privée en 1531 de ses abbés réguliers, fut mise en commende et que ses nouveaux abbés, après en avoir pris possession, n'y résidaient que peu ou point, ce n'est qu'alors seulement qu'il devenait nécessaire de lever les plans, soit du monastère entier, soit des parties à réparer. On ne manquait pas non plus, comme nous l'avons déjà dit, de nommer des experts des deux côtés pour débattre les intérêts et s'entendre sur l'opportunité des travaux à exécuter. Cependant, le plus ancien des plans de Saint-Nicaise connu et conservé aux archives nationales, ne remonte qu'à l'année 1657, époque à laquelle la Sainte-Chapelle de Paris, devait jouir depuis déjà treize ans des revenus de la mense abbatiale de la maison de Saint-

(1) Dom Martène et Dom Durand, 1re partie, Paris M. DCC. XVII. Chez Florentin Delaulne, Hilaire Foucault, Michel Clouzier, Jean Geoffroy-Nyon, Estienne Ganeau, Nicolas Gosselin.

Nicaise. Nous disons : devait jouir, car plusieurs auteurs rapportent que le Chapitre de la Sainte-Chapelle ne prit possession de notre abbaye qu'en 1711, comme nous l'exposerons plus loin.

Les plans des réparations que durent faire exécuter les cinq abbés commendataires qui ont précédé le Chapitre de la Sainte-Chapelle, ne sont pas parvenus jusqu'à nous. Nous ne pouvons que le regretter, car des plans levés à cette époque nous auraient probablement fait connaître les constructions contemporaines de celles de l'église. Il est inutile d'insister sur l'intérêt qu'ils auraient présenté. Ces abbés ont tenu la crosse abbatiale pendant cent treize ans, de 1531 à 1644, et, durant ce laps de temps, le besoin d'obtenir des réparations urgentes a dû se faire sentir. Les religieux, usant de leurs droits, n'ont certainement pas manqué de les réclamer, et les abbés, quoique peu disposés à les entendre, n'ont assurément pu s'y soustraire.

Le moine de Saint-Nicaise, Dom Philbert Leauté (1), rapporte que Jacques Joffrin, dont nous avons pu apprécier la générosité en traitant de la chapelle du cloître, prenait ses dispositions pour mettre la dernière main à l'église. Déjà il avait obtenu de Robert de Lenoncourt, pour lors archevêque de Reims, un diplôme adressé aux évêques de sa province qui les engageait à permettre qu'on sollicitât la charité des fidèles de leurs diocèses, pour en tirer les secours nécessaires à cette bonne œuvre ; mais c'est alors que ce pieux abbé mourut et que la commende fut établie à Saint-Nicaise, en vertu du concordat de Léon X et de François Ier.

La suppression des deux tiers du revenu, jointe aux

(1) *Almanach historique de Reims*, 1772.

oblations volontaires des fidèles, ne fournissait plus, malgré une stricte économie, la somme nécessaire pour la continuation d'une pareille entreprise. La source même de ces revenus fut totalement tarie à l'arrivée des abbés commendataires. « Cette suppression nous a laissé l'ouvrage incomplet, comme nous le voyons, au grand regret des religieux et des gens de bon goût, qui, malgré son imperfection (inachèvement), viennent encore admirer ce qui en subsiste (1). »

Les grands-prieurs et les religieux, bien qu'ayant réuni tous leurs efforts, ne purent profiter des offres, pourtant avantageuses, que leur faisaient les religieux de Saint-Thierry en leur donnant les pierres nécessaires à l'achèvement de l'église, avec l'autorisation de les faire extraire des carrières de Trigny et d'Hermonville (2).

A cette époque, plus de quarante abbés réguliers avaient gouverné notre royale abbaye, qui, à différentes époques, avait eu un noviciat. Des hommes illustres étaient sortis de cette maison, comme nous le rapporte Dom Marlot (3). Ces religieux, remarquables par leur piété, leurs vertus et leur savoir, ont quitté ce monastère pour aller en reformer d'autres auxquels ils firent retrouver l'ancienne régularité et la ferveur dans le service de Dieu qui, jadis, les avaient fait briller.

(1) *Almanach historique de Reims*, 1772.

(2) Voir aux *Pièces justificatives*, n° XIX, p. 446, un document sur l'extraction de pierres à Vrigny en 1345.

(3) Dom Marlot, tome III, page 327, édition de l'Académie.

CHAPITRE VII.

Derniers Abbés réguliers, Abbés commendataires. — L'Abbaye d'après ses plans. — Vente et destruction de Saint-Nicaise.

Il y eut alors une exception en faveur de Saint-Nicaise. Par un privilège spécial, cette abbaye, après la mort de Jacques Champion arrivée le 15 septembre 1462, put encore être gouvernée pendant soixante-huit ans par des abbés réguliers. Ainsi Guillaume Boville, chanoine de Noyon, obtint l'abbaye en commende par lettres apostoliques auxquelles s'opposèrent les échevins et les religieux. Ceux-ci élurent Dom Pierre Boileau, aumônier de Saint-Nicaise; alors Richard, cardinal de Constance et abbé de Saint-Basle, se présenta en vertu de certaines lettres obtenues par grâces expectatives, et ut reçu par le prieur Jean Bon-Pain, fait vicaire général *in spiritualibus,* pour salaire de sa connivence (1463), mais le cardinal jouit fort peu des revenus temporels : il résigna en faveur de Jean Jacquier, abbé régulier, auquel succéda Jean Fransquin, élu canoniquement au mois d'août 1483. Décédé le 2 juillet 1500, Jean Villemet, natif de Rethel, religieux de Saint-Nicaise, fut fait abbé en cette même année. Il résista avec succès au nommé Evrard de la Marets, qui avait obtenu des provisions de l'abbaye. Mort le 10 octobre 1521, Jean Villemet eut pour successeur Jacques Joffrin, le dernier des abbés réguliers, qui décéda le 13 janvier 1530.

Pendant les soixante-huit années qui s'écoulèrent entre la mort de Jacques Champion et celle de Jacques Joffrin, la crosse de l'abbaye put, non sans peine, nous venons de le voir, rester aux mains des cinq derniers abbés réguliers de Saint-Nicaise, qui avait pu, par une exception obtenue du Souverain Pontife, échapper à la commende. Mais ce privilège tomba en 1530, et ne fut plus renouvelé depuis.

Après Jacques Joffrin, dit M. Jadart, les abbés commendataires s'étaient succédé à Saint-Nicaise, au grand détriment de la régularité monastique ; ajoutons toutefois que celui qui possédait ce titre, à l'époque où Dom Marlot reçut la charge de grand-prieur, était Daniel de Hottemant, dont notre historien fait l'éloge et loue l'esprit de retraite et de prudence (1).

Cinq abbés séculiers, qui portaient le titre d'abbés commendataires, ont tenu la crosse de Saint-Nicaise avant qu'elle fût concédée aux chanoines de la Sainte-

(1) *Vie de Dom Guillaume Marlot*, historien de Reims, par H. Jadart. Reims, F. Michaud, 1892.

Chapelle de Paris. Ces abbés touchaient la plus grande partie du revenu de l'abbaye. Ils ne laissaient aux moines, après l'avoir bien débattue, que la somme nécessaire à l'existence et à l'entretien de chacun d'eux. Dans les derniers temps, les moines, dont le nombre ne s'élevait guère au delà de dix-huit ou vingt, ne recevaient qu'une somme de 18.000 livres payées par ces abbés, qui étaient obligés de toujours maintenir en bon état l'église et tous les bâtiments de l'abbaye.

Ce n'est donc qu'en 1531 que l'abbaye de Saint-Nicaise, ne jouissant plus du privilège que lui avaient maintenu ses abbés réguliers, fut livrée aux abbés commendataires, qui la conservèrent jusqu'en 1643, pour finir avec Henry de Lorraine, époque, nous le savons, à laquelle le roi accorda notre abbaye aux chanoines de la collégiale de la Sainte-Chapelle de Paris.

Charles des Ursins, frère de Jean, évêque de Tréguier, fut le premier abbé commendataire; il était aussi protonotaire apostolique et archidiacre de Champagne en l'église de Reims. Les moines avaient cependant élu Dom Georges Lelarge pour succéder à Jacques Joffrin, « mais l'archidiacre Charles des Ursins dressa si bien ses filets, dit Dom Marlot (1), qu'il emporta l'abbaye, à l'incroyable regret des religieux, qui se mirent en devoir de l'empescher par toutes sortes de voyes. Le roy, adverti de leur résistance, leur adressa plusieurs lettres qui n'eurent pas grand effect, les mieux sensés ne pouvant digérer une si notable perte. Enfin il donna ordre au juge royal de forcer les portes du monastère et de se saisir des plus résolus, en cas qu'il ne fût pas

(1) Dom Marlot, édition de l'Académie, page 369 et suivantes.

obéi. Ce fut en mars 1531 qu'ils receurent le dernier mandement, date remarquable pour estre la source de plusieurs maux et du déchet de cette abbaye, laquelle a plus perdu de biens en cinquante ans, par la dissipation des commendataires, qu'elle n'a pu acquérir en trois cents ans par les économies des vrays abbés... »

La crosse de Saint-Nicaise était tombée en de mauvaises mains, car nous avons vu que la rose de la nef, son principal ornement, avait été renversée par un violent ouragan le 8 décembre 1540, et que, par sa chute, elle avait brisé les orgues, quelques détails en saillie du tombeau de Jovin, ainsi qu'un certain nombre de pierres du dallage. L'abbé, prévenu du désastre, n'en prit nul souci, ne fit rien restaurer et dissipa au contraire autant qu'il le put les revenus du monastère; aliéna de beaux domaines, et les trente-huit années de son administration furent un véritable désastre. Avancé en âge, il permuta son abbaye sans être prêtre, contre les prieurés de Saint-Pierre de Coucy, de Saint-Thibaud et la prévôté de Louvemont, et alla mourir pauvrement à Armentières.

Son prédécesseur, le dernier abbé régulier, Jacques Joffrin, avait été autorisé par l'archevêque Robert de Lenoncourt à recueillir les dons des fidèles du diocèse et de la ville de Reims, pour l'achèvement de l'église et du monastère. Les quêtes devaient être faites suivant les anciens usages, c'est-à-dire en promenant les reliques sur un char et en accordant des indulgences à ceux qui donnaient généreusement à la quête. Cette permission, datée du 14 septembre 1531, en l'archimonastère de Saint-Remy, ne fut pas suivie d'effet. Jacques Joffrin mourut un peu avant la nomination de Charles des Ursins, qui, soutenu par les autorités pontificale et royale, rendit inutile la permission de recueillir les offrandes, qui avait été accordée à son prédécesseur. L'église ne fut donc pas achevée, l'abbaye non plus, au moins dans le style du moyen âge ; les constructions édifiées par les nouveaux abbés le furent suivant l'usage du temps.

Le deuxième abbé commendataire, « Claude de Guise,

fils naturel de Claude de Lorraine, duc de Guise, prit possession de l'abbaye au mois de décembre 1568..... C'est lui qui a restabli la rose de la nef tombée sous le précédent abbé, où paroissent les armes de Lorraine sur les vitres, et qui a encore embelli la maison abbatiale d'un bel escalier, de quelques appartements et cabinets à la moderne, où il demeura pendant sa jeunesse. Estant fait abbé général de Cluny, après la mort du Cardinal de Lorraine, il quitta Reims pour finir ses jours en Bourgogne. Avant de mourir, il fit don à l'église de Saint-Nicaise d'une chapelle de drap d'argent, de courtines rouges et blanches, et d'un bel ornement d'autel où il est représenté en la broderie du milieu. Son décès arriva le 23 mars 1612..... (1). »

Pussot, édition de l'Académie, page 154, nous dit que « le vendredy XXX mars suyvant fut à Sainct-Nicaise de Reims sonnée la beemort, et faict service de l'enterrage de Monsieur l'abbé du dict Sainct-Nicaise et de Clugny qui estoit Claude de Guise fort ancien abbé ».

On conserve dans la salle des Portraits rémois, au Musée de la Ville, celui de cet abbé commendataire. Sur le haut de la toile on lit : *Anno 1609 Ætatis 63*, et plus bas, en caractères moins anciens : *Claudius a Guisia abbas cluniacensis et sancti Nicasii remens.* Ce tableau, œuvre d'un artiste inconnu, mesure 0m27 en hauteur et 0m22 en largeur. Il est reproduit ci-contre.

Le troisième, « François Paris de Lorraine... obtint le brevet pour l'abbaye de Saint-Nicaise en avril 1612, et jouit du revenu temporel sans avoir bulle de Rome, ny pris possession. Il mourut à Baux, en Provence, d'un éclat de canon qu'il voulait éprouver le premier, en juin 1614.

« Daniel de Hottemant, le quatrième abbé commendataire, docte et vertueux personnage, fut nommé à l'abbaye par la faveur du duc de Guise, dont il avait

(1) Marlot latin, tome Ier, page 638.

esté aumosnier, et prit possession en avril 1616. Ayant demeuré près de trois ans sans avoir ses bulles, il résida quelque temps au logis abbatial, assistant au chœur avec son rochet, et donnant bon exemple à toutes personnes par sa piété, vertu et louable conversation..... Il permuta l'abbaye de Saint-Nicaise avec celle de Jully de l'ordre des Augustins, en retenant six mille livres de pension. Il mourut à Paris, dans la maison de l'Oratoire, l'an 1632, avec la réputation d'un parfait ecclésiastique, et a laissé un calice d'argent vermeil doré, sa chape, deux chandeliers d'argent ciselé à Saint-Nicaise, avec deux chapelles complètes pour les moindres festes. »

C'est pendant que Daniel de Hottemant était placé à la tête de l'abbaye, que fut commis un meurtre dont fut victime un des religieux de Saint-Nicaise. Voici ce que Jean Pussot rapporte à ce sujet : « Durant ce temps y eut un grand malheur ; c'est que le sabmedy XXVI de septembre (1620), fut du matin trouvé sur les remparts un moyne de Sainct-Nicaise, surnommé le Blanc, qui estoit mort cruellement tué, massacré et fort desplayé par tout le corps, mal vestu et sans avoir que bien peu de sang en la place ; ce qui faisoit présumer qu'il n'avoit esté tué en ce lieu. Plusieurs sortes de justiciers y mirent la main ; et fut inominieusement enterré, attendant plus ample cognoissance de ce forfaict. Dieu y veuille pourveoir ! (1). »

« L'archevêque de Reims, Henry de Lorraine, le cinquième et dernier abbé commendataire, fait abbé par la résignation du précédent, prit possession en personne dans l'église et au chapitre au mois de may 1626.

(1) *Journalier* de Pussot, page 212.

Il a beaucoup contribué à la restauration de l'église et des lieux réguliers, le dortoir, les greniers, celliers et pressoirs ayant esté réparés entièrement, ou plustot bastis de nouveau par ses libéralités. De son temps fut establie la réforme, à l'exemple des plus célèbres monastères de France. »

Comme Robert de Lenoncourt, Henri de Lorraine

avait manifesté le désir de donner à sa cathédrale une suite de tapisseries pour remplacer la chapelle que lui devait tout archevêque nommé.

Le choix du sujet est immédiatement arrêté par Henry de Lorraine et le Chapitre ; et, dès le lendemain, un marché est passé entre l'archevêque et Pepersack.

Pour faciliter à ce tapissier la bonne exécution de son travail, Henry de Lorraine lui accorda « son logement en la grande salle de son logis abbatial de Saint-Nicaise pour y faire son ouvrage, et la chambre et galetas y attenants... », *1633 et années suivantes* (1).

En 1634, il y avait déjà sept ans que la Congrégation de Saint-Maur avait réformé à Reims les Bénédictins de Saint-Remy quand Dom G. Marlot seconda de son influence le désir du R. P. Colomban Regnier, visiteur de la province de Champagne, qui commença par faire entrer à Saint-Nicaise huit religieux tirés de divers monastères soumis aux règles de la congrégation de Saint-Maur, ce qui n'empêchait pas les maisons réformées de jouir de leurs privilèges et de leur dépendance originaire (2).

« Henry de Lorraine ayant quitté l'estat ecclésiastique après la mort de son aisné (3), pour maintenir la

(1) Ch. Loriquet, travaux de l'Académie, tome LVI, pages 323-324.

(2) D'après Dom Marlot, tome III, page 372, édition de l'Académie.

(3) Louis XIII, en 1642, déposséda Henry de Lorraine de tous ses bénéfices parce qu'il avait épousé la comtesse de Bossu.

maison sous le tiltre de duc de Guise, le roy accorda l'abbaye de Saint-Nicaise aux chapitre et chanoines de la Sainte-Chapelle de Paris, en récompense de la régale qu'ils avaient à prendre sur les éveschés vacquants du royaume l'an 1644 ; et ainsi, le brevet de Sa Majesté unissant la mense abbatiale au domaine de leur chapitre, il n'y aura désormais aucun abbé régulier. Ces chanoines en ont pris possession au mois d'aoust 1711. »

Cette date de 1711 est celle de l'union définitive ; ajoutée entre parenthèses au texte manuscrit de Marlot, elle est visiblement d'une écriture inconnue du xviiie siècle, et se réfère à une bulle du pape de 1710. Il est certain d'ailleurs que la Sainte-Chapelle a joui de suite des revenus de la mense abbatiale de Saint-Nicaise, nonobstant l'opposition faite en cour de Rome par les religieux en 1644. On voit en effet MM. de la Sainte-Chapelle donner la permission de démolir le logis abbatial en 1649, et faire la même année divers traités avec les religieux. Un concordat est homologué au Parlement en 1650, des transactions sont passées en 1658, 1663, 1670, 1688 et 1689 (1).

En 1753, les chanoines de la Sainte-Chapelle contractèrent avec les religieux de Saint-Nicaise un engagement fait sous forme de bail, par lequel ceux-ci devaient leur verser annuellement, et pendant six ans, une somme de 15,000^l^ tournois. (Dom Hubert était alors grand-prieur.) Cette somme était versée « pour l'entier revenu de la manse abbatiale de la dite abbaye de St Nicaise de Reims consistante en terres labourables, seigneuries, mairies, prés, vignes, metayeries, bois, rivières, moulins, étangs, cens, rentes, lods et ventes,

(1) *Archives de Reims*. Inventaire de Saint-Nicaise (vers 1710).

amendes, dixmes et autres droits généralement quels conque dépandans de la dit manse abbatiale sans rien retenir ni réserve si ce n'est les représentations, collations des bénéfices, restitutions ou résignations des offices de Bailly, procureur fiscal, greffier ou autres officiers de la dite abbaye que les dits sieurs bailleurs se réservent.....

« Ce bail ainsy fait moyennant la so[e] de 15,000[l] tournois que les dits religieux de la dite abbaye de St Nicaise payeront pour et par chacune des dittes six années, ainsy que les dits Hubert et du Chou aux noms les y obligent en ville de Paris, francs et quittes de tous parts de voiture en deux termes et payemens égeaux de Noël et Paques, sçavoir moitié aux dits sieurs bailleurs entre les mains de leur receveur ou au porteur, et l'autre moitié a nos seigneurs de la chambre des comptes ou leur receveur commis par eux, etc..... (1). »

La collégiale de la Sainte-Chapelle fut la dernière à jouir de ce bénéfice qu'elle conserva jusqu'à la fin de l'ancien régime.

Dans ce qui précède, nous avons, à plusieurs reprises, parlé des plans de l'abbaye. Ils nous ont été d'un grand secours pour dire ce qu'était la maison de Saint-Nicaise. Il ne nous reste maintenant qu'à les décrire, ce qui fera comprendre les ressources précieuses qu'ils nous ont offertes.

Cinq plans de l'abbaye de Saint-Nicaise nous sont encore conservés. Malheureusement, nous l'avons vu, les plus anciens ne remontent pas au delà de la seconde moitié du XVIIe siècle. Celui qui porte la date la plus reculée a pour titre : *Plan du second estage du mo-*

(1) *Archives de Reims*, Fonds de Saint-Nicaise, Baux.

nastère de Saint-Nicaise comme il est en 1657 (1). Pour servir d'échelle, l'auteur y a figuré une mesure de vingt toises avec ses subdivisions. Tous les murs sont représentés par leur épaisseur teintée en noir. Ceux de la chapelle Notre-Dame, ainsi que ce qu'on voit des contreforts de l'église, le sont par deux lignes parallèles, dont l'intervalle est resté blanc. Ce qui existe au rez-de-chaussée, sans étage, et au-dessous, comme les caves, est indiqué par des lignes pointillées.

La légende comporte vingt-sept numéros explicatifs. Ceux compris entre dix-sept et vingt-six ne s'appliquent qu'à des pièces assez restreintes dans leurs dimensions, dont une petite chapelle. Seule, la salle n° 17 occupe une superficie un peu plus étendue. Cette partie du plan est séparée de l'ensemble. Les caves, indiquées par le pointillé, paraissent le rattacher aux salles principales du monastère. Sur ce plan comme sur les deux suivants, les bâtiments seuls y sont tracés.

Dans ce qui précède, j'ai dû, pour l'explication des principales constructions de l'abbaye, m'appuyer sur le plan de 1658, qui est le second en date et le plus ancien de ceux que nous possédons figurant le rez-de-chaussée. Il indique, conjointement aux bâtiments encore existants du moyen âge, ceux qui subsistaient à cette époque.

Ce plan n'est pas accompagné d'une légende comme le précédent, mais le nom de presque toutes les pièces du rez-de-chaussée est inscrit à l'endroit même. Ces inscriptions sont au nombre de dix-huit, et ce sont les plus importantes. Huit ou dix en plus auraient complété

(1) A cette époque, on appelait premier étage, ce que nous nommons aujourd'hui rez-de-chaussée; le second étage est par conséquent notre premier.

ce qui manque sur le plan qui porte comme titre : DESSEING.

Plan du premier estage du monastère de Saint-Nicaise de Rheims, 1658.

Les anciens bastiments et murs sont marqués de rouge.

Dessous, une règle de vingt toises.

On a écrit en marge de ce plan : *Le refectoir se pourra vouter en prenant les voutes et colonnes de la salle basse du logis abbatial qui sont encor en estat mais decouvert et pour vouter la cuisine on peut y accomoder les voutes de l'ancienne cuisine et despense.* Au dos de ce plan, il y a : coppie du desseing de St Nicaise approuvé le 16 Janvier 1660.

Le plan suivant, qui est le troisième, n'a pas de date. Intitulé : DESSEING.

Plan du second estage du monastère de Sainct-Nicaise de Rheims. C'est le *complément* de celui qui précède, et de même *approuvé le 16 janvier 1660.*

Comme sur le plan du premier étage, les anciens bâtiments sont indiqués par des lignes rouges. Ce dessin, moins compliqué que celui du rez-de-chaussée, ne comprend, comme l'explique son titre, que les bâtiments de l'étage supérieur. Ici, le cloître et le préau non tracés ne font qu'un, les murs de la cour d'honneur et les écuries, pressoir, etc., ne le sont pas non plus. Comme le .précédent, ce plan n'a pas de légende. Les désignations de ce qu'il contient sont écrites sur la place même qu'occupent les lieux indiqués. Ainsi, on y voit près de l'entrée non tracée du monastère : greniers à gauche du cloître, conférence, galerie au-dessus du cloître; ces galeries devaient être les promenoirs d'hiver fréquentés par les religieux pendant leurs récréations; à droite la bibliothèque.

« Cette Bibliothèque, nous dit Lacatte-Joltrois(1), était composée de 16 à 17 mille volumes. On n'y comptait que 32 manuscrits. Il y avait un catalogue raisonné en six volumes qui avait été fait par les RR. PP. Sabattier et Loyaux. On trouvait dans ce catalogue non seulement les différents articles rangés par ordre alphabétique, mais encore le nom des auteurs, une liste chronologique de leurs ouvrages et le dépouillement général de toutes les matières qui y étaient traitées, en sorte que, quelle que fût celle sur laquelle on voulait travailler, on avait pour ainsi dire sous la main et dans le plus grand détail tout ce qui y avait rapport. » (Diction. de FELLER.)

L'*ex-libris* des Bénédictins de Saint-Nicaise nous fait reconnaître aujourd'hui les volumes qui composaient cette bibliothèque ; ils portent tous les armoiries de l'abbaye, qui y sont imprimées en noir au moyen d'un

timbre humide. La majeure partie des livres de la maison de Saint-Nicaise est maintenant rangée sur les rayons de la bibliothèque communale de la ville.

Lacatte-Joltrois et Povillon-Piérard, qui sont nos chroniqueurs les plus récents, ont imité le silence de leurs prédécesseurs relativement à la bibliothèque de

(1) *Mémoires sur la ville de Reims.* État ecclésiastique, tome II.

cette abbaye; je ne puis donc en dire que ce que j'en ai appris par mes ancêtres qui, l'ayant connue, m'en ont fait le plus grand éloge en parlant de sa remarquable menuiserie, et de la commodité que son installation offrait aux travailleurs. Il est fâcheux de n'avoir aucun détail qui nous renseigne au moins approximativement sur cette partie de la maison. Elle était bien certainement, vu sa destination, une de celles qu'appréciaient le plus les savants religieux bénédictins.

Les dortoirs comprenaient ensemble vingt-huit cellules. Ce nombre avait dû être autrefois beaucoup plus considérable. Ces nouveaux dortoirs ne remplaçaient pas ceux construits lors de la fondation de la maison, car Dom Chastelain, dans son manuscrit relatif à cette abbaye, dit au verso de la page 14 (1): « Le roy Jean, qui régna depuis 1350 jusqu'en 1364, a donné à Saint-Nicaise 300 francs pour réparer le dortoir qui a été brûlé pendant son règne. » On ne sait pas précisément en quelle année. Plus loin, à gauche, il y avait huit cabinets indispensables, placés à proximité des dortoirs et de l'infirmerie.

La chapelle Notre-Dame, se reliant au cloître, n'est qu'à peine indiquée.

La grande église, comme sur le plan précédent, n'y figure que par de simples lignes, et encore son déambulatoire et ses chapelles n'y sont nullement tracés. On a simplement voulu, sur ces deux plans, montrer l'emplacement qu'elle occupe.

Le quatrième plan n'a pas de titre. Il n'y a d'autre inscription que : *St Nicaise de Rheims*, écrite en petit caractère du XVIIe siècle.

(1) Manuscrit de la Bibliothèque de Reims.

Ce plan nous fait voir l'abbaye tout entière, y compris même quelques jardins. Partout le dessinateur a doublé les lignes, afin de donner l'épaisseur des murailles. Il n'y a guère que la moitié de l'église qui est tracée contrairement à l'usage et aux autres plans de Saint-Nicaise; les piliers cylindriques de la nef cantonnés de leurs colonnes sont indiqués sans leurs bases. Il en est de même de ceux qui soutenaient les tours du grand portail et les voûtes du centre de la croisée. La salle capitulaire se reconnaît à cause de son emplacement, ainsi qu'aux deux cercles représentant les épines de colonnes qui supportaient les arcs doubleaux et diagonaux des voûtes. Il est très regrettable que ce plan, qui paraît inachevé, n'ait pas été complété, et surtout que l'on n'ait pas écrit la légende ; elle aurait indiqué les nombreux changements qu'on remarque en le comparant à ceux qui l'ont précédé. Les grands murs de clôture commencent à droite à la moitié de la longueur de la nef de la basilique, contournent l'église, les bâtiments de l'abbaye, et descendent à gauche en enfermant une partie des jardins dans ses murs. Ni les terrasses, ni les parterres, ni les vergers ne sont tracés. Ce plan, qui a l'apparence d'être celui de l'étage pour l'abbaye, laisse vide la place de son cloître ; mais la salle capitulaire montre ses divisions, de sorte qu'il est difficile de comprendre ce que l'architecte a tracé. L'exécution de ce plan, réduit à de moindres proportions que les autres, n'a pas été finie, comme celle des trois qui le précèdent. Il est probable que, fait en vue des parties de l'abbaye qui avaient besoin de restaurations, ces endroits seulement ont été plus soignés.

Le cinquième et dernier plan de Saint-Nicaise, conservé comme les précédents aux archives nationales, a pour titre : *Plan de l'abb. de St-Nicaise unie à la Ste-Chapelle.*

La date de l'époque où il fut tracé n'y est pas inscrite, mais il semble ne devoir remonter qu'à la fin du XVIIIe siècle.

Ce plan est de très grande dimension, car l'église

dans toute sa longueur ne mesure pas moins de 1^m 03^c.

A peu près à l'époque où ce plan de l'abbaye avec ses jardins a été dressé, l'ingénieur Legendre exécutait celui de Reims (1769) qui nous offre, parmi ses illustrations, avec la vue du portail de Saint-Nicaise, celle de la principale porte d'entrée du monastère. Cette porte cintrée ornée de deux pilastres est surmontée d'un fronton triangulaire où sont sculptées les armes de l'abbaye.

Devant l'atrium, à droite en dehors de l'abbaye, sur la place Saint-Nicaise, est le plan tout rempli de noir de l'église paroissiale Saint-Jean-Baptiste. Il y a un terrain qui, d'après le *Monasticon*, était un verger. Il borde la rue Césarée-St-Jean, dite aujourd'hui Saint-Jean-Césarée. Au pied de la tour de droite de l'église abbatiale était le cimetière des religieux, des valets et des enfants de chœur ; il était planté d'arbres. Entre les second et quatrième contreforts sont de petites pièces voûtées dont la destination ne nous est pas connue. De semblables se voient encore aujourd'hui entre les contreforts de la Cathédrale. Devant ces salles voûtées et s'étendant jusqu'au transept, est un jardin qui, en raison de sa position bien abritée par l'église, devait être un jardin légumier. Après le transept, dont la porte était toujours ouverte aux fidèles, est un clos fermé par un mur du côté de l'est. Il est couvert d'arbres dans toute son étendue. A l'angle du terrain, à droite, on voyait un grand cabinet de verdure composé de trois cercles formant un trèfle. On y entrait par une ouverture d'environ un tiers de la circonférence de chaque cercle, reliés entre eux par des lignes légèrement cintrées.

Ce terrain boisé longeait le mur de clôture de l'abbaye de manière que les religieux, libres chez eux, ne pouvaient voir ceux qui se promenaient sur les remparts, ni être vus par eux. L'abside de la grande église avec ses chapelles, celle de Notre-Dame du cloître, étaient également abritées par des plantations qui se prolongeaient presque autant que les bâtiments de l'abbaye. Ils protégeaient un jardin qui, sur le terre-plein des constructions, dominait ceux en terrasse qui les avoisinaient. Depuis le transept méridional de la basilique jusqu'à cet endroit, régnait une belle et large allée par laquelle on allait rejoindre les jardins bas et le verger, qui complétaient l'abbaye du côté de la ville.

Comme pour le plan précédent, il est fâcheux que celui-ci ne soit pas accompagné d'une légende explicative. Cependant le cloître occupant toujours sa même place, on reconnaît facilement l'endroit du réfectoire tirant ses jours sur le jardin à l'est, la porte du vestibule qui conduit au réfectoire, celle de la cuisine avec ses offices. Le réfectoire des valets à la suite communiquait avec celui des hôtes.

Ne quittons pas cette galerie du cloître sans remarquer que les trois autres portiques sont absolument identiques à celui-ci, contrairement à ce que nous ont dit les chroniqueurs de Saint-Nicaise et à ce que nous avons observé sur un plan de date antérieure à ce dernier. On voit aussi dans la galerie du nord, vis-à-vis de l'entrée du réfectoire, un passage pour se rendre au préau qui, sur la vue du *Monasticon* comme sur celle découverte à Sermiers, est converti en jardin ; un sapin en occupe le centre dans la peinture de Sermiers.

Ce plan n'indique que trois puits. Le premier est isolé dans la cour d'honneur; le second en bas, à gauche de la première terrasse qui, s'étendant au-dessous des bâtiments, devait fournir l'eau nécessaire à la culture de six grandes planches subdivisées par des sentiers. Cette terrasse était entourée et percée de larges allées séparant, les unes des autres, les planches cultivées.

On descendait de cette terrasse dans une seconde, qui n'était qu'un verger dans toute son étendue. Puis enfin, on trouvait le troisième puits contre le mur de clôture à l'ouest; près de ce puits, un carré qui pouvait bien être un réservoir. Ce dernier puits était destiné au service du jardin de la troisième terrasse. Celle-ci aboutissait aux murs de clôture de l'abbaye à l'ouest, au nord et à l'est.

Pour achever ce que nous pouvons dire de ce plan, ajoutons que l'édifice placé parallèlement à Saint-Jean-Baptiste, mais plus bas que cette église, flanqué de contreforts au midi, et, comme Saint-Jean-Baptiste, complètement teinté en noir, était la collégiale de Sainte-Balsamie et de Saint-Celsin, son fils. Sainte Balsamie avait été la nourrice de saint Remy. Construite à gauche, en bas de la place Saint-Nicaise, le portail de cette collégiale s'ouvrait en retraite sur la rue Sainte-Balsamie, aujourd'hui des Salines.

Avant de terminer le récit de ce que j'ai pu réunir touchant les bâtiments de l'abbaye de Saint-Nicaise, il me reste à parler de la gravure du *Monasticon gallicanum* et de celle de la peinture trouvée à Sermiers. Pour abréger ce récit déjà trop long, je ne séparerai les deux vues que pour signaler les différences existant entre elles.

La gravure du recueil intitulé *Monasticon gallicanum* est renfermée dans de simples filets formant un carré de 0m39 de hauteur sur 0m 55 de largeur. Au centre du filet, à l'intérieur, sur un linge en forme de draperie, coupé en haut par l'encadrement et en bas, à droite, par le plan, on lit :

REGALIS ABBATIA
S · NICASII REMENSIS
ILLUSTRATA

A droite, en haut, dans le coin, sont gravées les armoiries de l'abbaye décrites plus haut. Elles sont dans un médaillon ovale. Auprès et dans un autre semblable, est la devise des Bénédictins de la Congrégation de Saint-Maur : PAX, placée au-dessous d'une fleur de lis et au-dessus de trois clous dont celui du milieu est posé en pal, les autres en bande et en barre se joignent à leur extrémité inférieure. Une couronne d'épines les entoure en suivant la forme du médaillon. L'un et l'autre sont gravés sur des cartouches de l'époque, attachés à un ruban passé dans le bec d'un aigle au vol abaissé. Derrière le cartouche et le dominant, est posée la crosse abbatiale. La légende explicative de cette gravure porte sur vingt-un bâtiments placés à droite en haut de la gravure ; elle est inscrite dans un demi-cartouche carré gravé, une console de même forme ornée de guirlandes et d'ornements rappelant ceux du siècle de Louis XIV.

La peinture du tableau de Sermiers est loin d'être d'une exécution irréprochable. Malgré cela, dans sa naïve exécution, les détails de l'église et de ses tours surtout sont supérieurs à ceux de la gravure.

L'atrium, l'entrée principale du monastère sont les mêmes. De cette porte, qu'on voit de côté, on ne distingue que la sortie sur la cour d'honneur et trois échauguettes aux toits fort élancés accrochés aux angles de cette porte construite pendant le moyen âge.

En 1285, il y avait une chapelle récemment construite dans la porte du monastère ; et c'est à propos du toit de cette chapelle où se trouvaient les armoiries primitives de l'abbaye que l'archevêque Pierre Barbet leur fit la modification dont nous avons parlé, en ajoutant aux armes de France jadis octroyées par le roi à l'abbaye, une croix d'argent brochant sur le tout.

La cour d'honneur du *Monasticon* est précédée, du côté de la place, d'une autre petite cour où est l'écurie.

Celle-ci n'existe pas sur le tableau de Sermiers. Au centre de la cour du *Monasticon*, on a gravé une rose des vents avec une fleur de lis tournée vers le nord. Dans la peinture, il y a dans la cour quatre pelouses bordées d'allées ayant un petit rond de gazon au point central. Le logement abbatial, qui fait le fond de la cour, est le même dans les deux vues.

Cependant, dans la peinture, le logement de l'abbé, un peu moins étendu, aboutit à un pavillon percé de quatre fenêtres dont deux grandes au rez-de-chaussée et cintrées dans leur partie supérieure; une troisième de même aspect, mais plus grande, est avec une fenêtre carrée au-dessus des deux autres. Tous les bâtiments entourant les cloîtres sont les mêmes dans les deux vues. Sur le *Monasticon*, le préau est rempli par des dessins de fantaisie figurant un parterre, tandis que sur la peinture, ces dessins aussi, tout d'imagination, sont divisés en quatre parterres entourés par des allées avec un gazon rond au centre où est un sapin. Les dortoirs sont les mêmes sur chaque vue. A l'extrémité de celui qui est situé au-dessus du réfectoire et joignant l'autre qui est sur le chapitre, on voit sur la gravure du *Monasticon* un campanile destiné peut-être à abriter une cloche dont l'office consistait à éveiller les religieux et à les convoquer aux différents exercices de la journée. Il est possible que ce soit la douzième cloche dont il a été question en parlant du clocher de plomb achevalé sur le toit de la nef près du transept. Peut-être aussi ce campanile contenait l'horloge de l'abbaye. Cette horloge, suivant la tradition, serait aujourd'hui placée dans la mairie de Pouillon (1). Ce campanile

(1) *Pouillon*, village du canton de Bourgogne (Marne).

n'existe pas sur le tableau de Sermiers. On n'y voit pas non plus le petit cloître destiné à l'abbé, à ses officiers et aux hôtes de distinction. Le grenier avec fenêtres en mansardes est seul visible. Derrière est un bâtiment plus élevé que les autres et qui n'existe pas sur la gravure. A la suite des constructions où se trouvaient celles du petit cloître, un grand bâtiment regardant l'ouest percé sur sa façade de six grandes fenêtres cintrées, est surmonté d'autant de fenêtres carrées. Un autre, tourné vers le nord, le joint en retour; en suivant ce dernier, s'élève un pavillon qui termine les constructions de l'abbaye ; ces dernières doivent contenir les différentes salles d'infirmerie.

Sur la gravure, le petit cloître, dont on ne voit que la face tournée vers l'ouest, montre une série de douze arcades en tiers-point supportées par de simples colonnes ; derrière s'élèvent deux petites constructions, l'une la buanderie, *lixiviatorium,* et l'autre la boulangerie *pristinum,* que le glossaire de Ducange dit être mis pour *pistrinum.* Enfin, quatre bâtiments, les derniers de la gravure, sont désignés comme étant les infirmeries; leur exposition les faisait jouir du soleil et du bon air, car l'abbaye de Saint-Nicaise était bien exposée, comme nous allons le voir dans un instant.

Les jardins ne sont pas entièrement représentés dans nos deux vues. A droite de l'église, l'une et l'autre nous montrent un verger assez étroit qui la borde dans toute sa longueur. A droite, la cour d'honneur est fermée vers le nord par un mur dans lequel s'ouvre une porte ou plutôt, je crois, une grille monumentale. La perspective de ce mur, vu très en raccourci, ne permet pas de distinguer facilement ce qui a été gravé. Par cette ouverture, placée au centre de la muraille, on descend sur une première terrasse, cultivée en jardin, aux allées rectangulaires ; au milieu du mur qui sépare cette terrasse d'une seconde, il y a une porte ouvrant sur un verger, qui, s'arrêtant contre le mur de clôture à l'est, et coupé par le filet d'encadrement au nord-ouest, ne laisse pas voir les terrains se terminant en pointe dans cette direction, comme l'indique le plan de Reims de Legendre.

Les murs de clôture depuis les bâtiments de l'infirmerie sont, sur la gravure, soutenus par de nombreux contreforts. La toile peinte indique la première terrasse avec un verger et ses larges allées. Une pente ménagée à l'est remplace l'escalier ; elle est bordée à droite par un terrain planté d'arbres fruitiers ; à gauche de cette descente est un jardin dont on ne voit pas même la moitié ; là, sans aller jusqu'à l'extrémité des murs de l'abbaye que soutiennent aussi des contreforts, s'arrête la peinture exécutée sur un fond gris bleuâtre, imitant une feuille de papier. L'extrémité inférieure de cette feuille paraît se rouler de chaque côté, tout en laissant deviner ce qu'on ne peut voir.

J'ai dit un peu plus haut que l'exposition de l'abbaye de Saint-Nicaise était des plus favorables à la santé. Telle est à ce sujet l'observation que nous devons à ceux de nos chroniqueurs qui se sont occupés de Saint-Nicaise. Tous sont d'accord pour vanter le choix de son emplacement au point de vue sanitaire. Je me contenterai donc de ne citer que le témoignage d'un seul d'entre eux. Voici ce qu'en dit Lacatte-Joltrois :

« Il est à propos de faire remarquer que l'air qu'on respirait à Saint-Nicaise était si pur et si salutaire que toutes les fois que des maladies contagieuses ont désolé la ville, ou elles n'ont jamais pénétré dans la maison, ou elles n'y ont pas fait de grands ravages. On lit même dans les mémoires que la peste s'étant déclarée à Reims, en décembre 1481, l'archevêque Pierre de Laval se retira à Saint-Nicaise pour se mettre à l'abri de ce cruel fléau. »

Par suite des décrets de l'assemblée constituante des 20 février, 19 et 30 mars 1790, les officiers municipaux et le procureur de la commune de Reims se rendirent à l'abbaye de Saint-Nicaise afin de procéder à l'inventaire de ce qu'elle possédait ; 5 registres leur furent présentés qui contenaient le détail des revenus divers de l'abbaye, plus leur avoir en argenterie de table, en argent monnayé, en ornements d'église, en argenterie renfermée dans la sacristie, la bibliothèque, le linge de l'abbaye, les meubles qui la garnissent, etc., etc., puis enfin les dettes de la maison.

Le détail de tous les revenus et de ce que devait l'abbaye se trouve aux *Pièces justificatives*, n° XXI, p. 458.

Le 26 février 1791, les administrateurs du Directoire du département de la Marne remettaient aux prieur et religieux les comptes de recettes et de dépenses de leur maison : la recette générale s'élevait à $41,346^{l}1^{s}6^{d}$, et la dépense était de $22,974^{l}4^{s}6^{d}$. La recette effective excède la dépense, et les religieux sont débiteurs d'une somme de $18,371^{l}7^{s}$. Cette somme vient à imputer d'abord sur le traitement des moines en 1790, et ensuite sur celui de 1791. Ce traitement n'était pas le même pour tous, il variait en raison de leur âge. Un seul religieux âgé de 70 ans recevait $1,200^{l}$; ceux qui avaient 50 ans et au-dessus, même un religieux âgé de 65 ans, touchaient $1,000^{l}$, et une somme de 900^{l} était comptée à chacun des autres moines. L'ensemble formait un total de $14,300^{l}$ pour l'année 1790 ; en y ajoutant le premier quartier de la pension des religieux à échoir le 1er janvier 1791, soit 3,575l, il leur revenait en total la somme de 17,875l7s, sur laquelle, imputant jusqu'à concurrence l'excédent de leur recette constatée pour 18,371l, les religieux étaient redevables à ce moment de 495l7s.

L'arrêté du Directoire ne parle pas de l'usage qu'on fit de cette somme (1).

Comme nous l'avons rapporté dans l'*Introduction*, page XVII, l'abbaye avait été livrée aux démolisseurs. On avait, par cette mesure, espéré sauver l'église et la conserver comme monument national si on ne pouvait trouver le moyen de la rendre au culte ; mais aussitôt après l'arrêté du 24 décembre 1798 qui autorisait la vente définitive de l'église, sa démolition ne se fit pas attendre.

Ecce Homo.

Avant de toucher au monument lui même, on renversa d'abord tout ce qui le décorait. Parmi ces débris, il en est un dont nous avons, jusqu'à ces jours derniers, ignoré l'existence. C'est un *Ecce homo*.

Aujourd'hui, ce qui est certain, c'est que les historiens de Saint-Nicaise n'en firent aucune mention dans leurs écrits. L'*Ecce homo* a été trouvé dans les ruines de l'église pendant qu'on l'anéantissait. Rien ne nous apprend si cette sculpture a toujours existé dans la basilique, ou si elle y a été transférée après la démolition de l'abbaye.

Cet *Ecce homo* est une statue sculptée en haut relief

(1) Voir aux *Pièces justificatives*, n° XXI, p. 458.

dans une pierre qui contient aussi la niche lui servant d'abri. Cette intéressante sculpture gisait sur le sol quand un M. Gonel, habitant dans le voisinage de Saint-Nicaise, eût la bonne pensée d'enlever ce précieux débris qu'il plaça dans son habitation. Ce christ était alors préservé d'une destruction complète à peu près certaine. Tout fut pour le mieux tant que les Gonel

n'eurent pas la malencontreuse idée de faire servir cette pierre à un usage domestique auquel elle n'était assurément pas destinée. Les jours de lessive, en effet, on plaçait la statue sur le sol et on battait le linge sur le côté lisse de la pierre.

Il semblerait, d'après cela, que les possesseurs de ce christ n'avaient pas pour lui toute la vénération qu'on leur supposait ; c'est une erreur : il a toujours été en honneur parmi eux, et, chaque fois qu'ils changeaient de domicile, ils emportaient avec eux leur précieux dépôt.

La petite-fille de M. Gonel, Mlle Sophie Pelletier, de qui je tiens ces détails, dernière survivante de la famille, accomplissant les volontés de ses ancêtres et de ses parents, vient d'offrir ce respectable débris de Saint-Nicaise à l'église Saint-Remi, où il sera conservé et mis à l'abri de nouvelles mutilations.

Le Christ, debout, a son manteau de pourpre posé sur les épaules; un linge est placé autour du corps à la hauteur des reins ; la tête est couronnée d'épines; les bras, pendants et ramenés par devant, sont liés à la hauteur des poignets; le bras droit passe au-dessus du gauche qui tient le roseau dont la tige seule est restée ; le bas des jambes est mutilé, et des pieds, il n'en reste aucune trace. La figure du Christ est belle et expressive ; sa barbe, qu'il porte entière, est taillée en deux pointes. Cette tête est finement sculptée ainsi que les mains et tout l'ensemble du corps. La niche est très simple et dépourvue d'ornements, elle est cintrée dans sa profondeur ainsi que dans le haut de son ouverture. Au-dessus du cintre, à droite, les initiales D. C. T. sont gravées dans un petit carré. Le côté gauche est fruste. Une légère saillie, de forme oblongue, ne portant aucun signe, se remarque au-dessus de la niche dont le bas est mutilé dans toute sa largeur. Ce petit monument a 1^m12 de hauteur, 0^m45 de largeur et 0^m15 d'épaisseur.

Il se pourrait très bien que cette jolie pièce sculptée fût le chef-d'œuvre de maîtrise d'un compagnon. C'est au commencement du XVIIe siècle qu'on peut en attribuer l'exécution.

Le 22 pluviôse an IX (janvier 1801), les architectes Lefebvre et Serrurier présentèrent au citoyen maire de Reims un rapport que le sous-préfet de cette ville leur avait demandé sur l'état des ruines de l'église Saint-

Nicaise, afin de savoir s'il n'était pas utile de les conserver pour les arts, sans qu'il y ait danger de chute prochaine qui causerait du dommage aux maisons voisines et aux personnes qui circuleraient dans l'enceinte.

Le maire proposa au conseil de ville de délibérer à ce sujet et de voter s'il devait demander la conservation des ruines, et, dans ce cas, d'indiquer de quelle manière il sera pourvu aux dépenses, que les experts ont évalué devoir s'élever à trois mille francs.

Le conseil désirait conserver ce qu'on pouvait garder de Saint-Nicaise, mais les frais d'entretien devaient être à la charge de l'État, et l'arrêté pris fut qu'on demanderait au gouvernement de s'intéresser à ces ruines utiles pour l'histoire de l'art.

Je n'ai pu découvrir la réponse du gouvernement, qui apparemment ne fut pas favorable, car, un an après cette tentative, une pétition demandant la démolition d'une partie des ruines se couvrait des signatures des habitants du quartier, comme nous allons nous en convaincre par les lignes suivantes :

Nous avons vu dans l'introduction de cet ouvrage que le citoyen Defienne (Jean-Simon) de Paris, cautionné par Santerre, s'était rendu acquéreur de la maison et de l'église de Saint-Nicaise. Defienne faisait travailler sourdement à l'ébranlement de l'église espérant par là empêcher de casser le marché, et hâter aussi le moment d'entrer en jouissance de son acquisition révolutionnaire. Après l'adjudication définitive, la démolition du célèbre monument ne fut plus poussée avec autant de vigueur ; c'était surtout l'écoulement et la vente des matériaux qui guidaient le propriétaire.

Aussi, l'église entamée à divers endroits présentait de réels dangers pour la sécurité des habitants voisins des ruines, notamment pour ceux de la rue Saint-Jean-Césarée.

En janvier 1802 (pluviôse an X), une pétition fut adressée à la mairie par les habitants du quartier; elle exposait l'état de délabrement de Saint-Nicaise dont des parties se détachaient chaque jour et venaient tomber au pied des murs de leurs maisons. Les flèches, dit la pétition, subsistent encore, mais sont dégarnies de leurs soutiens ; un pilier dont la base est gelée peut être renversé par un ouragan et causer de graves accidents, qu'il est du devoir de la municipalité de prévenir par la démolition de ces ruines.

L'arrêté des maire et adjoint du 19 de ce mois porte que les citoyens Collet, commissaire de police, Serrurier, architecte, en présence des pétitionnaires et du citoyen Lundy, régisseur pour le citoyen Defienne, propriétaire du terrain et des matériaux ; l'arrêté porte que tous ensemble visiteront les lieux et s'assureront si les parties subsistantes peuvent faire craindre une ruine prochaine et par conséquent être la cause d'accidents.

Il résulte de cette inspection qu'il est vrai que les habitants de la rue Saint-Jean courent les plus grands dangers et qu'il y a lieu de forcer les propriétaires des ruines de Saint-Nicaise de procurer à leurs frais, aux signataires de la requête, des logements dans des quartiers plus éloignés, tant que durera la démolition.

A la demande du maire de Reims, il a été arrêté et signifié au citoyen Jean-Simon Defienne de faire venir les ouvriers en nombre nécessaire pour procéder à la destruction des différentes parties de l'église énoncées au procès-verbal, et ce, de le faire en trois jours, sans aucun autre délai, sous peine d'être condamné par la ville à payer les frais de démolition et ceux des logements provisoires accordés aux habitants de la rue Saint-Jean (1).

(1) Voir *Pièces justificatives*, n° XXII, p. 461. — *Archives communales de Reims*, liasse de la Révolution.

A partir du 24 décembre 1798 jusqu'en 1840, les matériaux de l'église et de la partie très considérable qui restait encore des démolitions de l'abbaye, servirent de carrière aux Rémois. Des fouilles faites dans le chœur surtout amenèrent des découvertes intéressantes. On y trouva entre autres deux mosaïques et des débris de ce même genre de travail qui étaient trop brisés pour être con-

servés même en dessin, comme le fit Povillon-Piérard pour les deux qu'il donne dans son manuscrit sur Saint-Nicaise, et qu'ici je reproduis en noir. Voici la description qu'en donne l'annaliste rémois :

« *Mosaïque nœud de roi.* — On la trouva à l'entrée de l'aile septentrionale, où elle était incrustée dans une pierre longue de six pieds, et n'ayant qu'un pied et demi de longueur. La mosaïque était dans un double encadrement de petites pierres bleues, jaunes et blanches; le nœud ayant onze pouces carrés, était dessiné en pierres rouges, bleues et blanches sur un fond jaune pâle. Cette peinture en mosaïque avait été posée sur un très solide enduit de tuiles battues. Au moment de sa découverte, elle était à cinq pieds au-dessous du sol de l'église du XIIIe siècle, et la pierre qui la supportait était excessivement dure et fort épaisse. Ce fut au commencement du mois de novembre 1814 qu'on mit à jour cette antique mosaïque qui jadis avait sans doute orné les églises de Jovin et de Gervais de la Roche-Guyon. »

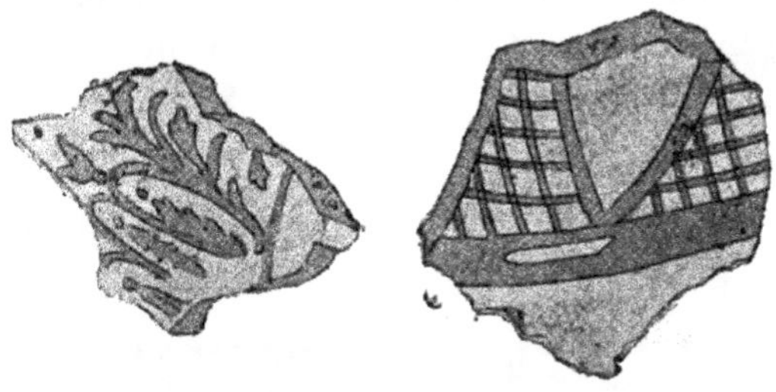

Je ne suivrai pas Povillon-Piérard pendant tout le temps qu'il passa à surveiller les fouilles qui se firent à

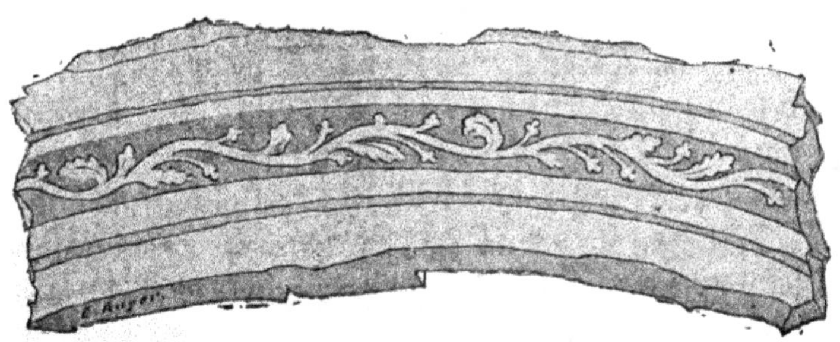

Saint-Nicaise. On y rencontra de nombreuses sépultures contenant des débris humains plus ou moins bien conservés, ainsi que des fragments de crosses, de calices, de vêtements, etc., etc. Cet historiographe entre dans le

détail de tout ce qu'on trouva : chapiteaux, fûts de colonnes, leurs bases, fragments de tous genres, etc. ; il a dessiné plusieurs fragments d'enduits coloriés remontant à l'époque gallo-romaine et à celle du moyen âge. Je reproduis ici ceux qui, par leur dessin, m'ont paru offrir le plus d'intérêt. Il cite tout, sans en donner de description, de sorte qu'aujourd'hui, s'il en subsiste encore, on ne peut savoir quelle fut leur origine. La grande quantité de débris sculptés qui sortirent de Saint-Nicaise fut cause qu'à Reims on attribue toutes les sculptures antiques, du moyen âge et même des temps plus rapprochés de nous soit à l'abbaye, soit à l'église de Saint-Nicaise.

Le 24 août 1817, on découvrit un fragment de mosaï-

que dans les vestiges d'un hypogée, à une profondeur d'environ 1^{m}50 à 1^{m} 60 du sol de l'église du XIIIe siècle. La pierre dans laquelle la mosaïque fut découverte était brisée et avait 0^{m} 13 d'épaisseur. C'est dans une engravure profonde de 0^{m} 04 que se trouvait la mosaïque. Celle-ci n'avait de superficie que 22 cent. carrés, et de son dessin, il n'en restait que la moitié; le reste avait disparu avec le fragment de pierre. Povillon-Piérard, qui donne toutes les indications qui précèdent, ne manque pas de décrire la mosaïque dont il nous a laissé le dessin. La moitié de la mosaïque ayant été conservée jusqu'au moment de sa découverte, il fut facile à notre historien de compléter ce qui n'existait plus. La bordure était composée de trois lignes : une en pierre noire et deux en pierres jaunes d'un ton blafard. Une croix grecque, pattée, figurait au milieu. Elle était en pierres d'une nuance assez pâle et bordée de noir. Le centre était plus foncé que la croix, dont les espaces laissés entre les bras étaient remplis par des motifs arrondis vers les angles, ce qui formait une seconde croix, toute de fantaisie, posée diagonalement et dont le point

central, un carré, était le même pour les deux croix. Povillon-Piérard dit que cette mosaïque était exécutée avec des pierres brunes et d'autres d'un noir bleu très foncé. Il y avait aussi des verres taillés de couleurs jaunâtre, vert et rouge sanguine. En désignant ces couleurs, notre historien ne dit pas à quelle place du travail elles furent employées. D'après sa position dans la troisième église, Povillon croit que cette mosaïque a figuré dans celles de Jovin et de l'archevêque Gervais de la Roche-Guyon.

Povillon-Piérard rapporte que M. Coreau-Grandin lui avait dit : « Mon père a vendu en 1824 le terrain et ce qui restait des matériaux de l'abbaye et de l'église de Saint-Nicaise à M. Rondelet, architecte à Reims, pour la somme de 14,000 francs. Les matériaux entraient dans cette somme pour 3,000 francs et le terrain pour 11,000 francs. »

Plus tard, des fouilles pratiquées depuis la démolition de l'abbaye et de l'église Saint-Nicaise, dans l'ancien cimetière de ce nom, amenèrent les découvertes dont M. Louis-Lucas, membre titulaire de l'Académie, entretint la compagnie pendant la séance du 16 août 1844.

« Un cercueil de plomb, dit-il, trouvé tout récemment, renfermait un squelette de femme, dans la bouche duquel, selon l'usage, avait été introduite une médaille d'or; cette médaille, aujourd'hui la propriété de M. Duquénelle, est un Sévère d'une admirable conservation. Dans ce cercueil étaient deux vases en verre (dont l'un brisé, l'autre contient de très beaux cheveux noirs nattés), quelques pièces de cuivre (des Posthume et des Sévère), et une statuette en bronze qui peut avoir servi de manche à un poignard ou à un couteau (1). »

(1) *Séances et Travaux de l'Academie*, 3e volume, page 165. Reims 1844-1845.

Pendant la construction du portail et des nefs, les religieux avaient dû continuer à se servir de l'ancienne église, sur le sol de laquelle on bâtit le transept, le chœur et les chapelles ; de là viennent toutes les découvertes faites sous les constructions du XIVe siècle.

CHAPITRE VIII.

Graduel et Antiphonaire manuscrits.

A bibliothèque de Saint-Nicaise, nous le savons, ne contenait qu'un bien petit nombre de manuscrits, puisque le chroniqueur Lacatte-Joltrois rapporte qu'on n'en comptait que trente-deux. Les volumes imprimés, toujours d'après le même, en faisaient le fonds; leur nombre s'élevait de seize à dix-sept mille. Comme nous l'avons dit plus haut en parlant de la bibliothèque, tous, tant imprimés que manuscrits, n'ont pas été retrouvés. Il se peut que les religieux, en quittant l'abbaye, les aient emportés ou qu'ils aient disparu après leur départ, alors que le monastère était abandonné pendant la tourmente révolutionnaire et, peut-être même encore, jusqu'au jour de la vente de cette maison.

La plus grande partie de la bibliothèque de Saint-Nicaise a été recueillie et conservée dans celle de l'abbaye de Saint-Remi (1). Ces volumes, parvenus jusqu'à nous, sont aujourd'hui sur les rayons de la bibliothèque communale de la ville. Il y en a d'imprimés et de manuscrits. Parmi ces derniers, les missels et autres livres liturgiques n'ont rien de particulier à signaler. Ils sont illustrés, comme l'ont été ceux de toutes les maisons religieuses et des chapitres de cathédrale pendant le moyen âge; nous ne nous en occuperons pas. Mais, en dehors de ces manuscrits, il y avait à Saint-Nicaise deux grands in-folio, *Graduel* et *Antiphonaire,* contenant les offices des principales fêtes de l'année désignées sous le nom de *doubles de première classe*.

Ces livres notés, en raison de leurs splendides illustrations qui, si elles ne sont pas uniques, sont assurément fort rares, offrent un intérêt tout particulier. Nous ne parlerons donc que de ceux-ci, et nous allons les examiner avec tout le soin qu'ils méritent.

Dès leur origine, ces deux volumes ont dû être écrits pour n'en former qu'un; ils n'ont qu'un titre, et la pagination des deux se suit; mais leurs dimensions et leur poids auront décidé leur division en deux parties : celle du matin, le *Graduel,* et celle du soir, l'*Antiphonaire*.

On compte dans le *Graduel* soixante-six feuillets,

(1) D'après une lettre du 16 janvier 1812 adressée par M. Siret, bibliothécaire, au maire de Reims, il fut question d'employer le corps de bibliothèque de l'ancienne abbaye de Saint-Nicaise pour l'installation de la bibliothèque publique à l'Hôtel de Ville; mais, sur les observations de M. Coquebert de Taisy, que les bois étaient en mauvais état, on renonça à ce projet. Le corps de bibliothèque de Saint-Nicaise était encore alors dans celle de Saint-Remy. *(Archives communales de Reims.)*

numérotés de 1 à 132. Les feuilles de vélin qui le composent, toutes de premier choix, ont 0^{m}73 de hauteur, sur 0^{m}49 de largeur, et le volume, relié en plein veau, a 0^{m}75 sur 0^{m}50. Le *Graduel* comprend seize messes de grandes fêtes, dont deux sont particulières aux maisons de Bénédictins : l'une de saint Benoît, auquel on doit cet ordre ; l'autre de saint Maur, disciple de ce saint fondateur. Les religieux de Saint-Nicaise, à l'époque où furent écrits ces livres, étaient affiliés à la Congrégation dite de Saint-Maur. Il y avait encore deux autres messes qui concernaient plus spécialement les religieux de Saint-Nicaise : celle de leur illustre patron, et celle des saints Vital et Agricole, en l'honneur desquels, nous l'avons vu au commencement de cet ouvrage, Jovin, préfet des Gaules, avait bâti la première église en cet endroit, et qui, plus tard, ayant reçu le corps de saint Nicaise, en retint le vocable.

Le titre exécuté en couleurs pour tout l'ensemble de l'œuvre, est ainsi conçu :

GRADUALE
ET
ANTIPHONALE
AD USUM
REGALIS MONASTERII
S. NICASII
REMENSIS
PRO FESTIS PRIMI ORDINIS
SCRIBEBAT F.J.F.R. SUBPRIOR EJUSDẼ MONASTERII
ANNO M. DC. LXXXV

Les initiales F. J. F. R. sont celles du Frère Jacques-

François Roussel, sous-prieur de l'abbaye de Saint-Nicaise (1). Ce titre, comme toutes les peintures qui ornent ce manuscrit avec un luxe remarquable, est fait à la gouache. Les lettres reproduisant le texte des offices sont seules, ainsi que les notes du chant, tracées en noir avec de l'encre de Chine.

C'est à l'aide de caractères différents de forme et de dimension, connus sous le nom de poncis ou poncifs, que ces manuscrits ont été exécutés.

Le mot *graduale* est peint avec du bleu de cobalt en relief et marbré en or. Les caractères ont 0m033 (2). Au-dessous, le mot *et* a 0m005, il est tracé en vermillon relevé d'argent ; *antiphonale* l'est en pourpre marbré d'argent, ses caractères ont 0m021 ; *ad usum* en noir, haut de 0m005, *regalis monasterii* peint en rouge, relevé d'argent de 0m005 ; *S. Nicasii* en or bruni, avec relief haut de 0m033 ; *remensis* bleu de cobalt en relief, mar-

(1) Je dois aux intelligentes et patientes recherches de M. Léon Le Grand, archiviste aux archives nationales, de connaître les noms cachés sous les initiales tracées sur le titre du *Graduel*. Le nom de ce religieux figure comme sous-prieur de Saint-Nicaise avec celui des autres Bénédictins de l'abbaye dans une procuration donnée par les moines à un religieux, par acte notarié passé à Reims le 11 avril 1684, pour terminer des différends relatifs au prieuré de Fives. (*Archives nationales*, S. 971[1]. Recueil de factums imprimés relatifs à Fives.)

Ce nom Jacques-François Roussel se trouve également dans la *Matricula Monachorum Congregationis S. Mauri*, où il porte le n° 2637. Ce religieux était originaire d'Amiens, avait fait profession à l'abbaye de Saint-Remy le 10 juillet 1669, à l'âge de dix-huit ans ; il mourut à Saint-Nicolas-sous-Ribemont, le 31 août 1690.

(2) La mesure indiquée des lettres est toujours celle de leur hauteur.

bré en or de $0^{m}021$; *pro festis primi ordinis* en rouge, de $0^{m}005$.

Scribebat F. J. F. R. Subprior ejusdē Monasterii. Toute cette ligne est en noir. Les majuscules ont $0^{m}010$ et les minuscules $0^{m}005$.

Anno M. DC. LXXXV. Cette ligne est aussi en noir, et les chiffres ont la même hauteur que les majuscules de la ligne précédente.

Suivant l'habitude des écrivains du moyen âge, le religieux Jacques-François Roussel, copiste de ce manuscrit, a placé des points avant et après les chiffres des principales divisions de la date. Le dernier point est invisible ; il doit être caché sous l'estampille de la bibliothèque municipale.

L'encadrement de ce titre est fort joli ; il est peint, comme le manuscrit tout entier, avec des couleurs qui ont conservé la vivacité et la fraîcheur du jour de leur exécution. Son ornementation rappelle parfaitement ce qui se faisait de mieux à cette époque. Dans le haut, à gauche, sont les armoiries de l'abbaye : d'azur semé de fleurs de lis d'or sans nombre, au chef de saint Nicaise mitré, au naturel, posé en abîme sur le tout, l'écu placé sur une aigle noire et surmonté de la crosse abbatiale d'or. A droite, le mot *Pax*, qui est la devise des Bénédictins de la Congrégation de Saint-Maur, est écrit en or sur un fond d'azur ; il est surmonté d'une fleur de lis aussi d'or ; et, en bas de l'écu, se voient trois clous du même, celui du centre mis en pal la tête en haut, les autres en bande et en barre, les pointes se touchant. Le tout est dans un ovale entouré de deux branches vertes de laurier. Ces écussons dominent les enroulements qui ferment en haut le cadre où est peint le titre.

Entre eux, au point central, s'élève une rose et son

bouton entourés de leurs feuilles vertes. Cette branche, admirablement reproduite, relie les écussons contenant les armoiries et la devise dont nous venons de parler.

Suivant l'usage de cette époque, des coquilles entrent dans l'ornementation. Il y en a trois qui sont argentées. Les enroulements, depuis le haut jusqu'à la ligne *S. Nicasii,* sont peints en or et en bleu ; les petits qui surmontent les grands, sont de couleur pourpre avec une fleur bleue de fantaisie et terminés par des feuillages relevés d'argent ; ceux qui sont au-dessous des enroulements bleus et or, sont peints en rouge et or ; et, en bas, c'est l'azur, le rouge, le pourpre et le rose qui décorent ce titre ; tous ces enroulements sont relevés d'or et d'argent. Pour le compléter, une petite branche de laurier rose sur sa tige verte sort d'un culot rouge posé sur la coquille qui termine cette jolie composition.

Ce titre mesure 0m656 dans la plus grande étendue de sa hauteur et 0m457 dans celle de sa largeur.

Au verso du titre, folio 2, en lettres majuscules bleues de cobalt en relief, décorées de marbrures en or, on lit : *Index Gradualis*, caractères hauts de 0m02 ; au-dessous, en capitales vermillon de 0m013 l'indication des messes ; le mot pagination et le chiffre sont en noir.

Au-dessous de l'index, on admire un cul-de-lampe décoré de feuillages et de palmes, au milieu desquels est un médaillon bleu portant en lettres d'or : *Nihil operi Dei præponatur* (R. S. Bened. C 43).

Deux anges, assis sur une console ornée de feuillages, tiennent une draperie qui les couvre un peu et soutiennent le médaillon. Cet ensemble a 0m26 de hauteur sur 0m335 de largeur. Les deux anges, assis aux extrémités de la console, sont accompagnés d'une guirlande de fleurs qui part du haut du médaillon où se trouve l'inscription. Des enroulements à feuillages forment le culot de cet élégant support.

Nous sommes arrivés à la troisième page du manuscrit, la première où se trouvent des paroles avec chant. Disons tout de suite que le plain-chant y est écrit suivant la notation usitée à cette époque et même comme on la faisait à une date plus reculée. Ainsi, dans une même pièce de chant, on rencontre deux et quelquefois trois clefs différentes. On y trouve le *porrectus,* groupe de trois notes. Il est représenté par une forte barre posée diagonalement qui remplace un intervalle qui ne peut être inférieur à une tierce, mais qui, souvent, lui est supérieur. La dernière note du groupe qui compose le *porrectus* est toujours une note dont la queue la relie à la barre diagonale. Le *porrectus* n'existe qu'en descendant. On voit aussi dans ces in-folio le *climacus* composé d'une suite de notes descendantes, plus ou moins nombreuses, placées sur une même syllabe et formées de losanges renversés appelés *rhombes*. L'emploi du *porrectus* et du *climacus* ne s'est pas perpétué jusqu'à nous.

Les abréviations des lettres *N* et *M* surtout, celles de la syllabe *US* y sont très fréquentes. Les premières sont remplacées par un — posé au-dessus de la lettre qui précède celle que supprime l'abréviation. Il en est de même pour la syllabe *US* dont le signe abréviatif ressemble au chiffre 9.

On ne sera pas étonné, en parcourant ces manuscrits, de ne rencontrer l'indication d'aucune sensible, quand on saura qu'une grande quantité de bémols obligés ne sont même pas posés. Le bécarre, lorsque la note bémolisée redevient naturelle, n'est très souvent pas indiqué. La tradition suppléait alors à la défectuosité de la notation. A cette époque, la manière générale d'écrire le plain-chant était encore très primitive ; il n'y a que peu de temps qu'elle a obtenu la perfection à laquelle on est arrivé aujourd'hui.

Dans ces manuscrits, toutes les portées sur lesquelles le plain-chant est écrit sont tracées en rouge vermillon; elles ont 0m043, et chacune des quatre lignes qui la composent a 0m001 et demi d'épaisseur. La régularité de ces portées dans toute l'étendue des volumes est tellement rigoureuse, qu'on ne peut douter un instant que ces lignes ont été tracées mécaniquement ou tout au moins avec une griffe qui reproduisait en même temps les quatre lignes de la portée. Les notes et le texte sacré sont en noir, à l'exception, cependant, de quelques initiales tracées en rouge. Cela ne s'applique qu'aux majuscules qui commencent les versets des hymnes ou des proses, à partir de la seconde strophe jusqu'à la fin. Six lignes, chant et paroles, remplissent une page. Celle qui commence l'office n'en a que trois, et le feuillet qui le termine en a le nombre nécessaire pour l'achever, sans jamais dépasser le chiffre six. Le bas de cette dernière page de la messe ou des vêpres est rempli par un cul-de-lampe, qui occupe l'espace laissé libre.

Tous les offices ont le même luxe de décoration, à l'exception cependant de la seconde messe de Noël, celle de l'Aurore, qui n'a pas de tête de page. Les autres offices en ont tous une. Elles sont hautes de 0m11 et larges de 0m39. Au-dessous est écrit le titre de la messe, en cinq lignes variées entre elles par leurs couleurs et leurs dimensions. L'aspect général de ce titre est le même pour chacun des offices. La lettre initiale de l'introït est dans un carré qui a 0m19 environ sur chaque face. Dans le courant de l'office, les initiales du graduel, de l'alleluia, de la prose, s'il y en a une, de l'offertoire, et de la communion sont toutes variées; elles remplissent un cadre dont chacun des côtés mesure environ 0m10 ; si le dessin d'une initiale ressemble un peu à celui d'une autre lettre, le coloris en change absolument l'aspect.

Dans l'*Antiphonaire*, la répartition de l'ornementation est la même que celle du *Graduel*. Il y a donc avant chaque office une tête de page, une grande majuscule pour commencer la première antienne des vêpres, puis trois initiales pour chacun des psaumes qui suivent. Elles sont tracées en rouge.

Ensuite viennent celles du répons bref, de l'hymne, et, pour terminer, celle du *Magnificat*, qui, dans un encadrement de 0m10, offrent une grande variété d'ornementation. Ici, je ferai observer que, suivant l'usage des vêpres bénédictines, il n'y a que quatre psaumes aux vêpres, suivies d'un répons bref précédant les chants de l'hymne et du *Magnificat*.

En dehors de l'or, de l'argent, des couleurs vermillon, carmin, azur, pourpre, etc., etc., qui relèvent singulièrement la splendeur de ces volumes, les fleurs, les enroulements, les culots, etc., sont d'une telle richesse de dessin et d'arrangement, qu'il nous paraît peu probable qu'on ait, à cette époque du XVIIe siècle, surpassé en décorations, peut-être même égalé, les magnifiques volumes que nous ont laissés les moines de Saint-Nicaise. L'artiste, surtout, a su tirer un excellent parti des fleurs. Il a prodigué les roses, les anémones, les œillets, les jasmins, les iris, les renoncules, les jacinthes, les tulipes, les belles-de-jour, les marguerites et quantité d'autres fleurs tant naturelles que de fantaisie (1), toutes admirablement dessinées, posées avec un art et un goût remarquables, laissant au coloris le soin de donner le ton qui, sans être toujours d'une rigoureuse exactitude, notamment pour les fleurs bleues, satisfait l'œil par d'ingénieux arrangements. Ces fleurs, soit en bouquets ou en guirlandes, soit surtout lorsqu'elles sortent de leurs gracieux enroulements ou de leurs charmants culots, offrent, nous ne saurions trop le répéter, un ravissant mélange de couleurs qui, non seulement témoignent du goût relevé du peintre, mais aussi le désignent comme un habile miniaturiste.

Cependant, toutes les gouaches n'appartiennent pas à la même main. Dans l'*Antiphonaire,* plutôt que dans le *Graduel,* il y a quelques fins de pages dont l'exécution, quoique très satisfaisante, n'a pas atteint la même perfection qu'on remarque dans l'ensemble des volumes. C'est surtout dans la composition du dessin, dans l'arrangement des fleurs et des guirlandes que cette légère infériorité se fait remarquer. Je crois, sans crainte de

(1) Afin de citer aussi brièvement que possible les fleurs qui décorent cet ouvrage, je n'ai donné que leur dénomination vulgaire, mais il me semble bon d'indiquer ci-dessous, une fois pour toutes, leur nom scientifique :

Anémone, *Anemone.* — Belle-de-Jour, *Convolvulus tricolor.* — Bleuet, *Centaurea cyanus.* — Bourrache, *Borrago officinalis.* — Campanule, *Campanula.* — Chèvrefeuille, *Lonicera.* — Giroflée jaune, *Cheiranthus.* — Goutte-de-Sang, *Adonis* — Grenade, *Punica granatum.* — Iris, *Iris.* — Jacinthe, *Hyacinthus.* — Jasmin, *Jasminum.* — Jasmin d'Espagne, *Jasminum grandeflorum.* — Julienne, *Hesperis.* — Marguerite, *Bellis perennis.* — Narcisse, *Narcissus.* — Pavot, *Papaver.* — Renoncule, *Ranunculus.* — Œillet, *Dianthus.* — Œillet d'Inde, *Tagetes.* — Rose, *Rosa* (sans indication de variété). — Tulipe, *Tulipa.* — Volubilis, *Convolvulus mutabilis*

me tromper, pouvoir dire que deux personnes au moins et peut-être trois ont coopéré à ce remarquable ouvrage. D'abord, celle qui a écrit la musique et les paroles, ensuite celle qui a produit les miniatures dont le talent est si remarquable, puis enfin celle qui a terminé le travail laissé inachevé par l'artiste qui l'a exécuté presque entièrement. Il se pourrait cependant que l'écrivain Jacques-François Roussel fût lui-même l'artiste qui a si délicieusement illustré ces volumes. C'est une question qu'il est difficile de trancher, car il paraît presque impossible que le même religieux ait pu écrire tout le chant avec les paroles au-dessous, plus les titres et les gouaches qui, si habilement, ou pour mieux dire, si vivement qu'elles aient pu être peintes, ont demandé de la part d'un seul homme un travail de plus de cinq ans. Le titre porte qu'il l'écrivait en 1685, et la matricule des moines de la Congrégation de Saint-Maur indique son décès au 31 août 1690. Ce qui, malgré tout, fait aussi présumer le contraire, c'est que l'écrivain s'est souvent donné beaucoup de place pour peindre son titre sans s'occuper de la tête de page qui, quelquefois, est un peu rapprochée de la première ligne ; ensuite, c'est qu'on ne remarque l'infériorité d'une autre main dans les gouaches comme exécution, et principalement comme composition, que dans un petit nombre de sujets à figures et dans les culs-de-lampe de la seconde partie surtout de l'ouvrage, sans cependant qu'ils soient placés tous en se suivant. Cette remarque s'applique généralement aux dernières pages des offices qui, ayant peu de musique, ont laissé à l'artiste décorateur un grand espace pour y exercer son talent.

Maintenant, ayant indiqué le pour et le contre, je laisse à d'autres, plus habiles que moi, de décider quel est le nombre d'artistes qui ont concouru à l'exécution de ce magnifique ouvrage.

IN FESTO NATIVITATIS DOMINI.

Ad primam Missam.

Page 3. — La messe de Noël, à minuit, la première du livre, est décorée d'une *tête de page* dont un enfant Jésus emmailloté de langes blancs occupe le centre. Il est debout dans un ovale, au milieu de rayons dorés; à droite et à gauche il y a des enroulements fort gracieux ornés de fleurs d'anémones et de tulipes. Au-dessous est le titre de la messe. J'ai dit plus haut qu'ils se ressemblent tous, sans cependant que les couleurs soient absolument les mêmes. Leur analogie est suffisante pour qu'il ne soit pas besoin de les décrire avant de parler de chaque office. La fin du titre *Ad Missam* est invariablement en rouge, et *Introitus* est toujours en noir : ceci est pour le *Graduel;* et, dans l'*Antiphonaire,* c'est *Ad Vesperas primas* ou *secundas* qui est en rouge, et *Antiphona* en noir. L'introït de la messe de minuit commence par ces mots : *Dominus dixit ad me.*

Introitus. — L'initiale D, comme toutes celles des deux volumes, qui est la première de l'office, est dans un carré de $0^{m}20$ environ sur chaque côté. Ici la lettre D est bleue, décorée de feuillages en or, a $0^{m}125$. Le reste du carré, dont la jolie bordure ressemble à celle de l'en-tête, est rempli d'enroulements et de fleurs : roses, anémones et fleurs de fantaisie, s'harmonisant avec celles qui garnissent les côtés du motif central.

Toutes ces décorations (tête de page et majuscule) sont sur fond d'or, en relief et bruni. Il en est de même de toutes celles qui suivront, tant dans le *Graduel* que dans l'*Antiphonaire*.

Graduale, page 4. — *Tecum principium*. Le T est en or bruni et en relief (1), sur un joli paysage avec eau, montagnes dans le fond et constructions.

Alleluia, page 6. — A en or, sur un charmant paysage en camaïeu bleu, Moïse sauvé des eaux. Moïse fut le sauveur du peuple hébreu, motif choisi par allusion à la naissance de Jésus qui fut le Rédempteur du genre humain.

Offertorium, page 7. — *Lætentur cœli*. L en or sur un paysage en camaïeu bleu très fin. La fuite en Égypte. Le groupe vient de passer près d'une habitation. Montagne boisée.

Communio, page 8. — *In splendore sanctorum*. I en bleu (2) sur un paysage avec cours d'eau dans la plaine. Montagne au loin, arbre au premier plan, dans un encadrement pourpre. Pour remplir la page qui termine la messe de minuit, l'artiste a peint un trépied doré orné de guirlandes vertes. Au-dessus des flammes, un culot bleu et jaune veiné d'où sortent à droite deux œillets, l'un violet, l'autre rouge, avec leurs boutons; à gauche un œillet rouge et une rose avec des boutons. Les feuilles vertes de ces fleurs sont toutes de fantaisie. Le dessin de ce *cul-de-lampe* est fort léger et très délicat. Il mesure $0^{m}18$ sur $0^{m}37$.

(1) Toutes les lettres en or sont toujours en relief et or bruni.

(2) Les lettres bleues sont aussi en relief et marbrées en or.

IN FESTO NATIVITATIS DOMINI.

Ad secundam Missam.

Cette messe, n'ayant pas d'*en-tête*, a cinq lignes de chant.

Introitus, page 9. — *Lux fulgebit.* L dans un carré, peinte en lilas, rehaussée d'ornements dorés avec enroulements variés d'où sortent des roses, des anémones et des fleurs de fantaisie.

Graduale, page 11. — *Benedictus qui venit in nomine Domini.* B en or sur un camaïeu vert. On y voit un cours d'eau et une barque. Ce paysage est garni en haut et sur les côtés d'une guirlande de lilas.

Alleluia, page 12. — L'A en bleu sur un joli paysage lilas, sur un fond gris bleu. On y voit un pont, des maisons, des montagnes et un gros arbre.

Offertorium, page 13. — *Deus firmavit orbem terræ.* D bleu, sur un camaïeu pourpre représentant la Nativité. L'enfant Jésus est maintenu par sa mère ; à leur droite, un berger guidé par l'étoile. Encadrement de feuilles de laurier.

Communio, page 13. — *Exulta filia Sion* E en or, sur un paysage avec cours d'eau et ville dans le lointain ; le tout d'une très fine exécution.

La dernière page, 14, de cette messe a trois lignes de chant.

Au-dessous un vase bleu pâle et blanc garni d'or en haut, en bas et sur sa panse. Son pied l'est également et ne saurait soutenir le vase debout. En haut, une tête de lion vue de face, d'où partent des enroulements variés. Des roses et du jasmin sortent des trous percés dans le cercle qui entoure le vase. Plus haut sont des grenades en fleurs et en boutons, des anémones, des œillets, etc. Cet ensemble a 0m23 sur 0m36 dans ses plus grandes dimensions.

IN FESTO NATIVITATIS DOMINI.

Ad tertiam Missam.

Page 15.— Motif central de la *tête de page :* la nativité de Notre-Seigneur. La sainte Vierge et saint Joseph à genoux adorent l'enfant Jésus couché sur un linge blanc dans sa crèche. Il est éclairé par des rayons lumineux venant du ciel. A droite et à gauche, des enroulements laissent échapper des anémones et de petites fleurs rouges de fantaisie. Toute cette gouache, dans un encadrement gris et or, est fort brillante.

Introitus. — *Puer natus est nobis.* Le P bleu pâle chargé d'ornements en or. Des enroulements, des culots et des fleurs de fantaisie jointes à des roses et à des anémones, le tout d'un coloris charmant, complètent l'ornementation du carré dans une bordure semblable à celle de l'en-tête.

Graduale, page 17. — *Viderunt omnes fines terræ.* V en or sur un camaïeu bleu vif. Marie et Joseph à genoux adorent l'enfant Jésus. Cette peinture rappelle bien le xviie siècle.

Alleluia, page 18. — A bleu sur camaïeu vert ; un ange vêtu d'une longue robe paraît indiquer à un enfant qu'il tient par la main, un chemin qui se voit dans le lointain. Bordure pourpre en feuilles de laurier.

Offertorium, page 19. — *Tui sunt cœli.* T en or sur un

fort joli paysage, avec rocher et chute d'eau au premier plan, coucher du soleil.

COMMUNIO, page 20. — *Viderunt omnes fines terræ.* V bleu marbré en or sur camaïeu pourpre relevé en or. Saint Benoît, assis dans une grotte, tient un livre ouvert, un second fermé est par terre. Près du saint, un christ en croix posé sur une saillie dans la grotte. Non loin de l'entrée, un ange apporte du pain dans une corbeille pour la nourriture de saint Benoît qui, à ce moment, vivait en ermite. Un diable prend la fuite : il avait cherché sans y réussir à couper la corde attachée à la corbeille, qui servait à la descendre jusqu'au sol de la grotte.

Page 21. — *Cul-de-lampe* sous deux lignes de chant. Vase bleu foncé garni d'or; il contient des roses, des narcisses, des tulipes, des anémones, du chèvrefeuille, etc., etc. Ce vase est posé sur une tablette ornée d'or. L'ensemble de cette décoration est de 0^{m}41 sur 0^{m}34.

IN FESTO EPIPHANIÆ DOMINI.

Ad Missam.

Page 22. — Motif central de l'*en-tête* de page : l'adoration des Mages. Dans un délicieux paysage, la sainte Vierge, assise, tient l'enfant Jésus; saint Joseph est debout derrière elle; deux rois sont à genoux présentant leurs offrandes. Plus loin, le roi nègre est debout tenant le vase à parfums. A droite et à gauche, des enroulements et des culots d'où s'échappent des fleurs de volubilis, de jasmins et d'œillets, le tout aux couleurs vives et variées. Cadre bleu pâle.

INTROITUS. — *Ecce advenit Dominator Dominus.* E en

bleu pâle relevé d'ornements en or très légers, le fond enrichi de fleurs variées, roses, anémones, jasmins, etc., avec enroulements et un culot d'un très riche coloris. Deux oiseaux de fantaisie ornent les angles du bas. Encadrement comme ci-dessus.

GRADUALE, page 23. — *Omnes de Saba venient.* O en or en relief, dans un joli et frais paysage. Haute montagne, ville dans le lointain, grande rivière et bois.

ALLELUIA, page 25. — A en or en relief sur un paysage en camaïeu bleu. On y voit au dernier plan un personnage, peut-être un roi, monté sur un chameau; il est précédé de soldats et suivi de trois hommes armés.

OFFERTORIUM, page 26. — *Reges Tharsis et insulæ.* R bleu marbré en or dans un joli paysage. Un grand arbre au premier plan, puis bouquet d'arbres et des montagnes dans le lointain.

COMMUNIO, page 27. — *Vidimus stellam ejus.* V en bleu marbré en or sur un camaïeu jaune. Grand arbre au premier plan; cours d'eau, un homme assis y pêche à la ligne; ville au loin dans un cadre orné de guirlandes vertes, feuilles de laurier.

IN FESTO SANCTI MAURI ABBATIS.

Ad Missam.

Page 28. — Au centre de l'*en-tête* de page, un médaillon circulaire bordé d'or. On y voit saint Maur qui, marchant sur l'eau, sauve saint Placide; celui-ci, en venant puiser dans le lac, y était tombé; les flots l'avaient déjà éloigné du rivage lorsque, sur l'ordre de saint Benoît, saint Maur courut au secours du jeune novice.

De gracieux enroulements et des culots, d'où sortent des roses avec leurs boutons et de petits pavots rouges, complètent cette tête de page, dans un cadre doré.

Introitus. — *Os justi meditabitur sapientiam.* L'O est pourpre posé devant une corbeille d'osier placée sur une table couverte d'un tapis bleu. La corbeille est remplie de roses, parmi lesquelles il y en a deux blanches. Même encadrement que ci-dessus.

Graduale, page 30. — *Domine prævenisti eum.* D bleu marbré en or sur un camaïeu jaune. Sur le bord d'un canal, une ville fortifiée ; à droite est un bouquet d'arbres, à gauche l'entrée d'un château fort dont on aperçoit deux tours, l'une carrée et l'autre ronde. Au loin, on remarque la mâture et les voiles d'un vaisseau, des ornements gris bleuâtre bordent le camaïeu.

Alleluia, page 32. — A en or sur un camaïeu carmin. Ruines d'un temple, à gauche un arbre, lointain très profond dans une guirlande de feuillages verts.

Offertorium, page 32. — *Desiderium animæ ejus.* D bleu vif marbré en or sur un camaïeu pourpre, représentant la sainte Famille dans les champs. A droite, un palmier, à gauche des arbustes et au loin des palmiers.

Communio, page 33. — *Fidelis servus et prudens.* F or en relief, dans un paysage coucher de soleil avec montagnes, rocher d'où coule l'eau qui forme un torrent, le tout bien nuancé.

Cul-de-lampe, page 34. — Sous quatre lignes de chant, vase blanc avec paysage bleu foncé peint sur la panse, il sort d'un culot bleu et rouge posé sur un bouton doré ; du culot partent des rinceaux d'où s'échappent des fleurs variées de forme et de couleur, des jacinthes, des roses, des renoncules, des roses d'Inde, etc. Au-dessus, une coquille nacrée.

IN FESTO S. BENEDICTI ABBATIS.

Ad Missam.

Page 35. — Au centre de l'*en-tête,* médaillon ovale oblong, saint Benoît, vêtu de sa coule, assis dans une grotte, est en prière. Un livre ouvert sur ses genoux, près de lui une tête de mort et une croix ; par l'entrée de la grotte, dans le lointain, on aperçoit dans un jardin un solitaire nommé Romain, qui descend au moyen d'une corde un panier contenant le pain dont saint Benoît faisait sa nourriture. Un démon cherche en courant à rejoindre un autre moine qui paraît aller chercher des provisions. Le médaillon, surmonté d'une coquille, est dans de riches enroulements d'où sortent des roses, des jasmins, des jacinthes, etc. ; le tout dans un cadre formé d'une baguette jaune enrubannée de blanc.

Introitus. — *Gaudeamus omnes in Domino.* G lilas avec ornements violets, rehaussés d'or. Dans le carré, de riches enroulements et des fleurs brillantes, œillets, roses, jacinthes, narcisses blancs, volubilis, etc. ; même encadrement que ci-dessus.

Graduale, page 37. — *Beatus vir qui timet Dominum.* B bleu marbré or en relief, à gauche cinq fraises en guirlande. Dans la lettre et à droite, sortant d'un culot, il y a des fleurs de roses, d'anémones, de jacinthes, de jasmins et de campanules.

Sequentia, page 39. — *Læta* *dies quies* *magni ducis.* L or en relief sur un paysage ; au premier plan un cours d'eau ; derrière, un tertre planté de grands arbres, prairie, bois et montagnes au fond, le tout dans un encadrement de couleur pourpre.

Alleluia, page 42. — A en or. Au centre ornement terminé par deux culots d'où sortent, à gauche, une anémone et une branche de jacinthe, et, à droite, une rose et des marguerites.

Page 43. — Au bas de cette page, qui a cinq lignes de chant, un culot avec rinceaux d'où sortent des roses et des jasmins. Hauteur $0^{m}10$, largeur $0^{m}15$.

IN FESTO RESURRECTIONIS DOMINI.

Ad Missam.

Page 44. — Au centre de l'*en-tête,* un médaillon ovale oblong dans lequel on voit Notre-Seigneur, vêtu d'un manteau rouge, ressuscité et sortant du tombeau ; il tient un étendard blanc. Deux gardes, qui ne sont pas des soldats, s'éveillent et paraissent effrayés. Sous l'ovale, une coquille et de très riches enroulements avec une rosace dorée, d'où s'échappent des fleurs de grenadiers, de jasmins, de campanules, etc. Ici, contrairement aux précédentes têtes de page, les deux côtés sont les mêmes dans un encadrement argenté et sculpté.

Introitus. — *Resurrexi et adhuc tecum sum.* R de couleur lilas, relevé d'ornements pourpre et argent. Culot en bas d'où sort une quantité de fleurs variées, telles que : rose, tulipe, anémone, œillet, marguerites, belles-de-jour, jacinthe, bourrache, etc. Même encadrement que ci-dessus.

Graduale, page 46. — *Hæc dies quam fecit Dominus.* H en or en relief sur la représentation en camaïeu pourpre de Jonas sortant du corps d'une baleine. On voit des barques de pêcheurs sur la mer ; au fond une montagne et une ville, Ninive probablement, au bord de l'eau. Cette peinture est une des figures de l'ancien Testament, qui fait allusion à la résurrection de Notre Seigneur Jésus-Christ. Pour compléter, une guirlande de feuilles de laurier dorée orne le haut de ce tableau et descend sur les côtés, environ au tiers de la hauteur.

Alleluia, page 47. — A en bleu marbré or. En bas, un culot d'où sortent des fleurs : roses, marguerites, belles-de-jour, etc., le tout dans un cadre doré avec ruban qui s'enroule autour.

Sequentia, page 48. — *Victimæ paschali laudes*. V bleu en relief marbré or, sur un paysage en camaïeu rose, assez simple ; on y voit un gros arbre et plusieurs lignes de buissons relevés d'or, dans un encadrement bleu orné d'or.

Offertorium, page 51. — *Terra tremuit et quievit*. T or en relief ; au bas, ornements formant deux culots réguliers d'où sortent des fleurs : roses, anémones, jacinthes, etc. ; l'encadrement est comme celui de l'*Alleluia*.

Communio, page 52. — *Pascha nostrum immolatus est Christus*. P bleu en relief, marbré or, sur un camaïeu vert représentant un paysage ; au premier plan, le sépulcre. Un ange est assis sur le bord de la pierre. Les saintes femmes approchent du tombeau. Dans le lointain, le mont du Calvaire ; on y remarque deux croix.

IN FESTO ASCENSIONIS DOMINI.

Ad Missam.

Page 53. — Le centre de l'*en-tête* est occupé par un médaillon presque ovale, dans le sens large de la page. Le cartouche, de forme fantaisiste, contient la scène de l'Ascension. Notre-Seigneur vient de quitter la terre ; il s'élève, on ne voit que le bas de sa robe et ses pieds nus dont il a laissé l'empreinte sur la montagne. Douze personnes assistent à cette scène, la sainte Vierge et les onze apôtres, partagés en deux groupes placés sur les côtés. Les culots, les enroulements et les fleurs : anémones, jasmins, lauriers, etc., sont les mêmes de chaque côté du cartouche. Cette tête de page est très remarquable comme dessin, et d'un coloris on ne peut plus brillant. Elle est dans un encadrement doré imitant le bois sculpté.

Introitus. — *Viri Galilæi quid admiramini.* V en pourpre avec rinceaux plus foncés rehaussés d'argent. Les fleurs et les ornements sont aussi symétriquement posés que la forme de la lettre l'a permis. Parmi les fleurs, on remarque deux roses, deux iris, une tulipe surtout, dont la peinture et la disposition sont admirables. Le cadre qui les contient est semblable à celui de l'en-tête.

Ier Alleluia, page 55. — A bleu marbré or en relief sur un camaïeu vert dont les jours sont relevés d'or. Sans être absolument semblable, il a de l'analogie avec celui de la prose de Pâques, qui est rose. Cette couleur est celle de l'encadrement qui nous occupe.

IIe Alleluia, page 56. — A or en relief. Entre les jambages de l'A, un vase en faïence blanche avec décoration bleue est posé sur une terrasse gazonnée ; des roses, des anémones, des jacinthes, des campanules, des phlox, des marguerites, etc., remplissent le vide dans un cadre doré et sculpté.

Offertorium, page 56.— *Ascendit Deus in jubilatione.* A bleu en relief posé sur un camaïeu bleu relevé d'or, ainsi que la lettre. Cette initiale, quoique bleue sur un fond de même couleur, se détache parfaitement des arbres qui lui servent de fond. Dans le lointain on voit une partie de ville. Un ruban rose pourpré décore l'encadrement.

COMMUNIO, page 57. — *Psallite Domino.* P or en relief; à sa gauche, trois grappes de raisin tombant en guirlande, à droite culot d'où s'échappent des fleurs : rose, anémone, belle-de-jour et jasmin. Le cadre est orné d'un ruban rose.

Page 58.— *Cul-de-lampe.* Sous deux lignes de chant, l'artiste a peint un vase bleu et or, décoré de feuillages et de mascarons ; de la bouche de ceux-ci sortent des guirlandes. Le bas de la panse ainsi que le pied sont ornés de godrons dorés. Des roses, des œillets, des anémones, des tulipes, des jacinthes, des iris, des lauriers, etc., sortent du vase, qui est posé sur un gazon, aux extrémités duquel sont deux oiseaux de fantaisie et de très brillantes couleurs. L'ensemble de cette gouache a $0^{m}37$ en hauteur sur $0^{m}33$ en largeur et $0^{m}37$ au terrain.

IN FESTO PENTECOSTES.

Ad Missam.

Page 59. — *En-tête* de page : le Saint-Esprit, sous la forme d'une colombe, plane dans le cénacle tout rempli de nuages lumineux et de rayons. Entre deux colonnes, on remarque la sainte Vierge et les douze apôtres. Saint Mathias a déjà remplacé Judas. Seize langues de feu, espacées dans le vide, vont aller se poser sur les têtes de ceux qui recevront les dons du Saint-Esprit (on ne voit que la Vierge Marie et les apôtres). De chaque côté de cette scène sont des ornements en enroulement, des palmes et des culots avec des fleurs, des roses, des jasmins et des anémones. Les deux côtés sont semblables et placés dans un cadre bleu, sculpté suivant le goût de l'époque.

INTROITUS. — *Spiritus Domini replevit orbem terrarum.* S en pourpre ornée de fleurs et de feuillages en camaïeu relevé d'argent. En bas, dans l'angle gauche, un culot d'où part un ruban et des fleurs, telles que des roses, du chèvrefeuille, des anémones, des narcisses, des œillets, etc., etc. L'encadrement est le même que ci-dessus.

Ier ALLELUIA, page 61. — A bleu relief marbré or. Deux culots d'où sortent, à gauche, une rose et une tige de jacinthe ; à droite, du jasmin, une anémone et une rose. Le cadre est de couleur pourpre relevée d'argent.

IIe ALLELUIA, même page. — L'A en or en relief sur un paysage. A gauche, au premier plan, un arbre ; au deuxième, un bosquet et dans le fond une montagne au pied de laquelle on aperçoit la porte d'un château fort entre deux tours. Ce paysage est dans un encadrement enrubanné de rose et relevé d'argent.

SEQUENTIA, page 63. — *Veni sancte Spiritus.* V bleu en relief marbré or, posé sur une terrasse. Dans le lointain, à gauche, une construction qui paraît être un temple. Rayons lumineux et nuages d'où sortent seize langues de feu. Dans l'écartement des branches du V, plane le Saint-Esprit sous la forme d'une colombe. Dans chaque angle, un petit ornement et un filet dorés remplacent l'encadrement.

OFFERTORIUM, page 66. — *Confirma hoc Deus.* Le C or en relief. Devant, un vase en faïence décoré d'un paysage bleu où l'on voit un château. Dans ce vase, sont des fleurs, roses, anémones, jacinthes et jasmin; il est posé sur une table couverte d'un tapis pourpre frangé d'or. Le tout dans un cadre rose relevé d'argent.

COMMUNIO, page 67. — *Factus est repente de cœlo sonus.* L'F or en relief devant une console sur laquelle est une coupe en faïence blanche décorée d'un paysage peint en bleu. Dans la coupe, des fleurs : roses, anémones, belles-de-jour, jasmin, etc. Le tout dans un encadrement pourpre décoré d'oves relevés d'or.

Cul-de-Lampe, page 68.— Il ne restait sous cinq lignes de chant que peu de place. Aussi, l'artiste a-t-il su tirer parti du petit espace laissé à sa disposition en y jetant un bouquet fort légèrement dessiné, composé de deux anémones et de jacinthes avec leurs tiges liées par un ruban rose relevé d'or. Ce bouquet a $0^{m}12$ de hauteur sur $0^{m}20$ de largeur.

IN FESTO CORPORIS CHRISTI.

Ad Missam.

Page 69. — Un médaillon circulaire occupe le centre de l'*en-tête* de page. L'artiste l'a décoré d'un autel avec un ostensoir entre deux chandeliers aux cierges allumés. Le devant de l'autel est rouge, et sur le marchepied sont deux anges adorateurs. Aux côtés du médaillon, doré au pinceau, il y a des enroulements d'un très riche coloris, avec jasmins, grenades et campanules contenus dans un encadrement gris bleu.

INTROITUS. — *Cibavit eos ex adipe frumenti.* Le C, en camaïeu pourpre, est orné de fleurs et d'ornements rehaussés d'argent. Autour, des roses, des tulipes, des belles-de-jour, des anémones, des jacinthes, des iris, etc., etc., sortant des culots. Ici les enroulements sont peu nombreux. Le cadre est bleu gris comme celui de l'en-tête de page.

GRADUALE, page 70. — *Oculi omnium in te sperant Domine.* O or en relief, sur un camaïeu pourpre relevé d'argent et de blanc. Au-dessus de la terre, il y a des nuages, deux anges y volent et adorent le saint Sacrement figuré par un ostensoir. Le cadre est composé d'un petit filet doré avec rubans.

ALLELUIA, page 72. — A bleu, relief marbré d'or. Dans les angles du haut, deux patères dorées d'où pendent, attachés à des rubans bleus, des bouquets de roses, d'anémones, etc. Ils passent derrière la lettre A, ainsi qu'une guirlande composée de roses, d'anémones et de jasmins. La bordure est pourpre avec rubans relevés d'argent.

SEQUENTIA, page 73. — *Lauda Sion Salvatorem.* L or en relief, paysage en camaïeu pourpre relevé d'or. Un grand arbre au premier plan; derrière cet arbre, des lignes de buissons et une montagne au fond. On remarque des tours en ruine et un château fort démantelé. Encadrement rose avec rubans relevés d'or.

OFFERTORIUM, page 84. — *Sacerdotes Domini incensum et panes offerunt Deo.* S bleue marbrée or, avec culots d'où sortent, à droite, une rose, une tulipe, une belle-de-jour; et à gauche, une anémone, une campanule et de petites fleurs bleues, dans un encadrement jaune sculpté et simulant l'or.

COMMUNIO, page 85. — *Quotiescumque manducabitis panem hunc.* Q or en relief, devant un paysage. Au premier plan, un très bel arbre, terrain avec herbe et buissons; derrière, prairie et bosquet, un village paraît en sortir, puis c'est une montagne, et, dans le lointain, tours, château, etc. Encadrement en or avec rubans.

Page 87. — *Cul-de-lampe.* Sous trois lignes de musique, dans un vase non élevé, à pied et bord de cuivre doré, sont des fleurs : des roses, des anémones, une tige de couronne impériale, belle-de-jour, volubilis et fleurs rouges. Le vase est posé sur une console. L'ensemble a $0^{m}29$ en hauteur sur $0^{m}33$ en largeur.

IN FESTO SS. APOSTOLORUM PETRI et PAULI.

Ad Missam.

Page 88. — Au milieu de la *tête de page,* dans un médaillon circulaire, saint Pierre dans une grotte, un genou en terre, paraît pleurer sa faute. Près de lui, sur une pierre, sont ses clefs symboliques, l'une d'or, l'autre d'argent. Par l'ouverture de la grotte, on voit le coq dans le lointain. Des feuillages entourent le médaillon, et sur les côtés, qui sont semblables, il y a de gracieux enroulements. Dans le bas, ce sont de petites roses et des branches de jasmin. Un cadre gris garni d'oves sur deux rangées complète cette jolie gouache.

Introitus. — *Nunc scio vere quia misit Dominus Angelum suum.* N en camaïeu violet, orné de rinceaux relevés d'argent. Un charmant enroulement fait à peu près le tour de la lettre. Il en sort une rose, une anémone, un œillet, une jacinthe, un volubilis et des fleurs de fantaisie ; le tout dans un cadre fait d'une baguette grise entourée d'un ruban lilas, étroit et ne paraissant que sept ou huit fois sur chaque côté.

Graduale, page 90. — *Constitues eos principes super omnem terram.* Le C or, en relief sur un paysage. Au premier plan, un peu d'eau entre deux bandes de terre ; sur la seconde, il y a des buissons ; derrière ceux-ci, des montagnes qui servent de fond au paysage dont un bel arbre est le motif principal. Le tout contenu dans un cadre sculpté imitant l'or.

Alleluia, page 91. — A bleu en relief marbré d'or. Dans un cadre pourpre marbré de blanc et de pourpre foncé sont des fleurs : deux roses, un œillet, du jasmin, de la bourrache et une anémone.

Offertorium, page 92. — *Constitues eos principes super omnem terram.* C or en relief, derrière l'initiale un très bel arbre, puis un cours d'eau bordé de buissons, ensuite trois peupliers sortant d'un bosquet et des montagnes au fond. Le tout dans un cadre brun, imitant l'or, sculpté.

Communio, page 93. — *Tu es Petrus.* T or en relief. Paysage dans lequel on voit du terrain bordé de buissons et quatre arbres au premier plan ; derrière eux, une prairie garnie au fond de bosquets d'où semble sortir un village au pied de hautes montagnes. Cadre sculpté, rose, violacé, relevé d'or.

Après la communion, on lit en une ligne rouge et en petits caractères de 0m05 : *In translatione S. Benedicti, oia ut in festo. Alleluia, Vir Dei,* etc. (en noir), *page* (rouge) *31* (noir).

Page 94. — *Cul-de-lampe.* Sous deux lignes de chant, un vase bleu. Tête de chérubin ailée ; de sa bouche sortent deux guirlandes de fruits. De grands ornements garnissent la panse du vase sur les côtés. Son pied, comme tout ce qui décore ce vase, est doré. Il est posé sur des ornements ayant forme d'enroulements d'où sortent des fleurs en quantité : roses, iris, œillets, jacinthes, campanules, jasmins, anémones simples et doubles, etc. ; l'ensemble de ce cul-de-lampe est de 0m34 de hauteur, sur 0m33 de largeur.

IN FESTO ASSUMPTIONIS B. V. MARIÆ.

Ad Missam.

Page 95. — Au centre de l'*en-tête,* dans un médaillon ovale oblong est la sainte Vierge, accompagnée d'un ange et de trois têtes de chérubin. De chaque côté de cette peinture sont les mêmes enroulements et les mêmes fleurs : tulipes, jasmins, campanules ; celles-ci, d'un coloris rouge et jaune de fantaisie, sont d'un très puissant effet. Les enroulements aux vives couleurs se font aussi remarquer. Le cadre vert est décoré de traits bruns.

Introitus. — *Gaudeamus omnes in Domino.* Le G en camaïeu rouge avec ornements relevés d'argent. Il est placé devant un vase de faïence bleue et blanche, d'où sortent des narcisses jaunes, des volubilis, des tulipes, des marguerites, des jacinthes, des lauriers doubles, etc., etc. Leur cadre est jaune, orné de traits bruns.

Graduale, page 97. — *Propter veritatem et mansuetudinem.* P or en relief, sur un paysage en camaïeu bleu, relevé d'or. Au premier plan, arbres et pont à cinq arches. Plus loin, buissons et constructions. Encadrement pourpre, relevé d'or.

Alleluia, page 98. — A bleu, marbré or sur un terrain gazonné, devant un vase en faïence blanche décoré de peintures bleues représentant des constructions dans un paysage. Ce vase paraît être fait avec des bandes de faïence rattachées par des filets de métal brun et or. Il contient des fleurs variées ; on y distingue des roses, des anémones, des marguerites, des belles-de-jour, etc., dans un encadrement bleu pâle, marbré d'or et de bleu foncé.

OFFERTORIUM, page 99. — *Assumpta est Maria in cœlum.* A or, en relief sur un camaïeu bleu relevé d'or, paysage où se voient deux arbres, des buissons avec une montagne derrière, dans un cadre brun et or.

COMMUNIO, page 100. — *Optimam partem elegit sibi Maria.* O bleu marbré or; derrière, un vase bleu garni de métal doré au cou, au bas de la panse et au pied. Dans le vase sont des roses, des marguerites, des belles-de-jour, etc. Une bordure jaune brun et or encadre cet ensemble.

Page 101. — *Cul-de-lampe.* Sous deux lignes de chant il y a un grand vase d'un blanc gris argenté. Le bas de la panse est bleu et le pied, doré. Sur le vase, on voit trois hommes peu vêtus, tenant une guirlande de feuillages. Toute cette ornementation paraît être en bronze doré. De ce vase, posé sur une console peinte en gris, dont les bords sont décorés de sculptures et d'une coquille au-dessous, sortent des fleurs de pavots, d'œillets, de grenade, de laurier, de roses, de jacinthes et de jasmin. Ce magnifique cul-de-lampe, qui est d'un très grand effet, a 0^m40 de hauteur sur 0^m27 de largeur.

IN FESTO DEDICATIONIS ECCLESIÆ.

Ad Missam.

Page 102. — Au centre de la *tête de page* est un médaillon circulaire doré et orné du portail principal de l'église Saint-Nicaise, au centre d'un paysage. Au bas de ce médaillon sortent d'une coquille de magnifiques enroulements aux couleurs les plus brillantes. Par exception, les fleurs ici sont peu nombreuses. De chaque côté du médaillon, il n'y a qu'un œillet et un bluet. L'encadrement, orné de sculptures, est d'un gris qui imite l'argent.

Introitus. — *Terribilis est locus iste.* T violet avec ornements faisant camaïeu. Derrière il y a de fort gracieux enroulements, mais les fleurs n'y sont pas très nombreuses. On y voit cependant des roses, des phlox, des myosotis, des campanules et des anémones (une fleur de chaque), dans un encadrement semblable à celui de l'en-tête.

Graduale, page 104. — *Locus iste a Deo factus est inæstimabile sacramentum.* L or en relief devant le même portail de l'église, peint au naturel, au fond de son atrium; dans le mur de droite s'ouvre une porte donnant sur un jardin (converti en cimetière sur les plans les moins anciens). Le paysage est au naturel avec des couleurs éteintes. Un filet d'or tracé au pinceau l'entoure.

Alleluia, page 105. — A bleu, marbré d'or. Au-dessous et derrière, il y a un terrain vert avec touffes d'herbe; il supporte un vase bleu marbré aussi d'or et de bleu plus foncé; le cou du vase et son pied sont en métal doré. Des roses, du jasmin, des anémones, sortent de ce vase. Au-dessus de l'A, on voit une draperie rouge avec ornements et franges dorés, attachée dans les coins et relevée au centre. L'encadrement est formé d'un filet bleu marbré d'or et de bleu plus foncé.

Offertorium, page 106. — *Domine in simplicitate cordis mei.* D bleu marbré or, placé devant une corbeille d'osier, posée sur une table couverte d'un tapis de couleur pourpre. Parmi les fleurs qui garnissent la corbeille, on remarque des roses, des anémones, des marguerites, etc. L'encadrement sculpté est d'un brun imitant l'or.

Communio, page 107. — *Domus mea, domus orationis vocabitur.* D or et en relief sur un délicieux paysage avec eau, arbres, arbustes, maison, bois dans le lointain et montagnes au fond. Ce paysage est un des plus beaux, il est très finement peint et d'un admirable coloris.

Page 108. — *Cul-de-lampe.* Il n'y a que deux lignes de chant. Au-dessous est un carré de 0m39 sur 0m37, formé par un large filet d'or en relief. Il contient le grand portail de Saint-Nicaise en grisaille, avec les murs de l'atrium à droite; au-dessus de la muraille, quelques buissons et le mont de Berru dans le lointain. A gauche, ce sont les arbres du jardin qui s'élèvent au-dessus du mur. Les fenêtres et la rose du portail sont en verres blancs. La rose représentée ici est celle que fit rétablir l'abbé commendataire Claude de Guise, vers 1569.

Cette gouache est fatiguée et n'a plus la fraîcheur des autres peintures, parce que c'est à cette page que le volume est ouvert dans la vitrine où les visiteurs de la bibliothèque communale peuvent voir ces splendides manuscrits. Aujourd'hui, un drap bleu, foncé et épais, est posé sur le verre qui protège ces richesses artistiques. Il est probable que cette précaution n'a pas été prise dès l'entrée de ces volumes dans notre Hôtel de Ville.

IN FESTO OMNIUM SANCTORUM.

Ad Missam.

Page 109. — La *tête de page* de cette fête est ornée au centre d'un médaillon ovale oblong, entouré d'une guirlande de feuilles vertes de laurier. Il représente le ciel ; en haut, dans les nuages lumineux, un triangle renversé figure la sainte Trinité. Dessous, à gauche, on reconnaît saint Pierre tenant une clef, saint Jean avec un calice, à droite saint Paul portant une épée, saint Mathieu une lame ; dans le bas du médaillon, on voit des religieuses. Il y a encore d'autres saints sans attributs. Vers le centre, on remarque saint Laurent tenant son gril, saint Étienne avec des pierres dans la tunique. D'autres saints et des saintes portent des palmes. De chaque côté de l'ovale, des rinceaux et des draperies ; celles-ci, posées sur des tables où se trouve un vase large et bas en faïence blanche et bleue, contenant des fleurs : des roses, des anémones, des jacinthes, des campanules, etc., etc. Les deux côtés de l'en-tête sont pareils, ils ne diffèrent l'un de l'autre que par la variété des fleurs. L'encadrement est jaune, décoré de sculptures peu profondes.

Introitus. — *Gaudeamus omnes in Domino.* Le G en camaïeu violet avec ornements relevés d'argent, au milieu de magnifiques enroulements avec quelques fleurs, des roses, des volubilis, des anémones, des phlox, etc. Le cadre est semblable à celui du haut de la page.

Il y a lieu de renouveler ici la même observation que celle faite pour la page 108. Le jour et le soleil l'ont fanée plus encore, car les couleurs si brillantes des fleurs offrent moins de résistance que la grisaille. Il est à désirer que ce volume soit toujours ouvert à cet endroit, afin de ne pas détériorer d'autres feuillets.

Graduale, page 111. — *Timete Dominum omnes Sancti ejus.* T or en relief devant une table couverte d'un tapis rouge et sur laquelle sont, à droite et à gauche de la lettre, deux vases de faïence blanche décorée de bleu ; dans celui de droite sont deux roses et une anémone, dans celui de gauche une rose, un œillet et une anémone. Le cadre est bleu marbré d'or et de bleu foncé.

Alleluia, page 112. — A bleu marbré d'or ; dessous, il y a un culot d'où sortent des roses, des jacinthes, des anémones et un œillet. Le tout dans un cadre jaune brun enrubanné et imitant la dorure.

Offertorium, page 113. — *Justorum animæ in manu Dei sunt.* Sur une table de bois, le J or en relief devant un vase blanc, avec décoration bleue représentant un paysage. Dans le vase, il y a des fleurs, des roses, des anémones, du jasmin, des belles-de-jour. Le cadre est brun jaune sculpté.

Communio, page 114. — *Beati mundo corde.* Le B est bleu marbré d'or ; à sa gauche, quatre grappes de raisin en guirlande. Sous le B, est un culot d'où sortent des roses, du jasmin, des anémones, de la bourrache et des jacinthes. Dans un encadrement brun jaune sculpté, il n'y a qu'une ligne de la communion. La feuille 115 et 116 a été coupée. Le cul-de-lampe qui terminait l'office de cette fête, page 116, a disparu avec le feuillet.

IN FESTO SS. VITALIS ET AGRICOLÆ.

Ad Missam.

Page 117. — L'*en-tête* est sur un tapis vert. Un vase bleu à pied et ornements d'or en occupe le centre ; de chaque côté, une corbeille de faïence blanche décorée de bleu et garnie de baguettes de métal doré. Ces trois vase et corbeilles sont remplis de fleurs variées, des roses, des anémones, du jasmin, des jacinthes, des phlox, des marguerites, des campanules, des belles-de-jour, etc.

Le cadre est bleu marbré d'or et de bleu foncé, entouré d'un ruban jaune étroit.

INTROITUS. — *Sapientiam sanctorum narrant populi.* S bleu marbré d'or et de bleu foncé, avec des palmes jaune pâle l'entourant comme le ferait un ruban. Sur le fond d'or, il y a de petits enroulements et de petits culots avec roses, anémones, jasmin, bourrache, campanules, belles-de-jour, etc., etc. Le cadre est semblable à celui de la tête de page.

GRADUALE, etc., page 118. — *Ut in festo S. Nicasii.* (Rubrique en rouge), page 121.

IN FESTO S. NICASII, EPIS. ET MART.

Ad Missam.

Page 119. — Au centre de l'*en-tête,* sont les armoiries de l'abbaye royale de Saint-Nicaise ; l'écusson, de forme fantaisiste, est posé sur une aigle dorée que surmonte la crosse abbatiale. De chaque côté de l'écusson, sont d'élégantes volutes, dont deux en plumes roses ; le reste est garni de fleurs, telles que : roses, jasmin, anémones, narcisses jaunes, etc. L'ensemble est dans un cadre bleu, entouré de palmettes dorées, posées comme le serait un ruban.

INTROITUS. — *Gaudeamus omnes in Domino.* G bleu marbré d'or et de bleu foncé. Dans cette lettre est une corbeille d'osier avec roses, tulipes, jasmin, iris, anémones, volubilis, marguerites, etc. Le cadre qui les contient est semblable à celui de l'en-tête.

GRADUALE, page 121. — *Anima nostra sicut passer erepta est.* L'A or en relief est posé sur un gazon. En bas de la lettre, un vase de faïence blanche et bleue avec godrons dorés; le col l'est aussi. Il contient des roses, des anémones, du jasmin, etc. Cette lettre n'a pas d'encadrement, bien qu'il soit tracé.

ALLELUIA, page 122. — A bleu marbré d'or. Un bouquet, lié en bas des tiges avec un ruban bleu qui serpente autour de l'initiale, est composé d'œillets, de roses, d'anémones, de jasmin et de jacinthes. Cette décoration n'a pas d'encadrement, et, comme dans le précédent, le tracé existe. Il manque trois feuillets compris entre les pages 122 et 129. La fin de l'*Alleluia* est coupée, et de la prose qui le suivait il ne reste que quatre lignes qui commencent la page 129.

OFFERTORIUM, page 129. — *Exultabunt sancti in gloria.* L'E or en relief. Derrière cette lettre, un vase en faïence blanche en forme de coupe, décoré de bleu, est rempli de fleurs. On y voit une rose, une anémone, un phlox, un iris et du jasmin, etc. Ils sont dans un cadre bleu relevé d'or.

COMMUNIO, page 130. — *Dico autem vobis amicis meis.* Le D bleu marbré d'or posé sur un gazon. Derrière et passant dessous, un vase de faïence blanche décorée de bleu avec des fleurs de roses, d'anémones, etc. Dans un cadre rose relevé d'argent, comme titre de cette dernière pièce, l'écrivain s'est trompé en mettant *Post Comm.* au lieu de *Communio*. Il y a encore une autre erreur relative au chant, qui est du huitième mode et indiqué comme étant du premier.

Cul-de-lampe, page 131. — Sous une ligne de chant, la dernière de l'office, sont trois patères soutenant une draperie rose, bleue et blanche, frangée d'or, relevée par des cordons avec des glands d'or. Cette draperie, qu'on peut considérer comme étant un lambrequin, est placée au-dessus d'un vase de faïence blanche, décorée d'un paysage peint en bleu. Il est posé sur un terrain vert garni de touffes d'herbe. Ce vase, dont le bas et le pied sont en jaune d'or, contient des fleurs, telles que tulipes, roses, anémones, jacinthes, lis rouge, iris, campanules, etc., etc. De chaque côté du vase, se trouvent deux paons à la queue traînante sur le terrain, paraissant se diriger vers le vase, quoique leurs têtes soient contournées. Dans cette partie de la gouache, la manière dont les fleurs sont peintes est de beaucoup supérieure au reste du cul-de-lampe, qui a en hauteur $0^{m}43$, en largeur $0^{m}37$ et $0^{m}42$ d'une extrémité à l'autre des queues de paons.

La page 132, la dernière du volume, est consacrée aux chants de l'*Ite Missa est* et du *Deo gratias* qui terminent les messes contenues dans ce *Graduel*. La lettre I de *Ite Missa est* est or en relief sur un camaïeu vert, représentant un sacrifice de l'ancienne loi. L'initiale est placée devant le centre de l'autel massif, sur lequel brûlent les offrandes de deux bergers agenouillés sur les côtés ; l'un tient un hoyau et l'autre un pedum ou houlette. Au-dessus, dans les nues, Dieu le père assiste à ce sacrifice, les bras étendus, et semble le bénir ainsi que ceux qui le lui ont offert.

Un second chant de l'*Ite Missa est* est au-dessous, c'est celui de la fête de l'Assomption de la Vierge Marie. Au-dessous comme *cul-de-lampe*, pour terminer la dernière feuille du Graduel, l'artiste bénédictin a fait un médaillon ovale oblong placé dans un cartouche d'où s'échappent de jolis rinceaux et des branches de jasmin. Le sujet représenté dans le médaillon est celui de la Nativité de Notre-Seigneur. La sainte Vierge tient son fils sur un linge blanc au-dessus du foin qui remplit le berceau. Derrière est saint Joseph, debout.

Près de lui, une colonne tronquée supporte le toit de chaume. Dans le fond de l'étable, se trouve un bœuf sans l'âne qui, ordinairement, l'accompagne. L'étable est isolée ; à gauche, il y a des arbres et des buissons qui, peu élevés, permettent de voir dans le lointain un troupeau de moutons gardés par trois bergers. Au dernier plan, il y a une montagne. Dans le ciel bleu, un ange entouré de lumière descend vers les bergers auxquels il va annoncer la bonne nouvelle. Le médaillon et son entourage mesurent $0^{m}21$ en hauteur sur $0^{m}32$ en largeur.

ANTIPHONAIRE

L'*Antiphonaire,* qui avait primitivement dû faire suite au *Graduel,* comme nous l'avons dit au commencement de notre étude de ces manuscrits, n'a pas de titre, puisque celui qui est placé en tête de ces livres de chant porte *Graduale* et *Antiphonale* et sert par conséquent pour les deux.

Ce second volume commence donc par l'office de la Nativité de Notre-Seigneur, que nous allons examiner, avec ceux qui le suivent, comme nous l'avons fait pour les offices contenus dans le volume des messes.

L'ordre des offices suivi dans le *Graduel* est celui qui a été observé pour l'*Antiphonaire.* Les têtes de pages et les initiales qui commencent la première antienne des vêpres sont toutes sur fond d'or bruni et en relief, comme nous l'avons dit en commençant la description du *Graduel*. Leurs dimensions, ainsi que celles des majuscules qui ornent chacun des offices du Vespéral, sont les mêmes que celles du *Graduel*.

IN FESTO NATIVITATIS DOMINI.

Ad primas Vesperas.

Page 157. — La *tête de page* de cet office a pour motif central un médaillon ovale représentant un paysage au milieu duquel est peint un grand arbre; un cours d'eau, une prairie, un bosquet, des montagnes et des ruines dans le lointain. De brillants enroulements, d'où sortent des roses, des anémones et du jasmin, complètent cette décoration dans un cadre bleu relevé d'or.

Antiphona. — *Rex pacificus magnificatus est*. R fond blanc, ornée de palmettes rouges, rehaussées d'or, la contournant comme le ferait un ruban. De jolis enroulements avec des roses, des tulipes, des narcisses, du jasmin, remplissent le cadre qui est semblable à celui de l'en-tête.

Responsorium breve, page 159. — *Hodie scietis quia veniet Dominus*. La lettre H or en relief est accompagnée de roses, d'anémones et de belles-de-jour sortant d'un culot posé au centre et en bas de l'initiale. Sur le côté gauche, il y a une guirlande de cinq fraises, placée entre l'H et le cadre, qui est bleu rehaussé d'argent.

Hymnus, page 160. — *Jesu Redemptor omnium*. J bleu en relief marbré d'or, entre deux vases de faïence blanche décorée de bleu, et remplis de fleurs variées. Ces vases sont posés sur une table garnie d'un tapis rouge; l'encadrement, très simple, est bleu.

Ad Magnificat, page 162. — *Cum ortus fuerit.* C or en relief et bruni avec un vase en faïence blanche ornée de peintures bleues. Dans le vase sont des roses, des campanules, des marguerites, etc. Encadrement bleu rehaussé d'argent.

Pour terminer ce qui a rapport aux premières vêpres, on voit, lié avec un ruban pourpre, un bouquet composé d'une rose et de ses boutons, de belles-de-jour et de jasmin; il tient ici la place d'un *cul-de-lampe.* Il est haut de 0^{m}12 sur 0^{m}24 de largeur.

Ad Matutinum, page 163. — Invitatorium. *Christus natus est nobis.* Le V de *Venite adoremus* a été oublié. Le C, or en relief, est devant un vase blanc en faïence avec peintures bleues; ce vase, à col étroit et à grosse panse, contient des roses, des anémones, des campanules, etc. Il est posé sur une console en pierre; le tout est renfermé dans un petit cadre pourpre.

Même page. — *Venite exultemus Domino.* V bleu marbré or. Il sort de deux petits ornements pourpres, ayant quelque analogie avec des cornes d'abondance, laissant échapper, à gauche, une rose et des myosotis, à droite, une anémone, du jasmin et une rose; au centre de l'initiale est un iris bleu et violet.

Ad Laudes, page 169. — R. B. *Verbum caro factum est.* L'initiale V, or en relief, posée sur un terrain d'où sortent des fleurs : des roses, des anémones, des marguerites, etc., dans un encadrement bleu assez simple.

Hymnus, page 170. — *A solis ortus cardine.* L'A bleu en relief marbré d'or. Une petite vasque de couleur pourpre contient des roses, des jacinthes, des anémones, etc. L'encadrement est aussi colorié en pourpre.

Ad Benedictus, page 172. — *Gloria in excelsis Deo.* Le G or en relief. Dans un encadrement rose sont des fleurs aux couleurs variées ; il y a des roses, des anémones, des belles-de-jour, des iris, etc.

IN FESTO NATIVITATIS DOMINI.

Ad II Vesperas.

Page 173. — Le motif central de la *tête de page* de cet office est une corbeille d'osier garnie de fleurs. Des enroulements et des fleurs variées, telles que roses, marguerites, tulipes, jasmin, jacinthes, etc., remplissent le cadre peint en couleur violet pâle ou lilas, enroulé dans un ruban doré.

Antiphona. — *Tecum principium in die virtutis tuæ.* T doré, orné de palmettes argentées formant un ruban et le contournant. Le fond d'or est garni de fleurs sortant d'enroulements et de culots, ce sont : des roses, du jasmin, des œillets, des narcisses, des jacinthes, etc. Le cadre est semblable à celui de l'en-tête.

Ad Magnificat, page 176. — *Hodie Christus natus est.* H bleu marbré or. Dans cette initiale, on voit une rose, une jacinthe et une anémone sortant d'un culot. De chaque côté une guirlande composée de quatre cerises. Un cadre rose contient le tout.

IN FESTO S. STEPHANI.

Ad Magnificat, page 177. — *Sepelierunt Stephanum viri timorati.* S en relief bleu marbré d'or, au milieu de fleurs variées, des roses, des anémones, des jacinthes, etc., etc., sortant de deux palmettes roses, rehaussées d'argent ; le tout dans un cadre pourpre.

IN FESTO S. JOANNIS.

Ad Magnificat, page 179. — *Exiit sermo inter fratres.* Il y a dans l'initiale et sur sa droite des roses, des marguerites, des anémones, etc., et, à sa gauche, quatre grappes de raisin posées en guirlande. Un cadre rose entoure cette initiale.

Page 180. — *Cul-de-lampe.* Sous quatre lignes de chant est une corbeille d'osier remplie de roses, de tulipes, d'iris, de jacinthes, de narcisses, de campanules, de belles-de-jour, de marguerites et d'anémones. Sous la corbeille il y a un culot d'où sortent de gracieux enroulements. L'ensemble de cette charmante gouache est de $0^{m}18$ de hauteur sur $0^{m}32$ de largeur.

IN FESTO EPIPHANIÆ DOMINI.

Ad I Vesperas.

Page 181. — Au centre de la *tête de page,* brillent un culot et des enroulements aux couleurs vives et variées comme la quantité de fleurs qui en sortent ; ce sont : des roses, des œillets, du jasmin, des lauriers, des anémones, des campanules, des marguerites, des belles-de-jour, etc. Le tout renfermé dans un encadrement blanc, rehaussé d'argent, entouré de palmettes d'or.

Antiphona, même page. — *Ante luciferum genui te.* L'A est blanc, entouré de palmettes d'or comme l'encadrement de l'en-tête et celui qui nous occupe. Cette initiale est peinte sur un fond d'or au milieu de fleurs : roses, tulipes, anémones, jacinthes, œillets, etc.

Responsorium breve, page 184. — *Omnes de Saba venient.* O bleu marbré d'or ; au centre de cette lettre et, lié par un ruban de même couleur, un bouquet de chèvrefeuille, de roses et d'anémones. Dans les angles, en haut, on voit des anémones et des belles-de-jour; en bas, ce sont des fleurs de jasmin. Le cadre qui les contient est de couleur pourpre.

Hymnus, page 185. — *Crudelis Herodes impie* Dans le C, or en relief, posé sur une tablette en pierre, est un vase de faïence blanche décorée d'un paysage bleu; ce vase à double renflement, contient des roses, des jacinthes, des campanules, etc. L'ensemble dans un encadrement de couleur pierre.

Ad Magnificat, page 186. — *Magi videntes stellam.* L'initiale M est bleue marbrée d'or. Autour d'elle sont deux roses, un iris et des campanules, dont les branches sont liées par un ruban bleu. Un cadre doré les contient.

In II Vesperis.

Ad Magnificat, page 187. — *Tribus miraculis ornatum diem sanctum colimus.* Le T est en or, posé sur une table garnie d'un tapis pourpre; derrière l'initiale, un grand vase en faïence ayant la forme d'un bol blanc, décoré d'un paysage bleu. Il est garni de fleurs et remplit le fond du cadre doré. On y remarque des roses, de petites fleurs rouges dites des rubis, un iris et une belle-de-jour.

IN FESTO S. MAURI ABBATIS.

Ad Vesperas.

Page 189. — *Tête de page.* Au centre est un élégant culot duquel sortent des rinceaux avec des fleurs : des roses, des iris, des jacinthes, des tulipes, du jasmin, des anémones, des narcisses, des campanules et des belles-de-jour. Un ruban lilas relevé d'argent garnit l'encadrement.

ANTIPHONA. — *Beatus Maurus.* B rouge, entouré de palmettes blanches relevées d'argent. Cette initiale est au milieu de fleurs d'un brillant coloris, qui sont à peu près les mêmes que celles qui décorent l'en-tête. L'encadrement est le même.

RESPONSORIUM BREVE, page 192. — *Glorificavit illum Dominus.* G or en relief. Dans la majuscule, un vase de faïence blanche décorée de bleu, duquel sortent des roses, une anémone, un iris, etc.

Le G et le vase sont posés sur un tapis rouge entouré d'un cadre bleu.

HYMNUS, page 193. — *Maurum concelebra, Gallia, canticis.* M bleu marbré or. En bas, deux petits ornements roses, ressemblant à des cornes d'abondance, d'où s'échappent une rose au centre, des belles-de-jour et des campanules sur les côtés; le tout dans un cadre jaune d'or.

AD MAGNIFICAT, page 195. — *O dignissimum Patris Benedicti discipulum.* O or en relief sur un tapis rouge. Dans la lettre est un vase bleu et or. Il contient des roses, des anémones, des campanules, etc., renfermées dans un cadre bleu.

Ad II Vesperas.

ANTIPHONA, page 196. — *Beatus Maurus a teneris Sancti Benedicti discipulus.* B bleu marbré or. Dans le B, en bas, une rose; au-dessus, une belle-de-jour; à gauche, une guirlande de cinq pommes, et à droite, des fleurs variées, dans un encadrement jaune d'or.

Ad Magnificat, page 199. — *Hodie sanctus Maurus.* H bleu marbré d'or. Du bas de l'encadrement bleu sort une branche avec rose et belle-de-jour, et sur chaque côté, une guirlande de fraises.

Cul-de-lampe, page 201. — Sous trois lignes de chant, de chaque côté, une patère à laquelle sont attachés des rubans bleus ; on y voit aussi des culots d'où sort un gros bouquet de fleurs, composé de roses, de tulipes, d'œillets, de marguerites, de campanules, de belles-de-jour, de jasmin et d'anémones, etc. Il y a sur le haut du bouquet un oiseau de fantaisie, entre les rubans flottants. En bas, au centre, on remarque un paon à la queue traînante. Ce *cul-de-lampe* a 0^{m}30 de hauteur sur 0^{m}37 de largeur.

IN FESTO S. BENEDICTI ABBATIS.

Ad I Vesperas.

Page 202. — Le centre de la *tête de page* est chargé d'un vase bleu orné de décors peints en jaune d'or, qui ressemblent à des cornets d'où s'échappe une variété de fleurs telles que roses, jasmin, œillets, tulipes, au milieu d'élégants enroulements, dans un encadrement lilas, relevé d'une guirlande en palmettes d'argent.

Antiphona. — *Fuit vir vitæ venerabilis.* F jaune avec décoration de palmettes rouges. En bas, un culot rose et bleu d'où sortent du jasmin, des œillets, des roses, des anémones, des jacinthes, etc., dans un cadre semblable à celui de l'en-tête de page.

Responsorium breve, page 206. — *Sancte Pater Benedicte.* S or, en relief sur un paysage en camaïeu vert représentant une grotte où l'on voit saint Benoît en méditation. Il a un livre ouvert posé sur ses genoux; un autre fermé est près de lui, et, dans le lointain, en dehors de la grotte, un anachorète nommé Romain, celui qui pourvoyait aux besoins matériels de saint Benoît; à gauche, sur une éminence, on remarque le diable qui se sauve, et, sur un autre point élevé, on aperçoit encore la corde à laquelle est attaché le panier où le solitaire Romain a transporté le pain destiné à saint Benoît.

Nous ferons remarquer que cette initiale S est la première du Vespéral qui n'est pas sur fond blanc et ornée de fleurs.

Hymnus, page 207. — *Laudibus cives resonent canoris.* L'initiale L, bleue, marbrée d'or, est sur un paysage composé d'un groupe d'arbres au premier plan, d'un cours d'eau, puis d'une prairie et de plusieurs bosquets. Au fond il y a une montagne, avec une ville à ses pieds. L'encadrement est doré.

Ad Magnificat, page 208. — *Exultet omnium turba fidelium.* E or en relief. En bas, au centre, un culot d'où sortent des roses, du jasmin, des belles-de-jour, des anémones et des campanules. Le tout contenu dans un cadre rose.

In II Vesperis

Ad Magnificat, page 209. — *Hodie sanctus Benedictus.* H bleu marbré d'or. Sur camaïeu pourpre très foncé, saint Benoît, suivi de ses religieux, est revêtu de la coule. Il est dans une église, près d'un autel garni de la croix et de deux chandeliers. De la bouche du saint sortent des rayons d'or qui montent vers la voûte du temple.

IN FESTO RESURRECTIONIS DOMINI.

Ad II Vesperas.

Page 211. — Au centre de la *tête de page*, un cartouche blanc de fantaisie contient la résurrection du Sauveur, qui sort du tombeau. Il est représenté seul au milieu de rayons lumineux. Dans le bas du cartouche, on voit des enroulements bleus et violets d'où s'échappent des roses, des anémones et d'autres fleurs encore. Il y a beaucoup de feuilles vertes de rosier. L'encadrement est à fond blanc garni de volubilis roses et bleus avec leur feuillage. Cette belle gouache, où la couleur verte domine, est remarquable par son originalité.

ANTIPHONA. — *Angelus autem Domini*. La lettre A est en camaïeu violet, décorée d'enroulements relevés d'argent. Au bas de la lettre, un culot duquel sortent d'autres enroulements d'où s'échappent des fleurs qui, à peu près toutes, à l'exception de deux roses, sont de fantaisie. Cette initiale est d'un grand effet. Sa bordure est blanche. Dans les angles, il y a une petite rosace dorée avec des enroulements d'un bleu gris, ombrés de carmin.

RESPONSORIUM BREVE, page 214. — *Surrexit Dominus vere*. S or en relief. Il y a au bas de cette lettre un petit culot d'où sortent, en forme d'accolade, des ornements laissant échapper deux roses, deux belles-de-jour et deux anémones. Leur encadrement est doré.

HYMNUS, page 214. — *Ad regias Agni dapes*. A bleu marbré d'or. Au-dessous de l'initiale, est un joli culot rose avec des anémones, des jacinthes, des roses et du jasmin. Ici, le cadre est lilas.

Ad Magnificat, page 217. — *Et respicientes viderunt revolutum lapidem.* E bleu marbré d'or. A sa gauche, quatre grappes de raisin posées en guirlande. Dans les parties du cadre bleu laissées vides, on voit des roses, du jasmin, des anémones et des belles-de-jour. La lettre E repose sur une terrasse verte.

Feria secunda.

Ad Magnificat, page 217. — *Qui sunt hi sermones.* Le Q en or en relief, posé sur un tapis rouge. Au centre du cadre, un vase bleu dont le pied et le cou sont couverts d'ornements en métal doré ; de ce vase sortent des roses, des anémones, des campanules, des belles-de-jour. La bordure de cette gouache est de couleur lilas.

Feria tertia.

Ad Magnificat, page 218. — *Videte manus meas.* Le V est bleu en relief marbré d'or. Il repose sur deux cornes d'abondance lilas d'où sortent une rose, une anémone et des fleurs de fantaisie ; le centre du V est rempli par un iris bleu et violet. Le tout dans un encadrement doré.

Cette page contient quatre lignes de chant, et dessous c'est un joli bouquet qui la termine. Il est composé de cinq tiges liées par un ruban lilas, ce sont : des roses, des anémones, du jasmin, des belles-de-jour et des jacinthes. Ce bouquet a 0^m18 de hauteur sur 0^m25 de largeur.

IN FESTO ASCENSIONIS DOMINI.

Ad Vesperas.

Page 219. — Au centre de l'*en-tête* de page existe un charmant médaillon blanc bordé d'or intérieurement et de forme toute de fantaisie ; il représente un paysage dont le centre est occupé par un monticule aplati à son sommet. Dans le haut, on voit le bas de la robe blanche de Notre-Seigneur et ses pieds dont il a laissé l'empreinte sur la montagne. Ce médaillon est accompagné de charmants enroulements où le pourpre et le bleu dominent. Quoiqu'il n'y ait que quatre fleurs, deux narcisses blancs et deux anémones, cette tête de page est une des plus ravissantes du volume. La bordure est blanche, ornée de feuillages verts.

Antiphona, page 219. — *Viri Galilæi.* Le V en camaïeu rouge dont les ornements sont relevés par un peu d'or. Cette lettre est peinte devant un vase de faïence blanche décoré de bleu et posé sur une tablette recouverte d'un tapis vert. Du vase sortent des tulipes, des belles-de-jour, des jacinthes, des roses, du jasmin, des phlox et des anémones. La bordure est composée d'une suite de palmettes violettes doublées de jaune.

Responsorium breve, page 221. — *Ascendens Christus in altum.* L'initiale A est bleue marbrée d'or, sur un paysage en camaïeu rose. Au premier plan, un grand arbre; auprès, un village et des buissons; et, au fond, des montagnes et une maison. Tout l'ensemble est relevé d'or et compris dans un cadre bleu et or.

Hymnus, page 222. — *Salutis humanæ sator.* L'S en bleu marbré d'or, dans un cadre de même couleur et rempli de fleurs ; ce sont des roses, des anémones, des campanules, etc.

Ad Magnificat, page 223. — *Pater manifestavi nomen tuum*. Le P en bleu marbré d'or. Sur la gauche de cette lettre, on voit trois grappes de raisin avec des feuilles. Le reste est orné de roses, de belles-de-jour et d'anémones sortant d'un culot bleu. Leur encadrement est jaune d'or.

Ad II Vesperas.

Ad Magnificat, page 224. — *O Rex gloriæ*. O en or avec relief, devant une console supportant une corbeille en osier remplie de roses, d'anémones, de jacinthes, etc. Le cadre de cette initiale est rose.

IN FESTO PENTECOSTES.

Page 226. — *Tête de page :* au milieu un médaillon rempli de nuages et de rayons dorés, au centre desquels se trouve le Saint-Esprit représenté sous la forme d'une colombe aux ailes étendues, planant au-dessus de treize langues de feu. Du haut du médaillon s'échappent deux charmants enroulements qui vont jusqu'aux extrémités de la gouache. Une rose panachée et une blanche, plus deux branches fleuries de laurier rose. L'encadrement est dans une bordure bleue de feuilles de laurier, comme on les faisait sous le règne de Louis XIV.

Antiphona. — *Cum complerentur dies Pentecostes*. Le C est blanc et orné d'un cordon de feuillage pourpre et jaune alternant. En bas sont des culots d'où sortent des roses, du jasmin, des tulipes, des anémones, un narcisse, des phlox, des jacinthes, des belles-de-jour, etc., etc. Le tout dans une bordure semblable à celle de l'en-tête de page.

Responsorium breve, page 228. — *Spiritus Paraclitus, alleluia.* S bleu marbré d'or, posée sur un paysage en camaïeu vert représentant le baptême de Notre-Seigneur dans le Jourdain. Saint Jean-Baptiste se tient sur le bord de l'eau. Au-dessus d'eux le Saint-Esprit, sous la forme d'une colombe, plane dans les nues. Sur cette gouache, dans le lointain, sont représentées des montagnes ; le tout relevé d'argent. Il n'y a pas d'encadrement.

Hymnus, page 229. — *Veni creator Spiritus.* Le V or est en relief. Des roses, des tulipes et quelques fleurs de fantaisie remplissent agréablement l'encadrement, qui a l'aspect d'un cadre en bois doré.

Ad Magnificat, page 231. — *Non relinquam vos orphanos.* La lettre N, dans un encadrement lilas, est accompagnée de roses, de belles-de-jour, etc ; deux guirlandes, composées de quatre fraises chacune, remplissent les vides à droite et à gauche de l'initiale.

Ad II Vesperas.

Ad Magnificat, page 232. — *Hodie completi sunt dies Pentecostes.* La lettre H, bleu marbré or, est placée au milieu de fleurs de roses, d'anémones, de campanules et de jacinthes, dans un encadrement rose relevé d'argent.

Feria secunda.

Ad Magnificat, page 233. — *Si quis diligit me.* L'initiale S, bleu marbré d'or, est entourée de roses, de campanules, de marguerites et de belles-de-jour, dans un encadrement imitant la dorure.

Feria tertia.

Ad Magnificat, page 234. — *Pacem relinquo vobis.* Le P or en relief, ayant à sa gauche quatre fraises posées en guirlande. Des roses, des marguerites, une anémone et une jacinthe sortant d'un culot achèvent la décoration de cette jolie peinture, qui est dans un cadre imitant aussi la dorure.

Cul-de-Lampe. — Sous cinq lignes de musique, on voit une rose et son bouton, une anémone. Les tiges feuillées de ces fleurs posées en sautoir et liées par un ruban bleu flottant, remplissent l'espace laissé libre en bas de cette page Ce cul-de-lampe a 0m23 de largeur sur 0m11 de hauteur.

IN FESTO CORPORIS CHRISTI.

Ad I Vesperas.

Page 235. — *Tête de page*, son milieu est occupé par un cercle doré, entouré de volutes violettes. Il est rempli par un autel décoré de guirlandes de fleurs aux couleurs variées, posées sur un fond blanc garni d'ornements dorés. Un agneau est couché sur l'autel, et, sur le retable, il y a une croix et deux chandeliers ardents. Derrière la croix, on voit le bas d'un tableau placé entre deux colonnes blanches ; le cintre du médaillon cache ce tableau, ainsi que la partie supérieure des colonnes. De chaque côté du médaillon, des enroulements, des roses, des volubilis et du jasmin remplissent le cadre bleu fait de feuilles de laurier.

ANTIPHONA. — *Sacerdos in æternum.* S en violet relevé d'ornements dorés. Autour, des culots, des enroulements d'où sortent un grand nombre de fleurs variées. Le cadre est semblable à celui de l'en-tête de page.

RESPONSORIUM BREVE, page 238. — *Cibavit illos ex adipe frumenti.* Le C bleu marbré d'or encadre un ostensoir doré sur un fond jaune pâle, des nuages gris sont dans les coins. L'ostensoir est posé sur un autel qui a la forme d'une table. L'encadrement bleu est fait avec des feuilles de laurier.

HYMNUS, page 239. — *Pange lingua gloriosi.* P, or en relief sur un camaïeu rose. A gauche, on voit Moïse debout ; au centre un homme et une femme recueillent de la manne qui, dans l'ancien Testament, a figuré l'institution de l'Eucharistie dans le nouveau.

AD MAGNIFICAT, page 241. — *O quam suavis est.* O, or en relief, renfermant un autel de forme antique, carré et orné de guirlandes. Dessus, on voit un agneau couché. Il y a des arbres et des arbustes dans le fond. Le tout en camaïeu pourpre, et, dans les quatre angles, de petits ornements relevés d'or remplacent l'encadrement.

In II Vesperis.

AD MAGNIFICAT, page 243. — ANTIPHONA. *O sacrum convivium.* L'O, or en relief, posé sur une console. Dessus un vase de faïence blanche décorée de bleu avec des fleurs variées : des roses, des belles-de-jour, etc. Ils sont dans un cadre bleu.

Page 244. — Sous deux lignes de chant est peint un

cul-de-lampe composé, en haut sur les côtés, de culots attachés à des patères à l'aide de rubans bleus flottants d'où pendent des guirlandes de fleurs très variées. Une troisième guirlande, également en haut, les rejoint. Les deux guirlandes latérales sont reliées en bas par une tête humaine surmontée d'un culot d'où s'échappent des fleurs telles que : roses, œillets et fleurs de fantaisie. Cette fin de page mesure 0m36 de chaque côté.

IN FESTO APOSTOLORUM PETRI ET PAULI.

Ad I Vesperas.

Page 245. — *En-tête* de cette page : au centre, un médaillon formé par des enroulements. Dans ce médaillon, une grotte, saint Pierre assis tient ses clefs et un livre. Dans le lointain, en dehors de la grotte, on voit le coq. Au-dessus du médaillon sont une tiare et les clefs, l'une d'or, l'autre d'argent, posées en sautoir. Les fleurs qui accompagnent les riches enroulements de cette gouache sont peu nombreuses : il y a du jasmin, des ancolies, du chèvrefeuille et des campanules. Le cadre rose contient des oves sculptés relevés d'argent.

ANTIPHONA. — *Petrus et Joannes ascendebant in templum.* P, bleu avec ornements d'or. Dans un cadre semblable à celui de l'en-tête, on voit des enroulements et des culots d'où s'échappent des roses, des anémones, du jasmin, des campanules, des narcisses, des jacinthes, etc., etc.

RESPONSORIUM BREVE, page 247. — *Constitues eos principes.* C, bleu marbré d'or. Une coupe, aux mêmes couleurs que l'initiale, a son pied en métal doré. Des fleurs variées sortent du couvercle doré de la coupe; ce sont des roses, des anémones, etc. Le tout posé sur une table couverte d'un tapis rouge frangé d'or, dans un cadre bleu.

HYMNUS, page 248. — *Decora lux æternitatis auream.* D, or en relief, sur un paysage composé d'un arbre, de tours, de champs verdoyants, de buissons dans le lointain et de montagnes tout au fond. Un cadre doré et sculpté renferme ce paysage.

AD MAGNIFICAT, page 251.— *Tu es Pastor ovium.* T, bleu marbré d'or, posé sur une table couverte d'un tapis rouge, et accompagné de chaque côté d'un vase à deux panses en faïence blanche décorée de paysages bleus et contenant des fleurs variées; parmi celles-ci on remarque des roses, des marguerites, des iris, des anémones, etc. Le tout renfermé dans un cadre violet relevé d'argent.

Ad II Vesperas.

ANTIPHONA, page 252. — *Juravit Dominus et non pœnitebit eum.* J, or en relief, passant devant une guirlande de fleurs sortant de deux culots attachés à des patères par des rubans violets et flottants. En bas, il y a deux bouquets à longues queues passées en sautoir et liées également par un ruban violet. Dans ces bouquets, on remarque des jacinthes, des roses, des anémones, des marguerites, des myosotis, etc., dans un cadre doré.

AD MAGNIFICAT, page 253. — *Hodie Simon Petrus ascendit crucis patibulum.* H bleue marbrée d'or. Derrière l'H, en camaïeu rose, saint Pierre, dont on ne voit que le buste, appuyé sur le coude droit, semble contempler les clefs qu'il tient de la main gauche. Ce camaïeu est d'un dessin très fin et très soigné. La physionomie de saint Pierre est superbe d'expression. Le cadre de cette peinture est de même nuance que le camaïeu.

IN FESTO TRANSLATIONIS S. BENEDICTI.

Ad Vesperas.

Page 255. — *Oīa ut in Natali, præter Hymnū : Claris conjubila Gallia laudibus.* C, or bruni en relief. Derrière cette majuscule, on voit, en camaïeu bleu, saint Benoît revêtu de sa coule, les bras étendus. Il est devant une table recouverte d'une draperie, sur laquelle sont une tête de mort et un crucifix. Le saint paraît en extase devant un globe entouré de rayons lumineux. Derrière lui, sa crosse est appuyée contre une colonne. L'encadrement de cette miniature est composé de feuilles de laurier rehaussées d'or.

IN FESTO ASSUMPTIONIS B. V. MARIÆ.

Ad Vesperas.

Page 257. — La *tête de cette page* est décorée au centre d'un médaillon ovale renfermant la sainte Vierge debout, couronnée d'étoiles, vêtue d'une robe rouge et d'un manteau bleu ; elle est entourée de nuages et de rayons lumineux. Deux têtes d'ange accompagnent la Reine des cieux ; le cadre de cet ovale est doré ; à droite et à gauche, de magnifiques rinceaux d'où sortent des lis, un rou ge et un violet, et des jasmins avec leurs feuillages. La bordure verte est faite avec des feuilles de laurier rehaussées d'or.

ANTIPHONA. — *Assumpta est Maria in cœlum.* A, bleu avec ornements dorés. Dans le bas de cette lettre est un culot d'où s'échappent des roses, des anémones, des bluets, des lis rouges, etc. Du bas de ce même culot sortent d'autres rinceaux qui garnissent la partie inférieure de cette gouache encadrée comme l'en-tête de page.

RESPONSORIUM BREVE, page 259. — *Assumpta est Maria in cœlum.* A, bleu en relief et marbré d'or, sur un terrain gazonné d'où sortent des roses, des anémones, des renoncules et des belles-de-jour, dans un encadrement lilas relevé d'argent.

HYMNUS, page 260. — *Ave maris stella.* L'initiale or en relief et bruni, dans un cadre bleu orné de spirales. En bas, un culot d'où sortent des roses, des belles-de-jour, des anémones, des renoncules et des marguerites.

AD MAGNIFICAT, page 262. — *Virgo prudentissima quo progrederis.* V, or en relief, placé devant un jardin à la française, formé de quatre carrés ornés chacun d'un dessin représentant une fleur de lis. Au centre de ce parterre, il y a un jet d'eau sortant d'une vasque placée au centre d'un bassin. Des arbres sont plantés sur les bords des allées de côté, et un berceau garnit le fond du paysage.

Ad II Vesperas.

AD MAGNIFICAT, page 263. — *Hodie Maria Virgo cœlos ascendit.* H, or bruni, en relief sur un charmant paysage avec cours d'eau boisé à gauche. Prairie garnie de buissons et plaine immense à droite.

IN FESTO DEDICATIONIS ECCLESIÆ.

Ad I Vesperas.

Page 264. — Ici, l'*en-tête* de page n'a pas de motif central. Des roses, des tulipes, du jasmin, des anémones, des jacinthes, des campanules et des volubilis sortent d'élégants enroulements et sont renfermés dans un cadre rouge décoré d'oves sculptés en relief et relevés d'argent.

Antiphona. — *Domum tuam Domine.* Le D peint en lilas est strié de violet avec ornements d'or. Un culot garni d'ornements formant des enroulements laisse s'échapper des fleurs, telles que : roses, marguerites, œillet, narcisse, anémone, jacinthe, tulipe, etc., dans un cadre semblable à celui de l'en-tête.

Responsorium breve, page 266.— *Domum tuam Domine.* Initiale bleue marbrée d'or, sur un fort joli paysage avec cours d'eau serpentant, et dans le fond, on voit des arbustes et des montagnes.

Hymnus, page 267. — *Cœlestis urbs Jerusalem.* C en relief, or bruni. Dans cette lettre, un œillet panaché avec feuilles dans les angles, branches de feuillages variées, reliées entre elles par des rubans bleus, sans encadrement. Il semble que cette peinture n'est pas achevée.

Ad Magnificat, page 269. — *Sanctificavit Dominus Tabernaculum suum.* S bleue en relief marbrée d'or, sur un terrain vert. Les vides sont remplis par des fleurs telles que des roses, des renoncules, des belles-de-jour, du jasmin. etc. Le cadre est lilas enrubanné et relevé d'argent.

In II Vesperis.

Responsorium breve, page 270. — *Locus iste Sanctus est.* L bleue en relief, marbrée d'or. Lié par un ruban lilas, un bouquet posé derrière la majuscule est composé de rose, anémone, tulipe, jacinthe, etc. Dans un cadre doré.

Ad Magnificat. — *O quam metuendus est locus iste.* O, or en relief. Sous cette lettre, il y a une table couverte d'une draperie pourpre frangée d'or ; sur la table est un vase en faïence blanche avec peintures bleues; il est décoré en outre de cercles, de godrons et d'une anse dorée. Il contient des roses, des renoncules, des belles-de-jour, des campanules, etc. Le tout dans un cadre rose enrubanné et relevé d'argent. Sous cette antienne est la rubrique écrite en rouge : *Fit comm. S. Nicasii.*

Page 271. — Sous trois lignes de chant, on admire un magnifique *cul-de-lampe*, composé d'un culot d'où sortent des roses, des grenades, des tulipes, etc. Au-dessus, une coquille renversée avec des culots laissant tomber des feuillages très décoratifs et des fleurs de laurier, des tulipes, etc. Ce superbe cul-de-lampe a 0^m34 1/2 de hauteur sur 0^m37 de largeur.

IN FESTO OMNIUM SANCTORUM.

Ad I Vesperas.

Page 272. — Un culot renversé remplace le motif central que nous avons remarqué dans la majeure partie des en-têtes de page. De ce culot s'échappent des enroulements avec des fleurs : roses, narcisses, anémones, jasmins, belles-de-jour, pervenche, etc. L'encadrement est composé d'un enroulement vert et pourpre autour d'une baguette très fine et dorée.

Antiphona. — *Vidi turbam magnam.* Le V, rouge, avec ornements de même couleur, rehaussés d'argent genre camaïeu. Cette majuscule est accompagnée de fleurs : de roses, d'œillets, de jasmin, de bourrache, d'anémones, etc. Il y a en plus deux serpents d'un aspect verdâtre, placés l'un à droite, l'autre à gauche de la moitié de la hauteur du V. L'encadrement se compose de feuillages avec de petits fruits rouges ; des rubans bleus ornent les quatre coins.

Responsorium breve, page 275. — *Exultent justi in conspectu Dei.* E bleu, marbré d'or, dans un carré de couleur pourpre relevé d'argent ; à gauche de l'initiale, guirlande de quatre cerises avec de petites feuilles. Sous la majuscule, un culot d'où sortent des roses, des renoncules, des marguerites, des belles-de-jour, etc.

Hymnus, page 276. — *Placare Christe servulis.* P, doré en relief bruni. Dessous, deux rinceaux d'où sortent une rose et une jacinthe ; à gauche et à droite, il y a une rose avec bouton, renoncule et campanules, dans un cadre doré.

Ad Magnificat, page 278. — *Angeli, Archangeli, Throni et Dominationes.* Initiale dorée en relief et brunie. Sous cette lettre, des ornements laissant échapper des roses, des jacinthes, des belles-de-jour, des phlox, etc., dans un encadrement bleu et argent.

Ad II Vesperas.

Ad Magnificat, page 279. — *O quam gloriosum est.* L'O en or est en relief. Il est posé sur un paysage dont, au premier plan, on admire un bel arbre. Dans le fond, une montagne au pied de laquelle existe un bosquet. Le tout dans un cadre rose relevé d'argent.

Page 280. — *Cul-de-lampe,* sous quatre lignes de chant. Bouquet composé d'iris, de roses, d'anémones, de campanules, de phlox, etc. Un ruban lilas rehaussé d'argent et flottant lie ce bouquet, qui a 0m19 en hauteur sur 0m27 en largeur.

Nous avons remarqué que la feuille 115-116 manque. La page 114 se termine par la première ligne de la Communion, *Beati mundo corde,* de la fête de tous les saints. Il ne manque donc d'illustration à cette messe que le cul-de-lampe, comme on en voit à la fin de chacune des messes.

Plus loin, au cours de la messe de saint Nicaise, ce n'est plus un, mais trois feuillets qui ont disparu. Avec la page 122 se termine l'*Alleluia*, et sur le feuillet 129 il y a quatre lignes qui complètent la prose, suivie des deux premières portées qui commencent l'Offertoire. Les feuillets ainsi paginés : 123-124, 125-126, 127-128 n'existent plus.

On ne peut préciser à quelle époque ces quatre feuillets ont été coupés ; il est cependant probable que ce fut entre le moment du départ des religieux, lors de leur expulsion de l'abbaye, et celui de l'organisation définitive de la bibliothèque à l'Hôtel de Ville.

On ne saurait trop flétrir cet acte de vandalisme, qui n'a pu être commis que par une personne instruite, connaissant la valeur de ces peintures, qui a voulu en enrichir son cabinet, ou que l'espoir d'en tirer profit par une vente toute de bénéfice, a poussée à se rendre coupable d'un larcin pour lequel on ne peut admettre aucune excuse.

La précaution prise pour enlever ces quatre feuilles du volume, fait qu'on ne peut s'en apercevoir que par la pagination, ou en examinant la notation et les paroles qui ne s'accordent pas avec celles des pages suivantes. Ces feuilles ont dû être détachées avec un soin tout particulier, au moyen d'un canif, près de la couture, contre le dos du volume.

Je ne pensais pas, en commençant ce chapitre, lui donner tout le développement qu'il a reçu. Si je l'ai fait ainsi, c'est que j'ai été entraîné par l'intérêt que m'offrait la splendide illustration de ces livres de chant, et aussi, parce qu'aucune description n'en a été faite jusqu'à ce jour. Ils n'ont même été mentionnés nulle part ailleurs que dans les catalogues de la bibliothèque municipale. J'ai donc tenu à bien les étudier, en ne négligeant aucun détail, espérant par là faire connaître aux amateurs du beau des miniatures, dont, peut-être aujourd'hui encore, ils ignoraient l'existence.

CHAPITRE IX.

Armorial.

J'ai souvent pensé, au cours de ce travail, qu'il serait intéressant de donner les portraits des principaux personnages cités dans cet ouvrage, surtout ceux des abbés et des bienfaiteurs. Les religieux qui, par leurs écrits, ont laissé des traces de leur passage dans l'abbaye, auraient bien aussi mérité que le souvenir de leurs traits passât à la postérité. Cette satisfaction ne nous a pas été donnée. Les portraits d'abbés et de religieux auraient encore eu l'avantage de nous montrer, mieux que toutes les descriptions possibles, les costumes des moines à différentes époques; ils auraient eu un grand charme pour nous; mais ces portraits n'existent pas, sauf ceux de deux abbés commendataires, l'un de Claude de Guise, abbé de Cluny et de Saint-Nicaise, dont nous avons parlé (page 203), et l'autre de Henri de Lorraine, le cinquième et dernier abbé commendataire (voir page 206). Il faut donc nous résigner.

Cependant, comme adoucissement à nos regrets, ne pourrait-on pas, sans que ce soit une réelle compensation, faire connaître les armoiries de ceux qui, par un lien quelconque, tiennent à Saint-Nicaise ? Ce serait donner à la mémoire de quelques-uns le seul souvenir qui existe encore aujourd'hui de leurs familles.

Avant l'édit de 1696, les armoiries avaient, pour ceux qui en possédaient, une valeur réelle ; elles n'étaient concédées qu'aux nobles, et les titres de noblesse n'étaient accordés qu'à ceux qui les avaient mérités, soit par leur bravoure dans la carrière des armes, soit par des services rendus au souverain, à la patrie, ou même au lieu de leur naissance. C'est donc un souvenir glorieux qu'il importe aujourd'hui de ne pas laisser tomber dans l'oubli, et c'est à ce titre que j'ai réuni tout ce que j'ai pu recueillir d'armoiries touchant de plus ou moins près à l'abbaye de Saint-Nicaise (1).

J'ai eu plus d'une fois l'occasion, en écrivant la description de la royale abbaye et de son église, de remarquer toute la sympathie de nos rois, des princes leurs enfants, des souverains étrangers, de nos archevêques, etc., etc., pour notre Saint-Nicaise. Ils lui ont fait des dons pour aider à la construction de l'église et de l'abbaye, ils ont enrichi l'église de splendides verrières où

(1) « Le roi Charles V, dans sa charte du 9 août 1371, ayant annobli les bourgeois de Paris, leur permit de porter des *armoiries*. Sur cet exemple, les plus notables bourgeois des autres villes en prirent aussi. » (*Dictionnaire généalogique, héraldique, chronologique et historique*, par M. D. L. C. D. B., tome Ier. — *Recherches sur les armoiries*, page XXIX, Paris, chez Duchesne, rue Saint-Jacques, M DCC LVII.)

toute la famille était représentée avec ses armoiries. Si le souvenir de leurs dons a été conservé dans l'histoire, il est d'autres bienfaiteurs dont les armoiries n'ont pas été décrites. Nous allons donc les faire revivre, non pas toutes, malheureusement, mais au moins celles des généreux donateurs, des abbés, des religieux, etc., que nous avons pu découvrir dans les anciens armoriaux qui nous en ont transmis la description.

En raison de sa royale origine, l'abbaye de Saint-Nicaise reçut les armoiries que portaient ses fondateurs, c'est-à-dire les armes des rois de France. Elles étaient donc comme les leurs, *d'azur semé de fleurs de lis d'or sans nombre.*

De 1272 à 1298, le siège archiépiscopal fut occupé par Pierre Barbet qui, en sa qualité d'archevêque, avait des droits fort étendus sur l'abbaye de Saint-Nicaise. Il voulut que son autorité fût reconnue de tous et enjoignit aux religieux de charger leur écusson *d'une croix d'argent brochant sur le tout,* ce qui rendit les armes de Saint-Nicaise exactement conformes à celles de l'archevêché de Reims. L'abbaye de Saint-Remi portait les mêmes armoiries ; mais, cette fois, avec une brisure qui les distinguait des autres. Cette brisure consistait à surmonter l'écu d'une colombe au naturel, les ailes éployées et tenant à son bec une fiole connue sous le nom de sainte Ampoule, qui descendait sur la croix d'argent.

L'histoire ne dit rien qui puisse préciser l'époque à laquelle les secondes armoiries de Saint-Nicaise cessèrent d'être en usage. La brisure exigée par Pierre Barbet fut plus tard remplacée par *un chef mitré de saint Nicaise au naturel, posé en abîme sur l'écu,* dont

le fond, semblable aux précédents, était d'azur semé de fleurs de lis d'or sans nombre. Ces armes sont celles que la maison et les religieux portèrent jusqu'à l'anéantissement de leur ordre et la destruction de leur abbaye.

Un édit de novembre 1696 (1) ordonne un dénombrement, dans toute la France, des personnes, des communautés, des corporations, etc., etc., auxquelles ont été ou seront concédées des armoiries qui devront, étant enregistrées, payer la taxe qui leur sera imposée dans

(1) *Armorial général.* Champagne. Cabinet des titres, vol. 378*.

les bureaux établis par Adrien Vanier, bourgeois de Paris, fermier de cette nouvelle imposition. Il établit, dans chaque généralité du royaume, un de ces bureaux d'où un certain nombre d'agents lui envoyaient les listes avec les noms et les armoiries proposées. Celles-ci, arrêtées par Adrien Vanier, étaient ensuite soumises à l'approbation des commissaires généraux siégeant à Paris, qui, enfin, les adressaient à Ch. d'Hozier, conseiller du roi, généalogiste de sa maison, garde de l'armorial de France, etc., etc. Les armes, désignées pour l'abbaye de Saint-Nicaise, furent : *d'azur à une crosse d'argent posée en pal, accostée des deux lettres S et N, d'or*. Ces armoi-

ries, dont la taxe s'élevait à vingt-cinq livres, n'ont jamais été employées par les religieux. L'impôt étant acquitté, ceux-ci furent probablement laissés libres de ne pas s'en servir, ainsi qu'on peut le présumer en voyant leurs livres de chant datés de 1685, dont nous avons donné la description (1). Parmi les peintures à la gouache qui les décorent, on remarque les anciennes armoiries qui furent les troisièmes de cette maison.

(1) Ces livres ont été décrits dans un chapitre spécial.

Ces mêmes armoiries étaient gravées sur le timbre humide apposé sur les manuscrits et les volumes de la bibliothèque (1). Peut-être aussi, pour augmenter la taxe, a-t-on laissé aux religieux leurs armes anciennes, car, au lieu de vingt-cinq livres à payer au fisc, c'était peut-être cinquante livres, comme on le voit pour certaines abbayes et corporations portant des fleurs de lis. L'Université de Reims qui, entre autres pièces, avait trois fleurs de lis d'or, fut taxée à cent livres. Cette somme était le maximum de l'impôt, au moins pour ce qui concerne l'élection de Reims.

En consultant les travaux des héraldistes tant anciens que modernes, il n'est guère possible de faire remonter les armoiries au delà du XIe siècle. Il y en a même qui ne commencent à les citer qu'au cours du XIIe. Ainsi, Jacques Chevillard dit : *La succession du blazon dans les familles est venüe sous le règne du Roy de France Louis le Ieune, lorsqu'il se croisa en 1143.....* (2).

D'après La Chesnaye des Bois, ce n'est qu'à partir du XIe siècle qu'on peut reconnaître les armoiries (3).

M. Jouffroy d'Eschavannes rapporte que les armoiries, telles qu'elles sont aujourd'hui, ne datent que du XIe siècle ou de la fin du Xe (4).

(1) Nous avons donné un fac-similé de ce timbre, en parlant de la bibliothèque.

(2) I. Chevillard, historiographe de France et généalogiste du Roy. (Ouvrage in-folio entièrement gravé et dédié au Roy, 1701.) Planche VII.

(3) La Chesnaye des Bois, *Dictionnaire généalogique, héraldique et historique*, etc., Paris, chez Duchesne, libraire, rue Saint-Jacques, 1757. Préface, pages XIX et suivantes.

(4) M. Jouffroy d'Eschavannes, *Armorial universel*. Paris, L. Curmer, éditeur, 19, rue de Richelieu, 1844. — *Origine des Armoiries*, page 3, deuxième colonne.

M. Ch. Grandmaison ne les fait apparaître qu'à la première croisade (1).

M. le vicomte de Magny ne les admet qu'à partir du xe siècle (2).

Cependant, Pierre Palliot (3), d'Hozier (4) et le Père Menestrier (5) les font remonter à une époque beaucoup plus reculée ; mais pour ne pas nous tromper, nous ne citerons que celles blasonnées depuis le xie siècle.

ABBÉS.

A la description des différentes armoiries de l'abbaye de Saint-Nicaise, va succéder celle des abbés de cette maison. J'ai le regret de n'en avoir pu découvrir qu'un petit nombre. La démolition des bâtiments, de l'église, des tombeaux et des objets d'art, s'est faite sans en tenir compte, et les archives n'en ont laissé aucune description. Il m'a donc été impossible de les retrouver

(1) M. Charles GRANDMAISON, archiviste paléographe. — *Dictionnaire héraldique*, publié par M. l'abbé MIGNE. Paris, barrière d'Enfer, 1852, page XXII, deuxième colonne.

(2) M. le Vte DE MAGNY, *La Science du blason*, etc. Paris, 1858. Aubry, libr., rue Dauphine, 16, page XIV.

(3) Pierre PALLIOT, *La vraye et parfaite Science des Armoiries*, etc., etc. Réimpression fac-similé. Edouard Rouveyre, éditeur, 76, rue de Seine, à Paris.

(4) D'HOZIER, *Armorial général de la France*, 1738. Paris, typographie Firmin Didot frères et fils. Fac-similé de l'édition originale.

(5) Le Père MENESTRIER, *Nouvelle Méthode raisonnée du Blason*, etc., etc. Lyon, Bruys et Ponthus, rue Saint-Dominique, 1780.

toutes. Les armoriaux ne contiennent que les armoiries des abbés issus de familles nobles (1).

Simon DES LYONS, le 18e abbé depuis la fondation de Saint-Nicaise, qui conçut le projet d'élever une nouvelle église, en jeta les fondements en 1229, dont la première pierre fut posée par Henry de Braine, archevêque de Reims. Simon des Lyons décéda le 13 octobre 1230. Les armes de sa famille étaient : *d'azur semé de fleurs de lis d'or, à une tête de léopard du même brochant sur le tout.*

Simon DE DAMPIERRE, le 19e abbé, issu d'une des grandes familles de Champagne, poussa avec vigueur les travaux de la construction de l'église, qui étaient déjà bien avancés lorsqu'il mourut, le 8 juillet 1241. Les armoiries de la famille de Dampierre portaient : *sur l'écu un lion ayant sur sa poitrine un écusson.* Ni les émaux ni les couleurs n'en sont indiqués.

Gérard DE CERNY OU DE CERNAY, le 21e abbé, fut aussi désireux que ses prédécesseurs de rechercher les bonnes grâces du Saint-Siége. Il reçut huit bulles d'Alexandre IV, l'une d'elles pour les biens de Saint-Nicaise, d'autres pour les fiefs de l'abbaye, pour ce que possédaient ceux qui devenaient religieux de cette maison, etc., etc. Gérard de Cerny maintint aussi le droit qu'il avait de garder les clefs d'une porte de la ville bâtie derrière son église, contre l'abbé de Saint-Remy, et défendit son privilège d'établir un maître d'école sur ses terres, contre l'écolâtre de Reims par sentence de l'an 125..... Gérard de Cerny décéda le 17 mai 1263. Ses armoiries étaient : *d'argent à trois barils de gueules posés sur leurs fonds et placés deux en chef et un en pointe.*

(1) Nous n'avons pu découvrir aucune des armoiries des prédécesseurs de Simon DES LYONS.

Jean DE SAINT-FERRÉOL, 23e abbé, porta à peine une année la crosse abbatiale et mourut le 21 août 1270. Ses armes étaient : *de sinople, au chevron d'or, accompagné de trois molettes d'argent à six raies, au chef du second.*

GUIBERT, 24e abbé, élu en 1270, augmenta les revenus de l'infirmerie et donna pour l'entretien des religieux les dîmes de Raucourt et de Tannay. Il maintint en 1284, contre l'archevêque Pierre Barbet, la juridiction temporelle de son abbaye ; mais les délégués du roi à cet effet décidèrent, en 1285, que la garde du monastère appartenait à ce prélat. Guibert décéda le 13 décembre 1289. Il portait : *d'azur à trois éperviers d'argent chaperonnés d'or.*

Gilles DE MONTCORNET, 28e abbé, qui était de la famille de Châtillon, contracta société avec les religieux de Saint-Pierre de Châlons, et reçut l'hommage du seigneur de Châtillon, comte du Portien, connétable de France, pour les fiefs de Rumigny, à cause de Marie son épouse, l'an 1313. Il gouverna l'abbaye pendant quatorze ans et mourut le 16 janvier 1316. Il portait : *de gueules, à trois pals de vair, au chef d'or, brisé d'un demi-lion de gueules.*

Guillaume DE LIGNY, *de Illiniis,* 32e abbé, prêta serment au palais archiépiscopal en 1331. Transféré de l'abbaye de Saint-Basle de Verzy, Guillaume prenait le titre de nonce apostolique dans les provinces de Reims, de Sens et de Rouen, et entrait en 1396 au conseil du roi ; il était alors évêque de Viviers, en Vivarais. Il résigna l'abbaye en 1389 en faveur d'un de ses parents. Il avait pour armes : *un lion rampant de....., sur fond d'azur.*

JOCERAN OU JOSSE DE LIGNY, 33e abbé, neveu du précédent qui lui céda sa crosse en 1389, ne paraît pas avoir pris grand souci des biens du monastère. Il mourut le 28 décembre 1392. Ses armes, comme celles de son onclę, se composaient : *d'un lion rampant de...,* *sur fond d'azur.*

Pierre BOILEAU était aumônier de Saint-Nicaise; les religieux le substituèrent comme abbé à Jacques II Champion; il ne put faire maintenir son droit, car Guillaume de la Bouille, chanoine de Noyon, obtint l'abbaye en commende par lettres apostoliques. Les échevins s'unirent aux religieux pour s'opposer à sa prise de possession, et, pendant cette contestation, Richard, cardinal de Longueil et évêque de Coutances, présenta aux religieux de pareilles lettres obtenues par grâce expectative, et, usant de l'influence dont il jouissait à la cour, s'empara des revenus du monastère. Il résigna peu après en faveur du suivant. Les armes que Pierre Boileau avait choisies ou reçues portaient sur *fond d'or, une croix de gueules, chargée de trois besans du fond posés en fasce.*

Jacques ou Jean JACQUIER, 39e abbé, était religieux de Saint-Nicaise. Il prit possession en 1463 et ne tarda pas à être inquiété par Guillaume de la Bouille, chanoine et doyen de Noyon, dont nous avons déjà parlé. L'abbé Jacquier obtint cependant du pape Pie II des bulles de confirmation en 1467, et gouverna paisiblement jusqu'à son décès qui eut lieu le 14 juillet 1483.

Il portait : *d'azur, au vol d'or, au chef cousu de gueules chargé d'une étoile d'or, accostée de deux soucis également d'or, tigés et feuillés de sinople.*

Charles JOUVENEL ou JUVENAL DES URSINS, 43e abbé, fut le premier abbé commendataire de Saint-Nicaise. A la mort de Jacques Joffrin, son prédécesseur, les religieux avaient élu Georges le Large, prieur de Birbec, en Brabant, dont la famille portait *d'azur, au soleil d'or ;* et, pour se mettre en possession de l'abbaye, Ch. des Ursins, en vertu d'un ordre du juge royal, dut, en mai 1531, forcer les portes du monastère, aliéna de beaux domaines, et les trente-huit années de son administration furent un véritable désastre.

Avancé en âge, il permuta son abbaye sans être prêtre, contre les prieurés de Saint-Pierre de Coucy, de Saint-Thibault et la prévôté de Louvemont. Il alla mourir pauvrement à Armentières. Ses armes étaient : *bandé d'argent et de gueules de six pièces, au chef du premier, chargé d'une rose de gueules pointillée d'or et soutenue de même.*

Claude DE GUISE, 44e abbé, était fils naturel de Claude de Lorraine, duc de Guise ; il prit possession en décembre 1567, et ne rendit hommage à l'église de Reims qu'au mois d'août 1575. Il rétablit à ses frais la rose du grand portail de l'église, tombée sous son prédécesseur. Claude de Guise embellit beaucoup la maison abbatiale, devint coadjuteur de Cluny le 21 octobre 1562, abbé titulaire le 26 décembre 1574, et mourut empoisonné, dit-on, le 23 mars 1612. Ses armes, qu'il avait fait peindre sur la rose, portaient : *coupé de huit pièces, quatre en chef et quatre en pointe; la première pièce, fascée d'argent et de gueules de huit pièces : qui est de Hongrie, soutenue d'azur semé de fleurs de lis d'or, à la bordure de gueules qui est d'Anjou-Sicile. La deuxième pièce d'azur, semée de fleurs de lis d'or au lambel de gueules de trois pendants, qui est d'Anjou-Naples, soutenu d'azur, au lion d'or armé et lampassé de gueules, qui est de Gueldres. La troisième pièce est : d'argent à la croix potencée d'or cantonnée de quatre croisettes du même qui est de Jérusalem, soutenue d'or au lion de sable armé et lampassé de gueules, qui est de Flandres; et à la quatrième, d'or à quatre pals de gueules, qui est d'Arragon, soutenus d'azur, à deux bars mis en pal et adossés d'or, dentés et allumés d'argent, l'écu semé de croisettes recroisetées, au pied fiché d'or, qui est de Bar; et sur le tout, un écusson d'or, à la bande de gueules chargée de trois alérions d'argent, qui est de Lorraine.*

François-Alexandre PARIS DE LORRAINE, 45e abbé, fils posthume de Henri Ier, duc de Guise et chevalier de l'ordre de Malte. François de Lorraine fut nommé par brevet royal en avril 1612, ne prit jamais possession et mourut à Baux, en Provence, en juin 1614. Ses armes étaient les mêmes que les précédentes.

Daniel DE HOTTEMANT ou HOTMAN, 46e abbé. Il était fils de l'un des plus célèbres jurisconsultes de son temps, François Hottemant, et de Marie Aubelin. Notre abbé était aumônier du duc de Guise, et prit possession en avril 1616; jouit de l'abbaye jusqu'en 1625, et s'en démit à cette époque pour entrer chez les Pères de l'Oratoire, devint abbé de Juilly et mourut à Paris le 1er septembre 1632 ou 1634. Il portait : *Parti, emmanché d'argent et de gueules.*

Henri DE LORRAINE, 47e et dernier abbé de Saint-Nicaise, Archevêque de Reims, prit possession en mai 1626, et lorsqu'il eut quitté la carrière ecclésiastique, le roi accorda l'abbaye au chapitre de la Sainte-Chapelle de Paris. Les armes d'Henri de Lorraine étaient les mêmes que celles de François-Alexandre Paris de Lorraine, 45e abbé de Saint-Nicaise.

Sainte-Chapelle de Paris.

Le roi ayant donc accordé les revenus de l'abbaye aux chanoines de la Sainte-Chapelle de Paris en 1634, ceux-ci en jouirent, en récompense, suivant Marlot, de la régale qu'ils avaient à prendre sur les évêchés vacants du royaume. Les armes de cette collégiale étaient : *d'argent à trois clous de sable, posés en abîme, l'un en pal, les autres en bande et en barre, les pointes en bas et se touchant. Ils étaient au centre d'une couronne d'épines, de sinople.*

Visiteur.

Nicolas Jalabert, de Reims, fit profession à Jumiège, le 22 décembre 1717, à l'âge de dix-sept ans. Il est cité dans la *Matricule de Saint-Nicaise,* le 29 octobre 1734. Lors de son décès, arrivé le 17 février 1759, il était visiteur de la Province de Bourgogne. Il portait : *parti, au premier d'azur, à sept étoiles d'or posées deux, trois et deux. Au deuxième d'argent, à un vaisseau de trois mâts de gueules, voguant sur une mer au naturel; et à un chef d'azur, chargé de deux gerbes d'or.*

Au petit nombre d'abbés dont nous avons pu découvrir les armoiries, va succéder le nombre proportionnellement peut-être plus restreint encore des grands-prieurs, des prieurs et des religieux.

Prieurs.

Drogon, prieur de Saint-Nicaise, était un religieux que ses vertus et ses belles qualités qui, nous dit Marlot, reluisaient en sa personne, firent connaître par toute l'Europe. Il fut demandé par l'évêque de Laon, Barthélemy, pour réformer le monastère de Saint-Jean (1128). Là, comme à Saint-Nicaise, la renommée de ses hautes vertus et de ses talents se répandit de telle sorte, que le Pape Innocent II le fit venir à Rome, le nomma évêque d'Ostie et doyen des cardinaux. Chevillard lui donne comme armoiries : *d'azur, à un lion d'argent, armé et lampassé de gueules.*

Guillaume Marlot, né à Reims en 1596, était prieur de l'abbaye de Saint-Nicaise, et fut nommé grand-prieur lorsque Daniel de Hottemant était abbé commendataire, de 1616 (époque où il prit possession), à 1625, année pendant laquelle il céda l'abbaye à Henry de Lorraine. Au moment où l'on introduisit la réforme de la Congrégation de Saint-Maur à Saint-Nicaise, 1634, Dom Marlot était grand-prieur. Il avait salué avec joie cette réforme qui allait mettre fin à de nombreux abus. Ce fut lui qui, en présence de Dom Colomban Regnier, grand-prieur de Saint-Remi, et d'un nombre assez considérable de religieux, célébra la première messe au grand autel de Saint-Nicaise, avec le cérémonial et le missel romain bénédictin voulu par la réforme.

C'est à Dom Marlot, il est presque inutile de le dire, qu'on doit la grande histoire, publiée en latin et en français, de la *Ville, Cité et Université de Reims.* Il est encore l'auteur de nombreux et intéressants ouvrages sur la province ecclésiastique et la ville de Reims.

Comme beaucoup d'autres familles bourgeoises, celle de Dom Marlot avait des armoiries. Le grand-prieur les simplifia et n'en retint que le meuble principal, c'est-à-dire, trois merlettes. Ses armoiries étaient : *d'argent, à trois merlettes de sable, deux et une.*

Si je me suis plus étendu sur Dom Marlot que je ne l'ai fait pour les abbés et autres grands personnages dont j'ai trouvé les armoiries, c'est qu'il fut, ce me semble, le plus illustre parmi les abbés, les prieurs et les religieux de Saint-Nicaise, dans les derniers siècles de l'existence de cette royale abbaye. C'est en grande partie, grâce aux ouvrages intéressants et empreints de la plus vaste érudition de ce Bénédictin, que j'ai pu mener à bonne fin mon travail sur l'église et l'abbaye de Saint-Nicaise, dont je n'ai pas même essayé d'esquisser l'histoire. Ce travail, au surplus, existe. Dom Guillaume Marlot l'a fait aussi complet que possible.

Dans la matricule de notre abbaye figurent les noms de quelques prieurs. Voici ceux dont j'ai pu recueillir les armoiries :

Sébastien DE SERPES, de Beauvais, fit profession à Saint-Remi en 1665, à 19 ans, apparaît dans la matricule comme prieur de Saint-Nicaise, le 15 septembre 1683, le 11 avril 1684, le 25 septembre 1685. Il mourut à Saint-Corneille de Compiègne le 5 septembre 1694. Il portait : *d'argent, au pal de gueules, chargé de trois chevrons d'or superposés.*

Thomas BLAMPAIN, de Noyon, fit profession à Saint-Remi, le 19 décembre 1658, alors qu'il était âgé de dix-huit ans ; c'est le 20 juin 1695 qu'il est mentionné dans la matricule. Prieur de Saint-Nicaise, il portait : *d'azur, au chevron d'or, accompagné de trois papillons du même.*

Armand-Charles DE LAVIE, de Bordeaux, fit profession à la Daurade de Toulouse, le 6 mars 1683, à l'âge de vingt et un ans. Prieur de Saint-Nicaise, il figure sur la matricule à la date du 26 mai 1721. Il avait pour armoiries : *d'azur, à deux tours d'argent en chef, et à une roue d'or en pointe.*

Dom de Bruc, originaire de Bretagne (1). Prieur de Saint-Nicaise en 1729, dit Dom Chastelain en son manuscrit sur Saint-Nicaise, page 9, verso, « étoit un homme vertueux et sçavant qui avoit des manières aisées et surtout un talent particulier pour bien élever la jeunesse.

« Le changement de prieur, bien loin d'apporter une modification à la communauté de Saint-Nicaise, ne servit au contraire qu'à augmenter et accroître le bon ordre. L'amour de la piété et des belles-lettres y régnoit au suprême degré. L'office divin, surtout, s'y faisoit, de jour et de nuit, avec l'édification la plus marquée. Nous jouîmes de ce bonheur pendant les deux années suivantes, pendant lesquelles on fit la bibliothèque qui existe aujourd'hui. » Les armoiries de Dom de Bruc, qui sont celles de sa famille, étaient : *d'argent, à la rose de gueules de six feuilles boutonnées d'or.*

Placide-Jacques Le Gault, de Rennes, fit profession dans sa ville natale, à Saint-Mélaine, le 30 septembre 1714. Sur la matricule de Saint-Nicaise, il est indiqué comme prieur de cette abbaye le 29 octobre 1734. Il avait pour armoiries : *d'azur, à un épervier d'argent becqueté, membré et grilleté d'or, perché sur un chicot du second.*

Jean-François Hachette, de Reims, fit profession à Saint-Faron de Meaux, le 8 juillet 1701, à l'âge de dix-neuf ans. Prieur de Saint-Nicaise, la matricule l'indique au 30 octobre 1742 et au 5 octobre 1744. Ses armes et celles de sa famille étaient : *d'argent, au chevron de gueules, accompagné en pointe d'une grappe de raisin au naturel: au chef d'azur chargé de deux étoiles d'or,* alias *d'argent.*

(1) Ne figure pas dans la matricule.

Dom Pain-et-Vin, quatrième prieur et chantre de Saint-Nicaise, avait ses armoiries sur le manteau d'une cheminée en pierre, rue Saint-Jean-Césarée, n° 24, à Reims. Cette maison fut démolie vers 1850, et la cheminée brisée a disparu en même temps. Les armes avaient été peintes, et la peinture que je vis était fort usée. Cependant les traces de couleur que j'y ai remarquées étaient encore assez visibles pour être ainsi blasonnées: *d'argent, au chevron de gueules, accompagné en chef de deux épis de blé au naturel; au chef d'azur, chargé de deux étoiles d'or.*

On lisait en deux lignes séparées au centre par l'écusson :

D. P. PAIN-ET-VIN QVARTVS PRIOR ET CANTOR
NICASIANORŪ EXPENSIS SVIS ME FECIT AN · 1625 (1).

Sous-Prieurs.

Gérard-Grégoire Le Grand, de Reims. Il fit profession à Saint-Remi, à l'âge de dix-huit ans, le 25 mars 1632. Désigné comme sous-prieur de Saint-Nicaise, dans la matricule de cette abbaye; on y trouve son nom les 12 et 26 novembre 1649. Il mourut à Saint-Remi le 26 décembre 1677. Ses armes étaient : *d'azur, à trois fusées d'or, rangées en fasce.*

Julien-Cyprien Beauregard, de Rennes. Ce religieux fit profession à Vendôme, le 26 septembre 1639, à vingt et un ans. On le trouve sous-prieur de Saint-Nicaise le 3 février 1650. Il décéda à Saint-Germain-des-Prés le

(1) N'est pas inscrit dans la matricule.

30 octobre 1670. Il avait pour armoiries : *de gueules, à la bande accompagnée en chef d'une étoile, et en pointe d'un croissant, le tout d'or.*

Jacques-François Rousset, d'Amiens, fit à dix-huit ans profession à Saint-Remi, le 20 juillet 1669. Son nom figure dans la matricule de Saint-Nicaise le 27 août 1670, comme sous-prieur, le 25 septembre 1683, le 12 avril, le 11 août et le 1er septembre 1684. Il avait quitté Saint-Nicaise avant le 25 septembre 1685. Ce fut à Saint-Nicolas de Ribémont qu'il mourut, le 3 août 1690. Il portait : *d'argent, au lion de sable, armé et lampassé de gueules, couronné d'or.*

Pierre Pinterel, de Château-Thierry, fit profession à Saint-Remi le 24 août 1674, apparaît dans la matricule de Saint-Nicaise, le 30 octobre 1709, comme sous-prieur de cette abbaye. Ses armes portaient : *sur fond d'azur, au chevron accompagné en chef de deux tours, et en pointe d'un lion, le tout d'or.*

Lucien Magneux, de Paris, était âgé de dix-neuf ans, lorsqu'il fit profession à Vendôme, le 17 juillet 1695. Il était sous-prieur de Saint-Nicaise le 25 août 1710 ainsi que l'indique la matricule de cette maison, qui le mentionne encore le 12 juin 1711. Ses armoiries consistaient en un *fond d'argent, chargé de trois coquilles de sable, deux et une.*

Jean Jolivet, de Pléchastel, au diocèse de Rennes. C'est à Saint-Mélaine de Rennes qu'il fit profession, à vingt et un ans, le 2 août 1721. Il était sous-prieur de Saint-Nicaise le 29 octobre 1734, comme on le voit dans la matricule de Saint-Nicaise. Il mourut à Saint-Nicolas-au-Bois le 7 juillet 1771. Il avait pour armoiries : *d'azur à trois olives d'argent, sans feuilles, les tiges en haut et à senestre.*

Louis-Nicolas DOULCET, de Châtillon-sur-Marne, diocèse de Reims. Il fit, à l'âge de vingt ans, profession à Saint-Faron de Meaux. La matricule de Saint-Nicaise le signale comme sous-prieur le 8 janvier 1748. Il portait comme armoiries : *de gueules à une rencontre de bélier d'argent.*

RELIGIEUX.

GEOFFROY, profès de Saint-Nicaise, était, dit Dom Marlot (1), un personnage de marque ; il devint abbé de Saint-Thierry, près de Reims, puis de Saint-Médard de Soissons et ensuite évêque de Châlons, 1131-1142. Jacques Chevillard lui attribue les armoiries suivantes qui sont celles de l'évêché et de la ville de Châlons : *d'azur, à la croix d'argent, cantonnée de quatre fleurs de lis d'or.*

René RAVINEAU, de Reims, fit profession à Saint-Remi, le 22 décembre 1631. La matricule de Saint-Nicaise donne son nom au 12 novembre 1649, au 26 du même mois, au 3 février 1650, au 25 février 1658 et au 2 avril 1663. Il décéda à Saint-Nicaise le 26 janvier 1670. Ses armes étaient : *d'argent, au chevron d'azur, accompagné en chef de deux roses de gueules, et en pointe d'une grappe de raisin au naturel, tigée et feuillée de sinople.*

Etienne DE TENON, de Nevers, fit profession à la Charité-sur-Loire, le 1er août 1642, à vingt-trois ans. Il apparaît à Saint-Nicaise, sur la matricule, le 28 novembre 1649 ; il mourut à Saint-Benoit-sur-Loire le 10 novembre 1689. Il portait : *écartelé, aux premier et quatrième*

(1) Tome III, page 330, édition de l'Académie.

de sable, à la fasce d'or, aux deuxième et troisième à deux lions léopardés d'or, l'un sur l'autre.

Georges-Fiacre Maillet, de Troyes, mourut à Saint-Nicaise, d'après sa matricule, le 8 mai 1661. Il avait pour armoiries : *d'azur, à un maillet d'or, accompagné en chef de deux roses du même.*

Octavien-Benoît Alleaume, de Lagny, fit profession à Saint-Remi, âgé de vingt-un ans, le 9 juillet 1662. Il était à Saint-Nicaise, d'après la matricule, le 2 avril 1663. Il portait : *d'azur, au chevron brisé d'or, accompagné en chef de deux roses, et en pointe d'une colombe, la tête contournée et surmontée d'une étoile, le tout d'or.*

Jean Le Vasseur, du Mans. Il avait vingt-quatre ans lorsqu'il fit sa profession à Saint-Remi, le 14 octobre 1660. Il est inscrit sur la matricule de Saint-Nicaise, le 2 avril 1663 et mourut à Saint-Remi, le 11 novembre 1702. Ses armoiries étaient : *d'azur, au chevron d'or, accompagné de trois aigles d'argent.*

Jean-Jacques-Paul Bonnefont, de Riom. Il fit profession à Saint-Faron, à l'âge de dix-neuf ans, le 29 juin 1641. Le 27 août 1690 on le trouve sur la matricule de Saint-Nicaise. C'est à Saint-Faron qu'il décéda. Il portait : *d'or, à une fontaine de sable, composée de deux bassins superposés dans chacun desquels retombent deux jets d'eau. La fontaine posée sur une terrasse de sinople.*

Fursy Beaurain, de Ribémont, fit profession à Jumièges le 11 mai 1637. Il avait vingt-huit ans. On le voit inscrit sur la matricule de Saint-Nicaise, le 4 janvier 1673. C'est dans cette abbaye qu'il trépassa le 10 février 1684. Ses armoiries se composaient d'*un fond d'azur, à un écusson d'argent posé en abîme, accompagné de huit coquilles du même posées en orle.*

Marc-Antoine Boivin, de Châteauroux, âgé de dix-neuf ans, fit profession à Saint-Remi le 27 juillet 1671. C'est le 4 janvier 1673 qu'on le trouve sur la matricule de Saint-Nicaise. Il avait pour armoiries : *tranché ondé, au premier d'azur, au croissant versé d'argent, au deuxième d'argent, à une grappe de raisin de pourpre, pamprée de sinople*. Devise : CONSCIENTIA ET FAMA.

Gérard Le Poivre, de Reims, a fait profession à Saint-Remi le 17 mai 1664, à vingt-deux ans. On le voit aux dates suivantes sur la matricule de Saint-Nicaise : le 25 septembre 1683, le 11 août 1684, le 1er septembre de la même année, le 25 septembre 1685 et le 20 juin 1695. Ses armoiries consistaient en un fond d'*azur, chargé de trois coquilles d'or, posées deux et une.*

Charles Postel, d'Amiens. C'est à Corbie qu'il fit profession le 27 juillet 1683. La matricule de Saint-Nicaise le mentionne aux dates suivantes : 25 septembre 1683, 11 août 1684, 1er septembre même année et 25 septembre 1685. Ses armoiries étaient : *d'azur, à la gerbe d'or, accompagnée en flanc de deux étoiles du même.*

Nicolas Nivier, d'Autun, fit profession à Saint-Faron, le 23 novembre 1683 ; il était alors âgé de dix-huit ans. On le trouve sur la matricule de Saint-Nicaise le 25 septembre 1685, il portait : *d'azur, à la barre d'or, au chef d'hermine.*

Joseph-Adam Ravineau, de Reims, mourut à Saint-Nicaise le 5 mai 1693. Les armoiries de cette famille étaient : *d'argent, au chevron d'or, accompagné en chef de deux roses de gueules, et en pointe d'une grappe de raisin au naturel, tigée et feuillée de sinople.*

Claude Misson, de Reims. C'est à l'âge de 19 ans qu'il fit profession à Saint-Faron le 21 mars 1677. Ses armoiries étaient : *d'or, au chevron de gueules, accompagné de trois trèfles de sinople.*

Pierre Le Duc, de Noyon, décéda à Saint-Nicaise le 20 juin 1699. Ses armoiries se composaient : *d'un champ d'azur, chargé d'un chevron, accompagné en chef de deux roses, et en pointe d'une croix tréflée, le tout d'or.*

Jérôme Jourdain, de Châlons, mourut, d'après la matricule, à Saint-Nicaise, le 16 avril 1702. Il portait : *d'argent, à un arbre de sinople, accompagné de deux étoiles de gueules.*

Anselme de Gamaches, de Paris, fit profession à Saint-Faron le 16 septembre 1686, il avait alors vingt-trois ans. Ses armoiries étaient : *d'argent, au chef d'azur.*

Simon-Louis Maillefer, de Reims, devint profès à Saint-Faron le 9 août 1702, à dix-neuf ans. La matricule de Saint-Nicaise le signale le 30 octobre 1709. Il avait pour armoiries : *d'azur, à la fasce d'argent, accompagnée en chef de deux étoiles d'or et d'un croissant du même en pointe.*

Guillaume Rousset, de Conches, diocèse d'Évreux, fit profession à Notre-Dame de Lyre le 23 septembre 1680, étant âgé de vingt-trois ans. On le trouve aux dates suivantes sur la matricule de Saint-Nicaise : 30 octobre 1709, 15 septembre 1710, 12 juin 1711 et 19 avril 1712. Ses armoiries étaient : *d'azur, au chevron d'argent, accompagné de trois glands d'or.* Alias : *d'azur, à trois têtes de léopard d'or, lampassées de gueules.*

Daniel Plichon, d'Abbeville. La matricule ne fait connaître que sa mort à Saint-Nicaise le 18 juillet 1710. Il portait : *d'argent, à une flèche de sable posée en pal, surmontée d'un croissant de gueules et accompagnée de trois trèfles de sinople, deux en flanc et un en pointe.*

Michel Jolly, de Montreau *(sic)*, fit profession à Lyre le 30 septembre 1696 ; il avait alors vingt-neuf ans. D'après la matricule, on le voit à Saint-Nicaise le 15 septembre 1710, et le 19 avril 1712. Ses armoiries consistaient en un fond *d'argent, à une merlette de sable, au chef de gueules, chargé d'une rose d'argent, accostée de deux étoiles d'or.*

Charles DE LA RUE, de Corbie. Ce religieux, dit la matricule de Saint-Nicaise, fit profession à Saint-Faron le 21 novembre 1713, âgé de dix-huit ans. On lit son nom à Saint-Nicaise au 15 septembre 1710, au 12 juin 1711, et au 19 avril 1712. Il avait pour armoiries : *sur fond d'azur, au chevron d'or accompagné de trois têtes d'aigle d'argent.*

Louis DE GRAIMBERG, de Belleau (diocèse de Soissons), fut religieux profès de Saint-Médard à partir du 16 avril 1682, il avait alors 24 ans. La matricule de Saint-Nicaise l'indique dans cette maison, le 12 juin 1711. Comme sa famille il portait : *d'azur, à trois besans d'or; supports, deux génies tenant chacun une fleur de lis d'or.*

François DE LA FORCADE, religieux, d'après la matricule, mort à Saint-Nicaise le 22 décembre 1711. Il avait pour armoiries : *d'azur, au chevron ondé d'or, accompagné en pointe d'un lion du même.*

François-Elie MAILLEFER, de Reims, qui fit profession à Saint-Faron, le 20 juillet 1703, à dix-neuf ans. D'après la matricule de Saint-Nicaise, on le trouve dans cette abbaye le 19 avril 1712, le 3 octobre 1742, le 5 décembre 1744 et le 8 janvier 1748. Les armes des Maillefer étaient : *d'azur, à la fasce d'argent, accompagnée en chef de deux étoiles d'or et d'un croissant du même en pointe.*

Adrien-Gaston CLAUSSE, de Courset (diocèse de Namur), fit profession à Saint-Lucien le 8 octobre 1718, dit la matricule de Saint-Nicaise ; on le trouve dans cette abbaye le 26 mai 1721. Il trépassa à Saint-Remi le 11 septembre 1760. Il portait : *d'azur à trois têtes de léopard d'or bouclées de gueules.*

Henri Collin, de Paris. Il avait vingt ans lorsqu'il fit profession à Lyre le 24 juillet 1689, comme nous l'apprend la matricule qui donne son nom à Saint-Nicaise le 26 mai 1721. Il avait pour armoiries : *d'azur, à la croix ancrée, partie d'or et d'argent; chargée en cœur d'une étoile d'azur ; au chef cousu de gueules, chargé d'une aigle issante d'argent, couronnée d'or.*

René Hibert, de Reims, fit profession à Corbie le 30 juin 1685. La matricule de Saint-Nicaise l'indique au 26 mai 1721, comme faisant partie de cette abbaye. Il portait : *d'argent à trois poissons nageants de sable, posés deux et un.*

Louis Huet, de Château-Thierry, indiqué sur la matricule de Saint-Nicaise, comme ayant vingt-un ans lorsqu'il fit profession à Saint-Remi, le 28 octobre 1718. Il était à Saint-Nicaise le 26 mai 1721. Ses armoiries consistaient en *un fond d'azur, chargé d'un chevron, accompagné en chef, de deux roses tigées et en pointe, de trois trèfles mal ordonnés, le tout d'or.*

Paul Colson, de Liège, fit profession à Saint-Remi, dit la matricule de Saint-Nicaise, à vingt-un ans, le 21 décembre 1724. Elle l'indique à Saint-Nicaise, le 29 octobre 1734, comme religieux de cette maison. C'est à Saint-Remi qu'il mourut le 15 février 1764. Les armoiries de sa famille étaient : *d'argent à un arbre de sinople, senestré d'un cerf rampant de gueules, le tout soutenu d'une terrasse isolée de sinople : ledit arbre adextré d'une serrure de gueules.*

Joseph-Nicolas Godinot, de Reims. La matricule dit qu'il fit profession à Saint-Remi, le 21 septembre 1719, à l'âge de dix-neuf ans, qu'il était à Saint-Nicaise le 29 octobre 1734, et qu'il mourut au Tréport le 25 mars 1767. Comme sa famille, il portait : *d'or, au chevron d'azur accompagné de trois merlettes du même.*

Jean-Baptiste Houillier, d'Arras, fit, d'après la matricule de Saint-Nicaise, sa profession à Saint-Remi le 25 août 1717, à dix-neuf ans, Il est fait mention de lui à Saint-Nicaise le 29 octobre 1734 ; et mourut à Saint-Valery le 1er mars 1738. Il portait : *d'or à un arbre de sinople.*

Norbert Jomard, de Hesdin, fit profession à Saint-Faron le 20 septembre 1691, étant âgé de vingt-un ans. La matricule de Saint-Nicaise le porte comme religieux de cette abbaye le 29 octobre 1734 et indique son décès à Saint-Remi au 15 mai 1738. Ses armoiries étaient : *de gueules, au canton d'argent mouvant du canton senestre de la pointe.*

Gabriel Roussel, d'Hénonville (diocèse de Rouen). Il fit profession à Saint-Lucien le 1er décembre 1723, ayant vingt-trois ans. On lit son nom dans la matricule de Saint-Nicaise au 29 octobre 1734. Il portait pour armoiries : *d'azur, au chevron d'argent, accompagné de trois glands d'or.* Alias, *d'azur à trois têtes de léopard d'or lampassées de gueules.*

Pierre-Jean-Baptiste Jalabert, de Reims, devient profès à Saint-Remi, en mai 1718, à vingt-deux ans. La matricule de Saint-Nicaise l'indique comme faisant partie de cette abbaye le 30 octobre 1742. Ses armoiries se lisaient ainsi : *parti, au premier d'azur, à sept étoiles d'or posées deux, trois et deux, au deuxième d'argent, à un vaisseau de trois mâts de gueules, voguant sur une mer au naturel, et un chef d'azur, chargé de deux gerbes d'or.*

Jean-Louis de la Clef, de Paris, fit sa profession à Saint-Faron, le 20 mai 1735; il avait alors dix-sept ans. La matricule de Saint-Nicaise inscrit son nom au 5 décembre 1744. Il portait : *de gueules à deux clefs d'argent posées en sautoir, le panneton en bas.*

Jean-Louis de Bar, religieux de Saint-Nicaise, était ami et condisciple de Dom Chastelain qui laissa d'intéressants travaux sur les abbayes de Saint-Nicaise et de Saint-Remi. Dom de Bar avait pour armoiries : *un fond d'azur semé de croix recroisetées au pied fiché d'or, sans nombre à deux bars adossés du même.*

Jean Lespagnol, de Reims, religieux issu d'une des plus anciennes familles de la ville, qui compte plusieurs notabilités parmi ses membres. Ce Bénédictin est l'auteur d'un commentaire de Sainte-Vaubourg inséré dans les légendaires des abbayes de Saint-Nicaise et de Saint-Denis. Les armes de Jean Lespagnol étaient : *d'azur à la fasce d'or, accompagné de trois têtes d'épagneul du même, vues de face, deux en chef, une en pointe.* Plus tard, un Lespagnol, lieutenant des habitants lors de la construction de l'Hôtel de Ville, remplaça *la tête de la pointe de l'écu par une tour du même métal.*

Dom Leleu, religieux de Saint-Nicaise en 1790, était né à Reims. Il appartenait à une famille depuis longtemps fixée dans cette ville, dont plusieurs de ses membres avaient rempli des fonctions des plus honorables. Leurs armoiries étaient de celles connues sous le nom d'armes parlantes : *de gueules, au chevron d'or, accompagnées de trois têtes de loup du même* (1).

(1) Ces trois derniers ne figurent pas sur la matricule.

Les bienfaiteurs de l'abbaye de Saint-Nicaise furent nombreux. Dès la fondation, on vit surgir de tous côtés des donateurs offrant des sommes importantes. A cette époque, déjà éloignée, les nobles n'avaient pas de blason. De plus, tous les bienfaiteurs n'appartenant point à la noblesse ni à une certaine bourgeoisie ne portaient pas d'armoiries (1). Pour donner leurs noms, il faudrait faire l'histoire entière de notre abbaye, ce qui ne rentre pas dans ce travail ; toutefois, pour le compléter, je vais citer les noms des rois, des reines, des princes de France et même de l'étranger, ceux aussi de nos archevêques qui, pour venir en aide à cette maison, lui ont accordé des privilèges, et enfin, ceux qui, par une dévotion particulière au grand évêque martyr de Reims, ont satisfait leur piété en laissant des traces de leur générosité envers cette illustre et royale abbaye.

Sur la vitre offerte par Marie, seconde femme de Philippe le Hardi, fille de Henry, duc de Brabant, placée dans la chapelle Saint-Nicolas, les écussons en losange portaient *d'azur, semé de fleurs de lis d'or, sans nombre pour la France* et *de sable, au lion d'or pour le Brabant.*

Dans la chapelle Saint-André, sur le vitrail donné par Philippe le Bel, la vitre était bordée des écussons de France, comme ci-dessus ; de Navarre, qui porte : *de gueules à une chaîne d'or posée en orle et selon toutes*

(1) Ce n'est qu'à partir de l'édit publié en 1696, que certaines familles bourgeoises ont obtenu, comme nous l'avons vu, le droit de porter des armoiries sans être annoblies.

les partitions de l'écu, c'est-à-dire *en croix et en sautoir;* du comté du Perche qui est : *d'argent, à deux chevrons superposés de gueules.*

En cette même chapelle, près de la vitre de Philippe le Bel, une autre, don de Marie d'Espagne, femme de Charles de Valois, comte d'Alençon, frère de Philippe de Valois, roi de France. Les armes sont mi-parties de France et d'Espagne ; de France comme ci-dessus et d'Espagne, *écartelé, aux premier et quatrième de gueules, à la tour d'argent,* qui est de Castille, *aux deuxième et troisième, d'argent, au lion de pourpre armé et lampassé de gueules, couronné d'or* qui est de Léon (1).

Les armoiries peintes sur la bordure sont seulement écartelées les premier et quatrième de Castille, les deuxième et troisième de Léon.

Cette reine a aussi offert un ornement d'autel, en tissu d'or où les mêmes armes sont brodées ; elle a encore fait don d'un calice sur le pied duquel étaient gravées les armes du comte : *de France, à la bordure de gueules, chargée de huit besans d'argent.*

On voyait dans la chapelle de Notre-Dame de Coucy un vitrail dit Vitre de la reine Jeanne de Navarre, femme de Philippe le Bel, comtesse de Champagne et du Perche. La bordure était enrichie des armes de France et de Navarre. Celles du *Perche* n'y figuraient qu'une seule fois et encore étaient-elles *mi-parties avec celles de Navarre.*

Les armes de la maison de Coucy étaient peintes sur la voûte et sur les piliers de cette chapelle, ce qui lui fit donner le nom de Notre-Dame de Coucy. La famille de

(1) Marlot indique le lion de Léon comme étant *de pourpre*, mais les anciens généalogistes le disent *de gueules*.

Coucy portait : *fascé de vair et de gueules de six pièces.* Cette famille devint l'alliée de celle de Châtillon par le mariage de Charles de Châtillon avec Catherine de Coucy. Les armes des Châtillon étaient : *de gueules à trois pals de vair, au chef d'or.* Dans le bas de la vitre on voyait un chevron de..., nous dit Dom Marlot, à travers de ces armes ; on pourrait penser qu'elles sont celles de Marie de Châtillon, fille de Gaucher de Châtillon, dame de Clary et vidamesse du Laonnais, puisqu'elles sont : *vairé d'or et de gueules, au bâton d'azur péri en bande.* Un autre écusson *d'argent, au lion de gueules,* témoigne de l'alliance de cette famille avec celle de Luxembourg.

La chapelle Saint-Remi est ornée des vitres offertes, par Gaucher de Châtillon, V[e] du nom, et Isabeau de Dreux, fille de Robert de Dreux, IVe du nom.

Le comte et la comtesse de Châtillon se voyaient en leurs vitres avec leurs armes qui en formaient la bordure. Le comte de Châtillon portait les armes de sa famille avec *une merlette de sable* pour brisure sur le canton dextre du chef, et la comtesse, celles de Dreux, sa famille, *échiquetée d'or et d'azur, parti de cinq traits, coupés de six, à la bordure de gueules.*

Un autre vitrail dans cette même chapelle, avait été donné par Thibault, comte de Bar-le-Duc, fils d'Henry, comte de Bar-le-Duc et de Philippe de Dreux. Le comte Thibault épousa en troisièmes noces Jeanne de Toucy, fille de Jean, seigneur de Toucy, de la maison de Châtillon, dont il portait les armes, *brisées de quatre merlettes de gueules sur le chef.* Les armes de Bar y figuraient aussi. Elles étaient *d'azur, semées de croix, recroisetées au pied fiché du même, à deux bars adossés aussi d'or.*

En 1335, Jean, duc de Normandie, fils de Philippe de Valois et roi de France après lui, étant atteint d'une maladie si grave que tout espoir était perdu, le roi se confiant en la miséricorde de Dieu, recommanda son cher malade aux prières des chanoines et des religieux dans toutes les cathédrales et abbayes de France. Philippe de Valois, qui espérait que les mérites de saint Nicaise pourraient lui obtenir la guérison du duc Jean, lui attribua, sans doute, la faveur demandée et obtenue; car sous forme de vœu, il fit exécuter une statue de quatre pieds et demi de hauteur, en argent massif, représentant son fils, avec deux plus petits enfants près de lui, un plus grand avec la reine, sa femme, Jeanne, comtesse de Bologne. Sur le piédestal étaient les *armes de France à la bordure de gueules,* qui témoignaient que ce duc de Normandie était fils de roi.

ARCHEVÊQUES.

Gervais DE LA ROCHE-GUYON, 44e archevêque de Reims, auquel on devait la reconstruction de la seconde église, l'un des principaux bienfaiteurs de Saint-Nicaise, portait : *écartelé, aux premier et quatrième de gueules, aux deuxième et troisième d'argent, à la croix ancrée d'argent et de gueules, de l'un en l'autre.* 1055-1067.

MANASSÈS Ier DE ROUCY, 45e archevêque de Reims, usurpateur du siège métropolitain, eut des difficultés avec les moines de Saint-Nicaise. Ses armes étaient : *d'or, au lion d'azur, armé et lampassé de gueules.* Il mourut en 1092.

MANASSÈS II DE CHATILLON, 47e archevêque de Reims, donna à l'abbaye de Saint-Nicaise les dîmes du Mont-

Valois, par une charte datée de son pontificat. 1096-1106. Il portait : *de gueules, à trois pals de vair, au chef d'or.*

Rodolphe ou Raoul-le-Verd, 48e archevêque de Reims, unit en 1112 le prieuré de Rumigny à l'abbaye de Saint-Nicaise, 1109-1124. D'après Jacques Chevillard, il aurait porté : *d'azur, semé de France à la croix de gueules brochant sur le tout.*

Renauld II de Martigny, 49e archevêque de Reims, confirma l'exemption du droit de gîte, accordée à l'abbé de Saint-Nicaise, après avoir vu la charte de l'archevêque Gervais ratifiée par Alexandre II et Philippe Ier. Ses armes étaient : *écartelé, aux premier et quatrième d'argent à trois fasces d'azur, à la croix ancrée de gueules brochant sur le tout ; aux deuxième et troisième de gueules, à trois quintefeuilles d'argent, posés deux et un.* 1124-1137.

Samson, 50e archevêque de Reims, donne, en 1143, une bulle, à la prière de Nicolas Ier, 9e abbé de Saint-Nicaise, pour l'établissement du prieuré de Notre-Dame de Château-Porcien, par le comte Henry, sa femme et ses enfants, en repentir d'avoir possédé les biens du sanctuaire. Samson portait : *d'or, à deux fasces de gueules, posées l'une au-dessus de l'autre.*

Guillaume de Champagne, cardinal, 52e archevêque de Reims, par une charte de l'an 1200, ordonne en présence de l'évêque de Paris, légat du Saint-Siège, que le total des religieux n'excéderait pas à l'avenir le nombre de 60 ; mais Innocent IV leva cette défense, à la prière de l'abbé Drouin, et lui permit d'en recevoir autant que le service de Dieu en réclamerait, tant pour l'abbaye que pour les prieurés qui en dépendaient. Ce prélat portait pour armoiries : *d'azur, à la bande d'argent, accompagnée de deux doubles cotices potencées et contrepotencées de treize pièces d'or.*

Henry DE BRAINE, le 56e archevêque de Reims, sur la prière de l'abbé de Saint-Nicaise, Simon des Lyons, posa, en sa qualité d'archevêque, et suivant l'ancienne coutume de l'église, la première pierre du monument qui devait exciter l'admiration universelle. Cette cérémonie eut lieu le lundi de Pâques 1229. En mémoire et pour perpétuer le souvenir de ce fait mémorable, l'archevêque Henry de Braine fut peint, revêtu de ses habits pontificaux, sur une vitre de premier ordre, au-dessus des galeries de la nef. Ce prélat portait: *échiqueté d'or et d'azur, parti de cinq traits, coupé de six, à la bordure de gueules.*

Thomas DE BEAUMETZ, 58e archevêque de Reims, autorisa en 1253 Simon de Marmoutiers, 20e abbé de Saint-Nicaise, à faire élever une muraille sur les remparts, pour empêcher la vue des passants de pénétrer dans l'abbaye. Le pape Clément IV ratifia ce privilège. Les armoiries de Thomas de Beaumetz étaient : *de gueules, à la croix dentelée d'or.*

Jean DE COURTENAY, 59e archevêque de Reims, acquiesça à la bulle du souverain pontife Clément IV, contre les échevins qui s'opposaient à la fermeture de l'abbaye du côté des remparts. Jean de Courtenay était de la branche cadette de cette famille, ainsi que le témoigne le lambel qui figure dans ses armoiries. Il portait : *d'or, à trois tourteaux de gueules posés deux et un, surmontés en chef d'un lambel de cinq pendants d'azur.*

Pierre BARBET, 60e archevêque de Reims, approuva à nouveau, en 1280, le privilège accordé par Thomas de Beaumetz aux religieux de Saint-Nicaise, privilège leur permettant d'exhausser la muraille bâtie sur les remparts. Pierre Barbet le fit à la prière de la reine Marie, femme de Philippe III dit le Hardi, voulant par là, témoigner de l'affection qu'elle portait à l'abbaye de Saint-Nicaise.

Les armes de Pierre Barbet étaient : *d'argent, au bœuf passant de gueules, au chef du même, chargé d'une clef du premier posée en fasce.*

Robert de Courtenay, 61e archevêque de Reims, dit dans une charte de 1310 où il parle de la visite aux reliques du glorieux martyr : *Tractavimus de reliquiis gloriosi martyris Nicasii, quondam Remorum pontificis, cujus innumera, non solum per nostram remensem provinciam, sed etiam per orbem terrarum miracula prædicantur.* Ce prélat portait : *d'or, à trois tourteaux de gueules posés deux et un.*

Jean II de Vienne, 63e archevêque de Reims, permit à Philippe la Cocque, 29e abbé de Saint-Nicaise, de fermer le grand portail de l'église, en construisant un atrium avec créneaux sur la muraille allant de la porte de l'abbaye à l'extérieur de celle de droite de l'église, où est représenté le martyre de saint Nicaise. Il portait selon Chevillard : *de gueules, à l'aigle aux ailes éployées d'or.* Fisquet, dans la *France pontificale,* lui donne : *de gueules au chevron d'or.*

Guy de Roye, 70e archevêque de Reims, fit dès l'an 1400 son testament dans lequel il pense à l'achèvement de la croisée de l'église Saint-Nicaise (1).

Dans ce testament, Guy de Roye léguait au chapitre

(1) Voyez le codicille de Guy de Roye, archevêque de Reims, ses divers legs et la fondation du collège de Reims à Paris, par M. L. Le Grand, membre correspondant de l'Académie de Reims. *Travaux de l'Académie nationale,* tome XCVII, 1895.

de Reims une somme de mille livres tournois pour faire sculpter autour du chœur de la Cathédrale une histoire de la Vierge analogue à celle de Notre-Dame de Paris. L'archevêque, dans son codicille, revient longuement sur ce point. Il explique qu'on peut choisir, si on le préfère, un autre sujet, tel que la vie de saint Remi ou de saint Nicaise, la Passion de Notre-Seigneur ; il spécifie que la somme ainsi léguée doit être employée exclusivement à la rémunération de l'artiste, et que la fourniture et la pose des pierres seront à la charge du chapitre. Au cours de ces explications, il est amené à parler des tours de la Cathédrale, qu'on est en train de construire. Puis, il prévoit le cas où l'exécution de sa volonté soulèverait des difficultés : Si le Chapitre, dit-il, ne fait pas mettre en place les pierres dans les deux mois qui suivront l'année où la sculpture aura été terminée, elles deviendront la propriété soit de l'abbaye de Saint-Remi, soit de celle de Saint-Nicaise, soit de la confrérie des clercs de la cour archiépiscopale, dont le siège est à l'archevêché. Si, enfin, les chanoines, avec lesquels Guy de Roye semble avoir eu des rapports un peu tendus, refusent de prime abord d'accepter ce legs, la moitié de la somme sera donnée à la confrérie des clercs de l'archevêché pour l'ornementation de la chapelle ; l'autre moitié à l'abbaye de Saint-Nicaise, à condition de l'employer à l'achèvement de la croix du monastère, sinon tout reviendra à la confrérie des clercs.

Toutes ces minutieuses prescriptions devaient rester sans effet ; les chanoines qui voulaient employer les mille livres à leur gré plaidèrent contre la famille qui, d'après le jugement, ne devait remettre la somme que dans le cas où le chapitre exécuterait à la lettre les clauses du testament.

Les dispositions dernières de Guy de Roye ne lui profitèrent en rien. Ce prélat mourut en 1409.

Guy de Roye portait : *de gueules à la bande d'argent.*

Pierre DE LAVAL, 76e archevêque de Reims, favorise d'abord l'élection de Pierre Lescot comme abbé de Saint-Nicaise, contre Jacques Fransquin, qui était religieux et trésorier de cette abbaye, docteur en droit civil et canonique, lorsque les moines l'élurent en août 1483. Pierre de Laval finit cependant par agréer l'élection de Jacques Fransquin, et reçut son serment en avril 1484. Pierre de Laval, qui était de la famille des Montmorency-Laval, portait : *d'or, à la croix de gueules chargée de cinq coquilles d'argent, cantonnée de seize alérions d'azur.*

Robert DE LENONCOURT, 80e archevêque de Reims, acquiesça volontiers à la demande de Jacques Joffrin, le 42e et dernier abbé régulier de Saint-Nicaise (1523), qui sollicitait l'autorisation de faire des quêtes dans le diocèse pour l'achèvement de l'église. Ces quêtes, toutefois, devaient être faites dans les mêmes conditions que celles qui les avaient précédées. Robert de Lenoncourt portait : *d'argent, à la croix engrelée de gueules.*

Henri Hachette DES PORTES, né à Reims, évêque de Glandèves, a consacré le nouveau maître-autel de Saint-Nicaise le 21 mars 1762. Ses armes, comme celles de sa famille, étaient : *d'argent, au chevron de gueules, accompagné en pointe d'une grappe de raisin au naturel, au chef d'azur, chargé de deux étoiles d'or.*

BIENFAITEURS DIVERS.

RAINALD, dit Pied-de-Loup, dont on voyait les armes dans la grande vitre, au portail principal de Saint-

Nicaise, au-dessus du tombeau de Jovin, fut l'un des principaux bienfaiteurs de l'église et de l'abbaye. Sa famille était fort célèbre dans Reims, il y a quatre cents ans, dit Marlot, ce qui la fait remonter au XIIe ou XIIIe siècle. Plusieurs de ses membres ont été inhumés dans l'église et dans l'abbaye de Saint-Nicaise. Cette famille portait : *d'azur, au château d'or.*

Rogier ou Roger DE ROSOY, évêque de Laon, reconnaît, comme les officiaux de Reims en 1201 (dit Marlot), le don de la terre de Ribemont fait par l'abbé Dreux ou Drouin à un seigneur de sa connaissance (non nommé). Ce don fut fait pour accroître, selon l'usage du temps, les vassaux de son église, à la charge de lui rendre foi et hommage, ainsi qu'à ses successeurs, et encore de recevoir, trois fois l'an, l'abbé en son logis *cum sex equitaturis et duobus garsionibus.*

Roger de Rosoy, d'après Jacques Chevillard, n'aurait pas eu d'armoiries personnelles; il lui donne celles de l'église de Laon : *d'azur, semé de fleurs de lis d'or sans nombre, à la croix d'argent brochant sur le tout, et chargée d'une crosse de gueules posée en pal.*

Gaucher DE NANTEUIL, de la famille de Châtillon, à la demande de l'abbé Dreux ou Drouin, promit de ne pas molester les religieux de l'abbaye de Saint-Nicaise en la terre de Moreuil. Il renonça à toutes ses prétentions et obtint pour cela le consentement de sa femme, et ceux de Miles ou Milo de Nanteuil, chanoine de Reims, depuis évêque de Beauvais, et de Blanche de Champagne, à condition de célébrer tous les ans son anniversaire (1201). Gaucher de Nanteuil portait les armes de la famille de Châtillon, avec une brisure qui consistait en : *un lion de gueules passant, posé sur le canton dextre du chef.*

Jacques DE RUMIGNY, seigneur de Nanteuil et d'Ogies, a fondé pour le repos de son âme, celui de sa femme Helvide, d'Isabelle, sa seconde femme, et celui de ses enfants, une messe à cinq heures du matin, qu'on appelle la messe du jour. Il mourut en 1250. Il portait, d'après Dom Marlot : *d'azur, au trescheur d'or les fleurs de lis opposées au pied nourri, avec un bâton en bande de..... où sont trois roulots de.....* sur son sceau est un cavalier gravé sur fond fleurdelisé.

Nicolas, seigneur de Rumigny en 1100. Ses armoiries comme ci-dessus.

Robert LESCOT, vidame de Reims, disputa le titre d'abbé à Jacques Fransquin, religieux et trésorier de Saint-Nicaise (1483). Jacques obtint d'être reçu au vicariat de l'abbaye, et fut enfin nommé abbé. Il récompensa alors Robert Lescot, espérant par là être tranquille jusqu'à la fin de ses jours. Robert Lescot portait un écusson *de... chargé d'une croix dentelée de...* (1).

Guillaume DE FILLASTRE, grand vicaire de l'abbaye de Saint-Nicaise, assista en 1398 Simon de Maubert, abbé de cette maison, qui reçut de Florence de Ribemont, dame de Chigny et de Germigny, les hommages qu'elle tenait des seigneuries relevant de l'abbaye de Saint-Nicaise. Guillaume de Fillastre, étant doyen du Chapitre de Reims, fit construire la tour sud du portail de la Cathédrale, puis devint évêque du Mans. Il portait : *d'azur, à une rencontre de cerf d'or.*

Me voici arrivé à la fin de mon travail, ou tout au moins de ce que j'ai pu réunir. Le résultat obtenu n'est pas aussi satisfaisant que je l'avais espéré. Malgré mes

(1) Écusson de sa famille aux joutes de Tournay, en 1331. *(Archives de Reims.)*

nombreuses recherches, je n'ai pu découvrir les armoiries que d'un petit nombre d'abbés et de religieux. Si le livre de vêture de l'abbaye existait, j'aurais pu, probablement, trouver des noms de familles de la région dont les blasons auraient été moins difficiles à rencontrer. Plus tard, peut-être, d'autres investigateurs, fouillant dans le passé, auront-ils la bonne fortune de mettre la main sur ce qui m'échappe aujourd'hui. Quoi qu'il en soit, j'ose espérer que mes recherches ne seront pas complètement inutiles. On y verra dans la courte notice jointe, pour ainsi dire, sans exception à chaque nom dont le blason est décrit, quels sont les principaux bienfaiteurs de Saint-Nicaise, ce qu'ils ont fait ou donné, quels ont été leurs rapports avec cette maison. J'espère aussi avoir tiré de l'oubli plusieurs noms de personnages, dont la réputation a été plus ou moins connue. Enfin, si mon travail peut avoir un intérêt et une utilité quelconques, je me trouverai amplement dédommagé de tout le temps que j'ai donné aux longues et minutieuses recherches que m'imposait l'armorial de Saint-Nicaise.

Les ouvrages consultés qui m'ont fourni le plus grand nombre d'armoiries, sont : De la Chesnaye des Bois ; — Jacques Chevillard ; — Delorme ; — Charles Grandmaison ; — César de Grandpré ; — d'Hozier ; — Jouffroy d'Eschavannes ; — Guillaume Marlot ; — le Père Menestrier ; — Pierre Palliot ; — J.-B. Riestap ; — Adrien Vanier.

Je dois à l'obligeance de notre confrère M. Jules Gautier, professeur agrégé d'histoire au lycée de Reims, maintenant à Paris, la copie qu'il me fit faire aux Archives nationales, S. 970, de l'*Extrait des registres du greffe de la maistrize particulliere des eaux et forrestz du baillage de Vermandois ressort du siège royal et présidial de Reims.*

Procès-verbal de l'estat de l'abbaye de Saint-Nicaise. Cette copie est suivie d'une autre qui est celle d'un *procès-verbal des reparations faittes et à faire dans l'abbaie de Saint-Nicaise en décembre 1659.*

Grâce à ces pièces très importantes, mais qu'il est impossible d'analyser, on peut suivre les réparations et les nouvelles constructions des divers bâtiments de l'abbaye et de l'église de Saint-Nicaise. Je les ai donc publiées *in extenso,* en appendice.

Ces copies faites sur des manuscrits d'une écriture difficile à lire, ont été revues avec grand soin par mon neveu et, en même temps notre confrère, M. Léon Le Grand, archiviste aux Archives nationales.

Quoiqu'au chapitre des vitraux j'aie dit quelques mots de remerciement à M. Léon Maxe Werly, je tiens à lui renouveler ici toute ma gratitude, et à joindre son nom au nom de ceux qui, comme lui, ont bien voulu me prêter leur dévoué concours.

C'est ainsi que M. Louis Demaison, archiviste à Reims, et mon neveu, M. Henri Jadart, bibliothécaire de notre ville, m'ont, l'un et l'autre, aidé à trouver les renseignements contenus dans les archives et dans la bibliothèque municipale.

Je suis heureux de pouvoir ici témoigner ma reconnaissance à ces Messieurs, dont la compétence en ces diverses matières m'a été fort précieuse. Qu'ils reçoivent donc mes remerciements aussi empressés que sincères.

Si leur concours m'a été utile, je ne dois pas oublier celui des artistes qui ont reproduit avec talent et une exactitude scrupuleuse toutes les illustrations que j'ai pu mettre sous les yeux du lecteur, et par là, l'aider à l'intelligence du texte.

Je citerai donc M. Eug. Auger, M. J. Lepage-Martin, M. Parmentier et M. P. Queutelot. Tous les dessins de ces Messieurs ont été reproduits avec le soin que savent y mettre les maisons Royer de Nancy, et P. Budker de Reims, comme il est facile de s'en convaincre par le simple examen des planches et des clichés.

Je dois encore un souvenir reconnaissant à la mémoire du bien regretté M. Duchénoy qui, comme ces Messieurs, n'a jamais manqué l'occasion de me venir en aide dans les nombreuses recherches que m'a nécessitées ce travail sur Saint-Nicaise.

D. GUILLAUME MARLOT

PIÈCES JUSTIFICATIVES

I.

Rapport de M. Dessain de Chevrières sur l'église de Saint-Nicaise (5 mars 1791).

M. Dessain, procureur du Conseil général de la commune de Reims, dans la séance du 5 mars 1791, donnait lecture de ce qui suit :

« Qu'il me soit permis, Messieurs, d'exprimer mes regrets et ceux d'un grand nombre de citoyens, de ce que l'église de Saint-Nicaise, chef-d'œuvre d'architecture gothique, édifice unique dans son genre par la délicatesse et la légèreté de sa construction, édifice qui fait l'admiration de tous les curieux, de tous les étrangers, de tous les grands maîtres en architecture, est exposée à être abandonnée et détruite dans peu d'années ; cette église a besoin d'être réparée dans plusieurs endroits ; si ces réparations qui sont urgentes, ne sont pas faites avant peu, elles en occasionneront de plus grandes, dont la dépense rebutera encore davantage, et de là alors la destruction de cette église ; je sais que la ville de Reims n'est pas en état de fournir à ses réparations et à son entretien, mais cet édifice, quoique situé à Reims, ne peut-il pas être considéré comme un édifice national dont l'entretien doit être à la charge de la nation ? On objectera que la charge serait immense si la nation se chargeait de l'entretien de tous les beaux édifices qui vont être inutiles, mais où est l'édifice du genre, de la beauté et de la délicatesse de l'église de Saint-Nicaise ? En est-il un second dans toute la France qui puisse lui être mis en parallèle? non certainement; l'exception qu'on pourrait faire en faveur de l'église de Saint-Nicaise ne pourrait donc pas tirer à conséquence. »

II.

Lettre du Ministre de la Guerre (14 août 1792).

« Le Médecin et le Chirurgien des armées qui ont été chargés de l'examen des emplacements convenables pour y former les établissements d'hôpitaux destinés aux troupes rassemblées dans Soissons, ayant reconnu que l'abbaye de Saint-Nicaise de Reims présentait la facilité d'y établir un hôpital pour cinq à six cents lits..... Je vous prie de faire mettre ces bâtiments à la disposition de M. Dorly, commissaire des guerres.....

« *Le Ministre de la Guerre par intérim*,

« CLAVIÈRE. »

III.

Mémoire sur les édifices et établissements à conserver dans la commune de Reims (8 septembre 1796).

« L'administration municipale de la commune de Reims, après avoir pesé la convenance des localités, la solidité des édifices et l'intérêt même des administrés pour les charges attachées aux établissements du culte, s'attache à la conservation de cinq édifices pour l'exercice du culte dans la ville de Reims et ses fauxbourgs :

« 1° L'église dite Cathédrale.

« 2° L'église de Saint-Nicaise.

« Ce monument, moins vaste et moins pompeux que l'église dite cathédrale, n'en est que plus élégant en architecture ; la délicatesse de sa structure, la coupe légère et brillante du vaisseau le font regarder par les artistes comme une merveille dans le genre gothique. L'église est très bonne, ne pèche en ce moment que par sa toiture facile à réparer ; sa position, l'embellissement qu'elle procure à la ville de Reims, sa réputation répandue par toute l'Europe demande hautement sa conservation.

« Cette église (Saint-Nicaise) située au haut de la ville deviendra celle des deux sections populeuses et attachées à leur culte ; par cette disposition on rendra à l'utilité publique l'église de Saint-Remi, maintenant occupée par les catholiques, église qui n'a de mérite que par son étendue, dont les arts doivent *rougir*, et qui, transformée en hôpital, serait et plus utile et occupée d'une manière plus convenable à sa position et à ses dispositions intérieures, qui la rendent précieuse pour cet usage.

« 3° L'église Saint-Maurice.

« 4° L'église Saint-Jacques.

« 5° L'église Saint-André.

« L'administration municipale, convaincue que les vues *économes* pour l'État doivent partout guider ses actions, quand cette économie n'est pas contraire au véritable intérêt des administrés, estime qu'un plus grand nombre d'églises dans Reims serait absolument inutile.

« ..... La maison de Saint-Remi était destinée à devenir un hôpital....., l'église de cette maison, bâtiment immense, bien couvert et très solide, ayant des galeries dans tout son pourtour, serait convertie en salles vastes, bien aérées, où tous les lits actuels de l'Hôtel-Dieu peuvent être renfermés.

« Le passage des troupes étant très fréquent en cette ville, l'administration demande que la maison de Saint-Nicaise, vaste, solide et ne pouvant servir à autre chose, soit conservée pour cet objet. »

Cette délibération est signée :

JOBERT, maire.
TRONSSON-MOPINOT.
MARLETTE.
DUBART.
LEGRAND-RIGAUT.

IV.

Lettre de l'Administration municipale au citoyen représentant (26 septembre 1796).

« *Au citoyen Représentant,*

« Nous sommes extrêmement sensibles aux démarches que vous avez faites, tant auprès du citoyen Grandpré, que dans les autres bureaux du ministère. La conversation que nous avons eue avec le citoyen Poulain de Boutancourt va nous mettre à même de vous répondre.

« Lorsque nous proposions de laisser subsister Saint-Nicaise pour en faire une caserne..... nous n'avons présenté ce moyen que pour en éloigner la vente s'il était possible.....

« Quant à la question de savoir si l'on ne pourrait nous accorder Saint-Nicaise pour en faire une maison de détention, le citoyen Poulain de Boutancourt a goûté notre avis à cet égard..... Nous croyons pouvoir insister plus que jamais pour que la maison de Saint-Nicaise soit choisie par le gouvernement pour en faire une maison de détention, d'autant qu'on ne peut trouver un local plus vaste, mieux et plus solidement bâti.

« Nous persistons toujours à demander la suspension de la vente de la maison de Saint-Nicaise pour pouvoir en faire une maison de détention. » (A. Lebourq, page 16.)

V.

Lettre des habitants de Reims au Ministre de l'Intérieur (24 août 1800).

« *Les habitants de la ville de Reims au citoyen ministre de l'Intérieur.*

« Les soussignés habitants de la ville de Reims ont vu avec la plus grande peine, la main dévastatrice des ennemis de l'État et des arts s'étendre dans leurs murs sur un des plus beaux et des plus célèbres monuments....................

« Ils s'empressent de vous exposer qu'une de leurs principales églises, dite de Saint-Nicaise, qui, depuis le XIIIe siècle, date de sa construction, faisait l'admiration des artistes les plus célèbres et de tous les amateurs de la belle architecture, a été vendue et adjugée à des acquéreurs, qui se sont hâtés de tirer parti des démolitions qu'ils ont commencées et qu'ils continuent toujours. Telle célérité qu'ils y aient mise, elle offre encore aux yeux étonnés une des plus belles ruines du monde, et les Rémois s'enorgueillissent encore de la conserver telle qu'elle est.

« Ils vous supplient donc, citoyen Ministre, d'appuyer auprès du gouvernement la prière très instante qu'ils lui font de donner les ordres les plus prompts et les plus précis pour arrêter cette démolition et leur conserver ces précieux restes du plus bel édifice gothique qu'il y ait en ce genre.

« Ces superbes ruines attesteront du moins à quel degré de perfection les arts étaient déjà parvenus en France à une époque aussi reculée, elles seront à jamais un monument parlant de la fureur des nouveaux barbares qui ont fait la honte du XVIIIe siècle, et elles prouveront qu'à ces barbares a succédé un homme qui a su réprimer et arrêter leurs ravages et rendre un nouveau lustre à l'empire qu'il a régénéré.

« Le gouvernement peut, avec d'autant plus de justice, arrêter cette démolition et résilier la vente, que cet édifice, avec la maison conventuelle qui y était adjacente ainsi que les jardins qui l'environnaient, n'ont été vendus qu'une somme plus que modique en mandats, lesquels, au cours du temps de la vente, étaient équivalents à quarante-deux mille livres, en numéraire, tandis qu'il est aisé de démontrer que les matériaux de ce temple, en pierres de taille seules, vendus à moitié de leur valeur, se monteraient à plus de 300,000 livres que les acquéreurs ont tiré des démolitions de l'édifice, de la maison en pierres, bois de charpente, menuiseries, marbres, plombs, fers, ardoises, etc., au delà de leur adjudication, et qu'ainsi il n'est pas probable qu'il puisse y avoir lieu à indemnité.

« Soyez donc, citoyen Ministre, le canal protecteur par lequel les Rémois puissent faire parvenir leur requête auprès du gouvernement, et, nouveau Mécène, appuyez-la de tout l'ascendant que votre amour pour les arts et pour la justice doit vous donner auprès de lui.

« Reims, 7 fructidor, an VIII de la République française. »

109 signatures suivent cette chaleureuse réclamation (1).

VI.

Lettre de la municipalité appuyant la pétition des habitants.

« Le maire et les adjoints de la ville de Reims, qui ont pris connaissance de la pétition ci-contre, estiment que ce serait protéger les arts que de leur conserver les ruines d'un

(1) Tome LXXII des *Travaux de l'Académie de Reims, 1883.*

édifice si justement célèbre et si généralement regretté ; ils invitent le citoyen ministre de l'intérieur à interposer ses bons offices pour empêcher qu'on ne détruise entièrement ce beau monument qui est encore dans un état à durer des siècles. Ils observent qu'il importerait à la sûreté publique de faire fermer les issues qui y conduisent pour que l'on n'y pût entrer qu'avec précaution et sans risques, les curieux ayant d'ailleurs toutes facilités de l'observer de dessus les remparts, d'où les plus grandes beautés de cet édifice majestueux sont parfaitement en évidence. »

Reims, 15 fructidor, an VIII de la République française.

Signé : Jobert, maire.
Camu, adjoint,
Assy-Villain, adjoint.

(Archives de Reims.)

VII.

Accord entre Pierre Barbet et l'abbaye de Saint-Nicaise.

2 octobre 1285. — Litteræ pacificationis et arbitrii inter archiepiscopum (Pierre Barbet) et abbatem et conventum S. Nichasii super facto gardie dicti monasterii ad predictum archiepiscopum spectantis et super pluribus controversiis.

In presentia... Remensis archiepiscopi, in palatio suo Remensi,... astantibus ibidem multis magnis viris et fide dignis, tam religiosis quam secularibus..., domnus Guibertus, abbas S. Nicasii Remensis.., et fratres Theodoricus, thesaurarius, Gerbertus de Paiviaco et Thomas de Basochiis, procuratores prioris et conventus dicti monasterii...

Ordinamus quod vos, abbas et procuratores S. Nichasii, archiepiscopo et ecclesie sue Remensi dictam gardiam recognoscatis, quoad proprietatem et possessionem in monasterio predicto et in bonis omnibus... Item, quia muri cum crenellis de consuetudine patrie designare videntur fortalicium vel immediatam subjectionem regie dignitati..., dicimus quod omnes crenelli qui de novo facti sunt in clausura murorum dicti monasterii infra festum omnium sanctorum cadant et diruantur omnino, ita quod ibidem de cetero sine assensu archiepiscopi crenelli non fiant, sicut nec alibi Remis fieri possunt in dominio domini archiepiscopi...

Ordinamus etiam quod super tectum nove cappelle que est in porta monasterii, ubi sunt lilia in signum armorum regalium, ponatur in medio liliorum una crux alba in signum armorum archiepiscopi, et per hoc appareat quod abbatia predicta debet in gardia archiepiscopi remanere.

7 novembre 1285. — Littera recognitionis gardie monasterii et bonorum Sancti Nicasii ad opus archiepiscopi...

Item crenellos diruerunt et albam crucem super tectum capelle posuerunt.

1285, le mardi après la fête S. Simon et S. Jude. — Littera super gardia et superioritate monasterii beati Nicasii ac abbatis, conventus et bonorum ejusdem infra bannileucam Remensem, existentium.

(*Cartulaire de l'Archevêché*, G. 289, fol. 15 et suiv.)

VIII.

Réparations à Saint-Nicaise (11 octobre 1712).

Arrêt du conseil du Roi prescrivant au s^r Lescalopier de mettre en adjudication les réparations à faire à l'abbaye St Nicaise, dont la nécessité a été constatée par le rapport d'expert prescrit dans l'arrêt du 30 août 1712, et à en prélever le prix sur le produit de la coupe de bois précédemment autorisée.

Le rapport d'expert est ainsi résumé dans l'arrêt : « Veu au conseil d'État du roi..... le procès-verbal de visite, prisée et estimation faite le 17 septembre 1712 des dits ouvrages et réparations par le s[r] Graillet, subdélégué de Rheims et commis à cet effet par ledit sieur Lescalopier, en exécution dudit arrest, duquel il résulte que la grande rose qui estoit au portail de l'église a esté entièrement emportée par l'orage du 10 décembre 1711 ; qu'on ne peut se dispenser de la rétablir à neuf comme elle estoit, la réparation de laquelle rose les experts nommés par ledit sieur Graillet ont estimé 18,150[l], à cause qu'il faut retirer les six plates bandes entières des trois entrées du portail, et que depuis l'orage les ouvrages ont été tout à fait corrompus, faute d'avoir esté réparez promptement, que la chute de la rose a cassé et brisé environ vingt-cinq toises de pavé de pierre dure en lozange qu'il est pareillement indispensable de rétablir, laquelle réparation est estimée 500[l] ; que la croisée de l'église qui fait face au midy et qui a esté pareillement renversée par le mesme vent coutera à réparer 500[l] ; qu'il en coustera 600[l] pour la réparation des vitres tant du chœur que des chapelles, collatéraux et de la nef ; que le petit clocher de l'église qui est posé sur le chœur a esté tellement secoué qu'il panche de dix ou douze pouces et est en danger de tomber au premier vent, ce qui reviendra à 1,000[l], les réparations des couvertures, 1,135[l] ; qu'enfin il y a aux murs de closture qui sont du costé des remparts 130 toises tombées ou qui menacent ruine, qui reviendroit à 2,850[l], toutes lesquelles réparations les experts ont trouvé estre absolument nécessaires pour prévenir une plus grande ruine..... »

(*Archives nationales*, E 844[A], n° 61.)

IX.

Réparations à l'Église de Saint-Nicaise (30 août 1712).

Extrait d'un arrêt du conseil du roi chargeant le sieur de Lescalopier, commissaire départi pour l'exécution des ordres du roi en Champagne, de faire une enquête sur la nécessité des réparations à faire aux bâtiments de l'abbaye de St-Nicaise de Reims, à la suite des dégâts causés par l'ouragan du 10 décembre 1711, afin que le conseil puisse décider s'il y a lieu d'autoriser les religieux à consacrer à ces réparations le produit de la coupe de bois permise par l'arrêt du 1er septembre 1705. La requête des religieux reproduite dans l'arrêt portait que :

« Ils se trouvent obligez de suplier très humblement Sa Majesté de leur permettre d'employer ce prix aux réparations des dommages causez à leur église par l'impétuosité des vents le 10 décembre dernier, dont ils ont fait dresser procès-verbal le lendemain par le bailly de l'abbaye, duquel il résulte qu'au-devant du portail de l'Église, la grande rose qui estoit construite de pierre de taille en compartiment est entièrement tombée, qu'il n'est resté que le contour de ladite rose auquel il y a encore quelques morceaux de compartiment qui sont prests à tomber, qu'à l'entrée de l'église les bris de la roze ont enfonsé une partie considérable du pavé de la nef; qu'au vitrail du chœur qui fait face au midy, il y a plusieurs grands paneaux de vitres détachez, enfoncez et en partie tombez, que le plancher porté sur les tirans de la couverture de cette partie de la croisée est aussi endommagé, y ayant plusieurs planches enlevées; que pareil débris est arrivé au plancher de l'autre partie de croisée qui regarde le nord; que le petit clocher qui est au-dessus du chœur panche du côté d'orient d'un pied ou environ; les couvertures tant du grand comble que des chapelles et collatéraux, considérablement endommagées, qu'enfin il y a 86 toises de mur de clôture du jardin abatues, et comme cet église est une des plus grandes et des plus magnifiques du royaume et que ces dommages proviennent d'accident de la nature de ceux pour lesquels l'ordonnance permet la coupe des bois ecclésiastiques, etc... »

(*Archives nationales*, E 842^a N° 179.)

X.

Frais de construction de Saint-Nicaise.

Anno Domini 1231, in Annunciatione Dominica, scilicet feria 3 infra Pascha, Henricus de Brana, Remensis Archiepiscopus reverentissimus, propriis manibus collocavit primum lapidem in fundamentis Ecclesiæ beatissimi martyris Nichasii, Simone de Dompetra, Majoris monasterii monacho, Sancti Nichasii tunc temporis existente Abbate. In quo anno prædicto expensum fuit in opere fabricæ ecclesiæ prædictæ 700 lib. et 20 lib. paris.

Anno domini 1232 expensum fuit 600 lib. et 20 lib. par.

Anno domini 1233 expensum fuit 600 lib. et 10 lib. par.

Anno domini 1234 expensum fuit 548^{l} et 12^{s} par.

Anno domini 1235 expensum fuit 626^{l} et 12^{s} et 16^{d} par.

Anno domini 1236 expensum fuit 448^{l} et 7^{s} et 11^{d} par.

Anno domini 1237 expensum fuit 523^{l} et 3^{s} par.

Anno domini 1238 expensum fuit 500^{l} 4^{s} et

Anno domini 1239 expensum fuit 430^{l} 17^{d} m^{s} par.

Anno domini 1240 expensum fuit 400 lib. et.. lib. et 6^{s} et 1^{d}.

Anno domini 1241 expensum fuit 552^{l} et 8^{s} et 2^{d}.

Anno domini 1242 expensum fuit 671^{l} et 8^{s}.

Anno domini 1243 expensum fuit 806^{l}.

Anno domini 1244 expensum fuit 1,004^{l} et 9^{s} minus.

Anno domini 1245 expensum fuit 1,100^{l} 22^{s} minus.

Anno domini 1246 expensum fuit 900^{l} et 9^{s}.

Anno domini 1247 expensum fuit 804^{l} et 7^{l} et 11^{s}.

Anno domini 1248 expensum fuit 1,032^{l}.

Anno domini 1249 expensum fuit 1,054^{l} et 12^{s}.

Anno domini 1250 expensum fuit 1,052^{l} et 7^{s}.

Anno domini 1251 expensum fuit 1,071^{l} et 11^{s}.

Anno domini 1252 expensum fuit 1,415^{l} et 14^{s}.

Anno domini 1253 expensum fuit 1,676^{l}.

Anno domini 1254 expensum fuit 1,562^{l} 8^{s}.

Anno domini 1255 expensum fuit 1,500^{l} 26^{s} minus.

Anno domini 1256 expensum fuit in omnibus et pro campanis magnis $1,878^{l}$ 4^{s} minus.

Anno domini 1257 expensum fuit $1,273^{l}$.

Anno domini 1258 expensum fuit $2,480^{l}$ et 11^{s}.

Summa omnium expensarum ab initio operis fabricæ ecclesiæ B. Nichasii factarum usque ad hunc diem, videlicet translationem beati Benedicti qui fuit in isto anno, est $28,191^{l}$ et 11^{s}.

Anno domini 1259 expensum fuit $1,606^{l}$ et 6^{s}.

Anno domini 1260 expensum fuit $2,129^{l}$ et 9^{s}.

Anno domini 1261 expensum fuit $1,814^{l}$ 7^{s}.

Anno domini 1262 expensum fuit $1,629^{l}$ 12^{d}.

Anno domini 1263 expensum fuit

Anno domini 1264 expensum fuit

Anno domini 1265 expensum fuit

Anno domini 1266 expensum fuit $2,615^{l}$ et 18^{s}.

Anno domini 1267 expensum fuit

Anno domini 1268 expensum fuit $1,910^{l}$ et 7^{s}.

Anno domini 1269 expensum fuit $1,656^{l}$ et 12^{d}.

Anno domini 1270 expensum fuit $1,400^{l}$ 12^{s} et 2^{d}

Anno domini 1271 expensum fuit $1,397^{l}$ et 7^{s}.

Anno domini 1272 expensum fuit $1,240^{l}$.

Anno domini 1273 expensum fuit $1,427^{l}$ et 2^{d}.

Anno domini 1274 expensum fuit $1,514^{l}$ 16^{s} 2^{d}.

Anno domini 1275 expensum fuit

Anno domini 1276 expensum fuit

Anno domini 1277 expensum fuit

Anno domini 1278 expensum fuit

Anno domini 1279 expensum fuit

Anno domini 1280 expensum fuit

Anno domini 1281 expensum fuit $1,108^{l}$.

Anno domini 1282 expensum fuit $1,300^{l}$ 11^{s} minus.

$22,745^{l}$ 71^{s} 30^{d}.

(*Bibliothèque nationale,* Manuscrit latin 12688. — ***Monasticon Benedictinum,*** fol. 15. *Pro S. Nicasio.*)

XI.

Réparations de toitures, vitraux, etc., à l'abbaye de Saint-Nicaise (1583-1596).

10 août 1583. — Jehan Charlot, couvreur à Reims, marchande à noble homme Denis Garnyer, escuyer S[r] de St Berthellemy, procureur de illustriss. et reverendiss... Claude de Guyse, conseiller aulmosnier ordinaire du roy, abbé de l'abbaye de Cluny et de St Nichaise de Reims, de faire les réparations et réfections en l'église et maison dudit St Nichaise.

1° Recouvrir sur la nef et église vers le gros clocher du costé du trésor et mettre contrelattes, qui n'est de présent, et aussi recouvrir plusieurs bresches au cuer et à la nef et ung costé de la croisée du costé du trésor et redresser le plomb; fault recouvrir aux trois chappelles derrière le cueur, qui sont en partie couvertes de thuilles... fault recouvrir... au comble de l'orloge... au dortoir des Religieux. A la chappelle Notre-Dame qui est a costé du cloistre... au réfectoire recouvrir de neuf en plusieurs places le grand comble, fault rétablir le comble au dessus de la porte des religieulx, qui est fort rompu et brisé de l'impétuosité de grand vent avec le pavillon tenant à icelluy qui sert de vendangeoir. Fault recouvrir au dessus de la chapelle Monsieur et l'escaillier, qui sont couverts d'ardoise et dessous de grandes bresches des vents impetueux qui ont esté en ce pays. Fault retenir le comble de la salle qui est couvert en thuilles plattes, avec ce le comble de la chambre de Monseigneur. Fault recouvrir de neuf en plusieurs endroits un petit pavillon couvert d'ardoise qui fait couverture d'une montée à visse... le comble dessus la cuysine, celuy du garde manger, la grange et la gallerie tenant à icelle... le colombier, le petit comble, l'estable à vaches, le comble au dessus du logis du jardinier, au comble de la principale entrée du costé de Monseigneur, et aux deux petites tournelles.

9 août. — De l'ordonnance de noble homme Denys Garnyer,

seig^r de St Barthelemy, gouverneur du Lourdon (?), nous Jehan Membrun et Jehan le Saudre (?), massons à Reims sommes transportés le 20 may 1583 en l'abbaye de St Nichaise pour visiter les ouvrages nécessaires à faire.

1° Nous avons commencé à l'église a visiter le pied de quatre pilliers boutants derrière la crosye d'icelle église quy son planté entre les chappelles, qui sont touchés de la gellée, et les pierres en partie rompues de la hauteur de 12 pieds de roy, seroit besoing de les repiéter de neuf de grans ban de pierre rousse, faire ung larmyer de six pouces de saillye hors le neulx (?) d'iceulx pilliers pour conserver a getter les eaux arrière du pied desdits pilliers... l'eau tombant au pied de la massonnerie quy est cause de la ruyne d'iceulx pilliers... 283 escus.

Refaire de neuf une partye des six arches des vitres des basses voutes quy sont rompues de la gellée et les refaire de pierre d'Unchair ou de Cruny, savoir : trois desdites arches sont du costé du cloistre et les autres trois du costé du trésor, et faire du meilleur (!) au voulcoys comme aux anciennes sans aulcune deformitez ; pour matereau et fasson, 415 escus.

Fault refaire des bresches autour du sirculaire d'icelle église où sont touchés de la gellée envyron douze toizes et au pied d'aulcuns piliers faudra faire de pierre non subjette à la gellée et de la pierre rousse dessous les terrasses où sont les pierres gellées. 120 escus.

Fault faire 50 toises d'entablement (de pierre rousse) et de la façon des anciens sans aucune defformitez, 500 escus.

A la chapelle Nostre Dame qui est costiere d'icelle eglise du costé dudit cloistre fault rempieter la muraille du costé de ladite église de 6 toises et demy de longueur et 8 pieds de haulteur et faire des chaines de pierre de taille au travers du meur dessoulz les pilastres qui porte les voultes. Pour ce 26 esculs 40 sols.

Seroit besoin repieter de pierre de blocaille une muraille au pied du rempart à la chambre de Monseigneur qui contient 7 toises de longueur et 4 pieds de haulteur. Pour ce 12 escus.

La clausteur du jardin des religieux, fault repieter de blocaille une bresche du costé du rempart, et seroit besoin voulan de croye deux fosses quy sont devant l'huys du jardin des religieux que l'on a tiré des croyes par cy devant. Pour ce 6 esculs 40 sols.

Faut reprendre a deuz meur la laresse de estage de la gallerie de devant le logis de mondit seigneur. 12 toises. 16 escus 40 sols.

Faut desmolir et faire de neuf une muraille de la gallerye vers le rempart, quy contient 15 toises longueur compris ung retour qui se dresse du costé de ladite église et trois toizes haulteur et faire en icelle muraille des cheines de gré, pierre et blocaille. 73 esculs 40 sols.

Refaire des petites bresches au pied des murailles des cours du logis de mondit seigneur, et crespir. 5 escus.

Plusieurs bresches du costé des religieux et crespir. 3 escus.

Somme totalle pour la massonnerie a tous fournys. 1460 escus 40 sols.

Au grand otz (rosace) du pignon de l'eglise entre les deux clochiers faut faire un paneau neuf et en descendre et rasseoir plusieurs, les assurer et remettre plusieurs pieces aux autres paneaux de vers de couleur 4 escuz *(on a remis* 2 écus 1[1]).

Plus aux quatre grandes vitres desoulz ledit otz faut détacher 50 paneaux lesquels sont fort rompus et dessoudez et aplicquer plusieurs pieces de couleur pour ce 5 escus (3 escus 1/2).

A la nef d'icelle eglise du costé du tresor aux cinq grandes formes de vitres d'en hault faut descendre 80 paneaux lesquels sont fort desoudez et trop courts et sy fault relier de neuf et auter beaucoup de pieces de verts quy ne tiennent seulement qu'avec du siment et au lieu d'iceulx en mectre des neufs et rapliquer les autres paneaux 12 escus (8 escus).

Plus en icelle nef du costé du cloistre faut descendre 60 paneaux lesquels sont emportez rompus et desoudez et sy en fault aucun de neuf relire les aultres paneaulx 7 escus (4 escus 1/2).

Aux 14 grandes formes des vitres des basses voultes et aux deux de dessus les petis portailles faut détacher tant d'un costé que de l'autre 260 panneaulx, lesquelz sont fort desoudez et deliez et la plus part trop courts et sy fault remettre plusieurs en plomb et sy en fault faire plusieurs panneaux de vers neuf 25 escus (17 escus).

Plus en la croisée de ladite eglise du coste dudit tresor fault detacher et rassurer 70 pagneaulx lesquelz menasent de tomber et en rellire plusieurs et y apliquer plusieurs piesses de vers de couleur et blanc et faire ausy cinq pagneaulx de coulleur tous neuf de fort plomb et de fort verre 15 escus (10 escus).

Au grande vitre d'en hault du cueur et au rempliage de desoulz fault faire 24 pagniots de verre neuf de couleur et verre blanc et les faire semblables aux anciennes vitres le plus que faire se pourra 20 escus (15 escus).

Au mesme forme fault detacher et rassurer 70 pagniots lesquels sont fort desoudez et y remettre plusieurs piesses de verre recuyt et oster plusieurs piesses qui y sont atachez avec du siment 12 escus (8 escus).

Plus au chapelle den bas fault a la chapelle de la Croix detacher et mettre en plomb relier et resouder 50 pagniaulx lesquels sont fort desoudez 6 escus (4 escus 1/2).

A la chapelle Sainct Eutrope fault faire 7 paneaux de verre de couleur de teinteur semblable aux aultres pagneaux, et sy fault destacher 40 pagneaulx lesquels sont fort des rompus et desoudez 8 escus (6 escus).

Plus a la chapelle S. Nicolas faut faire ung pagniaulx de jointure semblable aux anciens, rassurer plusieurs autres pagniaulx et remettre plusieurs piesses de couleur 3 escus (2 escus).

Plus en la chapelle Saint André faut faire 7 pagneaulx de verre neuf de tointeur semblable.

13 may 1557. — Husson Durot charpentier a Reims convient avec Jehan Bourcamus paintre et verrier à Reims de faire un eschaffault de bois et planches pour servir à asseoir la verriere que ledit Bourcamus a marchandé faire à l'O de l'abbaye de S. Nicaise dudit Reims, qui est de 28 à 30 pieds de largeur et autant de haulteur, auquel eschaffault il fera quatre eschelles pendant chacune eschelle ayant cinq pieds de largeur, qui est la largeur qu'il sera tenu faire ledit eschaffault Et au dessoult dudit Eschaffault qui est le premier (?) y faire quatre autre eschaffaux de distance l'un de l'autre de six piedz ou de telle autre distance que bon semblera audit Bourcamus, et iceulx eschaffaulx faire bien et seurement en sorte que aucun inconvenient en adviengne et ce pour le dimanche 23e jour de ce present mois de may. Et ce moyennant 12[l] tournois Et après que ledit Bourcamus aura achevé l'ouvraige de ladite verriere sera tenu ledit du Rot de desmonter et desassembler lesdits eschaffaulx, mettre et descendre le bois d'iceulx et les planches en bas sur la terre et de ramener ou faire ramener la grande pièce de bois en l'abbaye de S Remy au lieu ou ledit du Rot l'a prins aux anciens et y fault 33 pagneaulx lesquelz menassent de tomber et sont fort desoudez et les faulz relier de neuf et les ragrandir 8 escus (6 escus).

Plus a la chapelle de la Verde fault lever douze pagneaulx pour les relier de neuf et rassurer les aultres de ladite chapelle et remettre plusieurs piesses de couleur, reclaveter et resimenter tous les autres 4 escus (3 escus).

A la chapelle Saint Remy fault relire et rassurer pluseurs pagneaulx, reclaveter et simenter et mettre des piesses de couleur, 2 escus.

A la chapelle Notre-Dame fault détacher quatre pagniaux lesquels sont tout desliez et desoudez, et rassurer et resimenter, 1 escu.

Plus en la chapelle Notre Dame du Cloistre faut detacher 4 pagneaux et remettre plusieurs piesses de verre et rassurer les autres pagniaulx, 1 escu.

Au Chapitre fault detacher des pagneaulx et remettre des piesses de couleur et reclaueter et rassurer les autres 30 sols.

Plus au refectoire fault faire 5 pagneaulx de verre blanc et détacher plusieurs aultres pagneaulx et y mettre plusieurs piesses de verre et rassurer et resimenter les autres, 4 escus (3 escus).

Le logis de Monsieur, fault détacher à la salle basse 20 pagneaulx de verre et les relier et mettre plusieurs piesses de verre, 2 escus (1 escu 1 l.).

Plus a un petit garde robe près icelle salle fault faire deux petis pagniaulx et racoustrer un autre 5 solz.

A la chambre prochaine de ladite salle fault détacher 3 paneaux de verre pour les ragrandir et mectre plusieurs pièces 1 escu (2 l.).

Plus à la première chambre au dessus de lescallier fault faire ung pagneaulx de verre neuf et rassurer les autres 30 solz.

A la chambre au-dessus de la dessusdicte faut 4 pagneaux de verre neuf 2 escus (1 escu 2/3).

Plus sur la montée pour aller au petit meuble faut faire ung grand pagneaulx de verre neuf 30 solz.

A la salle haulte fault rassurer plusieurs pagneaulx et détacher pour les relier et y mettre des piesses de couleur 1 escu.

Plus a la chambre prochaine d'icelle salle et au garde-robe fault lever plusieurs pagneaulx et les relier et ragrandir 2 escus (1 escu 2/3).

Au dessus de l'escalier d'en hault faut faire deux pagneaulx et demy de verre neuf et les remettre en plomb neuf 30 solz.

Plus au galleta dessus ladite salle fault faire ung pagniaulx de verre neuf et rassurer les autres 1 escu.

Plus a la salette basse près la paneterye fault relier plusieurs pagneaulx et ausy en la cuysine fault en rassurer plusieurs 1 escu.

Au premier garde manger.

Au second garde manger.

Au galatas d'en hault fault faire 6 paneaulx de verre neuf 2 escus.

Au gallata dessus la salle neuf fault faire 4 pagneaux de verre neuf 1 escu 200 sols.

A la chapelle près la grande salle neuf faut détacher 10 pagneaulx et les relier de neuf 2 escus (1 escu 2 tiers).

Plus a l'escurie de mondit seigneur faut faire 2 pagneaulx 1 escu.

Plus en la chapelle près la grande salle haute fault destacher 10 paneaulx et les relier de neuf 1 escu 2 tiers.

Somme totalle pour les vitres ci-dessus 161 escus 25 sols.

Signé : Nicolas Derodez.

6 octobre 1595. — Jehan Labbé paintre et verrier à Reims convient de dessembler quatre formes de verrieres estant au dessus de lhuis pour descendre au cloistre près du clocher (?) ou souloient estre les orghes (?) consistant a 300 pieds de verrieres et icelles assoir et reposer y mettre des clavettes, verges, bon symant, des pièces de verre ou besoin sera moy. 25 l.

1er juillet 1596. — Nicolas Jeunehomme entreprend des travaux de maconnerie à l'église et abbaye de S. Nicaise moyennant 428 l. demolir 12 assiettes de voulçois de pierre lesquels voulcois sont doubles à l'une desd. archades, ensemble les costieres dud. archade et iceux rediffier de neuf de pierre de taille.

Plus a l'autre archade de l'autre vitre proche d'icelle fault demolir 11 assiettes de voulcoys dudit archade et rediffier de neuf.

Faut 400 pieds de pierre, quatre queues de chaux.

(Études de Ponce Angier et de Gerard Savetel, notaires à Reims.)

XII.

Statue de Jean, duc de Normandie, 1346.

« Philippe, par la grâce de Dieu roy de France, à tous ceux qui ces lettres verront, salut. Comme par la grande dévotion que nous avons tousjours eue et encore avons au glorieux martyr saint Nicaise de Reims et à son église eussions offert ou fait offrir une image d'argent pour nostre très cher fils Jean, duc de Normandie, laquelle a esté par longtemps en ladite église ; et les religieux, abbé et convent d'icelle ayant grand désir et affection de parfaire icelle église, et la fabrique de elle avancer et accroistre, auxquelles choses il leur faut moult frayer et faire grandes mises : si comme ils disent, sçavoir faisons que, en considération aux choses dessus dites, et pour le grand désir que nous avons de la dite fabrique accroistre et multiplier, voulons et consentons par ces présentes lettres que ladite image d'argent, ainsi de par nous offerte à ladite église, lesdits religieux puissent penre et convertir en la fabrique dessus dite, et non en autre chose ; parmy ce que iceux religieux seront tenus à mettre et poser en lieu de l'image d'argent dessus dite, une autre image de fust ou de pierre, semblable à icelle, le plus près que s'en pourra, lesquelles choses ainsi estre faites nous chargeons ès consciences desdits religieux. Donné à Poissy, le cinquiesme jour de may, l'an de grâce mil trois cent quarante-six. Par le roy. Présent le confesseur. » Scellées en cire jaune, et sur le sceau est l'image du roy assis en un thrône, tenant la main de justice.

(Charte donnée à Poissy, le 5 mai 1346, et publiée dans l'*Histoire de Reims*, par D. Marlot, t. III, 1846, p. 338.)

XIII.

Procès-verbal de l'estat de l'abbaye de Saint Nicaise (18 mars 1645).

Extrait des Registres du Greffe de la Maistrize particulliere des eaux et forrests du baillage de Vermandois ressort du siege royal et presidial de Reims.

Aujourdhuy Samedi dix huitieme jour de mars mil six cent quarente cinq pardevant Nous Christophe de Vignicourt gentilhomme ordinaire de la Vénerie du Roy et maistre particullier des eaux et forrestz du baillage de Vermandois ressort du siege roial et presidial dudict Reims est comparu Maistre Jean Bergier procureur au Siege royal et presidial du dict Reims, procureur et porteur de la requeste a nous presentee par les Tresorier et Chanoines de la Sainte Chappelle à Paris, abbez de l'abbaie Saint Nicaise dudict Reims, et les relligieux, prieur et couvent de la ditte abbaie, assiste de Domp Firmin Minet relligieux et procureur d'icelle abbaye, Contenante que par jugement donné de Nosseigneurs les grands maistres enquesteurs et généraux refformateurs des eaux et forrestz de France au siege general de la table de marbre du palais a Paris en datte du neufviesme jour de febvrier mil six cens quarente cinq dernier signé Fournyer et scellé, il est ordonné qu'il sera par nous proceddé en la presence du substitut de monsieur le procureur général du Roy a la visitation des réparations nécessaires à faire ès batiments de la dite abbaie saint Nicaise et lieux deppendans d'icelle, ensemble des réparations qui sont ou ont deubz estre faittes depuis la sentence du douziesme jour de mars mil six cens trente, Et des boys deppendans de la ditte abbaie, de leur aage, natture, essence, qualitté et quantitté par expertz et gens a ce cognoissans dont il sera convenu par les partyes avecq le substitut du dict sieur procureur general et du tout dressé procès verbal pour ce faict et rapporté leur estre pourveu ainsy qu'il appartiendra ;

Experts nommés pour les reparations massons, charpentiers, couvreurs et autres. — Nous requerant a ces causes qu'il nous pleust qu'il sera procedde a la dicte visitation conformement audict jugement et a ceste fin estre nommé et convenu d'expertz, lesquelz requeste et jugement nous aurions ordonné estre communicquez au procureur du Roy, ce quy auroit été faict, lequel auroit consenti l'entherinement d'icelle, et ensuitte de ce, nommé et convenu avecq les supplians pour procedder a la visitation, sçavoir pour les reparations faittes et a faire les personnes de Nicolas Gendre et Jubrian Carré maistres massons, Jean Lallondrel et Claude Richer maistres charpentiers, François Ytasse et Jacques Legros maistres couvreurs, Pasquier Feri maitre cerurier et Pierre Simon maitre vitrier, tous demourans audit Reims ; et pour la visitation des boys deppendantz de la ditte abbaie, les personnes de Millet Fallon et Guillaume Bignicourt, marchans de boys demourans au dict Reims. Ce faict aurions ordonné, veu laditte requeste et jugement y mentionné, et conformément a icellui que laditte visitation sera faitte en nostre présence et dudict procureur du roi par les expertz cidevant nommez et convenuz ausquels sera signiffié de comparoir pardevant nous pour et a ceste fin prester le serment.

Et le mardi vingt huitiesme jour du dict mois de mars audict an mil six cens quarente cinq par devant Nous Maistre particullier susdict sont comparuz lesdictz Gendre et Carré massons, Lallondrel et Richer, charpentiers, Ytasse et Legros couvreurs, Feri vittrier et Simon cerurier (1), experts cidevant nommez pour les réparations, desquelz, ce requerant le procureur du Roi, et en la présence du dict Bergier assisté dudict Domp Firmin Minet relligieux avons pris et receu le serment en tel cas requis et accoustumé soubz lequel ilz ont jurez et promis de bien et fidellement procedder a la visitation des reparations faittes depuis le douziesme mars mil six cens trente ès bastimens de laditte abbaie Saint Nicaise et lieux en deppendantz, mesme des réparations qui sont necessaires a faire. Ce faict ledit Bergier audict nom, nous auroit requis qu'il nous pleust, pour l'exécution du jugement desdicts sieurs grands maistres enquesteurs et generaux refformateurs, procedder presentement a la visitation desdictes reparations et que ledict procureur du Roy l'a pareillement requis avons ordonné qu'il y sera presentement proceddé. Suivant ce et ledict jour, nous sommes, avecq et dans la compagnie dudict procureur du Roi, assisté de nostre greffier transporté en l'église et couvent de laditte abbaie de Saint Nicaise, où estant et en la présence dudict Bergier, assisté dudict Dom Firmin a este proceddé a laditte visitation et nous ont lesdits experts rapportez, sçavoir, lesdits Gendre et Carré, massons, pour les ouvraiges quy sont faittes depuis le douziesme jour de mars mil six cens trente pour la massonnerie consister en ce qui ensuit :

Clochers réparés, boules, croix, coqs. — Premier. Les deux gros clochers de l'église, bastiz de pierres, faitz en pira-

(1) Je fais observer que, bien que ce passage soit conforme au manuscrit, il y a ici interversion de noms, Feri cerurier et Simon vittrier.

mides, ont été repparez et y a esté applicqué de nouveau plusieurs pierres par hault, rettenues avecq agrappes de fer sellez en plomb, comme aussi des grosses pommes de métail qui sont posez avecq une grande croix de fer et des coqz dessus chacun clocher, ce qu'ils ont estimez valloir la somme de mil cinquante livres tournois, ci ML[l]

Muraille de la nef côté du cloître. — Item le hault de la muraille de la nef du costé du Cloître a esté reffectionné avecq pierres de taille posées avec cimant de trente pieds de longueur ou environ en divers endroits et de six a sept pieds d'hauteur, le fort au foible, et vault la ditte réparation la somme de cinq cens cinquante livres, ci V[c]L[l]

Pierres gélées et descendues. — Plus a esté desmoli quantitté de pierres et une muraille d'attente à cause que la plus grande partye des dictes pierres estoient gellées et tomboient par esclatz sur les toitures et les ruinoient, et vault laditte desmolition a raison des eschaffautz que l'on a faict pour oster les dittes pierres la somme de cent trente livres tournois cy CXXX[l]

Quatre colonnes soutenant les clochers sur la façade du portail. — Item ont este posez depuis peu quatre colomnes de pierres de taille pour soustenir les piramides qui sont en la devanture de l'eglise a la place de ceulx quy y estoient quy estoient tombés et ruinés, de quatre a six pieds d'hauteur, ce quy vault pour pierres et fassons, compris les eschaffautz, la somme de quarante livres, cy XL[l]

Bâtiment neuf, pressoir, grenier. — Item l'on a faict un bastiment de neuf en la cour des relligieux, où est le pressoir au premier estage, et au second des greniers, lequel logis a soixante douze pieds de longueur et vingt ung pieds de largeur dans œuvre et ung autre bastiment et rethour, attenant icelluy, de vingt trois piedz de longueur et quinze piedz de largeur et trente pieds d'hauteur comprins les fondemens, et en icelluy bastiment est une monté avecq six marches taillez et posez à pan quy monte de la cour audict bastiment, et vallent tout lesdictz bastimens pour la massonnerie tant pour matteriaux que fassons, comprins dix toises de petit pavé au champ de place et parloire proche la petite porte du couvent, la somme de seize cens vingt livres tournois, ci XVI^{c}XX^{l}

Pavés en blocailles. — Item l'on a fait devant ledict bastiment dix thoises de pavez de blocailles quy vallent la somme de trente livres tournois, ci XXX^{l}

Mur de clôture de la cour. — Item a esté basty depuis sept à huit années un mur de clausure en la cour attenant ledict bastiment de soixante seize pieds de longueur et onze pieds d'hauteur, comprins le fondement, et vault laditte muraille de clausure la somme de six cens livres tournois, ci VI^{cl}

Mur de clôture au jardin et à la cuisine. — Item l'on a fait une autre clausure au jardin de la cuisine où il y a dix toises de muraille comprins les fondemens ce qui vault la somme de soixante livres tournois, cy LX^{l}

Deux grandes fenêtres au dortoir. — Item au dortoir a este faict deux grandes fenestres et deux pettites quy vallent pour matteriaux et fassons la somme de soixante dix livres tournois, ci LXX^{l}

Huit degrés de pierre de taille. — Plus huit degrez de pierres de taille faitz pour monter a la conference quy vallent la somme de douze livres tournois, cy XII^{l}

18 chambres au dortoir de l'église. — Item dix huit chambres faittes de pand de feu au dortoir de l'eglise et le pavé de taille du dict dortoire, ce qui vault deux cens livres, cy CC^{l}

Cheminée du dortoir. — Plus l'on a faict de nœuf la cheminée du rechauffoire du dortoire avec le pavé dudict rechauffoire, estimé a la somme de quarente livres tournois, ci XL[l]

Ancien bâtiment où était la cuisine. — Item à l'antien bastiment où estoit la cuisinne a esté rempli de massonnerie de croyes cinq arcades quy ont neuf pieds de largeur et douze pieds d'hauteur ou environ, comme aussy une arcade quy a este reparée, la plus part de nœuf, ce qui vault la somme de cinquante cinq livres, cy LV[l]

Petite porte d'entrée du couvent du côté du portail de l'église. — Item la petite porte de pierres de taille pour entrer au couvent a esté faitte de nœuf du costé de la devanture de l'eglise, et vault la somme de cent dix livres tournois, ci CX[l]

Marches du portail de l'église. — Plus ont este retaillez et reposez les degréz quy montent du parvi à l'eglise quy sont en nombre de six quy ont soixante dix piedz de longueur ce qui vault la somme de cent livres tournois, ci C[l]

Réparations au bas du mur du portail. — Plus a esté rempietté la muraille de la devanture de l'église de six piedz de longueur et deux piedz d'hauteur a costé desdites marches avecq pierres de taille, ce qui vault la somme de douze livres tournois, ci XII[l]

Artichauds et fleurs de lis sur les clochetereaux. — Item l'on a mis des artichaulx et fleurs de lys sur les clochetereaux des portaulx posez avecq goujons de fer sellez en plomb, ce qui vault la somme de quatre vingt livres, ci IIII[xxl].

Bâtiment du côté du rempart réparé. — Item a esté faict de nœuf plusieurs reparations de massonnerie au bastiment qui respond au jardin du costé du rempart contenantes quatre à cinq toises en divers endroits, ce quy vault la somme de trente livres, ci XXX[l].

Pour le mur du jardin côté du rempart. — Item a été rehaussé de deux piedz la muraille du jardin du costé du rempart de cinquante-huit thoises de longueur et trois pilliers boutans quy sont faitz joignans laditte muraille du costé dudict jardin pour empescher les terres du rempart de pousser la ditte muraille ce qui vault la somme de sept cent vingt et dix livres, ci vii^c^xxx^l^.

Réparations à quatre arcs-boutans, côté du cloitre. — Item a esté travaillé a quatre arcqz boutans du costé du cloistre où l'on a appliquez quelques vousoirs, ce qui est estimé à cause des eschaffautz la somme de trois cent cinquante livres, ci iii^c^l^l^.

Deux maisons, rue de Mars. — Dudict lieu sommes transportés dans deux maisons tenant lune a lautre seizes rue de Porte-Mars, l'une où demeure Regnault Ladvocat et en l'autre Estienne Le Large, et apres avoir par lesdictz expertz visittez lesdittes deux maisons nous ont rapportez icelles contenir ensembles six thoises de longueur sur le fron de rue et les aiant considérés et veuz de lieu et autre ensemble une cave qui a seize pieds de longueur et quatorze de largeur quy a aussi esté bastie de nœuf les ont estimez, comprins le bastiment du fond desdittes maisons la somme de treize cens trente livres, ci xiii^c^xxx^l^.

(D'une autre écriture). Somme totalle des ouvrages de massonnerie faictes depuis 1630, 6599^l^.

Et les ouvrages de massonnerie qui sont à faire concister en ce quy ensuit :

Porte de l'Atrium à réparer devant le Portail. — Premier la muraille quy ferme le parvi au devant de l'église, que le hault de la porte est la plus part ruiné, les deux piramides qui servoient d'embellissement a costé du frontipisse de laditte porte sont ruinez et emportez des ventz avec plusieurs ornemens quy estoient en la susditte porte, ce qui vault a reparer la somme de deux cens livres, ci ii^c^l^.

Brèche à la grande porte près du logis abbatial. — Muraille avec créneaux. — Atrium. — Item une bresche quy est à laditte muraille proche la grande porte du logis abbatial quy a six pieds de longueur et quatre pieds d'hauteur, ce qui fault reffaire avecq blocailles et croies audedans de laditte muraille et joignant le bastiment nœuf, reffaire une bresche de dix pieds d'hauteur et trois pieds de largeur, ensemble rempietter avecq blocailles seize pieds de longueur et deux pieds d'hauteur en place des crojes qui y sont en partie gellées et ont veuz aussy que laditte muraille est faitte par le hault avecq querneaux (1) dont le dessus est couvert de chapperons de croies quy sont la plupart gellez, et vallent lesdittes reparations tant pour mattereaux que fassons, la somme de quarante livres, ci xl[l].

Rechaussement du grand portail. — Deux colonnes de jaspe. — Plus à la devanture du grand portail de l'église est nécessaire de rechausser deux assises de pierres dures de douze piedz de longueure et deux piedz et demy d'hauteur pour les deux assises d'autant quelles sont gellées, et fasonner lesdittes pierres comme sont les anciennes, et audict portail du costé du couvent il se trouve une colonne de jaspe quy est ruinée quy a onze pieds de hauteur et environ vingt plouces de grosseur et une autre de mesme mattière et hauteur quy est esclattée et en partie ruinée, et vault tant pour mattereaux que fassons la somme de deux cens livres, ci II[cl].

Réparation au portail, pierres sculptées. — Couverture de plomb des trois porches. — Item au grand portail de laditte eglise il y a plusieurs pierres gastées et ruinées, et sera fort difficile d'i en mettre d'autres estant ouvraige sy dellicatement faict que l'on ne peult mettre autres pierres qu'avecq grandes despence, et fault aussy couvrir le dessus des trois portaux de plomb ou de charpenterie avec chevrons et sy pour empescher les eaues de distiller au travers desdicts portaux, ce qui vault sans comprendre la couverture la somme de mille livres, ci M[l].

(1) Créneaux.

Réparation au portail depuis le bas jusqu'aux clochers. Plus est necessaire de reparer et recimenter toutte la devauture de laditte eglise et remplir quelques plintes quy sont ja commencez au-dessous du carré des cloches jusques en bas ce qui vault pour mattereaux et fassons y compris le grand ovalle quy est sur ledict portail et frontepice, la somme de cent quatre vingt livres, ci cIIIIxx[l].

Pavés de la nef. — Item en la nef de laditte eglise est nécessaire de rellever et rasseoire du moings cent pavetz de pierres de taille et en fournir cinquante nœufs en place de ceulx qui sont ruinez de la mesme grandeur que les anciens. Ce qui vault la somme de quatre vingt livres tournois, ci IIII[xxl].

Six colonnes à poser à la montée du clocher. — Item il est necessaire de remettre six colomnes en place de ceulx quy sont ostez aux montées des clochers et en reposer d'autres quy sont disloquées, ce quy vault la somme de trente livres tournois, ci xxx[l].

Mur de la galerie, au-dessus de la chapelle de Notre-Dame de Liesse. — Item le mur de la gallerie au dessus de la chaspelle Nostre dame de Liesse est ruiné et est necessaire d'i travailler promptement, estant le pied d'icelle tout gellé et les pierres en partie tombées, laquelle muraille a six thoises de longueur et douze piedz d'hauteur, où en icelle muraille sont des formes de vittres qui baillent jour au hault du cœur ce qui vault pour mattereaux et fassons la somme de treize cens livres tournois, ci XIII[cl].

Gros pilier de la croisée. — Voûtes et arcs doubleaux par où les eaux s'infiltrent. — Item joignante laditte chapelle est un principal pillier de la croizé de l'église du costé du couvent qui est la pluspart ruiné par gellée et au-dessus de laditte chappelle sont vingt toises de longueur du canal et environ trois pieds de largeur tant en rethour que ce quy passe a travers dudict pillier tant de part que d'autre lesquelles sont ruinées par gellées dont les eaux s'imbibent et passent à travers des voultes et arcqz doubleau qui ont esté endommagé par les eaues qui ont distillées desdictz canaux, ce qui vault pour mattéreaux et fassons la somme de six cens cinquante livres, ci VI^{c}L^{l}.

Douze marches à rétablir, allant des petites voûtes sur les grandes. — Item il est nécessaire de restablir une montée de pierres de taille qui a douze marches, qui sont la plust part gellées, laditte montée conduict de dessus la petitte voulte pour monter sur les grandes voutes, ce qui vault la somme de quarante-cinq livres tournois, ci XLV^{l}.

Galerie vers le grand autel. — Item au rethour de la gallerie tirant vers le grand autel les entablemens sont entièrement ruinez par gellée et la longueur de six toises, ce qui vault la somme de cinq cent livres, ci V^{cl}.

Glacis et larmiers de vitres gelés. — Item la pluspart des glassiz et larmiez des vittres, sont ruinés par gellée et vault tant pour mattéreaux que fasson la somme de quatre cens livres tournois, ci IIII^{cl}.

Canal prés la montée du côté du jardin. — Plus il est nécessaire de poser trois piedz de longueur de canal proche la montée du costé du jardin à l'addresse où est ung sommier qui se pourist, ce qui vault la somme de neuf livres tournois, ci IX^{l}.

Trois piliers boutants côté du cloître à rempietter. — Passage des eaux dans les piliers. — Plus au dessus des basses voultes du costé du cloistre est nécessaire de rempietter promptement trois pilliers boutans a l'addresse du nau et dans le passage quy est dans l'épesseur desdictz pilliers, de trois piedz et demi de longueur et vingt poulces d'hauteur, ce quy vault pour pierres et fasson la somme de cinquante livres, ci L^{l}.

Forme des vitres et arcs boutants gelés, côté du cloître. — Plus lesdictz espertz ont recognuz que quatre espaces entre les pilliers quy portent les arcqz boutans du costé dudict cloistre où sont d'entre chacune espace une forme de vittres qui sont pour la pluspart ruinez par gellée comme aussy les entablemens, ensemble trois desdictz pilliers boutans quy sont ruinez par gellée, de cinq piedz de largeur et six pieds d'hauteur tant de part que d'autre, ce qui vault pour mattereaux et fassons la somme de trois mil livres tournois, ci III^ml^.

Muraille et quatre formes de vitres gelées, bas côté du côté du trésor. — Plus aux basses voutes du costé du trésor est nécessaire reffaire quatre formes de vittres qui sont pour la pluspart ruinées, comme aussi la muraille a costé desdittes vittres et les entablemens quy ont esté gellez, reparer aussy les pieds desdicts pilliers bouttans et i mettre des pierres en place de ceulx qui sont ruinées.

Réparer le frontispice du portail du côté du trésor. — Reparer aussi le frontipisse du portail du costé du trésor, ce quy vault pour mattereaux et fassons la somme de trois mil livres, ci III^ml^.

Portail du trésor du côté du jardin des religieux. — Plus le premier pillier boutant proche le portail dudict tresor et du costé du jardin des relligieux est ruiné par gellée de cinq pieds de largeur et quinze pieds d'hauteur et le bas dudict pillier est nécessaire le reparer avec ciment de thuilles battues avecq esclatz de pierres et restablir de nœuf de pierres de taille le premier larmyé dudict pillier, ce qui vault pour mattereaux et fassons la somme de cent cinquante livres, ci CL^l^.

Huit formes de vitres aux chapelles, derrière à côté du chœur, à réparer. — Plus il y a aussi huit formes de vittres des chappelles quy sont derrier et a costé du cœur et quy respondent sur le jardin quy sont la pluspart ruinées par gellées comme en pareil tous les entablemens qui sont sur les dittes chapelles sont pareillement ruinez par gellées ce qui vault a rediffier tant pour mattereaux que fassons la somme de trois mil deux cens livres, ci III^{m}II^{cl}.

Démolir et réédifier l'un des pans du petit cloître. — Plus il convient desmollir lung des pandz du petit cloistre et le rediffier où y a en icellui pand treize arcades, ce qui vault pour mattereaux et fassons la somme de cent soixante livres, ci CLX^{l}.

Brèche à la chapelle Notre-Dame. — Plus il y a une bresche qui est faitte quy est en la chapelle nostre dame quy contient environ trois toises qu'il convient reffaires de blocailles et croies a demy mur, ce qui vault la somme de dix livres, ci X^{l}.

Terrasses et canal en haut de la nef de l'église, côté du trésor. — Item les terrasses et canal quy sont au hault de la larresse (1) de la nef de l'eglise du costé du trésor sont la pluspart ruinez par gellées de cent seize piedz de longueur et trois a quatre piedz d'hauteur ou en icelle longueur y a cinq cuvettes de plomb pour recevoir les eaues des combles et vault la ditte reparation tant pour mattereaux eschafaudage et fasson la somme de deux mil six cens livres, ci II^{m}VI^{cl}.

Plus le rethour de la croisée du costé dudict tresor est pareillement ruiné sur cinquante six piedz de longueur et meme hauteur ce quy vault la somme de mil trois cens livres, ci MIII^{cl}.

Idem du côté du jardin des religieux. — Plus l'autre du costé de ladittc croizée du costé du jardin des relligieux est

(1) *Laresse* ou *Larese*, terme usité par les charpentiers et les maçons. Il s'entend de la muraille en façade d'une construction faisant angle avec le pignon. Voir les exemples cités dans le *Dictionnaire de l'ancienne langue française* par Frédéric Godefroy, *verbo* **Laresse**.

trois à quatre piedz d'hauteur ce qui vault la somme de mil deux cens livres, cy MII^{cl}.

Deux montées du côté de saint Jean détruites vers le haut. — Plus les deux montées du costé de leglise saint Jean sont ruinées par le hault, chacune de huit a neuf piedz de longueur, et mesme l'entablement ce quy vault pour mattereaux et fassons la somme de quatre cens livres tournois, ci IV^{cl}.

Pierres gelées au-dessous des basses voûtes, côté du cloître, y compris les glacis des vitres. — Item les assizes de pierre qui sont au dessoubz des basses voutes de l'église du costé du cloistre et joignant unq grand canal sont la pluspart ruinées par gellées en longueur de trente cinq piedz et deux à trois piedz d'hauteur et encores vingt cinq piedz de longueur du mesme costé en tirant vers le cœur et six à sept pieds d'hauteur, compris le glassi des vittres, et vault laditte reparation la somme de huit cens livres, ci VIII^{cl}.

Plus le grand canal quy est entre le mur des basses voultes et le mur du cloistre qui a soixante quatre pieds de longueur, sans comprendre les gros pilliers boutans, est la pluspart ruiné par gellées, comme en pareil les glassys qui sont entre lesdicts pilliers, ce qui vault à réparer la somme de six cens livres, ci VI^{cl}.

Escalier conduisant du cloître à l'église. — Proche ledict canal est la montée quy conduict du cloistre à l'église, où il y convient remettre douze piedz de marches en divers endroitz, ce qui vault la somme de douze livres, ci XII^{l}.

Réparation de l'O clef de la première voûte du gros clocher. — Sur la première voulte du gros clocher est nécessaire reffaire dix piedz de longueur de pierres au bordage du Lo qui sert de clef à laditte voulte, ce qui vault la somme de quinze livres tournois, ci XV^{l}.

Deuxième voûte du même clocher, refaire le canal gelé. — Sur la seconde voulte dudict clocher est necessaire de reffaire quinze a seize pieds de longueur de canal en place de ceulx quy sont ruinez par gellées de mesme largeur que les anciens ce qui vault la somme de cinquante livres tournois, ci L[l].

Quatre chapiteaux des colonnes qui supportent les clocheteaux du côté de Saint-Jean à réparer. — Muraille à refaire aux latrines. — Plus il se trouve que quatre des chappiteaux des colomnes qui portent les clocheteaulx quy sont au pourtour du clocher du coste saint Jean sont commancez en ruine et sont fenduz en divers endroitz, et sera necessaire d'i appliquer cercles de fer sellez en plomb, plus il est necessaire de rebastir une muraille quy menace ruine aux latrines quy a quarente cinq pieds de longueur et vingt piedz d'hauteur ou environ, et reffaire le pand de fer desdittes latrines de mesme longueur et de neuf piedz d'hauteur, ce quy vault la somme de deux cens vingt-quatre livres, ci II[c]XXIV[l].

Voûtes à réparer. — Plus est nécessaire de renduire et reparer la pluspart des voultes des voisines qui sont en nombre de dix ce quy vault pour mattéreaux et fassons la somme de quatre vingt livres, ci IIII[xxl].

Murs des chapelles à réparer. — Plus est necessaire renduire, réparer et mettre des pierres aux murs des chappelles voultées en place de ceulx qui sont ruinez par les eaues qui ont passées à travers, et vallent les dittes reparations la somme de deux cens cinquante livres, ci II[c]L[l].

Pavés de marbre noir du chœur. — Plus les pavez du cœur quy sont de marbre noire sont ruinez par gellées à la quantitté de unze cens qui ont chacun dix poulces et demi en carré, ce qui vault pour marbre et fassons la somme de seize cens cinquante livres tournois, ci XVI[c]L[l].

Bandes de marbre noir entre les pavés du sanctuaire. — Item les pavez au devant du grand autel ou il y a des bandes de marbre noire sont ruinez quy ont cinq poulces et demy de largeur et quatre cens piedz de longueur en diverses bandes et estoient lesdittes bandes gravées ce qui vault à cause de la graveure six cents cinquante livres, ci vi^c^l^l^.

(Procès-verbal de l'abbaye de Saint-Nicaise, extrait des registres.)

Bâtiments dans le cloître. — Mesures des côtés du cloître. — Item ont lesditz expertz veuz et visistez aux anciens bastimens qui font et ferment deux pantz du cloistre et font bache dans ledict cloistre, et pour rendre ledict cloistre regullier il seroit necessaire de desmollir lesdicts anciens bastimens et les advancer dans la cour pour rendre ledict cloistre en son carré. L'ung desdictz bastimens a cent quarante huit piedz de longueur et vingt deux piedz de largeur dans œuvre, l'autre de soixante dix piedz de longueur et vingt deux piedz de largeur aussy dans œuvre.

Somme des ouvrages de massonnerie à faire trente mil trente cinq livres, ci xxx^m^xxxv^l^.

12 mars 1630, Charpenterie. — Lesdictz Lallondrel et Richer charpentiers nous ont rapportez les ouvraiges de charpenterie qui sont faittes depuis le douzieme jour de mars mil six cent trente consister en ce quy ensuit.

Pressoir. — Premier ung bastiment de deux estaches de hauteur ou est ung gros pressoir au dessoubz du premier plancher lequel bastiment a de longueur quatre vingt sept pieds, et vingt-deux pieds de largeur dans œuvre, le comble duquel est composé d'unze ramures à jambes de force avec assollement posé sur unze sommiers et unze autres sommiers a l'estage plus bas et trois autres sommiers à l'autre estage plus bas fourniz de doubleaux et planchez partout, à l'exception de quelque deux cens de planches qu'il fault encore pour achever le plancher du grenier de hault, ce qui vault fourni comme dict est sçavoir ledict comble les planches et le pant de fut qui faict séparation entre la place de l'entrée et le cellier où est ledict pressoir, pour le bois, cloux et fassons, la somme de trois mille livres, cy III^{ml}

Petit bâtiment. — Plus attenant dudict bastiment il y a ung autre petit bastiment nœuf de deux estaches de hauteur où sont une chambre basse et une chambre haute et le grenier au dessus et une montée nœufve à lung des boutz du costé du grand bastiment nœuf, laquelle est de deux estaches de hauteur qui sert a monter au grand bastiment et au petit bastiment, lequel petit bastiment a vingt six piedz ou environ de longueur et treize pieds de largeur où il y a quatre sommiers de seize a dix-sept piedz de longueur et dix poulces de grosseur où il y a ung comble à jambe de force et trois planchers comprins cellui par terre, ausquelz planchers et montée il y a deux cens cinquante planches et sept cens pieds de doubleaux, tant aux planchers, montée que pant de fut, ce qui vault pour le bois, cloux et fassons pour ledict bastiment et montée la somme de cinq cens livres, ci V^{cl}

Pressoir. — Plus au dessoubz dudict grand bastiment est ung gros pressoir neuf de toutes ses parties a l'exception des arbres, des maies et des chantiers, lequel pressoir vault pour le bois et fasson la somme de neuf cens livres tournois, ci IX^{cl}

Principale entrée de l'abbaye. — Plus a la principalle entrée du couvent est ung portage *(sic)* de charpenterie faict de nœuf avecq les deux portes et ung huis dans l'une d'icelles et la toitture de dessus pour la couvrir ce quy vault pour bois, cloux et fassons la somme de soixante livres, ci LX^{l}

Chapelle Notre-Dame. — Plus une grande ravallée de comble faicte en appenti qui est au dessuz de la chappelle de Nostre Dame et quy commance depuis le bas de la couverture d'icelle chappelle jusques la derniere panne du comble de la croizée de l'église du mesme costé et a quarente quatre piedz de largeur, où il y a trois cens quinze pieds de panne et douze chevalletz sur les contrechevrons du comble de laditte croizée pour porter les pannes, et y a ausdictz chevalletz soixante douze piedz de bois de quatre à cinq poulces grosseur, et les pannes quy viennent du comble de ladite croisée pour servir aux extansons et autres assemblages, plus il y a audict appenti trente quatre chevrons de trente cinq piedz, et ledict comble est faict expres pour empescher la ruine totalle des voultes qui sont en ce lieu, qui venoit des eaues des combles quy estoient en ce lieu que l'on a desmoli quy jettoient les eaues dans des pierres bacquettes en forme de nauz quy sont tout au tour, lesquelles sont entierement gellées, quy eust causé dans peu de temps de grandes ruines ausdittes voultes, et cest ouvraige nest faict sinon en attendant que les dittes pierres seront reparées ce quy vault pour bois, desmolition de ces petitz combles quy estoient audict lieu, et la fasson dudict appanti, outre les vieux boys qu'on a faict servir, la somme de quatre cens livres, ci IV^cl

Houzy ou abat-vent, chapelle St Remi. — Plus assez proche dudict lieu il y a ung houzy de cinq piedz d'hauteur et seize pieds de longueur, où il y a quatre vingt dix piedz de chevrons, plus à une crouppe du costé du cœur de l'église il y a unze chevrons de dix huit piedz, plus en suivant il y a un petit houzie, au dessus de la Chaspelle Saint Remi où il y a soixante dix pieds de chevrons, plus à une fenestre nœufve qui est audict comble il y a douze piedz de doubleaux et vingt pieds de chevrons ce qui vault pour bois et fasson la somme de vingt livres, ci XX^l

Prés du Chartrier. — Plus a la voisine proche le chartrier au comble il y a une demye ramure nœufve ou il y a ung sommier de quatorze pieds de longueur et nœuf poulces grosseur et trente deux pieds de bois, de cinq poulces grosseur pour l'assemblage et dix huit chevrons de vingt pieds et deux pannes de dix huit piedz et de cinq à six poulces grosseur, ce qui vault pour bois et fasson la somme de cinquante livres tournois, ci L^l

Plus a deux demie ramures du comble des mesmes woisines il y a deux sommiers de quatorze pieds de longueur et dix poulces de grosseur que l'on a mis de nœuf et un contrechevron de seize piedz de longueur et de cinq poulces grosseur ce quy vault pour bois et fasson la somme de vingt cinq livres, ci xxv[l]

Plus à ung houzie ou abat-vent (1) attenant et au bas des dittes woisines il y a seize chevrons de huit piedz, une solle et une feste de seize piedz chacune et de quatre à cinq poulces de grosseur, plus à une fenestre nœufve quy est en ce lieu sur le comble il y a douze piedz de quatre poulces grosseur, plus entre le comble du chartrier et le comble de la croizée il y a une ravallée de couverture ou il y a vingt chevrons de quinze piedz et une panne de seize piedz, ce quy vault pour boys et fasson la somme de quarente livres tournois, ci xl[l]

Église, petit clocher sur la nef. — Plus une toitture nagueres faitte de nœuf a deux panses ou il y a ung nau au meilleu sur une muraille de la croizée du costé du dortoire qui a de longueur quarante piedz et les chevrons de chacun costé ont trois pieds ou environ de long, quy prend depuis la goutte du toict de la nef de l'église jusques au comble de la tournelle qui couvre la montée qui sert à monter et à descendre en bas du costé du dict dortoire, lequel est faict en piramide et sy la flesche dudict comble a esté rahautée par le bout hault de huit ou nœuf pieds de longueur depuis peu de temps et les chevrons aussy et au bas dicellui comble est une petitte guaritte nouvellement faitte qui est nécessaire en ce lieu, ce qui vault pour boys chaffaudage difficile à faire et fasson de l'ouvrage, la somme de deux cens soixante livres, ci ii[c]lx[l]

Dortoir. — Plus au dortoire il y a dix neuf chambres nœufves faittes de pan de fut de double torchie avecq l'huisserie et l'huis de menuiserie et plancher bas et haut, ce qui vault pour bois, lattes, cloux et fassons la somme de onze cens quarente livres tournois, ci xi[c]xl[l]

(1) Ce texte permet de rectifier le dict. de Godefroy qui donne au mot « housis » le sens de « revêtement ».

Id. — Plus au mesme dortoire il y a ung lambris nœuf dessoulz les chevrons du comble, où il y peult avoir quatre vingt dix toises ce quy vault pour mairien tringles, cloux, chaffault et fasson la somme de neuf cens livres, cy ıxᶜˡ

Petit cloitre. — Plus au petit cloistre au bout, du costé du grand cloistre, au comble qui est faict en appanti et à ferme propre pour lambrisser il y a huit demie rammes ou fermes nœufves qui vallent, tant pour boys que fasson comprins une huisserie et l'huis et ung peu du pant de fut quy y est, et c'est à l'entrée dudict petit cloistre, la somme de quatre vingt livres, ci LXXXˡ

Cuisine de l'infirmerie. — Plus à la cuisinne de l'infirmerie il y a ung pan de fut nœuf qui a quarente deux piedz de longueur et huit pieds d'hauteur, où il y a deux huisseries avecq les huis dedans ce qui vault tant pour boys, lattes, cloux et fassons la somme de cinquante livres, ci Lˡ

Ancien dortoir, ancienne cuisine. — Plus au comble de l'ancien dortoire, au droict où estoit la cheminée de la vieille Cuisinne qui est démolie a cause qu'elle menasoit ruine, on y a faict six rammes ou formes nœufves avecq le mesme assemblement des autres, lesquelles ont esté fort difficilles à dresser a cause de la hauteur et n'aiant point de plancher en hault ce qui vault tant pour bois que fassons la somme de quarente livres tournois, ci XLˡ

Réparation de quatre arcs-boutants, grande nef de l'église. — Plus il a fallu pour eschaffauder à quatre pilliers arcs boutans des grandes voultes de la nef de l'église pour remettre les clefz de pierre qui tomboient pour les bois et fassons des quatre eschaffauts à cause du grand perille qu'il y avoit vault la somme de cent livres, cy Cˡ

Escalier du petit clocher. — Plus pour oster les pierres gellées à l'escallier du petit clocher quy couvre (?) laditte montée à deux gros lions de pierre quy servoient de gargouilles en saillie quy menasoient de tomber et pour les empescher de tomber il a fallu faires des eschaffautz tout au tour, ce qui vault pour boys et fassons a cause du grand perille la somme de trente livres, ci XXX[l]

Nef de l'église. — Plus il y a une longue terrasse et entablement au bas de la goutte du comble de la nef de l'église reparée de nœuf sur lesquelz l'on a fait des couvertures pour les mettre a couvert pour quoy faire il a fallu eschaffauder pour desmollir les vieilles terrasses et entablements pour empescher les ruines des couvertures du bas, ce qui vault tant pour les boys que l'on a employé ausdittes couvertures, fassons d'icelles et lesdicts eschaffautz qu'il a fallu faire pour faire icelles ouvraiges la somme de quarante livres, ci XL[l]

Les deux clochers réparés. — Plus sont les deux clochers reparez tout de nœuf depuis la pointe quy estoit tombée de l'ung d'iceulx jusques aux clochettereaux pourquoy il a fallu faire des chaffautz tant dedans que dehors lesdictz clochers pour remettre la croix et faire les autres ouvraiges, ce quy vault pour les boys, fassons desdicts chaffautz, à cause du grand perille, la somme de cent cinquante livres, ci CL[l]

Deux maisons, rue de Porte-de-Mars. — Plus en deux maisons scize en la rue de Porte Mars où pend pour enseigne l'image de Saint Nicaise deppendantes du dict couvent à celle du costé de la porte, au fond de laditte maison, est ung bastiment nœuf quy sert ausdittes deux maisons, quy est de deux estages d'hauteur, et le grenier au dessus quy est séparé entre les deux maisons d'ung pan de fut de doubles torchies de fond en comble lequel bastiment a vingt six pieds de longueur pour les deux maisons et treize pieds de largeur, ou est a chacune une montée a visse hors œuvre de deux estages d'hauteur et deux planchers à chacune pour les chambres et grenier ce qui vault pour le boys, lattes, cloux et fassons la somme de quatre cens cinquante livres tournois, ci IV[c]L[l]

Même maison, sur la rue, Escalier. — Plus en la mesme

maison du costé de laditte porte il y a une montée hors œuvre de deux estages d'hauteur, ce quy vault avec la desmolition et reffection des pans de fut, huis de boutique et pour tout l'avantoict quy sert aux deux maisons pour boys, cloux et fasson la somme de cent livres, ci c[l]

Deuxième maison, sur la rue de Mars. — Plus en l'autre maison tenante icelle sur la rue est ung comble nœuf faict en assolement quy a de largeur vingt piedz et trente deux de longueur, où il y a deux planchers l'ung a la premiere estage, et l'autre dans la seconde estage, et un pand de boys sur la cour de deux estages d'hauteur et l'assolement avecq une montée a vice de deux estages d'hauteur avec les séparations de pan de fut de la cuisinne et boutique des chambres hautes, et le grenier au-dessus, quy contient tout la longueur et largeur et le comble composé d'une ramme à jambe de force et assolement ce qui vault pour le boys, lattes, cloux, desmolitions et fa'ssons outre les vieux boys que l'on a fait servir la somme de cinq cens livres, ci v[cl]

Somme totale des ouvrages de charpenterie faittes depuis 1630. — 8935.

Et les ouvraiges de charpenterie qui sont a faire concister aussy comme ensuit :

Clocher à gauche. — Premier au clocher où sont les grosses cloches de l'église dudict Saint Nicaise fault deux pieces de bois de dix huit pieds de longueur et de sept a six poulces de grosseur au lieu de deux autres qui sont pourries, pour servir de marchepied pour sonner les cloches ce qui vault pour boys et fasson la somme de quinze livres, ci xv[l]

Id. — Plus, au mesme lieu, faut ung sommier de dix-huit piedz de longueur et de huit poulces grosseur pour porter la ramme quy porte la couverture au dessus des grosses cloches du costé du midi au lieu d'ung quy est pourri, ce qui vault pour boys et fassons la somme de dix livres, ci x[l]

Id. — Plus, au mesme lieu, faut une armoize de dix huit piedz de longueur et six poulces de grosseur et une piece de cinq piedz de longueur et de mesme grosseur pour servir à descendre sur le plancher quy est au dessous desdicts clochers ce qui vault pour bois, fasson, la somme de dix livres, ci x[l].

Id. — Plus au bas du beufroy desdittes grosses cloches faut une piece de bois de seize pieds de longueur et quinze poulces de grosseur quy porte ledit beuffroy au lieu d'une quy est pourie par le meilleu, ce qui vaut pour boys et fassons, à cause de la grande peine qu'il y a à la mettre la somme de cent cinquante livres, ci CL[l].

Clocher de droite. — Plus à l'autre gros clocher fault une pièce de boys de seize piedz de longueur et ung pied de grosseure quy porte l'ung des costés du beuffroy ce qui vault pour boys et fassons à cause de la grande peine quil y a à la mettre la somme de cent quarente cinq livres, ci CXLV[l].

Couverture des beffroys des deux clochers. — Plus faut pour reffaire les deux couvertures des deux beuffroys des deux clochers lesquelz sont entierement ruinez et sont cause que les pluies tombant sur les beuffrois et cloches pourrissent tout, faut cent vingt huit planches de douze pieds de longueur tant pour les tringles que pour la couverture, ce quy vault pour bois, cloux et fasson la somme de cent cinquante livres, ci CL[l].

Abats-vent des clochers. — Plus pour reffaire les abatvent desdicts clochers quy empeschent les pluies de tomber dans lesdictz clochers faut quarente planches de douze piedz de longueur et deux cens piedz de doubleaux pour les attacher, ce qui vault pour boys, cloux et fassons la somme de quatre vingt livres, ci LXXX[l].

Planchers des clochers. — Plus il est nécessaire de reffaire les planchers de dessous les cloches tant à l'ung des clochers que à l'autre et n'y peult-on plus marcher qu'en perille de tomber lesquelz planchers ont seize piedz en carré où il y faut pour les reffaire pour les trois sçavoir deux à l'ung des clochers et ung à l'autre, cent cinquante planches et cent vingt piedz de doubleaux et quinze cens de cloux de vingt livres ce quy vault pour bois cloux et fassons la somme de cent trente cinq livres, ci cxxxv[l].

Couvertures en planches sur les clefs de voûte des deux clochers (O). — Plus est necessaire de faire des couvertures aux trois grands Os des voultes desdictz clochers, sçavoir deux au gros clocher et ung à l'autre clocher qui serve à monter les cloches et autres choses en hault, et pour faire les dittes couvertures faut soixante planches de sept piedz et trois cens piedz de gros chevrons et six cens de cloux de vingt livres, ce quy vault pour boys cloux et fassons la somme de soixante dix livres tournois, ci LXX[l].

Huit portes des clochers. — Plus faut reffaire les huit huis desdicts clochers quy sont entierement ruinés et pour ce faire fault trente deux planches de huit piedz et quatre cens de cloux de vingt livres, ce quy vault pour boys, cloux et fassons la somme de trente livres, ci XXX[l].

Escalier dans le gros clocher pour monter à l'horloge. — Plus faut faire une montée nœuve pour monter à l'orloge quy est au gros clocher au lieu de celle qui y est laquelle ne vault rien du tout et pour ce faire fault deux limons de seize piedz de longueur et de six à sept poulces de grosseur et quarente planches pour les marches houzie (1), et contremarches, et quatre cens de cloux de vingt livres et fault reffaire le plancher de ladite horloge ce qui vault pour boys, cloux et fassons la somme de soixante livres, ci LX[l].

Contrevents, Horloge. — Plus faut faire deux contrevantz aux deux costez de laditte horloge et deux autres aux autres costez dudict clocher affin de conserver les premières voultes des eaues pluvialles, où il y faut cent vingt planches

(1) Jour en forme de fenêtre pour éclairer l'escalier.

de douze piedz et vingt quatre doubleaux de dix huit piedz et quinze cens cloux de vingt livres ce quy vault pour boys cloux et fassons la somme de deux cens quinze livres, ci IIcxvl.

Comble de la nef. — Plus, à l'entrée de la nef, au dessus des voultes faut de chacun des côtés du comble par bas pour porter les blonches dudict comble deux solz de vingt piedz longueur de dix huit poulces grosseur avec huit blonches de trois piedz longueur et cinq poulces grosseure pour les deux costez au lieu des autres quy sont pourris ce quy vault pour boys et fasson la somme de cent trente livres tournois, ci cxxxl.

Plancher sur les tirans du comble. — Plus est nécessaire de faire ung plancher sans être sellie *(sic)* sur les tirans du comble de la ditte nef tout de la longueur d'icelle et de la largeur de la longueur d'une planche, et pour ce faire fault ung cent de planches et six cens piedz de doubleaux et ung millier de cloux de vingt livres, ce quy vault pour boys cloux et fassons la somme de cent trente cinq livres, ci cxxxvl.

Tirant au grand comble au petit clocher de plomb. — Plus faut ung tirant au grand comble de la nef au droict du petit clocher au lieu de celluy quy y est lequel est pourri par l'ung des boutz, du costé du cloistre, lequel tirant a de longueur quarente deux piedz et huit poulces de grosseur, ce quy vault pour boys et fasson la somme de soixante livres, ci lxl.

Petit clocher de plomb. — Plus au petit clocher fault quatre entretoizes de douze pieds de longueur et dix poulces grosseur au lieu d'autres quy sont pourries, lesquelles entretoizes sont au dessous des salles de hault du carré du corps dudict clocher et est presque impossible de les mettre sans desmolir le hault dudict clocher a cause de sa grande pante et caduccitté, et mesme les estages quy se mettent dans icelles entretoizes sont pourries par les tenons, c'est pourquoi il seroit nécessaire de desmolir ledict clocher jusque et sur la plate de forme et reffaire le hault tout de nœuf et ne le peult ou bien reparer autrement ce qui pourroit couster pour boys et fassons la somme de mil livres, ci M[l].

Idem. — Plus au mesme clocher faut mettre deux solles au beufroy, de dix piedz de longueur et dix poulces grosseur pour servir de longerons pour porter les cloches et plumartz au lieu des autres quy ne vallent plus rien, ce quy vault pour boys et fassons la somme de vingt cinq livres, ci xxv[l].

Chartrier. — Plus au comble quy est au dessus du chartrier faut ung sommier de vingt piedz de longueur et dix poulces grosseur pour porter une ramure dudict comble au lieu d'ung autre quy ne vault rien ce quy vault pour boys et fasson la somme de vingt livres, ci xx[l].

Chartrier *(suite)*. — Plus seroit besoing de rellever les deux planchers des croizées, lesquelz ont quarente piedz en carré ou il y fault pour ce faire deux cens de planches et sept mille cloux de vingt livres ce qui vault pour fasson et cloux la somme de deux cens trente livres, ci ccxxx[l]

Plus seroit aussy nécessaire de reffaire les combles des woisines tant d'une part que dautre lesquels sont faitz en appantiz et ne vallent rien du tout, et ont de longueur chacun quatre vingt dix piedz et vingt quatre piedz de largeur où y faudroit à chacun comble neuf tirantz et neuf demi ramures aussi fournies d'assemblages convenables et festages, aussy où il y faut à chacun costé neuf cent piedz de boys de quatre à cinq poulces grosseur pour les solles, pannes, festes, soubsfestes, contrechevrons et assemblages des ramures, et deux mil deux cens cinquante pieds de chevrons, ce quy vault pour boys et fasson pour les deux combles desdittes woisines la somme de seize cens livres en faisant servir les boys des desmolitions quy se trouvent bon, ci MVI[cl]

Chapelle de l'infirmerie. — Plus a l'entrée de la Chappelle de l'infirmerie du costé de l'église faut reffaire la toicture quy est au dessus de l'huis où il y faut une panne et une solle de six piedz et six chevrons de douze piedz ce qui vaultz pour bois et fasson la somme de dix livres, ci x[l]

Cloître de l'infirmerie. — Plus au Cloistre de l'Infirmerie faut reffaire le comble tout de nœuf du costé de laditte Infirmerie, lequel a de longueur cinquante quatre piedz et dix piedz de largeur, où il y fault cinquante demy ramures faittes en appanties, et pour ce faire fault cent soixante huit piedz de solles et festes, et cinquante quatre piedz de soubzfestes, et mil sept cens piedz de boys de trois poulces et demi grosseur, ce quy pourra couster en emploiant les vieux boys qui se trouvera bon, pour le boys desmolitions et fassons la somme de six cens livres, ci vi[cl]

Les Infirmeries. — Plus il seroit nécessaire de desmollir et reffaire les bastimens des infirmeries du costé de l'église et dudict cloistre, scavoir le comble plancher et séparation de pan de fut à cause qu'il ne vault rien du tout, lequel bastiment a de longueur huit toizes et vingt neuf piedz de largeur et de deux estages d'hauteur, où il fault huit sommiers de trente-trois piedz de longueur et de douze à treize poulces grosseur, plus fault huit jambes de force de huit piedz longueur et de six à sept poulces grosseurs, quatre woisines de vingt huit piedz longueur et mesme grosseur, plus pour l'assemblage de chacune ramure quy sont quatre poinssons de dix huit piedz, huit contrechevrons de vingt six piedz de longueur et cinq poulces grosseur et pour la fournitture des dittes ramures pour l'assemblage et pour le festage fault trois cens cinq piedz de boys de cinq poulces plus faut encore pour le comble trois cens cinquante piedz de solles pannes et festes plus pour le dict comble faut trois cens chevrons avec les vieux quy seront bons, plus faut pour les planchers deux cens de doubleaux de quatre à cinq poulces grosseur avecq les vieux quy se trouveront bons, plus fault cinq cens de planches, et les séparations de pan de fut se feront du vieux boys des desmolitions, ce quy pourra couster pour boys, desmolitions, cloux, lattes et fassons la somme de deux mille livres, ci II^{ml}

Bâtiments communs. — Plus il serait nécessaire de continuer le comble du bastiment de dessus les lieux commungs jusques à la longueur de quarente piedz et vingt quatre piedz de largeur, et de mesme hauteur que l'autre, auquel il fault pour fournir au comble, sommier planchers et séparations la quantité de quarente chesnes au moings de vingt quatre piedz de longueur et d'ung pied de grosseur, et dans icelle quantité en faut six pour servir de sommier de vingt huit piedz de longueur et de la mesme grosseur, ce quy pourra couster pour le boys, cloux et fasson la somme de quinze cens livres, ci MV^{cl}

Réfectoire. — Plus il est nécessaire de desmolir le comble du reffectoire d'autant quil menasse ruine et au lieu en faire ung nœuf, lequel a de longueur cent cinquante piedz et vinquatre piedz de largeur, et pour ce faire il y faut emploier la quantité de quatre vingt chesnes de vingt quatre piedz de longueur et douze à quatorze poulces de grosseur quy pourront fournir pour ledict comble avecq les vieux boys de la desmolition quy seront bons, et sur ceste quantité de quatre vingt chesnes en faut seize de vingt huit piedz pour servir de tirant audit comble ce quy pourra couster pour le boys desmolition du vieux comble la somme de deux mil trois cent livres, ci $\text{II}^{\text{m}}\text{III}^{\text{c}}$

Vieux dortoir. — Plus il est nécessaire de desmolir le comble et le plancher du bas du vieux dortoire d'autant qu'il menasse ruine, et au lieu en faire ung nœuf et deux planchers, sçavoir ung à la premier estage et l'autre à la seconde estage lequel bastiment a de long vingt cinq thoizes et de largeur quatre thoizes dans œuvre et pour ce faire, fault la quantité de trente deux sommiers de vingt huit piedz de longueur et de douze à treize poulces grosseur, plus faut pour fournir au comble où il y faut seize ramures et aux deux planchers la quantité de soixante quinze chesnes outre les trente deux pour les sommiers qui auront vingt quatre pieds de longueur et douze à quatorze poulces grosseur, plus faut douze milliers de cloux de vingt livres pour les planchers ce quy pourra couster, pour boiys, cloux, démolition et fassons, en faisant servir le boys quy se trouvera bon venant de laditte desmolition, la somme de trois mil livres, ci IIIml

Maison du fermier. — Plus est nécessaire de desmollir le comble de la maison du fermier à cause quil menasse une ruine totalle et au lieu y faut faire ung autre comble nœuf en pavillon et deux planchers aussi, lequel bastiment a en carré trente six pieds auquel il fault pour le rediffier de nœuf scavoir le comble et les deux planchers six sommiers pour servir aux deux estages de quarente piedz de longueur et treize à quatorze poulces grosseur plus pour fournir au reste, scavoir au comble et aux deux planchers et aux séparations faut la quantitté de quarente chesnes de vingt quatre pieds de longueur et de douze à quatorze poulces grosseur et six milliers de cloux de vingt livres pour les planchers ce quy pourra couster tant pour le boys desmolitions, cloux et fassons, en emploiant le boys quy se trouvera bon, la somme de quinze cens livres, ci MVcl

Logis du Prieur. — Plus est encore nécessaire de desmolir le comble du logis du prieur à cause qu'il menasse ruine et, au lieu, en fault faire ung autre de nœuf, lequel logis a de longueur trente six piedz et vingt sept piedz de largeur et pour le rediffier faut trois sommiers pour assembler trois ramures dessus de trente ung pieds de longueur et ung pied de grosseur et faut pour la fournitture du comble la quantité de vingt chesnes de la longueur et grosseur des autres ce qui pourra couster pour le boys, desmolition, cloux et fasson, compris le plancher de haut qu'il faut faire, en emploiant le vieux boys qui se trouvera bon venant des desmolitions, la somme de sept cens quatre vingt livres, ci VIIcLXXXl

Chapelle de l'infirmerie. — Plus au comble de la chappelle de l'infirmerie fault cent vingt piedz de solles de cinq poulces grosseur pour mettre au bas dudict comble aux doubles platformes quy se mettent sur les tirans au lieu des aultres qui sont pouryes, ce qui vault pour boys et fasson la somme de cent livres tournois, ci c[l]

Somme totalle des ouvrages de charpenterie à faire seize mille cincquante livres.

Couverture 1630. — Lesdicts Ytasse et Legros couvreurs nous ont rapportez les réparations de couverture qui sont faittes depuis le douzieme jour de mars mil six cens trente consister en ce quy ensuit.

Petit clocher. — Premier ont lesdictz expertz recognuz qu'au petit clocher de l'église il y a ung pand de la cuve du costé de la rue de Saint Jean qui est fait de nœuf, et mesme contrelatté et latté de merien ensemble le corps du clocher qui est faict de nœuf ce qui regarde la flesche et mesme plusieurs reparations faittes tant à la flesche que feuillet, et sy la terrasse est faitte de plomb et trois colonnes couvertes et ornées de plomb nœuf avecq plusieurs pièces de plomb et soudures tant dedans la nau qu'ailleurs ce qui vault pour tout le plomb, ardoises, cloux et fassons la somme de cinq cens cinquante livres, cy v[c]L[l]

Nef de l'église. - Plus à la nef de leglise de part et d'autre il y a plusieurs grandes bresches et reparations nouvellement faittes, mesme une grande longueur des gouttes quy ont été rellevez a cause des plombs qui sont emploiez nouvellement quy sont mis et posez dedans les terrasses de laditte nef, ce qui vault pour les dites reparations qu'entretenement de laditte nef mesme l'entretenement du comble du cœur et demie croizée sans comprendre le plomb la somme de huit cens livres, cy viii[cl]

Plus lesdictz expertz ont piettez(1) le plomb quy est emploié nouvellement aux terrasses de laditte nef de part et d'autre, et

(1) C'est-à-dire mesuré avec le pied.

s'en est trouvé la quantité de cent quatre vingt seize piedz de plomb à deux largeurs, y comprenant les chevauchemens, lequel plomb ilz ont estimé à la quantité de trois mille trois cens livres, à deux cens livres pour le millier, et pour ce vault la somme de sept cens livres et ce comprins l'emploi, ci VII^{cl}

Chapelle Notre-Dame de Liesse, demi-croisée. — Plus dessus le comble de la Chappelle Nostre Dame de Liesse et le comble et ravallé de la demie croizée du costé du cloistre il y a la quantité de cent toises de couvertures de thuilles tant vieilles que neuves y comprenant le rethour des pilliers, lequel comble a dhauteur soixante pieds et de largeur quarente six piedz estimé a quatre livres la thoise à cause que partie du comble est de vieilles thuilles et pour ce vault la somme de quatre cens livres, ci IV^{cl}.

Nef près du cloître. — Plus a esté piété et thoizé la couverture dune lairesse quy est undante a une montée et le comble de la nef quy respond dedans le cloistre et s'y est trouvé la quantitté de vingt thoizes de couverture nœuf tant d'essi que ardoizes y comprenant une grande lucarne et le rethour de la tournelle avec un nau de boys de trente six pieds de longueur prisé a raison de six sols pour chacun pied et pour chacune thoize six livres et pour tout ce vault la somme de six vingt dix neuf livres dix sols tournois, ci VI^{xx}XIX^{l} X^{s}.

Chapelle de Saint-Remy. — Item au collet du raccordement des couvertures de la chappelle attenante celle de nostre dame de Liesse la quantité de trente toizes, de couvertures tant de thuilles que d'essyz (1) estimé a cent sols pour chacune thoise et pour tout vault la somme de cent cinquante livres tournois, ci CL^{l}.

(1) Vieux mot, aujourd'hui remplacé par ais (planches).

Plus quatre glasoirs couverts d'essiz et d'ardoises quy sont posez contre quatre formes de vittres du costé du cœur regardant le rempart, qui ont esté toisé et trouvé ausdicts quatre glasoirs la quantité de dix thoises de couverture estimé à six livres tournois pour chacune thoise et pour tout vault la somme de soixante livres tournois, ci LX[l].

Id. — Plus au rethour de terrasse et naus de laditte chappelle y a esté employé la quantité de deux cens quatre vingt piedz de plomb quy sont tant dedans les naus de boys des dittes chappelles que terrasses et six vingt piedz de naus de boys quy sont aussy emploiez ausdittes chappelles et rethour des pilliers arboutans, lequel plomb a esté pieté et trouvé deux cens quatre vingt piedz de plomb qui peuvent peser deux milliers six cens et pour les dicts deux milliers six cens de plomb que les naus de bois vault la somme de cent cinquante six livres tournois, ci CLVI[l].

Réparations à la couverture des chapelles. — Plus les reparations faittes aux couvertures desdittes chapelles que pour les entretenemens d'icelles estimez à la somme de trois cens cinquante livres à cause de plusieurs cheuttes quy ont arrivées par les ruines des larresses du cœur de l'église, ci III[c]L[l].

Couverture de la basse nef, côté du cloître. — Plus a esté mesuré et thoisé la ravallée du comble qui est dessus la basse voisine du costé du cloistre quy est couvert la plus grande partie de nœuf, dans laquelle couverture s'est trouvé la quantité de trente six thoises de couvertures de vieilles et neuf thuilles ensemble une ravallé quy est au bout d'icelle, qui couvre la muraille d'entre les deux pilliers respondant dessus le cloistre lequel est couvert d'ardoizes du costé dudict cloistre et du costé de la basse voisine est couvert d'essiz quy sont six thoises tant ardoises qu'Essyz et ung nau de boys contenant de longueur vingt quatre piedz estimez a la somme de cent soixante dix livres neuf sols a raison de quatre livres pour chacune thoise de couverture de thuiles et six livres pour la toise de couvertures d'ardoizes que essyz, et six sols pour chacun pied du nau de boys, ci CLXXˡIXˢ.

Emploi de plomb. — Demi-croisée. — Plus a esté mesuré le plomb qui est employé nouvellement aux terrasses du bas costé et voisines de laditte eglise du costé du cloistre que ravallement de laditte demie croizée où il y a cent piedz de plomb y comprins le chevauchement d'iceulx, lequel plomb a esté estimé peser ung millier pesant ce quy vault la somme de deux cens livres, ci IIᶜˡ.

Plus pour avoir repparé et entretenu laditte basse voisine que ravallement susdict estimé à la somme de deux cens livres à cause des cheuttes de pierres des larresses de la nef, ci IIᶜˡ.

Demi-croisée de l'église, la même que ci-dessus. — Plus dessus le comble qui tient à ung bout de la basse voisine et demie croizée de l'église de la conférance la quantité de quinze toises de couverture de. thuilles tant vieilles que nœufves, y comprenant le costé du comble et raccordement de la ravallée de laditte demie croizée, ensemble ung nau de boys de quinze pieds de longueur estimés a la somme de soixante-quatre livres quinze sols tournois a raison de quatre livres pour chacune toise et six sols le pied de nau, ci LXIVˡXVˢ.

Plus pour l'entretenement dudict comble suivant les reparations qui y ont esté faittes estimé quinze livres, ci XVˡ.

Côté du Trésor. — Plus dessus le comble des basses voisines du costé du tresor la quantité de quinze thoises de couvertures d'essiz quy a esté faitte pour la conservation des cheuttes de pierres des larresses du comble de l'église, estimé à six livres chacune thoise et pour l'entretenement de laditte basse voisine que pour lesdittes quinze thoises estimez a la somme de deux cens livres, ci IIᶜˡ.

Plus s'est trouvé du plomb employé aux terrasses de laditte basse voisine quarente pieds nouvellement emploié estimé estre pesant d'environ six cens cinquante livres et pour ce vault la somme de six vingt dix livres, ci VI^{xx}X^l.

Plomb sur les deux flèches du portail. — Plus les aressures (?) des deux gros clochers quy sont faittes de plomb assé mal estamez, estimez y avoir este emploié la quantité de seize cens de plomb tant ausdittes deux aressures que chapperons de quelques feuillettes et pour ce vault la somme de trois cens cinquante livres, y comprenant la façon desdittes deux aressures, ci III^cL^l.

Petit cloître. — Plus au petit cloistre il y a des couvertures renouvellés et relattez de neuf couver de vieilles thuilles d'environ dix toises et pour ce, avecq les autres reparations faittes à icelluy vaut la somme de soixante livres, ci LX^l.

Chauffoir des religieux. — Plus s'est trouvé que le comble du chauffoir des relligieux et une partie de la gallerie quy conduit aux latrines avoit esté couvertz de nœuf et relatté auquel n'a esté emploié que partie de vieilles thuilles et pour ce estimez le dit comble et laditte gallerie tant pour l'ouvrage faitte renouvellée que l'entretiennement, la somme de quatre vingt livres, ci LXXX^l.

Plomb au-dessus des voussoirs du portail. — Plus a esté pieté tout le plomb qui a esté fourni aux glassoirs et terrasses des grands portaux de l'église qui contient toutte la longueur de la devanture de laditte église, lequel plomb est assez large et c'est en attendant que l'on achevera de fournir le reste, lequel plomb peut valloire et a esté estimé la somme de quatre cens livres, y comprenant les fasson et soudures qui y sont employés, ci IV^{cl}.

Combles divers. — Plus les réparations faittes que les entretenemens dudict comble tant de cellui du dortoire que reffectoire et grand comble respondant sur la grande cour, que le comble de la sacristie et comble des greniers, ensemble le comble respondant sur le jardin où sont présentement le reffectoire et infirmerie des relligieux, estimé à la somme de six cens livres y comprenant aussy l'appantis de la conférance, ci vi^cl.

Cirerie. — Plus sont couvertz de nœuf quatre ravallemens lesquelz sont couvertz d'essiz dedans la conduitte des lieux appellé la cirerie, auquel y peult avoir la quantité de dix thoises de couvertures estimé a six livres chacune thoise et y a à l'ung d'iceulx une grande bresche arrivée par la cheutte d'une pierre et pour ce vault la somme de soixante livres, ci lx^l.

Couverture des murailles. — Plus les couvertures des murailles nouvellement couvertes tant ès murailles de la cour faisant séparation de la grande cour abatialle et cour commune que une muraille faisant séparation de la petite cour quy respond au bout du dortoir contiennent la quantité de trente six toizes de couverture estimé à la somme de trente six sols pour chacune thoise et dans la muraille de la grande cour une grande porte qui est la principalle entrée pour le charroy aux lieux regulliers laquelle est couverte d'ardoises et ung petit pavillon a quatre pantz estimez tant lesdittes couvertures de murailles que laditte couverture de la porte, le tout ensemble, la somme de quatre vingt six livres, ci lxxxvi^l.

Entrée. — Cour. — Pavillon. — Item la couverture d'ung grand comble quy est faict de nœuf entrant en la maison regulliere quy prend a la larresse du cloistre et aboutist aux combles et pavillon de la principalle entrée de la maison regulliere et abbatialle, lequel comble contient de longueur quatre vingt sept piedz et d'hauteur vingt ung pieds, et attenant icelluy grand comble en forme de pavillon quy raccorde avec ledict grand comble quy contient de longueur vingt cinq piedz dedans œuvre, lequel est près de l'escalier et paron (c'est-à-dire perron), quy conduit aux greniers et chambres d'iceux deux combles ausquels deux combles y sont construittes deus flamantes et contiennent les dicts combles et flamantes la quantité de huit vingt dix toises, y comprenant le petit comble de la porte et autre du cloistre proche l'église estimé a six livres pour chacune toise suivant le cours du païs et vault pour ce la somme de mil vingt livres tournois, ci MXX[l].

Plus audict bastiment il y a la quantitté de douze cens livres de plomb, ou environ, emploié tant pour les naus a crochets que naus quy sont dedans le collet et raccordement du petit bastiment avecq le grand, que les naus qui reçoivent les eaues du grand comble que pour les norcaux et plomb emploiez aux fenestres tant de part que d'autre, estimé à deux cens quatre vingt livres pour le prix du dit plomb, ci II[c]LXXX[l].

Maison rue de Porte-Mars. — Item en une maison separée en deux qui est scize rue de porte Mars où pend pour enseigne l'image saint Nicaise et ou demeurent presentement les nommez Regnault Ladvocat et Estienne Le Large, laquelle maison est nouvellement couverte de nœuf de thuilles plattes, de part et d'autre et contient de longueur vingt piedz et d'hauteur vingt quatre piedz d'un bout et dix huit piedz d'autre, tant de large que d'hauteur respondante, sur la grande rue et sur le comble il y a deux flamandes couvertes d'ardoises nœufves et mesme au derrier de la ditte maison et au fond de la cour il y a ung bastiment à deux gouttes nouvellement basty, lequel est separé en deux, entre lequel il y a une montée servante a deux escaillers sur laquelle il y a ung petit comble en forme de collet a trois pands. Les hérittiers *(sic)* d'ardoizes; et proche ledict petit comble entre icelluy et la larresse du grand il y a une petitte gallerie couverte de nœuf, aussy de thuilles plattes, lequel comble a de largeur trente huit piedz et d'hauteur des chevrons douze piedz, le tout ensemble thoisé ce quy s'est trouvé estre couvert de nœuf, y comprins une couverture de murailles quy faict la séparation d'entre lesdicts bastimens et les tenans par derriere du costé de l'église du Temple, et trouvé contenir la quantitté de soixante dix thoises de couvertures à raison de cent sols pour chacune thoise et pour les naus, gargouilles et lunettes, et flamandes estimé la somme de soixante livres, le tout montant ensemble a la somme de quatre cens dix livres pour toutte la couverture de ladittc maison et choses ci devant rapportez, ci ɪvᶜxˡ.

Somme totalle des ouvrages de couverture faictes depuis 1630, 8,031ˡ7ˢ.

Et les ouvraiges de couvertures quy sont à faire consister en ce quy ensuit.

Couverture.—Église. — Premier, il est grandement nécessaire de descouvrir le comble de la nef de part et d'autre, ensemble une grande partie de la couverture du cœur a cause que les lattes, cloux et ardoises sont presque touttes pouries et tombées dedans les terrasses, et par les cheuttes desdittes ardoises les terrasses sont percées quy est la cause de la ruine totalle des larresses de l'église et pour ce faire il conviendra emploier a laditte nef et cœur la quantité de quinze milliers de pied de contrelattes quy se poseront entre deux espaces de chevrons de la largeur de chacune cinq poulces et ung poulce et demy d'épesseur pour soustenir les lattes dudict comble d'autant que les espaces desdicts chevrons sont par trop longues tirez les unes des autres, ce quy vault touttes lesdittes contrelattes, lattes, ardoizes, cloux et fasson la somme de cinq mil cinq cens livres, ci vᵐvᶜˡ.

Couverture. – Petit clocher. — Plus il est aussi grandement necessaire de descouvrir le petit clocher quy est posé au dessus du cœur de l'église a cause que la charpenterie dudict clocher menasse grande ruine, ce qui vault tant pour le decouvrement dudict clocher que couverture dicelluy apres qu'il sera rediffié la somme de deux mil livres fournissant tout les mattereaux qu'il conviendra pour faire la rediffication dudict petit clocher comme lattes, contrelattes, cloux, ardoises, plomb, soudures et fassons, et y emploiant tous les vieux mattereaux quy se trouveront bons, ci ɪɪᵐˡ.

Demi-croisée. — Plus il faut faire de neuf le houssy qui est présentement couvert d'essy du costé de la rue saint

Jean, quy est la pointe de la demy croisée de laditte église à cause que ledict houssy ne vault plus rien lequel houssy contient de largeur trente sept piedz et d'hauteur trente piedz ou environ, et pour rediffier ledit houssye faut emploier mil piedz de contrelattes, de la mesme qualité que celles quy s'emploiront au comble de la nef, ensemble cinq cens de lattes et ardoises et neuf milliers d'essys, et les cloux quil conviendra pour la perfection dudict houssi, ce qui vault pour mattériaux et fassons la somme de deux cens cinquante livres, ci IIcLl.

Terrasses du chœur et de la nef. — Plus il est grandement necessaire de mettre et poser dedans les terrasses du cœur et achevement de la nef de la ditte eglise suivant qu'il est commancé, et pour ce faire fault emplir lesdittes terrasses de plomb de vingt quatre poulces de largeur, et pour ce fault la quantité de quatre milliers quatre cens de plomb a raison de vingt livres le cent et pourroit valloire la somme de huit cent cinquante livres y compris l'applicage d'icelui et rechangement du vieux qui se trouveront à rechanger, ci VIIIcLl.

Galerie du portail. — Plus il est grandement necessaire de couvrir de nœuf les galleries où est posé l'artichault de la pointe du pignon de l'église, quy est de pierre de taille la plus grande partie gellée par succession de temps, lesquelles galleries ont de longueur trente-sept pieds et de largeur dix huit poulces et pour ce faire faut emploier à la ditte couverture la quantité de deux milliers de plomb à la susditte raison de vingt livres le cent et par faute de ne les couvrir presentement il pourra arriver grande ruine, ce quy vault, y comprenant la fasson, la somme de quatre cens quatre vingt livres, ci IVcLXXXl.

Clochers de la façade. — Plus il faut couvrir de nœuf les deux combles quy sont dedans les deux gros clochers de laditte église, lesquelz combles sont pour couvrir les beuffrois et les cloches desdits clochers et ont lesd. combles de large geur dix huit piedz et d'hauteur douze piedz et pour ce faut la quantité de douze milliers d'essys et huit cens de lattes à ardoises et la planche à cousteau qu'il conviendra pour poser a la goutte et festier desdits combles et pour les matteriaux cloux et fassons vault la somme de deux cens livres, ci IIcl.

Couverture des chapelles. — Plus il est grandement necessaire de couvrir de nœuf la plus grande partye des chappelles qui sont allenthour du cœur a cause que les festes sont presque touttes eschappées, et mesme la plus grande partie des planchers sont touts pouriz, et pour ce faire fault emploier huit cens piedz de planches de chesne et six milliers de thuilles plattes et quatre milliers d'ardoises, et quatre milliers d'essy et les cloux qu'il conviendra pour la perfection des couvertures des dittes chappelles, ce qui vault pour tout les mattereaux et fassons la somme de deux cens quarante livres, cy IIcXLl.

Idem. — Plus il faut et s'il est grandement necessaire d'achever d'emplir les terrasses desdittes chaspelles de plomb a deux eaues pour recevoir les caues des couvertures des combles d'icelles chappelles et, par faute de n'y avoir remedié en temps et lieu, il est arrivé grande ruine aux murailles, pilliers et ornemens de laditte eglise et pour ce faire faut la quantité de trois cens piedz de plomb et cent cinquante piedz de naus de boys pour poser et mettre à la place de ceulx qui sont pouriz et pour ledict plomb et nau de boys et posement dudit plomb vault la somme de dix huit cens livres, ci XVIIIcl.

Couverture. — Basse nef côté du cloître. — Item il est grandement necessaire de découvrir le combre de la basse voisine de l'église du costé du cloitre a cause qu'il faut faire de nœuf la charpenterie et pour ce faire faut mettre et poser les thuilles en bas lequel comble contient de longueur six vingt piedz et d'hauteur de chevrons vingt quatre piedz et pour faire la couverture bien et deuement, après la charpenterie faite et posée, il convient emploier la quantité de quatre cens bottes de lattes à thuilles et six vingt piedz de planches de chesnes pour poser à la feste dudict comble à cause qu'il faudra faire la festiere d'ardoize et sy fault la quantité de trente milliers de thuilles et quatre milliers d'ardoizes, ce quy vault pour tous les mattereaux, cloux et fasson la somme de six cens livres, ci vi^{c}l.

Couverture. — Basse nef du côté du trésor. — Plus il est necessaire de descouvrir l'autre costé de la basse voisine du costé du tresor et mettre et poser la thuille dudict comble en bas à cause qu'il convient de faire de nœuf la charpenterie et que la plus grande partie des lattes et thuiles sont presque tout pouriz et que ledict comble est par trop plat, et pour ce faire il convient emploier la quantitté de quatre cens bottes de lattes a thuilles et cloux qu'il conviendra pour attacher lesdittes lattes et trente milliers de thuilles plattes avecq six vingt piedz de planches et quatre milliers d'ardoizes pour faire la faite dudict comble et pour tous les mattereaux et fasson dudict comble comprenant le ravallement de la demie croizée quy contient environ cinquante piedz vault la somme de six cent cinquante livres, ci vi^{c}l^{l}.

Idem, côté du cloître. — Plus il faut rechanger la plus grande partie des plombs quy sont dans les terrasses desdittes basses voisines et mesme y emploier quelque trente piedz de plomb dans ung nau de boys quy est du costé du cloistre, ce quy vault tant pour le rechangement que fournittures dicellui la somme de cinq cens cinquante livres, ci v^{c}l^{l}.

Plomb à poser au portail. — Item il est grandement necessaire de remeddier aux couvertures de pierre quy sont les chappitteaux et ornemens de la devanture des grands portaulx de l'église et portaulx de la demie croisée respondante a la rue de Saint Jean a cause que le tout menasse grande ruine par la faute que lesdictz chappitteaux et terrasses ne sont garnyz de plomb et qu'ilz ont esté par succession de temps grandement negligez et pour la conservation d'iceux il faut emploier la quantité de trente milliers de plomb à deux cens livres pour chacun millier ce quy vault la somme de six mille cinq cens livres tant pour lesdicts trente milliers de plomb que pour l'emploi, ci vi^m^v^c^l.

Cirerie côté du cloitre. — Plus il faut et s'il est grandement nécessaire de mettre et poser des plombs a deux eaues dedans les canaulx de la cirerie du costé du cloistre a cause que lesdicts canaulx menassent grande ruine et mesme dessus le bavement des formes des vittres de leglise respondant dedans iceulx canaux et pour ce faire il convient emploier la quantité de trois milliers de plomb tant pour la garniture desdicts canaux et terrasses et bavement desdittes vittres et pour lesdicts trois milliers de plomb que pour lemploi diceulx vault la somme de sept cens livres, ci vii^c^l.

Descentes d'eau pour l'église. — Plus il faut six grandes cuvettes et six grands tuiaulx de plomb, trois du costé du tresor et trois du costé du grand cloistre pour recevoir touttes les eaues des terrasses quy tombent, pour les conduire dans lesdictz canaux de laditte cirerie et pour ce faire faut emploier la quantité de huit milliers de plomb a raison de vingt cinq livres le cent à cause de la soudure et fasson desdittes cuvettes et tuyaux ce qui vault pour ledict plomb, clavettes et ferremens qu'il conviendra, mesme les charnières, la somme de dix huit cens livres, ci mviii^c^l.

Chapelle du cloitre. — **Couverture.** — Plus il est grandement necessaire de couvrir le comble de la Chaspelle Nostre dame du cloistre depuis la pointe du pignon jusque a l'espie du cœur, à cause que laditte couverture de laditte chappelle est presque toute pourie et mesme que la charpenterie est grandement pourrye et les chevrons par trop espacez, et pour ce faire il convient mettre et poser entre deux chevrons ung pour fortiffier laditte couverture et comble lequel comble a de longueur cent piedz depuis la ditte pointe jusques à l'espie dudict cœur et de la hauteur des chevrons trente piedz, et pour faire laditte couverture il convient emploier la quantitté de trois cents bottes de lattes à thuilles et vingt milliers de thuilles plattes dix fettières quatre vingt piedz de nau de boys et cent piedz de plomb pour poser dedans lesditz naus pour recevoir les eaux quy tombent du costé de l'église craignant de gaster les larresses de laditte chapelle que celles de laditte église, ce quy vault pour cloux et mattereaux ci-devant speciffiez la somme de huit cens livres, ci viii^{cl}.

Sacristie. — Chapelle de Notre-Dame du cloître. — Plus il est grandement necessaire de couvrir de nœuf le comble de la sacristie qui est attenant de laditte chappelle a cause que touttes les lattes et thuilles sont presque touttes pourries et mesme la plus grande partie des thuilles, ensemble la descente de la montée de laditte chappelle Nostre Dame du cloistre, et pour ce faut emploier la quantitté de vingt bottes de lattes à thuilles et quatre milliers de thuilles plattes, ensemble ung millier d'essy et cloux qu'il conviendra pour attacher lesdittes lattes et essys et pour tout les mattereaux et fassons vault la somme de cent livres, ci c^{l}.

Dortoir. — Plus il est grandement necessaire de prendre en une main et mettre a l'autre la couverture du comble du dortoir de part et d'autre à cause que la plus grande partie des thuilles et lattes sont presque toutes pourries et mesme les planches et ardoizes quy sont a la faiture dudict comble, et pour ce faire il convient employer quatre cens quatre vingt bottes de lattes à thuilles faisant servir celles quy se trouveront bonnes, quarente milliers de thuilles plattes, deux cens cinquante piedz de planches de chesne, quatre milliers d'ardoizes et les cloux qu'il conviendra pour l'achevement et perfection dudict comble, ce quy vault pour tous les matteraux et fassons la somme de mil livres, ci m^{l}.

Couverture du comble du réfectoire. — Plus il est grandement necessaire de descouvrir le comble du reffectoire de part et d'autre à cause que ledict comble menasse grande ruine la charpenterie estant par trop vieille, mesme les murailles et larresse dudict reffectoire sont grandement vieilles et caducques et ruinées et qu'il convient les faire de nœuf et après ladittе charpenterie faitte et parfaitte il convient recouvrir de neuf ledict comble tant de thuilles que ardoizes suivant comme il est a présent et pour ce faire il convient emploier la quantité de deux milliers de lattes à ardoizes y comprenant les vieilles quy pourront servir ensemble dix milliers d'ardoizes barres et deux milliers cinq cent piedz de contrelattes pour les couvertures d'ardoizes, et pour le costé quy est couvert de thuilles faut emploier cent cinquante bottes de lattes a thuilles et vingt milliers de thuilles et les cloux qu'il conviendra pour attacher lesdittes lattes et ardoizes et contrelattes, ensemble deux cens piedz de planches tant à ardoises que communes pour faire la faîte ce qui vault pour tous les mattereaux et fassons la somme de douze cens livres, ci XII^{cl}.

Couverture du cloître. — Plus il est grandement necessaire de decouvrir le pand du grand cloître qui est couvert d'ardoizes du costé de l'église depuis ung bout à l'autre et pour ce faire il convient emploier la quantitté de dix milliers d'ardoizes communes, les lattes et cloux qu'il conviendra et mesme rechanger le plomb des naus à crochers pour les tenir plus larges d'autant que ledit nau est par trop estroit et mesme le tout rompu et fracassé ce qui vault pour tout les mattereaux, rechange de plomb et fasson la somme de trois cens cinquante livres, ci III^{c}L^{l}.

Item il est grandement nécessaire de prendre à une main et mettre a lautre les trois autres pands dudict cloistre a cause que les thuilles et lattes sont toutes pouries et pour ce faire faut emploier la quantitté de cent cinquante bottes de lattes à thuilles faisant servir celles quy se trouveront bonnes, ensemble douze milliers de thuilles et les cloux qu'il conviendra pour attacher les dittes lattes et mesme fault emploier deux cens pieds de planches communes de chesne pour faire la festiere desdicts pands lesquels seront couvertz d'ardoizes aussy faut quatre milliers d'ardoizes pour faire la ditte faitte, ce qui vault pour tous les mattéreaux et fasson la somme de cent cinquante livres, ci CL^{l}.

Comble de la façade de l'abbaye. — Plus faut descouvrir le comble qui faict la devanture du couvent quy respond d'ung costé dans la cour commune du sieur abbé et de l'autre costé regarde le dortoire et la maison abbatialle, lequel comble contient de longueur cent cinquante piedz et d'hauteur des chevrons trente piedz, ledict comble en appanti d'ung costé quy regarde le grand cloistre couvert d'ardoizes, et le costé de la grande cour et petite court couvert de thuilles plattes, et est ledit comble vieil et caducque et menasse présentement de fondie (1) et sil le faut desmollir, apres que la charpenterie sera faitte et posée il conviendra recouvrir ledit comble de part et dautre et pour ce faire fault emploier la quantité de trois cens bottes de lattes a thuilles et trente milliers de thuilles plattes et ung millier de lattes à ardoizes, quatre milliers d'ardoizes barra desmellé *(sic)* mille piedz de contrelattes et les cloux qu'il conviendra pour la perfection dudict comble, ce quy vault pour tous les mattereaux et fasson quil conviendra pour icellui la somme de dix huit cens livres, ci xviii^{cl}.

Démolition d'un bâtiment. — Plus il fault achever de desmollir le comble quy aboustist a icelluy et fait ranhache où il faict la demeure de l'antien prieur et grange des relligieux quy contient de longueur environ quatre vingt piedz et d'hauteur trente piedz, lequel comble est grandement vieil et caducque et menasse ruine, comme par effect il est commancé a desmollir par la faute de la vieillesse et caducitté, et pour recouvrir ledict comble, après la charpenterie faitte, il conviendra emploier la quantitté de deux cens bottes de lattes a thuilles, vingt quatre milliers de thuilles, deux cens piedz de planches, ung millier de lattes à ardoizes, dix milliers d'ardoizes et les cloux qu'il conviendra pour attacher les dittes lattes, et huit cens piedz de contrelattes, ce quy vault pour tous les mattereaux et fasson la somme de quinze cens livres ci xv^{cl}.

(1) Sans doute synonyme de fondoir, *effondrement*.

Couverture d'un appentis. — Plus faut couvrir de nœuf un petit appantie, qui est en la cour, quy couvre le puitz de la grande cuisinne et le glassoire, lequel appanti est vieil et caducque et presque tout pourry et pour ce faire il convient emploier la quantitté de quinze bottes de lattes et trois milliers de thuilles et les cloux qu'il conviendra pour attacher les dittes lattes avecq le ciment et chaux, ce qui vault pour tous les mattereaux et fasson la somme de cinquante livres, cy L[l].

Couverture du petit cloître. — Plus fault descouvrir le comble du petit cloistre ensemble une grande partye du comble quy y est et quy aboutist au bout dudict petit cloistre à cause qu'il faut faire de nœuf la charpenterie d'icellui petit cloître et ledict comble, et pour ce faire faut emploier cinquante bottes de lattes et dix milliers de thuilles tant pour rediffier ledict petit cloistre que ledict comble attenant icelluy ce quy vault pour cloux, thuilles, lattes et fasson la somme de deux cens livres, ci II[cl].

Couverture du pavillon à l'entrée de l'abbaye. — Item il est grandement nécessaire d'achever de descouvrir le pavillon de la principalle entrée de la maison regulliere et abbatialle d'autant que ledict pavillon comble et tournelle sont grandement vieux et caducques et les lattes pourries, lequel pavillon peut avoir de largeur par bas vingt huit piedz et d'hauteur par le meilleu environ trente piedz, pour reparer et remettre led. pavillon bien et deuement il convient le descouvrir et puis après le recouvrir et pour ce faire il convient y emploier la quantité de mil pieds de contrelattes tant pour contrelatter ledict pavillon que tournelle, ung millier de lattes à ardoises, six milliers d'ardoizes barra desmellé *(sic)* et les cloux qu'il conviendra pour attacher les dittes lattes et contrelattes et ardoizes, ce qui vault pour matteriaux et fasson la somme de quatre cens livres tournois, ci IV[cl]

Somme totalle des ouvrages de couvertures à faire 29,670[l]

Les dicts Feri vittrier et Simon couvreur nous ont rapportez les reparations des vitres et ferures necessaires a icelles qui sont à faire presentement concister en ce qui en suit :

Église, réparation des vitres. — Premier, à l'église aux vitres haultes du cœur faut rellever vingt-cinq panneaux de vittres pour les remettre en plomb nœuf et y fournir du ver peint où il est besoing, ce qui vault la somme de trente six livres, ci xxxvi^{l}.

Idem. — Plus au mesme cœur faut fournir des vittres et ferures à neuf formes quy sont bouchées et pour chacune forme vault tant pour vittres que ferures la somme de sept cens livres ci pour tout six mil trois cens livres, ci $\text{vi}^{m}\text{iii}^{cl}$.

Idem. — Plus à la grande vittre quy respond a la rue Saint Jean faut fournir quarante panneaux de vittres au bas de la ditte forme qui est bouchée et y fournir les ferrures necessaires, et pour ce vault la somme de deux cens cinquante livres, ci $\text{ii}^{c}\text{l}^{l}$.

Id. — Plus à la même forme faut reparer dix panneaux de vittres et en fournir deux de ver peint et ung de ver blanc ce qui vault la somme de trente livres, ci xxx^{l}.

Id. — Plus aux chappelles basses d'alentour du cœur fault rellever vingt huit pantz de vittres pour les remettre en plomb nœuf et y fournir des verges et clavettes ce qui vault la somme de quarente livres, ci xl^{l}.

Id. — Plus à la Chappelle Nostre dame de Liesse fault fournir des vittres et ferures à deux formes quy sont bouchées pour ce vault la somme de six cens livres, ci vi^{cl}.

Id. — Plus à la forme au dessus de la Sacristie fault fournir des vittres et ferures aux deux thiers de laditte forme ce quy vault la somme de sept cens livres, ci vii^{cl}.

Id. — Plus aux vittres basses de la nef faut fournir trente deux panneaux de vittres nœufves à plusieurs formes qui sont bouchées et y fournir les ferures necessaires ce quy vault pour ce la somme de cinquante livres, ci l^{l}.

Id. — Plus aus mesmes vittres faut rellever et refondre trente panneaux ausquels faut fournir plusieurs pieces de peintures et ver blanc ce qui vault la somme de vingt cinq livres, ci xxv^{l}.

Id. — Plus aux vittres hautes au dessus *(sic)* des deux clochers faut fournir des vittres et ferures à deux formes quy sont bouchées, ce qui vault pour tout la somme de huit cens cinquante livres, ci VIII^{c}L^{l}.

Id. — Plus aux mesmes vittres hautes faut relever et resouder plusieurs pants qui sont nécessaires ce quy vault la somme de quarente cinq livres tournois, ci XLV^{l}.

Ancien dortoir, vitres à réparer. — Plus a l'antien dortoire faut fournir des vittres et ferures à dix sept croizées et pour chacune croizée vault tant pour vittres que ferures la somme de cent trente cinq livres qui revient pour tout à la somme de deux mil trois cens quinze livres, ci II^{m}III^{c}XV^{l}.

Réfectoire, vitres à réparer. — Plus au reffectoire fault fournir des vittres et ferures a cinq croizées ce qui vault la somme de quatre vingt livres, ci LXXX^{l}.

Entretien des vitres de l'église et du couvent. — Plus pour l'entretien des vittres de menues reparations tant de l'église que du couvent vault la somme de cent livres, ci C^{l}.

Somme des ouvrages de vitrerie a faire unze mil trois cent quarante et une livres.

Les ouvrages faictes pour l'entretenement a 100^{l} par an, sans compter les ouvraiges nœufves, depuis 1630 jusques à present : 1500^{l}.

Visite des bois de l'abbaye à Montrieulles. — Ce faict ledict Bergier assisté dudict Domp Firmin Minez, relligieux et procureur de ladittе abbaie, nous auroit requis pour l'entière exécution du jugement desdictz sieurs grands maistres enquesteurs et generaux refformateurs quil nous pleust voulloir procedder a la visitation des boys deppendantz de laditte abbaye et pour ce faire prendre jour pour nous y transporter et que le procureur du roy present l'a ainsy requis, Nous avons ordonné que nous transporterons esdictz boys le Vendredi septiesme jour du mois d'avril prochain auquel jour sera signiffié ausdictz Fallon et Bignicourt expertz ci-devant nommez et convenuz tant par ledict procureur du Roy que les parties au lieu de Montrieulles, neuf attendant dix heures du matin, pour prendre leur serment et en suitte procedder avecq eux à la visitation desdictz boys.

Id. — Et le dict jour de Vendredi septiesme jour d'avril audict an mil six cent quarante cinq Nous Maistre particullier susdict assisté de Maistre Jean Bourgeois Lieutenant de laditte maistrise, en la présence dudit procureur du Roi et de nostre greffier serions expres transporté au lieu de Montrieulles ou estant arrivé environ les dix heures du matin seroit comparu ledict domp Firmin Minez relligieux et procureur de ladite abbaye Saint Nicaise quy nous aurois requis voulloir procedder a la visitation desdictz boys, et à ceste fin auroit ledict domp Firmin, suivant nostre ordonnance, faict comparoir par devant nous Millet Fallon et Guillaume Bignicourt marchant de bois demourans à Reims expertz cidevant nommez et convenuz tant par ledict procureur du roi que les partyes pour procedder avecq nous a la susditte visitation, requerant quil Nous pleust voulloir prendre d'eulx serment en tel cas requis et accoutumé ce que nous aurions faict soubz lequel lesditz Fallon et Bignicourt auroient jurez et promis de bien et exactement procedder a la visitation desdictz boys, et de nous en rapporter l'aage, natture essence, qualitté et quantitté au desire dudict jugement desdicts sieurs grandz maistres enquesteurs et generaulx refformateurs.

Bois de Montrieulles et de Fillaine. — Ce faict, aurions faict comparoir pardevant Nous Guillin Le Roi, forestier desdictz boys, à la conduitte duquel serions transporté en iceulx et y estant parvenuz lesdictz expertz auroient, en nostre présence, assisté comme dessus, proceddez a la dicte visitation et rapportez la totalitté desdictz boys deppendantz de laditte abbaie saint Nicaise concister en deux pieces, la premiere appellé les boys de Montrieulles contenant huit cens quarente arpens ou environ et l'autre appelle le bois de Fillaine, contenant la totalitté de laditte piece quarente arpens ou environ, Laditte premiere piece reduitte en treize couppes, et à chacune d'icelles par années soixante cinq arpens ou environ, et, apres avoir veuz et visittez entierement les dicts boys de couppes en couppes, Nous ont concordament ensemble rapportez et mesme nous est apparu quil y a dans lesdicts boys grande quantité de chesnes et chesneaux et non d'autre natture de boys lesquelz sont pour la plus grande partye raboudriz esventez, roullez au retsour et non propres a bastir, et ne peuvent croistre davantage pour estre de mauvaise venue et apportent grand dommaige au tailli quy ne peult croistre en beaucoup d'endroictz pour la trop grande quantitté desdictz chesnes et chesneaux et sont depuis deux jusques a quatre piedz de thour et peuvent estre aagez de soixante dix, quatre vingt, quatre vingt dix, cent, six vingt et jusques a six vingt dix ans et quil s'i peut coupper desdictz chesnes et chesneaux de la qualité sus ditte, sur chacun arpent de tous lesdicts boys la quantitté ci après déclairée, et qu'icelle quantité cy après rapportée estant coupée le tailli des dictz boys en sera beaucoup meilleure et de plus belle venue.

Coupe des bois de Montrieulles. — En la première couppe desdictz boys de Montrieulles contenante, comme dict est, comme toutes les autres suivantes chacune soixante-cinq arpens ou environ lieudict la vente du Riz coustier, taillé de l'année dernière mil six cens quarente quatre, l'on peult coupper sur chacun arpent dicelle huit chesneaux.

Id. au lieudit Fontaine-Sainte-Barbe. — En la deuxieme lieudict la Fontaine Sainte-Barbe, budante sur les terres de la ferme dudict Montrieulles tailli de deux ans s'y peult coupper dix chesneaux sur chacun arpent.

Bois de la Hesle. — En la troisiesme lieudict a la Hesle tenante aux boys du sieur baron de Namtheuil, tailli de trois ans, s'y peult coupper vingt chesneaux sur chacun arpent.

Bois des trois frères. — En la quatriesme, lieudict les Trois frères, tailli de quatre ans, tenante aux terres de Courtaignon s'y en peult couper quatre sur chacun arpent.

Bois de la Belle-Épine. — En la cinquiesme, lieudit à la Belle espinne tailli de cinq ans s'i en peult coupper seize sur chacun arpent.

Bois de la Croisette. — En la sixiesme lieudit la Croizette, budante aux boys de l'archevesché d'une part et les usaiges de fermiers dautre, tailli de six ans, l'on peult coupper quatre chesneaux sur chacun arpent.

Bois au fond de Chapitre. — En la septiesme, lieudict au Fond de chapittre, tenante aux boys de la Chappelle, tailli de sept ans, l'on peult coupper cinq chesneaux sur chacun arpent.

Idem. — En la huitiesme couppe, lieudict au Fond de chapittre proche la précedente couppe s'y peult coupper douze chesneaux sur chacun arpent.

Bois du taillis Rogier. — En la neuviesme, lieudict le Tailli Rogier, tailli de neuf ans, s'i en peult coupper huit sur chacun arpent.

Bois du pont de pierre. — En la dixiesme, lieudict le Pont de pierre, budante aux prez dudict Montrieulles d'une part et les boys du sieur de Courtaignon d'autre, tailli de dix ans, s'i peult coupper sur chacun arpent quinze chesneaux.

Bois du Châtaignier fourchu. — En la unziesme, lieudict le Chastaignier fourchu, tailli de onze ans, s'i peult coupper sur chacun arpent vingt chesneaux.

Bois les Aulnez. — En la douziesme, lieudit les Aulnez,

budante à la bonde du gré, tailli de douze ans, s'i en peult coupper quinze en chacun arpent.

Bois du gros Faulx. — Et en la treiziesme et dernière desdittes couppes, lieudit le gros Faulx, budante au buisson de Saintimoge, tailli de treize ans, s'i peult coupper aussi sur chacun arpent quinze chesneaux.

Bois de Fillaine. — En l'autre pièce de boys appellé le boys de Fillaine, tenante aux boys du sieur de Louvois d'une part et ceulx du sieur Commandeur saint Anthoine d'autre, tailli de trois ans, s'i peult coupper sur chacun desdictz quarente arpens ou environ que contient laditte piece la quantitté de dix chesneaux.

Tous lesquels chesneaux cy dessus et de la qualitté cy devant rapportée peuvent valloire chacun d'iceulx, le fort au foible et lung rapportant a l'autre, à prendre dans tous et chacun les arpents desdicts boys la somme de soixante solz tournois. Dont et de tout ce que dessus nous avons faict et dressé le présent proces verbal pour servir et valloire ce que de raison et ont tous les ditz experts Lieutenant et procureur du Roi signez avecq nous en la minutte du present, les jour et an que dessus. En tesmoing de ce nous avons faict mettre et apposer a ces presentes le scel de la maistrize particulliere desdittes eaues et forrests les jour et an susdicts.

(Signé) Fallon.

Pour ces présentes et scel : XX[l]VIIIst.

Prix des vacations. — A nous pour avoir vacqué pendant cinq jours ausdictes visitations, sçavoir trois jours à la visitation des reparations et deux jours aux bois, la somme de quarente trois livres tournois, XLIII[l].

Au procureur du Roy pour pareilles vaccations la somme de quarente trois livres tournois, XLIII[l].

A nostre greffier qui nous a assisté a ce que dessus la somme de trente deux livres tournois, XXXII[l].

A Maistre Jean Bergier, procureur, qui a assisté a la visitation des reparations seullement, dressé la requete et mis la Commission en nos mains la somme de douze livres tournois, ci xii[l].

A Nicolas Gendre et Jubrian Carré maistres massons quy ont visitez la massonnerie et vacquez trois jours à chacun la somme de dix livres tournois. xx[l].

A Jean Lallondrel et Claude Richer charpentiers, pour pareilles vaccations la somme de dix livres tournois chacun, ci xx[l].

A François Ytasse et Jacques Legros, maistres couvreurs qui ont aussy vacquez trois jours a la visitation des couvertures, à chacun la somme de dix livres tournois, xx[l].

A Pasquier Feri, vittrier, pour avoir vacque un jour a la visitation des vittres, la somme de trois livres, iii[l].

A Pierre Simon cerurier pour pareille vacation a la visitation des ferures, la somme de trois livres, iii[l].

A Millet Fallon et Guillaume Bignicourt pour leurs voyages et vaccations pendant deux jours à la visitation des boys, à chacun la somme de vingt livres tournois, ci xl[l].

Ainsi signé Bignicourt.

(Signé) Fallon.

Procès-Verbal des Réparations faittes et a faire dans l'abbaie de Saint Nicaise en décembre 1659.

Aujourd'hui vingt sixiesme Avril mil six cent cinquante neuf, Nous Jean Beguin escuier sieur de Coëgny et Chaalons sur Veesle, con[r] du Roy, Lieutenant general au baillage de Vermandois, siege royal et presidial de Reims, sur la requeste à nous presenté par Les Prieur, relligieux et couvent de l'abbaie Sainct Nicaise dudict Reims contenante que par arrest de nos seigneurs du parlement du premier dudict mois d'avril il auroit esté ordonné que sans s'arrester aux saisies faictes a la requeste des officiers des eaues et forests tant de ceste ville de Reims que de celle d'Esparnay et grands Maistres de Champagne entre les mains des adjudicataires des boys de Morieul et Filaine deppendans de lad. abbaye St Nicaise pour pretendus droicts à eux deubs, que les dicts Relligieux auroient mainlevée desd. saisies en baillant par eux caution quy seroit recue avec les saisissans de leur payer plus grands droits que ceux qu'ils ont receu, s'il est ainsi ordonné, et que les droits quy doivent revenir ausdicts relligieux pour leur part et portion du prix de la vente desdicts bois de Morieul et Filaine quy sont entre les mains des adjudicataires desd. boys seront mis ès mains d'un notable bourgeois de ceste ville quy sera par nous nommé, et aussy des experts pour veoir priser et estimer les nouveaux bastimens que les supplians ont esté obligés de faire et ceux quy leur reste a construire et restablir, dont seroit dressé procès verbal en présence des substitud de M. le procureur general. Lequel arrest les dits Relligieux auroient desjà commencé à executer, ayant dès le vingt deuxiesme du present mois présenté caution quy a esté receue avec tous les saisissans quy ont esté appellés, et ne reste plus qu'à nommer le consignataire avec les experts pour procedder ensuitte a l'information, visite et procès-verbal desdictz bastimens, et publication au rabais au jour qu'il nous plaira d'ordonner. Lad. requeste signé Fr. Fiacre Maillet, procureur desd. Relligieux. Veu laquelle requeste et l'arest de Nos Seigneurs de Parlement obtenu par lesdits Relligieux en datte du premier Avril MVI^{c} cinquante neuf signé du Tillet et scellé, par lequel la cour a ordonné que l'arrest d'icelle du cinquiesme aoust MVI^{e} cinquante huit sera executé, ce faisant sans s'arrester aux saisies faictes à la requeste des officiers des eaues et forest, desquelles fait main levé aux supplians en baillant par eux caution quy sera receue avec les saisissans de leur payer plus grands droits que ceux qu'ils ont receu, s'il est ainsy ordonné; seront les deniers quy doivent revenir ausd. supplians pour leur part et portion du prix de la vente des bois de Morieul et Filaine quy sont entre les mains des adjudicataires desdits bois mis ès mains d'un bourgeois notable de ceste ville de Reims quy sera nommé par nous pour estre lesd. deniers incessamment emploiés aux reparations les plus urgentes et nécessaires à faire en lad. abbaye, et remboursement des deniers quy ont esté empruntés pour la construction qu'il a esté nécessaire de faire de nouveau, à ceste fin ordonné qu'il sera informé par nous, en présence du substitud de M. le procureur general en ce siège, de la nécessité et utillité des nouveaux bastimens, lesquels seront prisés et estimés par experts quy seront nommé[s] d'office par nous, dont sera dressé procès verbal, comme aussy des plus nécessaires et urgentes reparations quy sont a faire, lesquelles seront bailliées au rabais, et les procès verbaux de la reception des ouvrages avec les quictances des ouvriers rapporté au greffe de la cour pour justifier de l'employ des deniers, nous aurions mis nostre decret en datte dud. jour vingt-sixiesme avril, portant que laditte requeste et ledict arrest seroit communiqué au procureur du Roy, et ensuitte sur autre requeste a nous présenté par lesdicts Relligieux en datte des cinq et huictiesme may au dict an mil six cens cinquante neuf, nous aurions ordonné quil seroit par nous procédé a l'execution dudict arrest et, à ceste fin, aurions nommé d'office pour experts Leonard Gentillastre et Nicolas Bridet, maistres massons, Nicolas Bouzens l'esnel et Claude Richer, maistres charpentiers, Jacques Charlier et Claude Charlot, m^{es} couvreurs, Monoury, maistre menuizier, Nicolas Massanhay m^{e} cerrurier, Jean Thierry, m^{e} vittrier pour être procédé à la visitation et estimation des bastimens faicts et des plus nécessaires et urgentes reparations quy sont à faire, et pour ce faire donné assignation au samedy dixiesme dudict mois de May, au couvent de ladicte abbaye et à ceste fin signiffié audict procureur du Roy, pour y assister, comme aussy aurions nommé d'office pour consignataire des deniers Henry Marlot, marchand de ceste Ville.

Et ledit jour de samedy nous, Lieutenant general susdit, sommes, assisté dud. greffier, de M. Nicolas Bergier procureur desd. relligieux, transporté au couvent de laditte abbaye huit heures du matin, où estant ledit Bergier pour lesd. Relligieux nous a reytéré laditte Requeste et dit que suivant nostre ordonnance il a fait assigner lesdicts Gentillatre, Bridet, Bouzans, Richer, Charlier, Charlot, Monoury Massanhay et Thierry, lesquels estans comparus, led. Bergier nous a requis vouloir prendre leur serment en tel cas requis et accoutumé, surquoy nous, faisant droit, avons faict faire lecture dudit arrest ausdits experts et à eux donné à entendre le con-

tumé, sous lequel ils ont juré promis de bien et fidellement proceder à la visitation est estimation desdits bastiments. *(Blanc dans le manuscrit.)*

Rapport de la nécessité et utilité d'iceulx et visitation et estimation des plus necessaires et urgentes reparations quy sont a faire, à quoy a esté proceddé en nostre présence par lesd. experts, ès lieux et bastimens de lad. abbaye cy aprés mentionné ainsy qu'il ensuict.

MASSONNERIE.

Premièrement pour les bastimens nœufs faicts par lesdicts Relligieux, dom Benoist Buquet prieur desd. relligieux refformés nous a indicqué un corps de logis lequel ayant été visité et mesuré en notre présence par lesd. experts s'est trouvé contenir vingt pieds de longueur et trente quatre pieds de largeur lequel corps de logis sert d'alongement au dortoir et est de pareille hauteur que le comble du dit dortoir qui est de trente six pieds, ce quy monte à la quantité de soixante quatorze toises de murailles.

Chambres voûtées. — Au premier estage dud. bastiment sont deux chambres basses voutés dont les voultes sont contre pousés au dehors par deux pilliers boutans de pierre de taille.

Chauffoir. — Et au second estage il y a une chambre commune d'un costé servante presentement d'un petit chauffoir ausd. Relligieux, attendant qu'il en soit construit une autre en lieu plus commode, et alors servira de cellule pour un relligieux et de l'autre une cellule ou chambre particulliere pour un relligieux.

Autre bâtiment. — Au coing duquel alongement il y a une entrée pour aller en un autre bastiment nœuf dont sera parlé cy après. Les murailles du susdit bastiment sont faittes de blocailles au premier estage et au second estages de croyes taillés, auquel bastiment il y a deux croisées, six fenêtres de moindre grandeur que les croisées, trois portes compris l'entrée quy conduit a la gallerie d'en hault. Le tout de pierres de tailles, et pareillement l'assouchement est de pierres de taille et les entablements de croyes taillés ce que lesdits Bridet et Gentillastre ont estimé valloir, sçavoir :

Murailles. — La toise de muraille quinze livres chascune, ce quy monte pour la quantitté de soixante quatorze toises la somme de mil soixante sept livres tournois MLXVII[l].

Croisées-portes. — Les croisées et porteries quatre vingts livres piece, ce quy monte pour cinq portes et fenestres en tout a quatre cens livres : icy CCCC[l].

Fenêtres. — Les fenestres a raison de trente trois livres ce quy monte pour six fenestres cent quatre vingt dix huit livres CLXXXXVIII[l].

Les deux voultes la somme de quatre cens livres tournois IIII[cl].

Piliers boutants. — Les deux pilliers boutans six vingt livres pièce ce quy monte a deux cens quarante livres II[c]XL[l].

Cheminée. — La cheminée soixante livres LX[l].

Pavé. — Et le pavé desd. chambres haultes et la pend de feu (pour *pan de fut)* quy y sert de fermeture, le tout la somme de soixante livres LX[l].

Assouchements. — **Entablements.** — Et l'asouchement et les entablemens de seize livres la toise d'asouchement, et pour huit toise monte a six vingt huict livres et les entablemens a six livres la toise, et pour huict toises quarante huict livres le tout valant cent soixante seize livres, CLXXVI[l].

Somme : deux mil six cens trente une livres.

Autre Bâtiment. — Détails divers. — Ensuict du precedent corps de logis et joignant icelluy est un autre bastiment servant pour les lieux communs, lequel s'est trouvé contenir trente neuf pieds de longueur sur trente deux pieds de largeur et de hauteur et profondeur tant dedans que hors de terre environ cinquante pieds. Les murailles sont pareillement faictes de blocailles jusques au premier étage et de croyes taillés au second estage ; les arrestes sont de pierres de taille à la réserve d'une quy est de pierres de taille et de croyes. Les asouchements sont tous de pierre de taille et les entablemens de croyes taillés, dans lesquelles murailles sont posés trois croisés et trois fenestres de moindre grandeur le tout de pierre de taille ce que les dits experts ont estimé valloir sçavoir :

La toise de muraille vingt livres chascune, eu égard à la grande espesseur des murailles, quy est de quatre pieds, ce quy faict pour la quantitté de cent soixante quinze toises la somme de trois mil cinq cent livres, III^{m}V^{cl}.

Les croisés quatre vingt livres chascune et les fenestres trente livres ce quy monte pour les trois croisés et les trois fenestres a trois cens quarante livres, III^{c}XL^{l}.

Pour l'arreste et asouchement de pierre de taille, peuvent valloir cent quatre vingt livres et les entablements à six livres la toise, et pour treize toises soixante dix huict livres, montant en tout à deux cens cinquante livres, II^{c}L^{l}.

Le pavé desd. lieux communs et pend de feu servant de separation d'avec la gallerie joingnant peuvent valloir cent quatre vingt livres tournois, icy CLXXX^{l}.

Somme de quatre mil deux cent soixante dix livres.

Et pour tout lesdicts deux bastiments ensemble six mil neuf cent une livres.

Cour transformée en bâtiment. — A la place du susd. premier bastiment ledit pere Prieur nous a dit qu'il n'y avoit aucun bastiment mais que c'estoit une court servant de passage pour aller au jardin.

Et au lieu du second bastiment il y avait un bastiment en appenty fort vieux caducque et inhabité.

Chauffoir très vieux. — Vieilles constructions à rebâtir. — De là nous nous sommes transportés en une place ou led. père prieur nous a dit quil y avoit un bastiment servant de chauffoir commun quy contenoit vingt quatre pieds de longueur sur quatorze de largeur eslevé de deux étages, servoit aud. chauffoir commun et que led. bastiment est tombé en ruine par vieillesse et caducité l'année dernière, il y a eu un an au mois de mars dernier ou environ, et il y avait plus de dix ans que la charpenterie estoit estançonné, duquel bastiment lesd. experts ayant considéré le reste et vestiges des murailles nous ont dit qu'il paroist que ledit bastiment estoit antien et caducque et qu'il estoit besoing de le restablir et reprendre par le pied pour le remettre en estat, et en suyvant environ de dix pieds de distance s'est trouvé une place où il y avoit un bastiment de dix sept pieds de longueur et vingt quatre pieds de largeur eslevé en partie de deux estages et en partie fait en appenty, lequel bastiment servoit au lieu commun et a commencé à tomber en ruine pour une partie de l'estage de hault, il y a trois ans, par vieillesse, et caducité et le surplus est fondu il y a eu un an l'hiver dernier, et par les vestiges quy restent desd. murailles lesd. experts nous ont dit qu'il paroist qu'elles estoient vieilles et caducques et qu'il estoit nécessaire de le restablir et reprendre par le pied, pourquoy lesdits experts estiment, attendu la nécessité de rebatir lesd. deux bastimens ou d'en faire d'autre pour un chauffoir et des lieux communs, que les susdits précédens deux bastimens construict de nœuf sont nécessaires et ont esté bien placés et disposés aux endroits où ils sont et mieux que lesd. bastimens fondus par ce que par ce moyen l'un d'iceulx sert à alonger le dortoir, et le bastiment servant pour les lieux communs est aussy plus commodement placé pour ce qu'il est attenant dud. dortoir et que la gallerie joignante desdits lieux communs sert de passage pour aller à l'infirmerie quy est en un antien bastiment joignant quy en suict.

Salle du logis abbatial. — Infirmerie divisée en deux chambres. — Dans ce bastiment antien quy estoit une salle du logis abbatial laquele salle ne pouvoit servir aux lieux reguliers sy elle n'eust esté jointe par lad. gallerie que l'on y a faict et pour en faire une infirmerie l'on y a faict deux pends de feu quy la separent et en font deux chambres pour les malades lesquels pends de feu lesd. experts ont estimé valloir la somme de cinquante livres, L[l].

Dortoir. — Réfectoire. — Cuisine détruite. — Cuisine et dépense. — Ensuict nous nous sommes transportés au dortoir dud. couvent où estans, le dit père prieur nous a dit et remonstré qu'il n'y a que dix sept chambres audit dortoir, bien qu'ils soient obligées d'entretenir plus grand nombre de relligieux ce qu'ils esperent de faire, pourquoy ayant veu et visité les dortoirs et compté les chambres quy y sont, il ne sy en est trouvé que dix sept sans y comprendre deux chambres quy ne peuvent estre habités parcequ'il n'y a aucune clarté et ne s'y en peut tirer, pourquoy ils désirent d'augmenter ledict dortoir et faire les chambres quy leur seront necessaires au dessus du reffectoir qu'il convient bastir pour ce que l'antien refectoir est vieux et caducque et inhabité depuis quinze ou seize ans, ce quy les a obligé de changer deux fois de place et font à present leur reffectoir au dessous de l'infirmerie ainsy qu'il se recoignoistra par lesdits experts, et ayant esté conduict audit antien refectoir quy faict l'un des costés du cloistre les dits Bridet et Gentillastre, après l'avoir veu et visité ont dit que les murailles sont vieilles et caducques et ne peuvent servir en l'estat qu'elles sont, et pour se servir dudit reffectoire il est besoing de la reprendre tout à nœuf, comme aussy ledit père prieur nous a dit que joignant ledit reffectoir il y avoit une cuisine quy est tombé en ruine, il y a quinze ou seize ans, et nous aiant indicqué le lieu et les vestiges quy restent des murailles, il est apparu que ladittc cuisine est entièrement ruinée et au lieu de ladittc cuisine ruinée lesd. Relligieux se sont servy depuis de deux places qu'ils ont été obligés de changer et font a présent leur cuisine au dessous de l'infirmerie attenant de leur reffectoire, ainsy que nous avons veu, pourquoy il est besoing de rebastir lad. cuisine avec une despence et un petit logement attenant pour les serviteurs.

Salle des hôtes. — Ledit pere prieur nous a aussy remonstré qu'il n'y a jamais eu audit couvent aucune salle ny chambre pour recevoir et loger les hostes pourquoy il leur est nécessaire d'en faire bastir estant de l'obligation de leur règle de recevoir les hostes, et faire lad. cuisine joignant dud. refectoir qu'il convient bastir et pour ce faire alonger le bastiment antien quy servoit de refectoire pour y prendre lad. salle et une chambre commune pour servir de chauffoir.

Galetas sur un des côtés du cloître. — Chambres pour le Cellérier, le Procureur et le Portier, plus trois chambres pour les Hôtes. — Ensuicte sommes transportés en un autre bastiment quy faict l'un des costé du cloistre que les relligieux appellent galta, lequel ayant esté visité et mesuré s'est trouvé contenir vingt deux toises de longueur, vingt huit pieds de largeur et trente pieds de hauteur, auquel bastiment le pignon quy estoit du costé du jardin est fondu ce que ledit pere prieur nous a dit estre arrivé au mois de décembre dernier les larrestes dud. bastiment ayant été visités par lesdits Bridet et Gentillastre ils ont dit quelles sont vielles et caducques et le lieu, en l'estat qu'il est, inhabitable, et pour s'en servir utillement ont dit quil est besoing de les reprendre tout à nœuf. En l'estat que ledit bastiment est apresent il advance dans le cloistre et fait qu'il y a un triangle quy rend ledit cloistre difforme et irregulier, pourquoy ledit pere prieur nous a dit et remonstré qu'en desmolissant les bastimens, ainsy qu'il est jugé necessaire par lesdits Bridet et Gentillastre, lesdits relligieux ont dessein de ne restablir que partie dud. bastiment et galta et mettre ledit cloistre au carré pour ce quy restera de la longueur dud. bastiment. Ils ont besoing de faire trois chambres pour servir aux officines dud. couvent sçavoir une chambre pour le portier une autre pour le cellerier et la troisiesme pour le procureur dud. couvent, et au second estage ils ont besoing de trois chambres pour loger les hostes et survenans. De tous lesquels bastimens faicts et a faire ledit pere prieur nous a dit avoir fait dresser un dessein qu'il a representé, lequel ayant esté veu et considéré par tous lesdits experts ont dit unanimement et concordament que le dessein des dits bastiments est bien fait et dressé pour les lieux reguliers et autres bastiments y désignés et estiment qu'il est commode et util pour lesdits relligieux, à lexception touttetfois de la bibliothèque dont sera cy apres parlé, lequel dessein avons ordonné estre paraphé par nostre greffier, ce quy a esté faict et rendu audit père prieur, et ayant tous lesdits experts veu et visités exactement lesd. deux bastimens l'ung servant autrefois de reffectoir et l'autre quy est le galta, ont dit et rapporté qu'ils sont fort vieux et caducques et qu'il est besoing de les desmolir et que pour les rebatir ils estiment que le dessein des chambres et autres places y désignées qu'en ont fait faire lesd. relligieux est fort commode et util pour en faire les lieux reguliers cy dessus specifiés nécessaires a des Relligieux, ainsy qu'on a coustume de les bastir.

Réfectoire, cuisine, dépense, salle des hôtes à construire. — Et que pour ce faire il faudra emploier les sommes cy après déclarés outre les vieux matéreaux quy pourront servir, le reffectoire, la cuisine, despence, et salle des hostes qu'il convient construire de nouveau contiendront vingt trois toises de longueur, cinq toises un pied de largeur, six toises de haulteur y compris une toise de profondeur de fondation, ce quy fait en tout pour les deux larrestes deux cens soixante seize toises et monte a raison de quinze livres la toise a la somme de quatre mil cent quarente livres tournois, IV^m^CXL[l].

Pour les deux murs de refand avec le bout du bastiment quy fera le retour les trois ensemble font soixante douze toises, ce quy monte a la susd. raison de quinze livres a mil quatre vingt livres tournois, MLXXX[l].

Portes et fenêtres du bâtiment, rez-de-chaussée. — Au premier estage dud. bastiment il convient faire faire dix sept tant portes que croisés de pierres de taille, chascune croisé et porte estimé a quatre vingt dix livres, montant en tout à quinze cens trente livres, XV^c^XXX[l].

Cheminées. — Trois grandes cheminées pour la cuisine, la salle des hostes et pour la chambre commune servant de chauffoir au second estage, quatre vingt dix livres chascune, ce quy monte à deux cens soixante dix livres, IIᶜLXXˡ.

Réfectoire, cuisine et dépense voûtés. — Plus fault cinq voultes en branche d'ogive portés de colomnes au milieu et de pilastre du costé des murs tant pour le réfectoir, la cuisine et la despense estimés quatre mil livres, cy IVᵐˡ.

L'asouchement de pierres de taille contenant quarente six toises estimé chascune toise seize livres fait en tout six cens soixante seize livres, VIᶜLXXVIˡ.

Contreforts. — Plus il faut cinq pilliers boutans de seize pieds de hault et deux pieds en carré pour soustenir lesd. voultes du costé du jardin, l'autre costé estant soustenu et appuyé par le cloistre chascun pillier estimé six vingt livres ce quy monte en tout a six cent livres, VIᶜˡ.

Portes et fenêtres 1ᵉʳ étage. — Au second estage dud. bastiment faut faire treize tant portes que croisés estimés chascune quatre vingt dix livres ce quy monte a unze cens soixante dix livres, XIᶜLXXˡ.

Item huict fenestres pour les chambres estimé pour chascune trente livres monte a la somme de deux cens quarante livres, IIᶜXLˡ.

Pour l'entablement de croyes dudit bastiment faut quarente six toises estimés six livres chascune toise ce quy fait en tout deux cens soixante seize livres, IIᶜLXXVIˡ.

Bâtiment en retour. — Item il convient faire un autre grand corps de logis faisant retour au precedent pour lessusdittes offissines et autres lieux cy spéciffiés et contiendra treize toises de longueur, cinq toises un pied de largeur, six toises de haulteur, y compris une toise de profondeur pour la fondation, quy feront en tout pour les deux larrestes cent cinquante six toises estimés au prix de quinze livres chascune toise, ce quy faict en tout deux mil trois cens quarante livres IImIIIcXLl.

Rez-de-chaussée, portes et fenêtres. — Dans le premier estage dudit bastiment il convient faire sept tant portes que croisés du costé de la cour estimé quatre vingt dix livres chascune ce quy monte à VIcXXXl.

Passage entre le cloître et le bâtiment. — Item dans ledit bastimens, il faut faire une muraille de refend pour servir de séparation entre l'allée du cloistre et led. bastiment, laquelle muraille contiendra dix sept toises de longueur trois-toises de haulteur y compris les fondations quy font en tout cinquante une toises estimé quinze livres la toise ce quy faict sept cent soixante livres : VIIcLXl.

Item faut faire dans led. mur de refend deux portes estimé quatre vingt dix livres chascune ce quy monte à CLXXXl.

Trois chambres (office). — Item faut faire aud. bastiment pour les trois chambres servantes aux officines estimés chascune quatre vingt dix livres ce quy monte a deux cens soixante dix livres : IIcLXXl.

Item pour l'assouchement il faut vingt huict toises de pierres de taille estimé quinze livres la toise ce quy monte a quatre vingt seize livres : XCVIl.

Premier étage, croisées. — Item dans l'estage den hault dud. bastiment il faut faire sept croisées du costé de la cour et six du costé du cloistre estimé chascune quatre vingt dix livres ce quy monte a unze cens soixante dix livres : MCLXXl.

Id. cheminées. — Item convient faire aud. estage de haut deux cheminées pour deux chambres des hostes estimés chascune quatre vingt dix livres ce quy monte a cent quatre vingt livres CLXXXl.

Pour l'entablement de croyes il fault vingt-six toises estimées a six livres la toise monte a cent cinquante six livres CLVI[l].

Bibliothèque. — Au regard du lieu destiné pour faire la bibliotecque lesdits Bridet et Gentillastre ont dit que le bastiment que l'on feroit joignant leglise pour laditte bibliotecque offusqueroit lad. eglise que les eaues qui tomberoient du comble pouroient gaster le mur de lad. eglise et neantmoings où l'on trouveroit moyen d'empescher que lesdittes eaux tombassent proche du mur et que la clarté de lad. église ne fust offusqué et que par ce moyen il convient bastir lad. bibliotheque en cest endroit, elle contiendroit dix neuf toises de longeur et deux toises de hauteur faisant en tout trente huict toises qu'ils ont estimés a raison de quinze livres la toise, ce quy monte a cinq cent soixante dix livres V[c]LXX[l]
Dans lad. bibliotecque il fauldroit faire huict croisées et une morte a raison de quatre vingt dix livres chascune ce quy monte a huit cens dix livres VIII[c]X[l].
Plus il faudroit dix neuf toises d'entablement a raison de six livres la toise ce quy monte a cent quatorze livres CXIV[l].

Redressement du cloître. — Item pour mettre le cloistre au carré faut faire deux pends dudit cloistre sçavoir un costé de pierre de taille pour le rendre a peu près semblable au pend du costé de léglise desja fait et dont il est joignant et y faire neuf arcades quy contiendront quinze toises de longueur ce quils ont estimé la somme de deux mil deux cens cinquante livres II[m]II[c]L[l].

Et pour l'autre pend du cloistre du costé du reffectoir, sera fait avec petittes colommes et arcades dessus et quatre gros pillers pour le rendre à peu près semblable au pend du costé du chappitre ce quy contiendra quinze toises de longueur qu'ils ont estimés seize cens livres MVI[c][l].

Grand escalier. — Item est necessaire de faire un grand escalier de pierres de tailles pour monter et descendre du hault en bas du dortoir et autres bastimens cy dessus lequel contiendra trente huit marches chascune de six pieds de longueur avec quatre pillers le tout estimé cinq cens livres v[cl].

CHARPENTERYE.

Charpentes pour les bâtiments ci-dessus indiqués. — Lesd. Bouzens et Richer ont veu et visité en Nostre présence le comble quy a esté fait de nœuf au bastiment quy sert a alonger le dortoir, lequel comble ils ont trouvé se raccorder avec l'antien comble dud. dortoir et estre fait en crouppe avec assemblage du costé du jardin, ce quy est fait de neuf et contient vingt pieds de longueur sur la largeur de trente quatre pieds, sur laquelle crouppe il y a une lucarne de quatre pieds de largeur ou environ et de hauteur convenable a la largeur de la chambre servant a present de chauffoir, il y a un plancher par hault et un manteau de cheminée quy est de bois et une autre chambre pour servir de cellule a un religieux ; il y a un plancher tant plain que vuide quy est raboté, quy contient dix sept pieds de longueur et neuf de largeur et un plancher par terre de pareille longueur et largeur; les fausses couvertures tant des deux grandes croisés du dortoir respondantes sur le jardin que des petittes fenestres du chauffoir et de la petitte cellule d'avec l'allée du dortoir il y a douze toises de pend de feu tous lesquels ouvrages de charpenterie pour led. bastiment servant d'alongement au dortoir ils ont estimé valloir la somme de sept cens cinquante livres pour bois et fassons VII[c]L[l].

Au bastiment joignant ledit a longueur du dortoir où sont les lieux communs, lequel bastiment contient trente neuf pieds de longueur hors œuvre et vingt un pieds de largeur il y a quatre sommiers au premier estage quy servent a porter le plancher desdits lieux communs et au second estage il y a trois sommiers sur lesquels sont assemblés les ramures du comble auquel comble il y a une crouppe a lun des bouts et un collet à l'autre bout, et lesd. ramures sont assemblés avec poinssons, contrechevrons, jambettes vuimes eseliers. fisches, festes, sous-festes, liens de festes, pannes, chevrons et solles dessus la muraille ; plus il y a aud. bastiment vingt cinq toises de pend de feu pour servir de separation desdits lieux communs les uns d'avec les autres et de la gallerie attenant. Plus il y a un escalier aud. bastiment pour descendre à l'infirmerie, quy est composé de huict marches quy sont remplies de pavés de terre pardessus ; les fausses couvertures des trois croisés de lad. gallerie et celles des trois petites fenestes quy sont ausd. lieux communs sont de bois à ladite gallerie il y a un plancher au dernier pillier de l'escalier en bas. Tous lesquels ouvrages de charpenterie ils ont estimé valloir tant pour les bois que façons la somme de sept cent cinquante livres vii^c^l^l.

Infirmerie. — Réfectoire. — A l'Infirmerie il y a un pend de feu quy sert de separation entre lad. Infirmerie et la gallerie attenant lequel pend de feu contient six toises de longueur et deux toises de haulteur comme aussy il y a un autre pend de feu faisant separations des deux chambres de lad. infirmerye lequel contient six toises ou environ, le tout ensemble faisant dix huit toises estimé en tout la somme de cent livres pour le reffectoir quil convient bastir de nœuf au lieu de lantien reffectoir dont la charpenterie est vieille, caducque et menasse ruine, il fault faire un comble de vingt trois toises de longueur et cinq toises de largeur dedans œuvre pour led. reffectoir, cuisine, despence et salle des hostes, auquel comble il faut quatorze ramures fournies de sommiers, jambes de force, boucquets, potillons, liens, poinssons descendans jusques dessus les sommiers, vuines *(sic)*, vuinettes, liens, jambettes, contrechevrons festes doubles, sous festes et doubles croix de sainct-andré dans chacune espace dont il y en aura jusques au nombre de quinze ce quy peut valloir pour chacun espace dud. comble y compris la ramure speciffié comme dessus cent trente quatre livres pour le bois et pour les deux crouppes quy se feront par les bouts dud. bastiment en pavillon vallent ensemble pour le bois deux cens soixante huict livres ce quy monte pour tous les bois dud. comble a deux mil deux cens soixante-huit livres, II^{m}II^{c}LXVIII^{l}.

Cellules sur le chauffoir. — Pour le plancher au dessus du chauffoir et des cellules quy seront au dortoir quy sera fait de nœuf il faut deux mil quatre cens pieds de doubleaux et six cens soixante douze planches de sept pieds de longueur, tant les doubleaux que planches, ce quy vault la somme de sept cent soixante cinq livres, VII^{c}LXV^{l}.

Plus pour le plaucher par terre dud. chauffoir des cellules il faut deux cens vingt planches et huit cens pieds de petits doubleaux ce qui vault huit cens quatre vingt treize livres, VIII^{c}LXXXXIII^{l}.

Plus pour les séparations desd. cellules et pour le pend de feu de l'allée dud. dortoir il y peut avoir quarante deux toises ou environ à raison de six livres la toise, ce quy fait la somme de deux cens cinquante deux livres, II^{c}LII^{l}.

Cloître. — Plus fault faire de nœuf un ecard du cloistre contenant en longueur vingt toises du costé du reffectoire quy sera fait de nœuf et l'autre bout du costé du chapitre sera augmenté de vingt pieds ou environ de mesme assemblage que le reste quy demeurera et pour ce faire il faut pour huit cens quatre vingt treize livres, VIII^{c}LXXXXIII^{l}.

Plus pour le bastiment en rentrant quy sera fait pour les officines et chambre des hostes il fault seize sommiers, huict pour le premier estage de trente deux pieds de longueur et d'unze a douze poulces de grosseur quy peuvent valloir chascun la somme de quarante cinq livres, cy monte a la somme de sept cens vingt livres, VII^{c}XX^{l}.

Plus pour le comble dud. bastiment il faut huict ramures fournies de pareil bois et assemblage que le precedent comble du reffectoire ce quy vault pour le bois la somme de neuf cent livres compris la crouppe, canaux et collet pour raccorder sur l'autre, IX^{cl}.

Plus pour le plancher pareil a celluy du dortoir il fault la quantitté de trois mil pieds de doubleaux ou environ et mil vingt quatre planches de sept pieds de longueur ce quy peut valloir onze cens quatre vingt livres, $\text{XI}^{\text{c}}\text{LXXX}^{\text{l}}$.

Pour les séparations des chambres des hostes et de la gallerie il faut vingt six toises de pend de feu ce quy peut valloir la somme de cent cinquante six livres, icy CLVI^{l}.

Pour le reffectoir des serviteurs quy est de huict toises ou environ de longueur et trois toises de largeur quy sera fait d'un estage de haulteur en appenty il faut pour la somme de trois cens livres de bois, III^{cl}.

Plus est nécessaire de faire tant au comble au dessus des cellules qu'au grenier au dessus des chambres des hostes la quantité de douze lucarnes quy peuvent valloir pour les douze la somme de six vingt livres, CXX^{l}.

Plus pour les cloux qu'il faut pour lesd. bastimens nœufs la quantité de cinquante milliers de cloux de vingt livres a raison de trois livres dix sols le miller, ce quy monte à la somme de cent soixante quinze livres, cy CLXXV^{l}.

Plus pour les façons de tous lesd. bastimens qu'ils feront de neufs elles peuvent valloir la somme de trois mil huit cent livres, $\text{III}^{\text{m}}\text{VIII}^{\text{cl}}$.

COUVERTURES.

Couvertures des nouvelles constructions. — Le comble servant de ralongement au dortoir quy contient en longueur vingt deux pieds et de largeur trente cinq pieds est couvert de thuilles, et les festes et heritiers et une lucarne sont d'ardoises ce quy monte par led. ralongement à quarante six toises ou environ et vault pour matereaux et façons deux cens soixante seize livres qui est à raison de six livres chascune toise deux cens soixante seize livres, $\text{II}^{\text{c}}\text{LXXVI}^{\text{l}}$.

Le comble quy est au dessus des lieux communs contient trente neuf pieds de longueur et vingt un pied de largeur, est couvert de thuilles et les festes et les heritiers d'ardoises avec des nauts a crochets et raccordement tant d'un côté que d'autre, ce quy monte a la quantité de cinquante toises et monte a la susd. raison de six livres la toise a la somme de trois cents livres, III^{cl}.

Et pour le plomb quy est employé sur lesd. deux combles du dortoir et lieu commun basty de neuf il faut un millier de plomb tant pour les nauts à crochets que les naux et cuvettes et les tuiots et crochets de plomb pour porter le plomb, ce quy peut valloir deux cens vingt livres, II^{c}XX^{l}.

Le comble de lantien reffectoire est viel et caducque et les thuilles tombent journellement par la pourriture des lattes et cheverons, ne se peut reparer et convient de restablir de nœuf et pour le faire de la longueur de vingt trois toises ou environ et de trente pieds de largeur il contiendra deux cent trente toises de couverture, ce quy vault pour chascune toise tant pour thuilles qu'autres matereaux la somme de six livres et monte pour le tout à treize cent quatre vingt livres, MIII^{c}LXXX^{l}.

Le comble du corps de logis en galta est aussi vieux, caducque et ne peut plus subcister et pour le refectoir de longeur de quatre vingt un pieds et trente pieds de largeur quy est de mesme que le precedent ce quy monte a cent trente cinq toises ou environ et vaut, à raison de six livres la toise, la somme de six cent quatre vingt dix livres, VI^{c}LXXXX^{l}.

Plus sur les costés du cloistre qu'il faut remettre au carré quy contiendront vingt trois toises de longueur et trois toises de haulteur, ce quy monte a soixante neuf toises ce quy monte à la susd. raison à quatre cent quatorze livres, IV^{c}XIV^{l}.

Plus pour le reffectoir de serviteurs quy contient huict toises de longueur, trois toises de haulteur le tout monte a quarente huict toises ce quy vaut en tout à la susd. raison pour matereaux et façon deux cens quatre vingt huict livres, II^{c}LXXXVIII^{l}.

Pour le plomb qu'il faudra a tous les susd. bastimens pour mettre aux lieux nécessaires il en fault un miller ou environ a vingt un livres le cent ce quy monte à deux cens dix livres, II^{c}X^{l}.

Somme en tout tant pour les thuilles, lattes, cloux, ardoises, plomb, crochets de fer et façon trois mil sept cens livres.

MENUZERIE.

Menuiserie des bâtiments cités plus haut. — Premier au corps de logis servant de ralongement au dortoir il y a à une chambre de l'estage d'en bas une porte faicte de nœuf quy vault la somme de quinze livres, icy xv[l].

Plus à une autre chambre basse dud. corps de logis il faut y faire aussy porte quy vaudra pareille somme de quinze livres, icy xv[l].

Au dessus de la porte de l'escallier quy conduict aux infirmerie et lieux communs il y a une fenestre un chassis a ver par ceintré de sept pieds de largeur et de quatre pieds de haulteur, ce quy vault six livres, icy vi[l].

A la chambre basse quy est au dessous de l'infirmerie et quy sert a présent de reffectoir, il y a deux chassy nœuf a ver de six pieds de hault et de deux pieds quatre poulces de largeur, ce quy vault quatre livres piece y compris la vantelle quy sont de vieux bois quy monte a huict livres, viii[l].

Plus à lad. chambre basse il y a trois vantelles quy sont faict de nœuf et de chassis a vair, et vallent vingt cinq sols pièce ce qui monte à soixante quinze sols, cy lxxv[s].

Plus a lad. chambre basse ou a raccommodé quatre chassiy a vair ce quy vault pour les quatre soixante sols lx[s].

Plus on a raccommodé le lambris de lad. chambre basse ce quy vault six livres vi[l].

Plus sur l'escailler il y a une croisé ou on a mis une ventille ce quy vault trente sols : xxx[s].

Plus à l'une des chambres de l'infirmerie on a faict de neuf une porte a six panneaux quy vaut pour bois et façons la somme de douze livres : xii[l].

Plus à la gallerie attenante lad. infirmerie l'on a raccommodé ung chassy en vair qui vaut pour bois et façons quarante sols : xl[s].

Plus a la gallerie attenante les lieux communs l'on a fait de nœuf une croisée de sept pieds de haulteur ou environ et de cinq pieds de largeur ou environ avec les vantelles ce quy vault pour bois et façons vingt une livres xxi[l].

Plus en sortant de lad. gallerie pour aller au dortoir l'on a fait de nœuf une demie croisée sans vantelles quy vault pour boys et fassons sept livres, icy : vii[l].

Plus a une celulle du dortoir l'on a faict de nœuf une porte quy vault pour bois et façons la somme de cent sols : c[s].

Plus à un petit cabinet attenant lad. chambre on a faict de nœuf une porte quy vaut pour bois et façon cent sols : c[s].

Plus dans lad. celulle on a fait de nœuf une demie croisée quy vault sept livres pour bois et façon, icy vii[l].

Plus à la crouppe du dortoir il y a une lucarne où on a fait quatre chassis à vair ce quy vaut pour bois et façons xii[l].

Plus à une autre chambre du dortoir on a fait une demie croisée avec les vantelles, ce quy vault pour bois et façons la somme de douze livres, icy : xii[l].

Plus pour parachever le lambry de l'alongement du dortoir il faut, tant pour bois que façons, la somme de trois cens soixante livres ou environ, icy : iii[c]lx[l].

Plus pour les bastimens quil convient faire de nœuf aud. couvent suyvant le desseing proposé il faut quarante six croisés tant pour les estages de hault que de bas, estimé chascune pour bois et façon la somme de vingt-quatre livres ce quy monte a celle de onze cens quarante quatre livres : xi[c]xliv[l].

Plus il faut douze fenestres ou demyes croisés estimés chascune tant pour bois que façons douze livres ce quy monte a cent quarante quatre livres, icy cxliv[l].

Plus il faut huict portes de six pieds de haulteur cinq pieds de largeur estimé chascune pour bois et façon dix livres montant à quatre vingt livres, cy lxxx[l].

Plus il faut vingt deux portes de grandeur ordinaire estimé chascune pour bois et façons neuf livres ce quy monte a cent quatre vingt dix huit livres clxxxxviii[l].

CERRURERIE.

Serrurerie des nouveaux bâtiments. — A la chambre basse du corps de logis servant de ralongement au dortoir il y a une vantelle d'huisserie quy est ferrée de neuf de deux veruelles, deux gonds entiers et quatre livres de plomb ou environ pour attacher lesd. gonds, une cerrure a verroux avec crampons et œuillets en pierre et cloux forgés pour attacher lesd. veruelles ce quy vault pour materéaux et façons la somme de dix livres : x^{l}.

Plus faut ferrer la porte de la chambre basse du corps de logis de pareille ferure ce quy vault dix livres : x^{l}.

Plus esd. deux chambres l'on a mis de nœuf a deux fenestres huit bareaux quy ont quatre pieds et demy ou environ et deux travers de trois pieds et demy ou environ ce quy vault pour matereaux et façon la somme de vingt sept livres seize sols : XXVII^{l} XVI^{s}.

Plus a une gargouille quy est pour jester les eaux du comble dud. corps de logis. Il y a six charnieres et deux fiches de fer plat pour soustenir la cuvette ce quy vault pour matereaux et façon sept livres dix sols VII X^{s}.

Plus au bastiment servant au lieu commun l'on a mis de nœuf douze tirans de fer avec les ees (?) tant dehors que dedans pour tenir les sommiers quy sont aux travers des murailles avec cloux forgés et crampons ce quy vault pour matereaux et façons la somme de soixante treize livres : LXXIII^{l}

A l'entré de l'escailier il y a une porte quy est ferré de nœuf de deux veruelles deux gonds, quatre livres de plomb pour attacher lesd. gonds, ung guichet a pognie, deux verouiles et les crampons ses verges de vittres au dessus de lad. porte ce quy vault pour matereaux et façons huit livres six sols tourn. VIII^{l}VI^{s}.

A la chambre au dessous de l'infirmerie où l'on faict a présent le reffectoir il y a deux chassis a ver ferré de nœuf avec quatre charnieres, quatre guichets et dix autres charnieres et guichets à plusieurs chassis dans la chambre et soixante verges de vittres pour lesd. croisés ce quy vaut pour matereaux et façons la somme de vingt huit livres xxviii[l].

A la premiere chambre de l'infirmerie il y a une porte feré de nœuf de deux gonds, deux pommelles, une serure et un guichet, ce quy vaut pour matereaux et façons iv[l].

Plus dans lad. infirmerie il y a deux autres portes ferrés de nœuf de pareille ferrure ce quy vaut pour les deux huit livres : viii[l].

Plus quarante verges de vittres quy sont aux croysés de lad. infirmerie et vallent pour matereaux et façons dix livres : x[l].

A la gallerie de laditte infirmerie il y a deux croisés où l'on a mis de nœuf vingt quatre verges de vittres et deux targes ce quy vault pour mattereaux et façon : vi[l] x[s].

A la gallerie attenante les lieux communs il y a une croisée ferré de nœuf avec douze verges de vittres ce quy vault pour matereaux et façon neuf livres : ix[l].

Plus à une allée joignante lad. gallerie il y a deux fenestres ou l'on a mis deux chassis a ver avec quatre vollets et huit verges à vittres ce quy vault pour matereaux et façons six livres : vi[l].

Plus en deux chambres du dortoir il y a deux portes ferés de nœuf et deux fenestres où il y a deux chassis a ver et quatre vollets ferés de nœuf, ce quy vault pour matereaux et façons des ferrures desdites chambres six livres vi[l].

A la lucarne quy est a la crouppe dud. dortoir il y a quatre chassis a ver, seize verges à vittres ce quy vault pour matereaux et façons viii[l].

Plus aux lieux communs il y a seize portes ferrés de nœuf quy vallent quarente sols piece ce quy monte à la somme de trente deux livres xxxii[l].

Plus ausd. lieux communs il y six estriers de fer plat pour tenir les jambettes de force au dessus du bastiment et maintenir le comble ce quy vault pour matereaux et façons quarante quatre livres xliv[l].

A la chappelle de l'infirmerie l'on a mis de neuf quatre verges a vittre ce quy vault pour matereaux et façons soixante sols, icy lx[s].

Aux chambres quy sont au dessus de l'escailler de l'infirmerie l'on a mis de nœuf aux fenestres quarante verges de vittres quy vallent pour matereaux et façon : VI^{l}.

Dans les bastiments quil faut faire de nœuf aud. couvent suyvant les desseins proposé il faut quarente six croisés dans les estages de hault et de bas quy vallont tant en matereaux que façon douze livres chascune ce quy monte a cinq cens cinquante deux livres, icy V^{c}LII^{l}.

Plus il faut douze fenestres ou demies croisés quy vallent pour ferrure et façons six livres chascune ce quy monte à soixante douze livres, icy LXXII^{l}.

Plus il faut huict portes de six pieds de haulteur, cinq pieds de largeur, quy vallent pour la ferrure et cerrure quinze livres chascune, monte à six vingt livres VI$^{xx l}$.

Plus il faut vingt deux portes de grandeur ordinaire quy vallent chascune pour la ferrure et cerrure sept livres, monte a cent quarante quatre livres CXLIV^{l}.

VITTRERIES.

Vitrerie des mêmes. — Au bas de l'escailler quy conduict a l'infirmerie l'on a mis au dessus de la porte six pends de ver nœuf quy vallent la somme de cent sols, icy C^{s}.

A la chambre au dessous de l'infirmerie qui sert a présent de reffectoir il y a vingt pends de vittres nœufs a raison de cinquante cinq sols piece ce quy monte a cinquante cinq livres : LV^{l}.

Plus à lad. chambre il y a douze autres pends de vittres supportés quy vallent vingt livres, icy : XX^{l}.

Plus sur led. escallier l'on a mis douze pends de vittres supportés quy vallent douze livres : XII^{l}.

Plus a la premiere chambre de l'infirmerie l'on a mis neuf pends de vittres nœufs quy vallent vingt cinq livres : XXV^{l}.

Plus a l'autre chambre de lad. infirmerie l'on a mis aussy neuf pends de vittres nœuf quy vallent : XXV^{l}.

A la gallerie attenante de lad. infirmerie l'on a mis douze

grands pends de vittres supportés quy vallent ensemble douze livres, cy xii^{l}.

A l'allée de l'escalier de lad. infirmerie l'on a mis dix huit pends de vittres supportés quy vallent ensemblement dix huit livres icy : xviii^{l}.

A l'allée attenante dud. dortoir l'on a mis quatre pends de vittres supportés quy vallent ensemblement L^{s}.

A la grande fenestre quy est au bout du dortoir l'on a mis douze pends de vittres supportés quy vallent ensemble trente deux livres, icy : xxxii^{l}.

Aux deux cellules du dortoir l'on a mis huit pends de vittres nœufs quy vallent vii^{l}.

Plus aux deux chambres au dessus de l'escallier de l'infirmerie l'on a mis huict pends de vitres supportés quy vallent xii^{l}.

A la chappelle de lad. infirmerie l'on a mis six pends de vittres supportés quy vallent vii^{l}.

Plus a lad. chappelle l'on a mis cinq pends de vittres nœufs où est despeint un crucifix quy vallent huict livres, icy : viii^{l}.

A la chambre au dessous de l'infirmerie qui sert à présent de cuisine l'on a mis douze pends de vittres nœufs quy vallent xviii^{l}.

Pour les bastimens nœufs il y faut quarente six grandes croisés quy vallent pour chascune dix livres ce quy monte à quatre cens soixante livres iv^{c}lx^{l}.

Plus il faut douze demie croisés de quatre pieds de haulteur quy vallent chascune cent cinq sols quy monte à soixante trois livres : lxiii^{l}.

Ausquelles visitations prises et estimations desdicts bastimens faicts et à faire, rapport desd. experts de leur utilité et commodité, a esté proceddé en nostre présence par lesd. experts suyvant ledict arrest, requeste et ordonnance desdicts jours vingt sixiesme avril et huictiesme may mvi^{c} cinquante neuf au deffault et absence dud. procureur du Roy, apres les significations à luy faictes d'y assister, et par nous vacqué à la rédaction du procès verbal led. jour huictiesme may et autres jours suyvans pour servir et valloir ausd. relligieux ce que de raison. et ont lesd. experts signés en la minutte.

Extraict des registres du greffe civil du baillage de Vermandois, siege Royal et presidial de Reims ainsy signé . Bazin.

Collationné a l'original sur le champ rendu par nous Notaires du Roy souzsignéz led. sixiesme jour d'octobre Mil six cent soixante un.

Signé : J. Hourlier. *Signé :* Taupier.

(Archives nationales, S. 970.)

XIV.

Inventaire de l'argenterie de Saint-Nicaise en 1690.

Ce jourd'huy, quatrième avril, mil six cens quatre vingt dix, deux heures de relevée, nous, Antoine Lempereur, prestre, docteur en théologie, chantre et chanoine de l'église métropolitaine de Reims, promoteur de la cour spirituelle et syndic du clergé, en exécution des ordres de monseigneur l'archevêque, nous sommes transportez en l'Église abbatiale de St-Nicaise de cette ville de Reims pour nous faire représenter toute l'argenterie servant à ladilte église et en dresser un inventaire conformément aux intentions du Roy contenues dans la lettre de Sa Majesté à Monseigneur en datte du neuvième février dernier de laquelle nous avons fait lecture au R. P. Pierre Berthault, prieur de ladilte abbaye, lequel nous a aussitôt fait voir :

Un ciboire d'argent suspendu sur le grand autel dans lequel est conservé le St Sacrement.

Un ange d'argent doré sur un pied de cuivre tenant entre ses mains une petite croix du bois de la vraye croix.

Une image du Sauveur d'argent doré, d'un pied de hauteur, sur un pied de cuivre doré, dans le côté duquel est une goutte d'un sang miraculeux.

Une image de la Ste Vierge tenant un petit Jésus entre ses bras, le tout d'argent doré sur un pied de cuivre doré.

Deux grandes images d'argent, l'une de St Vital et l'autre de St Agricole, posées sur des pieds d'ébène avec quelques ornemens d'argent, pesant les deux douze marcs.

Un petit reliquaire avec quelques ornemens d'argent et de pierrerie.

Une châsse ornée de lames d'argent dans laquelle sont les reliques de St Nicaise.

Un chef de St Nicaise d'argent doré, dans lequel il y a une mâchoire de St Nicaise, du poids de quatre à cinq marcs.

Quatre bras couverts de feuilles d'argent dans lesquels il y a des reliques.

Trois ou quatre petits reliquaires où il y a quelques ornemens d'argent.

Une image de St Nicaise avec deux autres figures à ses côtéz tenant une dent de St Nicaise, le tout posé sur un pied de cuivre : quatre à cinq marcs d'argent doré.

Une petite image de St Nicaise, d'argent de deux marcs, tenant un article du doit dudit saint.

Un petit coffret, partie de cuivre, partie d'argent doré dans lequel est une étole de St Nicaise.

Une châsse dans laquelle sont des reliques de Ste Eutropie ; il y a à la châsse quelques ornemens d'argent.

Un chef d'argent dans lequel est la mâchoire de Ste Eutropie, du poids de cinq à six marcs

Une image d'argent doré posée sur un pied de cuivre, dans laquelle est un ossement de Ste Eutropie.

Une petite figure d'argent haute de quatre à cinq pouces, soutenue d'une église de cuivre à quatre clochers.

Un reliquaire d'argent doré qui représente la nativité de la Sainte Vierge, dans lequel il y a de la tunique de Notre Sauveur et de la chemise de la Ste Vierge, avec des ornemens de cuivre doré.

Une châsse dont le devant est couvert d'une feuille d'argent dans laquelle il y a des reliques de St Vital et de St Agricole.

Huit calices avec leurs patènes, dont il y en a deux d'argent doré, sur le pied de l'un desquels on met un rayon de soleil pour exposer le St Sacrement, et les six autres sont d'argent, pesant le tout vingt ou vingt-deux marcs.

Le rayon du soleil d'argent doré pesant environ deux marcs.

Deux ciboires d'argent, dans l'un desquels il y a des reliques et dont l'autre sert pour la communion des religieux.

Une croix d'argent doré avec le bâton couvert de feuilles d'argent pour les processions.

Quatre burettes et deux bassins d'argent avec deux instruments de paix, pesant le tout cinq à six marcs.

Deux livres couverts de lames d'argent doré, l'un pour chanter l'évangile et pour chanter l'épître.

Deux batons couverts de lames d'argent pesant dix à onze marcs pour les choristes.

Deux encensoirs, deux navettes, et deux cuillères d'argent avec une coupe pour donner l'ablution après la communion, pesant le tout six marcs.

Une lampe d'argent pesant dix marcs.

Une croix, avec huit chandeliers d'argent pesant le tout vingt-cinq marcs.

Un bénitier avec l'aspersoir d'argent, pesant quatre ou cinq marcs.

Un petit vaisseau d'argent pour les saintes huiles de l'Extrême-Onction.

Et nous auroit déclaré que toute l'argenterie cy-devant spécifiée appartient à laditte église et qu'il n'y en a point d'autre.

Dont et de tout ce que dessus nous avons dressé notre présent procez-verbal en présence dudit Révérend Père Prieur, lequel a signé avec nous les jour et an que dessus.

(Signé) : F. P. Berthault.

Lempereur.

1690

Mémoire de l'argenterie que Monseigneur l'archevêque ordonne aux religieux, prieur et couvent de l'abbaye de St Nicaise d'envoyer incessamment à l'Hostel de la monnoye de la ville de Reims.

Une image ou figure d'un ange d'argent doré, posée sur un pied de cuivre.

Une image ou figure de N.-S. d'argent doré, posée sur un pied de cuivre.

Deux grandes images ou figures posées sur des pieds de bois d'ébène.

(Signé) Charles M., ar. duc de Reims.

L'image ou figure d'un ange, L'image ou figure de Notre-Seigneur, Les deux grandes images ou figures, ont été apporté à la Monnoye de Reims le 29me may 1690.

Monté, Reims : 23 ^{marcs} à 28^{l} = 644^{l}.

Fait billet de pareille somme.

(Signé) Henry Favart.

(*Archives nationales,* G^{8} 776, papiers de l'agence du Clergé.)

XV.

Perelegantis Basilicæ Joviniæ Nicasianæ apud Remos extructæ Encomium adonicum.

Barbara Moles,
Testa perennis,
Pyramidum mons,
a *Jactus Arenis,*
Nec labor ullis
Usibus aptus,
Laude vocatum
Sæpius ad se,
Conspicit Orbem.

a Desertis Ægypti fabulosis.

Tu generosi
b *Prisca* Jovini,
Sacra Vitali,
Agricolæ - *que*
Nobilis Ædes,
Digna vel ipso
Cælicolarum
Lumine cerni,
Cognita paucis,
Nec nisi tantum
Visa propinquis,
Clausa silenter
Urbe manebis ?

b Galliarum olim præfecti qui Basilicam SS. Agricolæ et Vitali curavit ædificari.

Inclyta sed te,
Frontis ab alto
Cæsa figuram,

c Portas et integram Ecclesiæ faciem sincere ac genuine representantia, opera inclytæ spei adolescentis Nicolai Deson, Remi, qui et solerter, uti et Frontem Ecclesiæ Metropolitanæ, beneficio specierum visibilium in obscuratum conclave admissarum, natura ipsa delineante figuravit et aquæ fortis beneficio Æri incidit, ac deinceps excudit; quem paulo post præmatura mors ad artis suprema fastigia jam evectum adhuc imberbem abstulit.

d Qui Monachum Remum S. Nicasii alumnum docet.

e Basilica Jovinia vetustate collapsa in honorem SS. Nicasii et sociorum iterum ædificata est, non inferiore structura et venustate.

c *Æra perennant?*

Esto fatebor,
Extima sunt hæc,
Quantula rerum
Portio? circum
Omnia late
Mole, vel arte,
Membra sequantur,
Frontis honorem;
Interiorum
Quanta venustas,
Luce carebit?
Abdita pictor
Quis reserabit?

Si tibi Musam
Relligioni
Ducis, ut edat;
d *Noster amor te*
Castus, et æque
Pictor operti,
Panget Adonis.

Ergo Jovini
Quæ fuit olim,
Degener haud nunc,
e *Post sua Phœnix*
Fata renascens,
Nicasiano
Nomine culta,
Multis aviti
Splendor honoris,
Et pietatum
Digna superstes,
Fabrica durat.

Corpore quantum
Præstat ocellus,
Fictio Divæ
Spherula mentis;
Ordine tantum,
Arteque victrix,
Mole superbas
(Secta remotis
Marmora terris)
Edita Remis,
Nec nisi verno
f *Condita saxo,*
(Jugis acuti
Forma laboris)
Transilit ædes.

Subdita rupes
g *Creta, locatam*
Sustinet; inde
Firma lacertis,
Et cute tensa,
Sub juvenili
Pulchra senecta,
Lectior extat.

Qualis ab ipso
Sol redivivus
Prosilit ortu;
Talis in illam
Integer, omnis,
Fulgidus intrat;
Quippe ferendis
(Grandis hiatus)
h *Absidis usque*
Summa retectæ,
Paucula restant

f Eruto juxta pagum de Trigny duabus ab urbe leucis.

g A solo cui inædificata est Basilica, utpote rupe cretacea, firmitas et diuturnitas ejusdem Basilicæ, sub allegoria corporis senilis pristinam juventutem retinentis, describitur.

h Patent enim fenestræ usque ad apicem, et absidum extrema.

Ossa fenestris :
Vixque columnis
Ardua solis,
Exilibusque,
Incubat ædes ;
Et faciendos
Undique circum
Vitrea muros,
Picta colorum,
Gloria Divum,
Stemmata Regum,
Dignius implent ;
Perspicuoque
Clara lapillo,
Pulchrius ornant.

Est humus, olim
Fœta beatis
Ossibus, illic
Prima novorum
Christiadum plebs,
i *Dormit ab ævo ;*
Et venerandis
Presbyterorum,
Pontificumque est,
Haud titulatis
Plena sepulchris.
Sola NICASI
Prominet extus
Urna sepulti.

i In hoc enim cœmeterio SS. Agricolæ et Vitalis nuncupato humati fuerunt primi Archiepisc. Remenses ex quibus alii effossi ut S. Donatianus, S. Vincentius (1) et S. Nicas. alii adhuc incerto loco jacent ibidem ut Severus.

Gleba, polorum
Chara Beatis
Mentibus, ad se

(1) Doit être Viventius, archevêque de Reims.

Semper, egentes
Auxiliorum
Remopolitas,
Sola vocavit,
Ante sacer quam
Remigius, nunc
Ipse superstes,
Largus opisque,
Longius inde
k *Indice Cælo*
(Sacra deinceps
Ut bona duplo,
Idque perenni
Fonte, manarent)
Infoderetur.

Multus in isto
Cespite, noctes
(Jure) diesque,
Fervor Avorum;
Magnus, et illic
Flexerat orans
Remigius, cum
Excitus altis
Ignibus orci,
Sulphura, tædas,
Et glomeratum,
Expulit urbe,
Fortis Avernum.

Quanta parentum
Senserit ætas
Munera, grandi
Voce loquuntur,
l *Crura, pedesque,*
Vincula, lintres,

k Cum corpus S. Remigii ad SS. Agricolæ et Vitalis cœmeterium deferretur, feretrum illius ita aggravatum est, ut ad illud transferri nulla clericorum deportantium virtute potuerit, ex quo intellectum Divinæ voluntatis esse, ut alibi sepeliretur.

l Ex voto ad tumulum Sancti Nicasii suspensa, et

adhuc extantia quamquam ex parte squallentia et semiconsumpta.

Pensiliumque
Omnigenum grex,
Vix mediato
Prædita cultu,
Stemmata Rerum;

m Cujus Statuam justæ ac virilis magnitudinis argenteam, Philippus Valesius pater ejus, juxta Altare locandam voverat; quam deinceps ad Ecclesiæ utilitatem, in Ligneam argento illitam converti permisit.

m *Rexque* IOANNES
(Grandis imago)
Proximus Aris;
De pretioso,
Se patiente
Facta metallo,
Nobile Lignum;
Amplior hinc ut
Cresceret Ædes,
Et properaret
Fabrica templi.

Itaque et olli
Promptius omnes,
Belgaque primus,
Ære minuto
n *Symbola cum dant;*
Præsulibusque
(Cura penes quos)
Fabrica crescit :

n Fuit enim Basilica, quæ nunc extat, ut plurimum ædificata ex Eleemosynis, quæ Monachis Reliquias per vicos et Provincias deportantibus oblatæ sunt.

Ima supernis,
Dextra sinistris,
Quadra Rotundis,
Singula Toti
Sic sociantur,
Ut videantur
Prisca, Recentem
(Judice quovis)
Aut magis ipsam

Vel superasse
Cuncta Minervam.

Et neque Pallas
(Cætera mitto)
Æde locatam,
Marmore quadro,
Ipsa IOVINI
Ossa tegentem
(Sic Labor Artem,
Arsque Laborem
Vincere certant)
Finxerit Urnam.

Quippe feroci
Sculpta Leone,
Quem fodit HEROS,
Prœlio equestri ;
Dum fugit inde
Barbarus excors
Intrepidusque
Sed Puer adstat,
Corpore nudus,
Cassidis amplæ
Debile Fulcrum,
Præter adeptos
Artis honores,
Ingeniorum
Insuper, ultro
Lumina torsit.

Ac licet olim
Hæsit acutis
o *Mentibus, istud*
Irradiare,
BERGERIO *que*
(Quale Remorum,

o Tristano videlicet, et aliis adeoque ipsi Bergerio Remo, insignis operis viarum Cæsarearum authori.

Et Latiorum
Lumen) inanis
Extitit Ardor ;
Sicque futuris
Manserat hæc res
Abdita Sæclis ;
MARLOTUS *hanc ni*
Metropolites,
Œdipus atque,
Semper Avorum
Tempora Doctus,
p *Sic reserasset,*
Urna ut ab illo
Major abiret ;
Quin quoque Templum.

p In sua Metropoli lib. I. cap. XXVIIJ. Ubi de hac re tractat ex professo.

q *Namque tabellas,*
Ipse recenter
Intulit Ædi ;
Fecit Apelles.

q In Belgio feliciter a se coëmptas anno 1665.

r *Prima* VANEKI
(Gandavus Heros,
Quique oleorum
Pinguia, primus
Fusa colori
Miscuit) Aram
VIRGINIS, *Ipsa*
VIRGO-*met ornat.*

r Qui duorum Gandavensium fratrum unus est, qui pingendi methodum, coloribus oleo dilutis, primi invenerunt.

Altera CHRISTUS,
Cæsaris Æra
Reddere dictans :
Ars miserandi
s *Rara* POTERI,
Bruxela quem flet,

s Bruxellensis Pictoris, qui ex Italia recens reversus

post unam aut alteram Tabellam editam, noctu lapsus in Fluvium interiit; hinc rara ejus opera, quæ et præstantissima.

t Structura, Tabella et alia spectabilia vocantur oculorum prandia; quod inde pascantur oculi cum voluptate.

u Absolutum est Basilicæ corpus, præter ea quæ deesse, et requiri dicuntur in Epitom. Cap : 8. Concameratio scil, seu fornix Brachii Dextri, Sinistri vero præter Fornicem, Rosa vitrea, et adjacentis Muri aliquid.

Mœnibus ipsis,
Flumine mersi.

Quid mage restat?
Restat aperte,

Turribus altis,
Pendula lento,
Grandia rubro,
Clara sonoro,
Consona toto
Æra metallo,
Cætera vincunt :
Ut pene pulsu
Tacta canoro,
In sua fixum
t *Prandia, secum*
Non trahat extus
Auris Ocellum.

Atque utinam sic :
u *Orba relicti*
Culminis Inde;
Hinc operis vix
Indiga parvi,
Fabrica perstans,
Non studiosam,
Visa deintus
Manca, pupillam,
Corque feriret.

Siccine cœpto
Destitit Ardor?
Fata tulerunt.

Perficiendo.
Fata quid obstant?
Disce Sybillam.

Palladis Artes
Nactus erit qui,
Fretus et Auro;
Sic Genitrici
Germina terræ
Plantet Honoris,
Ut Pietatis
v Pro turpiter. v *Turpe Relictæ,*
Solus Arorum
Munere casto
Compleat Orbem.

Exim° Metropolis Histor. Remensis Authori, Modulatus est Fr Gregorius Le Grand, Monachus Ord. S. Bened. Congreg. S. Mauri, Nunc S. Nicasii Remens. Alumnus.

(D. Marlot, *Metr. Remensis Historia*, t. I, pp. 663-68.)

XVI.

Permission donnée par les vicaires de Jean de Vienne, archevêque de Reims, de faire une clôture, munie de créneaux, entre la porte de la cour de l'abbaye et l'église paroissiale de Saint-Jean. (22 décembre 1347).

Abbas ante monasterium dicte abbacie, inter portam curtis ejusdem ex una parte et ecclesiam parrochialem beati Johannis Remensis, in patronatu dicte abbacie existentem, cum licencia dicti Reverendi Patris renovare et facere desiderabat et intendebat clausuram cum crenellis, licet antea crenelli non fuissent...

... Noverint universi quod nos vicarii predicti (vicaires de l'Archevêque de Reims),... comperientes dictam clausuram ad decorem, utilitatem et necessitatem dicti monasterii, et dicto Reverendo Patri seu cuicumque alii non fuisse nec esse prejudicialem, eidem Domino Abbati dedimus et concessimus vice et auctoritate dicti Reverendi Patris consensum, licentiam et auctoritatem dictam clausuram faciendi cum crenellis et ornatu ejusdem, prout melius et honestius sibi videbitur expedire.

Anno Domini millesimo trecentesimo quadragesimo septimo, sabbato ante festum Nativitatis Domini.

(*Archives de Reims*, fonds de Saint-Nicaise.)

XVII.

Autorisation de l'office de saint Nicaise (1260).

Thomas Dei gratia remensis archiepiscopus, etc. Divinum cultum prout ad nostrum spectat officium augeri cupientes ac vestris annuentes petitionibus, in hac parte vobis tenore præsentium duximus indulgendum, ut in festivitatibus B. Nicasii, et aliis diebus quibus memoria S. Nicasii fieri contigerit, quinque antiphonas, quatuor responsoria, et unam prosam quæ ad honorem ipsius sancti fieri fecistis et nobis præsentari, decantentur.

(Marlot, Edit. de l'Académie, tome III, page 759, — xcvi, page 359.)

XVIII.

Accord par-devant le bailli de Vermandois entre les religieux de Saint-Nicaise et le Chapitre de Reims au sujet des processions.

8 novembre 1362. — Sur le debat ja piéça meu et pendant ès assises de Laon par devant le bailli de Vermandois entre prévost, dean, chantre et chapitre de l'église de Reins, appellans d'une part, et les religieux, abbé et couvent de l'église Saint Nicaise de Reins d'autre part, pour cause de la procession que on fait à Reins chascun an le jour du Saint Sacrement, en laquelle cause ait tant esté procédé par devant ledit bailli que les dis de chapitre ont eu certaine sentence contre euls, de la quelle il ont appellé en parlement, et sur ce ont obtenu lettres du Roy de congié d'accorder sans amende.

Accordé est entre les dites parties en la manière qui s'ensuit : c'est assavoir que icelles parties istront hors de court sans paier, pour ceste cause, aucuns despens l'une partie à l'autre, et consentent les diz de chapitre que les diz religieux voisent à la dite procession et à toutes autres generaulx au senestre costé avec les autres religieux de Saint Remi de Reins, ainsi comme il avoient acoustumé avant ledit débat. En tesmoing de laquelle chose nous parties dessus dites avons mis nos seauls à ce présent accort. Escript à Reins le huitième jour de novembre l'an de grâce mil trois cens soixante et deux.

(Parchemin, traces de sceau sur simple queue. — Au dos la formule d'homologation datée du 21 novembre 1362.)

(*Archives de Reims,* fonds de Saint-Nicaise).

XIX.

Reconnaissance par l'abbé de Saint-Nicaise qu'il fait extraire, sans droit et par la seule permission du Chapitre de Reims, des pierres dans les carrières de Vrigny, pour les employer aux constructions de son église (1345).

Universis presentes litteras inspecturis, officiales Remenses salutem in Domino. Cum in territorio de Vergny, Remensis dyocesis, sint quedam fosse vulgaliter *(sic) quarrieres de burges* nominate, ad venerabiles et discretos viros, decanum et capitulum Remense pertinentes, in quibus quidem fossis seu quarreriis religiosus vir abbas monasterii Sancti Nichasii Remensis capit, levat et percipit, seu capi, levare et percipere facit lapides dictos gallice *de burge*, pro edificiis ecclesie Sancti Nichasii Remensis et ad edificiendum in eadem ecclesia; noverint universi quod coram Thoma dicto Jehot, clerico fideli, curie Remensis notario jurato, ad hoc deputato et evocato, propter hoc personaliter constitutus, dictus religiosus vir abbas monasterii Sancti Nichasii Remensis, dixit, recognovit et asseruit quod, in tantum quod ipse levat, capit et percipit, seu capi, levare et percipere facit dictos lapides in dictis fossis seu quarreriis, non intendit nec vult aliquod jus seu aliquam juridictionem eidem abbati seu ecclesie sue acquirere seu clamare, immo de gratia speciali, licencia et consensu dictorum decani et capituli, premissa facit, nec vult dictus abbas quod pro premissis aliquod prejudicium perpetretur, quod possit tempore futuro eisdem decano et capitulo nocere et obesse, et dicto abbati et ecclesie sue valere seu prodesse. In cujus rei testimonium presentibus litteris sigillum curie Remensis duximus apponendum. Datum anno Domini millesimo ccc quadragesimo quinto, feria sexta post festum Ascensionis Domini.

Th. Jehos.

(*Archives de Reims*, fonds du Chapitre, Vrigny, liasse 1, n° 3.)

XX.

Inventaires de l'Abbaye de Saint-Nicaise, du 28 avril 1790. Documents empruntés aux *Archives nationales.*

Procès-verbal chez Messieurs les religieux de Saint-Nicaise de Reims. — Ce jourd'hui mercredi vingt-huit avril mil sept cent quatre-vingt-dix, neuf heures du matin, nous officiers municipaux et substitut du procureur de la commune de Reims y demeurant sousignés, nous sommes transportés en la maison conventuelle de l'abbaye de Saint-Nicaise de la dite ville, ordre des Bénédictins, Congrégation de Saint-Maur, pour, en exécution des décrets de l'assemblée nationale des vingt février, 19 et 30 mars dernier sur lesquels sont intervenus les lettres patentes du Roy datées de Paris, du 26 dudit mois de mars, faire inventaire et description des objets mentionnés audit décret, assisté de maître Pierre Contant commissaire de police de ladite ville et faubourg, duquel, le requérant Monsieur le Substitut du Procureur de la Commune, nous avons pris et reçu le serment au cas requis et en la manière ordinaire et accoutumée, sous la foi duquel il a juré et promis de se comporter dans la rédaction en homme de bien et d'honneur.

En présence de Messieurs Jean-Joseph Baudart, âgé de 50 ans, prieur et conseiller en la chambre ecclésiastique de Reims, et prieur des prieurés simples de N.-D. de Belval, diocèse de Soissons et de St Nicolas de Rosnet, diocèse de Rouen; Nicolas Boquillon, âgé de soixante-neuf ans, sous-prieur, ancien prieur et jubilaire; Nicolas Gérardin, âgé de soixante-cinq ans; Pierre Dolés, âgé de cinquante-deux ans, secrétaire du Chapitre et infirmier; Jean-Baptiste Laleu, âgé de cinquante-trois ans, bibliothécaire; Jacques-Antoine Lachérez, âgé de cinquante ans, cellerier, sous-celerier et procureur, prieur du prieuré simple de St Nicolas de Longchamp;

Henry Engrand, âgé de trente-six ans, professeur depuis douze ans; Gabriel-Marin Courtin, âgé de trente-trois ans, dépositaire; Nicolas-François-Joseph d'Houdain, âgé de vingt-sept ans, sacristain; Félix-Florentin de La Haye, âgé de vingt-huit ans; Joseph-Charles Lefevre, âgé de vingt-six ans; André-Louis-Sébastien de Cambrone, âgé de vingt-huit ans; Claude-Auguste Trousset, âgé de vingt-six ans; François-Alexandre Saugnier, âgé de vingt-sept ans; et en l'absence des F. Jacques-Denis Picart, âge de soixante-dix-huit ans, prieur, curé de Fives proche Lille en Flandres et y résidant; Jean-Baptiste-Charles Chombart, âgé de quarante-quatre ans, vicaire dudit Fives, aussi y résidant, et Louis-Joseph Philippe, âgé de vingt-six ans;

Lesquels dits sieurs prieur, officiers et religieux présents, interpellés de nous représenter les registres et comptes de régie, nous ont représenté par Dom Lacheré, procureur, cinq registres, dont deux en grand format, contenant deux cent cinq [feuillets (1) ....] et partie des revenus de la manse conventuelle, prieurés réunis, offices claustraux et petit couvent de Saint-Nicaise de Reims, et le second contenant deux cent onze feuillets qui fait la seconde partie des dits revenus; le troisième contenant cent quatre-vingt-douze feuillets et renfermant l'état des grains, foins et pailles, petit format; le quatrième contenant quatre-vingt-deux feuillets écrits pour partie, contenant la recette et mise des vignes, même format; et le cinquième, même format, de cent-dix pages écrit, le surplus en blanc, contenant la vente et les envois des vins vendus.

Et à l'instant il nous a aussi représenté un autre registre petit format renfermant les surcens dont la recette paraît être de quarante-une livre cinq sols six deniers; le dit registre contenant quarante un feuillets écrit pour partie et le surplus en blanc.

Chacun desdits registres est arrêté et paraphé par un de nous [à la] fin de chacun des articles qui les composent, et

(1) Le scribe qui a transcrit l'acte a dû sauter une ligne.

examen fait ainsi que le dépouillement desdits articles, il résulte et nous avons arrêté que le revenu annuel est de la somme de trente-huit mille sept cent quatre-vingt-onze livres, trente sols huit deniers, suivant les états cy-annexés, lesquels contiennent le détail des différents articles de rente et leur échéance, et iceux paraphés aussi par lesdits officiers municipaux.

Argenterie de table. — Ensuite ayant interpellé lesdits sieurs prieur, officiers et religieux de nous représenter l'argenterie de ladite maison, ils nous ont représenté vingt couverts, trois cuillers à ragoût, douze cuillers à café.

Argent monnoié. — De suite interpellés de nous représenter l'argent monnoyé, il nous a été représenté en argent et monnoie ayant cours la somme de deux mille cent quatre-vingt-neuf livres treize sols neuf deniers.

Ensuite conduits dans la sacristie par lesdits sieurs prieur, officiers et religieux présents, il nous a été représenté huit aubes fines à grandes dentelles pour les fêtes; trois à linon pour les morts; vingt-trois communes; quarante-quatre amicts; trente-sept aubes pour les enfants de chœur, six rochets, deux surplis, vingt-six nappes d'autel et nombre de corporeaux, purificatoires et autres menus linges.

Sacristie. — Vingt-huit chasubles complètes pour les messes basses et quotidiennes, trente-deux bourses, vingt-huit voiles, vingt et une chappes, neuf ornements complets composés d'une chasuble, deux tuniques, étoles et manipules, pour les fêtes et anniversaires, trois écharpes, deux planettes, dix tuniques, six chappes pour les enfants de chœur, un dai, une niche pour le Saint-Sacrement, deux draps des morts, quatre tapis, quatre gros coussins de velours, et autres meubles d'usage dans l'église.

Argenterie dans la sacristie. — Quatre calices dont deux de vermeil et deux d'argent, un soleil, un plat, deux burettes, deux chandeliers d'acolithes, deux encensoirs et navettes, deux paix, deux bâtons de chantre dont les lanternes sont en cuivre argenté ; le chef de St Nicaise en vermeil garni de pierreries, celui de Ste Eutropie ; un autre petit reliquaire, une petite croix de vermeil dans laquelle est enchassé du bois de la vraie croix, quatre bras à lames d'argent ; une grande châsse couverte de feuilles d'argent.

Trois châsses, une petite croix, une grande argentée pour les processions, deux crosses, un lustre de cristal.

Et, ce requérant le substitut de la commune, nous avons été conduit dans la Bibliothèque et avons reconnu :

Bibliothèque. — *Sous la lettre A* : Soixante-dix volumes in-folio, tant grands que petits ; — trente-trois in-quarto, tant grands que les petits ; — vingt in-octavo, tant grands que petits.

Sous la lettre B : 227 in-f° ; — 97 in-4° ; — 50 in-8° ; — 162 in-12, tant grands que petits.

Sous la lettre C : 127 in-f° ; — 21 in-4° ; — 31 in-12, tant grands que petits.

Sous la lettre D : 160 in-f° ; — 38 in-4° ; — 38 in-8° ; — 82 in-12, tant grands que petits.

Sous la lettre E : 164 in-f° ; — 50 in-4° ; — 40 in-8° ; — 250 in-12, tant grands que petits.

Sous la lettre F : 32 in-f° ; — 13 in-4° ; — 125 in-12, grands et petits.

Sous la lettre G : 25 in-f° ; — 36 in-4° ; — 5 in-8° ; — 162 in-12, grands et petits.

Sous la lettre H : 21 in-f° ; — 39 in-4° ; — 36 in-8° ; — 274 in-12, grands et petits.

Sous la lettre J : 24 in-f° ; — 27 in-4° ; — 20 in-8°, grands et petits.

Sous la lettre K : 12 in-f° ; — 29 in-4° ; — 146 in-12, grands et petits.

Sous la lettre L : 83 in-f° ; — 41 in-4° ; — 42 in-12, grands et petits.

Sous la lettre M : 76 in-f° ; — 68 in-4° ; — 96 in-12, grands et petits.

Sous la lettre N : 14 in-f° ; — 33 in-4° ; — 99 in-12, grands et petits.

Sous la lettre O : 40 in-f° ; — 56 in-4° ; — 105 in-12, grands et petits.

Sous la lettre P : 36 in-f° ; — 14 in-4° ; — 10 in-12, grands et petits.

Sous la lettre Q : 26 in-f° ; — 49 in-4° ; — 317 in-12, grands et petits.

Sous la lettre R : 149 in-f° ; — 140 in-4° ; — 184 in-12, grands et petits.

Sous la lettre S : 53 in-f° ; — 75 in-4° ; — 79 in-12, grands et petits.

Sous la lettre T : 50 in-f° ; — 10 in-4° ; — 92 in-12, grands et petits.

Sous la lettre U : 5 in-f° ; — 5 in-4° ; — 39 in-12, grands et petits.

Sous la lettre V : 21 in-f° ; — 53 in-4° ; — 131 in-12, grands et petits.

Sous la lettre X : 106 in-f° ; — 106 in-4° ; — 306 in-12, grands et petits.

Sous la lettre Y : 14 in-f° ; — 16 in-4° ; — 37 in-12, grands et petits.

Sous la lettre Z : 14 in-f° ; — 2 in-8° ; — 24 in-12, grands et petits.

Sous les lettres deux A : 13 in-f° ; — 3 in-8° ; — 55 in-12, grands et petits.

Deux B : 16 in-f° ; — 13 in-4° ; — 23 in-12, grands et petits.

Deux C : 14 in-f° ; — 30 in-4° ; — 66 in-12, grands et petits.

Deux D : 40 in-f° ; — 94 in-4° ; — 83 in-8° ; — 500 in-12, grands et petits.

Sous les deux lettres EE : 36 in-f° ; — 58 in-4° ; — 276 in-12, grands et petits.

Sous les deux F : 16 in-f° ; — 18 in-4° ; — 42 in-12, grands et petits.

Sous les deux G : 59 in-f° ; — 56 in-4° ; — 139 in-12, grands et petits.

Sous les deux H : 11 in-f° ; — 24 in-4° ; — 82 in-12, grands et petits.

Sous les deux I : 57 in-f°; — 61 in-4°; — 20 in-8°; — 97 in-12, grands et petits.

Sous les deux L : 22 in-f°; — 42 in-4°; — 308 in-12, grands et petits.

Sous les deux M : 40 in-f°; — 68 in-4°; — 22 in-12, grands et petits.

Sous les deux N : 26 in-f°; — 34 in-4°; — 190 in-12, grands et petits.

État des livres précieux, tant imprimés que manuscrits, placés dans une armoire de la Bibliothèque. — *Sacre de Louis Quinze*, grand in-folio; un volume.

Monasterium ordinis sancti Benedicti, congregationis sancti Mauri, deux volumes, grand in-folio.

Fêtes à l'occasion de Madame, grand in-folio, 1 vol.

Atlas, 3 vol., in-folio.

Atlas de la Chine, 1 vol. gr. in-folio.

Atlas de Sibérie, 1 vol. gr. in-folio.

Parergo géogr., 1 vol. gr. in-folio.

Plan de Paris, 1 vol. gr. in-folio.

Histoire de Reims, en françois, par Marlot, 3 vol in-folio, manuscrits.

Plus trente volumes manuscrits dont quelques-uns précieux par leur antiquité.

Dans un petit cabinet tenant à la Bibliothèque : deux mille trente-neuf volumes de tous formats, tant reliés que brochés.

Environ quatre cent cinquante volumes dispersés dans les chambres des religieux pour leur usage journalier.

Toutes ces quotités réunies donnent onze mille trois cent quarante-huit volumes.

Ensuite conduits dans la lingerie, il nous a été représenté ;

Soixante-seize paires de draps, tant de maîtres que de domestiques.

Dix-huit nappes de salle.

Quatorze surtouts de salle.

Dix-huit nappes ouvrées de réfectoire.

Deux nappes unies de réfectoire.

Cinq nappes ouvrées de salle, communes.
Trente-deux douzaines de serviettes ouvrées.
Trois douzaines de serviettes unies.
Trois autres douzaines mauvaises.
Vingt taies à oreillers.
Six taies à traversins.
Quinze essuis à main.

Ce requérant le substitut du procureur de la commune, nous disons qu'il sera présentement procédé à l'état sommaire des meubles et effets les plus précieux de ladite abbaye. Ce faisant, étant conduits dans un grand salon éclairé par deux croisées sur le jardin, il a été décrit ce qui suit :

Meubles. — Une grande table à pieds de biche avec sa table de marbre.

Deux otomanes, trois bergères, sept fauteuils en cabriolet garnis en velours cramoisi et d'un surtout.

Dans la salle à manger six tableaux à cadres dorés, une table à pieds de biche et son dessus de marbre, un poêle en faïence et son dessus de marbre.

Dans le réfectoire quatre grands tableaux et six petits.

Dans la chambre de M. le Prieur, un lit complet dans une alcove garnie en papier indienne.

Dans la chambre de M. le Sous-Prieur, un lit complet dans une alcove garnie en indienne.

Ensuite nous étant rendus dans toutes les chambres des religieux, nous avons trouvé dans chacune un lit composé de son bois, d'une paillasse, deux matelas, un traversin et une couverture; d'ailleurs nous n'y avons trouvé aucun meuble précieux.

Dans la chambre de M. le Procureur un lit complet.

Dans une chambre d'hôte, sous la lettre *A*, un lit complet, une commode et son dessus en bois. Dans une autre, sous la lettre *B*, un lit complet ; dans une autre, sous la lettre *C*, un lit complet et une commode ; dans une autre, sous la lettre *D*, un lit en baldaquin et une commode ; dans la chambre de M. le Dépositaire, un lit dans une alcove.

Et attendu qu'il est sept heures et demie du soir, nous avons cessé la présente vacation et laissé les registres, argenterie, argent monnoyé, meubles et effets mentionnés en notre présent procès-verbal à la garde de MM. les Prieur, officiers et religieux de ladite abbaye et après lecture faite nous avons signé avec lesdits sieurs prieur, officiers et religieux.

Signé : Baudart, prieur, Boquillon, sous-prieur, Dom Lacheré, celerier, Dollet, Laleu, Delahaye, Lefevre, Troussel, Cambronne, Engrand, professeur, Do. Courtin, dépositaire, D. Gérardin, d'Houdain, sacristain, Saugnier, C. Mennesson, P. N. Cahart, Sirot, Marlin, Dabancourt, Bezançon - Perrier, Contant.

Ce jourd'hui jeudi vingt-neuf avril mil sept cent quatre-vingt-dix, neuf heures du matin, nous officiers municipaux et substitut du procureur de la commune de Reims soussignés, étant rendus en la maison conventuelle de l'abbaye de Saint-Nicaise de Reims, assistés dudit maître Contant, secrétaire par nous commis pour la rédaction des présentes :

Nous avons, en présence dudit prieur, officiers et religieux de ladite abbaye susnommés en notre procès-verbal du jour d'hier, repris notre dit procès-verbal, ainsi qu'il suit, dans le grand salon :

Nous a été représenté par MM. les Prieur et officiers de ladite maison cinq états de compte et journaux, tant généraux pour l'année 1789, que particuliers pour l'année courante jusqu'à ce jourd'hui, lesquels ont été arrêtés et paraphés article par article par l'un de nous.

Ensuite étant montés dans les greniers de ladite maison, nous avons trouvé dans un. . tas d'avoine que nous avons évalué former environ trente septiers, servant à la consommation, et ne s'est trouvé dans lesdits greniers aucune autre espèce de grains.

Descendu dans la cave, nous n'y avons trouvé que les vins nécessaires pour la provision et consommation de la maison.

Rentré dans le grand salon, lesdits sieurs prieur, officiers, en présence des religieux, nous ont déclaré qu'il dépend de la dite maison quarante-cinq arpents de vignes, situés sur le terroir de Sermiers, Chamery, Cormontreuil, Taissy, Hermonville et Villers-Marmery, qu'ils font valoir par eux-mêmes et que nous estimons faire un revenu annuel de vingt livres par arpent.

Déclarant encore lesdits prieur, officiers, en présence desdits religieux, qu'il est dû par leur maison jusqu'au premier janvier de la présente année inclusivement les sommes ci-après déclarées, savoir :

A M^{r} De la Place, demeurant à Piery, pour arrérages de fermage de prés à Courtaumon, la somme de cent soixante-six livres treize sols.

A Mr Huguin, notaire à Reims, 225^{l}.

A Mr Courtois, procureur au Parlement de Paris, 400^{l}.

A Mr Buffry, procureur, pour solde de compte, 700^{l}.

A l'abbaye de St Jean de Laon, pour solde d'un emprunt fait pour réparations urgentes, 6,100^{l}.

A Mme veuve La Londrelle, marchande à Reims, pour solde de mémoire, la somme de 594^{l}.

A Mr Serrurier, maître maçon à Reims, pour solde de mémoire, 175^{l}.

A Mr Champagne, couvreur à Reims, pour solde, 498^{l}.

A Mr Henriot, marchand de draps à Reims, 494^{l}.

A Mr Champagne, marchand épicier audit Reims, suivant mémoire, 1,800^{l}.

A Mr Drouai, boucher à Reims, pour solde, 1,171^{l}.

A Mr Lavis, plafoneur à Reims, pour solde, 47^{l}.

A Mr Simon, m^{e} vitrier audit Reims, suivant mémoire, 170^{l}.

A Mr Herbin, m^{e} cirier audit Reims, suivant mémoire, 163^{l}.

A Mr Péreau, apothicaire à Reims, suivant mémoire, 91^{l}.

A Mr de Saint-Vannes, maréchal ferrand audit Reims, suivant mémoire, 39^{l}.

A Mr Blondel, maître menuisier audit Reims, suivant mémoire, 270^{l}.

A Mr Thibault-Gallois, marchand à Reims, pour fourniture suivant mémoire, 98^{l}.

A Mr Guittart, négociant à Reims, pour fourniture d'étoffes, 250[l].

Toutes lesdites sommes réunies forment un total de 13,441[l] 9[s] pour objets fournis pendant le courant de l'année 1789 jusqu'au 1er mai 1790, suivant les mémoires qu'ils nous ont présentés.

Nous ont dit et observé lesdits sieurs prieur, officiers, religieux, qu'ils ont présenté, il y a plus d'un an, requête au conseil pour obtenir la coupe de deux réserves qui devoient leur produire environ 30,000[l]. Sur le renvoi qui leur en avoit été fait, Mrs de la Maîtrise de Reims avoient donné leur avis portant que les religieux de ladite abbaye devoient être autorisés à prélever sur le prix principal une somme de 10,200[l] pour se rembourser de pareille somme qu'ils leur ont justifié, par mémoires et quittances jointes à ladite requête, avoir employé d'avance à des réparations, dont le paiement fait aux ouvriers a retardé la libération de la communauté; pour quoi demandent lesdits religieux que la nation, qui va profiter de ces réserves, se charge de partie de leurs dettes jusqu'à concurrence.

Nous a été déclaré par lesdits sieurs prieur, et officiers et religieux qu'il leur a été payé pour pots de vin des baux de dîmes, savoir, par les sieurs Charlier et Hourlier, fermiers de la dîme de St Germainmont, la somme de 500[l].

Par le sieur Huart, fermier de Suippes, la somme de 600[l].

Par les sieurs Turpin et Brodeur, fermiers d'Haudicourt, 500[l].

Par le sieur Mobillon, fermier de Villers-aux-Nœuds, 72[l].

Par le sieur Rial Gallois, fermier de la Chappe : 200 l. Par le sieur Drouet, boucher et fermier de Virlouzé, 2,515 l., y compris un billet de 600 l. qui lui sera remis en déduction.

Par les fermiers de Léry, 2,691 l. 13 s. 4 d. Par M. Roland, curé à Vaux-le-Château, 216 l. Par le sieur Courtin, fermier d'Alincourt, 216 l.

Vérification par nous faite de toutes les charges de ladite abbaye nous avons reconnu qu'elle peut contenir 18 sujets.

De tout ce que dessus nous avons fait et dressé le présent procès-verbal et avons laissé auxdits sieurs prieur, officiers, religieux, tous les registres, argenterie, meubles et effets mentionnés audit procès-verbal, à leur charge et garde, lesquels ont promis le tout représenter quand et à qui il appartiendra. Et, après lecture faite, nous avons signé avec lesdits sieurs prieur, officiers et religieux.

Signé : BAUDART, prieur, DOLLET, LALEU, Dom LACHERÉ, cellerier, BOQUILLON, sous-prieur, SAUGNIER, COURTIN, dépositaire, ENGRAND, professeur, D. GÉRARDIN, D'HOUDAIN, DELAHAYE, LEFÈVRE, TROUSSEL, CAMBRONE, C. MENNESSON, SIROT, MARTIN, P. CAHART, D'ABANCOURT, BEZANÇON-PERRIER.

Collationné.

Délivré par moi secrétaire greffier de la municipalité, soussigné, conforme à l'original déposé au greffe de la municipalité de la ville de Reims.

Signé : TAUXIER.

Et à l'instant après les signatures de notre présent procès-verbal sont comparus Dom Laleu, Dom De la Haye et Cambronne, en exécution de l'article cinq du décret d'autre part daté, ont déclaré, savoir ledit Dom Laleu être dans l'intention de rester dans son état de religieux le restant de sa vie et de conserver maison soit en l'abbaye de St-Nicaise soit en celle de St-Remy ; et lesdits sieurs de La Haye et Cambronne sont dans l'intention de sortir des maisons de leur ordre pour jouir de la liberté accordée par ledit décret, desquelles dites déclarations a été requis acte à nous officiers qui leur avons accordé, et après lecture faite ont signé avec nous.

Signé : LALEU, CAMBRONNE, DELAHAYE, SIROT, C. MENNESSON, BEZANÇON-PERRIER, N. CAHART, MARTIN, DABANCOURT, A. FOREST, CONTANT.

(*Archives nationales*, Révolution.)

XXI.

Arrêté du Directoire du Département de la Marne sur les comptes de l'Abbaye de Saint-Nicaise. (Châlons, 26 février 1791.)

Vu par nous, administrateur formant le Directoire du département de la Marne, les comptes de recette et dépense présentés par les Prieur et Religieux de l'abbaye de Saint-Nicaise de Reims, ordre de St Benoit, en conformité de l'art. 20 du décret des 6 et 11 août 1790, de l'art. 1 de la loi du 14 octobre, de l'art. 3 de celle du 23e du même mois, et de l'art 17 du titre 4 de la loi du 5 novembre les états, mémoires, bordereaux et quittances justificatives, tant de la recette que de la dépense; l'avis du Directoire du district de Reims, par forme de liquidation du dit compte en date du 15 janvier dernier, tout vu et examiné avec le Procureur général syndic;

Nous disons que la recette générale sera portée conformément à l'avis du district à la somme de 41,346. 1s.6d........................ 41,346. 1s.6d

A l'égard de la dépense, en observant les observations faites sur plusieurs articles dans l'avis du Directoire de district, et rejettant absolument celui de 30,000f accordée au sieur Couvreur par forme de gratification au mois de février 1790, pour les raisons exposées au dit avis, nous disons que la dépense générale, non compris celle personnelle aux dits Religieux pendant l'année 1790 passera pour la somme de 22,474.14s.6d. à laquelle cependant il sera ajouté par supplement à l'indemnité de la dépense des étrangers, arbitrée par le district à la somme de 1,000[l] celle de 500[l] comme il a été demandé dans le compte des Religieux, et pour les causes y exprimées, au moyen de quoi la dépense sera portée au total pour 22,974[l]14[s]6[d]..... 22,974.14[s].6[d]

Qu'en conséquence la recette effective se trouvra *(sic)* excéder la dépense et les Religieux être débiteurs de la somme de 18,371.7[s].».. 18,371. 7[s].»[d]

Laquelle somme il vient à imputer d'abord sur le traitement de 1790, et ensuite sur celui de 1791.

Déterminant ce traitement en conformité du décret du 19 février 1790, selon les âges des différents Religieux, il revient savoir :

à D. Joseph Baudart, Prieur, âgé de 50 ans...	1,000. ». »
à D. Nicolas Bosquillon, Sous-Prieur, 70 ans..	1,200. ». »
à D. Pierre-François Dollez, doyen, 53 ans...	1,000. ». »
à D. Jean-Nicolas Gerardin, Sacristain, 65 ans	1,000. ». »
à D. Jean-Baptiste Laleu, (mort) bibliothécaire, 54 ans..............................	1,000. ». »
à D. Jacques-Antoine Lacheré, Procureur, 51 ans..............................	1,000. ». »
à D. Henri Engrand, Professeur, âgé de 37 ans	900. ». »
à D. Gabriel-Marin Courtin, dépositaire, 34 ans	900. ». »

JEUNES PRÊTRES EN COURS D'ÉTUDES :

à D. Nicolas-François-Joseph d'Houdain, 27 ans	900. ». »
à D. Félix-Florentin de la Haye, 28 ans......	900. ». »
à D. André-Louis-Sébastien Cambronne, 28 ans	900. ». »
à D. Joseph-Charles Lefevre, 27 ans........	900. ». »
à D. Claude-Auguste Trousselle, 26 ans.....	900. ». »
à D. Louis-Joseph Philippe, 27 ans..........	900. ». »
à D. François-Alexandre Saugnier, 27 ans....	900. ». »
Total du traitement des religieux pour 1790	14,300. ». »

Report...	14.300 »
à quoi ajoutant le premier quartier de la pension desdits religieux échue d'avance au 1er janvier 1791 faisant..................	3,575. ». »
Il leur revient en total la somme de......	17,875. 7s. »
sur laquelle imputant jusqu'à concurrence l'excédant de leur recette ci-devant constatée pour..................................	18,371. ». »
Se trouvent redevoir au moment la somme de	496. 7s. »

En conséquence, en arrêtant définitivement le susdit compte nous disons que lesdits religieux verseront en la caisse du district la somme de 496, 7s. Conformément à l'art. 24 du décret du 6 et 11 août, et qu'étant remplis par leurs mains de tout ce qui leur revenait pour leur traitement de l'année 1791, il ne viendra à leur délivrer de mandats que pour l'époque du 1er avril prochain, où commence le 2me quartier de ladite année, sauf au Prieur ou au Procureur qui ont fait la régie pour la maison dans l'année 1790 à compter à chacun des Religieux de ce qui lui revient dans les proportions ci-dessus déterminées sur l'excédent de recettes resté en leurs mains, après toutefois que le prélèvement des sommes dépensées pendant ladite année pour l'entretien, la subsistance, le service et la dépense personnelle desdits religieux qu'ils doivent supporter en commun; Et veillera le Directoire du district, conformément à l'Instruction publiée par ordre du Roi, le 12 janvier dernier, à ce que tous marchands et fournisseurs à qui il serait dû par les Religieux pour marchandises et denrées fournies en 1790, soient par eux acquittées.

Et au surplus, seront tenus lesdits Religieux de donner leur déclaration par écrit, comme ils n'ont reçu, pris, ni partagé deniers ni effets appartenants ci-devant à leur maison, autres que ceux qui leur ont été accordés par l'art. 8 de la Loi du

14 octobre, conformément à ce qui a été prescrit par l'art. 34 de la même Loi.

Fait et arrêté le 26 février 1791.

Signé : BOUTRY, GROSJEAN, DEBRANGES, ROZE, et LEFEBVRE, secrét. général.

Pour copie collationnée,

Signé : PETITZON.

(*Transcrit sur la copie de cette pièce de la main du Dr L.-J. Raussin*, dans le Recueil manuscrit de la Bibliothèque de Reims, *Recueil de pièces, vers et prose*, Ms. in-4°, f°s 417-418.)

XXII.

Rapport au Conseil de Ville de Rheims, des citoyens Lefebvre et Serrurier, architectes, au sujet de Saint-Nicaise.

22 pluviôse an IX.

Le citoyen Maire remet sous les yeux du Conseil un procès-verbal dressé par les citoyens Lefebvre et Serrurier, architectes à Reims, nommés par le citoyen Sous-Préfet à l'effet de constater dans quel état se trouvaient les ruines de l'ancienne église de Saint-Nicaise, s'il était utile pour les arts de les conserver, si l'on pouvait le faire sans danger de chute prochaine et dommageable pour les maisons voisines et pour les personnes qui circulaient autour ; dans le cas de l'affirmative déterminer quel terrain il convenoit de conserver autour de ces ruines et faire l'évaluation, tant dudit terrain que desdites ruines.

Il a proposé au Conseil de délibérer, si d'après ce procès-verbal, il devait demander la conservation de ces ruines comme monument d'architecture ancienne et de quelle manière il sera pourvu aux dépenses évaluées par les experts à treize mille francs.

Le Conseil considérant que s'il est intéressant d'un côté de conserver tout ce qui peut servir de monument à l'histoire, de l'autre, les dépenses à faire pour ces objets ne peuvent concerner particulièrement les communes dans lesquelles existent ces monuments, mais bien le gouvernement, puisque la conservation d'un monument public est pour l'intérêt de tous, a arrêté qu'il n'y avoit lieu par lui à délibérer sur cet objet sauf à faire auprès du gouvernement, pour obtenir s'il y avoit lieu, la conservation des ruines de l'église de Saint-Nicaise comme pouvant servir à l'histoire de l'art, toutes démarches nécessaires.

24 pluviôse an X.

Vu par le maire et adjoint de la ville de Reims, la pétition a eux presentée par les citoyens Jean Aubert, Piquet, Cugnet, Rousseau, Charpentier, Tocut, Hurtault et autres habitants de la rue St Jean et des environs, expositive que voisins de la cy-devant église de Saint Nicaise demolie pour la plus grande partie, ce qui en reste degarni de tous ses soutiens les expose au plus grand danger tant pour eux que pour leur propriété, que continuellement il se detache des parcelles de ces ruines qui viennent tomber au pieds des murs de leurs maisons; que les flèches encore subsistantes mais dégarnies de leurs soutiens et un pillier gellé par le pied, sujets à être renversés au premier ouragan, les expose a se voir ensevelis sous leurs débris s'il n'y est promptement pourvu, et tendante à ce qu'il plût aux maire et adjoint faire faire la visite dudit édifice et ordonner ce qu'il appartiendra pour prevenir tout accident.

L'arrêté des maire et adjoint du dix-neuf de ce mois portant que dans le jour et par le citoyen Collet commissaire de police accompagné du citoyen Serrurier architecte et en présence des petitionnaires et du citoyen Lundy regisseur pour le citoyen de Cienne demeurant a Paris proprietaire du terrain et des matériaux dependant des ci-devant eglise et couvent de Saint Nicaise, il sera procédé à la visite de l'état des lieux et si les parties subsistantes font ou non craindre une chute prochaine et les accidents qui en seroient nécessairement la suite.

Le procès-verbal dressé le même jour par les citoyens Collet commissaire de police et Serrurier architecte en presence des parties intéressées, duquel il résulte :

1° Que les fleches qui surmontent les tours du portail sont entièrement calcinées du côté de l'ouest, et que les pierres dont elles sont composées ne sont qu'imparfaitement maintenues par des agraphes de fer.

2° Que les tourelles qui flanquoient la tour du nord ont été demolies, ce qui diminue la resistance contre la poussée de la fleche, laquelle peut écarter les foibles colonnes qui la portent, se lézarder et s'écrouler.

3° Que le pillier qui est dans l'angle de la croix vers le midi est porté a faux sur deux vitraux dont les voussoirs sont entièrement calcinés et mutilés, ce qui doit faire craindre une chute prochaine.

4° Que la plus grande partie des grandes voutes etant demolie les arcs boutans qui sont à l'exterieur poussant ou ecartant le mur contre lequel ils s'appuyent leur chute paroit inévitable.

Que pour éviter les accidents qui pourroient resulter de la chute de ces différentes parties dont les pierres en bondissant pourroient tomber sur les maisons voisines il est très urgent de demolir à la main et pierre à pierre :

1° Les deux fleches avec l'attention de les faire tomber en dedans des tours.

2° La partie supérieure des tours jusqu'au dessous des colonnes.

3° Toute la partie supérieure de l'édifice jusqu'à la naissance des grandes voutes.

4° Et le pillier de l'angle de la croix au midi.

Enfin que, comme pendant cette demolition il y aura le plus grand danger pour les habitants des maisons de la rue St Jean, il y a lieu par les propriétaires de l'église de Saint

Nicaise de procurer a leurs frais auxdits habitants des logemens plus éloignés pour le temps de la démolition.

Considerant combien le danger est imminent et qu'il pourrait y avoir peril en la demeure.

Il a été arrêté qu'à la requête du citoyen maire de Reims comme chargé de l'exercice de la police, le procès verbal cydessus enoncé, et le present arrêté seront signifiés au citoyen Jean-Simon Decienne (1) demeurant à Paris proprietaire des terrains et materiaux des ci-devant eglise et couvent de Saint Nicaise avec sommation de mettre ouvriers en suffisance et prendre en dedans trois jours pour tout delay les precautions et mesures indiquées audit procès verbal pour proceder sans discontinuation et de la manière qui est designée a la démolition des differentes parties de laditte eglise qui y sont enoncées, et que faute par luy d'y satisfaire dans ledit delay et iceluy passé il sera recouru aux voyes et moyens de droit pour l'y faire condamner et refusans par lui de le faire être authorisé a faire faire a ses frais les demolitions reconnues nécessaires et procurer aux habitans petitionnaires le logement momentané que les circonstances prescrivent.

(*Archives communales de Reims*, pièce : Liasses de la Révolution.)

(1) Le nom de l'adjudicataire est *Deflenne* et non *Decienne*, comme il est écrit par erreur dans cette pétition.

XXIII.

Éclaircissement sur la date de construction de l'église Saint-Nicaise.

Il nous paraît utile d'apporter ici une rectification à ce que nous avons dit, dans le courant de cet ouvrage, à propos de la date à laquelle se place la construction de l'église Saint-Nicaise. Nous appuyant sur un document dont l'autorité n'avait pas été suspectée jusqu'ici, nous avions admis, avec Marlot, que Libergier avait commencé les travaux en 1229; mais un examen plus attentif des textes nous a amené à révoquer en doute l'exactitude de cette date fournie par l'épitaphe du célèbre architecte. Voici en effet quels sont les renseignements que nous possédons pour déterminer l'époque précise à laquelle furent jetées les fondations de l'église. D'un côté, la pierre tombale d'Hue Libergier porte qu'il « commença cette église le mardi de Pâques MCCXXIX »; de l'autre, un relevé de compte conservé dans les papiers du *Monasticon* (Pièce justificative n° X) prétend que « la première pierre fut posée par l'archevêque Henri de Braine le jour de l'Annonciation 1231, qui tombait cette année-là le mardi de Pâques, Simon de Dampierre, ancien moine de Marmoutiers, étant à cette époque abbé de Saint-Nicaise. » Comment doit-on concilier ces deux textes contradictoires? c'est ce que nous allons étudier en quelques mots.

Tout d'abord il est impossible d'écarter complètement la date de 1231 donnée par le *Monasticon*, car sa sincérité est prouvée par la concordance parfaite des différents éléments chronologiques qu'elle renferme. En 1231 en effet, Pâques tombait le 23 mars, et, par conséquent, le mardi suivant était le 25 de ce mois, fête de l'Annonciation, ce qui ne se produisit pas en 1229. De plus Simon de Dampierre ne fut nommé abbé qu'au mois de novembre 1230 ; il est donc impossible de placer avant le mardi de Pâques 1231 la cérémonie à laquelle il assista. Dans ces conditions, faut-il, avec les auteurs de la *Gallia* (1), ne pas tenir compte de l'épitaphe de Libergier ? ou bien doit-on supposer que les travaux, commencés en 1229, furent seulement repris en 1231, comme semble l'avoir fait Dom Chastelain, qui, dans ses mémoires (2), avait d'abord inscrit la date de 1231, puis la corrigea en celle de 1229 ?

La première hypothèse nous paraît bien préférable. Il n'est guère vraisemblable en effet qu'on ait, à deux ans de distance, procédé à la pose de la première pierre d'un même édifice. Si l'on considère en outre que la chronique de Saint-Nicaise, publiée dans les *Monumenta Germaniæ* (3), est muette sur les travaux de construction à l'année 1229 et n'en parle qu'en 1231 ; si l'on observe qu'il n'y a pas de raison pour que les frais des premiers travaux qui auraient été exécutés en 1229 ne figurent pas dans le relevé général des comptes de construction ; enfin si l'on remarque que l'épitaphe de Libergier fixe le début officiel des travaux au mardi de Pâques, précisément comme le compte de construction, n'étant en désaccord avec ce document que sur le millésime de l'année, il paraîtra tout naturel de supposer qu'une erreur se soit glissée dans le texte de l'inscription funéraire. De pareilles fautes de gravure ne sont pas sans exemple, et, dans l'espèce, l'erreur s'expliquerait très facilement, puisqu'elle consisterait simplement dans la transposition du chiffre I placé avant le dernier X au

(1) *Gallia christiana*, t. IX, col. 108, 208 et 214.

(2) Bibliothèque de Reims. Recueil manuscrit sur *Saint-Nicaise*.

(3) La *Chronique de Saint-Nicaise*, dite aussi les *Annales de Saint-Nicaise*, document original conservé à la Bibliothèque nationale (*Fonds latin* 9376, fol. 78), porte, sous la date MCCXXXI, cette mention : « Hoc anno, Henricus de Brana, Remensis archiepiscopus [reveren] tissimus, propriis manibus primum lapidem collocavit in fundamento ecclesie beatissimi martyris Nichasii, in [annunciatione] dominica, feria III^a infra [Pascha]. » Ce texte a été publié dans les *Monumenta Germaniæ*, tome XIII des *Scriptores*, p. 85.

lieu de l'être après : MCCXXIX au lieu de MCCXXXI. L'inspection de la pierre tumulaire, telle qu'elle existe aujourd'hui à la cathédrale de Reims, ne saurait fournir de renseignements précis, l'inscription, qui avait souffert des injures du temps, ayant été refaite en plusieurs endroits ; mais il est probable que la faute existait anciennement, puisque Marlot avait déjà vu de son temps MCCXXIX, en faisant toutefois une erreur de lecture, car il imprime mercredi au lieu de mardi (1).

Mais les raisons que nous venons d'exposer nous paraissent suffisantes pour rendre, sinon absolument certaine, du moins très vraisemblable l'hypothèse que nous émettons. Nous proposons donc sans hésitation d'admettre comme date unique du début de la construction de l'église Saint-Nicaise l'année 1231 et de rectifier dans ce sens le texte de l'inscription funéraire de Libergier, en lisant MCCXXXI à la place de MCCXXIX.

(1) *Metropolis Remensis historia*, t. I, p. 636 et t. II, p. 512.

Église Saint-Nicaise de Reims.

(Dessin de reconstitution et Note par J. LEPAGE-MARTIN, Architecte rémois.)

La reconstitution archéologique de l'ancienne église Saint-Nicaise de Reims est aujourd'hui un fait accompli. Tous les éléments nécessaires à sa reconstruction sont réunis dans l'ensemble de grands dessins, à l'échelle de $0^{m}01$ pour mètre, qui sont : *la façade principale, la façade longitudinale, la façade absidale, le plan de l'ensemble horizontal à la hauteur des appuis des fenêtres des bas côtés* ; ensuite par d'autres dessins encore, mais à une plus grande échelle ($0^{m}05$ pour mètre), et par une grande perspective donnant, vues à la fois, la disposition du plan à la hauteur d'homme (côté du cloître de l'abbaye et du grand portail), les coupes verticales du grand portail et du transept, les coupes horizontales sous la naissance des voûtes de la grande nef, les dispositions intérieures de la nef et du transept avec le triforium, les grandes fenêtres à vitraux de la haute nef et des bas côtés, ainsi que celles des chapelles de l'abside ; enfin, les dispositions du jubé avec le trésor, les stalles du chœur, du sanctuaire avec le maître-autel ; et ensuite adossé au grand portail supporté par une tribune à grand encorbellement, tournant le dos à la grande verrière et à la grande rose, le buffet d'orgues.

De grands dessins du jubé, des stalles, du maître-autel, de l'architecture intérieure de la nef, du transept, des chapelles de l'abside, ainsi que les détails du buffet d'orgues, sont traités avec d'autres parties du monument, mais en géométral, à l'échelle de $0^{m}05$ également.

La grande perspective figure au Musée de l'Hôtel de Ville

de Reims ; les autres grands dessins des élévations géométrales extérieures y sont déposés aussi, mais ne sont pas encore placés.

Tous ces travaux sont exécutés en peinture à la gouache donnant l'effet le plus vrai possible de ce qu'était, dans toutes ses parties et ses moindres détails, ce joyau de notre belle architecture française des XIIe, XIIIe et XIVe siècles. C'est alors qu'elle florissait féconde et prodigieuse dans la représentation et dans la reproduction si belle et si variée de nos grands monuments, palais, châteaux, etc., surtout dans nos merveilleuses cathédrales dont Saint-Nicaise offrait, avec Notre-Dame de Reims, le type le plus achevé, le plus parfait et le plus grandiose.

En effet, Saint-Nicaise de Reims, par la disposition heureuse des lignes harmonieuses de ses façades, par l'originalité de son portail magnifique, devançant la Cathédrale de Reims dans son achèvement, offre par la nouveauté de ses porches avancés, profonds, surmontés de grands gables fleuris, couronnés de fleurons à leurs sommets, de pinacles légers et élégants à la naissance de ces gables, embellissant ainsi les retombées des archivoltes des arcades de ce beau portail ; par la décoration murale des nus des contreforts qui portent, hautes, fières et belles, ces tours gracieuses et ajourées qui, surmontées de ces flèches en pierre, hardies, accompagnées de pinacles élancés aux quatre côtés diagonaux ; par l'ampleur de ses grandes verrières des nefs et surtout du portail ; par sa grande rose, unique alors, offre, disons-nous, l'effet le plus véritablement beau d'un ensemble d'esthétique absolu.

Libergier précède, dans cette gracieuse et élégante combinaison (combien savante et artistique !) d'orner les surfaces unies des nus, tous les autres architectes ; ses contemporains et ses successeurs doivent plus tard profiter de la création qu'il vient de faire, et vont l'imiter à l'envi partout où se produiront de nouvelles œuvres.

La Cathédrale de Reims elle-même profita de son talent ; son successeur et élève, Robert de Coucy, le continuateur de son chef-d'œuvre, enrichit davantage le système décoratif du portail de Saint-Nicaise qu'il a créé, en donnant au portail de Notre-Dame la magnificence éblouissante et admirable qu'il a encore de nos jours.

Nous voyons, en effet, Robert de Coucy établir le portail de la Cathédrale en empruntant à Saint-Nicaise la disposition des gables avancés et, comme lui, élever des pinacles aux naissances, développer les retombées des archivoltes, des grandes ogives, mais enrichir le tout par de la statuaire en ronde-bosse; l'imitation est infiniment plus riche : il avait comme exemple la beauté simple de Saint-Nicaise.

Plus tard encore, les tours offrent leurs modèles d'élégance et, au xve siècle, elles servent de type pour couronner les tours de Notre-Dame. Aussi, par son style achevé de beauté superbe mais simple, par l'heureuse proportion de sa structure à la fois gracieuse et légère, par la vaste proportion de ses baies vitrées, l'église Saint-Nicaise donne la mesure de la hardiesse, que, plus osés encore, ses admirateurs vont employer à l'avenir jusqu'à en abuser peut-être.

Son renom est tel que les grands du monde et du royaume de France viennent le visiter, que d'illustres étrangers se font honneur de l'embellir et y laissent des dons, des privilèges, des sommes considérables qui prouvent, bien mieux qu'on ne pourrait le dire, l'impression de grandeur et l'émerveillement qu'ils éprouvent à sa vue.

Maintenant on comprendra qu'il soit possible que, préparé par un long stage dans l'exécution des travaux des monuments historiques de ce genre ; que, sous la direction d'habiles architectes, et qu'aussi admirateur passionné de notre belle et si variée architecture française qui a produit tant de monuments, autant de chefs-d'œuvre, on comprendra, dis-je, qu'armé de la sorte, c'est-à-dire de toutes pièces, possédant tout ce qu'il faut pour cela, j'aie pris à cœur de pousser les études de ce très captivant ouvrage, la reconstitution archéologique de l'ancienne église Saint-Nicaise de Reims, jusqu'au point où je les ai déjà avancées. Malgré l'importance qu'elles ont, je veux les mener à bonne fin ; quelques années encore, et je pourrai réunir tous ces travaux, toutes ces études, dans un seul et même recueil, c'est-à-dire dans une monographie dans laquelle je dirai pourquoi j'ai fait, ce que j'ai fait, comment je l'ai fait.

Reims, le 30 décembre 1895.

J. LEPAGE-MARTIN.

TABLE DES MATIÈRES

L'ÉGLISE ET L'ABBAYE DE SAINT-NICAISE.

Pages

APPENDICE.

Pièces justificatives.

TABLE DES ILLUSTRATIONS

DANS LE TEXTE

TABLE DES NOMS

A

B

C

D

E

F

G

H

I

J

L

M

O

P

Q

R

S

T

U

V

W

Reims, Imprimerie de l'Académie, (Nestor Monce, dir.), rue Pluche 24. (63316)

CPSIA information can be obtained
at www.ICGtesting.com
Printed in the USA
BVHW061841051118
532208BV00009B/267/P